工藤 章／田嶋信雄――［編］

戦後日独関係史

東京大学出版会

「平成26年度成城大学科学研究費助成事業等間接経費による研究支援プロジェクト」の「研究成果の公表（出版等助成）支援」を受けた。

A History of Japanese-German Relations in the Postwar Period
Akira KUDO and Nobuo TAJIMA, editors
University of Tokyo Press, 2014
ISBN978-4-13-026260-6

凡　例

一、注および史料・文献リストは各章の末尾に置いた。文献の出版データ表示は、邦文の文献については、出版地が東京の場合は出版社名と出版年のみを記した。欧文の文献については出版地、出版社と出版年を表示した。

二、本書で用いられる略語については、必要に応じて各章の注の冒頭もしくは史料・文献リスト内で説明している。

三、本書で用いられる固有名詞については、原則として統一を図ったが、一部については各章執筆者の意向を優先し、あえて統一することはしなかった。

目次

第六章　日本と東ドイツの経済関係──第一次石油危機後の接近　呉羽化学とツァイス……工藤　章　341

序

課題と視角

工藤 章
田嶋信雄

一 課題

日独関係は、一八六一年の日本・プロイセン修好通商条約の調印以来、すでに一五〇年以上の歴史を有している。さしあたり戦前期を念頭に置けば、学問的には哲学・文学・音楽学・歴史学・教育学をはじめとする人文諸科学、法学・政治学・経済学・社会学などの社会諸科学、医学・薬学・工学・軍事学などの自然諸科学の分野において、日本側の学習を中心として、豊かな交流が続けられてきた。政治的・軍事的には、三国干渉、「日独戦争」(第一次世界大戦)、日独防共協定、日独伊三国同盟、太平洋戦争下での軍事同盟、そして第二次世界大戦での共通の破局など、重要な事象が続いた。経済的・技術的には、日本側のドイツ学習――および海軍関係などのわずかなケースでのドイツ側の日本学習――があり、その後はアジア市場を舞台とする両国間の競争が展開されてきた。このような内実を持つ日独関係を前提に、とりわけ第二次世界大戦後、主として歴史学・政治学・経済学の分野において、日独関係史に関する強い学問的な関心が、持続的かつ長期にわたって維持されてきた。われわれが『日独関係史　一八九〇－一九四五』全三巻(工藤章・田嶋信雄編、東京大学出版会、二〇〇八年)およびその英語版(Kudo, Tajima and Pauer 2009)を世に問うた背景にも、当然のことながら、こうした世界レヴェルでの強い関心が存在していた。

しかしながら、この日独関係史一五〇年の後半部分、すなわち第二次世界大戦後の日独関係史に関していえば、研究が活発であったとはいいがたく、この時期を一つのまとまりとして体系的に扱った研究書ないし論文集は、世界的に見ても存在しないのが現状である。こうした研究状況は、第二次世界大戦後の国際政治・国際経済に占める日本およびドイツ――一九九〇年のドイツ統一以前については主として西ドイツを考えている――の顕著な重要性を考えれば、まことに奇妙なことといわなければならない。

本書は、以上のような認識に立って、なによりも、こうした世界的な研究上の空白を埋めることを第一の課題としている。

ただし、本書の目指すところは、もちろん、研究の空白を埋めるという消極的なものにとどまるものではない。われわれは、戦後日本および戦後ドイツという、極めて特色ある、しかも重要な歴史的個性に対し、「関係」の視角から歴史学的・社会科学的にアプローチし、いままでの研究では見えてこなかった、日本およびドイツの様々な側面に分析のメスを入れようという野心を持っている。たしかに、戦後日本および戦後ドイツに関しては、現在に至るまで、「比較」という観点から、それぞれの政治的・経済的・社会的諸側面が分析され、豊かな成果が挙げられてきた。しかしながら、それら日独「比較」の研究は、第二節であらためて触れるように、多くの場合日独「関係」の視点を捨象していたがゆえに、本来発見すべき両国の重要な側面のいくつかを見失っていたように思われる。つまり、戦後日独関係史研究は、日本とドイツという二つの特色ある国民国家・国民経済に関する「発見的な」(heuristic)価値を有するというのがわれわれの確信であり、本書の第二の課題もまさにこの点にある。

さらに第三に、本書は、従来の戦後国際政治史研究・国際経済史研究に新たな視点を加えるための素材の提供を目指している。戦後国際政治史研究・国際経済史研究は、大まかにいって、冷戦という軍事的・政治的・外交的・経済的・イデオロギー的磁場に最終的には収斂する、権力政治および経済対立の歴史か、あるいは、「中心」と「周辺」の政治的・経済的な支配・従属関係の歴史に、主たる学問的な関心を注いできたように思われる。これに対して本書は、超大国ではないが第三世界に属しているわけでもない国——地域大国、地域的中核国など、様々に呼ばれているが、ここでは添谷芳秀に倣い「ミドルパワー」としておく（添谷 二〇〇五）——を取り上げ、そうした力学に収束されない、いわばミドルパワー間の政治経済関係の実態を呈示しようと試みる。もちろん、ミドルパワー間の国際関係については、主としてEU諸国間の関係史に研究の蓄積が見られるが、それは国際関係史というよりも、むしろヨーロッパ統合史という枠組みのなかで進められてきたように見える。政治的な摩擦を生じる条件に乏しく、経済的な支配・従属構造を持たないミドルパワー間の関係において、政治的・経済的・社会的紛争はどのように発生し、展開し、収束していくのであろうか。また、そこでの社会的・文化的な交流はどのような形態を取るのであろうか。さらに、そのようなミドルパワー間の政治経済関係は、国際政治・国際経済全体のなかでどのような位置を占めるのであろうか。

本書は、このような観点から、日独関係の事例に即して、ミドルパワー間における国際政治経済関係の一例を呈示したいと考えている。ただし、この第三の課題は、理論的・歴史学的研究蓄積の不足もあり、本書では残念ながら、まだ端緒的な問題提起に留まらざるを得ないことをあらかじめお断りしておかなければならない。

二　視角

1　歴史的並行性

近現代史において「日本とドイツ」というテーマを魅力的にする要因の一つは、一九世紀最後の四半世紀以来の世界政治経済史における、両国の位置ないし役割に見られる並行性あるいは共通性である。その並行性あるいは共通性は一般に政治的・経済的後進性として概括され、今日に至るまで、学界、とくに日本における歴史学界で様々に取り上げられ、強調されてきた。国民国家形成における遅れ、議会制民主主義成立の遅れ、資本主義形成における後発性、国家主導型の資本主義形成、積極的・攻撃的な対外進出などがその内容をなす。

このような後進性について、日本では日独間における発展の時間的なずれが強く認識されてきた。とくに戦前期の国家学、社会政策学などの社会諸科学においては、このような時間的ずれへの意識から、ドイツの政治・経済・社会は——たとえ修正を施してではあれ——学習すべき対象(モデル)とされた。また、歴史的な比較を試みるに際しても、「先」をゆくドイツと「後」を追うべき日本という形で、両者は異なる発展段階を歩むものとして比較された。戦後期になると、さすがにこのような時間的なずれへの意識はしだいに薄れていったが、それでも今日においてもなお残存しているように見える。

これに対して、「先」をゆくドイツの社会諸科学では、当然ながら時間的なずれが意識に上ることはほとんどなかった。そのゆえでもあろうか、大胆といってもよいほどに立ち入った並行性の指摘が見られる。例えば、一九七〇年代に駐日西ドイツ大使を務めた国際法・国際政治学者グレーヴェ(Wilhelm G. Grewe)の所説がそうである。彼はドイツにとって、日本とのあいだの並行性が、深さと広さの両面において、他のいかなる国とのそれよりも遥かに大きいとする。その例証として、第一次世界大戦前の時期については、ドイツのアフリカにおける保護領獲得(一八八四年)と日本による小笠原諸島・琉球諸島の占拠(一八七九年)、全ドイツ連盟の設立と日清戦争の勃発(いずれも一八九四年)、第一次モロッコ紛争と日本の日露戦争勝利(いずれも一九〇五年)を挙げる。さらに一九三〇年代について、両国の国際連盟脱退(一九三三年)、防共協定締結(一九三六年)、三国同盟調印(一九四〇年)、そして対米宣戦(一九四一年)を挙げる(Grewe 1984, S. 286–287)。

日本研究者レオンハルト(Nadine R. Leonhardt)およびマウル(Hanns W. Maull)もまた、両国間の顕著な並行性を次のように指摘する。並行性は遅くともドイツの帝国創設(一八七一年)と日本の明治維新(一八六八年)の頃には開始された。両国は新たな強国たるべく、軍事的近代化・軍備拡張と国家主導の工業化を遂行し、植民地帝国の建設、世界列強間の協調における強国としての発言権の獲得を目指した。その過程で近隣の強国の抵抗を克服するとともに(普仏戦争――一八七〇／七一年、日露戦争――一九〇四／〇五年)、強国との協調を実現した(ビスマルクの国際条約網および日英同盟)。しかし、結局は自らの軍事力に依拠してかつてのパートナー・イギリスとの戦争に突入した(ドイツの第一次世界大戦、日本の一九三一年以降の東アジアにおける拡張政策)。その後、両国は防共協定(一九三六年)から三国同盟(一九四〇年)に向かったが、他方、内政では議会制民主主義構築の試みの挫折と全体主義・軍国主義的諸力(ヒトラーの下での国民社会主義ないしは日本における軍部)の台頭を招き、世界戦争へ突入して敗北した(Leonhardt und Maull 2007, S. 591–592)。

ドイツ側研究者によるこのような挙証には、いささかアクロバティックな面があるとはいえ、たしかに両国間には、対立(三国干渉、第一次世界大戦)と協調(防共協定、三国同盟)をはらみながら、相当の歴史的並行性が見られたことを確認しうる。したがってまた、もしドイツが「特有の道」(Sonderweg)を歩んだとすれば――それは日独の社会諸科学において様々に定式化されてきた――、日本もまた同様であったといわなければならないであろう。

それでは、このような日独間の歴史的並行性をめぐって、第二次世界大戦後の時期についてはどのような観察が可能であろうか(1)。

戦後期における日独間の——日本と西ドイツとのあいだの——歴史的並行性は、戦前期よりもむしろより明瞭である。いうまでもなく、同盟国としての敗戦、被占領——日本が事実上アメリカの単独占領下に置かれたのに対してドイツは分割占領であった——、被占領下の政治・経済・社会改革、軽武装、さらにその後の経済復興、高度成長、そして「経済大国」への道という共通の経験がそれである。一九六〇年代には、両国はそれぞれ東アジアおよび西ヨーロッパにおける「地域的」大国として、「アメリカによる平和」を支える重要な柱となった。

日本の研究者が西ドイツあるいは統一ドイツを観察する際、たんにドイツの存在の政治的・経済的・社会的・文化的大きさによってその観察の重要性が根拠付けられるのみならず、このような歴史的並行性が脳裏に浮かんでいるといって間違いないであろう(例えば、渡辺ほか〈二〇〇六〉、参照)。

他方、ドイツの研究者による並行性の指摘も、彼らの戦前期に関する主張に比し、より説得的である。例えばグレーヴェは、敗戦、被占領、国際軍事裁判、主権回復、アメリカの核の傘、憲法(基本法)、対ソ外交、工業大国化、近隣外交などにおける並行性ないし共通性を指摘している(Grewe 1984, S. 288–289)。レオンハルトとマウルもまた、敗北という国民的惨禍、連合諸国による占領・管理・改革——分割管理と単独管理の相違や、国土喪失における相違はあるが——、東西対立とパクス・アメリカーナの下での不死鳥の如き経済復興を共通の歴史として指摘する。さらに彼らによれば、対外政策でも、第一に、自立的な自衛能力を目的とした再軍備・軍備拡張の放棄、大量破壊兵器所有の放棄、アメリカによる保障への依存、第二に、経済的再建および輸出指向的成長戦略による経済力の展開への政治的・社会的エネルギーの集中、そして近隣市場から他の市場、とくにアメリカ市場への進出、第三に、外交政策の一貫した傾向としての、同盟パートナーへの依存、安全保障・緊張緩和、経済政策的目標設定、軍事的手段への懐疑、国連軍派遣への参加に対する慎重な態度など、顕著な共通性が認められる(Leonhardt und Maull 2007, S. 592–593)。

このような顕著な歴史的並行性にもかかわらず、もちろん歴史的相違も数多く存在していた。レオンハルトとマウルに従えば、とりわけ、第一に、ドイツの外交政策はヨーロッパ統合へ地域的に埋め込まれたが、東アジア・日本にはこれに対応する動きはなかったし、一九九〇年代に経済上・安全保障上の地域協力への萌芽が見られた際にも、ドイツに比して日本の意欲は小さかった。第二に、ドイツは国民社会主義という深刻な過去の負債の処理(「過去の克服」)に成功裏に努力し、その結果として外交的資産を蓄積しえたが、日本は日本軍および占領組織による戦時の残虐行為ゆえ地域に残る不信を払拭することを怠り、そのために外交に制約を受け、部分的には激しい抗議を誘発した。第三に、ドイツは国家主権の部分的放棄と地域化組織への外交政策的統合に向けて一貫して努力したが、この点において日本はきわめて不十分であり、一国主義的な傾向は右翼に限られず、左翼陣営にあっても——「国際政治の現実を知らない平和主義」(weltfremder Pazifismus)の衣装をまとって——認められるとされる(Leonhardt und Maull 2007, 593)。

論点の細部に入ることをさておけば、このような相違は、一九九〇年代以降の冷戦後の世界ではさらに拡大したように思われる。一九九〇年一〇月、西ドイツは東ドイツとの国家統一を果たした。それは同時に、冷戦体制終結の過程の大きな構成要素の一つでもあった。さらに、ヨーロッパの政治・軍事・経済・社会的な統合が進展し、ECはEUへと変容したが、そこでも、ドイツ統一は一つの重要な契機となった。これに対して日本は、なお冷戦状況の継続する東アジアの国際環境——分断国家の存在、二国間安全保障体制、米軍の存在(2)、地域統合の欠落・未発展など——のなかにある。東アジアにおける地域化の動きは、ヨーロッパ化に比べて不活発であり、その水準は低い。たしかに日本などでは「東アジア共同体」等々の言説が存在はするものの、制度的にはとうてい、ドイツの「ヨーロッパ化」に比肩しうる日本の「アジア化」について語りうる状況にない。こうして、冷戦体制後の世界において、日独の国家としての歩みは明瞭に分岐したように見える(渡辺ほか 二〇〇六)。

二〇一一年三月一一日の東日本大震災と福島第一原子力発電所の惨事の直後、ドイツのメルケル(Angela Merkel)首相は脱原発の工程を前倒しして一〇年後に完了するとの方針決定にイニシアティヴを発揮した。他方、日本の野田佳彦首相（民主党主導連立政権）はかろうじて二〇三〇年代の原発ゼロを打ち出すにとどまり、政権交替後の安倍晋三首相（自由民主党主導連立政権）は敢えて原発再稼働という方針を打ち出した。三・一一は日独間の分岐の進行をあらためて浮き彫りにしたというべきであろうか。

いまひとつ、あまり大きく報道されることはなかったが、日独関係史という視角から見逃すことのできない出来事があった。それは一八六一年の日本・プロイセン修好通商条約の締結から一五〇年を経ての、日独交流一五〇周年国会決議「日独友好に関する決議」をめぐる日本とドイツでの動きである。ドイツでは「ドイツと日本は侵略・征服戦争を行い、被害を受けた近隣諸国の人々に破滅的な結果をもたらした」と問題なく決議された。一方、日本の国会では、もともとの案文にあった、両国はその侵略行為により、近隣諸国の人々に対して多大の損害と苦痛を与えることとなったという趣旨の文言をめぐって紛糾し、結局、「その後、各国と戦争状態に入り、多大な迷惑をかけるに至り、両国とも多くの犠牲を払った」という文言で落着した。日本ではこれほどに、過去の克服への政治的・心理的抵抗には根強いものがある。外交に関する「過去の拘束」においても、日独間の相違は拡大しているように見える。

2　比較

歴史的並行性に着目するがゆえに、日本およびドイツへの研究関心が生まれるとすれば、その関心から、比較——しかも同時代における比較——という接近法がとられるのはごく自然であろう。そもそも並行への着目、あるいは並行と分岐という認識は、潜在的に比較の意識を基礎にしていると考えられるからである(3)。

実際にも、戦後期における日独の比較は、社会科学の様々な領域において、繰り返し、様々に試みられてきた。一方で、日本にとっての同時代のドイツ——西ドイツ——は、戦前期のような全分野にわたる学習対象として扱われることはしだいに稀になり、先進国に共通の政治的・経済的・社会的諸問題、例えば安全保障・経済成長・高齢化社会などの諸問題に取り組む際の事例の一つとして取り上げられるようになった。同様の事情は、ドイツの――さらに欧米の――社会科学者の多くが日本を研究対象とする際にも見られた。欧米の研究者が日本を学習の対象とみなす意識は、分野・時期ともに限定されていたものの――端的には生産様式のみであった（「ジャパン・アズ・ナンバーワン」）――、日本は共通の政治的・経済的・社会的諸課題に取り組む先進国の興味深い一事例として、同時代的な比較の対象とされるようになったのである。

こうして、戦後日独の政治・経済・社会の比較を謳った文献が少なからず現れた。比較の試みは、おそらく戦前よりも戦後により盛んであった。それだけに、水準の高い研究は少なくない。日独を直接に比較したもので、しかも単行本に限定するとしても、次のような文献が注目されよう。歴史の分野では近年、望田（二〇〇七）、同（二〇〇九）が現れた。政治・外交の分野ではBaring und Sase（1977）、大嶽（一九八六）、同（一九九二）、三宅（一九九六）、Katzenstein and Shiraishi（1997）, Katzenstein（2005, 光辻・山影〈二〇一二〉）、Sakaki（2013）などがある。経済の分野ではヒルシュマイヤー、デワルト（一九七九）、出水（一九八一）、渡辺・クレナー（一九九八）、Dore（2000, 藤井〈二〇〇一〉）、浅井（二〇〇一）、渡辺ほか（二〇〇六）などが挙げられる。Streeck and Yamamura（2001）, Yamamura and Streeck（2003）, さらに開発援助についての加藤（一九九八、Kato〈2002〉）、環境政策についての坪郷（二〇〇九）、女性・ジェンダー問題に関する姫岡（二〇〇四）なども注目される。このような日独比較は、とくに日本では往往にして対米比較に片寄りがちな傾向があるだけに、いっそう貴重である。

一九九〇年代以降、むしろ日独間の相違が拡大し、並行から分岐への転換が見られるとすれば、比較の契機を歴史的並行性に求めるかぎり、比較の意義は低下したということになるかもしれない。他方、相違ないし分岐もグローバル化ないしアメリカ化および地域化という国際環境のなかで生まれたものだと認識すれば、比較の意義は、高まりこそすれ低下することはないともいえよう。

3 関係

だが、日独比較を試みれば、それが同時代的な比較である限り、どうしても同時代における日独の直接的な政治的・経済的・社会的諸関係に目を向けざるをえない。なぜならば、日本とドイツはそれぞれ政治的・経済的・社会的に孤立して存在していたわけではなく、相互に直接的に交流し、影響し、学習し、場合によっては反発し合う関係にあったからである。例えば、日本におけるドイツ企業、およびドイツにおける日本企業を比較の対象とするとき、そこには否応なく日独の関係——国家レヴェルあるいは政府レヴェルの関係にとどまらない——が視野に入ってくる。同時代の比較は、関係認識に直結しているのである。さらには、第三者、とりわけアメリカ合衆国を介した——日本・東ドイツ関係ではソ連を介した——間接的な関係、あるいはそれ以外の様々な間接的な諸関係をも視野に入れなければならない。ところが、比較という接近方法にあっては、彼我の関係は捨象されがちである。比較の基準を厳密に設定し、厳密な比較を心がければ、その傾向はますます強まるであろう。

このような思いを持ってあらためて世界の研究史を振り返ると、戦後七〇年近くを経た今日においても、戦後日独の政治的・経済的・社会的諸関係を体系的に主題とした著作はあまりにも乏しい。時論的なものはあるが、本格的な歴史研究となると、数えられるほどしかないといっても過言ではない。それらの一部はもちろん、本書の各章で先行研究として取り上げられている。以下では、それ以外のものを含め、注目すべき文献を挙げておこう。歴史全般の分野では、すでに触れたLeonhardt und Maull (2007)の他、Krebs (1997)が概観を試みており、Oberländer (2007)が対ソ国交回復をめぐる日独関係を扱っている。邦語文献では、望田(二〇〇七)が関係史にも視野を拡げている。政治・外交の分野では、三宅(一九九六)が部分的に戦後関係史に踏み込んでいる。最近の業績として、爲政(二〇一三)がある。経済の分野では、Pauer (1985)が経済関係を概観しているほか、Jansen (1996), Schmidtpott (2010)が戦後初期の経済関係を取り上げている。貿易関係を扱ったものとしては、ハイドゥク、シャッベル(二〇〇六)、八林(二〇〇六)を挙げておきたい。技術移転については、一九世紀以降を対象時期とするPauer（1992）が戦後期をも扱っている。ドイツ企業による日本学習については、戦後初期に対象時期が限定されているが、Kleinschmidt（2002）がある。直接投資については、日本企業の対独投資を扱った先駆的な業績として、Merz und Park（1986）, Schlunze（1997）だけを挙げておく。労働力移動では森（二〇〇五）がある。これは、一九五七年から六五年にかけての八年間、日独間の文化協定に基づいて日本人炭鉱労働者四三六名が西ドイツ・ルール地方に派遣された経緯を詳細に跡づけた労作であり、戦後日独関係史の分野でのほぼ唯一の本格的研究といってよい。同じ主題に関して、最近、Kataoka *et al.* (2012)が現れた。社会・文化の分野では、ドイツ人の日本観の形成を扱った中埜（二〇〇五）は、その後半が戦後期にあてられているが、これも関係史に含めてよいであろう。最近では、対外文化政策を扱った川村（二〇一三）が現れた。

この他にも、ここで挙げるべくしてわれわれが見落としている貴重な貢献があるに違いない。だがそれにしても、関係史的な研究の少なさは否定しがたい事実であるように思われる。日独比較が枚挙にいとまがないほど活発におこなわれてきたのとは、まさに対照的である。こうして、戦後期の日独関係史について、体系的に扱った研究書ないし論文集は、いまのところ国際的に見ても存在しないのが現状であるといってよい。むろん、二国間関係史の研究が全般に停滞しているわけではけっしてなく、これは日米関係あるいは独米関係についての研究状況を想起すれば明らかである。日独関係史と関連の深い独中関係史も相当に盛んである。東ドイツ・中国関係をも含めれば、単行本に限っても、Stepanow（1974）, Kuo und Leutner（1991）, Meißner und Feege（1995）, Leutner und Trampedach（1995）, Leutner（1996）、裘・劉（一九九六）、Schüller（2003）, Wobst（2004）などを挙げることができる。それだけに、日独関係史に限ってなぜこうも不活発なのであろうかと問うてみたくなるのである。

日本とドイツに関する関係史的な研究が乏しい理由は、研究の対象となる関係そのものが希薄であったことに帰されるべきであろうか。たしかに、三国干渉、日独戦争（第一次世界大戦）、防共協定、三国同盟などの重大な出来事が継起した戦前とは異なり、戦後の日独関係には両国の政治的運命を左右するような重大な出来事が存在しなかった。言い換えれば、両国間の政治・外交関係自体が相対的に細かった——安定的であったということができるかもしれない——という事情がある。加えて、双方それぞれの対米関係が圧倒的な重要性を持っていたこと、日独関係がアメリカ合衆国(およびソ連)との関係の影に隠れることが多かったことも事実であろう。さらに、西ドイツにとっては地域化の一形態としてのEC/EUとの関わりが重要であったことも挙げておかねばならないであろう。こうしたことも直接的な関係の細さにつながったことは間違いない。

ドイツの日本研究者コンラート(Sebastian Conrad)は、直接的な接触・相互的関係の乏しさを関係史(および体系的比較)に立ちはだかる困難として挙げ、関係史は直接的交換が意味を持つ場合にのみ参照可能であるが、いつもこの前提が満たされるわけではないとしている。そしてこの点を彼の専攻する戦後における日独の歴史叙述——とくに日本における日本史とドイツにおけるドイツ史——で例示し、ドイツの日本への影響は戦後急速に減衰した——反対方向の影響はもともと無きに等しく、あってもわずかであった——とする。そこから彼は、関係史は「発見的な」(heuristisch)限界に突き当たっていると結論づけている(Conrad 2002, S. 64)。

だが、第一に、コンラートの専門領域(歴史叙述)についてはおおむね首肯しうるとしても、ほかの分野についてもこれと同様の議論ができるのであろうか。たしかに、外交分野では事情はある程度同様であると言いうるかもしれない。ドイツの外交政策にとって、日本は東アジアにおける最も重要なパートナーであり(逆もまた然りであろう)、二国間関係は良好であったものの、核心部分における協働の実体が欠如していた(Leonhardt und Maull 2007, S. 594)。とはいえ、日独外交政策の分野でも、例えば両国の対共産圏諸国に対する政策(日本・東独関係や中国・西独関係)をめぐる軋轢が存在したことも確かである。さらに、経済分野では貿易・直接投資における不均衡をめぐる対立があり、それは日本・西ドイツ/統一ドイツ二国間の政治的対立に転化し、その後さらに日本・EEC/EU間のそれへと移された。このほか、相互間の直接投資の増大、ダイムラー・クライスラー（現ダイムラー）と三菱グループとの戦略的提携の試み、さらに先に森（二〇〇五）との関連で挙げた労働力移動など、直接的な関係として観察すべき事象はけっして少なくない。政治・外交以外の経済や社会・文化などの分野へ視野を拡大すれば、直接的関係は、戦前のように太いとはいえないが、ひとしなみに細いといってしまうこともできない。学習も関係の一種であることを前提とすれば、ドイツ学習が日本において持つ重要性は、戦前に比して低下したことは否定できないとしても、社会保障や環境などの分野で継続されたという事実もここで指摘しておくべきであろう。ドイツ学習はアメリカ学習に取って代わられてしまったわけではない。他方、部分的にせよドイツによる日本学習が見られたこともたしかである。要するに、日独の直接的な関係はもちろんはっきりと存在したし、それだからこそ、少数かつ分散的とはいえ、それを扱った研究も確かに存在するのである。

第二に、コンラートの立論に関わっていまひとつ挙げるべき論点は、関係史を成立させるのは、直接的な接触や相互関係のみなのであろうかという点である。間接的な関係もまた関係史の前提たりうるのではないか。この点は、実はコンラートも否定しているわけではなく、戦後初期の日独における歴史叙述――戦後初期の日独に関する歴史叙述ではなく――は、アメリカにおける歴史叙述の両国による習得過程をめぐる諸問題を考慮せずにはきわめて不十分であること、この日独に共通の初発の状況は、冷戦期の世界的対立によりさらに強化されたこと、したがって両国の歴史叙述はアメリカという外的環境から完全に独立したものとみなしえないことを指摘してもいるのである。そもそも、ふたつの対象の間に直接的関係が欠如しているとしても、両者間に相互に関係がないということを含意するものではないのは自明である。日独間についていえば、とくにそれぞれの対米関係を――政治・外交関係にせよ経済関係にせよ――入れれば、かえって直接的関係も見えてくるのではなかろうか。

すでに見たように、コンラートは彼自身の研究対象の事例に即して、アメリカ的な歴史叙述の習得過程を視野に入れれば、関係史は限界にぶつかるとしているが、果たしてそうだろうか。むしろそれを入れることによって、関係史がより豊かになるとは考えられないであろうか。ちなみに、直接的な接触・相互関係の欠如を関係史(および体系的比較)にとっての決定的困難とする彼は、直接的接触・相互的関係のみならず、より広範な超国民的な文脈をも視野に入れる視角として、超国民的視角を提案する。だが、それは例えば日独それぞれの対米関係であって、それを超国民的視角とするのはいささか飛躍しているように思われる。

このように見てくると、戦後期の日独に関する関係史的な研究がいまだに数少ないのは、直接的な関係が薄かったという理由で合理化しうることではない。そもそも、直接的な関係が薄かったという判断自体が疑問である。あるいは、関係史的研究の乏しさは関係そのものの希薄さを意味するものではないはずである。ともあれ、こうした研究上の欠落は、第二次世界大戦後の国際政治・国際経済に占める日本およびドイツ——ここでは主として西ドイツ——両国の顕著な重要性を考えれば、奇妙なことといわなければならない。

4　構成

本書は、以上のような認識に立って、なによりもまず、こうした国際的な研究上の空白を埋めることを課題としている。ただし、本書の目指すものは、もちろんそれにとどまらない。本書は、戦後期の日本およびドイツという歴史的個性に対し、関係史という視角から接近することにより、これまでの研究——とりわけ比較史的研究——では見えなかった日本およびドイツの様々な側面に分析のメスを入れようという野心を持っている。第一節ですでに記したように、戦後日独関係史の研究は、日本とドイツという二つの特色ある国民国家・国民経済に関する「発見的な」価値を有するというのがわれわれの確信であり、本書が目指す目的もそこにある。

本書の構成は次のとおりである。

総説一　政治・外交「冷戦からデタントへ　一九四九－一九七三年」(田嶋信雄)は、東西ドイツの成立から、日本が両国と国交を樹立するまでの政治・外交関係を取り上げ、日本・西ドイツ関係が冷戦によって規定される様相、そして一九七三年の日本・東ドイツの国交樹立により冷戦的要因が減殺されてデタントが展望されるに至る過程を明らかにする。

総説二　経済関係「協調と対立　一九四五－一九七〇年」(工藤章)は、両国間の通商関係の復活から一九六〇年貿易協定の締結とその後の協定の運用を、日本のガット加盟、西ドイツの対日自由化とガットにおける「ドイツ問題」などを絡めながら概観し、両国の通商関係が日本・EECのそれに代替される一九七〇年以降を展望する。

以上のふたつの総説は、いずれも時期的な限定を付してはいるものの、その視角と認識枠組みは戦後期全体に通じるものとして提出されている。これらの総説を受けて、以下の本論は、「政治と外交」、「経済」、「社会と文化」に分けられる。

まず「I　政治と外交」の分野では、第一章から第三章までの三つの章で、日本社会党とドイツ社会民主党という政党間の関係、東西ドイツと日本の労働組合の関係、そして気候変動問題をめぐる日独関係が取り上げられる。

第一章「日本社会党とドイツ社会民主党――友党関係から忘却へ」(安野正明)は、一九五〇年代に日本社会党が右派と左派とを問わず、再軍備への反対の主張ゆえにドイツ社会民主党に対して「友党」意識を持っていたが、その意識は一九六〇年代初頭までには消滅したこと、その後そうした事実それ自体が忘れ去られていったことを明らかにする。そしてこのような両党間の関係から日独それぞれの社会(民主)主義勢力の特徴を浮き彫りにする。

第二章「冷戦下の独日労働組合関係――安保闘争とベルリン危機のはざまで」(クリスティアン・ハイデック)は、冷戦という背景の下での東西ドイツの労働組合全国組織と日本の総評という三者の交流関係が、とくに安保闘争とベルリン危機(ベルリンの壁の建設)を契機として大きく変容した過程を明らかにする。

第三章「気候変動問題をめぐる日独関係――エコロジー的近代化へのリーダーシップ」(マーク・ティルトン)は、地球温暖化問題に関する国際的取決め(とくに京都議定書)が目指されるなか、日独の二国間関係では、ドイツがもともと日本で生み出された「エコロジー的近代化」の理念を掲げて日本に圧力を行使した過程に着目する。

次に「Ⅱ　経済」の分野では、アデナウアー政権期の両国の経済関係、日本・EEC通商交渉、そして日本・東ドイツ間の技術移転が取り上げられる。

第四章「冷戦下の通商と安全保障――アデナウアー政権期の独日経済関係　一九四九－一九六三年」(カティヤ・シュミットポット)は、アデナウアー政権と吉田・鳩山・岸政権の時期の西ドイツ・日本の経済関係を、エアハルト副首相・経済相およびアデナウアー首相の訪日、さらにアデナウアー・吉田間の大阪・堺港改修計画への融資をめぐる折衝に焦点を当てつつ跡づける。

第五章「日本・EEC貿易協定締結交渉と西ドイツの立場――限定的自由貿易主義の限界　一九七〇－一九七一年」(工藤章)は、EECが日本を共通通商政策の最初の対象として選んでおこなわれた一九七〇－七一年の貿易協定締結交渉を取り上げ、自由化計画とセーフガード条項をめぐって対立が解消しなかった経緯を跡づけた上で、その後の日本・EEC間の通商交渉と通商対立の原点を明らかにする。

第六章「日本と東ドイツの経済関係――第一次石油危機後の接近　呉羽化学とツァイス」(工藤章)は、一九七〇年代後半から一九八〇年代前半にかけての日本・東ドイツ両国の経済的接近を背景とする、東ドイツの巨大企業ツァイスの対日事業を、とくに呉羽化学に対する光学的測定機器のライセンシングの事例に即して跡づけ、両国間の経済的接近の動機、実態と帰結を明らかにする。

最後に、「Ⅲ　社会と文化」の分野では、介護保険・介護政策をめぐる日独関係、科学交流、そして「原子力の平和利用」をめぐる知識人の事例が取り上げられる。

第七章「日独の介護保険・介護政策と異文化接触――政策官僚の行動様式と内外の関係変化」(山田誠)は、介護保険・介護政策をめぐる両国の官僚を中心とする接触について、介護保険制度をめぐってドイツが日本を手本とするという異例の展開に注目し、なぜそのような事態が生まれたのかを説明する。そのなかで、両国の介護保険・政策の制度・制度運営・政策の比較に及ぶ。

第八章「日独科学交流――国際関係とソフトパワー」(スヴェン・サーラ)は、日独科学交流について、ソフトパワーという概念を手がかりに、時期区分を施した上で戦後期の流れを概観し、科学交流の戦略と組織の面における問題点を指摘する。そこから両国の科学政策の特質が浮き彫りにされる。

第九章「戦後日本の知識人とドイツ――『原子力の平和利用』をめぐって」(加藤哲郎・井関正久)は、ヴァイマール・ドイツへの留学経験を持つ平野義太郎と有澤廣巳という二人の知識人の原子力発電への態度決定、さらに「市民科学者」を目指す高木仁三郎のドイツの反核運動との交流という、三つの事例を取り上げる。

以上、この序では、本書の課題と視角を「歴史的並行性」、「比較」、「関係」という論点に即して明らかにし、さらに本書を構成する各章の主題を紹介した。各章の扱う論点は政治と外交、経済、社会と文化の分野にわたり、政党間関係、労働組合関係、環境をめぐる国際政治、貿易・通商関係、技術移転、社会保障、科学交流、知識人の交流などの主題が取り上げられる。関係を担う主体という側面から見れば、政府のほか、政党、企業、労働組合、学術組織、知識人などが登場している。

戦後日独関係の総体に触れえたなどというつもりは毛頭ない。取り上げられなかった主題は、思いつくだけでも、安全保障、労働力移動、通貨金融政策、競争政策、開発援助、戦後責任など、少なくない。また、直接的な関係と並んで重要な間接的な関係、とくにアメリカを媒介とする関係については、正面から取り上げることができなかった。

それでも、総説を含めて一一本の章のそれぞれにおいて、少なくとも、これまでの比較研究では明らかにならなかった日独の政治・経済・社会の諸側面に光を当てることができたように思う。比較によって得られた認識もそのなかで新たな意味を獲得したのではないか、また、戦後期日独関係の総体を展望する手がかりが得られたのではないか、これまで孤立分散していた研究者が国際的に集うことによって、いわば集積効果を挙げているのではないかと期待している。さらにいえば、戦後日独関係史のいくつかの側面を明らかにすることにより、これまで主として覇権国ないしは超大国を中心に観察してきた国際政治史・経済史研究に対し、新たな視点を提示するための拠点を築くことができたのではないかとも考えている。ここでの試みが成功しているかどうかは読者の判断に委ねるほかないが、すくなくとも本格化な関係史的研究への先蹤となることをわれわれは強く願っている。

■注

(1) なお、ここでは「戦後」について敢えて明確な定義を与えず、それを現代あるいは同時代と同義とみなしている。それはまず、周知のように、日独両国に限ってもその終期について一九六〇年前後とするもの、あるいは一九九〇年前後とするものなど、いまなお諸説があるからであるが、それればかりではない。日本を含む東アジアに限っていえば、一九九〇年前後のいわゆる冷戦体制の終結について、これは東アジアには当てはまらないという主張を無視することができないからでもある。さらに、本書のいくつかの章では、主題追究の必要上、一九九〇年以降をも観察の対象とするか、あるいはむしろ一九九〇年以降に力点を置いているという事情をも考慮した。

(2) 西ドイツ・統一ドイツにおける米軍はNATO軍の一部である。

(3) もっとも、相違への着目から出発するとしても、そこから比較へ移ることもむろんありうるが、その場合は、戦前期における日独比較のように時代を異にしたものとなり、同時代における比較にはなりにくいであろう。

■文献(邦文)

浅井良夫(二〇〇一)『戦後改革と民主主義――経済復興から高度成長へ』吉川弘文館。

大嶽秀夫（一九八六）『アデナウアーと吉田茂』中央公論社。

――（一九九二）『二つの戦後・ドイツと日本』日本放送出版協会。

加藤浩三（一九九六）『通商国家の開発協力政策――日独の国際的位置と国内制度との連関』木鐸社。

川村陶子（二〇一三）「文化会館と国際関係――東京『独日センター』設立構想の展開と挫折」平野健一郎・古田和子・土田哲夫・川村陶子編『国際文化関係史研究』東京大学出版会。

工藤章・田嶋信雄編（二〇〇八）『日独関係史　一八九〇－一九四五』全三巻、東京大学出版会。

添谷芳秀（二〇〇五）『日本の「ミドルパワー」外交――戦後日本の選択と構想』筑摩書房。

爲政雅代（二〇一三）「新たな日独関係の模索？――西ドイツ首相アデナウアーの日本訪問　一九六〇年」『社会科学』（同志社大学）四三巻一号。

坪郷實（二〇〇九）『環境政策の政治学――ドイツと日本』早稲田大学出版部。

出水宏一（一九八一）『日独経済比較論――西ドイツの底力・日本の実力』有斐閣。

中埜芳之（二〇〇五）『ドイツ人がみた日本――ドイツ人の日本観形成に関する史的研究』三修社。

ハイドゥク、ギュンター、クリスティアン・シャッベル、八林秀一訳（二〇〇六）「ドイツから見た独日経済関係の展望」渡辺尚・今久保幸生、ヘルベルト・ハックス、ヲルフガング・クレナー編『孤立と統合――日独戦後史の分岐点』京都大学出版会。

姫岡とし子（二〇〇四）『ジェンダー化する社会――労働とアイデンティティの日独比較史』岩波書店。

ヒルシュマイヤー、J、A・デワルト（一九七九）『西ドイツと日本――東西〝優等生社会〟の比較』東洋経済新報社。

三宅正樹（一九九六）『日独政治外交史研究』河出書房新社。

望田幸男（二〇〇九）『二つの戦後・二つの近代――日本とドイツ』ミネルヴァ書房。

――編（二〇〇七）『近代日本とドイツ――比較と関係の歴史学』ミネルヴァ書房。

森廣正（二〇〇五）『ドイツで働いた日本人炭鉱労働者――歴史と現実』法律文化社。

八林秀一（二〇〇六）「対独関係から見た日本の貿易構造」渡辺尚・今久保幸生、ヘルベルト・ハックス、ヲルフガング・クレナー編『孤立と統合――日独戦後史の分岐点』京都大学出版会。

渡辺尚、W・クレナー編（一九九八）『型の試練――構造変化と日独経済』信山社。

渡辺尚・今久保幸生、ヘルベルト・ハックス、ヲルフガング・クレナー編（二〇〇六）『孤立と統合——日独戦後史の分岐点』京都大学出版会。

■文献（中文）

裘元倫・劉立群編（一九九六）『亜州背景下的中徳関係』北京・社会科学文献出版社。

■文献（欧文）

Baring, Arnulf und Masamori Sase (Hrsg.) (1977) *Zwei zaghafte Riesen? Deutschland und Japan seit 1945*, Stuttgart und Zürich: Belser.

Conrad, Sebastian (2002) Jenseits der Komparatistik. Transnationale Geschichte in vergleichender Perspektive, in: Wolfgang Seifert und Claudia Weber (Hrsg.), *Japan im Vergleich*, München: iudicium.

Dore, Ronald (2000) *Stock Market Capitalism: Welfare Capitalism. Japan and Germany versus the Anglo-Saxons*, Oxford and New York, Oxford University Press（藤井眞人訳『日本型資本主義と市場主義の衝突——日・独対アングロサクソン』東洋経済新報社、二〇〇一年）.

Grewe, Wilhelm (1984) Japan und Deutschland nach dem Kriege: Parallelen und Divergenzen, in: Josef Kreiner (Hrsg.), *Deutschland – Japan. Historische Kontakte*, Bonn: Bouvier.

Jansen, Hans-Heinrich (1996) Die Eingliederung Japans in die Welt-Wirtschaft. Zur Rolle der Bundesrepublik in der US-Globalstrategie 1953–1960, in: Gustav Schmidt und Charles F. Doran (Hrsg.), *Amerikas Option für Deutschland und Japan. Die Position und Rolle Deutschlands und Japans in regionalen und internationalen Strukturen. Die 1950er und 1990er Jahre im Vergleich*, Bochum: Universitätsverlag Dr. N. Brockmeyer.

Kataoka, Atsushi, Regine Mathias, Pia-Tomoko Meid, Werner Pascha und Shingo Shimada (Hrsg.) (2012) *Japanische Bergleute im Ruhrgebiet*, Essen: Klartext.

Kato, Kozo (2002) *The Web of Power: Japanese and German Development Cooperation Policy*, Lanham: Lexington Books.

Katzenstein, Peter J. and Takashi Shiraishi (eds.)（1997）*Network Power: Japan and Asia*, Ithaca: Cornell University Press.

Katzenstein, Peter J.（2005）*A World of Regions: Asia and Europe in American Imperium*, Ithaca: Cornell University Press（光辻克馬・山影進訳『世界政治と地域主義――世界の上のアメリカ、ヨーロッパの中のドイツ、アジアの横の日本』書籍工房早山、二〇一二年）.

Kleinschmidt, Christian（2002）*Der productive Blick. Wahrnehmung amerikanischer und japanischer Management- und Produktionsmethoden durch deutsche Unternehmer 1950–1985*, Berlin: Akademie Verlag.

Krebs, Gerhard（1997）Japan and Germany: From Wartime Alliance to Postwar Relations, in: Gerhard Krebs and Christian Oberländer（Hrsg.）, *1945 in Europe and Asia: Reconsidering the End of World War II and the Change of the World Order*, München: iudicium.

Kudo, Akira, Nobuo Tajima and Erich Pauer（eds.）（2009）*Japan and Germany: Two Latecomers to the World Stage 1890–1945*, 3 Volumes, Folkestone: Global Oriental.

Kuo, Heng-yü und Mechthild Leutner（1991）*Deutsch-chinesische Beziehungen vom 19. Jahrhundert bis zur Gegenwart. Beiträge des internationalen Symposiums in Berlin*, München: Minerva Publikation.

Leonhardt, Nadine R. und Hanns W. Maull（2007）Japan, in: Siegmar Schmidt, Gunther Hellmann und Reinhard Wolf（Hrsg.）, *Handbuch zur deutschen Außenpolitik*, Wiesbaden: VS Verlag für Sozialwissenschaften.

Leutner, Mechthild（Hrsg.）（1996）*Politik, Wirtschaft, Kultur. Studien zu den deutsch-chinesischen Beziehungen*, Münster: Lit Verlag.

Leutner, Mechthild und Tim Trampedach（Hrsg.）（1995）*Bundesrepublik Deutschland und China 1949 bis 1995. Politik-Wirtschaft-Wissenschaft-Kultur. Eine Quellensammlung*, Berlin: Akademie Verlag.

Meißner, Werner und Anja Feege（Hrsg.）（1995）*Die DDR und China 1949 bis 1990. Politik-Wirtschaft-Kultur. Eine Quellensammlung*, Berlin: Akademie Verlag.

Merz, Hans-Peter und Sung-Jo Park（1986）*Japanisches Management in der Bundesrepublik Deutschland. Strukturen und Strategien*, Berlin: Express Edition.

Oberländer, Christian (2007) Die ‚Adenauer-Formel‘ in den japanisch-sowjetischen Friedensverhandlungen 1955/56 und die deutsch-japanischen Beziehungen, in: Helmut Altrichter (Hrsg.), *Adenauers Moskaubesuch 1955. Eine Reise im internationalen Kontext*, Bonn: Bouvier.

Pauer, Erich (1985) *Japan-Deutschland. Wirtschaft und Wirtschaftsbeziehungen im Wandel*, Düsseldorf: Deutsch-Japanisches Wirtschaftsförderungsbüro.

—— (Hrsg.) (1992) *Technologietransfer Deutschland-Japan von 1850 bis zur Gegenwart*, München: iudicium.

Sakaki, Alexandra (2013) *Japan and Germany as Regional Actors: Evaluating Change and Continuity of the Cold War*, Abingdon and New York: Routledge.

Schlunze, Rolf D. (1997) *Japanese Investment in Germany: A Spatial Perspective*, Münster: Lit Verlag.

Schmidtpott, Katja (2010) Die Wirtschaftsbeziehungen zwischen der Bundesrepublik Deutschland und Japan in der Ära Adenauer (1949–1963), in: Eckart Conze (Hrsg.) *Die Herausforderung des Globalen in der Ära Adenauer*, Bonn: Bouvier.

Schüller, Margot (Hrsg.) (2003) *Strukturwandel in den deutsch-chinesischen Beziehungen. Analysen und Praxisberichte*, Hamburg: Institut für Asienkunde.

Stepanow, Andrej (1974) *BRD und China. Zur Geschichte der Beziehungen 1949 bis 1977*, Frankfurt am Main: Verlag marxistischer Blätter.

Streeck, Wolfgang and Kozo Yamamura (eds.) (2001) *The Origins of Nonliberal Capitalism: Germany and Japan in Comparison*, Ithaca: Cornell University Press.

Wobst, Martina (2004) *Die Kulturbeziehungen zwischen der DDR und der VR China 1949–1990. Kulturelle Deversität und politische Positionierung*, Münster: Lit Verlag.

Yamamura, Kozo and Wolfgang Streeck (eds.) (2003) *The End of Diversity? Prospects for German and Japanese Capitalism*, Ithaca: Cornell University Press.

総説

総説一　政治・外交

冷戦からデタントへ　一九四九―一九七三年

田嶋信雄

はじめに

本章の目的は、一九四九年のドイツ連邦共和国(以下西ドイツ、西独ないしたんに独、ドイツとも)およびドイツ民主共和国(以下東ドイツないし東独、DDRとも)の成立から、一九五二年四月の日本の独立回復および日本＝西独関係の樹立を経て、一九七三年五月の日本＝東独関係の正常化にいたるまでの時期の日独政治外交関係を分析し、冷戦下における日独関係の政治的・外交的特徴のいくつかをスケッチすることにある。当該期間には日本と東ドイツの正式な国交はなかったから、分析の重点は日本と西ドイツの政治外交関係に置かれる。

ヨーロッパにおける唯一の分断国家であったドイツと東アジアとの関係は、いうまでもなく冷戦体制の枠組みの影響を強く受けたものであった。すなわち東アジアにおいて西独は中華人民共和国(以下中国)との国交を有さず、また東ドイツは日本との国交を有さないという不正常な状態が長く続いたのである。このような特殊な諸関係は一九七〇年代初頭におけるデタントおよび西ドイツの東方政策と、日本＝東独関係の樹立および西独＝中国関係の樹立、さらに日本と中国の国交回復により正常化され、それ以降、西独、東独、日本、中国の関係は、台湾問題を除き、通常の主権国家間の形式的には対等な関係として、基本的には脱冷戦的・脱政治的に処理されることになる。

さらに加えて、両国関係の利害調整が必要な経済の分野においても、一九七〇年にECの共通通商政策が開始されたことにともない、国際通商に関するドイツ連邦共和国の権限は大幅にECへ移譲された（工藤 二〇一四a、本書総説二）。これ以降、日本とドイツの関係はECを含めた多国間関係で処理されることが多くなり、したがって、日独の二国間経済関係もまた政治外交関係のように脱政治化していくことになる（Schmidt *et al.* 2007, S. 597–599）。

以上のような理由から、本章では、分析の対象時期を、東西両ドイツの建国から一九七〇年代初頭までの時期に限定することとしたい。この時期にこそ戦後ドイツ＝東アジア関係史の特殊性が集中的に現れたと考えるからである。

なお、本章が対象とする時期の国際関係は、冷戦初期には、軍事的には米ソ両超大国の力が圧倒的である二極構造をその特徴としていたが、一九六〇年代以降、中ソ対立により中国がソ連・東欧圏から脱して政治的に米ソとともに三つの極を形成しつつあり、また、経済的には日本およびヨーロッパの力が伸張し、アメリカとともに三つの極を形成するプロセスであったと考えることができる。本章においては、こうした国際政治のペンタゴン構造の形成過程を念頭に置いた分析をおこなうこととしたい。

戦後日独政治外交関係について、まとまった研究は、管見の限り、クロル（Hans Kroll）大使の伝記（Kühlem 2008）の日本駐在時代に関する一部を除き、国際的にもまったく存在しないというのが現状である。そのクロルの伝記にしても、クロル日記に基づくクロルの私生活・外交官生活の細かい描写が中心であり、必ずしも日独政治外交関係に特化しているわけではない。三宅の研究（三宅 一九九六）には戦後日独関係への言及が少なからずあり、参考になるが、同書もやはり基本的には「比較研究論文集」（同書帯）という性格の著作である。

日本＝東独関係については、ドイツ統一前のモードロウの編著(Modrow 1983)があるが、戦後史に関しては一九七三年日本＝東独国交樹立以降の時期が主たる対象であり[1]、またそもそも一種の東独宣伝を目的として書かれた文書であるため、文化関係が中心で政治関係はあまり触れられず、しかも註という形で記述の根拠を明示しているわけではないので、学問研究にはあまり役に立たない。

ドイツ東洋文化研究協会(ＯＡＧ)が編集した駐日ドイツ大使列伝(Schwaibe/Seemann 1974)は、第二次世界大戦後については各大使の簡単なＣＶを掲載しているのみで、ほとんど役に立たない。

戦後日独関係史を扱った個別論文では、クレープス(Krebs 1997)、オーバーレンダー(Oberländer 2006; 2008)が有益である。関連するテーマでは、東西両ドイツと南北両朝鮮の関係に関して、ケルナーの論文(Köllner 1998)がある。

当事者の回想録としては、クロル(Kroll 1967, 邦訳一九七〇)、グレーヴェ(Grewe 1979)およびシュレーダー(Schröder 1988)の回想録があり、時代背景と当事者の主観を知るのに便利である。ホーネッカー(Erich Honecker)や、東ドイツの対日政策に関わったモードロウの回想録は、著者の政治的立場の弁証・弁明に過ぎないうえ、対日政策に関する言及もなく、役に立たない。日本の外務当事者、例えば大野勝巳、法眼晋作、牛場信彦、曽野明、都倉栄二、村田良平(二〇〇八)などもいくつか回想的著作を出版しているが、いずれも自らのキャリアのなかで獲得した主観的な意見を吐露しているのみで、学問的にはほとんど役に立たず、上述クロル、グレーヴェやシュレーダーらに示される上質の回想録とは鋭い対照をなしている。大平正芳の『回想録』(大平正芳回想録刊行会 一九八二)は、通例の回想録ではなく、「伝記編」「資料編」「追想編」から構成されているが、いずれも対独政策についてはほとんど触れられていない。『大平正芳全著作集』の第二巻(大平 二〇一〇)(一九五六年－六六年の官房長官・外務大臣時代を扱う)にもドイツへの言及はほとんどない。森田一の回想(森田 二〇一〇)は大平の第一次外相時代についても興味深いデータを提供しているが、やはり対独政策への言及はほとんどない。

レファレンス・ブックとしては、ドイツ外務省の編集した外交人名録(Auswärtiges Amt 2004–2014)があり、対象時期は一八七一年から一九四五年ではあるが、戦前戦中から継続して外務省に勤務した人物については、戦後のキャリアについても情報を提供している。シュミットらによるドイツ外交一般についてのハンドブック(Schmidt *et al.* 2007)は、概観を知るには便利ではあるが、対日政策の説明は通り一遍で、具体的歴史分析にはほとんど役に立たない。

最後に戦後日独政治外交関係史に関する史料について述べておく。戦後ドイツ外交史の基本的史料集としてはドイツ連邦共和国外交史料集 *Akten zur Auswärtigen Politik der Bundesrepublik Deutschland* とドイツ民主共和国外交史料集 *Dokumente zur Aussenpolitik der Deutschen Demokratischen Republik* があるが、いずれも対日政策で掲載している文書は少ない。また、前述の分析視角から戦後日独関係史を研究するためには、とりわけ戦後中独関係史にも視野を広げる必要があるが、幸いにも、西ドイツ=中国関係史、東ドイツ=中国関係史については、研究・史料ともに豊富であり、極めて貧弱な戦後日独関係史研究および史料と著しいコントラストをなしている。とりわけロイトナー(Leutner 1995)とマイスナー(Meißner 1995)が編集した各史料集およびそこにつけられた解説は研究の基礎的出発点を形成している。

本章では、以上のような史料状況を踏まえ、ドイツ連邦共和国外務省外交史料館(ベルリン)に所蔵されている対日政策関係史料(B11, B12, B37史料群に含まれる)および日本外務省外交史料館(東京)に所蔵され公開されている対独政策関係史料を主として用いた(なお、以下で使用されるアルヒーフ史料はすべて西独外務省外交史料館および日本外務省外交史料館の史料なので、それぞれの所在史料館名を省略し、文書典拠のみを記した)。

一　戦後日本＝西独関係の樹立

1　サンフランシスコ講和前後

一九四九年五月六日にドイツ連邦共和国臨時政府が成立し、九月七日には西独議会が開会し、九月二〇日にはアデナウアー(Konrad Adenauer)を首班とする連立内閣が成立した。一一月二二日にはペータースベルク協定がアメリカ合衆国・イギリス・フランスと西ドイツの間で調印され、西ドイツは大幅な自治・外交権を獲得した。他方このころまだ日本は占領下にあったため、日本＝西ドイツ国交樹立は問題とはならなかった。

しかし経済関係の分野では、両国がまだ占領下にあった時期にもすでに日本＝西独間の貿易関係を再開する動きがあり、一九四九年一〇月四日の日本＝西独貿易協定の締結となって現れた。この貿易協定はその後二度にわたって期間が延長されたが、一九五一年にはあらたな協定の締結が模索された。同年六月、西ドイツから日本に派遣されたヘス(Walter Hess)参事官を団長とする貿易使節団が到着し、連合国軍最高司令官総司令部(ＧＨＱ／ＳＣＡＰ)経済科学局内でヘイル(Russell W. Hale)外国貿易課長の司会の下に経済交渉が開始され(『朝日新聞』一九五一年六月八日朝刊)、八月二日に新たな貿易協定が調印された(B11/662 F2;『朝日新聞』一九五一年八月三日朝刊、工藤 二〇一四a、本書総説二)。戦後日本＝西独関係においては、経済関係の樹立が政治外交関係の樹立に先行したのである。

日本＝西ドイツ国交樹立が議題にのぼり始めたのは、こうした経済分野での関係回復にくわえ、サンフランシスコで講和会議が開かれる展望が出始めてからであった。一九五一年四月一〇日、アデナウアーは、ボン近郊ペータースベルクの連合国高等弁務官府(ＡＨＫ)に書簡を送り、日本における貿易代表部設置の希望を伝えた。連合国高等弁務官府は九月二五日に首相府に書簡を送り、貿易代表部の東京設置に異議はないが、それにとどまらず、設置するのは領事・外交権を有する代表部でも構わないとの考えを西ドイツ政府に示した(Alliierte Hohe Kommission für Deutschland, der Generalsekretär, an Blankenhorn, Bundeskanzleramt, 25. September 1951, B11/346, F2, Bl. 161–162)。

一九五一年六月三〇日、第三次吉田内閣の兼摂外務大臣吉田茂はボンに代表部を設置することを提案し、七月一〇日、連合国高等弁務官府はその希望を西ドイツ外務省に伝えた。こうした動きを受け、西ドイツ外務省は、一九五一年八月二九日、日本との間で新貿易・支払協定が締結されたいま、東京に西ドイツの公式代表部を設立する必要を認めた。日本外務省筋の情報によれば、日本は近々ボンに在外貿易代表部(Overseas Trade Agency)を設立し、代表部の長に大使館参事官クラスを充てるつもりであるという。これをうけ、「ドイツも東京での総領事館設置を考えなければならない」と判断されたのである(Grosses Hauptquartier Oberbefehlshaber der Alliierten Streitkräfte APO 500 Diplomatische Abteilung, an das AA, 10. Juli 1951, B11/346, Bl. 163; *AAPD*, 1951, Nr. 147, S. 476–477)。

一九五一年九月八日にサンフランシスコ講和条約が調印され、同条約批准・発効後、日本は主権を回復することとなった。こうした情勢を受けて、講和条約調印二日後の九月一〇日、吉田茂はサンフランシスコでドイツ紙のインタビューに応じ、日本が主権を回復してからすぐにでも西ドイツとの国交回復を実現したいという希望を述べたのである(Presse- und Informationsamt der Bundesregierung, 10. September 1951, B11/262, Bl. 29–30)。

2　国交回復と代理大使の交換

一九五一年一一月一五日、アデナウアーは吉田茂に書簡を送り、日本の在外事務所をボンに設置することを承認するとともに、この日本の行動に感謝の意を表明した。これを受けて吉田茂も翌五二年一月四日にアデナウアーに返書を送り、一九五二年二月にボンに在外事務所を開設したいとの希望を伝えた。吉田はさらに、ワシントン駐在在外事務所の寺岡洪平を西ドイツに送るつもりであるとの意向を伝えたのである(Yoshida an Adenauer, 4. Januar 1952, B11/346, F.2, Bl. 178–179)。

ただし当時日本は未だ占領下にあったため、連合国軍最高司令官（ＳＣＡＰ）の許可なくして西独との国交を樹立することはできなかった。ＳＣＡＰは、東京駐在の各国在外事務所は目下ＳＣＡＰに派遣される形を取っており、そのため、連邦共和国の在外事務所もさしあたりＳＣＡＰに派遣されることになる旨を日本政府および西ドイツ政府に伝えた。また、この間ボンに到着していた寺岡は三月一九日に西ドイツ外務省の諸国部を訪問して国交樹立交渉を開始したが、三月二四日に外務省諸国部長代理エッツドルフ(Hasso von Etzdorf)は、西ドイツが日本と外交関係を樹立する場合、連合国高等弁務官府の許可を得る必要があると述べたのである(„Aide Mémoire", 29. February 1952, B11/346, Bl. 184; Aufzeichnung Etzdorf, 24. März 1952, B11/346, Bl. 186)。

日本政府・西独政府とＳＣＡＰは、それならば差しあたり相互に在外事務所を置き、講和条約の批准により日本が主権を回復した直後に大使館を相互に設立しようということで一致した(Aufzeichnung betr. künftiger Status der Bundesvertretung in Tokyo, 18. März 1952, B11/346, Bl. 188)。

そのような経緯を経て一九五二年三月三一日にドイツ連邦共和国東京在外事務所が帝国ホテルに設置され、業務を開始した。四月五日にはノルテ(Heinrich Northe)が着任し、日本外務省で歓迎された(Schwarz an das AA, 31. März 1952, B11/346, Bl. 190; *AAPD*, 1951, S. 477, Anm. 2; Northe an das AA, 4. April 1952, B11/346/, Bl. 191)。

四月一五日、ボンでは寺岡とドイツ外務省諸国部長コルト(Theodor Kordt)との間で吉田首相のアデナウアー首相宛書簡およびアデナウアー首相の吉田首相宛書簡が交換され、サンフランシスコ講和条約の発効の日に日本と西ドイツの通常の外交関係を回復することが合意された(Das AA an die Vertretung der Bundesrepublik Deutschland, 14. April 1952, B11/346, Bl. 212; 吉田茂発アデナウアー宛て、一九五二年四月一一日〈写〉「日本・ドイツ連邦共和国間外交関係――在京使臣との会談関係」第一巻、〇一二〇－二〇〇一－〇一〇一八)。

一九五二年四月二八日、サンフランシスコ講和条約が発効し、日本の主権が回復されると、東京駐在ドイツ在外事務所は同時に大使館のランクに格上げされ、ノルテ在外事務所代表は代理大使に昇格した。こうして両国は正式な外交関係を樹立した。ノルテ代理大使はサンフランシスコ講和条約発効＝日本の主権回復に関してNHKを通じ声明を発表し、祝意を表明した。その後ドイツ大使館は東京都港区の東鳥居坂に移転して本格的な業務を開始した(*AAPD*, 1951, S. 477, Anm.2; Kordt an Northe, 26. April 1952, B11/262, Bl. 51; Botschaft Tokio an das AA, 4. Juni 1952, B11/346, Bl. 232)。

3　対中国・ソ連情報拠点としての日本

西ドイツにとって分断状態の解消は外交政策上の第一の優先事項にならざるをえなかったが、それは当然のことながら東側ブロックの動向に大きく左右されるものであり、このため西ドイツはソ連や中華人民共和国の政治的動向に死活的関心を有した。日本との国交回復に際し、西ドイツが重視したのは(次節で述べる初代駐日大使クロルの場合がそうであるように)日本の政治や経済、あるいは日本＝西独二国間関係そのものよりも、むしろ東アジアにおけるソ連、また、それ以上に中国の動向に関する情報であった。

日本政府もこうした西ドイツの情報面での政治的関心を十分に理解していた。国交回復後の一九五二年八月二一日、西ドイツ大使館は日本外務省から中国問題に関する政府声明その他の文書を提供された。東京駐在大使館は、さらに日本外務省でのさまざまな聞き取りをも踏まえて「中国に対する日本の立場」と題する包括的な報告文書を作成し、ボンの外務省に送付した。さらにこの報告を受けて九月五日、外務省諸国部長代理エッツドルフは「中国に関する日本の立場」と題する詳細な覚書を作成し、外務次官ハルシュタイン(Walther Hallstein)に提出した。このようなソ連および中国に関する情報収集は、以後、東京駐在西ドイツ大使館がおこなう重要な任務の一環となった(Botschaft Tokio an das AA, 21. August 1952, B11/421, Bl. 37-46; Aufzeichnung Etzdorf, 5. September 1952, B11/421, Bl. 47)。

二　一九五〇年代の日本＝西独関係

1　相互交流の進展と吉田茂の「戦後版・日独防共協定」論

その後の日独二国間関係は、懸案もなく、順調に推移したといえる。国交回復から一年余りのちの一九五三年七－八月、早くも皇太子明仁が長期訪欧の一環として西ドイツを訪問し、ホイス(Theodor Heuss)大統領およびアデナウアー首相の歓迎を受けている(『朝日新聞』一九五三年八月五日夕刊)。サンフランシスコ講和条約調印二年後の一九五三年九月八日、前日の総選挙での与党キリスト教民主同盟(CDU)の大勝に気をよくしたアデナウアーは、日本にメッセージを送り、「日独両国の関係は絶えず緊密となっていくものと信ずる。ドイツと日本の状況には相似点がある。われわれは両国が互いにより近く歩み寄ることを望んでいる。そして私は其れが実現することを疑わない」と述べた(『朝日新聞』一九五三年九月八日夕刊)。

一九五四年九－一一月には吉田首相が外遊(カナダ、フランス、西独、イタリア、ヴァチカン、イギリス、アメリカ)し、一〇月一二日から一五日まで西ドイツに滞在した。一三日には二度にわたりアデナウアー首相と会談し、「対ソ不信」「自由陣営への貢献」で一致した(『朝日新聞』一九五四年一〇月一四日朝刊および夕刊)。さらにこの場で吉田は西ドイツ側に「防共問題」(Frege der Abwehr des Kommunismus)において「日独二国間協定」の締結を示唆したといわれている(„Instruktion für Herrn Botschafter Dr. Kroll“, B11/262, Bl. 199–208, bes. Bl. 208)。このときのアデナウアーの反応は明らかではないが、他方、一九三六年の日独防共協定の締結に日本外務省でもっとも強く反対したのが当時のイギリス駐在大使吉田茂であったことを考えれば、これは皮肉な出来事であったといわなければならない。しかしいずれにせよこの外遊は、吉田にとって政治的には末期の旅であり(ダワー 一九八一〈下〉、第一二章「一九五四年の吉田外遊と時代の終焉」二二九－二六一頁)、戦後版「日独防共協定」ももちろん実現することはなかったのである。[2]

2　大使館への昇格とアデナウアーの中国情報への関心

一九五四年一月八日、日本はドイツ連邦共和国駐在初代特命全権大使として加瀬俊一を任命した。同年一〇月二三日、西独はパリ条約に調印し、NATOへの編入を果たした。西ドイツはこれにより政治的・軍事的な主権を回復したのである。首相鳩山一郎および駐西独大使加瀬俊一はアデナウアー西独首相に主権の完全回復に対する祝電を送った(B11/262, Bl. 93–94)。こうして日独関係が順調に推移し、とりわけ両国の経済関係が発展していくと、西ドイツ外務省でも、代理大使ではなく、正規の大使を派遣する必要が意識されるようになった。

一九五五年一月一三日、大使として前西ドイツ駐ユーゴスラヴィア大使クロルへのアグレマンがおり、一八日には正式に戦後初の東京駐在西ドイツ大使として任命された(Northe an das AA, 14. Januar 1955; Northe an das AA, 22. Januar 1955, B11/262, Bl. 183 u. 191)。クロルは東京駐在大使就任に際するアデナウアーとの会談について、回想録のなかでつぎのように記している(Kroll 1967, S. 294–295, 邦訳一二頁)[3]。

「首相〔アデナウアー〕自身が強い関心を抱いている中国情勢について、すでに長い間的確な情報を得ていないのがなによりも心もとない。(中略)自分〔アデナウアー〕が求めているのは客観的な報告である。君〔クロル〕は、日本の情報源に接近するよう努めてほしい。〔日本との〕情報の交換にはいつでも応じる」。

ここには、戦後日本＝西独関係史を考える場合、きわめて示唆的なことが記されていたといえよう。第一に、ここでクロルは、西ドイツの宰相アデナウアーのアジアにおける「強い関心」が、日本の政治や経済そのものよりも、むしろ中国情勢に向けられていたことをはっきりと述べている。戦後日独の二国間関係においては、戦後の日米関係・独米関係のような安全保障上の協力関係や強い経済的な結合関係もなく、また戦前の日独関係のような政治的・イデオロギー的な結びつきもなかった。むしろ西ドイツのアジアにおける政治的・経済的関心は、一九三〇年代と同様、中国大陸の情勢に向けられていたといってよい(4)。

第二にここでアデナウアーは、日本をアジアにおける中国情報の「情報源」として位置づけていることである。しかもこれは、たんにアデナウアーの個人的傾向などではなかった。すでに見たように日本と西独の間での情報交換は頻繁におこなわれていたし、またその後の日本＝西独関係においてもその顕著な政治的特徴となるからである。

3 クロルへの訓令案(ローゼン案)と「反ナチス」の伝統

一方このアデナウアーの期待とは別に、外務省の参事官ローゼン(Georg Rosen)がクロルに対する西独外務省としての訓令第一案を起草した(„Instruktion für Herrn Botschafter Dr. Kroll", B11/262, Bl. 199–208)。この案は当時の西ドイツ外務省の日本に対する考え方の一端を示しており、興味深い。

訓令案はまず明治以来の日独関係の歴史から議論を始める。日本とドイツは通常の友好関係を発展させてきたが、「シモノセキ」(一八九五年の三国干渉を意味する)により日本側には第一次世界大戦にいたるまで長期の対独不信が持続した。第一次世界大戦後、駐日大使ゾルフ(Wilhelm Solf)の下で日独関係は頂点を迎え、その基礎は「東アジア国際関係への不介入」であった。ゾルフはその条件の下で政治的理性と鋭敏な感性により東京で比類なき地位を築き上げた(「ゾルフの時代」)。こうした基礎は、理性的には理解不能な「第三帝国」の東アジア政策によって破壊され、ナチス党内の急進派は日本の中に天与の同盟者を見いだした。もちろん「旧い外務省の名誉のために」強調しておけば、こうした政策に対する抵抗はリッベントロップ(Joachim von Ribbentrop)が外務大臣に任命されるまで継続した。真珠湾奇襲攻撃は「第三帝国」の権力者にとってはそれほどの関心事ではなかった。むしろ日本が対ソ戦に参加する方がドイツの利益に適っていただろう。

敗戦により日本は占領地域としての新しい生存を開始した。マッカーサー(Douglas MacArthur)の支配の下で日本の民主的「再教育」が目指され、様々な経済援助政策に基づく利益を享受し、新しい独立への過渡期を比較的良好な条件の下で歩んできた。日本はリベラルな吉田茂体制の下で西側陣営のコースという舵取りをしたが、吉田体制の終焉前後からソ連および共産中国に一定程度接近する兆候が見られる。吉田に勝利した鳩山はそれを急進的に進めようとしたが、慎重な重光外相との間で意見の違いがあることは公然の秘密である。重光は「チェンバレンの下でのイーデン」のごとき立場にあるが、いまだ公然たる決裂にはいたっていない。

以上のような考察からローゼンはクロルの任務について以下のように述べる。「より多くの独立性と外交における独自の責任を求める日本の努力が今後どのように発展するか」、とりわけ日本がソ連および共産中国との関係正常化をどこまで進めるかという問題を報告することが貴職の任務である。日本の内政、とりわけ再軍備問題に関する報告もまたその課題と不可分である。

もちろんドイツ連邦共和国の代表としては中立的態度があらかじめ求められる。以前の「枢軸政策」を考えればなおさらである。しかし場合によっては日本の外交政策に影響を与える可能性が生じるだろう。「連邦共和国としては、東アジア問題からの地理的遠隔性にもかかわらず、日本が将来どのような道を歩んでいくかについて無関心ではいられない」。したがって、「基本的に自由主義陣営に属するということを日本に確信させるために何かできることがあるならば、ドイツの側でもその方向で日本に働きかけをおこなうべきであろう」。また「その任務にはかなりの程度繊細な配慮と適応能力が要求されるだろう」。

ただし、「日本と西側諸国の間に存在する不協和音を利用するとか、あるいは連邦共和国があたかも西側合唱団の指揮者であるかのようにふるまう」ようなことをしてはならない。たとえば吉田が示唆したような「共産主義に対する防衛(Abwehr)」に関する「日独二国間協定」のようなものは避け、「同趣旨の多国間合意」ならば参加する用意があると答えるにとどめるべきである。

つまりローゼンは、日本における「西側合唱団の指揮者」の役割を引き受けてはならず、それをアメリカ合衆国に任せよ、というのである。

この「訓令案」にはこの時期のドイツ外務省における日本担当者の性格が一定程度反映していたと思われる。ローゼンは中国経験の長い外交官であり、一九三七年一二月の日本軍による南京での暴虐を直接見聞し、日本への批判を強めていた。さらに三八年六月には、祖母がユダヤ教徒であることを理由としてリッベントロップ外相下の外務省から休職に追い込まれ、その後イギリスとアメリカでの事実上の亡命生活を強いられたのである(Auswärtiges Amt, 2004–2014, Bd. III, S. 724–725; 石田 二〇〇一、三二九－三三二頁)。加えてローゼンはクロル新大使に対して「パーペンの協力者」(Kühlem 2008, S. 222)として一定の警戒心を持っていたといわれる。さらに、日本西独国交回復より一九五三年一一月までドイツ外務省にあって実質的に対日政策を指揮していたエッツドルフ諸国部長は、戦前戦中、国防軍への外務省の連絡担当官として軍部の反ナチス抵抗運動に関与し、重要な役割を果たした外交官であった(Blasius 1994)。かれらはともに「枢軸」の継続ないし復活を連想させるような日本に対する積極的な政策に慎重な態度を示したのである(5)。

4 「慎重な観察者」と「私欲のない友人」

以上のようなローゼン案は、しかし、外務次官ハルシュタインにより手が加えられ、一九五五年三月二九日の最終案、とくにその「一般的政治的指示」で大幅に修正された(„Allgemeine politische Instruktion", B11/262, Bl. 276–282)。そこではやはりまず「過去の影(Schatten der Vergangenheit)」が「日独関係に宿っている」として歴史の問題が確認されたあと、「日本とソ連の平和条約交渉を観察し報告すること」がクロルの「特別の任務」とされた。とくに「日ソ平和条約交渉によって示される展開はわが国にとっても非常に重要」であり、「日本の東アジア政策、とくに二つの中国国家に対する関係は注目に値する」とも述べて、ソ連および中国・台湾に関する「観察・報告」の任務の重要性が強調された。さらに日独両国の「類似性(Analogien)」として(1)西側諸国、とりわけアメリカ合衆国との政治的協力、(2)敗戦の荒廃からの経済的回復、(3)反共産主義、(4)にもかかわらずソヴィエト・ブロックとの平和的了解への関心、などが指摘された。そのため日独は共通の「決定的な課題」、すなわち(1)アメリカ合衆国を始めとする西側諸国との協力と、(2)ソヴィエト・ブロックとの平和的了解という課題を抱えているという。主権的独立という点では「日本はすでにわが国の先を歩んでいる」ので、日本がこの「二重の課題」をどのように解決していくかを注視する必要があるというのである。

総じてこのハルシュタイン案の性格は、クロルに日本の政治外交への介入を戒め、「あなたの政治的任務は、本質的には、慎重な観察者の役割と、私欲のない友人の役割に限定される」という点にあったといえよう(Kühlem 2008, S. 222–223)。

5　クロルの「将来の全面戦争」論と西ドイツ外務省の慎重論

しかしながら、クロルはこうした西ドイツ外務省の抑制的な立場に納得しなかった。もともとドイツ外交の重要ポストである駐ソ大使就任への政治的意欲を露わにしていたクロルは、日本への赴任命令に当初は失望したが、気を取り直し、東アジアの地から西ドイツ外交、とりわけ対ソ外交への影響力を拡大しようと政治的野心を燃やしたのである(Kroll 1967, S. 356–358, 邦訳六九－七〇頁)。一九五五年三月一〇日、クロルは日記のなかで、連邦共和国は東アジアの対立に直接介入してはならないとしつつも、「しかしこのことは連邦共和国が極東に無関心であることを意味しない」とし、「西側、より正確には非共産世界はあらゆる戦線で、すなわちアジアでもヨーロッパでも、強力でなければならない」との積極的姿勢を示したのである(Kroll 1967, S. 287, 邦訳五頁、Kühlem 2008, S. 223)。

五月八日、クロルは東京に着任し(Kroll an das AA, 9. Mai 1955, B11/262)、一二日には外務大臣重光葵との初めての正式会談が開かれた。この席で重光は「ドイツに対する日本人の伝統的な友好感情」に触れた上で、「日本政府は、とりわけ情報領域でドイツとの密接な協力をおこなう用意があり、政治状況に関する会談をできるだけ多くもちたい」と呼びかけ、日独関係、とりわけ情報領域での協力に意欲を示した。しかしクロルは重光よりもはるかに積極的であった。彼は「将来の全面戦争において中立はあり得ず、諸国、とりわけ人口過密な高度工業国家は、闘うか餓えるかの二者選択しか残されていない」(強調は原文)と述べて反ソ的かつ好戦的な姿勢を示したのである(Kroll an das AA, 12. Mai 1955, B11/424, Bl. 167–168; Kühlem 2008, S. 223)。

このクロルの報告に対して外務省のローゼンが示した反応は、対日政策に対するローゼンとクロルとの間の齟齬を示しており、興味深い。ローゼンは、そもそもクロルの報告する日本外交の概要は既知のものが多く、「長すぎて電報代がかかりすぎる」との苦情を示したほか、ドイツは第一次世界大戦でも第二次世界大戦でも、「闘うか飢えるか」ではなく、「闘うとともに飢えた」ではないか、との否定的コメントを示した。さらに会談の継続に関する重光の要望などは「当然の礼儀」であって報告するに値せず、「ドイツに対する日本人の伝統的な友好感情」や「とりわけ情報領域でドイツとの密接な協力」などを強調することは「あまりに容易に旧いベルリン＝東京枢軸の水路に導きかねない」との懸念を示したのである(Aufzeichnung Rosen, 13. Mai 1955, B11/424, Bl. 169–170)。

ただし、このローゼンのクロル批判は、必ずしも西ドイツ外務省全体の意見とはいえなかった。たとえば外務省諸国部長ヴェルク(Wolfgang von Welck)は六月一四日にローゼンのクロル批判を批判し、重光が「ドイツに対する日本人の伝統的な友好感情」を語るのは好ましいことだし、ドイツ外務省とボン駐在日本大使館、および日本外務省と東京駐在西ドイツ大使館の間での情報交換は「すでに長い間継続されており、非常に価値が高いことが示されている」というのであった。つまり、ヴェルクはクロルの報告を妥当とし、ローゼンのクロル批判をたしなめたのである。ただしさすがにヴェルクもクロルの「全面戦争」発言は「あまり説得的でない」と認めざるを得なかった(Aufzeichnung Welck, 14. Juni 1955, B11/424, Bl. 171)。

こうした対日政策をめぐる混乱には、以上のように、ナチズム時代の過去、あるいはベルリン＝東京枢軸の過去をめぐる西ドイツ外務省内部での政治的葛藤が反映されていたといえよう。

6　西ドイツおよび日本の対ソ交渉とクロルの「日独政策調整」論

パリ条約の発効によって、一九五五年五月五日に西側三国による西ドイツの占領が終了し、西ドイツは主権の回復を果たすとともに、翌六日にNATOに加盟し、西側への軍事的コミットメントを確定した。しかしそのことは西独＝ソ連関係を悪化させることはなく、むしろいわゆる「雪解け」の国際政治的状況をもたらした。六月の初め、ソ連はアデナウアーにモスクワ訪問を呼びかけ、西ドイツとの国交回復を提言した。一方、同年六月一日、日本は日ソ国交回復を目指してロンドンでソ連との交渉を開始していた。すなわち日本と西独の両国は、ほぼ同じ時期にソ連との国交回復交渉を開始したのである。こうした事態は、両国に、相手国の対ソ政策に関する強い関心を引き起こし、両国はそれぞれのソ連との交渉に関し情報を頻繁に交換することとなった。クロルは着任以来「四週間、日本の指導的な政治家や東京駐在のNATO各国大使と会談し」、日ソ交渉に関する情報の収集に努めたのである(Kroll an das AA, 3. Juni 1955, B11/424, Bl. 201–206)。

こうした情報収集の結果をも踏まえ、クロルは、来るべき日ソ国交回復交渉において、日本側がソ連に譲歩した場合、独ソ国交回復交渉においてソ連が西ドイツに対して強硬な態度に出る可能性を恐れた(Kühlem 2008, S. 234)。クロルによれば、日本はアメリカ合衆国の「航空母艦」であり、アジア太平洋領域における「自由世界の防衛線の核心部分」(強調は原文)である。ソ連は日ソ交渉において「共産中国と組んで、自由な諸国民の共同体から重要な一員(日本)

を引きはがし、それにより冷戦におけるグローバルな政治的・戦略的状況を共産主義ブロックに有利なように変更する」ことを狙っている。一方、鳩山政権もいままでの「自由世界への緊密な依存」から脱して段階的に「中立政策」への移行をもくろんでいるのではないかとの議論もある。こうした事態はもちろん「欧州・大西洋戦線の状況にも不利に作用する」であろう。したがって、「どのようなことがあっても日本の立場を現状のまま保持し、日本独自の再軍備の拡充を通じて日本の自由世界への結合を一層確実に強化することこそが、自由世界とドイツの死活的利益である」というのである。

そこでクロルは、日ソ交渉に関して日本外務省に影響力を行使しようと考えるにいたった。一九五五年六月二〇日、クロルはボンの外務省に打電し、日本外務省との間で、(1)日ソ交渉の経過および将来の独ソ交渉の経過に関する相互通知、(2)日ソ交渉及び独ソ交渉において日本と西ドイツの立場を強化するため、相互協議を、必要な場合は相互調整をおこなう、という二点を提案した。クロルによれば、日ソ交渉に関する情報についてはボンの日本大使館および東京の外務省を通じて確保されているが、とりわけ「霞ヶ関」は、東京駐在ドイツ大使館に対し、いままで「すべての個別の交渉テーブルについて詳細かつ迅速に報告している」。さらに東京では、ドイツ大使館は(すなわちクロルは)、「外務大臣や外務省幹部だけではなく、各党首脳にも影響力を行使できる」。したがって、日ソ交渉と独ソ交渉に関する日独の調整は、ボンではなく、東京でおこなうのが望ましい。東京駐在ドイツ大使館はいままで独ソ交渉に関する情報をまったく与えられていないが、日独両国の政策の相互調整のため、ドイツ外務省は、当該情報を詳細に東京駐在大使館に伝えるべきである。

一〇日後の六月三〇日、クロルはさらに外務省に電報を打ち、「日独両国の協議ないし意見の調整に関しては、なによりもわが国に関係する個々の問題で日本側の態度に影響を与えることを考えている」との政治的意図を明らかにしたのである。

以上のように、クロルの提案は、要するに、日ソ交渉と独ソ交渉の調整を図るために東京駐在西ドイツ大使館の権限の強化を求め、日本政府に対する影響力行使を試み、東京の地から独ソ交渉に介入しようというクロルの政治的意図をあからさまに示したものであった(Kroll an das AA, 30. Juni 1955, B11/262, Bl. 100–101)。

しかもこうしたクロルの「政策調整」論は、日本外務省の支持を得ていた。すなわち日本外務省顧問谷正之は六月二四日、クロルに対し、対ソ交渉に関して日独の政策調整をおこなう用意があると提案していたのである(Kühlem 2008, S. 234)。

しかしながらこうしたクロルの意欲に対し、西ドイツ外務省はまたしても抑制的な指示を送った。諸国部長ヴェルクはクロルに、「情報交換はおこなうべきであるが、日本とドイツの外交的立場の調整は時期尚早」であると伝えたのである(Kühlem 2008, S. 234)。

一方ボンでは、日本大使館から代理大使曽野明や一等書記官都倉栄二が頻繁に西ドイツ外務省を訪れ、日ソ交渉に関する情報提供を強化していた。西ドイツ外務省は七月四日、東京駐在大使館に電報を送り、こうした日本大使館の提供する情報は「ロシアの意図と戦術を研究するに際し非常に価値あるもの」であると高く評価したのである(Welck an die Botschaft in Tokio, 4. Juli 1955, B11/262, Bl. 102)。西ドイツ外務省は、クロルと異なり、日独情報交換の場所を東京に限定する気はなかったといえよう。

7　西ドイツの対ソ交渉と日本の反応

しかしその間、西ドイツとソ連の間の交渉は急速に進展していた。アデナウアーは九月にモスクワを訪問し、九日から一三日までの激しい交渉ののち、外交関係の樹立と大使の交換に合意したのである。アデナウアーは、ソ連に抑留されているドイツ人の帰国を最優先課題とし、それをソ連側に認めさせたが、ドイツ再統一問題など未解決の問題を残したままでの国交回復であった。平和条約締結を棚上げにして国交回復を優先する方式はのちに「アデナウアー方式」と呼ばれることになる(Deutsch-sowjetisches Schlußkommuniqué über die Aufnahme diplomatischer Beziehungen, 13. September 1955, in: Auswärtiges Amt 1990, S. 194–195: Erklärung von Adenauer, 22. September 1955 vor dem Deutschen Bundestag, ebenda, S. 195)。

こうして西ドイツは、日本にモスクワでの交渉の経過を詳細には知らせぬまま、ソ連との国交回復を果たした。このことは、日本外務省側に一定の不快感をもたらした。九月一九日、曽野が西ドイツ外務省を訪れ、モスクワでの西独＝ソ連交渉の結果について触れ、西独＝ソ連の国交回復は「日ソ交渉に悪い影響を与えるだろう」との不満を述べたのである。さらに曽野によれば、「日本政府は、ソ連との可及的速やかな平和条約締結と外交関係の樹立を求める日本の親ソ勢力の恒常的な強い圧力に晒されている」。こうした勢力にとって西独とソ連の国交回復に関するモスクワ協定は「先例」となるであろうし、親ソ勢力は「疑いなくソ連のプロパガンダによって支援を受けるだろう」というのであった(AA an Kroll, 19. September 1955, B11/262, Bl. 110)。

8　独ソ不可侵条約の悪夢?

曽野の発言に見られたように、日本外務省の一部には、西独＝ソ連の突然の国交回復を西ドイツの日本に対する一種の背信と受け止め、さらに西ドイツとソ連が「アデナウアー方式」を「先例」として日本に押しつける可能性を憂慮する意見が潜在した。一方、西ドイツ外務省には、この二度目の「独ソ和解」(一度目は一九三九年の独ソ不可侵条約)が日独関係を悪化させる可能性を恐れる意見が登場した。

一九五五年一〇月二八日、外務省諸国部のマルヒタ一ラー(Hans Ulrich von Marchtaler)は東京のクロルに対し「わが国は日本と二国間の共同歩調を取るような印象を避けるべきであり、日本への好意的助言も排除される」との指示を送った。しかもそれはたんに西ドイツの外交的抑制という観点からだけではなく、ドイツと日本の過去の関係に基づくものであった。マルヒターラーは以下のように述べる。日本はわが国に対し不信感を持っている。「それは第三帝国期において日本が得た経験に深く基づいている」。日独防共協定を締結していたにも関わらず、独ソ不可侵条約についてドイツが通告しなかったことは「日本人にとって重大な衝撃」であった。その後日本が独ソ戦争に参加せず、真珠湾への一撃により「アメリカとの見込みのない戦争を呼び起こした」ことは、日本の「第三帝国への仕返し」であった。したがって、西ドイツは、日本との二国間関係においては、「友人としても助言者としても、あらかじめやっかいな立場に置かれている」。このような状況においては、日本に対しては「センセーショナルではない方法で」純粋に情報収集の観点から対応すべきであり、「歴史的経過から派生する両国の明らかな並行性を過度に強調しないのがベスト」であるというのであった(Marchtaler an Kroll, 28. Oktober 1955, B11/262, Bl. 362–364)。このように西ドイツ外務省は、国際社会への配慮という面からも、また過去に関する日本との「やっかいな立場」からも、日本との二国間関係において「政策的調整」はもちろん、「好意的助言」さえ禁欲し、あくまで「情報交換」に絞った抑制的な態度をとることを目指したのである。

ただし、付言すれば、クロルはもちろんこうしたマルヒターラーの「独ソ不可侵条約の悪夢」論には与しなかった。一九五五年一一月一一日、クロルはマルヒターラーに返事を書き、「わが国がソ連と国交を回復したことについて、日本を裏切ったというような意見を、私は日本人から聞いたことはない」(Kroll an Marchtaler, 15. November 1955, B11/262, Bl. 373–374)と反論したのである。

9　情報交換の継続

その後モスクワに場を替えた日ソ交渉でソ連首相ブルガーニン(Nikolaj Aleksandrovich Bulganin)が日本に「アデナウ

アー方式」を示唆し、(6)河野一郎代表が乗り気になることはあったが(『朝日新聞』一九五六年五月一四日夕刊)、日ソ交渉は、結局は一九五六年一〇月一九日の日ソ共同宣言による国交回復で決着した。

西ドイツ＝ソ連国交回復後も西ドイツと日本の情報交換は継続した。東京では外務次官門脇季光とクロルが「緊密な業務上および個人上の接触」を維持し、門脇はクロルに「日本の外交政策の展開および様々な現実問題に対する日本の態度に関し、詳細かつ信頼できる情報」を提供した(Kroll an Welck, 1. Februar 1956, B12, 1503A)。(7)一九五五年一二月二二日には門脇が、重度の食中毒で病床にあったクロルを自宅に見舞い、日ソ交渉の現状や日本の対中国政策、進行中の憲法改正問題(「とりわけ天皇の地位に関する問題」)などについて「内密に」情報を提供した(Kroll an das AA, 22. Dezember 1955, B11/662, Bl. 544)。

さらに一九五七年一月二三日に駐西ドイツ大使の大野勝巳が門脇に代わって本国外務省の事務次官に抜擢されたのちも、(8)クロルは外務次官との接触を続けた。五七年二月二日、クロルは早速大野と会談し、日本との緊密な情報交換を継続したいとの希望をつぎのように伝えたのである。「門脇前次官の時にはほとんど定期的に『共通の隣人』であるソ連および共産圏の動き等につき情報を交換していたが、これは是非続けることとしたい。ドイツは、その統一問題が第一義の国民的問題であるので、その関連からソ連の動向に深い関心を有している。もし日本が日ソ間の種々の交渉の間に感得した印象、情報等があれば、是非戴きたく、自分の方も入手し次第出来るだけお知らせするつもりである」(一九五七年二月二日次官口述「日独協力提携等に関する独大使大野次官の会談要旨」、「日本・ドイツ連邦共和国間外交関係第一巻」〇一二〇－二〇〇一－〇一〇一八)。

10　ハース大使のもとでの情報交換

その後クロルは念願のモスクワ駐在大使職を射止め、一九五八年五月には後任のハース(Wilhelm Haas)が前任地モスクワからクロルと交代する形で東京に着任した。東京駐在西ドイツ大使館と日本外務省の情報交換は、ハース新大使のもとでも継続した。例えばハースは、一九五九年一二月四日、日本外務省から提供された様々なデータに基づいて「中ソ関係に関する日本の見方」と題する長文の報告をボンに送っている。ハースによれば日本側は「中国は『なお長期にわたって』軍事的・経済的にソ連に従属」しており、「ソ連の積極的な支援なしには大規模戦争(台湾をめぐる「内戦」を含む)を引き起こす態勢にはない」と判断しており、「中ソ対立の憶測は誤りである」というのであった(Haas an das AA, 28. Oktober 1959, B12/1531)。

西ドイツ大使館が得る情報は、たんに日本外務省の情勢判断だけではなく、公安関係のものも含まれるようになった。一九五九年一〇月、東京駐在西ドイツ大使館は日本外務省より中国に関する公安調査庁の三通の報告を入手し、要約文書とともにボンの外務省に送付した。それは一九五九年六月一日付の「最近五カ年の情勢から見た中ソ関係概観」、「共産中国の内政外交に関する概観」「共産中国の対日政策の近況」と題する文書であった(„Japanische Expertisen zur Japan-Politik Rotchinas", 22. Oktober 1959, B12/1531)。

一九六〇年三月には西ドイツ大使館職員が日本外務省職員と会談し、アジアの共産主義国家すなわち北ベトナム、モンゴル人民共和国、北朝鮮に対する中ソ両国の影響について「注目すべき判断」を入手した。その情報は日本共産党内の分派状況をも含めた詳細なものであったが、結論として日本外務省は、「中国はスパイ活動の分野においてより多くの活動を、ソ連はイデオロギーの分野においてより多くの活動を展開している」というのであった(Botschaft Tokio an das AA, 10. März 1960, B12/1532)。

11　朝鮮半島情勢に関する意見交換

一九六〇年五月四日、日本側の強い要請により、西ドイツの駐在武官ポーザー(Günter Poser)(東京・ソウル兼任)と日本外務省の意見交換が赤坂の料亭「田川」でおこなわれた。ポーザー武官は韓国での任務を終えて日本に帰ってきたばかりであった。外務省側からは内田藤雄、新関欣哉といった「枢軸組」が参加した。この席で内田は「外務省は目下南朝鮮に『眼』を持っていない」と打ち明け、「〔日韓〕外交関係の確立をどのようにおこなうべきか、まだ結論が出ていない」と述べたのである。さらにこの席で内田は、日本がソウルに外交代表部をすぐに設立することはできないので、「韓国情勢について韓国駐在西ドイツ大使館の意見を継続的に教えていただければ有難い」との希望をポーザーに伝えた。最後に内田は「このメンバーで今後しばしば会談したい」との希望を述べたのである(Vermerk des Militärattachés Poser, 6. Mai 1960, B12/1532)。

西ドイツはすでに一九五六年一〇月にソウルに総領事館を開設し、翌五七年三月に総領事館を公使館に、さらに翌五八年には公使館を大使館に格上げし、朝鮮半島における「眼」を持つにいたった(Köllner 1998)。すなわち、韓国問題では、中国問題とは逆に、日本側が西ドイツからの情報提供に期待したのである。

ただし、西ドイツ外務省はこの日本側の要望に対し否定的であった。バスラー(Hilmar Baßler)一等書記官の意見によれば、「韓国に関する情報はそもそもアメリカが日本に与えるべき」ものであった。日本外務省の要求はアメリカからの情報をダブルチェックすることが目的なので、「本件については抑制的態度をとることが望ましい」との姿勢を示したのである(Vermerk Baßler, 25. Juli 1960, B12/1532)。

三　一九六〇年代の日本＝西独関係

1　アデナウアーの日本訪問(一九六〇年三月)

一九六〇年三月、アデナウアーは訪米の帰途に日本を訪問し、一週間滞在した(Schwarz 1994, Bd. 2, S. 545–548)。アデナウアーはアメリカで、とりわけ経済分野における対日譲歩要求に晒されていた。アメリカ大統領アイゼンハワー(Dwight D. Eisenhower)は、中国を意識しつつ、日本への経済援助にヨーロッパも協力するようアデナウアーに要請したのである。こうした事態を背景に、アデナウアーは、日本でも、首相岸信介を始めとする日本政府との緊張感ある会談に臨んだ。日本が共産中国に経済的に依存することは、アデナウアーにとっても避けねばならないことであると考えられたのである(工藤 二〇一四a、本書総説二)。

他方、かれは各地の大学や国会などで講演・演説をおこない、当初準備された以上に激しい調子で、西ドイツと日本がヨーロッパとアジアで反共産主義の砦とならなければならないと訴えた。とくに三月三一日の国会演説は、以下のように激烈であった。「われわれは真剣に共産主義と精神的に対決しなければならない。攻撃を撃退するための武装を行うことで満足することは許されない。共産主義との精神的な対決こそ、きわめて重要な意義を持つものである。この対決に、われわれは全精神力を傾けなければならない。日本のあなたがたとドイツのわれわれは、従って、この対決において最前列に立たされている」(『朝日新聞』一九六〇年三月三一日夕刊)(9)。これは、翌日に出された岸・アデナウアー共同声明(『朝日新聞』一九六〇年四月一日夕刊)に比べても、その反共産主義的なトーンの高さで際だっていた。

アデナウアーが日本訪問において反共産主義を強調した背後には、日本の対共産圏(とりわけ対中国)外交への危惧と、当時の日本で激しく展開されていた反安保闘争への危機意識が存在したといわれている。アデナウアーは、みずから日本国民への訴えかけを通じて、日本を西側世界にとどめようと試みたのである(爲政 二〇一三、シュミットポット 二〇一四)。しかしながら、それは当時の日本の国内情勢および国際環境を正確に理解した結果とはいい難く、西側陣営から日本が離脱する可能性を過大に評価したものであり、「国賓」としてはバランス感覚を失した硬直的な態度であったといわなければならない。そこには、六年前の一九五四年一〇月、自らの「時代の終焉」のなかで、当のアデナウアーを相手に戦後版「日独防共協定」を打ち上げた吉田茂の硬直性と通じるものがあったといえよう。

2　分水嶺としての日米安全保障条約改定とベルリン危機

アメリカ合衆国を中心とする西側陣営の結束と東側陣営への対抗によって刻印された一九五〇年代の日本および西ドイツの外交およびその中の日本＝西独関係は、すでに示唆したように、一九六〇年代初頭には変化の兆しを見せ始めていた。そのメルクマールとなるのは、一九六〇年六月の日米安全保障条約改定と一九六一年八月のソ連・東独によるベルリンの壁構築であった。

日米安全保障条約の改定は、日本政治において日米関係を基軸とする戦後の外交路線が定着したことを意味しており、そのことにより対アジア、対西欧外交を活性化させる基盤を日本外交にもたらすとともに、国内政治における経済成長路線に対応しつつ、経済重視の外交政策をそれまで以上に展開することを可能とした。(10)

一方ベルリンの壁構築は、ベルリン問題・ドイツ再統一問題の解決には東独およびソ連の存在を前提とせざるを得ないことを多くの西ドイツ国民および西ドイツ政治家に自覚させる契機となった。西側陣営の結束を背景とした「力の政策」によりドイツ再統一を目指す外交から、東西両ドイツ分断を事実として受け入れ、東西間の緊張を緩和することにより再統一の展望を得ようとする外交への転換が始まったのである。しかもこうした変化は、与党キリスト教民主同盟／キリスト教社会同盟（CDU／CSU）のなかにあっては、戦後長きにわたって西ドイツ外交を牽引してきたアデナウアーに代わり、貿易立国としての西ドイツの立場を重視し、グローバルなレヴェルでの自由貿易の推進を目指すエアハルト(Ludwig Erhard)の路線が優位となっていく過程と結びついていた。(11)

ベルリンの壁構築後の第四回連邦議会選挙（同年九月）でアデナウアーは絶対多数を失い、自由民主党（FDP）との連立と外相の交代（ブレンターノ〈Heinrich von Brentano〉からシュレーダー〈Gerhard Schröder〉へ）、および引退時期の表明を強いられることとなった。八〇歳を超える高齢とも相まって、その政治的影響力の絶頂期は過去のものとなった。アデナウアーは一九六三年一月に締結された独仏友好協力条約（エリゼ条約）を花道として同年一〇月に引退し、戦後の「アデナウアー時代」は終焉を迎えることとなる(川嶋 二〇〇七)。

3 六〇年安保後における日本外交の課題——西欧とアジア

六〇年安保自然承認後の七月二六日、外務大臣小坂善太郎は外国人ジャーナリストとのプレス会議で「日本外交の緊急の課題」と題する演説と質疑をおこなった。これを報告した東京駐在大使館一等書記官ブリーセン(Fritz van Briessen)の本国宛て電報は、西ドイツ外務省の関心を引いた。そこでは今後の日本外交の課題として、日韓関係の処理、ヨーロッパとの政治経済関係の強化が挙げられており、さらに、プレス会議では明示されなかったが、ブリーセンは日中関係の改善への取り組みがあり得ると述べていたのである(van Briessen an das AA, 28. Juli 1960, B12/1532)。

さらにブリーセンは八月二二日に「日本の外交政策」と題する長文の報告を起草し、そのなかで、日米安全保障条約の改定後、日本外交の一つの重要な要素としてヨーロッパ諸国との協力関係を強化するとの観測を示していたのである(van Briessen an das AA, 22. Auugst 1960, B12, Bd. 1532)。

こうした日本外交のヨーロッパに対する新しい関心を顕著に示したのは、一九六一年七月の外相小坂善太郎の訪欧(七月四日―一七日、訪問国イギリス、フランス、イタリア、ヴァチカン、西独)であり、一九六二年九月の外相大平正芳の訪欧(非公式西独訪問)であり、一九六二年秋の首相池田勇人の訪欧(一一月四日―二四日、訪問国西独、フランス、イギリス、ベルギー、イタリア、オランダ)であった。

小坂の訪欧に先立ち、日本外務省はボン駐在日本大使館を通じて西ドイツ外務省に「中国問題に関する日本の秘密文書」を手渡し、小坂訪独の狙いに関して説明をおこなった。それによれば、日本は対中国政策においてアメリカ合衆国の「モラトリアム政策」(台湾承認を継続し、中華人民共和国の承認を阻止する政策)を弱体化させ、国際連合における「二つの中国」論による解決方法に取って代えることを目指しているが、「アメリカ合衆国を軽視するわけにはいかない」ので、この日本の考え方に「自由世界、とりわけヨーロッパにおけるもっとも重要な要素である〔ドイツ〕連邦共和国の支持を求めたい」というのであった(Aufzeichnung Welczeck, 12. Juli 1961, B12/1507)[12]。

さらにまた、外務省経済局長牛場信彦、欧亜局長法眼晋作を率いて七月一四日の西独外務大臣ブレンターノとの会談に臨んだ小坂は、「日本は日米安全保障条約のほかに、政治と経済の調整をおこなうため、もう一つの『支柱』を保持するという差し迫った必要」があり、日本は「その『支柱』をヨーロッパとの緊密な政治経済関係のなかに見いだす」というのであった。こうした小坂の積極的な言動に対しドイツ側は、「いままでほとんどもっぱらアメリカに集中していた日本の対外関係の埋め合わせとして、ヨーロッパとの緊密な関係を打ち立てるという関心」は「ドイツで理解と賛同を見いだした」と評価したのである(AA an die Botschaft Tokio, 18. Juli 1961, B12/1507)。

4　大平正芳の訪独(一九六二年九月)と池田勇人の訪独(一九六二年一一月)

一年後の一九六二年九月、外務大臣大平正芳は国連総会出席ののち[13]、ヨーロッパ駐在日本公館長会議出席のためパリに赴き、その後非公式にドイツを訪問した(Aufzeichnung Welczeck, 6. August 1962, B12/1504)。九月二九日のドイツ外務大臣シュレーダーとの会談において大平は、この会談は自分の知見拡大のためのみならず、「池田首相の訪問の準備に役立てる」ものだと位置づけた。さらに大平はEEC問題に言及し、「戦後日本経済は過大なほど強くアメリカ合衆国を志向していた」が、今後は「日本経済を従来以上に緊密にヨーロッパ経済に結びつけるのが私の課題」であると述べたのである(Aufzeichnung Baßler, 1. Oktober 1962, B12/1504)。

以上のような日米安全保障条約改定後における日本外交のヨーロッパ重視、とりわけ西ドイツ重視を顕著に示すことになったのが、一九六二年秋の首相池田勇人によるヨーロッパ訪問である。この訪問の目的は、池田自身も認めたように、「アメリカ合衆国に対すると同じようにヨーロッパとも密接な関係を樹立する」ことにあったのである(Ditmann an das AA, 30. November 1962, B12/1504)。しかもこの時の西ドイツ訪問で池田は、たんにアデナウアーと会談して中国問題などを含む外交問題について意見交換しただけではなく(Aufzeichnung Schäfer, 13. November 1962, B12/1504)、一一月六日、外務大臣シュレーダーとの間で詳細な業務上の「ワークショップ」を開き、自ら西ドイツ外務省との情報交換をおこなったのである。この会議の最後に池田は「もし中国が経済問題の解決のために西側の援助を受け入れ、モスクワへの従属から解放されるとしたら、北京とモスクワの対立は拡大しうる」との考えから「いま中国を支援するのは正しい」と主張し、日本の中国への接近がありうることを示唆したのである(Aufzeichnung betr. Arbeitsbesprechung zwischen Ikeda und Schröder, 6. November, B12/1504)。

5　日本=東独交流拡大への西ドイツの危機感

以上のごとき日本=西独関係の進展にもかかわらず、両国の間には、政治的不協和音を引き起こす若干の問題が存在した。そのうちの一つは日本と東ドイツの交流の拡大であり[14]、もう一つは西ドイツの中国への政治的接近の動きであった。

一九五五年に開催された原水爆禁止世界大会終了後、原水爆禁止日本協議会(原水協)が結成され、翌五六年八月に第二回大会が予定された[15]。東ドイツは四人の代表団を送る計画をたて、ベルリン駐在日本総領事館にビザ申請をおこなった。これに対し東京駐在西ドイツ大使クロルは日本外務省に照会し、ビザを発給しないよう要請した。これに応じて日本外務省は「ドイツの利益を代表するのは連邦共和国のみ」という観点からビザ申請を拒絶した。日本は「良好な日独関係」を重視する観点から、日本の民間団体への東ドイツの働きかけを制限したのである(Aufzeichnung Peckert, 17. August 1956, B12/1503A)。

しかしながら、その後日本外務省は徐々に東ドイツの「民間団体」メンバーへのビザ発行制限を緩和した。たとえば一九六〇年七月、東京駐在西ドイツ大使館は日本外務省担当者に、原水爆禁止第六回世界大会に参加予定の「ソヴィエト占領地区」(東独)代表者へのビザ発給をしないように要請した。この時日本外務省は「検討」を約束し、「東ドイツ不承認という日本の政策に何ら変化はない」としながらも、北朝鮮の場合を除き、その他の分裂国家の東側からの入国は、中国を含め、一般に認められており、東ドイツ代表団に対しても「恐らく入国拒否はしないだろう」と述べた(Botschaft Tokio an das AA, 27. Juli 1960, B12/1532)。

ブリーセンはこの日本側の対応を深刻に受け止め、約一カ月後の八月三一日に長文の報告をボンの外務省に送った。ブリーセンによれば、約束された「検討」に関して日本外務省からはいまだに何らの連絡もなく、「今までの様子から判断して、この件で書式による返答の準備が進捗しているかどうかは疑わしい」という。聞くところによれば、日本の外務省の中では返答に関する意見の不一致があるようだ。外務省欧亜局西欧課長木本三郎は、東ドイツ住民の入国問題に「完全なフリーハンド」を維持したいとの日本政府の考えをブリーセンに示唆したという(Botschaft Tokio an das AA, 31. August 1960, B12/1532)。

こうした日本側の対応に対しブリーセンは抗議のレヴェルを上げた。すなわちかれは、今度は欧亜局長の金山政英を訪ね、「連邦政府の失望」を伝えたのである。これは当時の日本=西独関係を考えた場合、非常に強い言葉であった。これに対し金山は、東ドイツ商人が日本にしばしば入国しているが、西ドイツ政府はこれに抗議していないではないか、と反論した。さらに金山は、台湾政府も中国代表の日本入国に抗議し、またフランス政府もアルジェリア代表の日本入国に抗議したが、日本はいずれの抗議も受け入れなかったと述べ、ブリーセンを軽くあしらう姿勢を示した(Botschaft Tokio an das AA, 31. August 1960, B12/1532)。

ブリーセンは、日本政府が「ソヴィエト占領地区住民」への入国制限を緩和する方向で新しく調整しているのではないかと疑い、金山に「入国政策の再編成は日本の対西ドイツ関係への負担となるだろう」と繰り返し強い言葉で主張したのである。こうして東ドイツ代表の入国問題は、日本と西ドイツの外交関係に一定の緊張をもたらした(Botschaft Tokio an das AA, 31. August 1960, B12/1532)。

6　日本政府の譲歩

さらに同じく一九六〇年の八月三〇日、西ドイツ外務次官シェルペンベルク(Albert Hilger van Scherpenberg)は、ボン駐在日本大使武内龍次に西ドイツ外務省来訪を要請し、「いわゆるＤＤＲの活動家の日本入国」に対して抗議した。シェルペンベルクは「著しく反〔西〕独的な〔東独代表の〕アジ演説や、日本の労働組合センター〔総評〕におけるＤＤＲプロパガンダセンターの建設」を日本政府が容認すれば、「結局は両国関係への負担となろう」と述べたのである。シェルペンベルクによれば「この問題で東京のドイツ大使館は継続的に日本外務省とコンタクトを取っている」が、いまのところ成果ははかばかしくないとの不満を示した。以上を踏まえてシェルペンベルクは、「連邦政府はこの問題にかなりの価値を置いている」と異例の強い抗議をおこなったのである(Aufzeichnung van Scherpenberg, 30. August 1960, B12/1503B)。

こうしたドイツ側の抗議は武内に強い印象を与えた。武内は約四カ月後の同年一二月に霞が関の外務次官に就任するが、それ以来、日本外務省は東ドイツ代表の日本入国を制限し始めたのである。東京駐在西ドイツ大使館の報告によれば、日本外務省は「ソヴィエト占領地区メンバーの日本入国に関するわが国の希望を顕著に受け入れている」のであった(Haas an das AA, 20. Februar 1961, B12/1486)。東京駐在大使館一等書記官ブリーセンは、翌一九六一年二月二〇日に武内次官を訪問して以上のような日本側の措置に謝意を表した。それに対し武内は、「関係各省庁が内政的な理由から外務省の見解に抵抗した」ので「この問題は容易ではなかった」が、東ドイツ代表者の訪日が「政治的な底意」に発すると判断されたら「いかなる場合においても望ましからざる接触を阻止することに努力する」とブリーセンに約束したのである(van Briessen an das AA, 22. Dezember 1961, B12/1486)。その後、日本の労働組合活動家の東ドイツ訪問は拡大したが、東ドイツの自由ドイツ労働組合(FDGB)幹部の訪日が許可されたのは一九七〇年春のことであった(Oberländer 2008; ハイデック 二〇一四、本書第二章)。

7　一九六四年の西独＝中国接近

すでに見たように、一九五五年九月一三日に西ドイツはソ連との国交を回復した。その際アデナウアーは、この国交回復が西ドイツのドイツ全体に対する「単独代表権」を放棄するものではないとの確認をおこなった。そのため西ドイツは、これ以降、東ドイツと国交を有する国とは国交を結ばないという、いわゆる「ハルシュタイン・ドクトリン」を外交の基本方針の一つとすることになった(Grewe 1979, S. 251–262; Gray 2003)。ソ連＝西独国交回復を機に、中国からは中国＝西独関係改善のシグナルが出されたが、同年九月二一日、外務次官ハルシュタインは、東独を承認する北京とは「外交関係の樹立を意図しない」と宣言した(Hallstein an das Generalkonsulat Hongkong, 21. September 1955, in: Leutner 1995, S. 64)。一方、西ドイツ経済界は、一九五七年九月二七日に中国との貿易契約を締結して経済関係の促進を図っていたが(Handelsabkommen zwischen dem Ost-Ausschuß der Deutschen Wirtschaft und dem China-Komitee zur Förderung des Internationalen Handels, Leutner 1995, Dok. Nr. 22, 73–75)、以後、西ドイツ政府はソ連を除く東側諸国との外交関係においてハルシュタイン・ドクトリンに沿った外交を展開していくことになる。

しかしながら、一九六〇年代初頭に明らかとなった中ソ対立の深刻化は、ソ連に対抗するため、西ドイツに対中国政策の再考を促した。一九六三年一二月一一日、西ドイツ外務省の一等書記官ヴィッケルト(Ervin Wickert)は覚書を起草し、たしかに西側諸国は中ソ対立の争点に介入して「両当事国を直接お互いに競わせる」ことはできないとしても、「ソヴィエトへの経済的従属状態から自己解放しようとしている中国の努力を支持すべきではないか」と指摘した。そうすれば中国に対するソ連の経済的圧力を緩和でき、中国がソ連との対決姿勢を維持するのに役立つというのである。ただしその際ヴィッケルトは、対中国交渉の条件として、「東アジアにおける中華人民共和国のプレステージを上昇させてはならない」として日本に対する配慮をおこなったほか、「アメリカ合衆国政府との事前の調整が無条件に必要である」との留保をおこなったのである(Aufzeichnung Wickert, 11. Dezember 1963, in: Leutner 1995, Dok. 30, S. 99–101)。

一方中国の側でも、外交政策分野での指導的理論として「中間地帯」論が登場し、社会主義陣営と「アメリカ帝国主義」との「中間」にある日本や西欧諸国との間での反米統一戦線を形成しようとする試みがおこなわれることとなった(「アメリカ帝国主義に反対する全世界のすべての勢力は団結しよう」『北京周報』一九六四年一月二八日、太田・朱 一九九五、九〇–九一頁)[16]。こうして一九六四年の初頭には、西ドイツと中国の政治的接近の条件が一定程度醸成されていった。

8　一九六四年のベルン会談

一九六四年五月五日、中国の外相陳毅は、「ドイツの二つの部分が真に平和的に再統一されることがわが国の基本的な願いだ」と述べ、ドイツ再統一に関する西ドイツ政府の立場を支持することを示唆した。しかし陳毅は他方で「わが国の西独との関係を利用して東独に圧力をかけたり、わが国の東独との関係を利用して西ドイツに圧力をかけるというのはわが国の意図するところではまったくない」と確認した上で、「東独は国際共産主義運動の中で中国を非難する国の一つ」だが、「わが国は両独に関する正しい考えを放棄するつもりはない」と述べて東独の立場を支持することを外交的原則とした。つづけて「アデナウアーによって始められ、エアハルト首相によって継続された政策には断固として反対する。アメリカに依拠して報復主義的政策を実現することに反対する」と結んだ(Stellungnahme des Außenministers Chen Yi, 5. Mai 1964, Leutner 1995, Dok. Nr. 33, S. 108)。ここでは、東独の立場を基本的に支持しつつも、西独へ関係改善のシグナルを送ることが企図されていたといえよう。

一九六四年の西ドイツと中国の政府間レヴェルでの接触はスイスのベルンで四回にわたっておこなわれた。ベルン駐在西ドイツ大使代理ハンゼン(Niels Hansen)およびボンの外務省からヴィッケルトが参加した五月二五日の会談は、建設的な雰囲気の中でおこなわれ、公式の政府間通商協定を締結したいという中国側の意図がその場において明らかになった。しかしながら、その数週間後に連邦首相エアハルトと外相シュレーダーがアメリカ合衆国を訪問した際、アメリカ大統領ジョンソン(Lyndon B. Johnson)は、中国への接近はワシントンおよび西側諸国の敵に対する支援に他ならないとして深刻な疑念を提出したのである。エアハルトはこのアメリカの圧力に屈し、中国と通商協定を締結する意図はないと表明した(Leutner 1995, S. 92)。

第二回目の会合は七月二一日におこなわれ、ハンゼンとベルン大使館文化部長アイクホフ(Ekkehard Eickhoff)が参加したが、中国側はエアハルトの発言を激しく批判し、ふたたび政府間協定の締結を要求した。第三回会談は一〇月三日に比較的友好的な雰囲気の中でおこなわれたが、中国側はたんなる商品輸出入協定では満足しなかった。四回目の会談は一一月二三日に開催されたが、中国側は、ドイツ側が求めたベルリン条項(協定に西ベルリンも含めるという条項)は受け入れられないとして西ドイツ側を批判した。翌一九六五年一月にもドイツ経済界東方委員会の「中国作業部会長」フーフナーゲル(Heinz Hufnagel)がベルン駐在中国大使館貿易参事官と会談したが、中国側が西独の「非友好的態度」を批判して終わった(Aufzeichnung Hufnagel, 25. Januar 1965, *AAPD* 1965, Dok. Nr. 35, S. 181–185)。

以上のように一九六四年のベルンでの西独と中国の接触は何らの成果もなく終了したが、たんなる商品輸出入協定のみを求めた西ドイツ側と、政府間協定を求めた中国側では当初から目的の隔たりがあった。加えてアメリカ合衆国から西独への強い政治的圧力も重要な役割を演じたといわなければならない。

一方西ドイツ側は、ベルン交渉に際し、日本への政治的配慮もおこなっていた。一九六四年五月三〇日、外務省政務第二局長クラプフ(Franz Krapf)は覚書を起草し、「ベルンでの中華人民共和国との予備交渉と今後の進め方について、日本とわが国の競争を惹起することはない」と念を入れていたのである(Aufzeichnung Krapf, 30. Mai 1964, *AAPD* 1964, Bd. I, Dok. Nr. 143, S. 585–590)。

たしかに日本は、この交渉を猜疑の目で眺めていた。七月一八日、西ドイツ駐在大使成田勝四郎が外務次官カルステンス(Karl Carstens)を訪問し、ドイツの対中国交渉を心配している、と伝えたのである(Carstens an die Botschaft Tokio, 18. Juli 1964, in: *AAPD* 1964, Bd.II, Dok. Nr. 203, S. 863–864)。しかしながら結局この西独＝中国交渉は何らの成果もなく終わったため、日本＝西独関係が損なわれるにはいたらなかった。

9　日独外相定期協議の構想

以上のような若干の政治的不協和音にもかかわらず、日本と西独の政治関係は発展し、一九六〇年代に両国はさまざまなレヴェルでの相互接触の制度化に乗り出した。

一九六三年五月二七日、外務事務次官島重信はディットマン(Herbert Dittmann)大使と会談し、日独の間で外務大臣級の定期協議を制度化したいとの希望を伝えた。現在イギリスとの間でそうした協議がすでに二度おこなわれ、これを年に一度、ロンドンと東京で交互に開催することが合意されており、またフランスとの間でも同様に大臣級協議を年に一度、パリと東京の間で交互に開催することが合意されているという。島は同様の協定を日独間でも結びたいとの希望を述べたのである(Dittmann an das AA, 27. Mai 1963, B37, 67B)。

同年六月四日、西ドイツ外務省のバスラー一等書記官が日本の提案を検討した。バスラーによれば、「現在日独関係に負担をかけるような政治的問題はない」が、日本との協議は「積極的な関係を促進する」であろうし、「経済関係の発展をさらに促進する手段と方法を見いだすことができる」であろう。さらに、イギリス・フランスとともに連邦共和国とも協議したいという日本の希望は、「西側諸国との結びつきを強化したいという日本の関心の現れ」であり、それは日本の「左翼・野党が望んでいる東側ブロック、とりわけ中国への傾斜を押しとどめることにも寄与する」であろう。以上のような理由からバスラーは、日本の希望を受け入れるよう提案したのである。一見事務的に見える外相級定期協議といえども「西側」という極と「東側」、とりわけ中国という極が意識されていた(Aufzeichnung Baßler, 4. Juni 1963, B37, 67B)。

三カ月後の九月二三日、ディットマンは定期協議についてさらに敷衍した。ディットマンによれば、たしかに「大臣レヴェルでの協議に値する日独二国間関係の問題は目下のところ存在しない」が、日本と西独の定期協議は「池田・大平によって開始されたアメリカ市場・欧州市場への一層の関心に応えるための道具」であり、「定期的意見交換は日本政府に対し、西側から完全なパートナーと見なされているという確信を与え、日本の意見は傾聴に値し、西側諸国の政治的決定に際し考慮されるという確信を与えるだろう」という。西ドイツの外交政策にとって定期協議はさらに、「当面アジアにおけるもっとも重要な潜在的権力要因である日本を可能な限り西側につなぎ止める」効果をおよぼすというのであった。ここでは、日独二国間関係には問題がないが、一九六〇年代に顕著となった日本のヨーロッパへの関心をできるだけ引きつけるための「道具」として日本との外相級定期協議が構想されたのである(Dittmann an das AA, 23. September 1963, B37/67B)。

一〇月七日、西ドイツ外務省のカルステンス外務次官はディットマン大使に打電し、外務大臣大平と面会して日独外相協議へのドイツ外務省の賛意を伝えるよう指示するとともに、「日独政治関係はすばらしく(ausgezeichnet)、日独にかかわる重要問題で意見の違いは一つもない」し、「経済関係も非常に良好(sehr gut)で、ドイツ国内市場に関する利害が日本の輸出によって損なわれる場合でも、両国の専門家により満足すべき道を見いだすことができる」としたあと、外相級協議の議題の例として、ドイツ問題・ベルリン問題、ドイツの核実験禁止条約への参加問題、中ソ対立、インドネシアとマレーシアの紛争などが挙げられたのである(Carstens an Dittmann, 7. Oktober 1963, B37/67B)。

10　日独外相定期協議の開催

一九六三年一一月六日、西ドイツ大統領リュプケ(Heinrich Lübke)と外相シュレーダーが日本を訪問した。これを機に一一月七日と八日の二日間、日本の外務省大臣室において第一回日独外相定期協議が開催された。第一回会合が七日九時三〇分より一一時〇〇分まで、第二回会合が同日一五時より一七時まで、第三回会合が八日の一一時一五分より一二時二〇分までという集中的且つ濃密な協議がおこなわれた。大平はなかでもEECに強い関心を示し、「共同市場の共通通商政策が如何なる形に落ち着くか」について尋ねた。また日本の対韓政策について、すでに韓国と国交のあるドイツに対し、「日本としては、ドイツの理解と努力に負うところおおかるべく、よろしく韓国をリードしていただくよう要望する」との期待を示した(「大平外務大臣・シュレーダー外相会談録(第一回)」「日本・ドイツ連邦共和国間外交関係――日独定期協議関係」〇一二〇－二〇〇一－〇一〇二〇、Gespräch Schröders mit Ohira in Tokio, *AAPD* 1963, Bd. III, Dok. Nr. 410, S. 1418–1429)。シュレーダーは七日に記者会見をおこなって西独と日本の間での定期協議開催を提案し、一〇日に発表された共同コミュニケでそのことが確認された(『朝日新聞』一九六三年一一月一〇日夕刊)。

大平との間で開始された定期協議は、シュレーダーに大きな印象を残した。約一カ月後、シュレーダーはイギリス外相バトラー(Richard A. Butler)と会談した際、わざわざ日独情報交換について触れ、「情報交換はドイツ側にとって、とくに中国に関して重要かつ有用」であったと述べたほどである(Gespräch Schröders mit dem britischen Außenminster Butler, 10. Dezember 1963, *AAPD* 1963, Bd. III, Dok. Nr. 461, S. 1594–1606)。

その後、第二回日本＝西独外相協議は一九六六年一月二四日・二五日にボンで、シュレーダーと椎名悦三郎との間で開催された。シュレーダーは一週間後、フランス外相クーヴ・ド・ミュルヴィユ(Maurice Couve de Murville)との会談において、前述のバトラーの場合と同じく、わざわざ日本との外相定期協議に触れ、「大きな地理的隔たりを考えれば定期協議を開催することは容易ではないが、同盟国間ではそれは有用だと思う」と述べて高く評価した。クーヴ・

ド・ミュルヴィユは日仏定期外相会議に触れて「フランスも日本との協議に合意しているが、時間がかかるので、ちょっと面倒」と答えたが、そのことは逆に、日本との定期協議に対する西ドイツの意欲を浮き彫りにしたといえよう(Gespräch zwischen Schröder und Couve de Murville, 7. Februar 1966, *AAPD* 1966, S. 36–37)。

第三回日本・西独定期外相協議は一九六七年五月一一日・一二日に東京においてブラント(Willy Brandt)と三木武夫の間で、第四回は一九六八年九月一六日・一七日にボンにおいてやはりブラントと三木武夫の間で開催された。[17] 西ドイツ外務省は、第四回協議の終了後、それまでの外相定期協議を総括し、以下のように記した。

「毎年の日本との意見交換は有用であった。両国政府の信頼関係が非常に強化され、相手の利益を考慮する姿勢が発展した。わが国にとっては特にドイツ問題において利益となった。ドイツ問題では、日本は、わが国との協議において形成された意見の一致にしたがって、東側ブロックとDDRの願望に抵抗し、わが国の利益を国際社会において代表したのである」。

こうした外相定期協議を通じて、両国は、「日本が東独との関係を変更する場合、および西独が中国との関係を変更する場合、相互にあらかじめ通知する」ことを約束した。ドイツ外務省は、この約束を「協議の成果」であると高く評価したのである(Rückblick auf die bisherigen deutsch-japanischen Konsultationen, B37/474)。

11　事務レヴェル協議の開催と「専門家による意見交換」

こうした外相レヴェルでの情報交換は、事務レヴェルでの情報交換の制度化を促した。一九六四年三月九日、日本大使館の吉野文六参事官が西ドイツ外務省政務第二局のベーカー部長(Alexander Böker)を訪問し、外相レヴェル以外にも事務レヴェルでの協議をおこないたいとの希望を述べたのである。吉野によれば、ヨーロッパ政策をめぐる協議はボンで、アジア政策をめぐる協議は東京でおこなうこととし、必要な場合は適宜専門家を派遣する。期日は決めないが、「できるだけ頻繁かつインテンシヴに」会合を持ちたいというのであった(Aufzeichnung Böcker, 9. März 1964, B37/67B)。

これをうけ、三カ月後の一九六四年六月一〇日にボンで初の日独事務レヴェル協議が開催された。この時は、(1)ヨーロッパ経済共同体の問題、(2)東西関係、(3)防衛・安全保障の問題が包括的に話し合われた(Protokoll über die Sitzung vom 10. Juni 1964, B37/67B)。さらに、一年後の一九六五年七月二八日には外務省欧州局長北原秀雄が欧州出張の途中一日ドイツに滞在し、政務第一局長マイアー＝リンデンベルク(Hermann Meyer-Lindenberg)を始めとする西ドイツ外務省事務当局を相手に、朝食から夕食まで「オープンで友好的な雰囲気」のなかで意見交換をおこなった(Aufzeichnung, 4. August 1965, B37/178)。

一九六八年九月の第四回定期外相会談の準備に際しては、日本側から外相協議とともに局長級(Abteilungsleiterebene)協議をおこないたいという希望が伝えられ、事前に東京駐在西ドイツ大使館から西ドイツ外務省に分厚い資料が送られた(Botschaft Tokio an das AA, 21. August 1968, B37, 413)[18]。

ところで、当時の日本・西ドイツの間で共通の関心の対象となった多国間国際問題の一つに、核拡散防止条約(NPT)をめぐる問題があった。NPTは一九六三年に国連で採択され、六八年に最初の六二カ国による調印がおこなわれ、七〇年三月に発効することとなるが、調印前の日本外務省の内部には、NPTの目的は「日本とドイツの二国の核武装の途を閉ざすこと」にあると考える傾向が存在した(村田 二〇〇八〈下〉、三一五頁)。日本と西ドイツは、上述のような外相定期協議・局長級協議の流れのなかで、さらに、NPTをめぐる専門家の協議を開始した。

一九六七年四月二四日、欧州の非核保有国およびインドに出張中の外相特使西村熊雄と軍縮担当大使田中弘人が西ドイツ科学研究大臣シュトルテンベルク(Gerhard Stoltenberg)および外務省軍縮・軍備管理室長シュニッペンケッター(Swidbert Schnippenkötter)を訪問し、核拡散防止条約に関する日本政府内部での検討は「いまだ初歩的な段階」であると示唆しながらも、同条約について「日本とドイツの専門家の意見交換」をおこないたいとの希望を西ドイツ側に伝えた(Aufzeichnung Ruete, 2. Mai 1967, *AAPD*, 1967, Dok. Nr. 153, S. 688–691)[19]。この専門家会議は、核拡散防止条約の影響をテーマとして、翌一九六八年三月一三日から一五日に東京で開催された(Anmerkung der Herausgeber 10, *AAPD* 1969, Bd. II, S. 237)。こうして日本側の要求により、外相定期協議、局長級協議に続き、NPTに関する専門家協議が開催されたのである。

12 「第一回政策企画協議」(一九六九年二月)

以上のような脈絡で、さらに、一九六九年二月三日から六日の間、日本外務省企画部と西ドイツ外務省政策企画部の「第一回政策企画協議」が東京(白金)および箱根で開催された。白金での会議には、西ドイツ側から外務省政策企画部長で当時西ドイツの「東方政策」の推進者であったバール(Egon Bahr)、東京駐在大使館公使ブロイアー(Richard Breuer)らが、日本側からは外務省国際資料部長鈴木孝、西欧第一課長加賀美英夫、国際資料部調査課長村田良平らが参加した。そこでの協議ではソ連・東欧の現状と西ドイツの東方政策、中国の国内情勢、米中ソ関係、ベトナム後のアジア情勢と日本外交、核拡散防止条約などについて意見交換がおこなわれた。対中国政策ではドイツ側が「ドイツの対中共政策が、予見できる将来変わることはない」との見通しを述べたあと、日本側も「中共が絶えず日本政府に非難を浴びせ、わが国の左翼分子に精神的・物質的援助を与えている以上正常化は行われない」と主張し、慎重な対中国政策で意見の一致を見た(「第一回日独政策企画協議要録」国際資料部調査課、一九六九年二月六日)。

見解の相違が目立ったのは、西ドイツの東方政策と核拡散防止条約についてであった。すなわちバールが「チェコ事件に拘らず欧州においてデタントの傾向は今後も続く、従ってドイツの政策の方向も緊張緩和以外にはあり得ない」と「繰り返し強調」したのに対し、日本側は西ドイツの情勢判断が「楽観的にすぎるのではないか」との疑念を示した。さらにNPTについて西ドイツ側が「加盟後の安全保障について他の加盟国と同等の地位が得られれば」署名すると意欲を示したのに対し、日本側の何人かは「日本は場合によっては条約からの脱退を強いられるだろう」との見解を示した（同上）[20]。

以上の白金での協議に関しバールは、西ドイツの東方政策に関する日本側の懐疑は日本側の情報不足に起因すると判断した。かれによれば、「東京には東欧ブロックの個々の国に関する詳細な個別情報が存在しない」という。その上でかれは「わが国の東方政策を詳しく説明」すれば、日本をして東側諸国の状態に関する「洗練された考察方法に導くことができたかもしれない」との判断を示した。すなわち「緊張緩和政策の顕著な成果に関する懐疑は差しあたり〔日本側に〕残った」のである。バールにとって西ドイツの東方政策に関する日本側の理解が浅いことは遺憾であった（Aufzeichnung Bahr, 19. Februar 1969, *AAPD* 1969, Bd. I, Dok. Nr. 68, S. 232–237）。

13　日本外務省内の核武装論

箱根に場所を移して開催された協議は打ち解けた雰囲気の中でおこなわれた。この協議は日本や西ドイツのような「中規模国」と大国の関係をテーマとしたが、とりわけバールを当惑させたのは、「超大国と同等の地位」を目指すという日本側の示唆であった。バールの覚書によれば、日本側は、核拡散防止条約に調印しても、一〇－一五年以内に、インドが核武装を決断したり、アメリカ合衆国が核問題で中国と取りきめをおこなったりするような「自国の至高の利益を危うく」する「異常な事態」が出現する可能性があり、そうなれば日本は「条約の義務から解除される」だろうというのである。さらに日本側の「若い参加者」は、「いくら国際監視が厳しくても、核分裂物資の五％程度を抽出することまでは阻止できないし、それは核弾頭を生産するための基礎となりうる」とし、さらに「日本は宇宙計画の中でロケットを所有しており、それは間違いなく運搬兵器〔ミサイル〕として改造することが可能である」というのであった。こうして日本外務省の一部から「超大国と同等の地位」を目指す核武装論が西ドイツ側に提起されたのである。そのほかにも日本側は東南アジアへの武器輸出の解禁、将来における憲法第九条の破棄などを主張した(Aufzeichnung Bahr, 13. Februar 1969, *AAPD* 1969, Bd. I, Dok. Nr. 59, S. 196–198)。

バールは、以上のような日本側の「一部驚くべき率直さ」は「外務省の首脳も承知の上」であろうと判断した。その上でかれは、「もし日本の政策企画部局が、日本と連邦共和国がいっそう自立した役割を演じるべきであると考え、しかもそれをこうした『陰謀』的なやり方で相互調整しようとしているならば、客観的な所与を明らかに誤って判断している」と断じたのである。バールの政治的当惑は大きかったといえよう。しかしながらかれは、ここで日本の主張に積極的に異議を差し挟むことを控え、「日本側の期待が所与の圧力のもとで現実に適応する」ことを期待するに留めた。バールは、いわば少年に対する大人の対応をしたのである(Aufzeichnung Bahr, 13. Februar 1969, *AAPD* 1969, Bd. I, Dok. Nr. 59, S. 196–198; 加藤・井関 二〇一四、本書第九章、「NHKスペシャル」取材班 二〇一二)。

会議の終了後、日本側は、次回は一九六九年秋に開きたいと希望したが、バールは連邦議会選挙を理由に難色を示し、一九七〇年三月にボンで開くことを提案した。この計画は遷延し、その後、日本側から一九七一年五月末に開催することが提案された(Kai an den Bundesminister, 25. Februar 1971, B37/613)。第三回目の日本=西ドイツ政策企画会議は、(1)日米関係、(2)独米関係、(3)将来の米中ソ関係と日本、(4)ECの将来の発展と東欧への影響などをテーマとして、一九七二年五月一五日-一六日に開催されることが予定された(Der Leiter des Planungsstabs an das Referat I B 5, 28. Februar 1972, B37/680)。しかしこの間、政策企画協議の重要な契機となった核拡散防止条約については、西ドイツが一九六九年一一月に同条約を批准したことにより(津崎 二〇一二)、日本=西ドイツ協議の中での重要性を低下させたのである(日本は一九七〇年二月に署名し、一九七六年六月に批准)。

14　経済問題に関する外務次官級協議の開催

西ドイツおよび日本の経済が発展し、それぞれが欧州および東アジアにおける経済的な極となるにしたがって、西独と日本の間では、上述したような外相定期協議、事務レヴェル協議および政策企画協議以外にも、経済的な定期協議をおこなう必要性が自覚されてきた。

一九七〇年二月一六日、東京駐在西ドイツ大使館は本国外務省に宛てて以下のように主張した。いままで経済問題に関する日独両政府代表者の会談の機会としては、日独貿易協定交渉の場が一つのプラットフォームとして機能しており、そこで両国の代表者が相互に協議することができた。しかしながら「貿易協定交渉の管轄はＥＣの権限へと移行したため、このプラットフォームは縮小」している。他方相互の経済的関心に特化した日独二国間協議の必要性はむしろ増大している。ＧＡＴＴ、ＵＮＣＴＡＤ、ＯＥＣＤ、ＩＭＦなど多数の国際機関における多国間協議や、ドイツ工業連盟と経団連など民間経済団体の会合もおこなわれているが、それらは「政府レヴェルにおける二国間協議の代替とはなりえない」。毎年開かれる日独外相定期協議は狭い意味での政治問題に特化しているが、もし事務次官レヴェルにおける経済政策上の協議がおこなわれれば、外相定期協議を十分補完することができよう。「テーマとしては相手国への投資、開発援助の調整、開発途上国での協力、原料政策、東方貿易政策および中国貿易政策、交通政策などが考えられよう」。以上のような観点から東京駐在大使館は、「世界経済大国としての日本、連邦共和国の東アジアにおけるパートナーとしての日本の重要性の増大に鑑みて、政治的外相協議に加え、外務次官レヴェルでの経済政策的協議を年に一回開くよう」外務省本省に提案したのである(Aufzeichnung Herbst, 19. März 1970, B37/504)。

西独外務省貿易・開発政策部長ヘアプスト(Otto-Axel Herbst)は三月一九日、「日独経済協議――外務省事務次官級の定期協議の開設」と題する長文の覚書を起草し、以上のような東京駐在大使館の提案に賛成するとともに、さらに以下のような追加的な理由を列挙した。(1)そのような接触は日本の経済発展を評価する上でも必要であり、西ドイツ側にとって教訓となる。テーマは、大使館の提案に加え、科学技術の発展の領域や一般的工業発展の領域にも及ぶであろう。(2)日本では経済計画の設計や海外市場の獲得において国家と経済界が密接に協力し、体系的に政策を推進している。こうした日本の努力に対してドイツ側では政府からも経済界からも多大な関心が寄せられている。(3)外相会談では時間の関係もあり純粋な政治問題に限定すべきであるが、他方経済問題にも十分な関心が払われなければならない。

ヘアプストはさらに西ドイツ政府内部での権限問題に触れる。かれによれば、経済省、経済協力省、教育科学省が独自の管轄権を理由に外務省の提案に難色を示すかもしれないが、提案された事務次官協議はドイツ連邦政府の政策的重点と関心を統一し、政治的に主張するための適切なプラットフォームとなろう。必要な場合は、外務省が主宰する委員会で各省代表者の意見調整をおこなえばよいだろう。

以上のような考察からヘアプストは、一九七〇年五月に予定された第五回日本=西独外相定期協議に付随する両国事務レヴェル会議において、日独経済政策事務次官会議の開催を議題とするよう外務大臣・外務次官に提案したのである(Aufzeichnung Herbst, 19. März 1970, B37/504)(21)。

四　西独=中国関係、日本=東独関係の正常化

1　西独=中国国交樹立(一九七二年一〇月一一日)

一九六〇年代後半、西ドイツはハルシュタイン・ドクトリン(単独代表権)を事実上放棄した。一方、中国ではやはり一九六〇年代末、文化大革命による騒乱状態が一定程度収束に向かうとともに、中ソ対立が深刻化した(一九六九年三月珍宝島事件、および一九六九年八月新疆事件)。こうした事態は中国をして西側諸国へと向かわせた。さらに中国の国連

への加盟（台湾の追放）と常任理事国化（一九七一年一〇月二五日）は、中国が両ドイツの国連加盟を左右しうる立場に立ったことを意味した。西ドイツは、もはや中国の立場を無視することができなくなったのである。

さらに一九七〇年八月一二日、モスクワ条約が調印され（妹尾 二〇一一）、西ドイツは、独ソ関係への影響を恐れることなく北京と交渉できるようになった。中国自身はこの時点でデタントおよびモスクワ条約に反対の立場を取っていたが（Kommentar von Xinhua, 12. September 1970, in: Leutner 1995, Dok. Nr. 50, S. 134–137）、しかし西独と中国の国交樹立を阻む多くの条件は実際上かなりの程度除去されたといえよう。

とはいえ西ドイツ外交はまだ中国との国交樹立に消極的であった。一九七二年二月にニクソン（Richard M. Nixon）が訪中し、上海コミュニケ（二七日）が発表されたあとも、西ドイツは対中国政策で独自のイニシアティヴを発揮することはなかった。たとえば同年六月六日、西ドイツ駐在日本大使甲斐文比古と外務次官ブラウン（Sigismund Freiherr von Braun）の会談の準備の中で西ドイツ外務省は、「わが国の中国政策に変化はない」と明言し、「外交関係樹立の方向で動きがあれば日本に知らせるという約束は守る」という態度を確認しただけであった（Gespräch des Herrn Staatsekretärs mit dem japanischen Botschafter Kai, 7. Juni 1972, B37/680）。

対中国政策の転換が図られたのは、西ドイツ外交において両独条約の成立（一九七二年一二月二一日条約調印。三宅 一九九六、妹尾 二〇一一）が視野に入ってからのことであった。

一九七一年末と七二年初めの二回、ドイツ連邦議会外交委員会委員長シュレーダー（前外相）は新華社のボン代表であった王殊と会談し、中国訪問の希望を表明した。さらに七二年五月、王殊はシュレーダーの事務所を訪問し、シュレーダーの意思を確認した。王殊は経過を中国外交部に打電したが、約二週間後に外交部からシュレーダーを歓迎する旨の返答が届いた。王の判断では、連邦共和国の与党と野党の間では中国との国交正常化で一致しているが、東方政策に多くの関心を集中する与党社会民主党（SPD）・自由民主党よりも、野党キリスト教民主／社会同盟の方が対中国関係の改善に熱心だというのであった(„Erinnerungen des Diplomaten und Journalisten Wang Shu", in: Leutner 1995, Dok. 51, S. 147–149)。

一九七二年七月、シュレーダーは中国を訪問し、二〇日、対米関係担当外交部副部長喬冠華と会談した。会談後に出された声明では両国の関係を樹立する希望が表明され、第三国で両国の外交代表が準備をおこなうべきであるとされた(„Gemeinsame Erkärung Schröder und Qiao Guanhua", in: Leutner 1995, Dok. Nr. 52, S.149: Schröder 1988)。

西ドイツ外務省は、もちろん政治的・外交的には台湾の国民政府にシンパシーを抱いていたが、日本とは異なり、もともと西ドイツは台湾との正式な外交関係を有していなかったので、台湾問題が大きな障害となることはなかった。同年八月から両国の代表はボンで交渉を開始し、九月末には交渉が妥結した(„Rede des Außenministers Ji Pengfei", in: Leutner 1995, Dok. 55, S. 152–153)。ちょうど同じころ日中国交回復のための準備が進展し、一九七二年九月二九日には日中共同声明が発表され、日本と中華人民共和国の国交が正常化された(服部 二〇一一)。

一九七二年一〇月一〇日、北京へ向かう途中、西ドイツ外相シェール(Walter Scheel)は羽田空港に立ち寄り、ちょうどオーストラリア・ニュージーランド・ソ連への歴訪の旅に向かう外相大平正芳と約一時間にわたって会談、中国と国交を樹立するという西ドイツ政府の決定が「東京との密接な接触のもとに」下されたことを確認した。これに対し大平は、日中国交正常化の興奮もさめやらぬなか、「日本の〔中国との〕国交回復は、とくに日本が急いだわけではないが、非常に迅速であった。日本は不可欠の条件さえ満たされればいつでも用意があった。国交樹立のための条約の基礎としてはサンフランシスコ講和条約が役立った」と説明した(Aufzeichnung Hellbeck, 12. Oktober 1972, B37/680)。

その足でシェールは北京へ赴き、翌一一日、共同コミュニケが発表され、中国=西ドイツ国交回復が実現された(Gemeinsame Communiqué der deutschen und chinesischen Regierung, 11. Oktober 1972, in: Leutner 1995, Dok. Nr. 54, S. 151–152)。初代中国駐在西独大使にはパウルス(Rolf Pauls)が、第二代にはヴィッケルトが任命された。西ドイツ駐在中国代理大使（一九七二年一一月任命）には王殊が、初代西ドイツ駐在中国大使（一九七三年六月任命）には王雨天が、第二代中国大使（一九七四年九月任命）には王殊が任命された。

国交正常化後、西ドイツ政府は外務省政務第一局長ヴェル（Günther van Well）を日本に派遣し（曽野大使発大平大臣宛、一九七二年一二月一六日、開示〇四-九四〇-四五）、中国＝西ドイツ国交正常化の過程を日本外務省に説明した。ヴェルは外務事務次官法眼晋作に対し、中国が国交正常化により求めたのは必ずしも西独との経済上の協力関係の樹立ではなく、むしろ「国際政治における重要な権力要因」としての西ドイツないしＥＣであろう、との判断を示した（Aufzeichnung van Well, 19. Oktober 1972, B37/680）。「極」の関係としての中国＝西ドイツの関係の成立であった。

2　日本＝東独国交樹立（一九七三年五月一五日）

一九七二年一〇月一一日に西ドイツと中国の国交が樹立されたことにより、西側諸国が東ドイツとの国交を樹立する条件は整い始めた。さらに、この間、東ベルリンでおこなわれていた両独の交渉が進展し、同年一一月八日に両独基本条約が仮調印され、翌一一月九日には両独の国連加盟に関する英米仏ソ四カ国共同声明が発表された。

こうした流れを受けて、西ドイツ外務省は、西側各国が東ドイツと国交を樹立することを前提としつつ、その形態に注文を付けるための働きかけを日本に対してもおこなった。一一月七日に西ドイツ外務省を訪問したボン駐在大使曽野明に対しヴェルは、西ドイツが東ベルリンに常駐代表部を開設するまではＮＡＴＯ諸国および「友好諸国」が東独承認をおこなわないで欲しい、という希望を表明した（曽野大使発外務大臣宛、一九七二年一一月六日、開示〇四-九四〇-三七）。こうした西ドイツ外務省の要請に対し外相大平は「当方としても東独承認のタイミングは両独間基本条約発効の時点を目処とすることをとりあえずの方針としている」ので、「いずれにせよＮＡＴＯ諸国の動きも十分勘案しつつ措置することとなろう」と答えたのである（外務大臣発曽野大使宛、一九七二年一一月七日、開示〇四-九四〇-三七）。

さらに一一月一〇日、東京駐在グレーヴェ(Wilhelm G. Grewe)西ドイツ大使が外務事務次官法眼を訪問し、両独基本条約の性格を詳しく説明するとともに、「〔西〕独政府は基本条約が仮調印された現在、第三国が東独との関係正常化に着手することに反対するものではないが、その際〔西〕独の同盟・友好諸国が〔西〕独の利害を顧慮し、〔西〕独の希望に理解を示すことを期待する」と述べた(「東独承認問題(独政府申入れ)」一九七二年一一月一〇日、開示〇四-九四〇-三七)。

こうした西ドイツ政府の動きを受けて、日本外務省欧亜局西欧第一課は同日(一一月一〇日)「東独との外交関係設定及び通商代表部開設問題について」と題する文書をまとめ、東ドイツとの国交樹立を具体的に検討し始めた。そこでは「両独間基本条約の仮調印の結果、わが国としても対東独関係正常化を考慮する必要が生じつつある」とされ、さらに「わが国が東独と外交関係を設定する上での障碍は消滅したものと認められる」と判断されたのである。しかし「基本条約は尚仮調印されたに過ぎ」ないため、方針としては、「同条約の本調印及び批准による正式発効乃至は両独の国連加盟等の進展を注視しつつ、かつＮＡＴＯを中心とする西側主要国の動きに留意しつつ外交関係設定の措置を準備する」こととしたのである(欧亜局西欧第一課、一九七二年一一月一〇日、開示〇四-九四〇-四二)。

この間、東ドイツとの関係正常化を促進する事態が国際的にも進展した。一一月一九日、西ドイツで総選挙がおこなわれ、与党陣営(社会民主党・自由民主党)が大勝したのである。両独基本条約は選挙民によって歓迎されたことが明確となった。また、一二月七日、ＮＡＴＯ閣僚理事会で米英仏は両独基本条約の公式調印まで東独との外交関係樹立の動きをしない旨を申し合わせ、ＮＡＴＯ共同コミュニケを発表した。こうした事態を受けて、さらに一二月二一日、両独基本条約が正式調印され、翌一九七三年六月に発効することとなったのである。

このように日本と東ドイツの国交樹立へ向かう国際環境が整えられたが、日本外務省の中には、東ドイツとの国交樹立になお消極的な意見が存在した。たとえば一九七三年一月八日、ボン駐在大使曽野明は外務省に宛てて電報を打ち、そもそも「わが国が東独承認から得られるところ」は少なく、東ドイツは「その強引さと利己主義により東欧圏内部でも『はなつまみもの』である。さらにNATOでも承認国が出始めている現在、「わが国が国交樹立を急いでも、東独側から多大の評価を受けるとは思えない」。準備不足のまま承認を急げば「東独側ないしその工作に踊らされている国内勢力との間に一破乱《ママ》あること覚悟すべき」である。「わが国ではいったん東独と交渉を始めれば『財界等々』の圧力で東独のいいなりにならざるを得ないこと火を見るよりも明らか」であり、「初めからこのような例を作ることは国交を樹立した後も在東独公館は『つんぼさじき』に置かれ、外務省は『財界の圧力』の下に動く人形に過ぎなくなる恐れ充分」である。結論として曽野は、「結局わが国としては、表面的な『緊張緩和』にまどわされることなく西側の団結をはかること」が重要であり、「可能な範囲で西独の希望を入れ、米・英・仏をはじめとする西側諸国の動きを見守りつつ交渉開始および国交樹立の交渉時期を決定すべきである」と主張した。具体的には「まずとりあえず代理大使を置き様子を見、おもむろに大使派遣を考えれば十分であり、特別の緊急措置をとる必要はない」との方針を提案したのである(曽野大使発大平大臣宛、一九七三年一月八日、開示〇四－九四〇－四二)。

しかしながら、外務省本省はすでに東ドイツとの国交樹立交渉に動き始めていた。一月一七日、東ドイツはグルーネルト(Horst Grunert)国連東独オブザーバーより日本の国連大使中川融を通じて交渉開始を申し入れてきた。東ドイツ承認に関しては西ドイツ政府と密接な連絡を取るという合意に基づいて、翌々日の一九日、外務省国際連合局政治課長小和田恆が西独のグレーヴェ大使と会談し、事態の進展を報告したのである。この席で小和田は「わが方としてはこれに応じ、二月中旬又は三月上旬にモスクワで交渉を開始することを考えて」いると述べた(大平外務大臣発曽野大使・駐ソ大使宛、一九七三年一月一九日、開示〇四－九四〇－四二)。

一九七三年三月七日、モスクワで日本大使新関欣哉と東ドイツ大使ビットナー(Horst Bittner)との間で国交樹立交渉が開始され、同年四月二三日に最終的合意が成立した(新関 一九八九、一七七頁。外務大臣発ソ連大使等宛、一九七三年四月二八日、開示〇四－九四〇－四二)。五月一五日、日本と東ドイツとの間で外交関係樹立に関する書簡の交換がおこなわれ、両国は正式に外交関係を樹立した(「日本国とドイツ民主共和国との間の外交関係設定に関する日本側書簡」開示〇四－九四〇－六四)。同時に日本政府は声明を発表し、「日本政府は、この機会に、ドイツ民主共和国との外交関係設定は、ドイツ民族の統一を支持する日本国政府の方針に何ら変更を加えるものではなく、また現在のベルリンの地位に影響を及ぼすことを何ら意図するものではないことを確認する」と述べて、ドイツ問題およびベルリン問題に関する西ドイツ政府の立場を支持した(外務省情報文化局発表、一九七三年五月一五日、開示〇四－九四〇－六四)。

一九七三年一〇月一九日、山川燿男が東ドイツ駐在日本代理大使に任命され、翌七四年五月一一日に谷盛規が初代東ドイツ駐在日本大使に任命された。また、七三年一〇月一五日に東京駐在東ドイツ大使館が開設され、七四年三月二〇日にブリー(Horst Brie)が初代東京駐在東ドイツ大使に任命された(Modrow 1983, S. 89–94, 邦訳一四五－一五三頁)。

おわりに

以上本章では、一九四九年の西ドイツおよび東ドイツの成立から一九七三年の日本＝東ドイツ国交樹立までの日独関係の特徴のいくつかを、日本＝西独関係を中心に、デタントと多極化時代の到来を背景として、素描してきた。最後にそこでの議論をまとめておこう。

日本と西ドイツの国交回復は、対日講和条約交渉の進展にともなって準備されたが、ともに完全な主権の回復にいたらぬ状況の下、ドイツの連合国高等弁務官府と日本の連合国軍最高司令官総司令部の合意を得ながら進めざるを得なかった。しかも両国の政治関係の回復は経済関係の回復よりもあとに、サンフランシスコ講和条約の発効を待って初めて実現したのである。その際西ドイツ側が重視したのは、日本＝西独二国間関係そのものではなく、日本という情報拠点から得られるソ連情報、またそれ以上に中国情報であった。これはたんに西ドイツ外務省の関心であっただけではなく、他ならぬ連邦首相アデナウアーの強い関心でもあった。情報交換は日本＝西独関係の重要な一環を形成した。

こうした情報交換は、とりわけ西ドイツの対ソ政策に強い関心と野心を有する初代駐日大使クロルの着任以降、法眼晋作など日本外務省側の協力を得て、一層強化された。クロルの強い関心は、当時進行中であった日ソ国交回復交渉に向けられた。クロルはその際、たんなる情報交換だけでは満足せず、対ソ政策における日本と西ドイツの政策調整までをも求めた。しかしながら、このようなクロルの意欲に西ドイツの外務省本省は冷ややかであった。西ドイツ外務省は、「政策調整」にまで踏み込めば、国際社会において戦前における日独枢軸のイメージを呼び覚ます可能性があると恐れたのである。

一九五〇年代後半の日本外交における課題であった日米安全保障条約の改定が一九六〇年六月に果たされると、日本外交はアメリカ以外の地域、とりわけ西ヨーロッパにも大きく関心を拡大することとなった。一九六一年七月の外相小坂善太郎の訪欧、一九六二年九月の外相大平正芳の訪欧、とりわけ一九六二年秋の首相池田勇人の訪欧はこうした新しい日本外交の方向を顕著に示すものであった。

また、西ドイツにおいても、ベルリン危機ののち、「西側の結束」による「力の政策」というアデナウアー路線の限界が、アデナウアー自身の高齢問題と重なる形で明らかとなり、代わってグローバルなレヴェルでの経済政策を重視するエアハルトの路線が西ドイツ外交の基調となっていく。西ドイツと日本の関係がとりわけ経済レヴェルで深化していく条件が形成されたのである。

日本＝西独関係の緊密化は、それに付随する形で、両国関係のいくつかの問題をも顕在化させた。それは東ドイツ政治家・活動家の日本訪問受け入れが惹起した西ドイツ政府の政治的不快であり、また一九六四年の西ドイツと中国の接近がもたらした日本政府の政治的不快であった。しかしこうした不協和音は、日本政府による東ドイツ政治家入国審査の厳格化および西ドイツ＝中国接近の破綻などにより弥縫され、両国関係の重大な問題となることはなかった。関係の緊密化にともない、情報の交換も、双方の大使館と外務省のアドホックな接触という枠を越え、制度化されることとなった。「日独政治関係はすばらしく、日独にかかわる重要問題では意見の違いは一つもない」との認識のもと、日独協議では、東アジアにおける中国問題、ヨーロッパにおける東欧問題、および両国の対米関係など、要するに冷戦下の国際政治状況に関する情報交換が緊密におこなわれたのである。一九六三年一一月に開始された外相定期協議に加え、一九六四年六月からは事務レヴェルの定期協議が開始された。さらに一九六九年二月には両国外務省の政策企画部門の第一回協議がおこなわれた。この政策企画部門の協議では、とりわけ核拡散防止条約への対応をめぐって、西ドイツと日本の意見の相違が明らかとなった。すなわちこの時、日本側参加者の一部では核武装を辞さないという姿勢が示されたのである。しかし、当然のことながら、東方政策の推進により東側諸国との緊張緩和を目指す西ドイツ外務省（とりわけバール政策企画部長）はこのような意見に同意することはなかった。

以上のような各レヴェルの政策協議に加え、とりわけ西ドイツ外務省において、経済レヴェルでの事務次官級協議の必要が強く認識されるようになった。これは明らかに国際社会における日本と西ドイツの経済力の著しい伸長と日本＝西独経済関係の一層の緊密化を反映していたのである。

一九六〇年代後半から始まる西ドイツの東方政策と国際社会におけるデタントは、日本＝西独関係をめぐる国際環境にも著しい変動をもたらした。東方政策の過程で西ドイツはハルシュタイン・ドクトリンを事実上放棄し、東ドイツを国際的に承認する国が漸増し始めた。さらに一九七〇年八月一二日、モスクワ条約が調印されたが、そのことは同時に西ドイツが独ソ関係への影響を恐れることなく北京と交渉しうる立場に立ったことを意味した。一方、中国は、中ソ関係の悪化にともない、国際社会での孤立から脱却する道を探り始めていた。一九七一年一〇月、中国は台湾に代わって国際連合に参加し、常任理事国の地位を獲得した。さらに一九七二年二月のニクソン訪中と上海コミュニケの発表は、日本および西ドイツのそれぞれが対米関係を犠牲にすることなく中国との国交を正常化する道を開いた。さらに同年一二月二一日、両独基本条約が正式調印され、翌七三年六月に発効した。これにより日本と東ドイツの国交樹立に対する政治的障害は除去されることとなった。

このような事態を背景に、一九七二年一〇月、西ドイツと中国の国交が樹立され、翌七三年五月に日本と東ドイツの国交が樹立された。これに日中国交正常化が加わり、西ドイツと東ドイツ、日本と東ドイツ、日本と中国、西ドイツと中国の関係は、台湾の地位を除き、基本的には通常の国家間の関係となったのである。

以上のような展開は、東西両ドイツと日本との関係から、冷戦的要因をかなりの程度減少させる結果となった。冷戦期において日本＝西ドイツ関係に影響を与えた日本＝東ドイツ関係および西ドイツ＝中国関係の負荷は、日本＝西ドイツ関係から除去された。さらに西ドイツは、中国に代表部を設置することにより、基本的には日本に頼らず自前の中国情報を収集することができるようになった。そのため、冷戦期日本＝西独関係の不可欠の構成要素であったソ連および中国に関する情報交換は、その重要性を相対的に低下させた。

こうして日本＝西ドイツ関係が冷戦的文脈から解放されて脱政治化すると同時に、日本および西ドイツの経済力の発展にともない、両国の関係においては経済的要因の比重が顕著に拡大した。両国の経済関係の緊密化は、もちろんすでに一九五〇年代から始まっていたが、一九七〇年から開始された日本＝西ドイツ間の経済問題をめぐる事務次官級協議は、そのことをいっそう顕著に示していたといえよう。

一九七一年四月より七六年一〇月まで東京駐在ドイツ連邦共和国大使を務めたグレーヴェは、回想録の中で、「日独関係の唯一の問題は問題のないこと」であり、日本の総理大臣や外務大臣と会談しても「緊張の不在、成果の不在」という雰囲気が支配し、「そもそも大使など不要なのではないか、という感覚にしばし囚われた」と述懐している(Grewe 1979, S. 20)。これは、日本＝西ドイツ関係の脱冷戦化・脱政治化を、東京駐在西ドイツ大使の主観において確認したものであった。

■注

引用文中の〔　〕内の註は、引用者による。
本説で用いる略語は以下の通りである。

AA　Auswärtiges Amt

AAPD　*Akten zur Auswärtigen Politik der Bundesrepublik Deutschland*

（1）モードロウの著作は戦前の日独関係史を戦後の日本＝東独関係史の前史として扱っている。

（2）「戦前版」日独防共協定の詳細については、田嶋（一九九七、二〇〇八）を参照されたい。

（3）クロルとの会談におけるアデナウアーの指示は、以下の史料によっても確認できる。Kroll an das AA, 19. August 1955, B11/424, Bl. 414–419, bes. Bl. 414.

（4）一九三七年七月にいたるまでのナチス・ドイツの中国への関心については、田嶋（二〇一三）を参照のこと。

（5）ドイツ連邦共和国外務省とナチスの過去については、Conze, Eckart/Norbert Frei/Peter Hayes/Moshe Zimmermann (2010) を参照のこと。

（6）「アデナウアー方式」と日ソ交渉について、詳しくは、Oberländer (2006) を参照のこと。

（7）門脇とクロルの親密な関係については、Kroll (1967), S. 307–308, 邦訳二四–二五頁。

（8）西ドイツ駐在大使加瀬俊一は病気のため日本で療養していたが、五六年九月に没した。大野勝巳が代わって五六年一一月に駐独大使に就任したが、翌五七年一月には外務次官として本省勤務となった。その後曽野明が代理大使を務めたのち、五七年四月に武内龍次が西独駐在大使となった。

（9）爲政（二〇一三）は、用意された演説草稿と実際の演説を比較して、演説を「共産主義の脅威を全面的に押し出したもの」と評価している。

（10）日米安全保障条約改定反対の社会運動と、のちの原発に反対する社会運動との関連について、加藤・井関（二〇一四、本書第九章）参照のこと。

（11）エアハルトの対外経済政策およびその日独経済関係への影響について、工藤（二〇一四a、本書総説二）参照のこと。

（12）ただし、西独外務省は、自ら代表権を持っていないので国連における議論に影響力を行使できないし、「二つの中国」論は「二つのドイツ」論につながりかねないので、「わが国にとっては望ましくない」と判断していた。Aufzeichnung Welczeck, 12. Juli 1961, B12/1507.

(13) 大平は国連総会でドイツ問題に関し西ドイツ政府支持を明確に打ち出した。さらに、シュミットポット(二〇一四、本書第四章)参照のこと。

(14) 日本の労働組合運動と東西両ドイツ、とりわけ東西両ドイツの労働組合運動との関係につて、詳細は、ハイデック(二〇一四、本書第二章)参照のこと。

(15) 原水爆禁止運動と日独関係について、加藤・井関(二〇一四、本書第九章)参照のこと。

(16) ここで、この時期までの中独関係史について若干触れておこう。蔣介石率いる中華民国は、一九四一年六月のドイツによる汪兆銘政権の承認後にドイツとの国交を断絶し、一九四一年一二月九日にはドイツに宣戦を布告して法的な戦争状態に入った。一九四五年五月のドイツの無条件降伏後、一九四九年一〇月に東ドイツと中華人民共和国は相互承認をおこなって国交を樹立した(Telegramm der chinesischen Regierung an die Regierung der DDR, 25. Oktober 1949, in: Meißner 1995, Dok. 1; Antworttelegramm der Regierung der DDR vom 27. Oktober 1949, in: Meißner 1995, Dok. 2)。

一方、西ドイツはハルシュタイン・ドクトリンの下、中華人民共和国との国交樹立をおこなわなかったが、他方、台湾に移動した中華民国とも講和を締結しなかった。一九六一年三月二八日、西ドイツ外務省は内部において台湾との国交樹立に関して検討し、その結果、国交樹立に否定的な態度を確認した。その理由は、分裂国家中国の一当事者である台湾との国交樹立が、(1)ドイツ統一問題に不利に働く、(2)大陸中国への道を閉ざす、というのであった(Aufzeichnung des Legationsrats Welczek, 28. März 1961, in: Leutner 1995, Dok. Nr. 25, 80–82)。

他方、戦後の台湾には、抗日戦争期に中国に残り、その後国民政府とともに台湾に移ったドイツ軍事顧問シュテンネス(Walther Stennes)およびシュテルツナー(Erich Stoelzner)が活動しており、西ドイツは、南京国民政府時代のドイツ軍事顧問団長ファルケンハウゼン(Alexander von Falkenhausen)の舞台裏での働きかけもあり、一九五〇年代半ばよりかれらを西ドイツ国防省の管轄下に置いて台湾軍の訓練に当たらせていた。台湾と西ドイツは、事実上の友好関係にあったのである(Anmerkung der Herausgeber 18, Leutner 1995, S. 155)。

(17) ブラントと日本、とりわけ日本社会党との関係については、安野(二〇一四、本書第一章)を参照のこと。

(18) その際日本側は、東独との貿易協定締結への意欲を示した。

(19) なお、*AAPD* の解説は日本側特使を「西村英一」「田中角栄」としているが、誤りである。参照、『朝日新聞』一九六七年四月二六日。

(20) 以下の外務省ホームページに報告書が掲載されている。「〝核を求めた日本〟報道において取り上げられた文書等に関する外務省調査報告書」二〇一〇年一一月二九日、http://www.mofa.go.jp/mofaj/gaiko/kaku_hokoku/pdfs/kaku_hokoku00.pdf(二〇一二年一〇月二七日アクセス)。

(21) 当時の日本と西ドイツ・ECの関係については、工藤(二〇一四b、本書第五章)を参照のこと。

■参考文献

Auswärtiges Amt, Historischer Dienst (Hrsg.) (2004–2014) *Biographisches Handbuch des deutschen Auswärtigen Dienstes 1871–1945*, Paderborn: Schöningh.

Schmidt, Siegmar/Gunther Hellmann/Reinhard Wolf (Hrsg.) (2007) *Handbuch zur deutschen Außenpolitik*, Wiesbaden: VS Verlag für Sozialwisssenschaften.

■刊行史料

太田勝洪・朱建栄編(一九九五)『原典中国現代史(六)　外交』岩波書店。

Auswärtiges Amt (1990) *Außenpolitik der Bundesrepublik Deutschland. Vom Kalten Krieg zum Frieden in Europa. Dokumente von 1949–1989*, München: Verlag Bonn Aktuell.

Leutner, Mechthild (1995) *Bundesrepublik Deutschland und China 1949 bis 1995*, Berlin: Akademie Verlag.

Meißner, Werner (1995) *Die DDR und China 1949–1990*, Berlin: Akademie Verlag.

■回想録

大平正芳(二〇一〇)『大平正芳　全著作集(二)』講談社。

大平正芳回想録刊行会(一九八二)『大平正芳回想録』全三巻、大平正芳回想録刊行会。

新関欣哉(一九八九)『日ソ交渉の舞台裏——ある外交官の記録』日本放送出版協会。

村田良平(二〇〇八)『村田良平回想録(上)(下)』ミネルヴァ書房。

森田一著、服部龍二・昇亜美子・中島琢磨編(二〇一〇)『心の一燈　回想の大平正芳　その人と外交』第一法規。

Grewe, Wilhelm G. (1979) *Rückblenden. Aufzeichnungen eines Augenzeugen deutscher Außenpolitik von Adenauer bis Schmidt*, Frankfurt am Main: Propyläen.

Kroll, Hans (1967) *Lebenserinnerungen eines Botschafters*, Köln: Verlag Kiepenhauer & Witsch(ハンス・クロル、三輪晴啓訳『大使の回想——独ソ和解を求めて』サイマル出版会、一九七〇年).

Schröder, Gerhard (1988) *Mission ohne Auftrag : Die Vorbereitung der diplomatischen Beziehungen zwischen Bonn und Peking,* Bergisch Gladbach: Gustav Lübbe Verlag.

■研究文献（邦文）

石田勇治編（二〇〇一）『資料　ドイツ外交官の見た南京事件』大月書店。

「NHKスペシャル」取材班（二〇一二）『〝核〟を求めた日本――被爆国の知られざる真実』光文社。

加藤哲郎・井関正久（二〇一四）「戦後日本の知識人とドイツ――「原子力の平和利用」をめぐって」工藤章・田嶋信雄編『戦後日独関係史』第九章、東京大学出版会。

川嶋周一（二〇〇七）『独仏関係と戦後ヨーロッパ国際秩序――ドゴール外交とヨーロッパの構築　一九五八―一九六九』創文社。

工藤章（二〇一四a）「経済関係――協調と対立　一九四五―一九七〇年」工藤章・田嶋信雄編『戦後日独関係史』総説二、東京大学出版会。

――（二〇一四b）「日本・EEC貿易協定締結交渉と西ドイツの立場――限定的自由貿易主義の限界　一九七〇―一九七一年」工藤章・田嶋信雄編『戦後日独関係史』第五章、東京大学出版会。

シュミットポット、カティヤ（二〇一四）「冷戦下の通商と安全保障――アデナウアー政権期の独日経済関係　一九四九―一九六三年」工藤章・田嶋信雄編『戦後日独関係史』第四章、東京大学出版会。

妹尾哲志（二〇一一）『戦後西ドイツ外交の分水嶺――東方政策と分断克服の戦略　一九六三―一九七五年』晃洋書房。

田嶋信雄（一九九七）『ナチズム極東戦略――日独防共協定をめぐる諜報戦』講談社。

――（二〇〇八）「親日路線と親中路線の暗闘――一九三五―一九三六年のドイツ」工藤章・田嶋信雄編『日独関係史　一八九〇―一九四五（二）――枢軸形成の多元的力学』第一章、東京大学出版会、七―五三頁。

――（二〇一三）『ナチス・ドイツと中国国民政府　一九三三―一九三七』東京大学出版会。

爲政雅代（二〇一三）「新たな日独関係の模索？――西ドイツ首相アデナウアーの日本訪問　一九六〇年」『社会科学』（同志社大学人文科学研究所）、四三巻一号、七七―九四頁。

ダワー、ジョン、大窪愿二訳（一九八一）『吉田茂とその時代（上）（下）』ティビーエス・ブリタニカ。

津崎直人（二〇一一）「西ドイツのＮＰＴ加盟に関するブラントの構想（一九五八―六九年）」『西洋史学』二四三号、二〇九―二二七頁。

ハイデック、クリスティアン（二〇一四）「冷戦下の独日労働組合――安保闘争とベルリン危機のはざまで」工藤章・田嶋信雄編『戦後日独関係史』第二章、東京大学出版会。

服部龍二（二〇一一）『日中国交正常化――田中角栄、大平正芳、官僚たちの挑戦』中央公論新社。

三宅正樹（一九九六）『日独政治外交史研究』河出書房新社。

安野正明（二〇一四）「日本社会党とドイツ社会民主党――友党関係から忘却へ」工藤章・田嶋信雄編『戦後日独関係史』第一章、東京大学出版会。

■研究文献（欧文）

Blasius, Rainer A.（Hrsg.）（1994）*Hasso von Etzdorf. Ein deutscher Diplomat im 20. Jahrhundert*, Zürich: Haumesser Verlag.
Conze, Eckart/Norbert Frei/Peter Hayes/Moshe Zimmermann（2010）*Das Amt und die Vergangenheit. Deutsche Diplomaten im Dritten Reich und in der Bundesrepublik Deutschland*, München: Karl Blessing Verlag.
Gray, William Glenn（2003）*Germany's Cold War. The Global Campaign to Isolate East Germany, 1949–1969*, Chapel Hill: The University of North Carolina Press.
Grewe, Wilhelm（1984）„Japan und Deutschland nach dem Kriege. Parallelen und Divergenzen“, in: Josef Kreiner（Hrsg.）, *Deutschland und Japan: historische Kontakte*, Bonn: Bouvier, S. 285–300.
Köllner, Patrick（1998）„Die deutsch-koreanischen Beziehungen von 1945 bis Gegenwart“, in: Patrick Köllner（Hrsg.）, *Korea 1998. Politik, Wirtschaft, Gesellschaft*, Hamburg: Institut für Asienkunde, S. 19–56.
Krebs, Gerhard（1997）„Japan and Germany. From Wartime Alliance to Postwar Relations“, in: Krebs, Gerhard/Christian Oberländer（Hrsg.）, *1945 in Europe and Asia*, München: Iudicium Verlag, pp. 149–160.
Kühlem, Kordula（2008）*Hans Kroll（1898–1967）*, Düsseldorf: Droste.
Modrow, Hans（Leiter des Autorenkollektivs）（1983）*Die DDR und Japan*, Berlin: Dietz（ハンス・モードロウ編著、池田光義・

木戸衛一訳『遠くて近い二つの国――東ドイツと日本』サイマル出版会，一九八四年）．

Oberländer, Christian（2006）„Die ‚Adenauer-Formel' in den japanisch-sowjetischen Friedensverhandlungen 1955/56 und die deutsch-japanischen Beziehungen", in: Helmut Altrichter（Hrsg.）, *Adenauers Moskaubesuch 1955. Eine Reise im internationalen Kontext.* Bonn: Bouvier, S. 57–76.

——（2008）„Japan's *Deutschlandpolitik* in the Postwar Period. The Case of Travel Restrictions between East Germany and Japan", in: Hans Dieter Ölschleger（Hrsg.）, *Theories and Methods in Japanese Studies : Current State and Future Developments*, Bonn: Bonn Universty Press, S. 303–311.

Schwaibe, Hans/Heinrich Seemann（Hrsg.）（1974）*Deutsche Botschafter in Japan 1860–1973*, Tokyo: Deutsche Gesellschaft für Natur- und Völkerkunde Ostasiens.

Schwarz, Hans-Peter（1994）*Adenauer. Der Staatsmann 1952–1967*, München: Deutscher Taschenbuch Verlag.

総説二　経済関係

協調と対立　一九四五－一九七〇年

工藤　章

はじめに

本章の課題は、第二次世界大戦が終結した一九四五年から一九七〇年までの日独経済関係について、その概観を与えるところにある。ただしここでは、第一に、東西に分割された両ドイツのうち西ドイツ(ドイツ連邦共和国)を取り上げる。したがって、ここでの日独関係とは日本・西ドイツ関係にほかならない。第二に、経済関係のなかでも、通商条約ないし貿易協定などの、通商にかんする政府間の合意とその合意形成過程に対象を絞る。なお、対象とする時期を日本と欧州経済共同体(European Economic Community. EEC)との間の通商交渉が正式に開始される一九七〇年までに限定したのは、紙幅の関係もあるが、それ以降の時期になると日本・西ドイツ関係はしだいに日本・ＥＥＣ関係に包摂されるに至り、あらためて別の視角から取り上げた方がよいと思われるからでもある(工藤 二〇一四、参照)。

その際、日独それぞれの対米関係および対西ヨーロッパ関係にとくに注目しなければならない。あらかじめこの点に触れておこう。

第二次世界大戦を契機としてアメリカが覇権国としての地位を確立した結果、戦後の国際経済秩序――いわゆるブレトンウッズ体制あるいはIMF・GATT体制――において、アメリカが規定的な役割を果たすことになった。その中でアメリカは旧枢軸国たる日本および西ドイツをそれぞれ東アジアおよび西ヨーロッパの要となる国として位置づけ、さまざまな手段を通じて圧力を行使した。したがって、日独間の関係もこの覇権国アメリカとの関係によって規定されることになった。日独それぞれの対米関係を視野に入れなければならない所以である。

さらに、西ヨーロッパにおいては戦後初期からさまざまな形で地域化が進展し、その結果、西ドイツの対日通商方針も多かれ少なかれそれによって規定されるようになり、したがってまた日本も、その対独通商方針において近隣諸国の動向および西ドイツとそれらの諸国の関係に注目せざるをえなくなった。これが日独それぞれの対西ヨーロッパ関係を視野に入れなければならない理由である。ちなみに東アジアにおいては、戦前に日独双方にとって重要なファクターであった中国市場が当面世界市場からほぼ切断され、およそ地域化が展望されるような状況にはなかった。そのため、中国をはじめとする東アジア諸国の動向が日独関係に大きく影響することはなかったが、日独はそれぞれに東アジア市場への期待ないし展望を持ち続けたから、そのことが日独関係に影響を及ぼしたことは見逃しえないはずである。

研究史の状況についていえば、本章に関わる研究の蓄積は乏しい。というより、本章の課題である政府間の通商交渉に関わるものとしては、日本の世界経済への再編入に果たした西ドイツの役割というテーマを扱ったJansen (1996)が、管見のかぎりでは唯一のものである。これはドイツ側史料を駆使した本格的なものであり、研究史が空白であったなかできわめて貴重な貢献である。ただし、日本語の史料および文献はまったく利用されておらず、そのため日本側の動きについてはドイツ側の推測をそのまま紹介するか、自ら推測するしかなくなっている。ちなみにヤンゼンは一九五〇年代の国際経済秩序において果たした西ドイツの役割は十分に研究されていないと指摘しているが(Jansen 1996, S. 185, Anmerkung 3)、この指摘は今日においてもそのまま妥当するであろう。

このような研究状況であるから、二次文献を利用することによって概観を得ることはほとんど不可能である。この点は戦前期についての研究状況とはおおいに異なる。したがって、やむをえず一次史料を多用することになる。その史料状況について見れば、まず日本側の外務省史料は一九五〇年代半ばまでしか公開されていない。ただし、情報公開法(「行政機関の保有する情報の公開に関する法律」)に基づき外務省に対して開示請求し、若干の史料を付加することができた。通商産業省(現経済産業省)の公開史料には利用する価値のあるものはないといって過言ではない。他方、ドイツ側史料は外務省史料(外務省外交史料館 Politisches Archiv des Auswärtigen Amtes. PAAA 所蔵)および経済省史料(コブレンツ連邦文書館 Bundesarchiv Koblenz. BAK 所蔵)ともに一九七〇年代まで公開されており、とくに後者は「三〇年原則」に忠実に公開されている。こうして日独間には史料状況において顕著な格差があり、したがって以下においても、遺憾ながら、ヤンゼンほどではないにせよドイツ側史料に依拠せざるをえない。

一　貿易統制下の二国間協定と日本のガット加盟

1　二国間協定　一九四五年八月－一九五五年一〇月

1　一九四九年一〇月貿易協定

同盟国として第二次世界大戦をたたかってともに敗れた日独両国は、戦後も連合諸国による占領という経験をともにした——もちろんドイツは、東西への分割という、日本が経験しなかった運命を甘受することにもなったが。日本と西ドイツでは、それぞれ占領軍による貿易統制が敷かれたが、しだいに民間貿易が再開され、それにともなって両国間の貿易も徐々に回復へ向かった。そして日本では一九四九年四月、「ドッジ・ライン」と呼ばれる一連の強力な経済安定政策が実施され、また西ドイツでもその一年近く前の一九四八年六月に通貨改革が実施された。このような事態を踏まえ、日独間の貿易にも公的な枠組みができた。

すなわち、一九四九年一〇月四日、いずれもなお占領下にある日独両国のあいだで貿易協定が締結された(1)。そこでは、両国がそれぞれ相手国中央銀行(ないしそれに相当する機関)に無利息かつドル建の勘定を開設し、両勘定間の決済は両勘定の差引残高の支払いについてのみおこなわれるというオープン・アカウントおよびスウィングという方式が採用された。また「貿易計画」を軸とする緩やかな管理貿易の枠内で、日本の輸出六〇〇万ドル、西ドイツの輸出六〇〇万ドル、年間総額一二〇〇万ドルという数値目標が掲げられた。このような内容の二国間貿易協定は、この頃双方がそれぞれ諸外国とのあいだに結んでいたものであった。それが、双方の占領権力の主導により旧枢軸国間にも結ばれたのである。協定の有効期間は一九四九年八月初めから一九五〇年七月末までとされた(Dittmann an Glain, Entwurf, 29. Juni 1950, PAAA A4858)。

この協定は双方の占領権力のあいだで結ばれたのであるが、日独双方の二国間協定のクロノロジーからすれば、近隣諸国ではないにもかかわらず、早い時期に実現している。そこには、日本と西ドイツとを貿易で結びつけ、それぞれの経済復興にいくらかでも資するようにしたいというアメリカ政府の意向を見て取ることができる。とくに、西ドイツは当時対日出超を記録していたから――近隣諸国との関係ではなお入超だった――、ドル収入を見込むことができた。これはアメリカにとっても好都合だったのである。

2　一九五一年八月貿易支払協定

一九四九年一〇月の協定はその後二度にわたって期間が延長されたが、その期限が切れる一九五一年六月には、新たな協定の締結に向けての交渉が開始された。この間、朝鮮戦争が勃発し、日本は「ドッジ・ライン」実施にともなう不況から一転してアメリカ軍による物資買付け（いわゆる朝鮮特需）によって好況に転じ、他方西ドイツも朝鮮戦争の恩恵を受けたためもあって、貿易収支の黒字化への転換が開始された。このような日独それぞれの貿易の変容を踏まえ、より自由化に傾斜した貿易協定が目指された。さらに、連合諸国の対日講和も日程に上ってきたので、日独それぞれの政府による協定の締結が望ましいとされたのである。

交渉に向けてより積極的であったのは西ドイツ側であったため——いまや西ドイツの占領権力たる連合国高等弁務官府（Allied High Commission for Germany）よりも西ドイツ政府が前面に出ていた——、西ドイツ政府が交渉団を派遣し、東京での交渉となった。日本側は連合国総司令部（GHQ／SCAP）および日本政府の双方が交渉の席についたが、実質的な交渉主体は日本政府であった。交渉は六月一一日から開始され、八月二日に終了した（第一回日独通商会議要録、外交史料館 B′五・二・〇・J／G〈W〉一、Hess an Auswärtiges Amt, 5. Juli 1951, PAAA A4858）。

八月二日付けの新たな貿易支払協定の内容は次のごとくであった。まず貿易協定では、一九五一年七月一日から一年間の期間について貿易計画が設定され、日本の輸出三〇〇〇万ドル、西ドイツの輸出三〇〇〇万ドル、総額六〇〇〇万ドルという数値が掲げられた。この総額六〇〇〇万ドルという数値は、一九四九年一〇月に締結された最初の貿易計画の年間総額一二〇〇万ドルの五倍に達している。次に支払協定では引き続きオープン・アカウントおよびスウィングという方式が規定された（外務省、日本国とドイツ連邦共和国との間の貿易協定及び支払協定に関する説明書〈閣議説明書〉、一九五一年七月二五日、外交史料館 B′五・二・〇・J／G〈W〉一）。

連合諸国の対日講和が間近に迫っていることを考慮した日本政府とSCAPとのあいだの了解にもとづき、SCA

Pと西ドイツ政府とのあいだの協定、および日本政府と西ドイツ政府とのあいだの協定が締結されたが、このふたつの協定は内容的にはもちろん同一であった。(2)対日講和条約が発効すればただちに前者から後者に切り替えるという了解が成っていたのである。

新たな貿易支払協定の締結のほか、両国政府は八月二日付けの書簡の交換を通じて、日本と連合国ないしその一部との講和条約が発効すると同時に(講和条約発効は一九五二年四月二八日)戦前一九二七年七月二〇日調印の通商航海条約(発効は翌一九二八年四月)が事実上適用されることでも合意した。この点はその後翌一九五二年六月一九日付けの書簡の交換を通じて確認された(Letter from Northe to Okazaki, June 19, 1952; Letter from Okazaki to Northe, June 19, 1952, 外交史料館B′五・二・〇・J/G〈W〉二)。これは、すぐ後に触れるように、日本のガット加盟に際して西ドイツの立場を制約することになる。

貿易支払協定が締結された一カ月後の九月八日、サンフランシスコ講和条約が調印され、それは翌一九五二年四月二八日に発効した。これによって日本の占領が終結し、日本は独立国としての主権を回復した。これにともない日独国交も正常化され、同年四月一一日、外交関係の復活および大使の交換にかんする西ドイツ側書簡が作成された(Kroll, Betrifft: Fortgeltung deutsch-japanischer Vorkriegsverträge, 18. März 1957, PAAA B56/270)。(3)

3　一九五三年六月改定支払協定

一九五一年六月、西ドイツはガット加盟を果たし、一九五二年八月には日本と西ドイツは同時に国際通貨基金(IMF)に加盟した。さらに一九五三年四月二日には日米友好通商航海条約が調印され、同年一〇月三〇日に発効した。一九五一年八月に調印された貿易支払協定は、この間、一九五二年七月と同年一二月にそれぞれ半年間延長されていたが、ともに主権国、さらにIMF加盟国となった新たな状況に対応して協定を見直すべきであるとの考えが、日独双方に強くなった。

そこで、協定改定のための交渉が一九五三年五月一二日にボンで開始され、六月九日に妥結した。新貿易計画が作成され、また支払協定の一部が改定された。ただし、貿易協定は改定されなかった(議定書および五種類の付属交換書簡、一九五三年六月九日付け、外交史料館B′五・二・〇・J／G〈W〉一－二)。一九五三年七月初頭から一年間についての貿易計画では、輸出入総額がそれぞれ四五〇〇万ドル(旧計画ではそれぞれ三〇〇〇万ドル)に拡大され、それにともない、スウィング額が九〇〇万ドルから一二〇〇万ドルに引き上げられた。その後、一九五四年一〇月には新たな貿易計画が合意されている。

さらにその後一九五五年七月二八日、新たな支払協定が結ばれたが、そのための交渉の過程は、日本のガット加盟をめぐる日独間交渉とからみあっていた。そこで項をあらためてこれを見よう。

2　日本のガット加盟――西ドイツの立場と日独間交渉　一九五五年三月－九月

1　西ドイツの立場――「原則的」賛成と国内産業への顧慮

ガットとは「関税および貿易に関する一般協定」(General Agreement on Tariffs and Trade)の略称(GATT)であって、関税その他の貿易障害の軽減、国際通商上の差別待遇の廃止を主たる目的として一九四七年一〇月三〇日に調印され、一九四八年一月に暫定的に発効した。このガットへの加盟は、戦後世界経済への復帰を目指す日本にとってまさに悲願であった。しかるにその道は、占領期においてはアメリカの努力にもかかわらず閉ざされていた。ガット加盟が当初実現しなかった点は、西ドイツについても同様であった。だが西ドイツは、一九五一年六月には加盟を認められた(Buchheim 1990, S. 139–140; 赤根谷　一九九二、八五頁、池田　一九九六、六〇－六二頁)。これとは対照的に、日本の加盟は遅延を重ねた。一九五一年九月のサンフランシスコ講和条約の調印直後、同月からジュネーヴで開催された第六回ガット総会でオブザーヴァーとしての出席が認められた後、一九五三年一〇月に第八回総会で仮加盟が認められた。そして一九五五年九月にようやく正式加盟を果たしたのである。主権回復が西ドイツより二年あまり遅れたにせよ、主権回復後の歩みも順調ではなく、結局西ドイツに遅れること四年あまりでの加盟であった(鹿島平和研究所 一九七二a、二六八－二九〇頁、通商産業省通商産業政策史編纂委員会 一九九〇b、二二七－二四〇頁、赤根谷 一九九二、第四・五・六章、池田 一九九六、第四章、Ikeda 2008, Chapter 7)。

それでは、日本のガット加盟についての西ドイツの立場はどのようなものであったのか。

前述のように(第一節の1の2)、日本と西ドイツは、一九五一年八月に貿易支払協定を締結した際、サンフランシスコ講和条約の調印と同時に、戦前の日独通商航海条約がふたたび有効となることを相互に確認していた。これにより、両国は相互に無条件で最恵国待遇を供与することとなった。論理的には、これは西ドイツにとっては日本に対してガット三五条を援用するという選択肢——後にイギリス、フランス、ベネルクス三カ国などがとった手段——がなくなったことを意味していた。なぜならば、ガット三五条の援用は最恵国待遇に条件を付け、あるいはこれを制限することにほかならないからである。このような西ドイツの態度は、ガット未加入の日本に対して最恵国待遇を供与する用意のあった諸国がかなり限られていたことを考えれば(通商産業省通商産業政策史編纂委員会 一九九〇a、二九、三四頁)、日本側にとっては相当に有り難いことであったはずである。アメリカが一九五三年四月調印の日米友好通商航海条約で日本に対して示した態度を、西ドイツはそれよりも二年近くも前に明確にしていたのである。

西ドイツはさしあたりこのように、日本に理解を示す立場に立っていた。一九五二年一〇月、第七回ガット総会で、西ドイツ代表は日本のガット加盟に「原則的に」(grundsätzlich)賛成する旨発言していた。さらに一九五三年一月、経済省の担当者は、すでに日本のガット加盟を無条件で支持する旨表明した以上、これに賛成する際に何らかの条件を付けて譲歩を得ることはできないと認識していた。一九五三年九月、ガット第八回総会では、西ドイツは日本の仮加盟について無条件で賛成票を投じ、「仮加入に関する宣言書」にも署名した。一九五四年一〇月、ガット第九回総会において、アメリカの主導により日本の加盟のための前提条件である対日関税交渉を開始することが決定されると、ガットの西ドイツ代表団は総会におけるその議決でも賛成票を投じた(Vermerk, Betr.: Beitritt Japans zum GATT, ohne Datum, BAK B102/57439)。

しかし、西ドイツ政府のこのような原則的な立場に対して、西ドイツ国内ではしだいに反発が強まっていた。すでに一九五三年二月、外務省、経済省、大蔵省、食糧農林省という関係各省の代表で構成される常設の協議機関である通商政策委員会(Handelspolitischer Ausschuß. HPA)では、日本の加盟の無条件支持という立場を堅持するとしながらも、この際日本側から何らかの譲歩を引き出すべきであるとする意見が出されていた(Vermerk, Betr.: Beitritt Japans zum GATT, ohne Datum, BAK B102/57439)(4)。

さらに同年九月、ガット第八回総会が開催される前後、経済省は日本のガット加盟問題について業界団体から意見を聴取していた。それらの業界団体はこぞって、日本のガット加盟に懸念を表明した。その急先鋒は全国繊維産業連盟(Gesamtverband der Textilindustrie)であった。この組織は、一九五三年九月九日付けの経済省に宛てた文書のなかで、まず第一に、「日本製繊維による競争の危険」を指摘し、その根拠として、日本の繊維産業について、低賃金(女性労働者はヨーロッパ水準の三〇%、男性労働者はその五〇%である)、過剰設備、戦前の市場の喪失という三つの要因を挙げていた。さらに、「一九三〇年代の日本の競争圧力による壊滅的な帰結」を想起するとともに、ヨーロッパ諸国ないしヨーロッパ経済協力機構(OEEC)加盟諸国の繊維産業も同意見であることを指摘していた。繊維産業連盟はこのような認識から、第二に、日本のガット加盟に対する懸念を表明するとともに、一九二七年日独通商航海条約がふたたび効力を回復するに至ったこと、しかもその決定に際して産業界になんら事前の相談がなかったことを遺憾であるとした。繊維産業連盟が望む措置は、最低従量税や既存の輸入制限の存続など、多岐にわたったが、とりわけ、セーフガードについて規定したガット二三条の解釈に基づく二国間の「条項」(Klausel)ないしは取決めであって、それによってはじめて一方的な対日措置が可能になるという点がその根拠とされた(Gesamtverband der Textilindustrie an Wirtschafts-ministerium, 5. September 1953; 13. Oktober 1953, BAK B102/7363, Heft 1)。

一九五四年一〇月、ガットで対日関税交渉についての討議がなされていた頃、経済省はガット関税交渉全般にかんする準備のための会合を開催した。そこには、繊維産業連盟を先頭とする業界団体の幹部のみならず、ドイツ工業連盟(Bundesverband der Deutschen Industrie. BDI)やドイツ商工会議所(Deutscher Industrie- und Handelstag. DIHT)などの財界団体の首脳、さらにドイツ労働総同盟(Deutscher Gewerkschaftsbund. DGB)の幹部も出席していた。この会議では対日交渉が最大の懸案とされた。討議のなかでは、日本からの輸入について当面貿易計画の下での割当措置で対処するとの方針が提示されながらも、日本の「ソーシャル・ダンピング」(Sozialdumping)への恐れが表明され、それへの対策が種々検討された(Eichhorn, Niederschrift, 21. Oktober 1954, BAK B102/7363, Heft 2)。

この前後には、業界団体から経済省に宛てて、日本からの輸入に対して何らかの制限措置を要求する文書が多数送付された。そのなかでは繊維産業連盟が引き続き突出していたが、この時期になると陶磁器産業の団体からの文書も見出される。さらに、ドイツ工業連盟からの文書も加わった。工業連盟会長ベルク(Fritz Berg)は経済相エアハルト(Ludwig Erhard)に宛てた一〇月三〇日付けの書簡で、同連盟が日本のガット加盟交渉に際して日本の「ソーシャル・ダンピング」の危険が過小評価されていると警告してきたことに言及し、さらに、ガットのダンピング条項によっては日本の「ソーシャル・ダンピング」すなわち低賃金による価格切下げには対応しえないとして、日本からの輸入を二国間の取決めによって数量規制すべきであると主張していた。彼はイギリスやフランスと同等の水準の国内産業保護を要求したのである(Berg an Erhard, 30. Oktober 1954, BAK B102/7363, Heft 2; Jansen 1996, S. 193–195)。

日本のガット加盟を支持するとの西ドイツ政府の方針に対するこのような国内での反発は、経済省にとって引き続き無視しえないものであった。経済省は西ドイツ政府の方針に変更がないことを繰り返し説きながらも、省内ではしだいに、日本からの輸入に対して関税引上げにとどまらない何らかの数量制限措置を講じる必要が認識されるようになり、具体的な検討が開始されていたのである。

2　ガット関税交渉と日本の対独輸出規制をめぐる交渉　一九五五年三月－五月

一九五四年一〇月のガット第九回総会での議決に基づき、対日関税交渉への準備が開始された。これに参加する意向を表明した国は一八カ国であった。これらの諸国は翌一九五五年二月にジュネーヴに集まり、関税交渉委員会を結成した。もちろん西ドイツはそれに加わった。そこにはイギリス、フランス、ベネルクス三カ国の名はなかった(鹿島平和研究所　一九七二a、二八四、二八七頁、通商産業省通商産業政策史編纂委員会　一九九〇b、二三四－二三五頁)。

一九五五年二月の関税交渉の開始に先立って、一月一四日、ボンにおいて経済省外国経済局極東課長のシュトラック(Hans Strack)が日本の対独輸出の規制にかんして日本側と接触していた(Schiffler, Vermerk für Hagemann, 21. Januar 1955, BAK B102/57439)。この接触からしばらく経ってから作成された西ドイツ経済省の内部文書では、西ドイツないしは経済省の基本的な立場が確認されている。それはすなわち、日本の「ソーシャル・ダンピング」への対策をガットに期待するのは難しく、結局は日本の対独輸出規制に関する二国間取決めしかないというものである(Bundesminister für Wirtschaft, Niederschrift, 25. Januar 1955, BAK B102/7363, Heft 2)。

このような西ドイツ側の新たな立場は、日本側にも間違いなく伝わっていた。ボンの日本大使館から外務省に宛てた文書には、シュトラックが関税交渉における西ドイツ側提案としてあらかじめ伝えてきた内容が次のように記されている。

「……若し日本がガットに加入した場合、現在国内産業の保護育成のために実施されている或る種の日本産品(綿製品、ミシン、貝ボタン、陶磁器等)に対する数量制限が困難となるので、この点で関係業者の日本加入に対する反対が強く関係当局は困惑している状態である。逆に日本の場合を考えても、独産品の輸入増加により傷手を蒙る産業(例えば映画の如く)もあろうと思われる。そこで、来る関税交渉の際双方で話合い、この点を調整する双務取極めを結びたい。」その内容は、「当事国の一方が、他方の国の或る産品の過剰輸入により、その国の当該産業が危殆に瀕する惧あるときは、他方の国は当該国の要請に基き合理的解決方法につき協議に応じなければならない」、またこれは「秘密交換公文」の形でおこなうことにしたい」というものである(加瀬発重光外相宛、一九五五年一月二四日、外交史料館 E′四・一・〇・七―五―八)。

このような西ドイツ側の非公式提案に対して、日本側は次のような拒否回答をおこなった。

「……『シュ』(シュトラック――引用者)のふれたる事例は、ガットの枠内(今次レヴュー会議でも数量制限全廃は実現せざるべし)で解決すべき問題であり、右を二国間の取極の対象とすることはガットの建前に逆行し、また政治的レパーカッションも面白くないこと明らかであるからかくの如き交渉に応ずる意向はない……」(重光発加瀬宛、電報、一九五五年二月一七日、外交史料館 E′四・一・〇・七―五―八)。

こうして、日本のガット加盟のためのジュネーヴ関税交渉は、ボンとジュネーヴでの日本の対独輸出の規制をめぐる二国間交渉――それはさらに予定されていた支払協定の改定交渉とも絡み合うことになる――と並行して進められることになる。

ガット加盟諸国の対日関税交渉の開始に際して、アメリカは加盟諸国にアメリカを媒介とする「三角交渉」を提案したが、それに応じて三角交渉を選択したのは六カ国にとどまり、多くの加盟国は対日単独交渉を選択した。西ドイツは三角交渉を自らにとっては「まったく無益」(vollkommen wertlos)であると結論づけ、単独交渉の途を選択した

(Vermerk〈Entwurf〉, 22. März 1955, BAK B102/57439)。西ドイツからすれば、三角交渉を提案するアメリカは日本の庇護者と見えたであろうし、それ以上に、この提案にはアメリカ自身の利害が埋め込まれていることが見てとれたのである。

ともあれ、こうして日独はガット関税交渉に入ることになった。交渉の開始は西ドイツ側の事情により当初の予定から遅れ、三月八日にずれ込んだ。交渉の主たる当事者は、日本側は萩原徹、西ドイツ側はハーゲマン(Werner Hagemann)という、双方のガット常駐代表であった。交渉そのものは順調に進んだ。だがその間にも、西ドイツ側は日本製品の自国市場への輸入についてなんらかの数量制限を規定する「特別条項」を繰り返し要求していた。ガット関税交渉と並行して進められたこの後者の交渉こそが、日独間通商交渉の焦点であった。

三月二六日、ジュネーヴでハーゲマンが萩原に対し、日本のガット加盟と関連させながら日本の対独輸出の問題を取り上げ、「綿布及び陶磁器業者よりオランダの例に倣い交渉中止方の運動激しく、何等かの保証を得ざれば政府の《ママ》として困難となる旨訴え」た。これに対して萩原は、「公使より(中略)現実的問題あらばボンで話合われたき旨応酬した……」(在ジュネーヴ総領事田付景一発重光宛、電報、一九五五年三月二八日、外交史料館E′四・一・〇・七－五－八、Abschrift, BAK B102/7363, Heft 2をも参照)[5]。実際にも、その後西ドイツ側はボンでの支払協定改定に関する交渉の場において、上記の考えにもとづき取決め提案をおこなったものと推定される。それは、日本の対独輸出の規制を、一方では支払協定改定と、他方では日本のガット加盟と絡めようとするものであった。

四月一五日、ジュネーヴでの萩原との会談において、ハーゲマンは日本の対独輸出の規制に関して初めて具体的な提案をおこなった。それはガット二三条の解釈を内容とする書簡を交換するというものであり、書簡草案も手交された(Hagemann, Niederschrift〈Entwurf〉, BAK B102/7363, Heft 2; Tentative Draft, April 15, 1955, BAK B102/7363, Heft 2)。次いで四月一九日、関税交渉の席上において、西ドイツ側はこの交換書簡案を正式に提案した。これに対して日本側代表団はこれを即座に拒否し、「独が憂慮するが如き事態が生じた場合は、ガット二三条の規定によるべく特に二国間取極の如きは必要ないとの態度をとつていた」(田付発重光宛、対独関税交渉経緯の報告に関する件、一九五五年六月七日、外交史料館E′四・一・〇・七-五-八)。

この間、西ドイツ国内では、繊維産業連盟が経済省への文書攻勢の手をゆるめていなかった。それらの文書は引き続き「日本の脅威」(japanische Gefahr)を指摘し、そのうえで、その日本に最恵国待遇を与えることがいかに危険であるかを強調し、日本のガット加盟に懸念を表明するとともに、イギリス、オーストラリア、ニュージーランド、カナダ、フランス、ベネルクス三カ国の事例を引きながら日本製繊維製品に対する規制の必要を訴えていた(Gesamtverband der Textilindustrie an Wirtschaftsministerium, 28. März 1955; 6. April 1955; 7. April 1955; 29. April 1955, BAK B102/57439)。ドイツ工業連盟もまた繊維産業連盟への援護射撃を怠らなかった(Bundesverband der Deutschen Industrie an Wirtschafts-ministerium, 7. Mai 1955; 9. Mai 1955, BAK B102/7363, Heft 2)。

ジュネーヴでは日独二国間の交渉と並行して、ガット事務局長ウィンダム＝ホワイト(Eric Wyndham-White)の主導による、ガット二三条の解釈に基づくガット枠内での多国間取決めを目指す動きが続いていた。だが、ガット事務局案をめぐる協議は不首尾に終わった。ウィンダム＝ホワイトは英仏などとも接触したが、結局協議に加わったのは日独以外ではスウェーデンのみであった(Strack, Minister-Vorlage, 9. Mai 1955, BAK B102/57439; Hagemann, Die Ergebnisse der Verhandlungen im Rahmen des Allgemeinen Abkommens〈GATT〉in Genf vom Februar bis Ende Juli 1955〈Stand 1. August 1955〉, August 1955, BAK B102/7363, Heft1, S. 10)。こうして、ジュネーヴにおける焦点はふたたび日独二国間協議に戻されることになる。

ジュネーヴのガット関税交渉が終盤に入った五月、日本側代表萩原は、日本のガット加盟を確実にするために西ドイツに対して柔軟に対応すべきであると考え、対独妥協案を作成し、これを「本使限りの私案」として西ドイツ側代表ハーゲマンに提示した。案の内容は、西ドイツが通貨の交換性を回復し、ガット第一一条による「一般的権利留保」(waiver)に該当する場合を除き数量制限が不可能となるまでの過渡期について、西ドイツの対日差別的数量制限を緩和することで合意が成ること、および通貨の交換性の回復以後の時期については数量制限にかかわる対日差別が撤回されることの二条件を前提として、「ガット第二三条の新解釈」を日独間に双務的に適用するというものであった(田付発重光宛、電報、一九五五年五月一〇日、外交史料館E′四・一・〇・七－五－八)。この案は、まず、交換書簡という形式を採用している点において西ドイツ側提案を踏襲しており、さらにその内容においても西ドイツ側提案に相当近づいたものとなっている。すなわち、対日差別的数量制限を当面容認しており、しかもその撤回については西ドイツの通貨交換性の回復を待ってなされるとしている点において、日本側が譲歩した内容となっていた。実際、西ドイツ側はこの案に対しては、緊急の場合に数量制限などの措置について、関係国間の協議が二〇日以内に妥結をみない場合とすべしとするなど、技術的な点で異論を持っていたものの、大筋においては同意したものとみられる(Japanese proposal for an exchange of letters; Japanische Anregung für einen Briefwechsel; Eichhorn an Auswärtiges Amt, 14. Mai 1955, Anlage, BAK B102/57439)。

ただし、案は前述のように萩原の「本使限りの私案」であったから、西ドイツ側の同意を得る以前に、なによりも外務省本省の同意が必要であった。ところが、この「私案」に対して外務省は同意を与えなかった。東京からの返電での指示は、そのような譲歩の必要を認めず、そもそもジュネーヴでのガット関税交渉とボンでの貿易・支払協定改定交渉とを絡めずに切り離しておこなうべしとするものであった(重光発田付宛、電報、一九五五年五月一三日、外交史料館E′四・一・〇・七－五－八)。

その後、日本側のボン大使館案、萩原・ハーゲマンの共同案の提出とそれをめぐる応接などの紆余曲折を経て、最終的には五月二六日、ジュネーヴの日本側代表団は東京に宛てた電報で次のように報告した。「本使より右のセーフ・

ガードは更に今後議論するとしても、ドイツとしては又議定書（「GATTへの日本国の加入条件に関する議定書」――引用者）に署名しないことも、議定書第三項の通告を待つことも出来るから、二五日中に兎も角も関税交渉を終る要あることを力説し、午後より交渉を続け難航を極めたが、遂に夜半に至つてようやく妥結した」（田付発重光宛、電報、一九五五年五月二六日、外交史料館 E′四・一・〇・七―五―八）。その後、双方がさらに協議した結果、五月二九日付けの「双方において政府に具申されるべき日独の提案」なる案が作成された（Deutsch-japanischer Vorschlag, der beiderseits den Regierungen unterbreitet werden soll, May 29, 1955; Hagemann an Auswärtiges Amt, 28. Mai 1955, BAK B102/56301）。

ガット関税交渉については、五月二八日、双方は五月二六日付けの「ファイナル・オファー・リスト」をガット事務局に提出し、これをもって交渉は終了した（田付発重光宛、電報、一九五五年五月二八日、外交史料館 E′四・一・〇・七―五―八）。それは多数の諸国の対日交渉の終了とほぼ時を同じくしていた（鹿島平和研究所 一九七二a、二八七頁、通商産業省通商産業政策史編纂委員会 一九九〇b、二三六頁）[6]。

3　日本の対独輸出の規制をめぐる交渉の継続　一九五五年六月―九月

日独間における懸案はふたつあった。そのうちのひとつ、ジュネーヴでのガット関税交渉は妥結したが、それに並行してジュネーヴとボンでおこなわれていたいまひとつの、しかも重要度のはるかに高い日本の対独輸出の規制についての交渉は、双方の交渉担当者の共同案が作成されたものの、双方の政府によるその承認が課題として残されていた。さらに、重要度は低いものの、支払協定改定交渉も未だ決着を見ていなかった。

この時点における日本の対独輸出の規制をめぐる日独間交渉の構造を見れば、ガット三五条の援用という選択肢を放棄して対日関税交渉に臨んだ西ドイツは、いまや関税交渉という、日本に対して譲歩を迫るための交渉の武器を失ったのであるから、いっそう不利な立場に立たされることになったとも考えられる。だが、西ドイツにはなお、日本のガット加盟に反対票を投じるという交渉手段が残されていた。この手段は、加盟に必要とされる加盟諸国の三分の二の賛成票の確保がなお不確実であるかぎり、日本側の譲歩を勝ち取るための有力な武器になるはずであった。

さて、西ドイツ側の動きから見よう。六月一日、ボンの経済省内では、ジュネーヴから戻ったハーゲマンを交え、彼が持ち帰った日独共同案が検討された。翌二日、関係各省の連絡組織である通商政策委員会においてこの案は拒否された(Kiesewetter, Vermerk, 1. Juni 1955, BAK B102/57439; Schiffler, Vermerk, 2. Juni 1955, BAK B102/57439)。その際、繊維産業をはじめとする業界団体の懸念が圧力として作用したことは想像に難くない。なぜならば、業界団体は当初の萩原の「私案」こそが最低の受入れ可能ラインであると考えていたからである(Schiffler, 3. Juni 1955, BAK B102/57439)。

ジュネーヴではふたたび萩原とハーゲマンとのあいだでの会談が開かれた。「其後ハーゲマンは四日寿府に帰来したが独政府の充分な諒解は得られなかった模様である一方、二三条新解釈を七月の特別ガット総会で決議しようとの動きもあ」るというのが、日本側の観察である(田付発重光宛、対独関税交渉経緯の報告に関する件、一九五五年六月七日、外交史料館E′四・一・〇・七－五－八)。

このように日独間交渉が停滞しているなか、予定より大幅に遅れて「ガットへの日本国の加入条件に関する議定書」が作成され、六月七日に署名のために開放された。同時に作成された「ガットへの日本国の加入に同意する締約国団の決定」案には、「八月一一日までにガット締約国の三分の二以上の賛成投票が得られることを条件として日本の加入が実現する」旨が定められていた(鹿島平和研究所　一九七二a、二八九頁、通商産業省通商産業政策史編纂委員会　一九九〇b、二三六頁)。

だが、当然ながら、西ドイツは議定書への署名を留保した(Hagemann an Auswärtiges Amt, 8. Juni 1955, BAK B102/57439)。この時点で、西ドイツ側にこの膠着状態を打破する動きがあった。すなわち、通商政策委員会がアメリカの介入を要請することを決定したのである。おそらくこの動きを受けてのことであろう、外務省はボンで駐独大使コナント(James B. Conant)を含むアメリカ大使館員と接触し、その際、通商政策委員会が日本のガット加盟にかんする議定書に署名しないこともありうると決定したことを伝えた。それはもちろんこの情報が日本側に伝わることを予想してのことであった。西ドイツは日本に対してのみならずアメリカに対しても、日本の加盟に最終的には賛成するとの意思を隠したわけである。だがコナントは、日本を「自由世界」に「同化する」(assimilate)というアメリカの対日政策の文脈においては、対日差別は許されないと強調した(Jansen 1996, S. 199–200)。こうして、アメリカの介入を促す西ドイツの試みは成果なく終わった。

　このようにまたも交渉が停滞するなか、ガット事務局長ウィンダム＝ホワイトの多国間取決めを目指す動きが再度活発化した(Klein, Vermerk, 28. Juni 1955; Klein, Vermerk, 9. Juli 1955, BAK B102/57439)。この動きを支持するアメリカの圧力が西ドイツに加えられた(Auszug aus dem Monatsbericht für Mai 1955: Unterrichtung des Bundeskanzlers, 2. Juli 1955, BAK B102/57439)。ジュネーヴの日独代表団は、ガット事務局によるガット二三条解釈案を前提とし、アメリカの圧力を背景としながら折衝を続けた。だが、ガット事務局提案を西ドイツが了承することはなく、多国間取決めを目指すウィンダム＝ホワイトの努力はまたも挫折した(Klein, Vermerk, 9. Juli 1955; Vermerk, 11. Juli 1955, BAK B102/57439; Hagemann, Die Ergebnisse, *op. cit.*, S. 11–12, BAK B102/7363, Heft 1)。

　こうして、日独はいま一度、二国間取決めに向けての直接交渉を続けることになった(Schmitt, Vermerk, 16. Juli 1955, BAK B102/57439. さらに Hagemann, Die Ergebnisse, *op. cit.*, S. 12, BAK B102/7363, Heft 1 をも参照)。

　西ドイツでは「最終セーフガード」案への態度決定が迫られていた。七月一五日、工業連盟会長のベルクは首相アデナウアー(Konrad Adenauer)および経済相エアハルトのそれぞれに宛てて書簡を送っていた。そのなかでベルクは、西ドイツ政府が対日交渉でいまなお「保証条項」を獲得していないことを挙げ、日本のガット加盟に賛成すべきではないと記していた。七月二一日には、工業連盟の要請により、エアハルトとベルクをはじめとする工業連盟首脳、さらに繊維産業および陶磁器産業の代表者との会談がもたれた。その席上でエアハルトは、日本の加盟への原則的な賛成と関税交渉への参加という当初の態度決定が重大な政治的判断に規定されていたことを強調するとともに、今後の投票行動は「重大な政治的影響」(eine erhebliche politische Tragweite)を有することになろうとした。そのうえで、経済省幹部からベルクたちに対日交渉の現状が伝えられるとともに、検討中の秘密条項のテクストが――西ドイツ側が提示しうる最終案であるとの説明を付して――提示された。この案に対してベルクたちは、必要な場合には政府が輸入制限措置をとるとの留保を付して了解を与えた。経済省側はさらに、この最終案を日本側が受け入れない場合には、西ドイツ政府は日本のガット加盟に反対票を投じるとともに、対日ガット三五条の援用に向けて、ガット加盟国の合意を得るための手続きを開始することを確約した。工業界の代表者たちは、日本の競争による危険を繰り返し説明するなかで、とくに将来ドイツ・マルクの交換性が回復された後は対日数量制限が不可能になることを強調した。これに対しては経済次官ミュラー＝アルマック(Alfred Müller-Armack)が、通貨の交換性の回復後もすくなくとも過渡期間中は有効な対日措置をとりうることを指摘して、工業界の代表者たちをなだめようとした(Berg an Erhard, 15. Juli 1955; Berg an Adenauer, 15. Juli 1955; Klein, Niederschrift, 22. Juli 1955, BAK B102/57439. さらに、Jansen 1996, S. 202–203, 参照)。

この間、支払協定の改定交渉は進捗して妥結に至り、七月二八日、改定支払協定が調印された。これによってオープン・アカウント方式が廃止された(通商産業省通商産業政策史編纂委員会 一九九〇b、二一頁)。支払協定はこの時点で焦眉の問題と切り離された。西ドイツ側は支払協定改定をもはや有力な交渉の武器としては必要としなくなっていたと解釈しうる。

さて、日本の対独輸出の規制問題について両政府間に歩み寄りが見られないなか、萩原とハーゲマンは妥協の途を探り、両者の共同案を基礎に、それぞれ本省の同意を得るべく修文を重ねた。その結果ついに合意が成立した。結局、西ドイツは明確な形でのセーフガード条項ないし保護条項を獲得することはできなかった[7]。

八月一一日、西ドイツ政府はジュネーヴで日本のガット加盟にかんする議定書および関税交渉にかんする決定に署名した。そのことを伝える西ドイツの官報は、もちろん、先に経済省が財界・業界団体の幹部に提示した秘密条項を含むはずの秘密交換書簡には触れていないが、ただしその存在をほのめかす文章が付されている(Aufnahme Japans in das Gatt. Unterzeichnung des Protokolls über den Beitritt Japans zum GATT durch die Bundesregierung, in: Bulletin, Nr. 150, 13. August 1955, BAK B102/57439)[8]。その内容は、経済省の内部文書で、秘密書簡は西ドイツ側の、あるいは西ドイツ産業の利益に適っているものとして満足すべきものであるとされているところから(Westrick an den Staatssekretär des Bundeskanzleramtes, 17. August 1955, BAK B102/41871)、西ドイツ側の財界・業界団体を安堵させるような文言が含まれていたと推測しうる。この点については、萩原をはじめとするジュネーヴの日本代表団側も、「ドイツ業界は先般のドイツ政府発表で一応収まつた由で、日独交換書簡は絶対に漏らさ」ないことを確認していた(田付発重光宛、電報、一九五五年九月二五日、外交史料館E′四・一・〇・七－五－八)。

こうして、八月五日には日本のガット加盟への賛成票が加盟国の三分の二に達し、八月一一日までにすべてのガット加盟国が賛成票を投じた。そして、九月一〇日に加入議定書が発効すると、日本は同日付けでガットの正式加盟国となった。最初に加入を申請してから三年余が経っていた。ただし、イギリス、フランス、ベネルクス三カ国をはじめとする一四カ国が三五条を援用してガットの対日適用を回避していた。

二　貿易自由化と一九六〇年貿易協定

1　一九五一年八月貿易協定の失効とガットにおける「ドイツ問題」一九五五年一〇月－一九五九年七月

1　一九五一年八月貿易協定の失効

悲願であったガット加盟が実現すると、日本は、一九五一年八月の日独貿易協定について、これを廃棄することを検討した。それは同協定第二条ａの規定により「ドイツ側がわが国に対し輸入制限上の差別待遇を行う根拠を与えられているためであり」、「ガット第三五条を援用していない西ドイツに右のごとき差別待遇を行う権利をみとめることは好ましくない」からであった。当初は双方の合意による廃棄を提案したが、西ドイツ側がこれに応じなかったので、一方的な廃棄通告をおこなった。その結果、同協定は一九五七年三月末をもって失効した(外務省経済局、エアハルト大臣訪日にかんする資料、日独貿易について、一九五八年一〇月、外交史料館 A′一・六・三・七－一)。

貿易協定の失効から約一年後の一九五八年四月、日本側は西ドイツに対して、両国間の通商を律すべき新たな枠組みの形成を目指して交渉に入ることを提案した。西ドイツ側はこれに同意した。その後、開始の時期をめぐるやりとりがあって、いったんは一九五八年一〇月に交渉を開始することで合意した。しかし、その後西ドイツ側から延期要請があり、その後も西ドイツ側の再度の提案によりさらに延期され、結局一九五九年二月に開始されることとなった(Strack, Vermerk, 7. Juni 1958, PAAA B56/123; Haas an Auswärtiges Amt, Telegramm, 12. Mai 1958, PAAA B56/122; Haas, Telegramm, 22. September 1958, PAAA B56/122; Haas, Telegramm, 31. Oktober 1958, PAAA B56/122; Haas, Telegramm, 11. Dezember 1958, PAAA B56/122)。

西ドイツ側では、日本側からの交渉提案がある以前の一九五七年一二月から翌年二月にかけて、経済省と工業連盟、東アジア協会(Ostasiatischer Verein. OAV)などの国内関係団体とのあいだで意見の調整が図られていた。日本からの輸入規制について、経済省は依然として関税政策的措置ではなく数量規制のみを主たる手段と考えていた。そして日本による輸出自主規制については受容可能だとしながらも、日独双方の業界の自主性に委ねることは拒否し、政府の関与が必要だとしていた。そのため、政府が関与した日米間の事例を熱心に検討していた。この点は外務省も同意見であった。そのうえで西ドイツ政府は「遷延戦術」(Hinhaltetaktik)の採用を決定した(Jansen 1996, S. 217–219)。上記の延期要請はその戦術の実践にほかならなかった。

日本側は一九五九年二月の交渉開始まで半年を切った一九五八年九月、外務省が交渉方針案を作成していた。それによれば、「根本方針」の冒頭で、

「(1) わが国の対独輸出に関しては、わが国とドイツとは完全なガット関係にあり、ドイツはガット及びIMFにより国際収支を理由とする数量的輸入制限を行う資格なしと判定されていること、従つてドイツは現在行つている輸入制限を撤廃する国際的義務があるが、特にわが国に対してはOEEC諸国に対するよりもはるかに自由化率の低いフリー・リストしか適用していない点を強く指摘し、ドイツ側がわが国に自由且つ無差別な待遇を与え現にわが国が対独輸出に関心を有し乍ら独側の輸入制限により輸出が阻害されている主要品目につき大幅の自由化を行うべきことを要求する」(外務省経済局欧州課、日独貿易協定交渉方針〈案〉、一九五八年九月一二日、外交史料館二〇一一-〇〇一五三)

とされていた。協定交渉といいながら、内容的には、これはガット協議にかんする方針であることに留意すべきである。

ちなみに、当時、西ドイツは日本を「ガット残余諸国リスト」(GATT-Restländerliste)に入れていた。このリストは西

ドイツが貿易相手国について作成した四種のリスト――ＯＥＥＣリスト、非同盟(ＮＰＣ)諸国リスト、ドル圏リスト、ガット残余諸国リスト――のうち、西ドイツの自由化度が最も低いものである。このリストに入れられた国としては、日本以外ではブラジル、ウルグアイ、チリ、フィンランドがあった。これに対して、日本は自由化度が最も高いＯＥＥＣリストの適用を要求した。一九五七年に入って、西ドイツはＮＰＣ諸国リストとガット残余諸国リストとを統合することにより、日本側の自由化要求に応じようとした。しかし日本側がこのような対応に満足するはずはなかった(Jansen 1996, S. 211–212)。

なお、交渉の開始を控えた一九五八年一〇月、経済相エアハルトがニューデリーで開催されたＩＭＦ・世界銀行総会に出席の後、東・東南アジア諸国歴訪の一環として訪日した。滞日中、彼は日本の賃金水準および円相場水準が低すぎることを繰り返し指摘して日本側の批判を受けたが、外相藤山愛一郎に対しても、「やはり日本商品の価格は欧州のそれに較べ安すぎます」と語っていた(藤山外務大臣とエアハルト西独経済大臣との会談記録、一九五八年一〇月二七日、外交史料館A′一・六・三・七−一)。貿易協定締結交渉の開始という文脈のなかに置けば、この発言は日本側を牽制したものと解釈することが可能である。高度成長を開始した時期の日本は、すでに高度成長を経験した西ドイツの目には「低賃金国」の代表と映じていたのである。

ただし、この日独二国間交渉には、日本のガット加盟問題に続きいま一度ガットにおけるある問題が絡んでくる。それはガットにおける「ドイツ問題」であった。

2　ガットにおける「ドイツ問題」

西ドイツは一九五〇年代に入ると高度経済成長を遂げ、それにともなって輸出の拡大、そして貿易収支黒字幅の拡大が続き、外貨準備が増大した。そのため一九五七年七月、ＩＭＦから国際収支上の輸入数量制限をおこなう必要がないとの判定を受けた。次いでガットからも、輸入制限を撤廃すべきこと、やむをえず一部の制限を続行する場合には、ガットにおいて特別の義務免除の承認を求めるべきこととされた。ところが西ドイツはこれに対して頑なに保護主義的な姿勢をとった(Buchheim 1990, S. 157)。一九五八年一〇月の第一三回ガット総会に備えて、九月三日の閣議では残存輸入制限につき一般的権利留保を申請するとの方針が決められた(Kabinettsprotokolle 2002, S. 326–327)。

その後、一九五八年一二月末、西ドイツは通貨の交換性を回復したが、ガットにおいては数量制限の存続を強硬に主張し続けた(9)。これがガットにおける「ドイツ問題」である。

問題は、一九五九年五月の第一四回ガット総会においてさらに尖鋭化した。西ドイツはガットから脱退する可能性を示唆しさえした(Buchheim 1990, S. 156–157. さらに詳細には、Neebe 2004, S. 379–402, 参照)。同総会では最後にようやく妥協がなって、一応の解決を見ることとなった。それが一九五九年五月三〇日付け総会決議の付録(Annex A, Section D)である。それはすなわち、西ドイツは農業産品および工業製品について数量制限の撤廃に向けて努力する義務を負うというものであり、工業製品については、第一に、繊維類の大部分、双眼鏡、陶磁器、玩具、家庭用ミシン、ライター等では関係国と二国間での協議に応じること、第二に、革製品、模造真珠、ジュート織物等では五カ年にわたり順次自由化していくことと規定された。そして自由化措置の実施状況につき総会に報告する義務も課せられた(内田・堀 一九五九、六三頁)(10)。

ガットにおける「ドイツ問題」は対日関係に限定されたものではなく、全般的なものである。だが、ここに挙げられている工業製品のうち、繊維、双眼鏡、陶磁器、玩具、家庭用ミシン、ライターなどの品目は日本の対西ドイツ輸出の中心品目であり、したがって二国間交渉のなかではとくに日独間交渉が重要な意味をもった。こうして、「ドイツ問題」とそのさしあたりの解決策——総会決議付録(Annex A, Section D)——がそれ以降の日独間ガット「協議」(consultation, Konsultation)の前提となった。

このようなガットにおける「ドイツ問題」により、前述のように(第二節の1の1)一九五九年二月に予定されていた日独間の貿易協定締結のための交渉の開始は、当然ながら遅延を余儀なくされた。そこに浮かび上がった、日本からの輸入に対する西ドイツの強硬な姿勢には、日本のガット加盟をめぐる日独間交渉――とくにその終盤――における態度からの連続性を読み取ることができる。さらに、この時期になると、すでに指摘してきたヨーロッパ近隣諸国との関係にも大きな変化が生じていた。すなわち、欧州経済共同体(EEC)の設立である。一九五七年三月のローマ条約調印、一九五八年初頭の共同市場発足を経て、EECは日本に対する加盟各国の通商政策の調整に乗り出すことになるのであり、それは西ドイツの対日政策に影響したのである。その影響は、いうまでもなく、西ドイツを対日交渉においてより慎重にさせるものであり、対日譲歩を抑制するものであった。

これ以降、交渉にはふたつの系列が存在することになる。ひとつは貿易協定締結のための交渉であり、もうひとつはガット「協議」である。内容的には後者がより重要であって、しかも協定交渉はガット協議と密接不可分に絡み合うことになった。事実、例えば、前述の日本外務省の「日独貿易協定交渉方針(案)」では、内容的にはガット協議が念頭に置かれていたのである(第二節の1の1)。

2　一九六〇年貿易協定とガット協議　一九五九年七月―一九六〇年七月

1　**東京交渉　一九五九年七月二二日―一一月九日**

交渉は一九五九年七月二二日、東京で開始されることになった。その直前、ヨーロッパ諸国を歴訪していた岸信介首相は、七月一六、一七の両日ボンを訪れていた。その際の岸とアデナウアーの首脳会談では、両者は近く開始される交渉への期待を表明するにとどまった(アデナウアー首相との会談、日付なし、外交史料館 A′一・五・三・四)(11)。また岸とエアハルトとの会談では、エアハルトがガット三五条の問題性を指摘しつつ、三五条を援用しなかったアメリカや西ドイツが「日本の輸出品の重圧にさらされている現状」を指摘し、日独間交渉は「できるだけ多くの西欧諸国が参加する多角間交渉によるべきである」とした。これに対して岸は、多角間交渉には時日を要するゆえ、「その間バイラテラルな交渉を行う余地もあると思う」として、近く東京で開始される交渉に期待するとした(武内発藤山宛、電報、一九五九年七月一八日、外交史料館 A′一・五・〇・五―一)。

ここでは、日本側が二国間交渉を望み、西ドイツ側は多国間交渉を望むという対立になっており、前述の(第一節の2)日本のガット加盟における対立の構図とはちょうど逆になっている。そうなったのは、交渉の焦点が西ドイツの輸入自由化にあったからであり、防禦の立場にあった西ドイツは多国間交渉を提起して交渉の妥結をできるだけ引き延ばそうとしたからであった。これに対して攻勢の立場にあった日本は、二国間交渉による早期妥結を願ったのである。

さて、七月二二日から始まった交渉での日本側の交渉代表は、通商産業省から外務省に戻って経済局長に就いていた牛場信彦である。彼は一九五三年交渉から引き続き代表を務めていたが、その経歴から、外務省と通産省とのあいだのありうべき対立・摩擦を抑制しうる立場にあった。他方西ドイツ側では、駐日大使ハース(Wilhelm Haas)および経済省対外貿易(非欧州通貨協定諸国)担当部長(Ministerialdirigent)のダニエル(Kurt Daniel)の二人に交渉の全権が与えられ、このうちダニエルが代表団長を務めた(Dittmann, Vollmacht, 8. Juli 1959, PAAA B56/270)。

交渉は四カ月後の一一月九日の最終討議をもって終了した。このときダニエルは、長期間の交渉にもかかわらず「何ら最終的な決定に至らなかつたことについて遺憾な気持を有する」と述べ、双眼鏡、ミシン、陶磁器、繊維という四品目について問題が残されたと指摘した。そのうえで、第一に、対日差別にならず、日本の対独輸出が増大するような解決策を見出すことが必要である、第二に、ガット決議によりインド・パキスタン・アメリカなどとも協議する義務が生じた、第三に、西ドイツの対日輸出の拡大を望むと述べた。これに対して牛場は、「相当の進展があつた」という評価を与えており、西ドイツ側の評価と食い違っているが、それは、協議の結果をガット総会へ報告する義務を念頭に置いて協議の意義を強調しようとしたためであろうか。それはともかく、牛場もダニエルと同様、四品目については未解決であることを確認していた。そのうえで、とくに対日差別について、「OEECはともかくとしてその他の諸国と差別されることは承知しえない」と強調していた(作成者名なし、日独貿易交渉議事録〈その三九〉、日付なし、外交史料館二〇一一-〇〇一五三)。

2　ボン交渉　一九六〇年一月一五日-二月一二日

東京交渉が終了した直後、日本側は交渉方針を再検討し、一九六〇年一月、新たな交渉方針を確定していた。そのなかで、次の諸点が特記されていた。

- 「米国に対しても連絡を密にし、既に日米、独米間にてそれぞれ原則的に打合せた如く、独逸におけるドル輸入の自由化に伴い対日差別待遇を表面化せしめざる点につき米国の理解と協力とを要請する(但し右打合せ以上の積極的協力を期待することは無理なるべし)。」
- 「インド、パキスタン、オーストラリア、カナダ等とは対独交渉に関する情報交換を打合せるとともに、わが方の原則的立場につき理解を求める(但し立入つた協力は期待し得ざるべし)。」
- 「欧州共同体諸国はわが国に対しドイツよりも遥かに制限的な政策を執つており、ドイツを牽制することはあつてもわが国がこれら諸国を利用し得る道はないと思われる」(外務省経済局、日独貿易交渉方針〈案〉、一九六〇年一月七日、外交史料館二〇一一-〇〇一五三)。

そのうえで、次のような、前年九月の方針より柔軟な新たな方針を提示していた。

「わが国がドイツに対し客観的且つ実際的に無理な要求に終始し、そのため日独間協議が難航ない至決裂したとの印象を第三国に与えることは、ガットない至はドイツ以外の共同体加盟諸国及び英国等との今後の話合の関係もあり、得策ではないので、わが方としてはむしろ、ドイツを（イ）対日無差別待遇の支持者として味方につけるとともに、（ロ）対独輸出を実際的に伸長して行く(去る一〇月二三日独側が提示した繊維に関する数字には、わが業界は大むね満足の意を表明している)との実際的考え方で話合を進めることとする」（外務省経済局、日独貿易交渉方針〈案〉、一九六〇年一月七日、外交史料館二〇一一－〇〇一五三）。

さて、交渉は一九六〇年一月一五日、ボンにおいて再開され、二月一二日にいったん終了した。この日、牛場とダニエルは「全体をレビューする会談」をもった。そこでは次の諸点が確認された。

- 繊維および陶磁器――日本側は自由化時期を、たとえ目標にとどまるとしても確定すべしと要求した。これに対してドイツ側は、この点は閣議決定事項であることを理由に難色を示した。過渡期における貿易方式については、双眼鏡、家庭用ミシンと同様の輸出自主規制を実施すべきだとする日本側の主張につき、ドイツ側は検討を約した。
- 双眼鏡――日本側は即時自由化を要求し、輸出自主規制を実施するとした。ドイツ側はこれに同意しなかった。最終的に、三年後すなわち一九六三年初頭からの自由化の実施で合意がなった。割当額は今後の交渉事項とされた。
- 家庭用ミシン――過渡期における貿易方式について、双方の主張は双眼鏡の場合と同じであり、交渉を継続することとした。ただし、五年後すなわち一九六五年初頭から自由化を実施することでは合意した。過渡期の輸入割当額も決定された。

・玩具およびライター――一部の玩具を除き五年後すなわち一九六五年初頭から自由化を実施することとされた。
過渡期の輸入割当額も決定された。

そのうえで、交渉を継続することで双方は合意した(武内発藤山宛、電信、一九六〇年二月一二日、外交史料館二〇一一-〇〇一五三、Record of Discussions Concerning Consultations on German Import Restrictions 〈Copy〉, no date, PAAA B56/270)。

肝心の繊維・陶磁器の自由化日程をめぐっては、交渉は暗礁に乗り上げたままであった。その背景には、西ドイツ国内の業界団体の声がこの頃さらに大きくなったことがある。例えば、それらは日本に対する過大な譲歩やアメリカの圧力を懸念していた(Bonner Bericht Nr. 4, 28. Januar 1960, PAAA B67/63)。この頃、東アジア協会が外務省の高官を招待しての恒例の会合を開いたが、そこでの議題のひとつは「日本――自由競争と貿易における競争の制限」であった(Helfferich an Harkort, 5. Februar 1960, PAAA B67/63)。

3　西ドイツとEEC諸国・アメリカ

(1)　西ドイツとEEC諸国

この間、EEC加盟国では対日通商政策を議題とする会合が頻繁に開かれていた。東京では、EEC諸国の在東京経済担当者の会議が定期的に開催されていた(Haas an Auswärtiges Amt, 17. Februar 1960, PAAA B67/63)。だが、より重要なものはいうまでもなくブリュッセルでの会合であって、通商政策局長委員会(Ausschuß der Direktoren für Handelspolitik)が定期的に開催されていた(Meyer-Cording, Vermerk, 19. Februar 1960, PAAA B67/63)。この委員会は一九六〇年三月下旬に一週間にわたり集中的な討議をおこなってもいた(Heise, Stordel, Kurzbericht, 31. März 1960, PAAA B67/63)。

これらの場での検討の全容は明らかではないが、「日本問題」にかんしてはおおよそ次のような内容が浮かび上がってくる。まず、日本の対ＥＥＣ輸出――とくに繊維および陶磁器の輸出――に何らかの制限を加える必要性にかんして合意が成立した。日本はインドと並んで「低価格国」(Niedrigpreisländer)とされ、そのダンピング行為が警戒された。その際、アメリカやイギリスなどとともに、「工業国」全体として解決策を見出すべきであるとされた。ただし、具体的な解決策については、関税賦課、平衡課徴金ないし平衡税、さらに輸出自主規制等が検討されたものの、なお合意が成立していなかった。さらに驚くべきことに、西ドイツの対日交渉に他のＥＥＣ諸国も加わる案、あるいは日独協定の結果として他のＥＥＣ諸国に困難が生じた場合、その訴えを日独両国は検討すると規定するＥＥＣ条項が検討されていた(Meyer-Cording, Vermerk, 19. Februar 1960; van Briessen, Telegramm, 10. März 1960; Emmel, Telegramm, Tokyo, 11. März 1960; Heise, Stordel, Kurzbericht, 31. März 1960, PAAA B67/63)。

西ドイツがガットの場で用いた「低価格国」論は、西ドイツのみならず、ＥＥＣ諸国全体の認識でもあった。西ドイツの主張はＥＥＣ諸国との調整を踏まえつつなされていたのである。ちなみに、「低価格国」という規定は、前述のエアハルト発言にも現れた「低賃金国」というこれまでの規定がガットの場で日本代表等の反論に遭って撤回を余儀なくされた後、考案されたものである。また、「工業国」全体としての解決を目指す点も、前述のように(第二節の２の１)エアハルト経済相が岸首相に対して多角間交渉による解決を主張したことと符合している。この点でもやはり、西ドイツの主張の背景にＥＥＣレヴェルでの政策調整があったことが窺われる。

また、ブリュッセルの会合で対日具体案が種々検討されていたこと、さらに日独交渉に他のＥＥＣ諸国が加わる案やＥＥＣ条項などが持ち出されていたことは、西ドイツ以外のＥＥＣ諸国が日独間の交渉に対していかに大きな関心ないし懸念を有していたかを物語っている。西ドイツの対日合意の内容は、将来の対日共通通商政策、ひいては共通通商政策全体の骨格を決めかねないものと考えられたのである。

このような議論が――なお結論が出ていなかったにせよ――西ドイツの交渉の裁量の余地を制限するものであった

ことは想像に難くない。それだけに、西ドイツは対日交渉において――とくに対日譲歩において――あくまでも慎重でなければならなかった。事実、後述するアデナウアーの訪日に随行した外相ブレンターノ(Heinrich von Brentano)に対する外務省官僚の説明のなかで、EEC加盟諸国は対日譲歩を必要最小限にとどめることを西ドイツに期待しているとの西ドイツの関連業界の指摘が紹介されていた。もっとも、その説明のなかでは、本交渉は(西ドイツ側の国際的責務にかかわる一般的条項を含む)二国間の交渉ゆえ、これ以上のEEC加盟諸国への顧慮は必要ないであろうとも記されてはいた(von Holleben, Vertrauliche Information für den Bundesminister zur Japanvorlage, 1. März 1960, PAAA B67/63)。

それにしても、後述するように一九七〇年にEEC共通通商政策が開始される一〇年も前に、EEC加盟国間でこれだけ頻繁に「日本問題」にかんして会合が持たれ、これだけ立ち入った検討がなされていたことは注目に値する。このことを踏まえれば、後に共通通商政策の最初の適用対象として日本が選ばれたのもなんら不思議ではない。

(2)　西ドイツへのアメリカの圧力行使

一九五九年七月、東京で日独交渉が開始された後、一〇月にはガット東京総会が開かれたが、アメリカ国務次官ディロン(Douglas Dillon)はその演説のなかで、日本の輸出自主規制によって好ましからざる経験をしたことがないと述べていた(von Holleben, Vertrauliche Information für den Bundesminister zur Japanvorlage, 1. März 1960, PAAA B67/63)。この発言は日本側が提案する輸出自主規制に対して消極的であった西ドイツを牽制する含意を持つであろう。

ボン交渉が始まると、駐独大使館を通じてのアメリカの圧力行使は頻繁になった。一九六〇年一月二〇日、アメリカ大使館参事官のゲツィン(Edmund E. Getzin)は交渉全権である経済省のダニエルを訪問し、「日本問題」について話し合っている。ゲツィンは二月二日にも再度ダニエルを訪れている(Daniel, Vermerk, 20. Januar 1960, 166; Daniel, Vermerk, 2. Februar 1960, PAAA B67/63)。さらに二月三日には駐独公使タスカ(Henry J. Tasca)がダニエルを訪問した。ゲツィンおよびタスカはいずれも日本側の主張を受け入れることを勧めたが、さらにタスカはそれがワシントンの意向でもあることを付言していた(Daniel, Vermerk, 2. Februar 1960; Betr: Deutsch-Japanische Wirtschaftsverhandlungen, 3. Februar 1960, PAAA B67/63)。

この頃東京では、牛場が西ドイツ側の交渉代表でもある駐日大使ハースに対し、日本側がアメリカに介入を要請した事実を認めていた。そのうえで牛場は、「アメリカは自由化問題における日本の立場を支持するのみならず、ドイツが自由化義務を限定条項を付さずに定式化することを望んでいるかぎりにおいて、日本以上に強硬である」と述べていた。アメリカは暫定的な自由化期限ではなく最終的な期限を設けることを求めており、それはたんに西ドイツに譲歩を迫るのではなく、原則的な立場の開示なのであり、したがってまた日本よりも強硬な立場に立っているのだというわけである(van Briessen, 25. Februar 1960, PAAA B67/63)。

他方ワシントンでは、二月半ば、西ドイツ外務省とアメリカ国務省、商務省、財務省のあいだで局長級の経済専門家会議が開催された(von Schweinitz, Aufzeichnung, 3. März 1960, PAAA B67/63)。議題の大部分は多角的なものであったが、会議の最後で二国間関係が取り上げられ、とくに「日本問題」が検討された。アメリカ側は、日本の輸出自主規制は暫定的解決であって、最終的にはなんらかの多角的解決が必要であるとしながらも、西ドイツのごとく経済的に健全で強い交換可能通貨を供給する国が、そもそもなお輸入制限をしているとは考えにくいと、直截な批判を展開していた(Harkort, Auszugsweise Abschrift, 19. Februar 1960, PAAA B67/63)。

これに対して西ドイツ側は自国の自由化と対日交渉の現状を次のように説明した。

- なお自由化されていない品目はおよそ五〇〇あり、そのうち二一四品目はOEEC加盟国に対しては自由化されているものの、ドル地域に対してはなお自由化されていない。これらがアメリカの批判の対象となっているものである。さらにこれらの品目のなかでおよそ一五八がいわゆる日本品目であり、それらについて現在日本と交渉中である。

- 自由化残存品目の大部分は、一九五九年五月のガット総会で承認された自由化プログラムに含まれており、段階的な撤廃を予定している。それ以外の品目はいわゆる「ハードコア・ウェイヴァー（一般的権利留保）」に含まれる。
- 日本との交渉を通じて、「低価格品目」(Niedrigpreispositionen) の自由化が果たされる。また、ガット総会で定められた自由化プログラムが実施された暁には、ドル地域に対する差別的な輸入制限措置はわずかに七品目のみで維持されるにすぎなくなる。それらの品目はすべて農業セクターに属する。これとの関連で言及されるべきは、アメリカも若干の農業品目について輸入制限を堅持しているという事実である。

西ドイツ側はこの会議について、「自由化を進めるためのドイツの努力はアメリカ側によって原則的に承認された」と総括していた。アメリカはむしろ西ドイツの立場に一定の理解をしていると、すくなくとも西ドイツ側は受け取ったのである (Harkort, Auszugsweise Abschrift, 19. Februar 1960, PAAA B67/63)。

この局長級米独経済専門家会議はおそらくアデナウアー訪米の準備であった。三月中旬、アデナウアーが予定どおり訪米し、三月一五日、ワシントンで米独首脳会談が開かれた。主たる議題は西側同盟、軍縮、ベルリン危機であったが、対日関係も取り上げられた。アデナウアーは、出発直前に会った駐独日本大使武内龍次から知らされたこととして、第一に、日米関係は良好であること、ただし第二に、日本の後背地は共産中国 (Red China) であって、日本は生存のためには共産中国と協力せざるをえないことを指摘し、そのうえで自らは訪米の後予定している訪日の際、岸とこの点を議論するつもりであると述べた。さらに、日本が共産中国に期待せずともよい程度に日本経済を強化することを要望した。これに対してアイゼンハワー(Dwight Eisenhower)は、第一に、日本を援助する必要があること、第二に、そのためには――日本の低賃金労働ゆえに問題が発生している点は認識しているが――ヨーロッパの協力が必要であることを指摘した(Memorandum of Conversation, March 15, 1960, Chancellor's visit to Japan; Economic Portion of the Communiqué, FRUS 1959–1960, pp. 667–669. Jansen 1996, S. 237, Anmerkung 141をも参照)。

さてもう一度ボンに戻ると、アメリカ大使館のゲッィンは今度は西ドイツ外務省を訪ね、日独間交渉ないし協議の現況にかんするアメリカ大使館の懸念を非公式に伝えた(Rattenhuber, Aufzeichnung, 15. März 1960, PAAA B67/63)。その後彼は三月二四日付けの口上書を西ドイツ外務省に手交した。この文書では、アメリカ政府は当該問題を詳細に検討したが、その結果、第一に、ガット交渉全般にかんしては、西ドイツは輸入増大による困難を惹起することなく自由化にかんする「ガット上の義務」(GATTcommitment)を完全に実行しうる、第二に、対日交渉にかんしては、とくにガット総会決議付録(Annex A, Section D)に記載された品目の自由化時期を確定すべきであるとの結論に達したと記されていた(Embassy of the United States of America, March 24, 1960, PAAA B67/63)。

ゲッィンは口上書を手交する際、自らが国務省の指示を受けていることを示唆しつつ、アメリカ政府は日本問題を「自由世界の協働」という大枠において見ていること、この観点からアメリカ政府は日本とのあいだに新安全保障条約を締結したことを挙げ、もし日本がその経済の発展において困難に遭うとすれば、それはこのような努力と合致しないとし、したがってアメリカ政府は西ドイツ政府が西ドイツの良好な経済状況に鑑みて日本の輸出に対してより大きな譲歩をおこなわなければならないと信ずると述べた。一方では「自由世界の協働」という大義名分を持ち出しながら、他方では西ドイツのアメリカからの輸入はアメリカのそれのわずか一〇%にすぎないとも指摘しながらの、なりふり構わぬ圧力行使であるといってよかろう。さらに、ついでに西ドイツの対米差別的輸入制限の撤廃を強く要望するという抜け目のなさも見せていた。そして、もし西ドイツ政府が「低価格諸国」――日本もそこに含まれる――に対する自由化の最終期限を確定しない場合、アメリカ政府は来るべきガット総会でガット決議にもとづく西ドイツの義務が果たされていないとみなすことがありうるとしていた(von Schweidnitz, Aufzeichnung, 28. März 1960, PAAA B67/63)。

このような、大統領から駐独大使館員に至るまでのさまざまなレヴェルでなされたアメリカの西ドイツへの圧力行使ないし日独関係への介入には、いくつかの動機が認められる。とくに、アメリカは冷戦を背景にした「極東政策」の文脈において、それぞれに「自主外交」を掲げる石橋湛山、鳩山一郎、そして岸信介と続く政権への危惧ないし懸念を持っており、そこから、中国、ソ連および東南アジアに接近するように見える日本を「自由世界」につなぎ止めたいという動機があった。このような動機から、通商政策においても日本の輸出に対する障害の除去ないし軽減が必要であると考えられたのであり、そこから日独関係への介入、あるいは西ドイツへの自由化圧力となったのである。

これに対する西ドイツの対応は、首相アデナウアーが理念的にはアメリカの主張に理解を示したが、通商政策における具体的手段については経済省の権限が――外務省との関係においても――大きく、経済相エアハルトは、以下に触れるように、難色を示す。アメリカ自身の保護主義を指摘し、アメリカの圧力はアメリカの自国利害のためでもあるとする西ドイツの反撃は、そのなかで見られたものである。そしてアメリカの圧力行使に対するこのような西ドイツの抵抗は、EECの形成とEEC加盟諸国の対日政策によっても支えられていた。

4　再開されたボン交渉　一九六〇年四月央－五月二七日

アデナウアーはアメリカからの帰途訪日し、一九六〇年三月二七日、岸との会談に臨んだ。アデナウアーは、アメリカの圧力にもかかわらず、貿易協定交渉は議題としないという方針であったものの、日本側の出方に一抹の不安を抱いていた。だが、それは杞憂に終わった。岸は会談の最後に、「日独貿易増進のため是非とも格段の御尽力方お願いしたい」と述べただけであった。しかもアデナウアーはそれに対して自ら回答せず、同席した外相ブレンターノに答えさせた。ブレンターノは善処するとのみ答えた(岸総理大臣・アデナウァー《ママ》独首相会談録、一九六〇年三月二七日、外交史料館A′一・六・三・七－二)。アデナウアーと池田勇人通商産業相との会談でも、池田が会談の最後で繊維および陶磁器につき「一日も早く自由化されるよう何分の尽力方願いたい」旨述べたのに対し、アデナウアーは尽力を約束しただけであった(池田通産大臣アデナウァー《ママ》独首相会談録、一九六〇年三月三一日、外交史料館A′一・六・三・七－二)。

さて、ボンではアデナウアーの帰国後の四月一三日の閣議において、間近に迫った対日交渉再開に向けての方針が検討された。まずエアハルトがこれまでどおり対日自由化時期を明記しない趣旨の経済省案を説明した。これについてアデナウアーは「日本の世界政治的意義」(weltpolitische Bedeutung Japans)を指摘するとともに、対日方針を閣議で再度検討する必要があると述べた。続いて外務省の担当者が――外相ないし次官ではなかった――繊維・陶磁器についても自由化の最終期限を明示すべきことを主張した。エアハルトおよび経済次官ヴェストリック(Ludger Westrick)はこれに反論した。この応酬はそれまでの両省間の議論の蒸し返しにすぎなかった。結局、閣議は経済省案について、婦人用木綿下着を交渉対象品目から削除するという一部修正を施した上で承認することとした(Kabinettsprotokolle 2003, S. 178–179)。

こうして、四月一三日の閣議での検討は、当初の経済省案の線で決着したものと解釈してよい。アメリカの圧力行使およびアデナウアーの「日本の世界政治的意義」の指摘にもかかわらず、経済省は強硬な対日姿勢を崩すことがなかったのである。

四月半ばにはボンで日独間交渉が再開され、四月二八日には双方が協定について合意が成ったことを確認していた。その後、付属議定書その他の文書の検討に移った(武内発藤山宛、電信、一九六〇年四月二九日、外交史料館二〇一一－〇〇一五三)。その後も、日本側は細部において譲歩を得るべく粘ったが、西ドイツ側はもはや一歩も引かなかった。[12]

その後五月六日になって、西ドイツ外務省はアメリカ大使館に、三月二四日付けの口上書への回答を手交した。そのなかで外務省は、西ドイツは一九五九年半ば以降の日本との交渉において、日本製品の西ドイツへの輸入にかんする問題を解決するために真摯な努力を払ってきたこと、交渉はなお終了していないこと、そして外務省は独日交渉を主導する経済省と接触したこと、さらにアメリカ大使館に対して交渉の現況につき詳細な情報を提供すべき旨伝えたことを縷々説明した後、経済省ヴェストリック次官との接触を希望する旨記していた(Auswärtiges Amt an Botschaft der Vereinigten Staaten von Amerika, Verbalnote, 6. Mai 1960, PAAA B67/65)。アメリカ大使館の主張に対して直接回答せず、経済省との直接接触を願うのみのこのような内容は、責任回避あるいは経済省への圧力転嫁というよりは、外務省が経済省に対する敗北を認めたものと解釈すべきである。

こうして、ハードコアとされる繊維および陶磁器についての自由化時期は、西ドイツ側の主張どおり、暫定的にも、あるいは非拘束的なものであっても、明示されないこととなった。双眼鏡、ミシン、玩具、花火および一部の繊維製品・陶磁器については、一九六一年一月一日から一九六五年一月一日までの期間に自由化するとされた。西ドイツ側は自由化努力を約した。具体的には輸入割当の拡大が挙げられたが、その具体的措置については今後さらに協議を継続することとされた。これらの点はガット決議による西ドイツの義務を繰り返したにすぎない(Record of discussions, May 16, 1960, PAAA B67/65)。

この結末について、駐独大使武内は本省に宛てて次のように打電した。

「前記の提案は今後二年間位は現実問題としていかに独側を責めても容易に独側の態度を変更せしめること困難なるべしとの見通し、および今回ガット現総会におけるドイツ問題の審議は必ずしもわが方に有利に進むべしとは思われず、むしろドイツとの間は早く妥協してこれをイタリアその他の問題の解決に利用することしかるべしとの萩原代表およびジュネーヴ代表部の意見(中略)の次第もあり、この際早急に日独間の話合いをまとめること得策なりと考えこれを行わしめた次第であるのでまげてご承認を得たく……」(武内発藤山宛、電信、一九六〇年五月一七日、外交史料館二〇一一－〇〇一五三)。

その後、五月二七日、双方は東京交渉（一九五九年七月二二日－一一月九日）およびボン交渉（一九六〇年一月一五日－五月二七日）にかんする議定書に署名した（Protokoll, 27. Mai 1960, in: Runderlaß Außenwirtschaft Nr. 38/60, 3. Juni 1960, PAAA B67/65; PAAA B56/271; BAK B102/435387）。同日、秘密書簡が交換された。(13) これによって、「……ガット決定に基く協議をもつてしても自由化時期が決定されなかつた一部繊維、陶磁器の今後三年間の対独輸出に関し合意をみた……」（経済局欧州課、日独貿易協定の署名について、一九六〇年六月二二日、外交史料館二〇一一－〇〇一五三）。こうして、貿易協定交渉およびガット協議はともに妥結した。

5　東京での調印　一九六〇年七月一日

七月一日、東京で双方は貿易協定に調印し、同協定は即日発効した。さらに双方は同日、ガット協議にかんする議定書（五月二七日付け）についての秘密の共同覚書に署名した。(14) このセレモニーは日米安全保障条約をめぐる内政危機――六月一〇日、ハガチー事件、六月一九日、日米安全保障条約（新安保条約）自動承認、六月二三日、発効――の陰に隠れたこともあり、ほとんど注目されることがなかった。七月二八日までには、協議の成果はガット加盟諸国の承認を得た（Daniel, Aufzeichnung, 28. Juli 1960, PAAA B67/65; PAAA B56/271）。

3　一九六〇年貿易協定のその後　一九六〇年七月－一九七〇年九月

1　貿易協定のレヴューとガット協議

一九六〇年七月一日に調印され発効した貿易協定では、政府間の混合委員会の設置が規定され、この実務者会談で両国間の通商関係に関わるあらゆる問題を扱うこととされた。同協定の期限は一年間とされ、一方からの解約通告がなければ自動的に延長されることとなっていた（Protokoll zum Handelsabkommen, 1. Juli 1960, PAAA B56/271）。だがこの協定は、経済次官ヴェストリックが指摘するように、「一九六二年末までの休戦」を定めたものにすぎず（成田大使発池田臨時外相代理宛、電報、一九六一年七月一六日、外交史料館A′一・五・三・三）、しかも並行してガット協議が継続されることになった。つまり今後の交渉は、一九六〇年貿易協定のレヴューおよびガット協議という二系列で継続されることになったのである。

一九六〇年一一月、東京で貿易協定締結後最初の実務者会談が開催された。会議の焦点は、日本のガット加盟以来の日本の対西ドイツ繊維製品輸出についての「二重規制」（Doppelkontrolle）の実施であった。日本側の対西ドイツ輸出の自主規制に加えて、西ドイツ側も規制する仕組みを作ろうというのである（Haas an Auswärtiges Amt, 9. November 1960, BAK B102/112410; Kaulbach, Vermerk, 29. November 1960, BAK B102/112410）。

一九六二年八月から九月にかけての東京交渉では、一九六〇年七月の貿易協定による「休戦」が終了した後の時期について合意が成った。焦点は繊維と陶磁器であり、とくに繊維についての二重監視と綿製品長期取極（ＬＴＡ）であった。後者については、一〇月五日、ジュネーヴ綿製品長期取極に関連して日独綿製品長期取極が締結された（鹿島平和研究所 一九七二b、一四九頁）。

一九六三年以降も、日独二国間では貿易協定のレヴューおよびガット協議がほぼ毎年続けられた。開催地はおおむねボンであったが、これは一九六〇年協定にともなう秘密書簡交換について日本側がより敏感であったためであろう。

2　日本・ＥＥＣ通商交渉の開始

一九六〇年代を通じて、日独二国間の通商交渉――貿易協定のレヴューおよびガット協議――と並行して日本・ＥＥＣ間の通商交渉が開始され、それが紆余曲折を経ながらも意義を増していった。

一九五七年のローマ条約調印により発足した欧州経済共同体（ＥＥＣ）は、関税同盟の形成へ向けての歩みを開始したが、それと関連して外交主体としての自己の確立を目指した。日本とのあいだにも一九五九年に外交関係を樹立し、大使を交換した。一九六二年一一月、訪欧した池田首相はブリュッセルでハルシュタイン(Walter Hallstein)委員長と会談していた。EECはまた、外交主体としての自己確立へ向けての努力の一環として、通商主体としての自己確立を目指し、一致した通商政策を追求し始めた。

それまで、西ヨーロッパ諸国の対日政策は必ずしも一致していなかった。一九五五年の日本のガット加盟に際しては、原則的にそれに賛成しながら譲歩を勝ち取ろうとした西ドイツとその他の西ヨーロッパ諸国では、足並みが揃わなかった(第一節の2)。一九五〇年代後半に先鋭化したガットにおける「ドイツ問題」では、やはり西ドイツが孤立した(第二節の1の2)。ところが、日独貿易協定に向けた交渉の過程では、西ドイツは逐一他のEEC諸国に諮りながら対日交渉を進めた(第二節の2の3(1))。西ドイツおよびその他のEEC諸国は、この協定が将来のEECの対日協定のモデルとなり、ひいては対外共通通商政策全般のモデルとなると考えていた。EECの対日共通通商政策は、すでに一九六〇年の日独貿易協定の締結にいたる過程のなかで、事実上形成されつつあったといっても過言ではない。事実、一九六〇年貿易協定につき、日独両国政府は一九六一年一二月二七日の交換書簡により、将来EECの共通通商政策の導入によって必要となる場合には、日独貿易協定の改定にかんする交渉がおこなわれうることで合意していたのである(Runderlaß Außenwirtschaft Nr. 17/62, 1. März 1962, PAAA B67/65)。

通商主体としてのEECが存在意義を高めるひとつの契機となったのは、関税交渉であった。それはEECがまずは域内関税の撤廃および対外共通関税の設定を図り、それをつうじて関税同盟を目指したことからしても当然であった。日本とEECとのあいだでも関税交渉が続いた。一九六〇年から六一年にかけての、EECの域外共通関税の設定にともなう交渉、一九六二年、第五回ガット一般関税交渉(ディロン・ラウンド)の一環としての交渉、一九六四年のケネディ・ラウンド開始にともなう関税引下げ一括交渉などである。

ＥＥＣの対日通商政策の形成に際しては、日本のガット加盟に際しての西ドイツの最大の要求であったセーフガード条項ないし保護条項がやはり焦点となった。それは、対日ガット三五条援用の撤回に際して現実のものとなった。日本がガットへの正式加盟を果たした後も、イギリスをはじめとする一四カ国が日本に対してガット三五条を援用し、高率の関税の適用、差別的な輸入制限の実施など、対日差別待遇を実施していた。ＥＥＣ加盟国のなかでは、フランスおよびベネルクス三カ国が三五条を援用していた。西ドイツはイタリアとともにこれを援用していなかった。

ＥＥＣは一九六一年一二月、レイ(Jean Rey)外務担当委員を東京に派遣して日本側の感触を打診していた。このときの話合いを契機に、一九六二年春に日本・ＥＥＣ協議が予定されたが、これはＥＥＣ内部の意見の不一致、日本側の対ＥＥＣ接触を時期尚早とする意見から実現しなかった。その後ＥＥＣは一九六二年九月の理事会で共通通商政策計画を採択した。同年一〇月、ＥＣ委員会は非公式ながら初めて対日通商政策に言及し、そのなかでＥＥＣ共通のセーフガード案を示唆した(鹿島平和研究所一九七二a、四七二－四七三頁)。それを踏まえ、理事会は同年一一月一三日――池田首相訪欧のさなか――の決定で、加盟国に対し対日通商・貿易協定で「同一内容のセーフガード」(gleichlautende Schutzklausel)の締結を目指す義務を課した(Europäische Wirtschaftsgemeinschaft Kommission, Empfehlung, I/KOM〈63〉46 endg., 18. Februar 1963, PAAA B53/21)。その後、ＥＥＣ加盟諸国はこの理事会決定の線に沿って対日要求をおこなうようになる。フランスおよびベネルクス三カ国は三五条援用の撤回と引替えにセーフガードを要求し、西ドイツはイタリアとともに、フランスおよびベネルクス三カ国と同様のセーフガードを要求した。

一九六三年一月三〇日、ＥＥＣ内で対日協議の準備のための会合が開かれた。ここでは、西ドイツとイタリアにとっての目標、すなわち対日交渉でセーフガードを獲得することは、より有利な交渉上の地位に立つ諸国、すなわちガット三五条の撤回に関して交渉しうるフランスおよびベネルクス三カ国の支援がないかぎり――ちょうどその頃フランスとベネルクス三カ国は、イギリスとともに、三五条援用撤回とその代償としてのセーフガードの獲得をめぐって対日交渉をおこなっていた——、難しいとの結論になった。そこでEC委員会は、すべての加盟国が一九六二年一一月の理事会決定に記されているとおりの「同一内容のセーフガード」を与えられるよう日本政府に文書で要望するよう、理事会に勧告した(Europäische Wirtschaftsgemeinschaft Kommission, Empfehlung, I/KOM 〈63〉 46 endg., 18. Februar 1963, PAAA B53/21)。

結局、フランス、ベネルクス三カ国およびイギリスは三五条援用の撤回と引替えに個別にセーフガードを勝ち取った。フランスは一九六四年一月、ベネルクス三カ国は一九六二年四月、イギリスは一九六三年五月のことである(鹿島平和研究所 一九七二b、一四九—一五一、一五三—一五六頁)。

西ドイツおよびイタリアがセーフガード条項を獲得することはなかった。西ドイツ外務省は日本側から、EECの要求する共通セーフガードに対する日本側の態度につき拒否の回答を受け取っていた。日本側は、近年日独貿易協定を締結したばかりであり、しかもその際セーフガードの要求は提出されなかったにもかかわらず、フランス、ベネルクス三カ国と同様のセーフガードを要求するのは理解しえないとした。西ドイツは、加盟国の対日セーフガードを統一するのがEECの方針であり、かつ西ドイツとしてはより強いフランスのセーフガードには懸念があり、より穏和なベネルクス三カ国のセーフガードで十分であるとしたが、日本側がこれを受け入れるはずもなかった(Fischer an EWG-Vertretung und Botschaft Tokyo, 11. Februar 1963, PAAA B53/21)。

その後、日本・EEC間の通商交渉、また日本・EEC諸国間の通商交渉は、全体として膠着状態に陥った。この状態を打破する動きは、過渡期を終了して共通通商政策を打ち出したEECの側からもたらされた。EECは、発足後一〇年を経た一九六八年七月一日、関税同盟の完成(域内関税の撤廃、対外共通関税の設定)を宣言した後、一九六九年末、共通政策の策定へと踏み出し、共通政策の一環としてローマ条約一一三条にもとづく共通通商政策(Common Commercial Policy. CCP)の策定に向かったのである。すなわち、一九七〇年初頭を目標に、加盟国は通商政策にかんする権限をEECに委譲し、EC委員会が理事会の委任にもとづき通商政策を遂行することになった。このとき、共通通商政策の適用対象とされた諸国のうち、最も重要な対象ないし交渉相手とされたのが日本であった。こうして、一九七〇年九月、ブリュッセルで第一回交渉がもたれた。議題は、自由化(既存の数量制限の撤廃)、セーフガード条項、非関税障壁の撤廃、そして日本・EEC間協定と既存の日本・加盟各国間の協定との関係の四つであった。交渉は四つの議題のいずれについてもなんらの妥協点を見出すことができないまま終了した。とくにセーフガード条項をめぐる対立は決定的であった。それから一年後の一九七一年七月、ブリュッセルで第二回交渉がもたれたが、これも双方の立場に歩み寄りが見られないままに終了した(工藤 二〇一四、参照)。

この二度の日本・EEC間交渉に際しての西ドイツの態度は、一方では、フランスおよびベネルクス三カ国の強硬な方針を批判しつつ、妥協してでも対日協定の締結を図ろうとするEC委員会の立場を支持するものであった。しかし他方では、やはりセーフガード条項を要求する点でフランス、ベネルクス三カ国と立場を近くしており、しかもこれらの諸国の強硬な主張に押されることとなった。EECにおける「自由貿易派」の限界を見るべきであろう(工藤 二〇一四、参照)。

そこへ、一九七一年八月一五日のニクソン声明が発せられた。それは通貨面ではIMF体制の動揺をもたらしたと同時に、貿易面では自由・無差別・多角を旗印とするガット体制を揺るがすものでもあった。このニクソン声明を契機として、日独および日本・EEC間の通商関係もあらたな局面を迎えることになる。(15)

おわりに

日独がなおともに占領状態にあった一九四九年一〇月、双方の占領権力の主導により、両国間に貿易協定が締結された。その後一九五一年八月には新たな貿易支払協定が締結され、さらに一九五三年六月には両国政府間に改定支払協定が締結された。旧枢軸国間に、当初は占領権力の主導により、その後は両国政府間の意向により、当時世界で主流であった二国間協定が締結され、「貿易計画」を軸とする緩やかな管理貿易が実施されたのである(第一節の1)。そのような一九五〇年代前半にあって、両国間で大きな争点となったのは日本の対独輸出であり、それをどのような手段によって規制するかであった。この争点は、日本のガット正式加盟のための関税交渉がもたれるなかで、西ドイツが国内産業からの要求に応ずるために日独二国間での数量規制——セーフガード条項ないし保護条項——にかんする合意を主張したことにより先鋭化した。当初日本とのあいだで最恵国待遇を相互供与し、かつ日本のガット加盟に賛成するという立場を鮮明にした西ドイツ政府も、二国間合意の要求をしだいに強め、アメリカの再三の圧力行使、およびガット事務局の多国間合意に向けての努力にもかかわらず、ついには日本の正式加盟に反対投票をする意向を表明するまでに至った。ただし、最終的には妥協が成り、西ドイツ側が主張したような明確なセーフガード条項は合意されなかった(第一節の2)。

日本のガット加盟に際して明瞭になった日独間の対立は、その後、西ドイツがＩＭＦおよびガットの自由化勧告にもかかわらず一部製品の数量規制の存続を頑強に主張し続けるという形で継続された。このガットにおける「ドイツ問題」は、とくに日独関係において重要な意義をもった。繊維製品および陶磁器を中心とする工業製品について、両国間の主張の違いが鮮明になったからである(第二節の1)。

一九五一年八月の貿易協定が対日差別を警戒する日本側の一方的廃棄通告により失効した後、あらためて貿易協定を締結するための交渉が開始されることになったが、ガットにおける「ドイツ問題」をめぐる両国間協議は、この交渉と絡み合い、むしろその主たる内容となった。この時の交渉で、日本は自由化日程の確定を迫り、西ドイツはそれを拒む形になり、それまでとは攻守ところを変えることとなった。焦点となった製品は繊維と陶磁器である。その際、アメリカは大統領から駐独大使館員に至るまで、さまざまなレヴェルで西ドイツに譲歩を迫るべく圧力を行使したが、西ドイツ、とくに経済省はその方針を変えなかった。他方、日本側は西ヨーロッパ諸国のなかでは比較的日本に好意的な西ドイツを追い込みたくないとの方針から妥協的になり、結局自由化日程は明記されないままに、一九六〇年七月、ガット協議は終了し、同時に貿易協定が締結された。日本側はともかくも西ドイツに自由化努力を約束させたことで、西ドイツ側は繊維と陶磁器についての自由化日程を明記せずにすんだことで、それぞれ満足した(第二節の2)。

その後、貿易協定のレヴューとガット協議は継続されるが、ＥＥＣが加盟各国の対日通商政策の統一を図ろうとしたことから、日本・ＥＥＣ通商交渉が開始され、こうして日独通商関係は日本・ＥＥＣ通商関係のなかに包摂され始める(第二節の3)。

最後に、「はじめに」で提起した論点、すなわち日独それぞれの対米関係および対ＥＥＣ諸国関係について、補足的にまとめておきたい。

第二次世界大戦を契機に覇権国としての地位を確立したアメリカは、日独通商関係に再三介入した。両国が主権を回復する以前の時期には、占領権力として両国間の貿易協定の締結を主導した。日本のガット加盟に際しては、正式加盟のための関税交渉のなかで西ドイツが日本からの輸入への数量規制を主張したことについて、日本を「自由世界」につなぎとめるという根拠をもって西ドイツに圧力を行使し、日本を支援した。一九五〇年代後半、新たな貿易協定の締結に向けて両国が交渉を開始し、そのなかで西ドイツの自由化日程が争点となったとき、アメリカの西ドイツに対する圧力行使はさらに強まった。だが、その圧力は西ドイツの方針を変えるほどには強力ではなかった。日本を「自由世界」につなぎとめるという主張は、アデナウアーによる「日本の世界政治的意義」の指摘という形で受け止められたが、国内産業を擁護するとの経済省の方針は変わらず、それが結局西ドイツ政府の方針ともなったのである。西ドイツには、アメリカの圧力行使にはアメリカ自身の国内産業保護の要素が見えていた。

覇権国アメリカの圧力行使とは対照的に、西ドイツに対する、したがってまた日独通商関係に対するヨーロッパ近隣諸国の影響は、当初弱かった。日本のガット加盟に際しては、西ドイツとフランス、ベネルクス三カ国、さらにイギリスの方針は大きく異なっていた。ただし、西ドイツは対日数量規制を要求するに至り、しだいにフランスなどの方針とそれによる成果を視野に入れるようになる。これに続くガットにおける「ドイツ問題」でも西ドイツは孤立した。しかし、日独貿易協定締結交渉のなかで、西ドイツはしだいにＥＥＣ諸国と協議する機会を増やしていった。西ドイツを含むＥＥＣ諸国は、西ドイツの対日交渉の結果がＥＥＣの対日関係を占うものと捉えていたのである。一九七〇年代初頭、共通通商政策を打ち出して日本との交渉に入ったとき、ＥＥＣは共通セーフガード条項の獲得を要求の核心としたが、西ドイツがそれに若干の留保を付しながらも賛成したのは、それまでの日独間の交渉からの自然な流れであった。それまで日本とのあいだにセーフガード条項を獲得していなかった西ドイツは、これを機会にフランス・ベネルクス三カ国とともに——それらほど強力なものは欲していなかったにせよ——セーフガード条項を獲得したいと願ったのである。

■注

(1)　西ドイツは、一九四九年五月、基本法(憲法に相当)を公布し、独立国家としての主権を回復した。しかし、米英仏各国の軍政府による占領は廃止されたものの、それに代わる連合国高等弁務官府(Allied High Commission for Germany)が設置され、間接・文民統治という形式での占領が継続された。最終的な独立および主権回復は一九五五年五月におけるパリ諸条約の発効にまでずれ込む。

(2)　「日本国とドイツ連邦共和国との間の貿易協定」および「日本国とドイツ連邦共和国との間の支払協定」、一九五一年七月三〇日付け(ただし実際の調印は八月二日)、外交史料館 B′五・二・〇・J／G(W)一、Warenabkommen, Handelsplan, Zahlungsabkommen, PAAA A4858, A4859.

(3)　この国交回復に際して、日本側ではＳＣＡＰの、西ドイツ側では高等弁務官府の了承が取り付けられた。Aufzeichnung des Botschaftsrats a. D. Kordt, 7. April 1952, in: AAPD 2000, S. 268–269.

（4）通商政策委員会については Jansen（1996, S. 188）を参照。なおヤンゼンはこのときの通商政策委員会の決定について、日本のガット加盟を支持するものと解釈したうえで、その後も西ドイツは戦術的な理由から賛成の意思表示を明確にしなかったとするが（Jansen 1996, S. 188–189）、この解釈は疑問である。

（5）ハーゲマンの提案は日本側の史料に記されている。この提案がなされたのが三月二六日であったとするのは筆者の推定である。

（6）関税交渉全般について、鹿島平和研究所（一九七二a、二八七–二八九頁）、赤根谷（一九九二、二四二–二四三頁）を参照。

（7）セーフガード条項はドイツ語では Schutzklausel であり、直訳すれば保護条項であるが、以下ではセーフガード条項とする。

（8）ドイツ側の発表を伝える駐独日本大使館から本省宛ての報告も、秘密交換書簡には日本からの輸入に対する警戒と必要な措置をとる用意があることが明記されているとしていた（駐独大使館発外相鳩山一郎宛、日本ガット加入に際する独政府発表に関する件、一九五五年八月二九日、外交史料館 E′四・一・〇・七–五–八）。

（9）輸入の約一八%、五二億ドイツ・マルクが数量制限の対象となっていた。その大部分四六億ドイツ・マルクが農産物であった。工業製品のなかでは繊維が主であった（Buchheim 1990, S. 155–156; Jansen 1996, S. 217）。

（10）「ドイツ問題」の詳細については、内田・堀（一九五九、四三四–四三九、五九五–五九六頁）を参照。

（11）この史料は、池田首相訪欧に関する史料群（外交史料館 A′一・五・三・四）に参考資料として収められている。

（12）シュミットポット（二〇一四）では、四月一三日の閣議以降におけるアデナウアーの巻き返しが示唆されており、本章の評価とは異なっている。この点の実証的検討は今後の課題として残されている。なお、アデナウアーの訪日を扱った爲政（二〇一三）は、その通商交渉との関連には及んでいない。

（13）その内容は史料的には確認できないが、一九五五年の日本のガット加盟をめぐる日独間交渉の際に交換された秘密書簡の内容を受け継いだものと推測しうる。

（14）この秘密の共同覚書の内容は不明である。

（15）これ以降の日本・EEC通商関係については、さしあたり工藤（二〇一一、第一〇章〈初出は一九九五年〉）を参照。

■史料（邦文）

外務省外交史料館（外交史料館）
A′一・五・〇・五–一「岸総理欧州及び中南米訪問関係一件（一九五九・七）」。
A′一・五・三・三「小坂外務大臣欧州訪問関係一件」。
A′一・五・三・四「池田総理欧州訪問関係一件」。

A′一・六・三・七－一「ドイツ要人(西独)、本邦訪問関係雑件　ルートヴィッヒ・エルハルト副首相兼経済相関係」。

A′一・六・三・七－二「ドイツ要人(西独)、本邦訪問関係雑件　コンラット・アデナウアー首相関係」。

B′五・二・〇・J／G(W)一「日本・西独貿易支払協定関係一件　一九五一年八月二日付協定」。

B′五・二・〇・J／G(W)一－二「日本・西独貿易支払協定関係一件　一九五三年六月九日付協定」。

B′五・二・〇・J／G(W)二「日本・西独通商航海條約関係一件」。

E′四・一・〇・七－五－八「関税及び貿易に関する一般協定関係一件　一九五五年日本加入のための関税交渉関係　対ドイツ関係」。

開示請求番号二〇一一－〇〇一五三「一九六〇年七月一日締結の対西独貿易協定締結交渉の経緯(対処方針及び結果報告)」。

■史料(欧文)

Politisches Archiv des Auswärtigen Amtes (PAAA)

A 4858, A4859.

B 53/21.

B 56/122, 123, 270, 271.

B 67/63, 65.

Bundesarchiv Koblenz (BAK)

B102/56301, 57439, 7363 (Heft 1 und 2), 112410, 435387, 441871.

■史料集(欧文)

AAPD (2000) *Akten zur Auswärtigen Politik der Bundesrepublik Deutschland*, 1952. 1. Januar bis 31. Dezember 1952, München: R. Oldenbourg.

Kabinettsprotokolle (2002) *Die Kabinettsprotokolle der Bundesregierung*, Band 11, 1958, München: R. Oldenbourg.

Kabinettsprotokolle (2003) *Die Kabinettsprotokolle der Bundesregierung*, Band 13, 1960, München: R. Oldenbourg.

FRUS（1959–1960）*Foreign Relations of the United States, 1958–1960,* Vol. IX, Berlin Crisis 1959–1960; Germany; Austria, Washington, D. C.: United States Government Printing Office.

■文献（邦文）

赤根谷達雄（一九九二）『日本のガット加入問題――〈レジーム理論〉の分析視角による事例研究』東京大学出版会。

安藤研一（一九九〇）「欧州共同体の共通通商政策の政治経済学――一九七〇年－一九七三年の対日共通通商政策の展開を中心にして」『経済学研究』（北海道大学）四〇巻一号。

池田美智子（一九九六）『ガットからＷＴＯへ――貿易摩擦の現代史』筑摩書房。

内田宏・堀太郎（一九五九）『ガット――分析と展望』日本関税協会。

鹿島平和研究所編（一九七二ａ）『日本外交史（三〇）　講和後の外交Ⅱ　経済（上）』鹿島研究所出版会。

――（一九七二ｂ）『日本外交史（三一）　講和後の外交Ⅱ　経済（下）』鹿島研究所出版会。

工藤章（二〇一一）『日独経済関係史序説』桜井書店。

――（二〇一四）「日本・ＥＥＣ貿易協定締結交渉と西ドイツの立場――限定的自由貿易主義の限界　一九七〇－一九七一年」工藤章・田嶋信雄編『戦後日独関係史』第五章、東京大学出版会。

シュミットポット、カティヤ（二〇一四）「冷戦下の通商と安全保障――アデナウアー政権期の独日経済関係　一九四九－一九六三年」『戦後日独関係史』第四章、東京大学出版会。

爲政雅代（二〇一三）「新たな日独関係の模索？――西ドイツ首相アデナウアーの日本訪問　一九六〇年」『社会科学』（同志社大学人文科学研究所）四三巻一号。

通商産業省通商産業政策史編纂委員会編（一九九〇ａ）『通商産業政策史（四）　第Ⅰ期　戦後復興期（三）』通商産業調査会。

――編（一九九〇ｂ）『通商産業政策史（六）　第Ⅱ期　自立基盤確立期（二）』通商産業調査会。

■文献（欧文）

Buchheim, Christoph（1990）*Die Wiedereingliederung Westdeutschlands in die Weltwirtschaft 1945–1958*, München: R. Oldenbourg.

Ikeda, Michiko (2008) *Japan in Trade Isolation: 1926–37 & 1948–85*, Tokyo: I-House Press.

Jansen, Hans-Heinrich (1996) „Die Eingliederung Japans in die Welt-Wirtschaft. Zur Rolle der Bundesrepublik in der US-Globalstrategie 1953–1960“, in; Gustav Schmidt und Charles F. Doran (Hrsg.), *Amerikas Option für Deutschland und Japan. Die Position und Rolle Deutschlands und Japans in regionalen und internationalen Strukturen. Die 1950er und 1990er Jahre im Vergleich*, Bochum: Universitätsverlag Dr. N. Brockmeyer.

Neebe, Reinhard (2004) *Weichenstellung für die Globalisierung. Deutsche Weltmarktpolitik, Europa und Amerika in der Ära Ludwig Erhard*, Köln, Weimar, Wien: Böhlau.

I

政治と外交

第一章 日本社会党とドイツ社会民主党
——友党関係から忘却へ

安野正明

はじめに

日本社会党の結党二〇周年を記念して出版された資料集『日本社会党二〇年の記録』の巻頭には、「写真で見る社会党の二〇年」と題して戦後二〇年の社会党史を彩る二二枚の写真が掲げられている。(1)この中で「社会党の外交」に関わるのは一枚のみ、「この会見に先立ち、三月一二日、浅沼(稲次郎)団長は、『アメリカ帝国主義は日中両国人民の共同の敵』と演説した」という説明の付された「昭和三四年三月一八日——毛沢東主席と会見する日本社会党訪中使節団」の写真だけである。

「国際連帯の記録」という章に収められた資料は、四回(一九五七年四月、一九五九年三月、一九六二年一月、一九六四年一〇月)に及ぶ中国との共同声明、一九六四年七月ソ連共産党との共同声明、一九六四年七月チェコスロヴァキア共和国国民戦線中央委員会との共同声明、一九六五年七月インドネシア国民党との共同声明の七点のみで、ドイツ社会民主党(SPD)や社会主義インターナショナルとの交流については、巻末の年表も含めて記載がない。

以後も「社会党の外交」といえば、イデオロギーや若干の政治問題における意見の相違を認めつつも、中国、北朝鮮、ソ連といった共産主義諸国との友好関係促進を基軸として展開されていった。結党三〇周年を記念して編まれた党史、『日本社会党の三十年』の巻頭に掲げられた五八枚の写真のうち、国際交流に関わる写真は毛沢東、フルシチョフ(Nikita Khrushchev)、金日成と並んで写った三枚のみであった。社会党とSPDとの関係や交流については、この記念誌にもまったく言及がない。

また日本でもドイツでも、戦後の社会党とSPDの関係史について先行研究を見つけることはできなかった。限られた人数ではあったが社会党関係者に聞き取りを試みても、SPDとの関係について多くを語る方、印象的な交流の記憶を残しておられる方に出会うことはなかった。「社会党とSPDの関係史」はこれまで注目されることのなかったテーマであった。

しかし、一九五〇年代の社会党の外交に関わる文献や当時の新聞・雑誌等を読めば、一九六五年に『日本社会党二〇年の記録』を編む頃にはすでに忘却の彼方にあったのか、それともあまりに近い過去であり意図的に取り上げなかったのか定かではないが、かつては社会党がＳＰＤを高く評価し、親密な関係を築こうとしていた時期があったことが見えてくる。

たとえば、一九五二年八月二五－二六日に開かれた右派社会党臨時党大会（第一〇回躍進全国大会）の模様を報じた九月六日付『日本社会新聞』（右派社会党機関紙、週刊）の一面を見れば、そこには「シューマッハー氏、死の祈念」「奮闘そして勝利を」「病床よりわが党に寄せる切々の書簡」という見出しが並んでいる。病床にあった戦後ＳＰＤ初代党首による選挙での勝利を祈念する手紙が「奇しくも逝去の日に到着」したのである。

このめぐり合わせは右派社会党をいたく感動させたようで、シューマッハー（Kurt Schumacher）の書簡は大会で披露され、片山哲の発声によって黙禱が捧げられた。そして右社党首の河上丈太郎はＳＰＤの新党首であるオレンハウアー（Erich Ollenhauer）に謝意とシューマッハー追悼の書簡を送り、曽祢益は臨時党大会の模様と決議を伝える報告書をオレンハウアーに送った。オレンハウアーも曽祢の報告書に関心を持ち、「われわれの協力関係が将来において可能な限り密接かつ友好的に発展せんことを願う」という書簡を曽祢に返していた（Jotaro Kawakami an Erich Ollenhauer, 29. August 1952; Eki Sone, Brief Outlines and Cardinal Points of the Extraordinary Convention of the Japanese Social Democratic Party; Ollenhauer an Sone, 9. Oktober 1952. Bestand Ollenhauer 320, Archiv der sozialen Demokratie in Bonn〈以下 AdsD と略〉）。

ＳＰＤに対する友党意識は左派社会党にも共有されていた。一九五二年一〇月ミラノで開催された第二回社会主義インター大会に左派社会党を代表して出席したのは赤松勇であったが、彼は大会終了後ボンのＳＰＤ本部を訪れてオレンハウアー党首と友好的な雰囲気の中で会談し、シューマッハーのデスマスクを見て「私の胸は、こみ上げる涙にふるえるようであった。シューマッハーがどんなに偉大な人物であったか、このことは、もはやここで言う必要もないことだ」（赤松　一九五三、二八頁）と感激を記していた。

左社党首の鈴木茂三郎はこの巻頭に寄せた「推薦のことば」で、赤松が「指折りの組織指導者として、西欧の社会主義政党を実践の立場からよく観察し汲みとってきたその報告、特に西独社会民主党の驚くような成長ぶりとその内部のくわしい事情等は党内外の諸君にとって多大の参考となるものが含まれていると思う」と述べていた。左派社会党もSPDから学ぼうと呼びかけていたのである。しかし、一九六〇年九月に鈴木がSPD本部を訪れた頃には、「オレンハウアーは、ボンにおける私との会談を回避したい風に見えたので、私はしいて会談を求めなかった」（鈴木　一九七〇、三四一頁）と記すような寒々とした関係が両者の間には生まれていた。

本章は一九五〇年代初頭の友党関係が一九六〇年代に入る頃には過去のものになっていくプロセスと変化の要因を主として社会党サイドの対応から分析し、両党の関係史が示唆する問題を考えたい。

一　一九五〇年代の「友党」関係

1　社会主義インターナショナル結成大会とシューマッハーとの邂逅

社会党が、対立していた右派と左派とを問わず、一九五〇年代前半はSPDに対して友党意識を持ち連帯の意を表明していたのは、「はじめに」で紹介したエピソードが示唆するように、ひとえに戦後初代党首シューマッハーに対する高い評価ゆえであったが、シューマッハーと社会党の最初の出会いの場は、鈴木茂三郎を団長とする代表団が参加して一九五一年六月三〇日から七月三日までフランクフルトで開催された社会主義インターナショナル結成大会（以下、フランクフルト大会と略記する）であった。(2) 社会党のSPDとの関係は、社会主義インターナショナルとの関係と密接なつながりがあるので、最初にフランクフルト大会での社会党の対応を確認したい。

フランクフルト大会に社会党が出席することになったのは、鈴木の前の社会党委員長であった片山哲が外遊中にコミスコ(COMISCO)を訪れて加盟申請をしたからであるが、この件は「鈴木書記長も片山委員長より事前に知らされていなかった」のである。[(3)] 社会党が社会主義インターナショナルに加盟を認められたのは一九五一年六月のことで、この時すでに片山は委員長の座を退いており、鈴木としては『コミスコ』の現状を見極め、対策を検討した上で、加盟するか、どうかを決定するいとまがなかった」(社会文庫 一九六五、二五〇頁)のである。

このような経緯でフランクフルト会議に赴いたのであるから、社会主義インターナショナルの綱領的文書に相当する原則問題に関する宣言、SPDのゴーデスベルク綱領の淵源の一つである「民主的社会主義の目標と課題」の採択は、社会党にとっては寝耳に水であった。この宣言の検討はコミスコの場で一九四九年一二月から始まっており、文言の追加、変更、文体上の改訂が繰り返された「長期間にわたる、骨の折れるプロセス」を経て、最終案(第四稿)が大会に提示されたのであるが(Braunthal 1978, S. 240–241)、社会党はこのプロセスにまったく関与していなかった。これは多分にコミスコから社会主義インターナショナルに至るヨーロッパ中心主義的な運営のゆえであったかもしれないが、社会党の方にもこの問題に対する主体的関心が乏しかったことの帰結であろう。

ゆえに、長い労苦の末に「できあがったもの」として提示された最終案に、社会党として賛成できない内容が多く含まれていたのは想像に難くない。六月二九日のコミスコ最後の日の評議員会で、後に「左派綱領」制定に関わる稲村順三は概略次のような批判を加えた。[(4)]

(1)　本草案は社会主義の綱領を宣言するといいながら、社会主義の目標——生産手段の社会化、生産における無政府状態の解消、勤労大衆を基盤とする計画経済——等を明らかにしていない。

(2) 社会主義勝利の必然性を強調していない。
(3) 社会主義運動の主体が民主主義国の労働者階級であることが明らかにされていない。
(4) 国内的には農民の、そして国際的には未開発地域の民族運動の民主的社会主義運動との関連を明らかにしていない。
(5) 社会主義実現の方法が明らかにされていない。
(6) ファシズムに対する批判が欠けている。

これらの批判には、SPDの社会主義観と一致する「民主的社会主義の目標と課題」の根幹部分と抵触する修正要求が含まれていたが、社会党が反対を貫徹し、社会主義インターナショナル結成を妨げることもはばかられた。社会党は宣言の内容に大きな不満を覚えつつも、今後再検討されることを条件に、社会主義インターナショナルを成立させるためにやむを得ないと原案を承認した。

これに対して組織規約については、社会党は独自の主張を前面に出して成果を収めた。それは、六月三〇日の総会の場でアジア諸国の社会党会議を社会主義インターナショナルの規約の上でも組織できるように修正を要求し、カナダ、イギリスの支持を得て修正案が満場一致で承認されたことである。戦後もヨーロッパの社会主義者は植民地問題には曖昧な態度を取っていた者が多く、植民地の独立と貧困の解決のために、ヨーロッパとは異なる独自の立場からアジア諸国社会党のインターナショナルを組織しようとしたのである。アジア社会党会議を承認する規約改正を勝ち得たことは、社会党にとってフランクフルト大会において評価されるべき最大の収穫であった。(5)

社会党は再軍備反対が党是であったが、フランクフルト大会で防衛問題をめぐって議論が紛糾したのは七月二日の総会で、(6)「社会主義世界運動と平和への斗争」と題して発題のスピーチを行ったのはイギリス労働党書記長フィリップス(Morgan Phillips)であった。フィリップスは「政治は現実の技術である」と述べた上で、「共産党はその理論上も実際上も政治手段としての軍事的侵略の手段に出ることを排除するものではない」が、「力のバランスがクレムリンに不利な間は世界戦争を始めそうもない」という認識を前提にして防衛問題に関する決議案を説明した。

彼は朝鮮戦争勃発後の情勢を分析しつつ、「第二次大戦がすんでからいくらもたたないのに、軍事防衛を我々の第一の重要な政策としなければならぬことになったことは悲劇である」が、社会主義者が「均しく直面する第一の仕事は第三次大戦に導くかもしれぬ如何なる侵略をも之を遅らせるために必要な軍事手段をとること」であり、第三次世界大戦の「破局はクレムリンの首脳部をして朝鮮の大博打を外の所でくり返すことを思いとどまらせるに足る或程度の再軍備によってのみ防止し得られる」、「若し我々の軍備によって除去しうる戦争危険がありとすれば社会主義者として必要な犠牲を認めるのが我々の道義的義務である」と、アメリカの求める再軍備を「道義的義務」という言葉を使って擁護した。

そしてフィリップスは「軍事防衛の問題に対する現実的態度が国内に於ける主要な改革や一般政治に対する左派的態度と両立しないという見解を諸君は誰しもとられないことと思う」と、「現実的態度」を強調して賛同を求めたのだが、これは「再軍備と社会主義の両立」など「現実的態度」としては考えられない鈴木らの理解を超えた論理であった。「日本はヨーロッパとは事情が違う」という考えが社会党代表団の根底にあり、冷戦とソ連共産主義に対する認識がフィリップスのような西欧社会民主主義政党とは根本的に異なっていた(7)。

温度差はあっても、フィリップスの親米一辺倒の再軍備路線に疑義をはさむ意見はけっして日本社会党のみから出たのではなく、どのような決議を出すかをめぐってなかなか意見はまとまらず、七月二日から三日にかけて協議が続けられた。そして鈴木も、「われわれの見解を英国側は、よく汲み取って原案の修正をおこなった」のであったが、最終的に「われわれは社会主義者として軍備優先を認めることはできない」とし、「各項を通じ、軍備第一主義の感が強い」、『平等の犠牲』が要求される結果、国々の事情が無視され、勤労大衆の生活水準の向上が犠牲にされるおそれがある」という声明を発して賛否の態度を留保した（社会文庫　一九六五、二五六－二五七頁）。最初から日本社会党が孤立していたのではないが、三日の総会では議論を通じて修正された防衛問題に関する決議案に異論を唱えて賛成しなかったのは日本社会党だけとなっていた。

フランクフルト大会を振り返って、鈴木は「英国労働党は英国政府の与党であったことにもよることではあろうが、社会主義政党としてあるまじき軍備第一主義を固執した。またアジア、アフリカ等の植民地に対する正しい認識を持たず、日本社会党の世界平和のための再軍備の反対とか、外交上の中立に対して理解しようともしなかった。その英国労働党が社会主義インタの大国的な指導的立場にあったことは、社会主義インタの出発をあやまらせた」とイギリス労働党を批判したが、「そうしたなかで西独の社会民主党党首シューマッハの健在であったことが社会主義インタの正しい支柱ともなっていた」（社会文庫　一九六五、二五八頁）と述べていた。

シューマッハーに対する高い評価は、「不自由な体を秘書に支えられて着席する姿を一目見ただけで自ら頭の下がる思いがした」と印象が記されているように（『日本社会新聞』九月六日、一面）、強制収容所でナチによる迫害に耐えた隻手隻脚のシューマッハーの雄弁と風貌から発するカリスマ性に打たれたところもあったが、政策的にはＮＡＴＯと自国の再軍備を肯定する他の西欧社会民主主義政党とは異なり、シューマッハーがドイツ再軍備に反対していたことに連帯の絆を感じていたためであった。

ただしシューマッハーが「再軍備反対」を唱えたのは、アデナウアー（Konrad Adenauer）首相が進めていた再軍備政策がドイツ統一を犠牲にし、平等同権をもたらさない再軍備だとして反対したのであって、再軍備に対する原則的反対ではなかった。また「中立」は念頭にはなく、むしろ強く拒絶されていた。シューマッハーはヴァイマル時代から強い反共思想の持ち主であり、それは一九四五－四六年のＳＰＤ再建過程における「ソ連占領地区ＳＰＤの消滅」を通じていっそう確たるものになっていた(8)。ゆえにソ連共産主義に対する脅威認識を含めて、シューマッハーの「再軍備反対」の根拠を鈴木は共有することができなかったはずであるが、表面上の「再軍備反対」の共通の旗は「シューマッハーのＳＰＤはイギリス労働党とは違う」と好意的な印象を社会党に刻むことになった。

この例に限らないが、お互いに相手の思想や政策を、その拠って立つ基盤も含めて正確に深く理解することは極めて困難な状況下で「関係」を取り結ばなければならなかったことは、社会党とＳＰＤの関係史を研究する際に前提として踏まえるべきであろう。言葉の壁だけでなく、遠く隔たった地にあって、入手し得る情報の量も速度も現在とは比較にならないほど乏しく遅かった時代である。

それはさておき、鈴木とシューマッハーとの会談はフランクフルト大会終了後の一九五一年七月一〇日に行われ(9)、鈴木が西ドイツ再軍備に懸念を表明したのに対し、シューマッハーは「ドイツの再軍備の問題に関する現在の連合国やドイツ政府の考え方は問題にならない。われわれは絶対に賛成できない」、「現在の再軍備の問題は拒否する決意である」と明言した。また、シューマッハーは「再軍備には数々の前提条件が必要」としていたが、その国内的条件として「現在の自由主義経済を計画的な統制経済にきりかえることが必要」と述べていたことも、鈴木の共感を呼んでいたと考えられる（鈴木　一九七一、九三頁）。

しかし、以下のやり取りにあるように、鈴木とシューマッハーとの間に微妙な深いズレのあったことも察知されないはずはなかった。この時期日本側にとっては講和問題が喫緊の課題であり、講和後の安全保障問題が議論された。鈴木が連合国の軍隊が引き揚げた後、「そこに危険な真空状態が生ずるとして、特定国との防衛協定が提起されている」と日米安全保障条約に対する否定的見解を述べると、シューマッハーは「もしヨーロッパにおいてアングロサクソンの軍隊が撤退したとする。そうすると三国よりはもっと危険な別の占領軍がいる」、「危険はエルベ河の川岸にきている」と応じた。その時シューマッハーは「うす気味悪い微笑」をしたと鈴木は記しているが（鈴木　一九七一、九三－

九四頁)、「うす気味悪い微笑」を鈴木はどのように理解したのであろうか。

ともあれ、「日本とドイツの社会党はとくに協力しあってすすみたい。日本社会党の同志諸君、国民のみなさんによろしく」(鈴木 一九七一、九三―九四頁)というシューマッハーの言葉を受け取り、鈴木は帰国した。計画経済・社会化賛成、加えて特に再軍備反対が社会党にとっては他の違いを覆い隠す決定的な共感点としてあり、そのシンボルとしてシューマッハーがいささか誤解を伴いつつも高く評価され、彼を通じて社会党とＳＰＤの関係は友党関係としてスタートしたのである。

2　シューマッハー没後のＳＰＤとの関係

鈴木らがヨーロッパから帰国して間もなく、一九五一年一〇月に社会党は主として講和問題をめぐって左右に分裂した。その後間もなく、ＳＰＤは党の広報誌に「日本の社会主義者と軍備」と題するコメントを掲載した(„Japans Sozialisten und die Aufrüstung", *Sozialdemokratischer Pressedienst*, den 13. November 1951, S. 3)。そこでは「日本社会党の分裂は予期されなかったことではない。すでに今年六月のフランクフルトにおける社会主義インターナショナル大会でも、自由世界のために軍備の必要性を承認する大会決議の評決に際して、日本社会党代表団は棄権をした。国際的に名の知られた日本社会党委員長の鈴木は彼の支持者とともに講和条約の批准に反対票を投じ、党から離れた。鈴木に従う者は党中央執行委員会二五名のうち一〇名であるが、これは危機の深刻さを示している」との懸念を表明し、「分裂の根本原因は、民主的社会主義とは何かをめぐる考えと平和の確保についての根本的な意見の違いにある」と、突き放した見方を示していた。

社会党の分裂は、一つの国からは一つの社会主義政党がメンバーとなるのが原則である社会主義インターナショナルを困惑させていた。その第二回大会は一九五二年一〇月ミラノで開催されたが、総会に先立つ幹事会で「日本の友党の両翼にたいして、日本に於ける社会主義運動の分裂を調整するよう強く訴える」、「日本国民は統一された社会党に対して、現在の政府にかわる今一つの政府になる事を期待しているであろう。それは日本及びアジアに於ける労働運動に対して、更に大きな力を与えるであろう」という社会党統一を求めるアピールを総会で決議することが決められた。

幹事会に右派社会党を代表して出席していた曽祢益は賛成したが、出発が遅れて幹事会に間に合わなかった左派社会党代表の赤松勇にとって、このようなアピールは寝耳に水であった。彼は左派社会党代表の参加なしに幹事会で決定したことは非民主的であって、「日本国における特殊な条件の下に分裂という現象が生まれておるのであるから、それの統一のごときは、一片の決議によって行いうるものではない」(赤松　一九五三、三頁)と激しく反発し、アピールの採択に異議を唱えた。

赤松は「われわれは過去に於て、東条らの軍国主義と闘っていたとき、右派社会党の多数の幹部諸君は東条に協力し、社会主義政党と労働組合を彼らの手に売り渡した」、「サンフランシスコ条約に賛成した右派社会党は、許しがたい民族的裏切り者として、その支持を日々失いつつある」、「社会主義インターナショナルは、かうした非難を受け支持を失いつつある右派社会党と、統一せよとのアッピールを出すなら日本の労働組合をはじめ民主団体は社会主義インターを見放すであろう」と熱弁をふるった(赤松　一九五三、五－六頁)。赤松の演説の結果当初の幹事会決定は覆り、「社会主義インターナショナル幹事会は、本大会において日本社会党統一に関するアッピールを発することを止める。ただし、幹事会は必要に応じてそのアッピールを発することのできる権限を本大会から委任してもらう」(赤松　一九五三、七頁)ことになったのである。

このように右派社会党を舌鋒鋭く批判した赤松であったが、「はじめに」で言及したようにシューマッハーに対する敬慕の念は強く、ＳＰＤ本部を訪れオレンハウアーと友好的に会談を行っていた。ここでオレンハウアーは「日本が受諾したサンフランシスコ条約と今ドイツに押しつけられている平和条約はともに、国の主権を侵犯するものであるという点において、わが国と日本とは同じ国際的条件を持っている」と述べ、シューマッハーと同様の連帯の意思表示をした。これに対して赤松も「日本における社会党(左派)の躍進は、むろん国民の自覚に基づく結果ではあるが、反面ドイツSPDがシューマッハー以来、毅然として、国際情勢に対処してきた、その態度が日本国民にすこぶる大きな影響を与えたからでもある」、「われわれはSPDの健闘を期待して、両国の自主独立のために、東西相呼応して、闘うことを誓約しよう。貴下の意見は、同志や労働組合に広く伝えたいと思う」と応じていた。そしてオレンハウアーは「別れるに当たって、私に送ってくれた自分の写真にサインし、また鈴木委員長へのメッセージを私に託した。二人は固く固く手を握り合った」のであった(赤松 一九五三、二九頁)。

社会党が内心は承認したくはなかった社会主義インターナショナルの「民主的社会主義の目標と課題」は、シューマッハーの、またゴーデスベルク綱領に至る戦後SPDの「目標と課題」と基本的に一致していた。ゆえに「社会主義とは何か」をめぐる原則問題に立ち入れば、両党の隔たりは出会いの当初から大きかったが、シューマッハーに対する追憶と再軍備反対はしばらくの間、社会党をSPDに結びつけていた。

しかし、当初から社会党は社会主義インターナショナルの反共色の強い防衛・再軍備問題に対する基本方針に違和感を持っていたが、左派社会党が躍進するなかで、社会主義インターナショナルの大勢に対する強硬な反発がいっそう前面に出るようになった。たとえば、左派社会党の外交局長名で書かれた一九五四年の「社会主義インターナショナル第四回大会に関する報告」(鈴木文庫一〇‐四‐一五‐〇三)では、「国際情勢に関する件、小委員会の原案はとうてい同意できない」、「緊張の原因をソ連側にのみ帰し、これに対立するアメリカ側にはまったく触れていない。しかも『共産主義独裁下の一つの世界より二つのブロックの方がよい』とまで極言している」と社会主義インターの「西側寄り」を批判していた。

ＳＰＤの外交方針は基本的にはここで糾弾されている「西側寄り」であり、オレンハウアーは社会主義インターナショナル副議長として、その中心にいた。赤松がオレンハウアーを訪問したときのようなシューマッハーに対する思い出を通じてのＳＰＤに対する親近感、社会主義インターナショナルとＳＰＤとを区別して「固く手を握り合う」関係は変わる方向に向かってゆく。オレンハウアーが初めて日本を訪問したのは、そのような曲がり角の時期である一九五六年一一月のことであった。

3　オレンハウアーの訪日とその後

ＳＰＤ党首のオレンハウアーは一九五六年一一月にボンベイで行われた第二回アジア社会党会議にオブザーバーとして出席した後、パキスタン、セイロン、インドネシア、日本、ビルマ、タイと回り、再びインドに立ち寄って帰国の途についた。一九五六年一〇月二八日から一二月六日までの長期にわたるアジア旅行は、オレンハウアーに同行したプッツラート(Heinz Putzrath)国際局長の報告書によれば、ＳＰＤのアジア諸国との関係強化を謳った一九五四年のベルリン党大会決議を受けてのことであり、ＳＰＤがアジアの問題にけっして無関心ではないことを示す狙いがあった(Heinz Putzrath, Bericht über die Asienreise Erich Ollenhauers vom 28. Oktober bis 6. Dezember 1956, am 22. Dezember 1956, S. 1, 16, Bestand Ollenhauer 478, AdsD)。オレンハウアーとプッツラートの他に七名のジャーナリストが同行していたが、出発の頃にハンガリー事件が深刻な段階に突入し、旅行中にイスラエル軍のエジプト侵攻が行われるという国際関係の激動の中での歴訪であった。この情勢変化のゆえに途中でドイツに戻ることも検討されたが、日程は短縮されることなく、旅行は最後まで続けられた(Heinz Putzrath, Bericht über die Asienreise Erich Ollenhauers vom 28. Oktober bis 6. Dezember 1956, am 22. Dezember 1956, S. 4, Bestand Ollenhauer 478, AdsD)。

アジア社会党会議はアジア諸国の社会党が団結しての欧米依存脱却・中立・植民地独立・アジア人主体のアジアの

経済開発を目標としていたが、一九五三年の第一回大会はその目標が強調される余り、ヨーロッパ中心の社会主義インターナショナルとの関係が微妙なものとなっていた。第二回大会にオレンハウアーが出席したのは、この二つの組織の関係調整が必要と考えてのことであったと思われる。[10]

できるだけ多くの国の政治家、社会主義政党の友人と連絡を取ることを心がけた日程で、待遇は国によって様々であって、社会党が政権にあったビルマでは国賓として遇されたが、一一月一七日から二〇日までは「社会党のゲスト」として日本に滞在した。羽田着が深夜になったにもかかわらず、オレンハウアーを歓迎する横断幕とともに「万歳」の声が響き、多数の社会党員と報道関係者が駆けつけていたことにオレンハウアーは驚いたが、社会党は日本訪問が旅程全体の中で最高のものとなるように準備していたとプッツラートは書き残している。重光葵外相との会談の場が設けられたが、訪問の主たる目的は社会党指導者との交流であった。ちょうど社会党結党一〇周年を記念する集会が東京、大阪、京都で開催されたが、オレンハウアーはすべての集会に参加して演説を行い、好意的に受け止められたという印象を抱いていた。

社会党幹部との会談で両党のさらなる緊密な協力関係の構築が申し合わされたが、一九五七年にヴィーンで開催される社会主義インターナショナル大会に派遣される社会党代表団を、大会終了後ＳＰＤに招待したいとオレンハウアーは申し出ていた。「このような相互招待の実行が、両党の関係をさらに強固にしてゆくであろう」と(Heinz Putzrath, Bericht über die Asienreise Erich Ollenhauers vom 28. Oktober bis 6. Dezember 1956, am 22. Dezember 1956, S. 16, Bestand Ollenhauer 478, AdsD)。

西ドイツ政界の有力者が日本を訪れるのはこれが初めてだったこともあってか、オレンハウアー訪日に触れた新聞記事はかなりの数にのぼるが、鈴木とオレンハウアー、同行していたオーストリア社会党党首シェルフ(Adolf Schärf)の三名で一一月一八日に行った座談会の記録が「社会民主主義の行く道」と題して一九日から三日連続で『朝日新聞』

に掲載されていた(座談会の引用に際しては、頁数の記載は割愛する)。

座談会の冒頭で司会者は、日本社会党は自らを階級政党と規定する考え方が強いが、他の二党は国民政党と捉えているとして、社会民主主義政党の性格の問題をどう考えているのかと問題を投げかけた。これに対してオレンハウアーは「階級政党と国民政党の違いはそれほど大きいものではないと思う」と述べ、鈴木も「議論はしたが今は理論統一をしている」、「日本では社会党が階級政党か国民政党かという議論があったけれども、これは本当はおかしい。理論にこだわりすぎている」、「日本社会党もドイツ社民党の弟子ですよ(笑い)。ですから理論的にはなにも大きな違いはない」と述べ、三政党の共通性を強調していた。

同じことはマルクス主義をめぐる議論にも見られ、「日本社会党ではまだマルキシズム、あるいはマルキシズム的な考え方が相当強い影響力をおよぼしているようにみえる」が「社会民主主義の指導原理としてのマルキシズム」をどう捉えるかという司会者の問いに対し、オレンハウアーは、マルクス主義は経済発展や社会分析の方法としては有効だが、マルクス主義の「公式的な発展法則」は現在に当てはまるとは言えないと述べ、「ボルシェヴィズムは全然マルキシズムとは別のもの」で「ソ連の共産主義と社会民主主義とがいかに違ったものかということは、共産主義者がわれわれを最大の敵だと考えていることで、はっきりしている」と述べていた。これに対し鈴木は「いまのオレンハウアー氏のお話と私の意見はだいたい違いがありません」と応答していた。

一九六〇年代に入って構造改革論争を経て一九六四年に骨格が定まった「社会主義への道」を制定していく頃よりも、この時期の鈴木は右派優位の統一綱領を尊重して議論を展開していたが、ハンガリーの事態をどう受け止めるかについては見解が分かれた。オレンハウアーもシェルフも、スターリン(Iosif Stalin)の死およびスターリン批判にもかかわらず、ソ連共産党は基本的には一党独裁制堅持で変わりようがないことが示された事件、スターリン後の「自由化」の限界がはっきりしていなかったことから生じた悲劇と捉えていた。

これに対して鈴木は、ハンガリー事件について「衛星国の国民のソ連に対する反発を他の資本主義国が利用した点もあるとも言われている。『プラウダ』などはハンガリアの昔のファッショが主になっているホルティ派を西欧資本主義国が利用して反乱をあおったのだと書いているが、こういう点はどうでしょうか」と質問した。シェルフは、「ホルティ派」とは昔の大地主階級を基盤とした反動勢力であったからアメリカも彼らに頼って資本主義を復活させたいと思うはずがない、そもそも「ホルティ派」など一九五六年のハンガリーには存在せず、そのような議論はソ連の「新発見」であると答えていた。『プラウダ』に依拠しての鈴木の質問はオレンハウアーらを少なからず当惑させたようであるが、この事件を機に鈴木のソ連共産主義に対する見方が変わったという形跡は見られない(11)。

座談会の最後に司会者が「日本社会党に対する意見、批判でも結構ですが……」と水を向けると、オレンハウアーは「ナイン」(批判はありません)と笑いながら答え、「日本社会党とわれわれとが定期的に会合を持つなどして、緊密に連絡をするのが非常に有益だと思う」と提案したのに対し、鈴木は「それは、是非やりたい」と好意的に応じていたが、このやりとりの背景には、先ほど触れたような社会主義インターナショナル大会後の交流の定期化が念頭にあったと思われる。

この後の展開であるが、SPDのプッツラート国際局長は一九五七年一月に訪日時の歓待に対する謝意を表した書簡を送り、一九五七年夏にヴィーンで開催予定の社会主義インターナショナル大会で社会党代表と会い、その後ドイツに招待したいと対話継続の提案をしていた(Putzrath an Fusao Yamaguchi, 9. Januar 1957, SPD-Parteivorstand 2858, AdsD)。これに対して社会党は原水禁大会にSPDが代表を派遣することを求めたが、SPD側としては両党が緊密に連絡を取る定期協議の場としては社会主義インターナショナル大会とその前後が適切であり、そこに委員長の鈴木ら社会党幹部が出席することは当然のことと期待して、六月に重ねて訪欧を求めた。社会党が何よりも重視する核兵器反対、広島の訴えについては、そのための集会を共同で組織することで理解を得たい、その方が国際的な反響も大きいであろうと説得を試みた(Fritz Heine an Putzrath, 3. Juni 1957; Putzrath an Suzuki, 4. Juni 1957, SPD-Parteivorstand 2858, AdsD)。しかし、選挙が近いかもしれないと国内的な事情を述べ、社会主義インターナショナル大会に国会議員代表団を送ることはできないと、鈴木は拒絶の回答を行った(Suzuki an Ollenhauer, 24. Juni 1957, SPD-Parteivorstand 2858, AdsD)[12]。

鈴木がこのような対応をしたのは旅費負担の問題もあったと思うが、アジア社会党会議を優先していたこともあり、ヨーロッパ中心で反共産主義の強い社会主義インターナショナルに当初から抱いていた違和感が根底にあったのであろうか。また、社会党左派には東ドイツの社会主義統一党(ＳＥＤ)にＳＰＤより親近感を持つ勢力があったことも影響していたのかもしれない。いずれにせよ、「定期的に会合を持つなどして、緊密に連絡をする」場はついに設けられることはなく終わった。とはいえ、一九五七－五八年はまだ社会党とＳＰＤとの関係が決定的に悪化したとは言えず、友好関係を求めての交流は続いていた。

後に民主社会党に移る渡辺朗は「友党を訪ねて」という『月刊社会党』の連載で、一九五七年九月の連邦議会選挙でアデナウアーの与党に得票率で単独過半数を許すという歴史的大敗を喫して間もなくのＳＰＤ本部を訪問して記事を書いていた。渡辺は「正直なところ党本部の受付に立つまでは、悲報にうちしずんだ党の空気を予想していた」が、「本部内の第一歩から、そうした私の予想は霧散してしまった」という(渡辺 一九五七、五四頁)。

渡辺はＳＰＤ本部の日常活動や財政、選挙に際してのプロパガンダについて具体的にデータを挙げながら紹介している。たとえば、「本部は約一二〇名ほどの書記、職員を抱えている」、「各部局を廻ってみて感心することは、党が活動の基礎に『調査』と『資料整備』を置いている態度だ。たとえば一室には『個人言行録』のファイルが整備されている。アデナウアー首相が『何年何月どこで何を発言したか』を知りたいと思えば、立ちどころにその演説内容を引き出すことができるしくみ」、「そのとなりの部屋は両独の主要な新聞の切り抜きを作っているところ。一七〇〇の項目にわけて百種類の日刊紙を六人の職員が整理してゆく。地下室には映画製作室、スライド工房があって専門の技術家が仕事をしていた」。最新式の輪転機、無電室、テレタイプもあり、感嘆の声をもらした渡辺に対し、案内にあたった職員は「世の中がどんどん近代化されてゆくなかで、私たちも近代化しないと戦えませんからね」と答えたという（渡辺 一九五七、五五頁）。

「党の将来は南国の陽のように明るいと言えないが、つよい組織をもっていることは何と云っても強みである」とSPDを評価した渡辺は、「特記しておくべきは、NATOに対する政策をめぐって、欧州諸国の社会党の間でドイツ社民党が孤立してたたかっていた事実である。選挙期間にダレス〔John Foster Dulles〕長官がベルリンに飛んで、アデナウアー支持を表明した公然たる選挙干渉は論外であるとしても、フランス、オランダ、ベルギー、のちにはイタリーの社会党が友党たるドイツ社民党に非難や批判を加えたことは、社会党間の国際連帯性を欠くものとして深刻な反省が必要だ」と述べていた（渡辺 一九五七、五七頁）。つまり、SPDは一九五七年選挙でもドイツ再統一を優先する立場からアデナウアー外交を批判し、西ドイツ再軍備とNATO加盟に反対を続けていたが、「再軍備反対」の社会党はまだそこに連帯すべき「シューマッハーのSPD」を見ていたのである。

一九五八年の両党の交流としては、和田博雄の側近である佐多忠隆が日本人としては戦後初めてSPDの幹部会全体会議に出席してアピールする機会を与えられたことがあげられる。『月刊社会党』の一九五八年六月号には佐多忠隆の「欧州に使いして」が掲載されているが、彼の渡欧の目的は反核平和運動の国際的ネットワーク作りにあった。この活動の一環として、佐多は一九五八年四月二五日のSPD幹部会全体会議の冒頭に発言の機会を与えられ、秋に東京で予定されている反核会議にSPDが参加することを要請した。オレンハウアーは招待に感謝し、五月の党大会後に決定すると応じていた（Sitzung des Parteivorstandes am 25. April 1958, S. 1, Parteivorstand-Protokolle 1958, AdsD）。SPDも当時西ドイツで高揚していた「原爆死反対運動」（Kampf dem Atomtod）に関与していたので、協力を期待しての提案であった。

ＳＰＤの党幹部会会議に外国人が出席して発言する機会を与えられるというのは極めてまれなことで、そこに「好意」を感じなくはないが、五月二日に開かれた幹部会全体会議で、社会主義インターナショナル事務局の決定として、佐多が参加を求めた東京での反核会議に社会主義インターナショナルとしては代表団を派遣しないという連絡があったとオレンハウアーは述べていた。この反核会議において社会党は共産主義の影響から免れていないのではないかという懸念が、その理由であった(Sitzung des Parteivorstandes am 2. und 3. Mai 1958, S. 4, Parteivorstand-Protokolle 1958, AdsD)。オレンハウアーはＳＰＤの決定は従来の方針通り党大会後まで先送りするとしてこの日の議論を締めくくっていたが、後日(七月終わりから八月にかけて)ＳＰＤは代表団を派遣せず、挨拶の電報を送ることに止めることが決定された(Beschlüsse und Vorschläge des Präsidiums ab 14. Juli 1958, S. 2, Parteivorstand-Protokolle 1958, AdsD)。

ソ連占領地区ＳＰＤを共産党との「強制合同」によって失った戦後のＳＰＤにとって、反共産主義は党是であり、ソ連の核兵器には厳格ではない共産主義者の反核運動に同調してはならないと考えていたが、そのような対応を反核運動は社会主義者の神聖な義務と考える社会党は受け入れることはできなかった。ＳＰＤにとって、自らと共通する社会主義観を持つ右派と共産主義的なプロレタリアート独裁を肯定する左派が同居している社会党の方向と真意を理解することは容易ではなく、社会党と共産党の親しい関係はＳＰＤをしばしば戸惑わせ、両者の関係の摩擦要因となっていた。

たとえば一九五七年夏の社会主義インターナショナル大会への出席とその後のＳＰＤ訪問を社会党に求めていたオレンハウアー側近のＳＰＤ幹部会員ハイネ(Fritz Heine)は、同年一〇月、東ドイツの社会主義統一党の機関紙『ノイエス・ドイチュラント』に載った記事に驚き、その意を受けて国際局長のプッツラートは社会党に真意を問う抗議の手紙を書いた。その記事によれば、社会党国会議員団が東ドイツを訪問し、その際に松本七郎が西ドイツでは与党・野党を問わず同意できないソ連によるドイツ再統一案を高く評価し、加えて共産主義者のこの提案は西ドイツの民衆によっても支持されるであろうと述べたというのである。そのようなことは西ドイツでは起こりえないことであったが、社会党国会議員のこのような東ドイツに極めて一方的に友好的な言動は、ドイツ内外の共産主義者のメディアで大きく宣伝されており、これが社会党の公式見解であれば、ＳＰＤとしては両党の関係を深刻に考えざるを得なかったのである(Heine an Putzrath, 11. Oktober 1957, SPD-Parteivorstand 2858, AdsD; Putzrath an Roo Watanabe, 28. Oktober 1957, SPD-Parteivorstand 2858, AdsD)。

この手紙に対する社会党の返事を見つけることはできなかったが、社会党左派、社会主義協会と社会主義統一党との友好関係に起因する、このような愉快でないやりとりは以後も繰り返されていく。このような関係のなかで、一九五八年の佐多の要請に対する対応も理解されるのであろう。シューマッハーに対する敬意と再軍備反対による絆で背景に退いていた共産主義に対する見解の違いは、シューマッハー時代の友党関係を徐々に過去のものにしていった。

二　隔たりゆくＳＰＤと社会党

1　ブラント訪日とその後の展開

ブラント(Willy Brandt)は西ベルリン市長時代の一九五九年二月一八日に日本を訪れ、三日間滞在した。この訪日は、ソ連のフルシチョフによる最後通牒的な提案、東ドイツにベルリン管理権を引き渡してベルリンを自由都市化するという西ドイツにとっては受け入れられない提案(一九五八年一一月)以来深刻化していたベルリンの危機的状況を訴え、国際世論の支持を得るための外遊の一環であった。この旅行はアメリカ、カナダ、日本、香港、タイ、ビルマ、セイロン、パキスタン、インドを約一カ月かけて(二月五日から三月六日まで)歴訪するという大がかりなものであった。

ブラントがＳＰＤ内で最もアデナウアーと共通するところの多い外交・安全保障政策を主張していたことも与って

いたのであろうが、ベルリン危機を前にして「共産主義の脅威」から「西ベルリンの自由」を護ることは西ドイツにとって党派的対立を超えた共同の課題と認識されており、ブラントのこの遊説旅行のスポンサーは西ドイツ政府(アデナウアー首相)であった。また、西ベルリン市長は「ベルリン問題」ゆえに、国際政治の舞台で他の西ドイツの地方政治家が受けることのない特別の注目を浴びる機会に恵まれていたが、ブラントをバックアップし知名度をあげるために、西ドイツのシュプリンガー系メディアがブラントの外遊にスポットライトを当てて好意的に報道するという、一〇年後の東方外交の展開に際しては考えられない関係がブラントを助けていた(安野 二〇一〇、一〇一一一頁)。

短い滞在であったが、ブラントは精力的に日程をこなした[13]。二月一八日に藤山愛一郎外相と昼食会、引き続き外務省幹部を交えての会談、安井誠一郎東京都知事と会談、ドイツ大使館での晩餐会と続き、この間いくつかのインタビューに応じ、NHKはテレビで生放送を行ったという。二月一九日は岸信介首相と会談、天皇に謁見、東京都議会での演説、日本人合同記者会見、外国人記者クラブでの会見と続き、社会党幹部(鈴木委員長、浅沼書記長、片山元首相、岡田宗司国際局長)との会談が行われたのは二月二〇日の昼であった。この後も衆参両院議長訪問、自民党議員との会談、都知事主催の晩餐会と過密スケジュールを消化し、ブラントは全体的な印象としては、歓待を受け、ジャーナリズムにも好意的に取り上げられて訪日は成功だったと評価していた。

ただ彼自身が興味深かったこととして記しているのであるが、昭和天皇は積極的にたとえばベルリンの経済状況など細目にわたる質問をしたが、対照的に岸首相も藤山外相も対応は受け身であった。ブラントは何よりも西ベルリンの危機について訴えたかったのであるが、日本ではベルリンの困難に同情する話が始まっても、すぐにそれは再統一や安全保障の一般的なテーマに飛び移ってしまうと不満を漏らしていた(Vermerk des Regierenden Bürgermeistes Willy Brandt über die Asienreise 18. Februar – 6. März 1959, am 9. März 1959, Willy Brandt Archiv, A6–91, S. 3, AdsD)。

鈴木をはじめとする社会党幹部については、「日本の社会主義者と私との間に不和が生じたというのは噂であって、事実と反する」と述べながらも、社会党の右派と左派の繋がりについては理解することができなかったと違和感を記していた(Vermerk des Regierenden Bürgermeistes Willy Brandt über die Asienreise 18. Februar – 6. März 1959, am 9. März 1959, Willy Brandt Archiv, A6–91, S. 4, AdsD)。日本の社会主義者と友好的な交流のあったことを強調して「噂」を否定しているが、この「噂」はけっして根拠のないものではなかったと推察される。日本では中国との関係正常化が大きな政治問題になっているとブラントは感じていたが、「アメリカ帝国主義は日中人民共同の敵」と公言する浅沼訪中団が出発する少し前の会談であった。このような社会党と「自由を攻撃する共産主義者」を批判してアメリカの西ベルリン駐留強化を求めるブラントとの間には、「日独の置かれた状況の違い」というだけでは乗り越えられない溝があり、実りある対話が成立したとは思えない。鈴木らはブラントの考えを聞いて、これがSPDの外交・防衛政策ならば「シューマッハーのSPD」はもはや現実のSPDからは消えつつあるのではないかという懸念を抱いたのではないかと推察される。日本と西ドイツはともに「アメリカ帝国主義」によって抑圧されている同志であるという思いがシューマッハー時代から鈴木にはあったが、それはソ連共産主義の危険を強調するSPDの共有するところではなかった。

この間の事情を示唆する興味深い史料として、当時西ベルリンSPDでブラントと熾烈な権力闘争の最中にあり、シューマッハー時代からの古参幹部で長らくベルリンSPD委員長の地位にあったノイマン(Franz Neumann)が社会党に送った書簡がある。(14) 恐らくは、社会党も共感していたそれまでのSPDの政策とは異なる、ブラントの親アデナウアー路線に驚いた鈴木がSPDに真意を照会したことへの返事であろう。

この書簡でノイマンは「西ベルリン社民党の党員及び活動家の名においてこの書信をさしあげます。わたしは、ブラント氏が日本及びその他のアジア諸国を旅行した際に、ドイツ問題、ベルリン問題についてあなた方に述べた見解についてお知らせしたいと思います。この二つの問題に対する社民党の公式見解とブラント氏の見解とがかなり異なっていることは、優秀なる活動家たちにははやくから分かっていました。ブラント氏の見解は西ベルリン市長としての立場からくるものばかりではなく、彼の野心と西陣営とくに米国の政策との密接な関係によっても左右されていることをご承知下さい」と述べ、「ベルリン問題についてアデナウアーの政策を全面的に支持している」ブラントの考え方は「社民党の多数派の考え方と異なっていることを私は断言いたします」と続けていた。

そしてノイマンは、ブラントが「党に違反する見解をこれ以上つづけるならば党を退かざるをえなくなるかもしれない」と書き、「この書簡によって、日本社会党の方々がブラント氏の日本において発表した意見について正しい判断を下される一助になることを望みます」と結んでいたが、間もなく西ベルリンSPD委員長の座を奪われ、党を退かざるを得なくなったのはノイマンの方であった。SPDの実力者ヴェーナー(Herbert Wehner)による有名な一九六〇年六月三〇日の連邦議会演説によって告知され、少なからぬ人々を驚かせたSPDの外交・防衛政策の転換、「与野党共同の外交の提唱」は、ノイマンの予想とは逆に、オレンハウアーやヴェーナー等のSPD指導部の方がブラントがかねてから主張していた外交・防衛政策に同調せざるを得なくなった帰結だったのである(安野 二〇一〇、一四－一六頁)。これは同時に、シューマッハーの記憶が徐々に薄れ、一九五〇年代後半は表面的な友党関係になっていたとはいえ、「再軍備反対」「NATO反対」の共有によって辛うじて保たれていた友党関係の終焉を意味していた。

SPD内でブラントが急速に台頭しSPDの防衛政策が転換されるのと軌を一にして、シューマッハー時代の友党関係は過去のものになっていったが、社会主義インターナショナルに対する対応も同じであった。ドイツ・ベルリン問題をめぐる米英仏ソ外相会議が開催中の一九五九年五月二〇日、鈴木は七月にハンブルクで開催予定の社会主義インターナショナル大会を念頭においてオレンハウアー、およびイギリス労働党のゲイツケル(Hugh Gaitskell)とベヴァン(Aneurin Bevan)あてに同内容の書簡を送っていた(15)。

このなかで鈴木は「今日ソ連は東西両体制の平和共存を主張して、国際紛争の話し合いによる解決のため積極的な平和政策を推し進めて居るように思われます」とソ連の「平和政策」を高く評価し、緊張緩和のためにソ連と共同歩調を取るべきだという立場から、「平和政策」に対する見解を尋ねている。また、社会主義インターナショナルの「平和に対するその立場が余りにもアメリカ側に偏しまたアジア、アフリカ諸国の民族運動に対する不十分な理解のために、発展する世界情勢の要求と歴史の新しい息吹に即応し得ない不活発さを感じて参りました」と苦言を呈した。

この批判は一九五一年以来一貫したものであったが、一九五九年はすでにアジア社会党会議が実質的には崩壊状況に陥っていた時期で、イギリスでは植民地問題が総選挙の主要争点として浮上していた頃である。ヨーロッパはベルリン危機のまっただなかにあった。そのような情勢下で「発展する世界情勢の要求と歴史の新しい息吹」をどう捉え対応するかにおいて、社会主義インターナショナルの主要国と社会党の距離は一九五一年よりいっそう隔たっていった。もはや「われらのものインターナショナル」ではなくなっていた。

鈴木の書簡に対して、ゲイツケルは西側の「同盟関係を弱めるための方策は、事実として戦争の危険を減少させるよりもかえって増大させる」と鈴木の提案を退けながらも、長文の丁寧な返書を送っていたが(六月二九日付)、オレンハウアーは直接の返書を書かなかった。代わって一九五六年のオレンハウアー訪日の際に同行していたSPD国際局長プッツラートが、ハンブルクでの社会主義インター大会終了後まで返事を控えていたこと、そして社会党を代表して参加していた岡田宗司がボンのSPD本部を訪問し、その際に岡田とオレンハウアー、プッツラートが「長時間にわたる懇談」をしたことを伝えた(七月二一日付)。ただ書簡は会談の内容には一切触れず、以下のような言葉で終わっていた。「貴下の書簡でのべておられた諸点にたいするわが党の態度について岡田氏より詳しくご報告があると存じます。その方がお手紙で申し上げるよりもよろしいのではないかと考えます」。

2　ゴーデスベルク綱領と社会党

ブラントの訪日(一九五九年二月)からSPDの外交・防衛政策の「転換」(一九六〇年六月)にかけて、社会党とSPD

の関係は決定的に悪化していったと思われるが、この悪化過程のさなかの一九五九年一一月に制定されたゴーデスベルク綱領は、社会党にどのように受け止められたのであろうか。

ゴーデスベルク綱領に先立つ一九五二年のドルトムント行動綱領に対して、社会主義協会の機関誌『社会主義』は無署名の解説記事で、ＳＰＤは「はっきりと共産党と一線を劃しているばかりでなく、進んで共産党反対の斗争の先頭にたつ態度を明らかにしている。反面階級斗争を否定して、階級敵に対しても『寛大』の原則でのぞまねばならないと説いている。これは、ドイツ社会民主党が戦前のワイマール共和国時代の社会民主党にくらべても一そう後退していることを物語るものであろう」という厳しいコメントを加えていた（西ドイツ社会民主党の「行動綱領」一九五三、六八頁）。

批判の対象となっているドルトムント行動綱領は、「ＳＰＤは誕生したときの労働者階級の政党から国民の政党になった」という、ゴーデスベルク綱領に引き継がれるフレーズを含む前文が一九五四年七月のベルリン党大会で追加される前の行動綱領であるが、それでも「ドイツ社会民主党が、この綱領からうかがわれる限りでは、完全に階級制党としての性格を放棄して、事実上ブルジョワ既成政党に堕していることは、同党が議会内の活動だけに主力をおいて、ドイツの民族解放と統一実現のための斗争をせまい議会主義のワクのなかにとじ込めようと躍起の努力を続けていることからもうかがわれよう」（西ドイツ社会民主党の「行動綱領」一九五三、六九頁）と述べ、もはやＳＰＤは社会主義政党とはみなせないと批判していた。

一九五八年五月シュトゥットガルトで開催されたＳＰＤ党大会で提示された基本綱領草案に対して向坂逸郎・岡崎三郎・山口房雄が行った座談会の記録が、「西ドイツ社会民主党の綱領草案——社会主義はどこへ行ったか」と題して『社会主義』（一九五九年一月号）に掲載された。座談会は岡崎の「おそろしくつまらないものですね」という一言で始まり、続けて向坂が「つまらない綱領だと思うな」と相づちを打った後、「印象的なのは、中ごろに集中や集積を説いたところがあるでしょう。あそこくらいだな、すらっと読めて、印象的で、そして社会主義的なものだというふうに考えるのは。あそこが過ぎちゃうと、フランス大革命を読んでるみたいだ。自由、平等、連帯」(六九頁)と断じた。

ＳＰＤが社会主義の基本的価値として「自由、公正、連帯」を掲げ、繰り返し「人間の尊厳」に言及したのは、フランス革命時代の哲学に後退したのではなく、それらが蹂躙され、蹂躙した勢力に敗北した過去が同時代にあったことを痛切に反省し、それを繰り返してはならないという決意が戦後の出発点にあったからである。確かに「自由、公正、連帯」や「人間の尊厳」は社会主義者のみの要求ではないが、これらの価値を軽視した社会主義がどのような悲惨を人間にもたらしたかを経験し見据えての反応であり、「人間の尊厳」を何よりも大切にした民主主義は社会主義のための「手段」と位置づけることはできず、それ自体が社会主義においても「目的」と捉えられるようになっていたのである。

社会党も「民主主義擁護」を主張してはいたが、「擁護すべき民主主義」についてどれだけ真剣な議論がなされていたのであろうか。清水慎三が「戦後革新」の四指標として「平和」「独立」「民主主義擁護」「生活向上・社会進歩」を掲げたのはよく知られているが、「ブルジョワ民主主義」は社会主義によって克服されるべきものという考えが根底にあって、擁護されていたのは民主主義よりも「平和革命」だったと言うべきではないか。民主主義は「平和革命」のための「手段」であって「目的」ではなく、日本の社会主義の「独自性」と結びつけられた「平和革命」については熱心に論じられていた。しかし民主主義については理論面でも実践面でも理解が浅く、それを深めようという意欲と努力が弱かったのではないだろうか。

さて、社会主義政党の綱領において「革命」がどう論じられているかは当然のことながら重要視されていたが、岡崎「革命という字は、産業革命という言葉で二、三回出ているだけなんですね」、向坂「しかも第二次産業革命なんだな。第二次産業革命というのは社会主義の言葉でも何でもない。第二次産業革命は、我々に言わせれば、社会主義革命以外にないと思うけれども、そうじゃないんだな。西ドイツの社会民主党というものに対して実に幻滅を感じるな」(七〇頁)と深い軽蔑が語られていた。[16]

また「階級闘争」という言葉が出てこないことも理解できないことで(七二頁)、岡崎「日本のいまの社会党の綱領は、たいてい下らないものだと思っていたけれど、これにくらべると実に立派なものですね」、向坂「以前の左派の綱領なんかは、世界的に模範にしてもいいな」(六九頁)、山口「これを読むと、日本の社会党というものにもう少し敬意を払ってもいいような気がしますね」(七七頁)という自己評価が語られていた。

この座談会は身内同士であるがゆえの放言的表現が目立つが、SPDに対する「本音」の語られている座談会であり、「共産党よりも教条的」と評されることもある向坂個人、あるいは社会主義協会の極端な批判というよりも、SPDに対する社会党の大方の見方の基本的枠組みを示しているように思われる。実は翌年のゴーデスベルク綱領と基本綱領草案との間には少なからぬ違い、単なる文章表現や短縮という以上の違いが生ずることになるのだが(安野 二〇〇四、二八四－三一五頁)、基本的にそれらは一九五八年の草案に対する批判をいっそう強める方向での変化であった。

確かに社会党史の先行研究が示すとおり、ゴーデスベルク綱領は社会党には参考にならないとしてまったく評価されず、「西ドイツの特殊事情」がことさら強調されるだけであった(岡田 二〇〇五、七一頁)。また「当時のオーストリア・ドイツと日本が置かれた状況は異なり、オーストリア社会党やSPDに日本の社会民主主義政党がならうことが党勢拡大につながったかどうかは疑問である」(岡田 二〇〇五、七〇頁)という見解にも異論はないが、本章ではもう少し裾野を広げ、社会党右派やその他の社会党関係者のゴーデスベルク綱領に対する対応を掘り下げて検討したい。

ところで、さきほど紹介した座談会に出ていた山口房雄は、社会党本部国際局勤務の長かったインテリの専従で、ヨーロッパ社会主義政党の綱領に関心を持って研究していた。彼はゴーデスベルク綱領が孤立した新傾向ではなく、前後してオーストリア、スイス、オランダの社会主義政党も類似した新基本綱領を制定していたことに注目し、「実は訳していながらも、こんなものを伝えてはと気が引けないでもないが、やはり彼らの正式な綱領であることにかわりはなく」という立場からではあるが、「前文と結語のように民主社会主義といわれるものの雰囲気のもっとも出ている箇所」を中心に翻訳し、解説を加えて『月刊社会党』一九六〇年二月号に掲載していた(山口 一九六〇、六九頁)。

山口は「われわれのしなければならないことは、日本社会党のいっていることはヨーロッパの社会党と同じなのだと論じたてることではなく、どことどこが違っており、その違いがどういう条件からきているかを理解すること」にあると述べていた。この意図は是とされるべきであるが、「『西尾新党』は民主社会主義ということをことさらに強調し、これが世界の社会主義政党の大勢であると言って、これをそのままにまねようとしている」と批判したように、社会党と敵対関係に陥ったところからスタートした民主社会党がゴーデスベルク綱領を賞賛し、それに依拠して進もうとしていることに対する嫌悪の情が社会党の広範な層に生まれたことは無視できない。ゴーデスベルク綱領は、その内容もさることながら、一九五九年秋以後の日本における社会民主主義勢力の内部抗争のなかで、民主社会党と固く結びついたことによって左派優位となった社会党によって忌避されるバネがいっそう強く働くという、悪循環の関係が生まれていた。

社会党左派の対応は明快なのであるが、このような状況下で民主社会党と一線を画した社会党右派はどのように考えていたのであろうか。社会党河上派関係者が中心となって一九六〇年三月に発刊された『同人』という雑誌の創刊号巻頭には、河上民雄の「西ドイツ社会民主党新綱領について」という論考が掲載されている。これは一九五九年一二月一二日の『同人』関係者の研究会での報告を整理したものであるとの但し書きがついているが、河上は日本ではゴーデスベルク綱領の受けとり方には二通りあると、適切に指摘している。

第一は、ゴーデスベルク綱領の内容を「西尾新党の出現にからませて、新綱領の意義を説き、歓迎する受けとり方」である。つまり、階級政党から国民政党への転換が国際的大勢で、「国民政党を唱えた西尾新党が社会主義運動の本流であることが国際的に保証されたことにこの事件の政治的意義を見いだすべき」とする受けとり方である。第二は、向坂逸郎に代表される考え、すなわちゴーデスベルク綱領は「まったくの堕落、弁護しようのない転落」で、「これは社会主義ではない」と断罪する受けとり方である。

河上は「わが国の評論界、政界の社民党綱領の受取り方は、ほとんどこの二つの相反する極端な形に分かれている」ことに根本的な問題を見ており、向坂の見方を「あまりにドグマに執着し、時代の発展に即した新しい努力を理解しようとする柔軟性を失っている」と批判しつつ、第一の受けとり方に対しても「今日の新綱領が現れるに至った歴史的過程、それに注ぎ込まれてきた血のにじむような内的な苦闘、歴史的背景の重さを無視した点で浅薄さを感じる」と否定的評価を与えていた。

河上の論考で注目すべきは、ゴーデスベルク綱領が長い準備期間と議論を経て制定されたことを理解し、歴史的背景や経過を重視すべしという指摘である。これは当時の多くの報道、また論者が看過していた、ゴーデスベルク綱領を理解するために極めて重要なポイントであった。ただ内容については、「所有権の問題、国防の問題、宗教の問題（あるいは世界観の問題）の三点」がゴーデスベルク綱領のポイントであるという理解を示してはいたが、副題に「とくにその受けとり方」と断っていたように綱領の内容分析には立ち入らず、「新綱領の内容については、和田耕作先生から近くご検討願うことになっております」と述べるにとどまっていた。

ここに言及されている和田耕作による検討の成果が日本フェビアン研究所の機関誌『フェビアン研究』（一一巻二号、一九六〇年二月号）に掲載された「ドイツ社会党綱領とイギリス労働党大会の問題点」（一―二〇頁）であろう。[17] 和田は「新綱領が現れるに至った歴史的過程」や「歴史的背景の重さを無視」することなく、先に検討した向坂らとは対照的な観点からＳＰＤの基本綱領論議に注目していた。

和田は一九五八年五月のＳＰＤシュトゥットガルト党大会を分析して書いた「ドイツ社会民主党の動向――日本社

会党と関連して」(『フェビアン研究』九巻九号、一九五八年九月号)で、戦後十数年の実践経験を経て「西欧の有力な社会民主主義者の諸党は、転換の新局面に当面しているといえる。それらは主として現実の政治的実践に伝統的思想を適応さすための転換であり、また将来政治を行うための思想、政策、組織にわたる体制の再編成であるということができる。そして、このような問題は主として『社会党政権』の獲得、維持の問題と関連しているということができる」と論じ、オーストリア社会党の新綱領、イギリス労働党内のニュー・タイプ・ソーシャリズムとオールド・タイプ・ソーシャリズムとの論争に言及しつつ、この流れの中に『社会主義』の座談会が「おそろしくつまらない」と切って捨てた一九五八年のSPD基本綱領草案を位置づけて理解しようとしていた。

この関心の延長上に書かれたのが「ドイツ社会党綱領とイギリス労働党大会の問題点」であった。和田もまた、ゴーデスベルク綱領をめぐる議論のたびに強調される「西ドイツと日本との違い」があることを認め、けっして社会党がSPDのゴーデスベルク綱領に倣うべきだなどと論じてはいない。「しかし現在の世界における特に重要な課題は同時代性と申しますか、同じ課題がどこの国でも大なり小なり問題になってくるという性質をもつ」、「したがって事情はちがっておるからたいして参考にならないと」考えるべきではなく、「日本としては事情の違ったままで、やはりこれらの先進国に起こっておる問題については真剣に検討しなければならないし、又あとあとの問題ではなく当面の問題として考えてみなければならない重要な内容をもっておるのではないか」(和田 一九六〇、二頁)という問題意識に立脚して議論を進めている。和田はイギリス労働党をはじめ西ドイツ以外の社会民主主義政党の動向も押さえつつ、ゴーデスベルク綱領の背景、客観的基礎、および内容について、当時の日本では稀と言って良い的確な理解を示していた。

ところでこの論考には一九五九年一二月一五日に第一二回社会主義政策研究会で行った報告がもとになっているとの断り書きがあるが(18)、社会主義政策研究会とはフェビアン研究所が主宰して和田が幹事として立ち上げに尽力した研究会である。和田は「現在、国民政党か階級政党かという形で行われている社会党の性格に関する論争は、大切な問題ですが、それをイデオロギーの問題としてではなく、重要政策の実行プログラムの具体化という土俵のうえで展開すれば、目標とタイミングが考え合わされて、正しい結論がでるのではないか」（和田 一九五九、四頁）と考え、「日本における社会主義運動を進めていく上で、もっとも重要な分野の一つである経済政策の樹立について社会党に協力せん」（和田 一九五九、三頁）と考えて、社会主義政策研究会を結成した。(19) 和田には「勤労者の福祉国家の建設と技術革新をスムースに取り入れることのできる経済と社会の体制の建設が必要」（『フェビアン研究』九巻一二号、一九五八年一二月号、編集後記）と考える西欧社会民主主義志向があった。

社会主義政策研究会の代表には有澤廣巳、研究主査に稲葉秀三、都留重人、木村健康、高橋正雄（九州大学）、土屋清（朝日新聞）、関嘉彦（東京都立大学）、北山愛郎（社会党政策審議会事務局長）が名を連ねていた。フェビアン研究所理事との重複が多いが、フェビアン研究所は政党に付属しない研究機関であるという建前を強調していたのに対し、社会主義政策研究会は研究だけでなく社会党改革と結びつけて、社会党のために政策をつくる機関として発展させたいという意図を持っていた。

そこで和田は社会主義政策研究会を組織するにあたって、研究者だけでなく左派と右派とを問わず社会党のおもだった派閥から代表を集めようとした。和田が直接面識を持っていたのは河上丈太郎と和田博雄で、河上からは松井政吉、和田からは佐多忠隆が推薦された。西尾末広と鈴木茂三郎とは和田耕作は交流を持っていなかったが、和田の運動は読売新聞論説主幹の愛川重義が注目して新聞で取り上げていたとのことで、それもあってか、西尾も鈴木も和田の活動は知っていて協力要請に応じ、鈴木は成田知巳を、西尾は曽祢益を代表に出すことになった（和田 二〇〇六、一六頁）。

これに有澤廣巳以下のフェビアン研究所関係者を中心とする学者・専門家が加わって社会主義政策研究会は発足し、代表の有澤が「現代資本主義の特質と将来」と題して報告した一九五九年一月二三日の第一回研究会には、幅広い社会党国会議員、社会党政策審議会関係者、労組関係者、学者・専門家が名を連ねていた。(20) 二月一一日には後に社会党政審会長となる北山愛郎が「社会党の経済政策に対する基本的考え方」と題して報告し、発足後しばらくは月一回の月例研究会が行われていた。

しかし「経済政策の樹立について社会党に協力」するシンクタンクとして発展するのはこれからという段階で、一九五九年の秋以降西尾除名問題が社会党を揺さぶり、社会主義政策研究会もこの混乱と無関係ではなかった。西尾派脱党、民主社会党結党の過程で、こともあろうに実質的に社会主義政策研究会の中心にいた和田が蠟山政道を議長とする民主社会主義研究会議の事務局長に就任し、西尾末広と行動を共にして民主社会党に入党する道を選んだのである。(21)

そのため、社会党改革を目指した社会主義政策研究会は会のあり方をめぐって混乱し、和田は社会主義政策研究会からは退くことになった。そして社会主義政策研究会は「高橋正雄氏を中心として、稲葉・安井・高宗の陣営で、従来以上に活潑化させる」こと、つまり再編のうえ活動継続が決められた(『フェビアン研究』一一巻一号、一九六〇年一月号、編集後記、四四頁)が、間もなく高橋も「一身上の都合」で幹事を退いた。『フェビアン研究』の編集後記に社会主義政策研究会の動向が記されており、再建の模索は続いていたが、一九六〇年九月以降活動の記録を見ることはできない。

社会党と民主社会党の対立が高じるなかで社会主義政策研究会は短い活動を終えた。それを受けて社会党と人的にも財政的にも密接な関係を持つ平和経済計画会議が一九六一年に設立され(高宗 一九六一、八-一四頁)、民主社会党と結びつく民主社会主義研究会議と対峙することになった。社会主義政策研究会が当初の目的通り発展せず、民主社会党の成立と共に消滅の道をたどったことは、ゴーデスベルク綱領とその下で変化していくSPDを「日本の社会民主主義」が全体としてどう受け止めるべきかを、偏見や党派的対立にとらわれずに議論し、それに照らして自らを顧みる可能性を内包した場が失われたことを意味していた。

一九六〇年九月二〇日から二七日まで、浅沼委員長が刺殺される少し前に、ゴーデスベルク綱領制定に深く関与していたアイヒラー(Willi Eichler)が日本クリスチャンアカデミーの招きで日本を訪れ、ゴーデスベルク綱領について講演を行っていたが[22]、「何回か行った講演はすべて多大の関心を呼んだだけでなく、大方は拍手をもって受け入れられた。意見の相違が生じたのは日本社会党のところだけで、彼らは生産手段の全面的な社会化を社会主義形成の条件と考えており、西側の民主的な方法で経済が公正に組織され、とりわけ所得が公正に分配され得るという可能性について他の誰よりも懐疑的である」と書いていた(Sonderbericht über die Lage in Korea, 9. November 1960, Bl. 1. SPD-Parteivorstand 0672A, AdsD)。ゴーデスベルク綱領の意義を説くアイヒラーに理解を示してくれなかったのは、社会党だけであったというのである

おわりに──一九六〇年代以降の関係

もともと社会党には「西欧社会民主主義」に対する反感が強かった。清水慎三は『日本の社会民主主義』の「あとがき」に「私は昭和二四年春、社会党員になった。以来十数年、私は二つのことを常に胸にいだいてきた」と書いている。ひとつは「日本の社会主義路線の荒筋をいつの時点でも胸中にひそかに用意しておきたい」という願いであったが、もうひとつは「日本社会党がもしも西欧社会民主主義政党の亜流になってしまうか、それともそれ以外のものにはなりえないとわかったときは直ちに脱党すること」であった(清水 一九六一、二二三頁)。清水の「社会主義路線の荒筋」が社会党の主流になることはなかったが、社会党が「西欧社会民主主義政党の亜流」になったがゆえに清水が脱党せざるを得なくなるような事態も生まれなかった。この言葉はＳＰＤも含む「西欧社会民主主義」がいかに社会党の中で軽蔑されていたかを示している。

清水は「西欧」ではなく「日本の」という限定を強調して「社会民主主義」という概念を用いてはいる。しかし、彼によればそもそも社会党左派(労農派マルクス主義)は「社会民主主義」という概念を意識的に退けてきた。たとえば、山川均は「社会主義でよいのですよ。余計なことをつけないで(中略)。マルクス主義なんですから」と語り、向坂逸郎は「科学的社会主義でなければならぬ」と言っていた。稲村順三は「ドイツ社会民主党だって通称SPDだよ」、続けて「SPDとは言わないよ」と我田引水する始末であったという(ちなみに、ドイツ社会民主党をSPDというのはSozialdemokratische Partei Deutschlandsの略)。ただ一九五五年統一綱領をまとめ上げた後間もなく、向坂ら左派の批判を浴びつつ亡くなった伊藤好道だけが「しかしどこかに民主主義といれたいね」とビールの満をひきながらつぶやいていたという(清水　一九六一、三四頁)。

鈴木も「社会民主主義」という概念は「ヨーロッパの歴史的な運動の形態など」が付随してくるので使いたくなかった。社会党は「日本の現実の客観情勢に対応した独自の社会主義革命の形態を取る社会主義政党」だから(鈴木　一九六六、六三頁)、「日本の独自性」を強調する立場からこの概念は退けると一九六〇年代半ばに述べていた。

SPDは社会党によって軽蔑される「西欧社会民主主義」の代表的な政党であった。しかし、他の「西欧社会民主主義」政党とは異なり、ドイツ再軍備に反対するシューマッハーの存在ゆえに(両党の再軍備反対の根拠や共産主義に対する基本的姿勢は当初から同じではなかったにもかかわらず)、一九五〇年代初頭に左派右派を問わず友党関係が築かれた。一九五六年一一月の社会党との関係強化を主目的とするオレンハウアー訪日は盛大な歓迎のうちに行われ、このとき両党の定期協議の場を作ろうという申し出がSPD側からあった。しかし、社会党が社会主義インターナショナルを軽視していたこともあり、社会主義インターナショナル大会の後に定期協議の場を設定しようとするSPDと社会党は折り合いが付かず、結局オレンハウアー訪日後の定期協議の場は設けられることなく終わった。

またこの頃、社会党左派、社会主義協会系の議員が東ドイツの社会主義統一党(SED)を訪問し、ソ連・東ドイツのドイツ統一案を支持するというSPDにとっては容認できない出来事があった。これは社会党全体の公式方針ではなかったが、社会党左派(特に社会主義協会系)とSEDとの関係の緊密化は、SPDと社会党の関係を気まずくしていく。シューマッハー時代は「再軍備反対の絆」で社会党左派もSPDに親近感を持っていたが、「マルクス・レーニン主義の絆」の方が前面に出ると、SPDとしては「社会党の正体」がどこにあるのか戸惑い、警戒心を強めることになる。SPDにとっては、ブラントに限らず、マルクス・レーニン主義を掲げるグループと民主社会主義の立場に立つグループが同じ組織の中に共存しているのは、けっして当然ではなかったのである。

とはいえ、佐多がSPD幹部会に出席した一九五八年頃までは友党としての協働が試みられてはいたが、ブラント訪日、ゴーデスベルク綱領制定、ブラントの台頭に伴うSPDの防衛政策の転換(安野 二〇一〇、三一一九頁)があった一九五九一一九六〇年頃が決定的な転機で、社会党は西尾派の脱党もあり、「SPDの右傾化」を社会党は厳しく批判し、一九六〇年代初頭には両党の関係は冷え切ったものに変わっていた。

SPDとの関係悪化は、一九六〇年代以降にいっそうのこと、社会党では「民主社会主義」や「西欧社民」がネガティヴ・シンボルとなることを意味していた。かつて河上丈太郎や三輪寿壮が名を連ね、麻生良方が中心になって河上派の機関として「民主社会主義連盟」があったように、社会党に残留した河上派のなかには「民主社会主義」を肯定的に用いる向きもあった。しかし、一九六〇年代に入ってからは、思想的には「民主社会主義」に近い人々も社会党にいる以上は「民主社会主義」を自らに結びつけて肯定的に掲げることは難しくなったのではないだろうか(23)。

社会党と民主社会党の対立は思想や政策における対立だけでなく、それ以上に「近親憎悪」的な感情的しこりが根底にあった。そのなかで「日本の社会民主主義」の中で圧倒的少数派に転落した民主社会党がゴーデスベルク綱領を「錦の御旗」のごとく掲げ、結党後SPDとの関係強化を図ったことは、左派を中心にもともと社会党に強かった「西欧社会民主主義に対する蔑視」あるいは「優越感」を強めずにはおかず、社会党のSPDや「西欧社会民主主義」に対する低い評価は一九六〇年以降にそれ以前よりも強く固定していくのである。

■注

（1）　最初に「昭和二〇年一一月二日――日本社会党結党大会」の写真が掲げられ、最後は「昭和四〇年八月一六日――〝ベトナム侵略反対・日韓批准阻止・経済危機打開〟への決意をかためた第二六回臨時党大会」が取り上げられた。

（2）　鈴木の他に和田博雄、稲村順三、松本七郎、河崎なつが加わっていた。一行はフランクフルト大会終了後、SPDを含むヨーロッパ各国の社会主義政党と交流したあと、インドに立ち寄って八月四日に帰国した（法政大学大原社会問題研究所　一九五二、五六一頁）。

（3）　Committee of the International Socialist Conference.　共産主義陣営のコミンフォルムに対抗して、一九四七年一一月にロンドンに常設事務局を置いて結成された社会民主主義政党の国際的協力機関。これを発展的に解消して、社会主義インターナショナルが結成された。

（4）　この稲村発言を含めて、社会党代表団のフランクフルト会議における言動については「第八回コミスコ総会並びに第一回社会主義インターナショナル大会に関する報告書」に拠る。この報告書の全文は鈴木文庫〇三－一一－〇九－〇二、抜粋は社会文庫（一九六五、二五四－二五八頁）。

（5）　アジア社会党会議設立については事前にインド社会党のロヒア（Ram Manohar Lohia）から提携の提案があり、鈴木は「まずインドと手を取り合う機会をもちたい」、「アジアの貧困について、アジアの平和について、ヨーロッパに力強く訴えなければならない」（鈴木一九七一、八三頁）と考えて、アジア社会党会議の実現に尽力した。社会党代表団が帰途インドに立ち寄ったのはアジア社会党会議を準備するための打合せをすることが目的であった。結党二〇周年、あるいは三〇周年という節目に出版された社会党の記念誌において、社会主義インターナショナルについてだけでなく、かつて多大の情熱を注いだアジア社会党会議についても言及がなくなるのには複雑な思いを禁じ得ない。

（6）　この時の議論について最も詳細なレポートは「社会主義インター第一回大会における『平和への闘争における社会主義平和活動』に対する討論」外交委インター資料（一九五一年一〇月）、藤牧新平文書（国立国会図書館憲政資料室）資料綴・分類七〇。本章の記述はこれに依拠するが、同じ総会の記録の抜粋は社会文庫（一九六五、二五五－二五六頁）。また鈴木（一九七一、八七－八九頁）も参照。

（7）　戦中から戦後にかけて立場の差はあれ、ヨーロッパの社会主義者にとって一九三九年の独ソ不可侵条約や一九四八年のチェコスロヴァキアにおける「二月事件」にどう向かい合ったかは多くの研究で注目される論点であり、当事者も少なからぬ同時代的記録を残している。特定の事件で「反共主義」に転じたという単純な議論は退けなければいけない複雑な過程がそれぞれにあり、上記の事件に対する反応は「反共主義者」となった彼らの戦後を理解する上で看過できないポイントである。これに対して日本の場合には、官憲の弾圧下で左翼政党は解体され、独ソ不可侵条約に衝撃を受けて然るべき左翼の大物は獄中にあり、情報が届かなかったことが考慮すべきこととして指摘されるが、社会主義者が独ソ不可侵条約にどのような反応を示したか、その前後でどう変わったか、変わらなかったかの考察は、そもそも吟味する史料のある研究課題としては存在していないかのように見受けられる。

(8)　戦後ＳＰＤの再建過程におけるソ連および共産党との対立については安野(二〇〇四、三三－六九頁)、特にシューマッハーの共産主義観は三七－三八頁。シューマッハーの思想やＳＰＤ指導構想については七〇－八〇頁、特に外交構想は七五－七六頁。

(9)　鈴木・シューマッハー会談については、鈴木(一九七一、九二－九四頁)。この記事の元になったと思われる、二人のやり取りの詳細なメモは、法政大学大原社会問題研究所所蔵の鈴木文庫一〇－四－〇九－六〇。

(10)　アジア社会党会議に対しては、一九五三年の第一回大会に比べれば、社会主義インターナショナルに対する理解が進み、両者の関係改善を志向する方向での前進が見られたとプッツラートは評価していたが、二つの組織の統合は不可能と判断していた(Heinz Putzrath, Bericht über die Asienreise Erich Ollenhauers vom 28. Oktober bis 6. Dezember 1956, am 22. Dezember 1956, S. 1, 16, Bestand Ollenhauer 478, AdsD, S. 4–5)。なお、アジア社会党会議の大規模な大会はこの第二回大会が最後になった。この事務局を引き受けていたビルマ社会党が弾圧され、また様々な地域的対立が阻害要因となり、一九六〇年代初頭には自然消滅への道をたどった。

(11)　社会党の右派はハンガリー事件をソ連共産主義破綻の象徴と捉え、ソ連の軍事介入を批判していたが、左派はソ連の軍事介入を「反革命」に対する正当な対抗措置と肯定し、社会党全体としては「左派」の見解が優位を占めた。詳しくは、小島(一九八七、九四－一一三頁)を参照。

(12)　鈴木はこの書簡で、党を代表してMiss Kumiko Abeを派遣するので彼女に連絡事項を伝えて欲しいと述べていたが、オレンハウアーと対等に話せる立場の党員ではなかったと思われる。

(13)　ブラントは帰国後間もなくアジア諸国歴訪について覚書を書いた(Vermerk des Regierenden Bürgermeistes Willy Brandt über die Asienreise 18. Februar – 6. März 1959, am 9. März 1959, Willy Brandt Archiv, A6–91, AdsD)。ブラントの訪日中の日程や訪日の印象についてはこの覚書による。

(14)　日付は不明で、ドイツ語の原文は残っていないが、「西ベルリン・ブラント市長(社民党)と社民党の公式見解について」と題するノイマンの書簡の訳文が法政大学大原社会問題研究所鈴木文庫〇四－三－二二－ｅにある。なお、若く親米で亡命帰還者のブラントと、「勇気ある、しかしあまりに偏狭な伝統主義者」とブラントの目に映ったノイマンとの長年にわたる抗争、当初はノイマンに圧倒されていたブラントが一九五九年末にはノイマンを退けて西ベルリンＳＰＤの指導者として地位を固めていくプロセスは、狭くは両者の権力闘争ではあるが、ＳＰＤ内の外交・防衛政策だけでなく、世代、指導者のプロフィール、メディアを使ってのアピール力、行動様式等をめぐる対立とその帰趨を象徴していた(安野　二〇一〇、八－一〇頁)。

(15)　以下に引用する、これらの書簡と返書の和訳は鈴木文庫〇七－一－六〇－〇一。

(16)　「第二次産業革命」とは、戦後ＳＰＤ史の文脈では、オートメーションをはじめとする技術革新とそれに伴う社会変動を念頭においいて使われるようになった概念である。「第二次産業革命」とは何か、それにどう対応すべきかをめぐる問題は一九五六年党大会で提起された。好むと好まざるとに関わらず、急速に進むであろう技術革新を労働者の雇用拡大および生活向上と結びつけて導入する経済・社会体制をつくるためにSPDはどうするべきかをめぐる議論は、これがSPDの将来を決める重大問題になるであろうという危機意識をもってゴーデスベルク綱領に至る基本綱領論議と密接に関連しつつ展開されていった。このことは注目に値する。この過程で包括的な科学技術政策・教育研究政策が提起され、一九六〇年代に向けて「西ドイツの近代化」を担うのは老いたアデナウアーのキリスト教民主同盟ではなくSPDの方であるというアピールがなされていく(安野 二〇〇四、二二一-二二三、二二五-二二一頁)。日本では左翼政党は「合理化反対」一本槍で、日本生産性本部が注目した問題にSPDは率先して取り組んでいたと言えるが、「安保反対闘争と合理化反対闘争」(清水 一九九九、一八七-一九六頁)を書いた清水慎三は、後に「僕らがいちばん甘かった点は、技術革新や合理化への直視・検討の立ち遅れということに出ていたと思います」と振り返ることになる(清水 一九九五、三〇八頁)。

(17) 日本フェビアン研究所は一九五〇年五月に大原総一郎の寄付金を元に設立された。大原孫三郎が設立した大原社会問題研究所(現法政大学大原社会問題研究所)がマルクス主義の強い影響下に入ってしまったことが総一郎の念頭にあって、「フェビアン」の名を冠すれば同じことにはならないだろうと考えたと言われるが、ビニロンの商品化など事業で多忙の大原は基本的に「金は出すが介入せず」で、運営は理事会に委ねられていた。発足時の理事は有澤廣巳(代表)、稲葉秀三、木村健康、都留重人の四名であり、監事に海野晋吉、和田耕作が事務局長と『フェビアン研究』編集兼発行人として中心的な役割を果たしていた。和田は企画院事件で稲葉秀三、和田博雄、勝間田清一、佐多忠隆らと共に逮捕された経歴を持ち、シベリア抑留から帰還して間もなくの彼をフェビアン研究所の専任に推薦したのは稲葉であった。『フェビアン研究』の裏表紙には「本研究所は、その基本的態度として、社会進歩の目標を、生産手段の私有制を止揚した体制の上に、各個人の内包する人間的可能性を最大限に発揮することを得させることに置く。すなわち、制度の上で社会的不平等を除き、かくして得られた平等の基礎の上に自由を打ち立てることである」に始まる格調高い設立趣意書が掲げられていたが、これを執筆したのは都留重人であった。

(18) 和田がゴーデスベルク綱領について報告した研究会の参加者は河上丈太郎、北山愛郎、高橋正雄、戸叶武、三宅正一、河上民雄を始め約三〇名であった(『フェビアン研究』一一巻一号、一九六〇年一月号、「社会主義政策研究会」四三頁)。

(19) 和田による発足の辞には「社会主義経済政策研究会」とあったが、一九五九年二月一一日の第二回研究会からは「社会主義政策研究会」に名称を変えて活動を展開したので本章では「社会主義政策研究会」で統一するが、「経済」を強調してスタートさせたことは、社会党の改革にあたって和田が何を重要と考えていたかを示唆している。

(20) 社会党国会議員として河野密国対委員長、成田知巳総務局長、和田博雄、佐多忠隆、西村栄一、石村英男、滝井義孝。社会党政策審議会関係者として、北山愛郎事務局長、広沢、藤牧両次長他各部門担当書記約一〇名。労組関係者として種橋国際局長(総評)、滝田議長(全労)、落合書記長、水戸、大谷両部長(新産別)。学者・専門家として有澤、都留、稲葉、関嘉彦、土屋清、山田秀雄、河上民雄などが参加していた。

(21)　和田はかねてから大政翼賛会時代に知己を得た三輪寿壮を通じて河上派と緊密な関係にあり、社会主義政策研究会を始めるときも「西尾さんだけは、社会党でもよく知らなかった」という関係であったし(和田 二〇〇六、一六頁)、河上丈太郎とは異なり西尾自身が社会主義政策研究会に出席したという記録はない。ゆえに、河上派に比べて関係の浅かった「西尾新党」に和田が走ったことは周囲を戸惑わせたが、和田には非武装中立や「アメリカ帝国主義は日中人民の共同の敵」的な考えを否定する外交・防衛構想、また戦前の日本につながる国家観があり、「安保は絶対に成立させなければいかん」という社会党内では「異端」とされる信念を持っていた。「安保を積極的に支持したのは西尾だけだ。だから私は西尾を支持した」と和田は晩年のインタビューで語っている(和田 二〇〇六、一七頁)。

(22)　一九六〇年九月二一日に早稲田大学で行われた講演は、当日の通訳を務めた酒枝義旗(早稲田大学政経学部教授、無教会キリスト教の伝道者でもあった)の訳で「西独社会民主党の新綱領」と題して、二回にわたって『経営者』(一九六一年五月号、および六月号)という雑誌に掲載された。

(23)　鈴木は、松岡駒吉は誠実だが西尾は不誠実で「腹にいちもつある」と評しており、西尾について、できるだけ「少数にして切り離すという、それには多少の年月が要るという考え方は終始持っておったですね」と述べていた(鈴木 一九六六、六五頁)。そして、河上派に属していた浅沼と河上丈太郎が鈴木の後任の委員長を争った際に鈴木は河上と対立するが、西尾脱退の理由と河上派が今後の社会党のあり方について提起してきた要求書の内容が同じであったことが、鈴木の怒りを強くしたと述べている。つまり、西尾新党へ移る河上派を食い止めるために「本来の社会党の指導理論を西尾新党と同じレベルまで下げるという要求」には応じられない、これは使ってはいけない方便だと思ったというのである(鈴木 一九六六、六六－六七頁)。

■史料

法政大学大原社会問題研究所

鈴木文庫〇三－二－〇九－〇二、〇四－三－二二－e、〇七－一－六〇－〇一、一〇－四－〇九－六〇、一〇－四－一五－〇三。

国立国会図書館憲政資料室

Archiv der sozialen Demokratie in Bonn（AdsD）

Bestand Ollenhauer, 320, 478.

Willy Brandt Archiv, A6–91.

SPD-Parteivorstand, Protokolle 1958, 0672A, 2858.

■文献

赤松勇（一九五三）『われらのものインターナショナル』日本社会党出版部。

安東仁兵（一九九四）『日本社会党と社会民主主義』現代の理論社。

岡田一郎（二〇〇五）『日本社会党史――その組織と衰亡の歴史』新時代社。

上之郷利昭（一九七六）『社会党葬送行進曲』現代史出版会。

河上民雄（一九六〇）「西ドイツ社会民主党新綱領について」『同人』（同人編集委員会）一号。

――（一九九四）『社会党の外交――新しい時代づくりのために』サイマル出版会。

月刊社会党編集部編（一九七六）『日本社会党の三十年』日本社会党中央本部機関紙局。

小島亮（一九八七）『ハンガリー事件と日本――一九五六年・思想史的考察』中央公論社。

向坂逸郎・山口房雄・岡崎三郎（一九五九）「西ドイツ社会民主党の綱領草案――社会主義はどこへ行ったか（座談会）」『社会主義』（社会主義協会編）八九号。

笹田繁（一九六〇）『日本社会党（上）（下）』三一書房。

清水慎三（一九六一）『日本の社会民主主義』岩波書店。

――（一九九五）『戦後革新の半日陰――日本型社会民主主義の創造をめざして　回顧と対話』日本経済評論社。

清水慎三著、高木郁朗編（一九九九）『清水慎三著作集――戦後革新を超えて』日本経済評論社。

社会文庫（代表者　鈴木茂三郎）編（一九六五）『日本社会党史史料』柏書房。

杉山正三（一九八二）『野党外交の証言』ミネルヴァ書房。

鈴木茂三郎（一九六六）『鈴木茂三郎政治談話録音速記録』国立国会図書館憲政資料室。

鈴木茂三郎著、大内兵衛・向坂逸郎監修（一九七〇）『鈴木茂三郎選集（二）』労働大学。

――（一九七一）『鈴木茂三郎選集（四）』労働大学。

高宗昭敏（一九六一）「議事録のない記録――平和経済計画会議はこうして生まれた」『同人』（同人編集委員会）一一号。

「西ドイツ社会民主党の「行動綱領」」（一九五三）『社会主義』（社会主義協会）二五号。

日本社会党結党二〇周年記念事業実行委員会編（一九六五）『日本社会党二〇年の記録』日本社会党機関紙出版局。

日本社会党五〇年史編纂委員会編(一九九六)『日本社会党史』社会民主党全国連合。

法政大学大原社会問題研究所(一九五二)『日本労働年鑑　第二五集／一九五三年版』労働旬報社。

松井政吉(一九七二)『戦後日本社会党私記』自由社。

民社党編(一九九四ａ)『民社党史　本編』民社党史刊行委員会。

――(一九九四ｂ)『民社党史　資料編』民社党史刊行委員会。

民主社会主義研究会議編(一九六六)『民主社会主義の歴史と理論』中央公論社。

安野正明(二〇〇四)『戦後ドイツ社会民主党史研究序説――組織改革とゴーデスベルク綱領への道』ミネルヴァ書房。

――(二〇一〇)「ヴィリ・ブラント首相候補の誕生」『ゲシヒテ』(ドイツ現代史研究会)三号。

山口房雄(一九五八)「友党をたずねて・ドイツ社会民主党の機構改革」『月刊社会党』(社会党中央本部)一九号。

――(一九六〇)「ヨーロッパ各国社会党の綱領」『月刊社会党』(社会党中央本部)三三号。

吉野作造(一九二一)「我国労働運動の一大欠陥」『中央公論』一九二一年七月号(『吉野作造選集一〇』岩波書店、一九九五年、所収)。

レッシェ、ペーター、フランツ・ヴァルター著、岡田浩平訳(一九九六)『ドイツ社会民主党の戦後史――国民政党の実践と課題』三元社。

和田耕作(一九五八)「ドイツ社会民主党の動向――日本社会党と関連して」『フェビアン研究』(日本フェビアン研究所)九巻九号。

――(一九五九)「『社会主義経済政策研究会』の発足について」『フェビアン研究』(日本フェビアン研究所)一〇巻一号。

――(一九六〇)「ドイツ社会党綱領とイギリス労働党大会の問題点」『フェビアン研究』(日本フェビアン研究所)一一巻二号。

――(二〇〇六)『和田耕作(元衆議院議員)オーラルヒストリー』近代日本史料研究会。

渡辺朗(一九五七)「友党をたずねて――ドイツ社会民主党」『月刊社会党』(日本社会党)七号。

Braunthal, Julius (1978) *Geschichte der Internationale*, Band 3, Berlin, Bonn: Dietz.

第二章 冷戦下の独日労働組合関係
——安保闘争とベルリン危機のはざまで

クリスティアン・ハイデック

はじめに

一九六〇年九月、日本労働組合総評議会(総評)の太田薫議長が部下の竹村英輔に、総評特派員として分断都市ベルリンへと赴く任務を与えたとき(竹村 一九六三、二頁)、そのわずか一年後に総評が一九六〇年代の重大な国際的危機の一つに直接引き込まれることになろうとは、二人とも知る由もなかった。一九六一年八月、ベルリンの壁が建設され、これによって、西ベルリンは東ベルリンおよび隣接する東ドイツから完全に分離されたのである。だが、竹村はこれを単に現場で目の当たりにしたばかりではなかった。この二九歳の特派員は、いくつもの記事でこの経過に対する態度を表明し(「『東独脱出』の作り話」『総評』一九六一年九月二九日、竹村 一九六一b、九七－一〇一頁)、ドイツ分断の固定化が進む中で、東ドイツ指導部の立場を支持したのである。

これまで現代史研究の分野では、東西に分裂したドイツに対する日本の労働組合運動の関係をめぐる問題群について、本格的に検討されることはなかった。この問題に関してドイツ語で書かれた学術刊行物の中で触れられるのは、一九七〇年代初めになってからのことであり、それも総評とドイツ民主共和国(東ドイツ)の官製労働組合である自由ドイツ労働組合同盟(Freier Deutscher Gewerkschaftsbund. FDGB)との直接的な接触の存在について言及されるにとどまっていた(Kupper 1971, S. 9–10)。しかし、その後この領域の研究はほとんど深化しなかった[1]。日本においても、このテーマに関する包括的な研究はこれまでのところ存在しない。ただし、六一年八月のベルリンの壁の建設は、戦後日本の労働組合運動の展開に関する様々な論文や記事において繰り返し扱われている(ものがたり戦後労働運動史刊行委員会 一九九九、二〇七－二〇八頁、中北 二〇〇八、二九九－三〇〇頁)。このことは、壁の建設の時期に、総評指導部とドイツ連邦共和国(西ドイツ)の統一労働組合であるドイツ労働総同盟(Deutscher Gewerkschaftsbund. DGB)最高幹部との間で、双方の行動によって緊張が高まったことと関わりがあるが、そればかりではない。壁の建設をめぐる一連の出来事を通じて、冷戦下で対立する国際的な労働組合組織、すなわち共産主義者が支配する世界労働組合連盟(世界労連)と、西側の国際自由労働組合総連盟(国際自由労連)に対する総評の方針が変化を見せており、このことが注目されてきたのである。(2) このように、これまでの数少ない研究からも、東西対立、特に未解決のドイツ問題が、日本と東西ドイツの労働組合運動の間の関係にどのような影響を及ぼしたのかを知ることはできる。しかし、問題はそれにとどまらないように思われる。

一九四九年五月二三日に西ドイツが、同年一〇月七日に東ドイツが成立したが、これによって一つの競争状態が生まれ、それは七〇年代初頭までの両ドイツ国家の対外関係に決定的な影響を与えることとなった。一方で、西ドイツ政府はドイツ国民を単独で代表する正統性を追求するとともに、東ドイツを国際的に孤立させることを企図し、それは西側主要国やＮＡＴＯ諸国の支援を得てかなりの成功を収めた。他方東ドイツ政府は、五〇年代半ば以降、西ドイツ政府が西側各国やＮＡＴＯ加盟国の支援を得て東ドイツに対して張り巡らせた国際的な包囲網を突破することを、その外交の優先的な目標とした(End 1973, S. 11)。

その際、両国の労働組合は他のいかなる社会集団よりも、こうした競争構造に早い時期から深く巻き込まれることとなった。西ドイツの労働総同盟ＤＧＢは、対外政策における共同戦線が構築される中で、西ドイツ政府がドイツ国民を単独で代表するとするアデナウアー(Konrad Adenauer)の発言を承認し、建国直後の西ドイツが西側諸国と結束することを積極的に支持した(Baring 1971, S. 49–50, 58–59)。他方で、東ドイツの自由ドイツ労働組合同盟ＦＤＧＢは外国の支持を得ながら、西ドイツ国家が西側の一員となることを阻止しようと試みた。(3) ＦＤＧＢは遅くとも一九五〇年代初め以降、東ドイツの国家政党であるドイツ社会主義統一党(Sozialistische Einheitspartei Deutschlands. SED)から発せられたイデオロギー的な方針に従っていたのである。この点において、ＦＤＧＢはＳＥＤを頂点とする一党支配という明確なヒエラルヒーに組み込まれていた。(4) このような状況の中で、前述した総評と、東独のＦＤＧＢおよび西独の

ＤＧＢとの相互作用のあり方は、さらに重要な意味を持つことになる。すなわち、この点に着目することにより、東西両ドイツ間関係における体制上の対立と緊張が労働組合間の関係にどの程度まで影響を及ぼしていたのかが明らかになるのである。

本章では、東西ドイツと日本の労働組合間交流における直接的な接点が、いかなる国際的および国内的な協働によってもたらされたのかを分析する。そうした問題意識の下、本章では多元的な作業アプローチに基づいて検討を行う。このアプローチは、リンク(Werner Link)に従ったものであり、労働組合は国家を代表する利益団体としてトランスナショナルな構造に埋め込まれているとともに、その中でトランスナショナルな組織の協調関係を促進するということを前提にしている(Link 1978, S. 19)。ここから筆者が導こうとする命題は、本章が対象とする時期において、独日の労働組合の交流は体制をめぐる国家レヴェルの対立と冷戦下の国際的な合従連衡の構造から生じたということ、またその交流の発展は東西対立の枠組みに規定された展開と直接に関連していたということである。特に、それぞれの労働組合の全国組織(ナショナル・センター)が東西両ドイツのドイツ政策(Deutschlandpolitik)に組み込まれていく側面、共産主義的な世界労連におけるＦＤＧＢの位置(FDGB-Lexikon, http://library.fes.de/FDGB-Lexikon/rahmen/lexikon_frame.html)、そして反共的な国際自由労連においてＤＧＢが果たした主導性(Rodríguez García 2010, S. 86, 89)について検討する。結局のところ、一九四〇年代後半以降、国際的な構造の上位にあって抗争を展開する党派が主要な目標としたのは、ヨーロッパだけでなく日本においても、労働運動活動家の心情と知性を引きつけることであった。それは、階級闘争などの社会的範疇(social categories)の中での政治闘争にとどまらず、イデオロギーや国際的な覇権をめぐるむしろ抽象的な相互作用についてもいい得ることであった(Carlile 2005, p. 233)。

近年、旧東西ドイツの文書館資料が利用可能となり、それによって、両ドイツ国家の対抗状況の背景や因果関係を様々なレヴェルで明らかにすることが可能となった。特に独日労働組合の交流に関しては、東西ドイツそれぞれのドイツ政策と関わる諸問題において相互に作用し合ったＦＤＧＢとＤＧＢのそれぞれの立場を、個々の同一の事態の中で関係づけることが可能となっている。ここから我々は、戦後の独日関係において極めて対立的であった側面について、それが国際的な労働運動の相互作用を通じて国際的な重要性を獲得するに至ったことを明らかにすることができる。このような課題に取り組むため、日本や東西ドイツの労働組合運動の展開において特に重大な画期となった安保闘争と第二次ベルリン危機を取り上げ、この時期に東西対立が独日の労働組合交流にどのような影響を与えたのかを検討したい。独日の労働組合交流の展開過程を明らかにするために、これに続く本章の各節は時系列順としたが、それと同時に、関係する党やアクターが有する視点の多様性にも注目した。労働組合間関係に見られる多層性を理解するため、旧東西ドイツに残された多数の資料を利用した。また、本研究においては、国際自由労連や日本の外務省の文書、労働省の公刊資料も非常に有用であった。

一　安保闘争と第二次ベルリン危機を契機とする総評とＦＤＧＢの接近

1　一九五〇年代末におけるＦＤＧＢの対外活動と日本

一九五九年一一月、ＦＤＧＢは日本の労働組合運動において決定的な位置を占める総評(5)との間で初めて交流協定を締結したが、すでにそれまでに総評との交流はほぼ五年来にわたって続いていた。五九年一一月の交流協定とその際のコミュニケでは、使節団の派遣や情報交換の拡大が確約されると同時に、学生や文化団体の交流が検討され、双方の交流はさらに深まることとなったが、それだけではなかった。特に共同声明においては、一方では日米安全保障条約に対する総評の闘争を、他方では東ドイツの主権の承認およびドイツ平和条約の締結に対する東ドイツの要求を、それぞれ無条件に支持することが謳われたのである(労働省　一九六一、一〇五〇頁)(6)。

いうまでもなく、これ以前には双方が共通の基盤を見出すことは困難であった。特に米英の労働組合や政府当局によって要請された国際自由労連への加盟を総評が拒否し（中北 二〇〇八、四九－五四頁）、一九五三－五四年には親共産主義的な世界労連への接近姿勢を明白に見せるようになる（中北 二〇〇八、一一二頁）と、直ちにソ連の労働組合やプラハの世界労連本部は、ＦＤＧＢと日本の労働組合の全国組織の交流を軌道に乗せるようＦＤＧＢに迫った（„Telegramm aus Moskau vom 6.11.1954", 6.11.1954, in: PAAA, MfAA A9500; Rudolf Appelt an MfAA, 26.11.1954, in: PAAA, MfAA A9500.; „Eine weitere Mitteilung über die drei japanischen Gewerkschafter", 13.6.1955, in: SAPMO-BArch DY30 5455）。当初は誤解や行き違いがあったものの、その後数年のうちにようやくＦＤＧＢと総評の間で共通の立場が徐々に形成されるようになり、(7) 五〇年代末には包括的な協力のための基盤が築かれていったのである。

一九五八年七月のＳＥＤ第五回党大会開催を機に、ＦＤＧＢは東ドイツ国家の計画経済と外交政策の中で確固たる地位を獲得し始めた。五八年七月、ＳＥＤは西ドイツの経済実績を凌駕することによって社会主義経済モデルの優越性を示すという目標を掲げたが、それはＦＤＧＢの国際的な活動にも影響を及ぼした。なぜなら、ＦＤＧＢは経済目標の達成を、社会主義と資本主義の間の世界規模の競争という広い文脈における「平和共存」政策の強化に資するものと考えたからである。このような意味で、ＦＤＧＢはソ連のドイツ政策の代弁者としての役割を果たしていた（Hildebrandt 2010, S. 358–361）。

こうした展開の中にあって、日本は他の全ての極東の国々と同様、ＦＤＧＢの対外活動にとって当面重要な意義を有していなかった。そのため、ＦＤＧＢ国際部の一九五九年の活動計画では、南・東南・東アジア全地域への連携促進のための使節団の派遣がただ一度予定されるにとどまった（„Sekretariatsvorlage", 9.2.1959, in: SAPMO-BArch DY34 16739）。だが、この五九年、日本では国内政治の急展開が見られ、それは極東でのドイツ政策に関するＦＤＧＢの活動にとって非常に有利に働いた。すなわち、日米安全保障条約の改定が打ち出され、それに反対する安保闘争が開始されると、世界労連やその傘下の主要な労働組合の全国組織は、日本の労働組合との独自の連携、中でも総評の運動との連携を深めるべく、政治活動を活発化させていった。日米の軍事同盟に終止符を打とうとする総評指導部の努力は、同時に、世界労連が極東、特に日本の労働団体に対し、未解決のドイツ問題へのソ連の立場を明らかにするための基礎を築くこととなったのである。

2　一九五〇年代後半の総評の闘い

総評は一九五五年以降、太田薫副議長(後に議長)と岩井章事務局長のいわゆる太田＝岩井ラインの下で、次第に賃金闘争および「第三勢力」を志向する中立政策へと傾斜していった。それにもかかわらず、一九五〇年七月の設立直後、朝鮮戦争をきっかけとして総評内で打ち出された戦闘的反米路線からの転換は、依然見られないままであった。むしろ岸内閣の成立後の局面では、政府と労働団体の間の緊張は深まっていった。五七年の国鉄労働組合(国労)ストライキに対する特に厳しい処分、五八年四月の教職員勤務評定制度の導入による授業形式への国家の統制強化、五八年一〇月の安保条約改定に関する二者会談開始直後に警察官職務執行法の改正の試み(これによって特に集会の自由を制限するための潜在的手段を作り出そうとしたが、失敗に終わった)といった一連の出来事は、日本の組織労働者の中核部分だけでなく、その枠を超えた広範な層を岸政権の手法や目標への反対運動へと動員することとなった(原 二〇〇〇、一二九－一三〇頁)。五九年初頭には、エネルギー革命の煽りを受けて炭鉱業で大量の追加解雇が実施され、特に大牟田にある三井鉱山三池炭鉱では深刻な問題となった。こうした中で三池闘争が展開されることとなったが、この闘争が持つ階級闘争を志向する気運は、間近に迫った日米安保条約改定に反対する総評の政治参加にも次第に影響を及ぼし始めていた(石河 二〇〇八、一五六頁)。

3　接近の基礎としての安保闘争と第二次ベルリン危機

岸政権および日米関係に対する総評の態度が急進化した結果、世界労連が日本の労働運動の中で自らの地位を強化するための前提条件が整った。世界労連の代表は一九五九年の総評定期大会に参加しただけでなく、日本教職員組合(日教組)の教育研究全国集会や、原水協の下に結集した原水爆禁止運動の集会などの機会を利用して、日本の労働者と団結する決意を表明した(労働省 一九六一、一〇〇七－一〇〇八頁)。中でも中華全国総工会は、総評の態度のさらなる急進化を要請した(労働省 一九六一、一〇四三－一〇四四頁)。

ＦＤＧＢもまた、一九五九年一一月に総評との最初の包括的な交流協定に署名するなど、東ドイツの立場の強化に努める上で成果を挙げたことは明らかである。同時に、五九年一一月のＦＤＧＢと総評の共同声明には、この時期の世界労連の二つの最も切実な関心事、すなわち間近に迫った日米安全保障条約の改定とベルリンの将来の地位に関する文言が盛り込まれた。事実、世界労連とその傘下の労働組合が日本における活動を一層活発化させる以前の五八年一一月、フルシチョフの最後通牒によって第二次ベルリン危機が準備されたときから、すでに東ドイツ政府は世界労連の活動を優先させることを決断していた(8)。五九年五月に米英仏ソの占領諸国がジュネーヴ外相会談でドイツ問題について協議する直前、世界労連は示威的にオーデル＝ナイセ国境にあるゲルリッツ＝ズゴジェレツ(Görlitz-Zgorzerec)で「対独平和条約、軍縮及び原子兵器の禁止を要求する欧州労働組合労働者会議」を開催した(労働省 一九六一、一〇〇五－一〇〇六頁)。ＦＤＧＢはゲルリッツ＝ズゴジェレツ会議の方向性を決定づける上で指導的な役割を果たし(Hildebrandt 2010, S. 361)、またその後もベルリン問題における東ドイツとソ連の立場を強化することに非常に積極的であった(労働省 一九六一、一〇〇六頁)。加えて、ＦＤＧＢがすでに五九年末までに総評との関係強化に成功していたことを想起するならば、世界労連が自らにとって極めて切迫した二つの問題群へのさらなる支持を獲得するため、ＦＤＧＢを直接取り込もうとしたことは当然といえよう。事実、六〇年春になってもベルリン危機は解決に至らず、一方で安保闘争はさらに先鋭化していったのである。

一九六〇年三月、北京での世界労連第一一回総評議会に向けた準備中、サイヤン (Louis Saillant) 世界労連書記長はＦＤＧＢの代表者との意見交換を求めた。その際彼は、この会議に東ドイツ代表が参加することに対しどのような期待をかけているのかについて、次のように踏み込んだ発言をした。すなわち、北京大会の目標は、現状における、特に植民地主義に対する闘いにおける労働組合の役割と課題を明らかにすることである。これまでのところ、ゲルリッツ＝ズゴジェレツで糾弾されたはずの路線は依然として継続されている。この際重要なのは、西ドイツの軍国主義の危険性を、緊張緩和に敵対的な西ドイツの政策と結びつけて暴露することである、と。このような理由から、世界労連はＦＤＧＢにドイツ問題についての適切な資料を提供するよう求めたのであるが、今回は特にアジアの同僚たちの注意をドイツ問題に向けさせる絶好の機会と見なされた。というのも、サイヤンはこの問題の基本的性格はすでにアジアの同僚たちにも理解されていると確信していたものの、この問題はこれまでのところ国際的なレヴェルでは深く扱われたことがなかったために、彼らには西ドイツの軍国主義の世界的な広がりと国際帝国主義的な側面が認識されていないと考えたからである („Information über die am 10. und 11.3.60 durchgeführten Aussprachen beim WGB", 14.3.1960, in: SAPMO-BArch DY34 19122)。

世界労連書記局全体による関連討議では、日本にも明確に言及された。西ドイツの軍事化が新しい段階に入ったという想定に基づき、サイヤンは一九六〇年三月のアデナウアー西独首相の訪日を、かつてのベルリン＝ローマ＝東京枢軸の再結成を試みるものとした („Information über die am 10. und 11.3.60 durchgeführten Aussprachen beim WGB", 14.3.1960, in: SAPMO-BArch DY34 19122)。このような彼の議論には、とりわけ、日米安保条約改定の時期に北京とモスクワで生じた独日関係に対する認識の変化が反映されていた。すなわち、西ドイツと日本がアジアをめぐる「資本主義的経済攻勢」の枠組みにおいて競争相手となるであろうというそれまでの議論は、一九五〇年代末から六〇年代初めにかけての中国とソ連では、もはや聞かれなくなっていたのである。むしろ、アデナウアーの訪日によって、ボンと東京がアメリカに焚きつけられ、イギリスとの競争においても対立点を調整して、市場と原料資源を開拓して発展途上国を搾取しようとしているのだという見方が強まった(Langer 1960, p. 12)。アデナウアー訪日の際には、特定の日本製品の西ドイツへの輸入に対する制限の撤廃などの諸問題が前面に出ていたにもかかわらず、このような見方が強められたのには、アデナウアーが日本の国会の場で表明し、日本のマスコミからも批判された反共的な態度(「社説　西独首相が示した問題」『朝日新聞』一九六〇年四月二日)や、日本が共産中国に対する防波堤であり、経済的諸問題では日本を支持しなければならないとするアデナウアーの帰国後の発言(*Bulletin des Presse- und Informationsamtes der Bundesregierung*, 5.4.1960, S. 623)が影響したといえよう。

いずれにせよ、サイヤン世界労連書記長は西側の軍国主義が今後さらに強化されるであろうと考えていた。このような考えに基づいて彼が目指したのは、世界労連が声明を通じて東ドイツを支持するとともに、ＦＤＧＢが各国の労働組合全国組織に対して西ドイツ軍国主義の膨張と日本軍国主義の勃興の相互関係に目を向けるよう働きかけることであった(„Information über die am 10. und 11.3.60 durchgeführten Aussprachen beim WGB", 14.3.1960, in: SAPMO-BArch DY34 19122)。ＦＤＧＢの代表者たちはサイヤンの議論を受け入れ、西ドイツと日本の軍国主義に対抗すべく世界の労働者の共同行動を強く支持した。ＦＤＧＢ幹部によれば、それは主として、西ドイツ軍国主義はこれまで東アジアでは十分に問題とされておらず、一方でヨーロッパでは日本軍国主義について、ましてボンと東京の結託についてはほとんど知られていないからであった。東ドイツの幹部たちは、ボン＝東京枢軸の成立に対抗できるのはドイツと日本の労働者の共同行動だけであるという考え方に立っていた。こうして、ＦＤＧＢが目標を転換させたとき、総評は転換をもたらした重要な要因と見なされたのである。ＦＤＧＢのこのような戦略は、全てＳＥＤ中央委員会政治局によっても承認された(„Vorlage über das Auftreten der FDGB-Delegation auf der WGB-Tagung in Peking sowie in Japan, Burma und Indonesien“, 6.5.1960, in: SAPMO-BArch DY34 24621)。

一九六〇年五月、北京の世界労連第一一回総評議会においてヴァルンケ(Herbert Warnke)ＦＤＧＢ議長が演説した際、日本・東ドイツ以外の代表者たちも日本がＦＤＧＢの焦点とされていることを感じ取った。ヴァルンケは日本の労働運動の指導者と東ドイツの諸機関との協力の強化を公然と呼びかけ、日本の革新勢力と東ドイツが米軍基地の撤廃という同一の目標を目指していることを強調した(„Die Kontakte Pankows in Japan: Brandrede Warnkes gegen Kishi“, *Neue Zürcher Zeitung*, 11.6.1960; „Arbeiter der Welt haben DDR längst anerkannt“, *Neue Zeit*, 8.6.1960)。すでにそれ以前から、ＦＤＧＢの内部評価では目標が次のように設定されていた。すなわち、「時代の変化に速やかに対応すべく、良好で友好的な関係を(中略)迅速に発展させるとともに、緊密な闘争同盟を形成すること」と(„Abschlußbericht über die Ergebnisse der Arbeit mit den Mai-Delegationen des FDGB 1960“, 17.5.1960, in: SAPMO-BArch DY34 19120)。

二　総評を通じた日本における東ドイツの立場の強化

1　ＦＤＧＢ幹部ヴァルンケとドイブナーの日本入国問題

日本の国内政治における危機が深まる中、総評は東ドイツの代弁者としていかに有用な役割を果たし得るかが明らかとなってきた。サイヤンとＦＤＧＢ幹部の間での協議からわずか二カ月後の一九六〇年五月、総評は北京の世界労連総評議会に出席した東ドイツの代表団を日本に招いた。これ以前にもＦＤＧＢの幹部が総評からの訪日要請に応じたことはあったが、今回はヴァルンケＦＤＧＢ議長自身が他のＦＤＧＢ幹部たちとともにその招聘に応えようとしたのであった。それは、協力の緊密化の重要な意義を正当に評価するためであり、またＦＤＧＢと総評の共同声明を東京で採択するためであった。しかし、東ドイツ幹部の入国に対しては、日本政府はこれまでにも制限を加えるような態度を取っており、ビザが取得できるかどうかはＦＤＧＢにとって不透明だった（„Vorlage über das Auftreten der FDGB-Delegation auf der WGB-Tagung in Peking sowie in Japan, Burma und Indonesien", 6.5.1960, in: SAPMO-BArch DY34 24621）。事実その後、ヴァルンケ入国問題を通じて、東ドイツ側が日本政府に対してその立場を主張する上で総評は非常に大きな助けとなったのである。

一九六〇年五月末には、東京の西ドイツ大使館も、ヴァルンケを始めとするＦＤＧＢの代表団が総評によって日本に招かれていること、そして日本の法務省が国内政治情勢への懸念からヴァルンケに入国許可を与えようとしていることを知るに至った。この情報によれば、法務省当局はヴァルンケが海外でどのような活動を行っていたかについて知ってはいたが、国内の政治状況に配慮する必要があったため、この決定はやむを得ないものとされたのである（„Einreise des Zonenfunktionärs Warnke nach Japan", 31.5.1960, in: PAAA AV Neues Amt, Bd. 6841）。もし事態がこの情報の通りに進めば、それは西ドイツ側にとってもこれ以上ないほど不都合な時点で生じることになる。わずか二週間前の五月一九日には衆議院において、改定された安保条約の批准に関し、与野党間で激しい論戦が繰り広げられ、その深夜にきわめて問題のある強行採決によって可決されたばかりであった。その後岸内閣への抗議運動が激化し、岸首相が辞任に追い込まれた経緯はよく知られている。またこの抗議運動の組織構造は、すでに近年の研究でも明らかにされているように、従来のものとは全く異なったタイプのものであった(9)。その結果、安保闘争において野党や労働組合は指導的な役割を果たし得なくなっていた（吉川　一九九五、二七頁）。それにもかかわらず、労働組合による抗議運動はかつてない規模に達したのである(10)。

東京の西ドイツ大使館もまた、日本の国内政治の緊張と大規模なデモの経過をドイツ政策の視点から追っていた。というのも、当時の状況では、東ドイツの側は日本の労働組合運動を通じてこれまでにないほど自らに有利な活動を展開できたからである。西ドイツ大使館は、ＦＤＧＢ最高幹部の来日が迫っていることを知ると、様々な形で日本の外務省に働きかけた。ヴァルンケの来日が近日中に実現することになれば、東ドイツの幹部が日本に滞在することが黙認される一つの先例になってしまう。ヴァルンケはそれまで日本での滞在を許可されたＳＥＤ党機関関係者の中でも、まさしく最高位の幹部であった。また彼は世界労連副書記長の地位にもあり、この地位を利用して東ドイツ承認を実現するための前提条件を整えるよう試みていた。それによって、西ドイツと第三国との関係に動揺を与えることも可能だったのである。一九六〇年二―三月、ギニアの独裁者セク・トゥーレ（Ahmed Sékou Touré）の兄弟およびギニア議会議長が東ドイツとの外交関係を樹立しようとしたが、そこにもギニア滞在中のヴァルンケが関与していた。これほどの成果は得られなかったものの、ヴァルンケは同年三月にもガーナで同様の試みを行っていた（„Telegramm Nr. 161 vom 10. Juni 1960“, eing. 14.6.1960, in: PAAA AV Neues Amt, Bd. 6841）。

ＦＤＧＢ幹部の日本滞在によって直ちに国家レヴェルでの政治的成果が期待できるわけではなかったが、この訪問を通じて、しかもそれがとりわけ東ドイツ対外情報組織が得意としていた社会的領域と結びつけば、ＦＤＧＢは相当な威信を獲得することが可能であった（„Propagandatätigkeit der SBZ: Besuch einer Gewerkschaftsdelegation“, 29.6.1960, in: PAAA AV Neues Amt, Bd. 6841）。しかしながら、ヴァルンケの訪日には、西ドイツ側が恐れていた東ドイツ指導部の威信獲得にとどまらない事情があった。より詳細に見るならば、ヴァルンケ招請は三池闘争から安保闘争に至る時期に総評が展開した国際的活動の論理的帰結に過ぎないように思われる。すでに近年の研究により、総評と日本炭鉱労働組合（炭労）にとって、長期間にわたって継続してきた三池闘争を資金的に支えられなくなっていたことが知られている。その限りで、国際的な労働組合運動に支持を求める必要が生じていたのである。これに関して中北は、世界労連と国際自由労連の双方が資金を提供していたことを指摘している。アメリカ政府の見解では、日本共産党が総評への影響力を増大させたとされているが、この見方はアメリカのＡＦＬ－ＣＩＯが三池の労働組合へ大規模な支援活動を行ったという事実と矛盾する（中北 二〇〇八、二一四－二一五頁）。ともあれ、こうして共産主義陣営の資金援助が西側陣営の労働組合のそれを最終的に上回ったことは明らかである。労働省の情報によると、世界労連、中華全国総工会、ソ連の鉱山労働組合は炭労に総計二一九二万三二七六円の送金を実施した。それに対して、国際自由労連とその関係労働組合が援助できたのは八九五万九四〇〇円に過ぎず、半分にも及ばなかった（労働省　一九六二、四二〇頁）。総評関係者がＦＤＧＢに追加支援を求めようと考えたとしても、当時の状況下では無理もなかった。さらに、六〇年夏に開催された第一五回総評大会にＦＤＧＢ幹部が参加し、その後ＦＤＧＢ代表が三池のスト参加者に使途に条件を付けた一〇万東独マルク（約二一四万円）の連帯資金の支出を決定した事実も、このような事情を裏づけている（„FDGB Bundesvorstand, Beschluss des Sekretariats S 951/60“, 26.11.1960, in: SAPMO-BArch DY34 24621）。

結局ヴァルンケの来日は、イギリス当局が彼の香港通過を拒否したため、実現しなかった（„Einreise von Bewohnern der SBZ nach Japan“, 15.6.1960, in: SAPMO-BArch DY34 24621; Herbert Warnke an Sohyo, 2.7.1960, in: SAPMO-BArch DY34 3474）。しかし、これで問題が去ったわけではなかった。それどころか、ドイブナー（Rolf Deubner）ＦＤＧＢ国際部長が第一五回総評大会に招請され、これも外務省が黙認する方針であったため、この問題はさらに数カ月長引くこととなった。そして、ドイブナーはヴァルンケの場合とは異なり、日本滞在を計画通りに実現させることができた。ドイブナーは、滞在地東京でのあるラジオ・インタビューにおいて西ドイツ政府に対し非難の言葉を浴びせた。それについて西ドイツ側は日本外務省に遺憾の意を申し入れたが、同時に日本政府がこの件の今後の扱い方について総評大会が終わるまで決定を先送りすることを確信していた（„Telegramm“, eing. 5.8.1960, in: PAAA AV Neues Amt, Bd. 6841）。東ドイツ幹部の日本入国をめぐって日本政府が取ったこの「不十分な措置」に対しては、一九六〇年八月末、西ドイツ外務省がボン駐在の武内龍次大使に対して改めて明確に遺憾の意を表明した（„Gespräch mit dem japanischen Botschafter“, 30.8.1960, in: PAAA B12, Bd. 1503b）。国内政治の緊張が収まるとともに、西ドイツの大使館と本省による日本外務省への絶え間ない圧力行使が必ずしも無意味なものではなかったことが明らかになった。六〇年九月、東京で列国議会同盟の会議が開催されたが、そこへの参加が予定されていたＦＤＧＢのオブザーヴァーのうち六名が、総評の招待状を提示したにもかかわらず(„Bericht über die Reise der FDGB-Delegation unter Leitung des Kollegen Rolf Deubner zur Teilnahme am 17. Jahreskongress des SOHYO und dem 10. Jahrestag des SOHYO", in: SAPMO-BArch DY34 24621)、入国を拒否されたのである(„Kontakte der SBZ mit Japan. Einreise des FDGB-Vorsitzenden Warnke und einer FDGB-Delegation zur Tagung der Interparlamentarischen Union", 29.9.1960, in: PAAA AV Neues Amt, Bd. 6841)。ＦＤＧＢ幹部が再び日本への入国を許可されるようになったのは、その後八年以上経過してからのことであった。このように、ＦＤＧＢと総評の間では接近が見られたにもかかわらず、人的交流は全く逆の方向に展開していったのである。

2　影響力の極大化

ドイツ政策をめぐる問題において、西ドイツ外務省は日本外務省に対し強い影響力を有していたが、これによって総評指導部のＦＤＧＢに対する態度が左右されることはほとんどなかった。ドイブナーの招請は、東京の総評指導部にとってそれほどまでに望ましいものだったのである。ドイブナーは、一九五九年の共同声明に署名した常任幹事の山中忠喜、新国際部長の鈴木誠市、副議長の今村彰といった総評幹部たちと会談を実施し、さらに岩井事務局長と最終的な意見交換を行った。これらを通じて、「独日の労働者階級」の「西ドイツ軍国主義」への反対、「アメリカとの軍事同盟」の廃棄などの基本的な問題について双方が合意したことが確認されたが、それだけではない(„Kontakte der SBZ mit Japan. Einreise des FDGB-Vorsitzenden Warnke und einer FDGB-Delegation zur Tagung der Interparlamentarischen Union", 29.9.1960, in: PAAA AV Neues Amt, Bd. 6841)。ＦＤＧＢと総評の両者がとりわけ意欲を見せたのは、人的交流を積極的に推進していくことであった。中でも特筆されるのは双方による使節団の交換であるが、その費用の一切はＦＤＧＢが負担することとされた。それはドイブナーによれば、総評は近年の数多くのストライキのために資金が底をついていたからであった(„Kontakte der SBZ mit Japan. Einreise des FDGB-Vorsitzenden Warnke und einer FDGB-Delegation zur Tagung der Interparlamentarischen Union“, 29.9.1960, in: PAAA AV Neues Amt, Bd. 6841; 労働省 一九六二、九九〇－九九一頁)。

ドイブナーの報告書がもたらした情報とそこから導き出された結論は、一九六〇－六一年における総評との協力構築のための大規模な計画の基礎となるものでもあった(„Präsidiumsvorlage. Bericht über die Reise der FDGB-Delegation unter der Leitung des Kollegen Rolf Deubner zur Teilnahme am 15. Jahreskongreß des SOHYO und dem 10. Gründungstag des SOHYO“, 29.8.1960, in: PAAA AV Neues Amt, Bd. 6841)。この報告書では、将来的に総評との協力関係をＦＤＧＢの対外活動の重点とすることが真剣に検討されていた。そして実際、この時点では、協力関係の構築は現実に期待し得るものであった。一九六〇年九月、岩井は中国、ソ連、東ドイツを始めとする各国を歴訪し、三池闘争と安保闘争への支援に対し感謝の意を表明した。さらに一二月には、太田がモスクワ、プラハ、パリ、ローマ、東ベルリンを訪問する予定であることが発表された(中北 二〇〇八、二四一頁)。このことは東ドイツでは、総評上層部との間で築いた良好な関係をＦＤＧＢと総評それぞれの下部の指導層まで広げていくための好機と見なされた。そのような協力関係を具体化するため、近い将来にまず何らかの形で日本に東ドイツの常設代表部を創設することが目標とされた(„Japan-Plan“, in: SAPMO-BArch DY34 1638)。

ＦＤＧＢ事務局が計画の転換を確定させると、直ちに太田の訪問を受け入れる準備が整えられた。まずソ連と東ドイツを訪問した太田は、続いて世界労連の提案に応じて総評の調査団とともに西欧諸国を歴訪した。この歴訪では、訪問先での賃金・労働条件について意見交換するとともに、プラハでは世界労連本部を訪れた。太田夫妻への贈り物のためだけでも東ドイツ側からは一二〇〇東独マルク(約二万六〇〇〇円)が用意されていた(„Sekretariatsvorlage. Empfang des Präsidenten des SOHYO, Kollege Ota, entsprechend des Präsidiumsbeschlusses P 124/60 vom 2.9.1960“, 24.12.1960, in: SAPMO-BArch DY34 24621)。これに加え、山中総評常任幹事は、太田とウルブリヒト(Walter Ulbricht)ＳＥＤ第一書記およびグローテヴォール（Otto Grotewohl）首相との会合を実現するようドイブナーに対し要請していた（„Schreiben vom SOHYO an Kollegen Deubner“, in: PAAA, MfAA A17780）。ただし、それが実現したかどうかは今もって不明である。[11] 一九六一年一月九日から一二日にかけての太田の短い滞在が終わる頃、東ドイツ側の期待した成果がもたらされた。かつて六〇年一〇月、東ドイツに滞在していた岩井はスターリンシュタット（現アイゼンヒュッテンシュタット）の大規模な政治集会に姿を見せたが（„Übersicht über den Stand der Beziehungen nach Japan und Australien“, 23.3.1961, in: SAPMO-BArch DY34 459）、今回、太田はヴァルンケＦＤＧＢ議長とともに、アメリカ、日本、西ドイツの「独占資本主義者と軍国主義者」に反対するという通例通りの内容を持つコミュニケに署名をした。そこでは、総評などによって様々な形で展開された安保条約に反対する闘争が称賛されたのである（„Entwurf: Gemeinsames Presse-Kommuniqué“, in: *Ibid.*; „Japanischer Gewerkschafter hat ‚Redeverbot‘ von dpa Korrespondent William Lange“, in: PAAA AV Neues Amt, Bd. 6763）。

その後数カ月の間、ＦＤＧＢによって提案された総評との協力関係構築のための措置が徐々に実施されていった。ドイブナーの日本滞在中に取り決められていたＦＤＧＢ駐在員の東京への派遣は、必要なビザが発給されなかったために不可能となった。しかし、東ベルリンでの報道活動のために総評代表を派遣することは妨げられなかった。これに従事するために二九歳の竹村英輔が選出され、太田本人の指示を受けたことは、すでに述べた通りである（竹村 一九六三、二頁）[12]。間もなく、竹村からの様々な報告が総評機関紙に掲載された（「安い生活必需品」『総評』一九六一年九月一日。「『東独脱出』の作り話」『総評』一九六一年九月二九日。竹村 一九六一a、六六－七〇頁、竹村 一九六一b、九七－一〇一頁）。竹村の東ドイツに関する報道の形は、ＦＤＧＢ国際部においても自らの目的に適うものと評価され、さらにはＦＤＧＢが今後国外の労働組合のジャーナリストや記者との協力をより強固なものにする上で同様の方式を採用することが考慮されるに至った（„Grundsätze der Auslandsinformation des FDGB“, 31.5.1963, in: SAPMO-BArch DY34 600）。それ以前の一九六一年三月には、総評国際部長である鈴木がＦＤＧＢの主導に従う形で、独日の労働組合全国組織の間の協力を地区レヴェルにまで広げることを奨励していた（Suzuki Seiichi an R. Schmidt, 25.3.1961, in: SAPMO-BArch DY34 459）。ただし、その進展は遅々としたものであった（„Entwurf. Bericht über die Arbeit nach Asien zur Information des Sekretariats“, 21.6.61, in: SAPMO-BArch DY34 459）。

それに対し、同じくＦＤＧＢによって推進された個々の産業別労働組合ないし労働組合の間の連携はきわめて順調に進んでいった。特に一九六〇年五月ないし九月以降、協定に基づいて進められていた国労や日教組などの主要な総評傘下労組との提携の発展は、ＦＤＧＢ幹部にとって満足できるものであった（„Übersicht über den Stand der internationalen Verbindungen nach Asien und Australien“, 23.3.1961, in: *Ibid.*; „Gemeinsame Erklärung der IG Eisenbahn im FDGB und der NRU in der SOHYO“, 6.6.1961, in: SAPMO-BArch DY40 132）。さらに、一九六一年四月以降は、共同コミュニケに基づき炭労との提携が発展していった（労働省　一九六三、九四四頁）。総評とＦＤＧＢの間の提携が次第に緊密化していく中、学生・青年・文化交流も進められた。総評からは六名の日本の若者が五年間の留学のため東ドイツに派遣された（Suzuki Seiichi an R. Schmidt, 25.3.1961, in: SAPMO-BArch DY34 459）。自由ドイツ青年団（Freie Deutsche Jugend. FDJ）中央評議会もまた、総評、国労、日教組の青年部から派遣された指導的な幹部を迎え、彼らとともに六一年六月に共同声明を発表した（„Namen und Funktionen der Mitglieder der SOHYO Gewerkschaft (Jugendsektion)“, in: PAAA, MfAA A17780）。また、「労働者文化アンサンブル（Arbeiter-Kultur-Ensemble）」がソ連滞在を経て東ドイツ公演へと派遣された。モスクワと東ベルリンの往復交通費を含めた費用の一切はＦＤＧＢによって賄われた。公演の実施のために総額七万七二五〇東独マルク（約一六五万五〇〇〇円）がＦＤＧＢ連帯基金から支出された（„Bundesvorstand, Beschluß des Präsidiums vom 15.5.61, Nr. S 302/61“, in: SAPMO-BArch DY34 24621）。

一九六一年の一年間を通じて、ＦＤＧＢと総評の関係は驚くほど発展した。太田が東ドイツから帰国する頃までには、日本の労働組合との協力はＦＤＧＢのアジアにおける活動の重点となっていた（„Sekretariatsvorlage“ 7.3.1961, in:

SAPMO-BArch DY34 24621）。一年の間に東ドイツを訪問した日本の労働組合員の数はほぼ六倍になった。一九六〇年に東ドイツを訪れた日本の労働組合員は一五名に過ぎなかったが、一年後の同じ期間には八四名に達した。FDGBには「アジア・ラテンアメリカ」部門があり、アラブ世界と社会主義国を除く全てのアジア諸国との接触、そしてオセアニア、南北アメリカとの一切の連携を担当していたが、この部門は六一年に日本との協力を第一の目標として掲げた。その所轄地域からの使節団は全一八九名であり、そのうち四四％強が日本から来ていたことになる（„Japan-Sohyo (autonome Gewerkschaft)", 1.3.1962, in: SAPMO-BArch DY34 459）。アメリカ国務省の情報によると、一九六一年に東ドイツを訪問した日本人労働組合員の数は、中国を訪問した人数よりも多かった（中北 二〇〇八、一一三頁）。

三　東西ドイツの労働組合のはざまに立つ総評とベルリンの壁の建設

1　西ドイツと日本の労働組合交流の成立と東京の当局による支援

FDGB幹部の日本への渡航に際し、西ドイツ当局は、日本外務省への圧力を行使するなどの妨害手段を有していた。しかし、彼らは総評指導部内の決定に大きな影響を与えることはできなかった。そのため、一九六一年に飛躍的に拡大したFDGBと総評の交流について、西ドイツ当局が抑制することができたのは、東ドイツから日本への訪問だけであった。他方、総評はFDGBとの交流を深めつつも、ほぼ時を同じくして西ドイツ側のDGBとの連携にも関心を示した(13)。特に外務省や労働省などの東京の関係省庁はこうした状況を見て、総評の活動の方向性に影響を与え得ると考えた。すでに日本の外務省の中には、五九年一一月に発表された総評とのコミュニケに関連して、日本の労働組合員の東ドイツ訪問という問題にDGBを関与させようとする動きが存在していた（Wilhelm Haas an Auswärtiges Amt, 3.12.1959, in: PAAA AV Neues Amt, Bd. 6841）。しかし、DGBを代表する有力者たちは、総評との交流拡大を懐疑

1960年10月にスターリンシュタットで開催された世界労連15周年記念集会に参加した岩井総評事務局長．背後の横断幕には，「軍国主義と帝国主義戦争に対する日本とドイツ民主共和国の労働者階級の共同の闘い万歳！」とある．
出所：SAPMO-BArch, Bild Y12 A2069.

的に受け止めていた。五〇年代末、ＤＧＢは反共主義的な国際自由労連においてアメリカとイギリスの労働組合に次ぐ第三の拠点労組となっており、(14) 総評を共産主義の影響を強く受けた組織と見なして警戒していたからである（"Summary of a report on the DGB mission to Asia," in: ICFTU Archives, Folder 2845c; „Vermerk" by Hoffmann, 18.12.1959, in: PAAA B12, Bd. 1531）。

国内政治の緊張が収まって間もなく、東京の当局は、ＤＧＢの日本における活動の可能性に改めて関心を持つようになった。また、西ドイツと日本の間の労働組合交流の必要性を西ドイツの大使館と外務省に説得するのは、さほど難しいことではなかった。日本の労働省の高官と西ドイツ大使館代表者との間で行われた情報交換では、東西両ドイツの労働者の状況に関して太田が親東独的な態度を見せていることにも触れられており、日本側の働きかけはある程度の成果を挙げていた（„Informationsblatt", 20.3.1961, in: PAAA AV Neues Amt, Bd. 6763）。他方、岩井は一九六〇年九月に西ドイツを訪問した際、すでに西ドイツの労働組合運動との関係の緊密化を望む旨を表明していた。そして岩井は、滞在費を全額総評が負担する形で、五名のＤＧＢ組合員を六一年四－五月に日本に招待していた(Iwai Akira an Willi Richter 26.12.1960, in: PAAA AV Neues Amt, Bd. 6763)。これらは全て、総評陣営における新しい政治的方針を反映したものであるように見えた。

２　日本におけるＤＧＢ

一九六一年初頭の太田の欧州歴訪は、何よりも総評議長がモスクワ、プラハ、そして特に東ベルリンという共産圏へのデビューを飾ったことによって、確実に西ドイツ当局の注目を集めた。そしてまた太田は、ブリュッセルでの国際自由労連の指導者たちとの会談の際、完全雇用や雇用の安定などの観点からソ連の状況を称賛した。他方、太田は国際自由労連の指導者たちに、総評の政治闘争は終結し、今後は経済闘争が始まるであろうと伝えた。太田は、この領域において国際自由労連は大きな力になり、また国際自由労連自体にとっても有利な雰囲気を生み出すことができると述べたのであった(“A Note on the visit of Mr. K. Ohta, President of Sohyo to Brussels on 16 January 1961,” in: IISG, ICFTU Archives, Folder 3548b)。

東京の関係当局も、総評陣営におけるこの見解の変化を見逃さず、ＤＧＢとの交流により総評運動が穏健な方向に向かう可能性があると認識した(„Gespräch mit dem Herrn Ministerialdirigent Ishiguro, Arbeitsministerium, am 18. und 28. April 1961“, 29.4.1961, in: PAAA AV Neues Amt, Bd. 6763)。松浦周太郎元労相および石田博英労相は西ドイツの労働組合運動への接近を模索し、一九六一年五－六月には西ドイツを訪れてＤＧＢと直接接触し、西ドイツの労働組合の任務と目標について調査したが、これも以上のような経緯を考えれば不思議なことではないであろう(„Japanischer Minister sprach vor Betriebsräten“, *Welt der Arbeit*, 30.6.1961; Bundesvorstand des DGB, S. 15)。

このような状況の下、ＤＧＢ指導部は次第に日本、特に総評の運動に、接近し始めた。一九六一年五月、ＤＧＢ役員のレピンスキ（Franz Lepinski）とシュテューラー（Kurt Stühler）は、総評の招きに応じて初めて日本を訪問した。この滞在の結果、この二人のＤＧＢ幹部も、日本へのＤＧＢ常駐代表の派遣を強く希望するようになった（„Japanbesuch der Herren Kurt Stühler und Franz Lepinski, Bundesvorstandsmitglied des DGB“, 8.6.1961, in: PAAA AV Neues Amt, Bd. 6763）。

それにもかかわらず、西ドイツの労組指導部は、独日労働組合交流の重要性を西ドイツ大使館や東京の関係省庁が期待したほどには認めていなかった。一九六一年、その前年と同様に総評大会への招待状がＤＧＢに送られたとき、ＤＧＢ側は当初挨拶の言葉を返すにとどめようとした。ところが西ドイツ外務省の強力な働きかけがあったので、ＤＧＢ役員はようやく自らの立場を再検討し、八月に代表者一名を第一七回総評大会に派遣することとなった（„Beziehungen des Deutschen Gewerkschaftsbundes 〈DGB〉 zum japanischen Gewerkschaftsverband SOHYO“, 14.8.1961, in: PAAA AV Neues Amt, Bd. 6763）。実のところ、六〇年代初頭のＤＧＢの対外活動の重点は、アフリカおよびアジアの発展途上国との関係に置かれていた[15]。総評とのすでに二度目となる接触を委任されていたレピンスキは、第一七回総評大会に参加したことにより、二重の意味で開拓者としての役割を果たすことになった。その一つは、ＤＧＢの代表がこの集会に出席したのがそもそも初めてだったということであるが、それにとどまらない。レピンスキが総評の集会で出席者に向けて言葉を発したそのとき、一九五二年に西側陣営の労働組合の代表がこの大会で最後に発言してから、すでに九年もの歳月が経過していたのである。西ドイツ大使館は、ＤＧＢ代表の総評大会への参加の意義を非常に重要なものと評価したが、その理由は、総評陣営の政治的転換に際してこのような形で日本政府の希望に沿うことができたからというだけではなかった。大使館にとってより重要に思われたのは、日本外務省が総評大会への参加を予定していた三名のＦＤＧＢ代表の入国を拒否し、さらにそれに対する総評の反応も形式的な抗議の域を超えるものではなかったことである。そこには、まさにＤＧＢ代表の参加がようやく実現したことが影響していたとみてよい。

もっとも、「ＦＤＧＢが受けた拒絶とＤＧＢの成功」は過大評価すべきではないという指摘もあった（„Beziehungen

des Deutschen Gewerkschaftsbundes 〈DGB〉 zum japanischen Gewerkschaftsverband SOHYO“, 14.8.1961, in: PAAA AV Neues Amt, Bd. 6763)。このような見方が非常に的確であったことは、第一七回総評大会の後数週間も経たないうちに、壁の建設によってベルリン危機が再び先鋭化したことにより明らかとなった。そして、ベルリン危機はかつてはＦＤＧＢと総評の関係に決定的な影響を与えたのであるが、今回はＤＧＢと日本の労働組合運動の関係における画期となったのである。

3　壁建設の影——東西ドイツの労働組合のはざまの総評

第一七回総評大会の直後、西ドイツ・日本両政府の支援を受けて進められつつあったＤＧＢと総評の関係構築への道程に、早くも深刻な障害が立ちはだかった。一九六一年八月一二日の夜から一三日にかけて、制服を身にまとった東ドイツの部隊が、ベルリン市の東側地区と他地域を結ぶ道路や線路を遮断した。ごく単純化してベルリンの壁の建設と呼ばれる事態が起きたのである。世界労連はこの事件に即座に反応し、早くも六一年九月二二日から二七日にかけての日程で、東ベルリンに「ドイツ平和条約、西ベルリン問題の平和的解決、戦争挑発反対のための国際労働組合会議」を招集した。この大会を組織する権限を与えられたのはＦＤＧＢであったが、ＦＤＧＢはすでに六一年六月三一四日にフルシチョフ(Nikita Khrushchev)によってベルリンの最後通牒が改めて提示された直後から、ドイツ平和条約締結のための欧州労働組合大会の実施に尽力していた(„Aktennotiz über eine Aussprache zu Fragen der Vorbereitung einer gemeinsamen Sekretariatssitzung des WGB/FDGB in Berlin“, 11.8.61, in: PAAA AV Neues Amt, Bd. 6763)。ＦＤＧＢ陣営はこの大会の結果として寄せられた共感に完全に満足したわけではなかった。ある秘密特殊情報によると、各国代表団との討議を通じて明らかになったように、代表団の「大多数は西ベルリン問題とその解決への道のりをまだ明確に認識していなかった」のである(„Sonder-Information über die Internationale Konferenz vom 22.–24.9.1961 in Berlin“, in: SAPMO-

BArch DY34 2423)。そうした中で、総評から派遣された代表で、すでにそれまでの数カ月間東ドイツと日本の労働組合関係の構築に多大な努力を傾けていた鈴木誠市は、この大会を担当したFDGB幹部や東ドイツの新聞の大きな注目を集めることになった。例えばFDGB機関紙『トリビューネ(*Tribüne*)』には、鈴木が壁の建設に対する立場を改めて明確に示した長大なインタヴュー記事が掲載された。壁の建設に関して鈴木は、「ドイツ民主共和国が八月一三日に帝国主義者の戦争準備計画に対して獲得した勝利は、日本をNATOの基地として利用し、それによって我が国に新しい戦争の危機を惹起するアメリカの帝国主義者の立場を弱めるものでもある」と表明した(„Der Bonner Militarismus ist auch unser Feind", in: *Tribüne*, 24.9.1961)[16]。こうした鈴木の東ベルリンでの言動に対し、DGBは敏感に反応した。

ほどなくして、リヒター(Willi Richter)DGB議長は太田に書簡を送り、鈴木の発言に対する総評の態度を明らかにするよう求めた(Willi Richter an Ôta Kaoru, 12.10.1961, in: AdsD, DGB-Archiv, 5–DGAJ000354)。事実、この四週間後、ILO日本代表で全日本金属鉱山労働組合連合会(全鉱)議長の原口幸隆は、鈴木発言に関して総評の名においてリヒター本人に謝罪した(„Aktenvermerk", 16.11.1961, in: AdsD, DGB-Archiv, 5–DGAJ000568)。しかしこの事件をきっかけに、壁が建設される前の時期とは異なり、西ドイツの指導的な労働組合幹部たちの間に日本の労働組合運動内部の展開に対する広範で積極的な関心が形成された。こうして、八月一三日のベルリンの壁の建設は、DGBの政策および総評と東ドイツの関係に重大な影響をもたらしたのである。

DGBは西ドイツの西側への統合に対して肯定的な態度を取るとともに、ドイツ再統一の課題にも絶えず熱心に取り組んでいた。この西ドイツの労働組合も、ドイツ戦後史の決定的な転換点である壁の建設の影響を免れることは不可能であった。西ドイツ政府や西側勢力がたとえ軍事力および経済力の面で優越していようと、それを背景にドイツ分断という現状を一方的に打開することはもはや期待できなくなっていた。八月一三日の東ドイツ政府の措置は、ついにドイツ国民の分断を固定化したのである。DGBの中にあった再統一への希望は全て一気に崩れ去った。この出来事からわずか一日後の八月一四日にはリヒターがベルリンを訪問し、ＤＧＢはベルリンの市政府や諸政党とともにベルリン＝シェーネベルク市庁舎の前で三〇万人の抗議集会を開催し、そして数々の連帯デモが反共的な国際労働組合運動とともに実施された。だが、これらを通じて否応なく明らかとなったのは、東ドイツにおける事態の展開に対し、西側の労働組合運動がいかに無力であるかということであった。結局、ＤＧＢに残された最後の手段は、壁の建設を道徳的に非難することだけであった(Hildebrandt 2010, S. 420-423)。リヒターもまた、太田に宛てた英文による書簡の中で、総評とＦＤＧＢの良好な関係を念頭に置きつつ、また鈴木の発言に初めて言及しながら、とりわけＳＥＤ国家の支配構造におけるＦＤＧＢの役割に関して強い憤りを見せた。

『ドイツ民主共和国』のいわゆる『自由ドイツ労働組合連盟(ＦＤＧＢ)』が、ウルブリヒトとフルシチョフの暴力的な措置において、恥ずべき役割を果たしていたことについて言及しなければなりません。ＦＤＧＢは工場の武装集団を提供してこの犯罪的な政策を積極的に支援していますが、(17) これが本来の労働組合と何の関係もないことは明らかです。ＦＤＧＢは共産党指導者たちの下で『鞭打ち人』としての役割を果たす組織にほかならず、彼らには『ドイツ民主共和国』の中で我が同胞たちが受けている限りない搾取に対して主要な責任があります」(Willi Richter an Ôta Kaoru, 12.10.1961, in: AdsD, DGB-Archiv, 5-DGAJ000354)。

しかし、一九六一年九月の鈴木の東ドイツにおける言動は、明らかにさらに広範な影響を及ぼした。いまやドイツ社会民主党の広報局もまた、世界労連ベルリン大会をめぐる紛糾や、六一年一二月のモスクワにおける第五回世界労連大会への総評のオブザーヴァー派遣に関連して、総評指導部の政治路線を公然と批判した。ある辛辣な記事では、日本の労働組合の全国組織の幹部が「日和見政策」を展開し、総評を「分割払いで共産主義者に売り渡す」危険にさらしていると非難されていた。そして、総評国際部長の鈴木が九月の発言で「共産主義的なドイツ政策は正当で現実

1961年1月，東ドイツで太田総評議長（中央）と会談するヴァルンケ FDGB 議長（右）.
出所：SAPMO-BArch, Bild Y2 1512.

的である」と評価したことは、ドイツの状況に対する攻撃であるとして改めて批判された。こうした攻撃は、六一年一月の太田の東ベルリンでの言動とは異なり、もはやドイツ情勢に対する無知によるものとして見過ごされるものではなくなっていたのである（SPD-Pressedienst „Schaukelpolitiker gefährden Japans Arbeiterbewegung“, 19.12.1961, in: AdsD, DGB-Archiv, 5–DGAJ000354）。

4　国際自由労連の日本認識におけるＤＧＢ

ＤＧＢが総評に東西ドイツに対する立場を明らかにするよう求めたのに対し、国際自由労連はほぼ当初からこれを支持する姿勢を見せていた。ベクー（Omer Becu）は国際自由労連書記長としての立場からこの件に介入し、太田に対し、鈴木の言動は総評の中立原則にふさわしくないと指摘していた（Omer Becu to Ôta Kaoru, 6.10.1961, in: AdsD, DGB-Archiv, 5–DGAJ000568; 労働省 一九六三、八五七頁）。ベクーは適切にも、ＤＧＢとの友好関係を形成したいという総評の要望を受け、あり得べき誤解を避けることを考えたのである。しかし太田は、鈴木の言動に対して明確な態度表明をすることを差し当たり回避した。むしろ、彼は総評の世界労連ベルリン大会への参加が中立原則と全く矛盾しないことを詳細に説明した（Ôta Kaoru to Omer Becu, 2.11.1961, in: AdsD, DGB-Archiv, 5–DGAJ000568；労働省一九六二、八五八頁）。実際、国際自由労連自体が、総評とＤＧＢとが良好な関係を形成することに強い関心を有していた。なぜなら、ＤＧＢは日本の労働組合運動との関係を悪化させた経験がほとんどなかったために、総評陣営に政治的な路線変更の兆候が現れたとき、安保・三池闘争をきっかけに生じた国際自由労連と総評の間の溝を埋めることができたからである。それは総評との関係悪化を経験しているアメリカの労働組合にとって、単独では実行不可能なものであった。

ブリュッセルの国際自由労連本部では、総評の東側陣営に対する方針の展開の概要は、日本の新聞報道を通じてよく知られていた。特に責任者たちが理解を深める上で役立ったと思われるのが、一九六一年一〇月の『毎日新聞』の論説である。そこでは、太田と岩井は主流派とともに、「アメリカ帝国主義」が日本の労働者の主敵であるとする急進的反主流派の提案を否決に追い込むことができたと報じられていた。同論説はさらに、中国指導部の非妥協的な反米路線により、総評と北京の間にはすでに長期間にわたって大きな葛藤が存在していると伝えていた（「総評の対中共態度に転機」『毎日新聞』一九六一年一〇月二日）。これに関連し、国際自由労連にとって、六一年九月の世界労連ベルリン大会における鈴木の言動も特別な意味を有していた。ブリュッセルの指導者たちは、鈴木の態度表明により、転換期にあると考えられた総評の共産主義に対する方針が切り崩される可能性を警戒していた。その限りで、総評指導部がこれに対して何らかの動きに出るかどうかに着目していた（A. K. Mukherjee to Horii Etsurô, 1.11.1961, in: IISG, ICFTU Archives, Folder 3548b）。このような条件を考慮すると、国際自由労連の行動を単にＤＧＢへの支持という側面からのみ理解するわけにはいかない。むしろ、国際自由労連は穏健な仲介者として、特に世界労連ベルリン会議以前にあったようなＤＧＢと総評の接近のための有利な条件を確保しようとしていたと捉えた方がよいであろう。六二年初頭、ＦＤＧＢ機関紙『トリビューネ』に東ドイツ寄りの声明が掲載されたとき(„SOHYO: Wir unterstützen die Maßnahmen der DDR vom 13. August", in: *Tribüne*, 10.2.1962)、国際自由労連はすぐさま、この問題がＤＧＢにとって有する意義を相対化すべく、東ドイツを訪問した三〇名の日本人グループは何ら公的性格を有するものではないと表明した(A. Braunthal to Harald Simon, 20.1.1962, in: IISG, ICFTU Archives, Folder 3548c)。国際自由労連では、総評が唱える「積極的中立」の概念は特に総評の組織的一体性を保つための用語であると考えられていた。このような解釈は、六二年二月、ブリュッセル滞在中の岩井によっても確認されることとなった("Off-the-record memorandum for Mr. Becu," in: IISG, ICFTU Archives, Folder 3548c)。

国際自由労連、総評、ＤＧＢの三角関係は、ベルリンの壁の建設を機に非常に複雑なものとなった。しかしすでに一九六二年初頭までに、国際自由労連の日本への関心に非常に有利となるような情勢が生み出されていた。ベルリンの壁の建設に対しＤＧＢ内で道徳的な憤激が広範に引き起こされたことにより、西ドイツの労働組合の指導者たちは、壁の建設を支持する鈴木の態度表明と関連させながら、ドイツ問題の観点から日本の労働組合内部の展開に広い関心を抱くこととなった。しかしそればかりではなく、同時に、西ドイツの責任者たちの間では、総評指導部の複雑な力関係についての認識が深まり始めた。このような背景の下、ＤＧＢと国際自由労連は、総評内部の力関係に対してできる限り影響力を行使するという要求を共有したのである。

四　路線転換と逆流——総評の国際自由労連への接近におけるＤＧＢの役割

1　両陣営に対する総評の新路線

ベルリン危機が激化する恐れがあった時期の総評指導部による中立原則の解釈をより仔細に観察すると、壁の建設後に鈴木が東ドイツ政府を支持したにもかかわらず、なぜ西ドイツの労働組合運動との良好な関係構築が模索され続けたのかがわかる。中北がすでに指摘しているところによれば、一九六一年末には総評内部において、国際政治における軍事的中立と、スカンディナヴィア諸国の労働組合などをモデルとし、東西ブロック双方との協力の余地を残した、国際労働運動における「組織的中立」とが区別され始めていた。このような中立原則の解釈によって、世界労連と国際自由労連の双方と協力する可能性が生まれたのである（中北 二〇〇八、二九九頁）。こうした前提の下、ＤＧＢとＦＤＧＢが国際的な労働組合センター同士の対立構造の中に組み込まれ、ドイツ政策の観点からも決定的に対立していたにもかかわらず、総評にとって、両者との関係を同時に強化することが可能となった。

一九六一年一一月、ベルリン危機に端を発した国際的な緊張が次第に沈静化する中で、総評はようやく国際自由労連およびＤＧＢへの接近を積極的に開始した。確かに、同年一二月四日、鈴木国際部長、野口一馬副議長を含む三名の総評の代表が、第五回世界労連大会オブザーヴァーとしてモスクワに派遣されてはいた。しかし、この代表団の行動は、この年の九月に東ベルリンにおいて示された友好的なものとは全く異なったものであった。この大会の議長に野口が選出されるや、すぐさま岩井から、野口はこれを辞退すべきだと指示する電報がモスクワに届いたのである。さらにこの大会では、「ソ連の核実験の不可避性」が大会書記長から提示されたのに対し、総評は自らの方針に反するという理由から不支持の意を表明した。

いまや、太田総評議長もまたベクー国際自由労連議長に対し、九月に鈴木がベルリン大会に参加した直後よりも明らかに穏健な立場を示した。また太田は、国際自由労連の世界平和および労働者の生活水準向上に対する貢献をはっきりと高く評価した。そして総評の国際的な方針を何にもまして示すこととなったのは、またしても岩井総評事務局長の海外歴訪の実現であった。当初、岩井は中国と西ドイツを訪問する計画であったが、最終的に実現したのは西ドイツ訪問のみであった。一九六一年後半、総評は原水協と距離を置くようになっていたが、それは原水協が日本共産党の影響の下、「アメリカ帝国主義」に対する闘いを前面に出していたからである。こうした共産党の動きには北京の支援が存在していたため、日中間の労働組合交流は完全に途絶えていた。六二年一月末の岩井の訪中が病気を理由に中止されたのには、このような背景があった。しかし、それに対して西ドイツ訪問は二月一〇日に実行されたのである（中北 二〇〇八、二九九－三〇〇頁）。

日本の労働省は、期待を込めながら、非常に注意深くこの展開を観察していた。西ドイツ大使館もまた、日本の労働組合運動を穏健な方向に向けようとする目標設定において労働省と立場を同じくしており、このような立場を本省に伝えていた。西ドイツ大使館によれば、労働省は確かに非共産主義的な総評の主流派が国際自由労連およびＤＧＢに接近する傾向を有しているという見通しを持つようになり、この傾向は岩井による野口の第五回世界労連大会議長団選出の辞退指示という形で確認されたと認識していた。しかし同時に、総評の主流派は世界情勢の判断を誤り、虚栄心によって国際自由労連と世界労連の双方から求愛を受け、その結果得られた両者からの求愛を彼らは素朴にも誤解しているものと確信していた。

一方、総評の態度は依然として左右に揺れ動いていた。安保条約改定の際のように政治闘争が激化する時期には、総評は世界労連への接近を試みた。経済的・社会的目標を追求する時期になると、国際自由労連の支持を受け入れた。そもそも労働省は、穏健な主流派と急進左派の反主流派の間の対立は、総評が態度を決定する上で当面重要な構成要素であり続けるであろうと考えていた。総評指導部が第五回世界労連大会の決議に対し距離を置く態度を取り、オブザーヴァーとして派遣された総評の代表者たちがその逸脱行為を叱責されたのも、そうした文脈においてである。もっとも、長年にわたって東ドイツとの良好な関係の形成に尽力し、第五回世界労連大会の全四七名の日本人参加者グループのリーダーであった国労の細井宗一は、公開討論会の場を借りて、九月の世界労連ベルリン大会の出席者たちを擁護した。細井によれば、彼らに対する攻撃によって、「国際自由労連幹部の対応は平和を守る世界の労働者の団結に対する破壊工作であり、この点を暴露することがいかに大切であるか」が明らかになったのである。それとは反対に労働省は、総評の岩井事務局長が一九六二年二月に行われるＤＧＢでの意見交換およびそれに続く欧州歴訪を通じ、世界の実情を把握することを望み、さらに総評に対して向けられている国際労働運動からの批判を正しく評価することも期待した。そうすることにより、この欧州歴訪が「日本の国内政治のイメージをはっきりと好転させる」ことにもなり得ると考えたのであった(„Aufzeichnung des japanischen Arbeitsministeriums anlässlich der Reise einer Sohyo-Delegation in die Bundesrepublik", in: PAAA B98, Bd. 1074)。

このような評価に基づき、西ドイツ政府関係者も総評の中立政策に対して態度を軟化させ始めた。確かに、東京のディットマン(Herbert Dittmann)西ドイツ大使は、岩井の訪欧に際し、彼が「ソヴィエトの火を弄ぶ」つもりだと判断していた。しかし同時にディットマンは、岩井の行動を、国際自由労連、ＤＧＢ、そしてイギリス労働組合会議(Trades Union Congress. TUC)との関係を改善しようとする総評の率直な努力の表れとして評価した。このような観点から大使は、総評に対しては冷静かつ慎重に評価し、また対処すべきであると結論づけた(„Besuch einer Delegation des japanischen Gewerkschaftsverbandes Sohyo in Westeuropa", 28.3.1962, in: PAAA B98, Bd. 1074)。いずれにしても、西ドイツの指導的な労働組合幹部に対する岩井の行動により、ＤＧＢ側は岩井を総評運動の中でも支持に値する穏健勢力であると評価することとなった。その結果、リヒターＤＧＢ議長は第一八回総評大会に自ら参加するとの意向を表明した(„Deutschland-Aufenthalt von Akira IWAI, Generalsekretär des japanischen Gewerkschaftsverbandes", 3.8.1962, in: PAAA B98, Bd. 1074)。そして、デュッセルドルフでの岩井のＤＧＢとの意見交換は、ブリュッセルの国際自由労連との協調に繋がるものであった(中北 二〇〇八、三〇〇頁)。

2　リヒターDGB議長の日本訪問

国際自由労連および総評がこの協調にいかなる意味を見出したのかが明らかになったのは、国際自由労連の副議長職も兼任していたリヒターDGB議長が一九六二年の第一八回総評大会に派遣されたときであった。それまで国際自由労連には世界労連代表の出席する大会への参加を見合わせるという慣例があり、リヒターの大会出席によりそれが破られたのである。他方、総評もまた自らの慣行を破り、リヒターに開会時の来賓挨拶を認めた。こうして、総評大会の開会に際して、初めて外国の代表が演説することとなった。総評は「組織的中立」を忠実に実行し続けてはいたが、社会問題が登場して政治闘争が後景に退いていたこの時期においては、むしろ西側陣営の労働組合への接近が模索されたのである(中北 二〇〇八、三〇三頁)。国際自由労連はまさにそうした状況をすでに第一八回総評大会の前から認識しており、それゆえにベクー国際自由労連議長はリヒターの総評大会出席の予定を知った直後、リヒターにこの訪問が特に西側の国際労働組合運動にとって有する潜在的意義を次のように伝えたのであった。すなわち、たとえ総評が近い将来にその方針全体の根本的変更に踏み込むかどうかは不明確であるとしても、現時点での傾向は支持すべきである。その際重要になるのは、日本の労働組合に、DGBなどをモデルとする産業別労働組合の全国組織を強力に作り出す意義を確信させることだ。また、組織された日本の労働者のかなりの部分に広まっている「社会主義」諸国についての「幻影」を正すよい時期だと思う。これが今なお日本で維持されているのは、「日本人の仲間たちはわれわれと違い、『鉄のカーテン』の向こうで実践されているいわゆる『社会主義』への幻滅を経験していない」ということによる。それでもなお彼らを説得し、よりよい方向に導くことができる適任者がいるとすれば、それはDGBの議長だ、と(Omer Becu an Willi Richter, 8.8.1962, in: AdsD, DGB-Archiv, 5–DGAJ000568)。同様に、リヒターも日本滞在中、全世界、とりわけ先進工業国における自由で独立した民主的な労働組合の重要性を次のように強調した。「自由な労働組合運動を通じて、初めて労働者たちとその家族に社会的生産物の正当な分け前を獲得させることができ、そして全ての生産の担い手たちの自由を終焉に導く共産主義者たちの侵入と扇動の成功から労働者たちを守ることができる」(„DGB-Vorsitzender Willi Richter besuchte Japan und Indien“, in: *Welt der Arbeit*, 7.9.1962)。総評はＦＤＧＢを大会に招聘していたにもかかわらず、外務省が入国許可を与えなかったことに抗議しなかったが、こうしたところに当時の総評の態度が表れているといえよう(„Japanbesuch des Vorsitzenden des Deutschen Gewerkschaftsbundes, Herrn Willi Richter“, 19.9.1962, in: PAAA AV Neues Amt, Bd. 6763)。

国際自由労連傘下の労働組合、特に西ドイツの労働組合と総評との関係は、このような雰囲気の中で発展していった。岩井はリヒターに対し、総評に第六回ＤＧＢ定例大会への招待を表明するよう提案していたが(Iwai Akira an Willi Richter, 20.9.1962, in: AdsD, DGB-Archiv, 5-DGAJ000694)、一九六二年一〇月、この大会に参加するため三名の総評代表がハノーファーを訪れた。六二年の初夏以降日本を訪れていた国際労働組合使節団には、西ドイツの有力な労働組合員も加わっていた。それに加え、西ドイツ大使館が確信していたところによれば、六一年五月にＤＧＢが代表者を日本に派遣して以来、ＤＧＢの関与を通じてアメリカの労働組合と総評の間に雪解けがもたらされたのであるが、その結果、六二年一一月、国際自由労連副議長でもあるルーサー(Walter Reuther)ＡＦＬ－ＣＩＯ副議長は日本での会談を非常に成功裏に進めることができた。ルーサーの滞在の終わりに、賃金共同調査センターを日本に設立することが合意されたのである。これは賃金問題に関する学術研究に従事することを目的としており、総評を始めとする日本の重要な労働組合全国組織、そしてアメリカやヨーロッパの様々な労働組合によって支えられていた(中北 二〇〇八、三二八頁)[18]。このプロジェクトはＤＧＢの支援も受けており、円換算で約一八〇万円(二万ドイツ・マルク)がセンター設立のために支出された(Harald Simon an Heinz Gottschalk, 16.9.1964, in: AdsD, DGB-Archiv, 5-DGAJ000497)。

ＦＤＧＢの幹部たちは、リヒターの総評大会参加以降、総評と国際自由労連、ＡＦＬ－ＣＩＯ、そして特にＤＧＢとの関係が発展するのを妨げることはできなかった。リヒター訪日の直後、ＦＤＧＢ機関紙『トリビューネ』はＤＧ

B議長に対して過剰な期待をしないよう、次のように警告している。たとえリヒターが日本滞在の終わりに日本の労働組合運動の「成熟」に対し非常に満足な様子を見せたとしても、彼は重要な点を見逃している。それは、日本の労働者階級がアメリカ帝国主義との闘いを続けるであろうということである。国際自由労連がアメリカ政府の手先として振る舞う限り、決して日本の労働者のよき友人になることはできないのだ、と（„Was tat W. Richter in Tokio?", *Tribüne*, 25.9.1962）。しかし、主として日本の新聞報道(19)などに依拠した一九六二年一二月の特に総評陣営の現状に関するFDGBの内部評価では、明らかに楽観論は後退しており、むしろ西ドイツ側の認識に近い内容となっていた。その内部評価には、日本の労働組合の全国組織における有力なグループが、第一八回総評大会以来、全体的に「よい特徴を備えているにもかかわらず（中略）右への一歩を踏み出した」と述べられていた（„Sekretariats-Information", 3.12.1962, in: SAPMO-BArch DY34 16598）。

おわりに

本章では初めに、独日労働組合交流の成立と展開をどのように説明するかという問いを立てた。この問いに答えるためにまず重要に思われるのは、東西ドイツの労働組合がそれぞれの国家指導部のドイツ政策を支持していたことを理解することである。そして、西ドイツと東ドイツのそれぞれの社会内部における労働組合の発展可能性は、もちろん根本的に相異なるものであった。しかしながら、DGBとFDGBという二つの労働組合全国組織に共通していたのは、両者が同一の国際情勢の下で活動しており、その幹部はそれぞれの組織が属する政治体制を代弁するアクターとしてその国際情勢に対応していたということである。こうして、東西の労働組合運動は異なった体制条件と異なった綱領の下で、労働者という同じ社会階層をめぐって競争していたのである（Hildebrandt 2010, S. 22–23）。東西ドイツ間の体制上の対立は、結局、独日労働組合交流の成立にも大きく寄与することとなった。というのは、総評運動の傘の下には中立主義的傾向の強い労働組合が集まっており、こうして形成された労働組合の中立志向は日本の国内政治で重みを持っていたため、DGB、FDGB双方の極東におけるそれぞれのドイツ政策的な立場を強化する上でもかなり大きく作用したからである。

また、独日労働組合関係の成立を説明する契機を明らかにする際には、FDGBと世界労連の関係およびDGBの国際自由労連における位置も適切に考慮する必要がある。なぜなら、この対峙する労働組合の国際組織は、日本の労働組合運動、中でも総評運動を取り込む上で、ドイツの労働組合に対しても特別な役割を与えたからである。その際、FDGBは世界労連から、ソ連や中国によって宣伝されているような西ドイツと日本の軍国主義の復活に対抗するため、日本の労働組合運動を動員する任務を与えられた。一方でDGBは、国際自由労連が展開した、総評を始めとする日本の労働組合運動内部の急進的で戦闘的な勢力に対抗するという戦略において、中心的な構成要素となった。

このような検討結果と関連して本章で示したのは、一九五〇年代末から六〇年代初頭にかけての重要な局面での独日労働組合交流を、特に二つの意味における対立の歴史として理解する必要性である。一つは東西ドイツの労働組合の対立であり、それはドイツの分裂に付随したものであった。いま一つはイデオロギーおよびアジアの労働運動の覇権をめぐる東西両陣営の対立であり、国際自由労連および世界労連の双方は日本の労働組合運動に関して特に執拗にこのような対立を展開した。それでは、こうしたことは独日労働組合交流の性格と発展可能性について何を物語っているのであろうか。

FDGBもDGBも、労働組合交流を通じて、総評運動を始めとする日本の労働組合運動の政治的・社会的発展に影響を与えるべく努力した。この状況は一方で次のような逆推論を導く。すなわち、独日の労働組合運動にとって特別な意義を有する社会的・政治的発展は、必然的に労働組合交流にもはね返ってくるということである。こうした意味において、安保闘争および第二次ベルリン危機という独日の労働組合運動の発展における決定的な画期は、独日の労働組合交流における決定的な転換点にもなったのである。

安保闘争を機に、独日の労働組合交流に、初めて確固とした構造が形成されたが、当時はＦＤＧＢの独壇場であった。すなわちこの当時、総評が対立を志向するとともに、階級闘争の原理を追求して次第に急進化していたが、それに伴って東ドイツの労働組合との協力を拡大するための基礎が築かれたのである。ＦＤＧＢと総評の関係拡大は一九五九年末に始まり、六一年にその頂点に達したが、そうした展開の中で繰り広げられた安保闘争もまた、ＦＤＧＢのドイツ政策的な動機に導かれる形でドイツ政策的な意味を帯びることとなった。結局、総評運動には、特に壁の建設の時期のベルリン問題における東ドイツ政府の立場を支持したことによって、労働組合交流を媒介として未解決のドイツ問題に直接影響を及ぼし始めた側面がある。

さらに安保闘争によって、ＤＧＢが日本を将来性のある活動領域として認識するという結果ももたらされた。しかし、一九五九年末に西ドイツ大使館の助力を得ながら東京の関係省庁がとったイニシアティヴは、ＤＧＢの責任者たちに関与の必要性を完全に納得させるにはなお不十分であった。壁の建設、それに続くドイツ分断の固定化によって初めて、指導的なＤＧＢ幹部たちは自ら進んで日本の労働組合運動に接近するようになった。なぜなら、一九六一年八月一三日に東ドイツ国家指導部が実行した政策によって、ＤＧＢのドイツ問題における現状の克服への見通しが無に帰したからである。このような緊張状態の中で、ＤＧＢの指導者たちは、もはや総評の上層幹部個々人が見せる――何より鈴木国際部長の――東ドイツ寄りの姿勢を見過ごすことはできなかった。こうして、安保闘争を機に日本の省庁が西ドイツ大使館の協力を得て軌道に乗せ、国際自由労連も積極的に支援した西ドイツと日本の労働組合交流の発展は、世界労連ベルリン大会をめぐる対立を経て決定的に前進することとなった。ＤＧＢの指導部はこの時点に至ってようやく、日本の労働組合運動の発展に影響を与えることに積極的な関心を見出すようになったのである。

西ドイツの労働組合運動と総評の運動の指導部もまた、結局のところ、日本の労働者の経済状況を改善するという目標において立場を共有するに至った。しかしこのことは、国際自由労連の下準備がなければ、容易には実現しなかったであろう。国際自由労連は早い時期から、反共的な国際労働組合運動としての関心から、ＤＧＢと総評の接近のための基本的前提を形成することに努めていた。こうした努力の成功は、最終的にリヒターがＤＧＢ議長・国際自由労連副議長として一九六二年の第一八回総評大会に出席したことによって確実なものとなった。しかしながら、総評運動とＦＤＧＢ、あるいは総評運動とＤＧＢの間の交流の成立へと繋がる軋轢に満ちた過程は、すでに安保闘争と第二次ベルリン危機という文脈の中で開始されていたのである。

■注

本章で用いる略語は以下の通りである。

AdsD: Archiv der Sozialen Demokratie

IISG: Internationaal Instituut voor Sociale Geschiedenis, Amsterdam

MfAA: Ministerium für Auswärtige Angelegenheiten der DDR

PAAA: Politisches Archiv des Auswärtigen Amtes, Berlin

SAPMO-BArch: Stiftung Archiv der Parteien und Massenorganisationen der DDR im Bundesarchiv, Berlin

(1)　オーバーレンダー(Christian Oberländer)の論文は数少ない例外の一つであり、日本・東ドイツ間の旅行分野での労働組合間交流の先駆的活動の重要性を強調している(Oberländer 2008 S. 303–311)。労働組合間交流については、ほかにも多くの記述の中で短く言及されている(Modrow 1983, S. 58–59; Neuss 1989, S. 265–316; Hermann 2006, S. 1032–1042)。

(2)　世界労連と国際自由労連の成立については、Carew (2000a, pp. 165–185), Carew (2000b, pp. 187–339)を参照。

(3)　非常に早い時期には、国際自由労連が共産党の指導下にあったフランスの労働総同盟ＣＧＴ(Confédération générale du travail)とともに西ドイツにおける展開に影響を与えようとした例がある(Pfeil 2004, S. 242–252)。

(4)　ＳＥＤは、一九六四年四月にソ連の占領軍がドイツ社会民主党とドイツ共産党を強制的に統合させることによって発足した。ＳＥ

Dはソ連の支援の下、一九四九年一〇月に成立した東ドイツにおける独裁政党となった。

(5) 一九六〇年までに総評の組合員は三七〇万人を超えていた。日本で二番目に大きな労働組合全国組織であり、一九五四年に総評から分裂して結成された全労の当時の組合員は、約九二万一〇〇〇人であった(ものがたり戦後労働運動史刊行委員会 一九九九、二四五頁)。

(6) 協定のドイツ語テクストは次に掲載されている。„Feste Freundschaft FDGB-SOHYO: Beratung führender Miglieder beider Organisationen“, in: *Tribüne*, 5.11.1959.

(7) 一九五六年一一月には最初の共同の態度表明がなされており、それは比較的穏健なものであった。次を参照。„SOHYO und FDGB stehen fest Seite an Seite: Japanische Gewerkschafter bei H. Warnke/Gemeinsames Kommuniqué“, in: *Tribüne*, 30.11.1956.「一九五六年に於ける東独外交に関する件」(一九五七年一月二九日、外務省外交史料館外交記録 A′二・一・〇・G(E)一「東独の対外政策」)。

(8) 第二次ベルリン危機に関する詳細な分析は、次を参照。Haftendorn (2001, S. 148–155).

(9) 人々は何か特定の組織によって動員されていたわけではなかった。抗議組織の形成はむしろ人々の表現手段であった(小熊 二〇〇二、五一五頁)。

(10) 六月四日には、その時点までの日本史上最大のストライキが組織され、総評の発表によると、労働組合員と支持者五六〇万人が参加した。その一環として、国鉄と私鉄の労働組合員が行ったストのため、一六時から二〇時までのラッシュ時に東京の全交通網が麻痺した(原 二〇〇〇、一六五頁)。

(11) 太田がウルブリヒトやグローテヴォールの接遇を受けたという確かな証拠はこの文書には見当たらないが、少なくとも太田の滞在計画では、彼らとの会合が一九六一年一月一二日に予定されていた(„Programm für den Aufenthalt des Präsidenten des SOHYO, Koll. OTA v. 9.–12.1.1961“, in: PAAA, MfAA A17780)。

(12) 次を参照。Suzuki Seiichi an R. Schmidt, 25.3.1961, in: SAPMO-BArch DY34 459.

(13) 遅くとも一九五五年には、総評は日本に招待する意思をDGBに対して表明していた(労働省 一九五七、八一八頁)。

(14) その影響力は、西ドイツの単一の労働組合全国組織である労働総同盟に加盟している組合員数の多さ、それが生み出す国際自由労連内でのDGBの重い発言力、そして国際自由労連に対する多額の分担金支払いに基づいていた(Rodríguez García 2010, pp. 86, 89)。

(15) 一九六〇年八月、後にDGB議長となるローゼンベルク(Ludwig Rosenberg)は、次のようにコメントし、発展途上国の意義を改めて明示的に強調した。「あの遥かなる国々――民主主義と独裁の間の中立地帯――では、人類の進むべき道が我々の側にあることが決断されるであろう」。Rosenberg (1960, S. 454)も参照。

(16) 労働省(一九六三、九一八頁)も参照。

(17) この記述は、一九六一年八月一六日にFDJが若者に対して国家人民軍または国境警備隊の任務に志願することを呼びかける声明を発したことに対し、FDGBがこれを支持する姿勢を見せたことと関係している。とりわけ六一年には、勤労青年を対象とした軍事志向の教育がＦＤＧＢによってスポーツ・技術協会(Gesellschaft für Sport und Technik)との緊密な連携の下に積極的に推進された。ＦＤＧＢは東ドイツ人民議会で自らの会派を通じ、六一年九月に国防法を、六二年一月に総合兵役義務法を、ともにプロパガンダとして支持した(„Mauerbau“, in: FDGB-Lexikon)。

(18) 労働省(一九六五、七四九頁)を参照。

(19) 下記を参照。„Ein Artikel aus der Zeitund [*sic*] ‚Asachi‘ [*sic*] von [*sic*] 27.9.1962 — Das internationale Einverständnis von Sohyo geht vorwärts — IBFG entspricht aktiv“, in: SAPMO-BArch DY34 1639.

■史料(邦文)

外務省外交史料館外交記録、A′門、政治、外交。

外務省外交史料館外交記録、I′門、文化、宗教、衛生、労働及社会問題。

『朝日新聞』。『総評』。

『毎日新聞』。

■史料(欧文)

AdsD, DGB-Archiv.

IISG, ICFTU Archives.

PAAA, Bestand des Auswärtigen Amts der Bundesrepublik.

　Auslandsvertretung (AV) Neues Amt

　Bestand B12 (Ostabteilung)

　Bestand B98 (Kulturabteilung)

PAAA, Bestand des Ministeriums für Auswärtige Angelegenheiten (MfAA) der DDR.

SAPMO-BArch, Zentralkomitee der SED/Abteilung Internationale Verbindungen und Außenpolitik (DY30 IV 2/20, DY30 IV A2/20, DY30 IV B2/20).

SAPMO-BArch, Freier Deutscher Gewerkschaftsbund (DY34).

SAPMO-BArch, IG Bergbau (DY37).
SAPMO-BArch, IG Chemie (DY38).
SAPMO-BArch, IG Eisenbahn (DY40).
SAPMO-BArch, Gewerkschaft Unterricht und Erziehung (DY51).
SAPMO-BArch, Bild Y2 1512.
SAPMO-BArch, Bild Y12 A2069.
Bundesvorstand des DGB (Hrsg.), *Geschäftsbericht des Bundesvorstand des Deutschen Gewerkschaftsbundes 1959–1961.*
Bulletin des Presse- und Informationsamtes der Bundesregierung.
Neue Zeit.
Neue Zürcher Zeitung.
Tribüne.
Welt der Arbeit.

■文献（邦文）

有沢広巳・大河内一男・中山伊知郎編（一九六七）『新しい社会・労使関係』サンケイ新聞社出版局。

石河康国（二〇〇八）『労農派マルクス主義――理論・ひと・歴史（下）』社会評論社。

小熊英二（二〇〇二）『〈民主〉と〈愛国〉――戦後日本のナショナリズムと公共性』新曜社。

清水慎三（一九六七）「総評結成前後――占領下労働運動の再編成」『労働運動史研究』四六号（一九六七年一月）、三－一五頁。

竹村英輔（一九六一a）「ベルリンの印象」『月刊総評』五四号（一九六一年一〇月）、六六－七〇頁。

――（一九六一b）「ベルリンの印象二――危機にたつた境界線」『月刊総評』五五号（一九六一年一一月）、九七－一〇一頁。

――（一九六三）『総評ベルリン特派員――東ドイツの生活診断』弘文堂。

中北浩爾（二〇〇八）『日本労働政治の国際関係史一九四五－一九六四――社会民主主義という選択肢』岩波書店。

原彬久（二〇〇〇）『戦後史のなかの日本社会党――その理想主義とは何であったのか』中央公論新社。

兵藤釗（一九八二）「職場の労使関係と労働組合」清水慎三編『戦後労働組合運動史論――企業社会超克の視座』日本評論社、二〇三－二七一頁。

ものがたり戦後労働運動史刊行委員会編（一九九九）『ものがたり戦後労働運動史Ⅵ　安保と三池の決戦から同盟、ＪＣの結成へ』教育文化協会。

吉川勇一（一九九五）『コメンタール戦後五〇年（四）　反戦平和の思想と運動』社会評論社。

労働省編（一九五七）『資料労働運動史　昭和三〇年』労務行政研究所。

――（一九六一）『資料労働運動史　昭和三四年』労務行政研究所。

――（一九六二）『資料労働運動史　昭和三五年』労務行政研究所。

――（一九六三）『資料労働運動史　昭和三六年』労務行政研究所。

――（一九六四）『資料労働運動史　昭和三七年』労務行政研究所。

――（一九六五）『資料労働運動史　昭和三八年』労務行政研究所。

■文献（欧文）

Baring, Arnulf (1971) *Außenpolitik in Adenauers Kanzlerdemokratie*, München: Deutscher Taschenbuch Verlag.
Carew, Anthony (2000a) "A False Dawn: The World Federation of Trade Unions (1945–1949)," in: Marcel Van der Linden (ed.), *The International Confederation of Free Trade Unions*, Bern: Peter Lang, pp. 165–185.
—— (2000b) "Towards a Free Trade Union Centre: The International Confederation of Free Trade Unions," in: Marcel Van der Linden (ed.), *The International Confederation of Free Trade Unions*, Bern: Peter Lang, pp. 187–339.
Carlile, Lonny E. (2005) *Divisions of Labor: Globality, Ideology, and War in the Shaping of the Japanese Labor Movement*, Honolulu: University of Hawai'i Press.
End, Heinrich (1973) *Zweimal deutsche Außenpolitik: Internationale Dimension des innerdeutschen Konflikts 1949–1972*, Köln: Wissenschaft und Politik.
FDGB-Lexikon, http://library.fes.de/FDGB-Lexikon/rahmen/lexikon_frame.html

Haftendorn, Helga (2001) *Deutsche Außenpolitik zwischen Selbstbeschränkung und Selbstbehauptung: 1945–2000*, Stuttgart & München: Deutsche Verlags-Anstalt.

Hermann, Hans-Christian (2006) „Japan: Ein kapitalistisches Vorbild der DDR?“, in: *Deutschland Archiv*, 6.2006, S. 1032–1042.

Hildebrandt, Jens (2010) *Gewerkschaften im geteilten Deutschland: Die Beziehungen zwischen DGB und FDGB vom Kalten Krieg bis zur Neuen Ostpolitik 1955 bis 1969*, St. Ingbert: Röhrig Universitätsverlag.

Kupper, Siegfried (1971) *Die Tätigkeit der DDR in den nichtkommunistischen Ländern 7: Japan*, Bonn: Forschungsinstitut der Deutschen Gesellschaft für Auswärtige Politik.

Langer, Paul F. (1960) *Moscow, Peking and Japan: Views and Approaches*, Santa Monica, C.A.: Rand.

Link, Werner (1978) *Deutsche und amerikanische Gewerkschaften und Geschäftsleute 1945–75: Eine Studie über transnationale Beziehungen*, Düsseldorf: Droste.

Modrow, Hans (Hrsg.) (1983) *Die DDR und Japan*, Berlin (Ost): Dietz.

Neuss, Beate (1989) „Die Beziehungen zwischen der DDR und Japan“, in: Hans-Joachim Veen, Peter Weilemann (Hrsg.), *Die Westpolitik der DDR: Die Beziehungen der DDR zu ausgewählten westlichen Industriestaaten in den 70er und 80er Jahren*, Melle: Knoth-Verlag, S. 265–316.

Oberländer, Christian (2008) “Japan’s ‘Deutschlandpolitik’ in the Postwar Period: The Case of Travel Restrictions between East Germany and Japan,” in: Hans-Dieter Ölschleger (ed.), *Theories and Methods in Japanese Studies: Current State and Future Developments*, Göttingen: V&R Press, pp. 303–311.

Pfeil, Ulrich (2004) *Die „anderen“ deutsch-französischen Beziehungen: Die DDR und Frankreich 1949–1990*, Köln: Böhlau.

Rodríguez García, Magaly (2010) *Liberal Workers of the World, Unite?: The ICFTU and the Defence of Labour Liberalism in Europe and Latin America*, Bern: Peter Lang.

Rosenberg, Ludwig (1960) „Wie helfen wir den Entwicklungsländern?“, *Gewerkschaftliche Monatshefte*, H. 8, S. 449–454.

（訳　平野達志）

第三章

気候変動問題をめぐる日独関係
――エコロジー的近代化へのリーダーシップ

マーク・ティルトン

はじめに

温室効果ガスがこのまま蓄積されていけば、今世紀中に大気の温度が数度上昇し、その結果グローバルな生態系が根本的に攪乱される――このことは、気候科学者たちの間では共通認識となっている。気候変動はまさにグローバルな問題であり、それゆえに解決には困難が伴うことも明らかとなっている。このような変化は人間の生存を脅かす。海抜の低い地域や、高温や旱魃にさらされる地域はこの変化に対して特に脆弱である。しかし、温室効果ガスは排出された場所がどこであるかに関係なく、地球全体の気候に影響を与えてしまう。そして、排出削減の努力がその国の便益に直結するとは限らない。そのため、この問題への対処にあたっては、グローバルな共同の取り組みが必要となるのである。

日本とドイツはともに、気候変動問題において重要なリーダーシップを発揮してきたが、そのリーダーシップのあり方は非常に異なっている。日本は早い時期から省エネルギーに取り組むとともに、エネルギーを最も効率的に利用してきており、気候変動に対する政策に着手する以前から温室効果ガスの排出を抑制してきた。しかし、気候変動が取り組むべき課題として認識されるようになると、今度はドイツが気候変動の緩和それ自体を目的とする形で政策形成を主導するようになっていった。日本が経済の効率性やエネルギーの安全保障を追求するためにエネルギーの効率化を図ったのに対し、ドイツは地球温暖化の問題の解決を目指すことに主眼を置き、そのために国際協力を推進したのである。日本ではエネルギー効率化や省エネのための政策が早くから展開されたが、それに刺激されて後にドイツでは「エコロジー的近代化」と呼ばれるようになる理念や、排出抑制を目指す政策が形成されていった。このように、日本が見せたリーダーシップは、省エネやエネルギー効率化を推進する上で政府がいかに役割を果たしうるかを示すものであり、それは後にドイツの気候変動政策の発展にも大きな影響を与えたのである。

気候変動をめぐる国際協調を推進する上で、アメリカはこれまでほとんど寄与するところがなかった。このようにアメリカが消極的であったため、この問題を主導するのはアメリカと並んで工業先進世界における三極を形成する日本と欧州連合(European Union. EU)となった。ＥＵの中では、オランダ、デンマークと並んで、ドイツが最も強力にイニシアティヴを発揮した。ドイツは国際的な取り組みを支援するよう、日本に対して圧力を行使した。このことは気候変動をめぐる日独関係における最も重要な政治的要素を形成した。また、これに比べると政治性は薄いものの、温室効果ガス排出削減のための技術と規制措置を共有するという要素も、やはり日独関係に影響をもたらした。

二〇一一年の福島第一原子力発電所の惨事により、各国は気候変動に対処するための新たな課題を突きつけられ、気候変動をめぐる日独関係にも転換がもたらされた。それまで、原子力は二酸化炭素排出を削減するための鍵とされてきたが、福島の惨事によって多くの人々は核エネルギーのリスクを再認識させられた。日本の全ての原子炉が停止されただけでなく、ドイツでも多くの原子炉が停止され、新たな原子力プロジェクトが中止された。

国際関係論における最も重要な論点の一つは、国際関係の形成においてパワーと理念のいずれが重要であるかという問いに関わるものである。現実主義者(realist)は、国際関係のあり方を決定的に左右するものはパワーであると考える。国際協調主義者(liberal)と構成主義者(constructivist)は、理念を最も重視する。気候変動の事例では、明らかにどちらの要因も重要である。多くの人々は気候変動が人間の安全への脅威となっていることを確信しているものの、その脅威が間近に迫っているようには感じていない。そのため、気候変動によって失われかねない利益を、政治資金を投じてまで保護しようとする経済利益団体はほとんどない。ほとんどの国において経済利益団体は、自然災害の防止に貢献することで得られる効用に対して懐疑的である。しかし、世界中の人々の福利に注意を払うべきであるとする道徳的理念は、経済的利益を追求する集団の影響よりも重要であるように思われる。ドイツは日本に積極的な気候変動対策を求めるに際して、商業的な可能性を強調するのではなく、日本が責任ある行動を取り、国際社会のリーダーとして奉仕すべきだと主張したのである。

アメリカ上院は、二酸化炭素の排出削減を目指す一九九七年の京都議定書の批准を、アメリカの利益を侵害するという理由で否決した。一方欧州は、京都議定書の規定をめぐる主要な交渉において、日本に対し大きく優位に立つことができた。京都議定書は一九九〇年を基準年としていたが、それは欧州の二酸化炭素の排出量がピークに達した年であり、また旧東ドイツとイギリスでエネルギーを浪費する重工業施設が閉鎖される直前の年でもあった。そして京都議定書は、日本側に有利となる抜け穴や回避措置を制限しており、これまでも伐採が慎重に行われてきた日本の森林を再生させて二酸化炭素吸収源とすることに対し、クレジット（排出枠）を付与することなどを認めていなかった。日本では、京都議定書の内容をめぐるドイツとの争いにおいて敗れたという感情が引き起こされた。理念を主張するドイツに譲歩するにつれ、ドイツ以上に自らの経済的利益を損なうように思われた議定書に調印するよう、日本は迫られていったのである。

一　気候変動をめぐる日独関係

1　ドイツの気候変動問題におけるリーダーシップと日本の初期の省エネルギーへの取り組み

ドイツにおいても日本においても、環境に対する関心には長い歴史がある。日独とも環境保護運動が展開される動機となったのは、汚染がもたらす人体への危険や、より広範な環境破壊への懸念であった。鉱毒への懸念と抵抗の歴史は、ドイツ、日本ともに一七世紀にまで遡る（寺西　一九九三、二二七頁、Uekötter 2009）。一九世紀後半に工業化が進展するに伴い、石炭の燃焼による大気汚染を始めとして様々な形での環境破壊が進み、同時にそれらに対して関心が払われるようになった（Uekötter 2009）。ドイツでは、個人が貪欲に公共財を消費することで利益を得る可能性があるという考え方が「略奪経済」(Raubwirtschaft)、すなわち「盗みに基づく経済活動」という言い方によって表現され、森林の過剰な伐採が批判された(Dominick 1992, pp. 9–11)。

環境保護の歴史において、活動家たちが初めて国際的なレヴェルで取り組んだのは、酸性雨問題である。一九六八年、あるスウェーデンの科学者は、スカンディナヴィア半島の森林が他国からの酸性雨によって被害を受けていることを示唆した。この問題は、その後およそ一〇年の間、スカンディナヴィア以外の地域で関心を引くことはなかったが、一九七〇年代末から一九八〇年代初頭にかけての時期になると、カナダやヨーロッパでも認識されるようになり、とりわけドイツで取り上げられるようになった。ドイツでは新たに登場した緑の党が、環境問題に取り組むとともに原子力と石炭火力の双方に反対し、選挙で勝利を収めるようになった。社会民主党(SPD)にも環境問題に取り組む政治家が現れ、彼らの努力によってSPDも酸性雨を始めとする環境問題を扱うようになった。一九八二年にキリスト教民主同盟(CDU)・キリスト教社会同盟(CSU。バイエルン州のキリスト教民主主義政党)が自由民主党(FDP)とともに連立政権を発足させると、新政権は環境問題に関し、概ねSPDによって敷かれた路線を踏襲した。こうした新たな動きの中で展開された政策により、硫黄酸化物や窒素酸化物の排出は大幅に削減された。さらにドイツは欧州共同体(European Community. EC)に対し、同様に排出削減を行うよう働きかけた(Schreurs 2002, pp. 93–99)。酸性雨は、国際的な取り組みを推進するにあたってドイツが主導性を発揮した最初の主要な環境問題であり、またドイツで緑の党が成長するための鍵ともなった。

国際環境政策におけるドイツの当初の活動は、EC域内の環境問題を対象としたものであった。一九六〇年代から一九七〇年代にかけ、ECはドイツとオランダの主導によって水政策(water policy)を導入することとなった。また、この二カ国とデンマークの主導により、ガソリンから鉛を取り除く努力、あるいは不要な包装を減らすための活動が生まれた。ECの中でも、ドイツはオランダ、デンマークとともに環境政策や気候変動政策を推進する原動力となった

(Sbragia 1996, pp. 237–239)。そして一九八〇年代にドイツ国内の環境政策が厳格化されるに伴い、ドイツの指導者たちは、国内の基準をEC規模にまで拡大することで、ドイツ企業の競争力を確保する必要性を認識するようになったのである(Sbragia 1996, p. 240)。

日本の戦後の環境保護活動は、従来の活動の基礎に立ちながら、尾瀬の湿原を開発から守る取り組みや、水俣の有機水銀汚染に対する闘いといった形で開始されていった。そして、各国が二酸化炭素排出問題に取り組むようになるよりもかなり前から、日本はエネルギーの効率性を高め、再生可能エネルギーの利用を促進するための政策に着手していた。一九七三年と一九七九年の石油危機により、石油の輸入が途絶するという衝撃を受けた日本政府は、最もエネルギー効率のよい先進工業国への転換の必要性に迫られることとなった。そうした中で採用された政策の嚆矢が、通商産業省の新エネルギー技術研究開発計画、すなわちサンシャイン計画である。エネルギーの効率化を図るこれらの政策は、一九八〇年代を通じ、次第に環境上の目標だけでなく安全保障上の目標をも追求するものとなっていった(松井　一九九五、二三〇頁)。

こうして日本では、産業政策は経済と環境の調和を目指して行われるべきだとする考え方が生み出された。このような日本の先進性は、ドイツでも早くから認識され、一つのモデルとして採用された。一九七五年、ハウフ(Volker Hauff)とシャルプ(Fritz W. Scharpf)は、通産省が一九七四年に「知識集約的であると同時に、資源と環境を保全するような生産活動をきわめて重視する経済理念を形成し」始めていると論じた。彼らはまた、ドイツの産業政策においても、資源と環境を保全する技術によって生み出される新たな市場に目を向けるよう提言した(Hauff und Scharpf 1975; Jänicke 2008, S. 30)。日本から導入されたこのような考え方は、その後数十年間ドイツにおいて発展を見せ、「エコロジー的近代化」(ecological modernization; ökologische Modernisierung)の理念として結実した。

日本はエネルギーを効率的に利用することにかけては、他の先進工業国に大きく先んじていた。一九七一年に日本

表 3–1　GDP（2000 年の米ドルを基準とした購買力平価換算）10 億ドル当たりの一次エネルギー供給量

（単位：ペタジュール）

年	1971	1975	1980	1985	1990	1995	2000	2005	2006	2007
日本	8.5	8.1	7.4	6.7	6.4	6.7	6.7	6.3	6.1	5.9
フランス	9.1	8.2	8.1	8.0	7.5	7.4	6.9	6.8	6.6	6.4
ドイツ	12.0	11.3	10.9	10.2	8.5	7.3	6.6	6.5	6.3	6.0
イギリス	11.4	10.0	9.1	8.3	7.3	7.0	6.1	5.4	5.2	4.8
EU 15 カ国	9.5	8.8	8.4	7.9	7.2	6.9	6.3	6.1	5.9	5.7
カナダ	17.0	16.8	16.3	14.2	13.3	13.6	12.0	11.5	11.1	10.8
アメリカ	17.3	16.2	14.7	12.4	11.4	10.9	9.8	8.9	8.6	8.5

注：EU 15 カ国は 2004 年に 10 カ国（ほとんどが旧ワルシャワ条約機構構成国）が加盟する前から EU を構成していた国々であり，西ヨーロッパ諸国とギリシャ，フィンランドから成る．

出所：International Energy Agency 2011.

はGDP一〇億ドル当たり八・五ペタジュール（ペタは一〇の一五乗）を消費していたが、これは他の主要先進工業国よりも低く、後に初期のEU構成国となる一五カ国（旧共産主義国を中心とした一〇カ国が二〇〇四年に加盟する前のEU、表3－1を参照）の平均よりも低かった。だが、その後ドイツとEU一五カ国は気候変動対策を積極的に進め、そのためもあって二〇〇〇年までに日本に追いつき、それ以降は日本と概ね互角となっている。アメリカとカナダも、日本や欧州のレヴェルには遠く及ばないものの、やはりエネルギー効率を向上させている。

2　気候変動をめぐるドイツの日本に対する圧力

気候変動の抑制を図る政策がグローバルに展開される過程において、日独関係は中心的な役割を果たした。ドイツは、EU内部においてて気候変動対策を前進させたのみならず、グローバルなレヴェルでも京都議定書を成立させるための推進力となった。それに対して日本は、京都議定書の内容について企業関係者から反発を受け、またエネルギー価格の上昇に対する国内の抵抗があったため、二酸化炭素排出規制の強化には消極的であった。最終的に日本は京都議定書に調印したが、負担を積極的に引き受けようとしたわけではなく、それはドイツが規制強化のために進んで犠牲を払ったのとは対照的であった。日本は排出権取引制度の議論を引き延ばし、ドイツほど再生可能エネルギーの利用推進のために資金を投入することはなかった。しかし、二〇〇八－一二年の京都議定書第一約束期間の段階で日本が参加したことにより、参加国の温室効果ガス排出量は附属書Ⅰ諸国(すなわち富裕国)の総排出量の五五％を超えることとなった。この数値は、京都議定書の発効要件として合意されていたものであった。そうした意味で、日独関係は二〇〇八－一二年の第一約束期間が成功するための鍵となっていたのである。しかし、気候変動問題をめぐる日独関係は、京都議定書の課題においてのみ意義を持ったわけではなく、温室効果ガス排出削減のための技術開発に関連して、日独間の大規模な商業的、技術的関係が展開されたこともまた重要であった。

気候変動が国際的に対応すべき問題として関心を集めるようになったのは、一九七〇年代末になってからのことである。一九八八年、国連は気候変動に関する政府間パネル(Intergovernmental Panel on Climate Change. IPCC)を設立した。アメリカでも科学者たちが早くから地球温暖化の危険性について調査に乗り出していたが、この問題をめぐる政策形成のために最初に主要国として尽力したのはドイツであった。一九八六年のチェルノブイリ事故を受けて、ドイツでは地球温暖化が政治的利害関心の対象になった。それ以前からSPDは、原子力発電所の稼働を停止させ、さらに段階的に廃止していくことを主張していた。この事故によって、原子力の安全性に対する不安は必然的に高まり、CDU・CSUは原発停止の要求に直面することとなった。原発の稼働継続を主張するCDUは、この政策を正当化するにあたって、地球温暖化対策の必要性を訴えた。チェルノブイリ事故の翌年、原子力産業の将来性に危機感を抱いたCDUの主導により、ドイツ連邦議会に地球温暖化問題について調査する諮問委員会が設けられた。この委員会は一九九〇年までに、地球温暖化問題に対して「直ちに予防的措置が講じられなければならない」と結論づけた(Enquete Commission of the German Bundestag 1989, p. 24; Hatch 2007, p. 43)。諮問委員会が発揮したリーダーシップは、当時のいかなる政党もなし得なかったような強力なものであった。ＳＰＤは炭鉱業との結びつきが強かったこともあり、当初は気候変動対策を推進することに懐疑的であった。企業との関係が強いＣＤＵは、気候変動対策を進めることにより燃料価格が高騰することを懸念していた。緑の党や主要な環境保護団体も、地球温暖化の危機を強調することが原子力推進に口実を与えかねないという警戒から、気候変動に対する取り組みには及び腰であった(Hatch 2007, p. 44)。

欧州のレヴェルでは、まずエネルギー・炭素税によって気候変動の抑制を図る試みがなされたが、これは失敗に終わった。その後具体的な気候変動対策は、各国政府が個別に実施することとなったが、そうした時期を経て、主要な政策は排出権取引制度とＥＵ自動車排出規制制度という形に収斂していった(Hey 2010, p. 214)。

ドイツにおいて、気候変動対策の厳格化を支持する勢力は決して広範なものではなかった。ドイツの自動車産業だけでなく、「マスメディアの大半を始め、ドイツのほぼあらゆる政治的立場の人々」が、自動車の二酸化炭素排出要件を厳格化する案に反対していた(Hey 2010, p. 215)。欧州委員会は、緩い基準を望むドイツに対し大幅に譲歩することとなった。ドイツでは環境に優しい政策が成長を促すという考え方が大きな共感を呼んでおり、電力セクターも政治的な力を有していなかったにもかかわらず、自動車セクターの影響力が強力であったために、ドイツはこのような態度を取ることになったのである(Hey 2010, p. 215)。また、排出権取引の推進に対しても、ドイツ企業からの強い抵抗が存在した。しかし、排出権取引がデンマークとイギリスで導入され、ＥＵレヴェルにまで拡大されることが明確になると、排出権取引の運用をめぐる細目決定への影響力を確保するため、ドイツ企業は交渉の席に着くようになった(Bang *et al.* 2007)。そして後述するように、ドイツは日本に対し、排出権取引の運用を京都議定書に適合させるよう求めた。

気候変動をめぐる日独関係においては、ドイツが日本に対して行動を要求し、日本がそれに反発するというパターンが存在した。このパターンが最初に見られたのは、一九八九年の関係閣僚会議においてである。ドイツが早急に気候変動に対する取り組みに着手するよう呼びかけたのに対し、日本とアメリカがともにそれを拒否したのであった。一九九一－九二年の政府間交渉委員会における討議でも、ドイツは実現の難しい具体的な目標の設定を主張したが、日本はここでも抵抗を見せた(Schreurs 2002, pp. 146–151)。

ドイツは各国の中でも、気候変動をめぐる交渉を前進させることに積極的であった。一九九四年、国連の気候変動枠組条約が五〇カ国の批准を受けて発効した。ドイツは合意形成のために一連の会合を主催し、一貫して遠大な目標を掲げた。一九九五年のベルリン会談では、ドイツは二〇〇五年までに二酸化炭素排出量を一九九〇年の水準から二〇%削減すべきだとする小島嶼国連合の提案を支持した。気候変動枠組条約の締約国はドイツの提案を退けたものの、特定の時期の排出量を議定書に盛り込むこと、そしてそれを一九九七年の締約国会議で実施することには賛同した。この合意は「ベルリン・マンデート」(Berlin Mandate)と呼ばれ、これを受けて結成されたベルリン・マンデート・アドホック・グループは、一九九七年に予定されている京都会議に向け、ボンで八回の準備会合を開催した。ドイツは一九九六年に、二〇〇五年までに一〇%、二〇一〇年までに一五－二〇%の排出削減を実施することを提案した(Hatch 2007, p. 50)。日本とアメリカは、ともにドイツによる積極的行動の呼びかけに応ずることを拒んだ。

準備会合は全てドイツで開かれたものの、合意を形成する最終会合を主催する栄誉に浴したのは日本であった。最終合意に日本の古都の名前が付されたことにより、日本は窮地に立たされ、もはやこのプロセスに背を向けることはできなくなった。ドイツとEUは日本に京都会議の議長国としてリーダーシップを発揮するよう圧力をかけた。一九九七年に行われた京都での交渉において、アメリカは市場に基礎を置くメカニズムの拡大を主張する一方、EUは厳格な目標を掲げ、豊かな国に国内での大きな変化を要求した。日本はアメリカとEUの板挟みとなり、交渉にはほとんど影響を与えることはなかった。結果としてアメリカは重要な譲歩を勝ち取ったが、その中には植林(森林再生)による炭素吸収源の増加分を算入することや、排出削減目標を単年度方式ではなく複数年度平均方式とすることなどが含まれる。またアメリカは炭素吸収の対象として三種ではなく六種の温室効果ガスを算入するよう主張し、これも認められた。一方、アメリカが合意させられたのは削減幅を七％とすることであり、この幅はアメリカが予期していたよりも大きかった。最終合意ではドイツとイギリスがそれぞれ二五％、二一％と最も大きな削減幅を受け入れたが、両国はすでに石炭の利用を減らすことによりこの削減幅のかなりの部分を消化していた。クリントン(Bill Clinton)米大統領は、上院が批准拒否の意思を表明していたにもかかわらず、京都議定書に署名した(Schreurs 2002, p. 191)。

アメリカ上院が批准を拒んだ際、ＥＵはこれに追随しないよう日本に対して圧力をかけた。ＥＵと日本はアメリカに再考を促すべくロビー活動を行った。こうした中で小泉純一郎首相は、日本はアメリカの協力なしに京都議定書のために仕事をすることはないと発言した。しかし日本では小泉に対し、アメリカの態度如何にかかわらず京都議定書に協力すべきだとする声が一般世論から、とりわけ環境保護活動家たちから投げかけられた。日本はそれを梃子にしてＥＵと取り引きし、要求された国内排出削減量を軽減することに成功した。日本は植林事業および途上国における排出削減計画を進めることによるクレジットの割当を獲得した(Schreurs 2002, pp. 201–204)。そして二〇〇五年にロシアが批准したことにより、京都議定書は発効した。

日本国内で気候変動対策が前進する過程は、次のような特徴を有していた。すなわち、積極的な対策を呼びかける強力な国内の圧力団体が存在せず、企業は厳格な措置に反対していたため、進展は遅々としたものにとどまる中、時に歴代の首相が日本の国際的な評判を獲得すべく口を差し挟む、というものである。この間の歴代の首相は、国際社会で責任ある役割を果たしていることを示すため、日本は気候変動問題に貢献しなければならないと強調した。国際社会という舞台に立つ日本の指導者たちを観客として見据えていたのは、この問題で自らの主張を喧伝していたドイツであった。

二〇〇五年の批准後、ドイツの指導者たちは京都議定書を遵守するという約束を果たすよう日本に求めた。二〇〇七年九月、メルケル(Angela Merkel)独首相が訪日し、排出削減に関する拘束力のある約束を結ぶよう要求すること、そして二〇〇八年のＧ８サミットで日本が気候変動問題に関してリーダーシップを発揮することを求めた。メルケルは日本の指導者たちに、経済や利害関係におけるドイツと日本の類似性を強調し、次のように述べた。「日本とドイツは古くからの輸出国。環境に優しい技術で、新しい市場を開拓することができます」。さらにメルケルは、再生可能エネルギーとエネルギー貯蔵の技術を輸出することによって他国に排出削減を受け入れるよう促すことができると論じつつ、日独両国が協力して新たな技術を作り出すことを呼びかけた(「ＥＵ路線に引き込み狙う　環境技術協力求める独首相　日独、手法に違いも」『北海道新聞』二〇〇七年九月一日)。すなわちメルケルは、ドイツと日本が共同で「エコロジー的近代化」という理念を世界に広めることを提案したのである。

ドイツ側は日本の指導者たちに二酸化炭素排出削減に取り組むよう説得を試みたが、ＥＵもまた気候変動問題に関してグローバルな協力を呼びかけており、ドイツの働きかけはこうした大きな文脈の一部をなすものであった。ＥＵは二酸化炭素排出に上限値を導入する政策を推進していた。欧州委員会の気候担当官のトップであるピーター＝カール(Mogens Peter Carl)は、ヨーロッパの施策の背景にある考え方を次のように表現した。「二酸化炭素が価格を有するためには希少性が備わっていなければならず、それが備わっていない限り価格は生じない。希少性を得るためには、法的拘束力のある排出規制の約束が必要である」(Darren Samuelsohn "U.S. Talks 'Very Informal, Very Direct, Very Frank'," in: *Greenwire*, October 1, 2007)。日本側のアプローチが効率性を強調するものであったのに対し、ＥＵは排出上限値の厳格化を主張していたのである。

日本の歴代の首相は、国内外の観察者たちにアピールするため、時に大胆な提案を表明した。二〇〇七年六月に開催されたドイツ・ハイリゲンダムにおけるＧ８会合で、安倍晋三首相は「美しい星50」(Cool Earth 50)を掲げ、二〇五〇年までに五〇％の排出を削減することを提案して各国首脳からの称賛を受けた。(1) 京都議定書の約束期間二〇〇八－

一二年の一年目に当たる二〇〇八年には、日本が北海道の洞爺湖でＧ８会合を主催することになっていたが、ハイリゲンダム・サミットの後、日本の政策決定者たちは、洞爺湖サミットでＧ８の指導者たちから日本の過剰排出について批判を受けることを懸念した。二〇〇七年九月に安倍晋三から福田康夫へと首相は交代したが、二〇〇七年から二〇〇八年にかけてこの二人の首相は、国際的な威信を保持するため、国内の排出削減に向けて尽力したのである。

ＥＵ主要国の中でも二酸化炭素排出削減を最も強く主張したドイツは、日本に対する直接的な外交的圧力の行使を厭わなかった国でもあった。しかし、海外からの圧力に対する日本の反発は、ドイツ単独に対するものというよりも、ＥＵや西欧一般に対するものとして現れた。政府が欧州からの圧力に屈する姿勢を見せたことは、日本において憤激の火種となった。日本政府の官僚たちは、日本が西欧諸国の主導に倣う様子を「出羽守」という駄洒落で表現した。出羽守は、律令制下日本北部の出羽国の長官である。「でわ」は、日本語で「西欧ではこのようにしている、だから我々もそこから学ばなければならない」の「では」でもある。「出羽守」に従うということは、西欧の例に恭しく倣うことを意味しており、日本の排出政策を過度なＥＵへの恭順であると見なす官僚もいたのである。ある環境省の職員は、二〇〇八年に「今や我々はポスト京都議定書の時期に来ている。間もなく交渉だ。日本は京都議定書の交渉に敗れたが、それを繰り返してはならない」と述べた(環境省職員へのインタヴュー、東京、二〇〇八年三月四日)。京都議定書を批判する論者たちは、過去に日本が西欧の帝国主義列強によって搾取を受けたことを引き合いに出しながら国民感情に訴えた。産業界の有力者の中には、京都議定書を新たな「不平等条約」と呼ぶ者もいた。日本はエネルギー節約のための技術革新を西欧に先んじて進めたにもかかわらず、その対価が日本に払われなかったことから、政府高官や企業経営者は京都議定書を不公平だと見なし、西洋の市民が日本の法廷での訴追を免れることを認め、日本の関税に対する決定権を西洋諸国に付与するという一九世紀の不平等条約になぞらえたのである(「排出量取引『やむなし』」の声に戦々恐々とする日本経団連」『週刊ダイヤモンド』二〇〇七年七月一四日、一四－一五頁)。もちろん、欧州からの排出削減の

表 3–2　排出絶対量の変化

	1990–2009 年	1997–2009 年
フランス	−12.9%	−11.9%
イギリス	−27.7%	−20.3%
ドイツ	−23.0%	−12.5%
EU 15 カ国	−15.0%	−12.0%
日本	−5.0%	−9.6%
アメリカ	5.6%	−7.4%

出所：International Energy Agency 2011.

圧力に抵抗したのは日本だけではなかった。アメリカは欧州主導の排出削減キャンペーンに対して、日本よりもはるかに非協力的であった。日本においてヨーロッパに対する怒りが表面化したのは、まさしく日本が排出削減のために実際に犠牲を払ってきたことに起因していた。

一九九〇年から二〇〇九年まで、温室効果ガス排出量は欧州で大幅に減少したが、アメリカでは増加し、日本の減少幅は小さなものであった。欧州の全ての経済大国、とりわけイギリスとドイツでは、一九九〇年から二〇〇九年の間に大きな減少幅を見せている（表３－２参照）。先に述べたように、これはイギリスと旧東ドイツにおいて非効率な重工業施設が閉鎖されたことによるところが大きい。一九九七年にはドイツとイギリスで石炭に依存する工場の閉鎖がほぼ完了したが、それ以降の排出削減量に着目すると、日米と欧州の差は縮まっていることがわかる。なお、このデータが国連のものであり、二酸化炭素「吸収源」として森林の再生や農業慣行の変化による二酸化炭素の吸収が考慮されていることに留意する必要がある。これは日本とアメリカで好まれる計算方法である。

それでは、排出削減パターンは、本当に日本にとって不公平なものだったのであろうか。デイヴィス（Stephen Davis）とカルデイラ（Ken Caldeira）は、排出がどこまで外部に肩代わりされているのかを分析した。彼らの関心は、中国などの途上国が工業製品を生産することにより、それを購入する先進国に代わって温室効果ガスを排出しているのかどうかにあった。デイヴィスとカルデイラは、実際にそ

表 3–3　2004–09 年の消費排出量の推計

	一人当たりの消費排出量(2004 年)	購買力平価ベース GDP 千ドル当たりの消費排出量(2004 年)	一人当たり変化(2004–09年)	GDP 単位当たり変化(2004–09年)	一人当たり消費排出量(2009 年)	購買力平価ベース GDP 千ドル当たり消費排出量(2009 年)
フランス	9.3	0.34	−12.4%	−13.1%	8.2	0.3
イギリス	13.6	0.48	−16.5%	−15.9%	11.3	0.4
ドイツ	12.7	0.48	−8.8%	−12.2%	11.6	0.42
EU 15 カ国	11.7	0.44	−15.5%	−16.1%	9.9	0.37
日本	12.5	0.47	−10.0%	−8.9%	11.2	0.43
アメリカ	22	0.61	−12.4%	−12.6%	19.3	0.53

注：デイヴィスとカルデイラの 2004 年のデータに基づく推計．2004–09 年の変化率は，LULUCF（土地利用，土地利用変化，林業による炭素吸収）を算入した国連のデータに基づく．2009 年の推計は粗値であり，2004 年から 2009 年まで経済構造の変化がなかったものと仮定していることに注意．
消費排出量の単位はトン．消費排出量（トン）は購買力平価ベース GDP 千ドル当たり．
購買力平価はいずれも 2000 年の米ドルを基準とする．
出所：Davis and Caldeira 2010. International Energy Agency 2011.

のような代替関係があることを見出し、またどの程度排出を他国に肩代わりさせているかは先進国間でも違いがあることを示した。彼らが用いた手法は、先進工業各国が実際にはどれだけの排出量に対して責任を負っているかについて、適切に測ることを可能にした。例えばドイツの場合、純取引量を計算すると、統計上の総取引量に示されるほどにはエネルギーを浪費していないと考えられる。デイヴィスとカルデイラは輸出入に組み入れられたエネルギー消費量と温室効果ガス排出量を計算することにより、消費による純排出量（消費排出量）を導出した。この分析で用いられたデータは、京都議定書の批准直前の時期のものである。筆者は二〇〇九年の消費排出量を推計するため、国連による二〇〇四－〇九年の数値の変化率をもとに、デイヴィスとカルデイラの二〇〇四年の数値を調整した（表3－3参照）。これらの数値を見る限り、日本が不当に厳しい基準を強要されてきたとはいえない。二〇〇九年の時点で、日本の一人当たり消費排出量はドイツより三％低く、G

DP単位当たりでは一％高かった。そして日本の消費排出量は、EU一五カ国全体の数値より一四－一六％高かった。これはドイツと日本の間での公平性を測る最もよい指標であると思われるが、これによれば、日本の消費排出量はドイツを含む西欧諸国よりも特に少ないとはいえず、ほとんど変わらない水準なのである。アメリカは、一人当たり、GDP単位当たりのどちらで計算しても、二酸化炭素排出量は無責任といわざるをえないような水準にある。

3　日独間の技術と規制措置の共有

気候変動をめぐる日独関係においては、政府間関係に加え、長期にわたる企業間関係が存在感を示してきた。外務省の主導のもと、日本は多くの国々との間で科学技術協力協定を締結している。一九七四年に日独科学技術協力協定が調印され、それ以来、日独科学技術協力合同委員会の会合が開かれた。また一九七八年以来、二国間の日独環境保護技術パネルが開催されていた。しかしこれらの組織は、気候変動対策に関する困難な政治的決断を行うにあたって、重要な役割を果たしていたわけではなかった。

日本とドイツにおける主要な企業団体である経団連とドイツ産業連盟(Bundesverband der Deutschen Industrie)のそれぞれの代表者たちの間でも、気候変動問題に対する協力が見られた。一九九七年の京都会議の準備に際して両団体は共同声明を発し、気候変動とエネルギー税をめぐる厳しい措置に反対するとともに、原子力エネルギーを支持した(「経団連ミッションと独産業連盟、環境税反対で共同声明を発表」『日刊工業新聞』一九九五年一一月二八日。「経団連と独産業連盟、温暖化防止共同宣言」『日本経済新聞』一九九六年一一月二日)。排出削減のためにコストのかさむ措置を取ることに反対するという両団体の態度は、ドイツ政府の立場と際立った対照をなしていた。

再生可能エネルギー分野において日本が目覚ましい進歩を見せるにつれ、ドイツと日本の企業団体は会合を開き、再生可能エネルギーについてより真摯に話し合った。二〇〇七年には、一連の日独環境フォーラムが発足した。このフォーラムを後援した機関の中には、二〇一〇年に設立されたドイツ科学・イノベーション・フォーラム東京(Deutsches Wissenschafts- und Innovationshaus Tokyo)が含まれていた。これは世界五カ国に設立された科学・イノベーション・フォーラムのうちの一つである。また、日本の新エネルギー・産業技術総合開発機構とドイツ貿易・投資振興機構(Germany Trade and Invest)も主催者に名を連ねていた(「電機大手、太陽電池やＥＶなど環境事業訴求、日独産業フォーラムで」『化学工業日報』二〇一〇年一一月二二日)。これらのフォーラムを通じ、新エネルギー技術に関して両国の政府・企業の専門家たちが利害関心を共有するための基礎が形成されていった(「六月に日独環境フォーラム開催」『電気新聞』二〇〇九年四月一六日)。

気候変動政策をめぐる両国関係が形成される上で重要な要素となったのは、相手国の技術水準への関心であった。例えば、日本の環境省から風力タービン基準の調査を委嘱された日本騒音制御工学会が、騒音基準調査を実施するにあたって比較対象としていたのは、ドイツ、デンマーク、オランダ、フランスであった(「風力発電設備の低周波音　海外基準調査し報告」『電気新聞』二〇〇九年三月一三日)。一方ドイツの批評家たちは、日本のエネルギー効率向上のための施策を「トップ・ランナー」プログラムであると称賛した。ドイツのペテリング(Hans-Gert Pöttering)が欧州議会議長を務めていた二〇〇七－〇九年の間に、ドイツのガブリエル(Sigmar Gabriel)環境・自然保護・原子力安全相は、欧州規模のトップ・ランナー・プログラムが必要であると主張した(Gabriel 2007)。ドイツが日本型モデルの採用を推進したからといって、それが直ちに欧州の政策に反映されたわけではなかったが、二〇一二年に入るとＥＵの地域委員会において、トップ・ランナー・プログラムを導入することによりエネルギー効率化を図る案が浮上した(Committee of the Regions, European Union 2012)。

日本では早くから再生可能エネルギー、特に太陽光エネルギーの技術革新が進んでいた。日本の太陽(光起電力)電池産業は一九七〇年代のサンシャイン計画によって発展の基礎を築き、大きな商業的成功を得るには至らなかったものの、一九八〇年代に日本企業はこの分野で急速な進歩を遂げた。太陽電池の生産に必要な技術はコンピュータ用半導体技術と密接に関わっていたため、光起電力電池の生産には日本の先進的な半導体工場が従事していた。二〇〇七年になると、日本は光起電力電池の生産で世界一となり、世界生産の四分の一を占めるに至った。しかし、二〇〇五年に政府が再生可能エネルギーへの主要な助成金を打ち切ったことにより、成長のペースは鈍化した(「余録」『毎日新聞』二〇〇九年四月六日)。日本の企業経営者たちは、ドイツを始めとした他の国々に取り残されることを懸念し、即座に憂慮を表明した(「太陽電池普及に不可欠な市場対応」『化学工業日報』二〇〇九年七月九日)。その際、彼らの多くが太陽光エネルギー推進のモデルとして挙げたのは、ドイツであった。

ドイツでは太陽光発電容量が拡大していったが、そのきっかけとなったのは、太陽光エネルギーに投資した人たちに費用に応じた収入を保証する固定価格買取制度が、一九九一年に導入されたことである(「太陽光発電容量二位→三位出遅れ日本『政策の差』」『産経新聞』二〇〇九年四月七日)。二〇一一年現在、固定価格買取制度は世界の九二の国、地方、州で導入されている。こうした中で経産省は日本が遅れを取ることを懸念し、二〇〇五年に一度廃止された家庭の太陽光発電設備への助成金交付を二〇〇九年に復活させた。これに対し、日本は余剰電力を購入する制度を作っただけで、発電にかかる費用の全額が補償されるわけではないため、不徹底であるという批判も見られた(「太陽光発電『買い取り価格二倍』　料金転嫁に反発も」『読売新聞』二〇〇九年三月二二日)。日本の新聞では、ドイツで二〇〇四年に固定価格買取制度が拡充され、太陽光エネルギー設備の売上高が二〇〇七年までの間に九倍に伸びたことが報じられた(同紙)。そして二〇〇七年、ドイツは太陽光発電設備容量で日本を抜き、首位に立った(同紙)。二〇一一年現在、日本は依然としてスペインやアメリカよりは上位にあるものの、ドイツ、イタリアに次ぐ三位に陥落している(Renewable Energy Policy Network for the 21st Century 2012)。結局、二〇一二年七月、日本は固定価格買取制度を導入した。

再生可能エネルギー全体の状況を見てみると、ドイツは日本よりもはるかに先進的である。二〇一一年末には、ドイツの再生可能電力設備容量(水力を除く)は中国とアメリカに次いで三位となった。ドイツの一人当たりの再生可能電力容量は最高レヴェルであり、スペイン、イタリア、アメリカ、日本がこれに続いた。日本の一人当たり再生可能電力容量は〇・〇九キロワット時に過ぎず、ドイツの〇・七五キロワット時、ＥＵ二七カ国全体の〇・三五キロワット時、アメリカの〇・二二キロワット時に遠く及ばない(Renewable Energy Policy Network for the 21st Century 2012, p. 98)。なお、自然条件の制約のない革新的な再生可能エネルギーが比較対象となっているため、これらの数値には水力が含まれていない。また、ドイツでは二〇五〇年までに再生可能エネルギーの比率を八〇％まで引き上げることが目指されているほか、送電線網の整備により、南ヨーロッパと北アフリカの太陽光発電、ドイツの風力発電、スカンディナヴィアの水力発電で得られたエネルギーを欧州全体に供給可能にするための施策が行われている(Sebastian Bronst, „Stromautobahnen für den Abschied von der Atomkraft“, in: *Agence France-Presse*, 15. März 2011)。

日本は二〇一二年に固定価格買取制度を導入したが、いわゆる「ドイツ・モデル」に対しては批判も根強かった。例えば朝野は、固定価格買取制度とドイツ・モデルが日本にとってあまりに高コストであると批判した(朝野 二〇一二)。ドイツの経済政策を批判する日本の論者の間では、ドイツが過度に環境の危険を懸念しているという見解や、ドイツが遺伝子組み換え作物のような新しい生物学的領域の研究に対し反対していることへの批判も見られた(「精留塔　日本とドイツの共通点」『化学工業日報』二〇〇九年九月一〇日)。

ドイツは太陽光エネルギーに関し、グローバルな舞台で際立ったリーダーシップを発揮した。ドイツはシェーア(Hermann Scheer)のイニシアティヴのもと、国際再生可能エネルギー機関(International Renewable Energy Agency. IRENA)創設を主導した。日本とアメリカは当初は単なるオブザーヴァーとして関与するにとどまったが、後に加盟した。最初の準備会合はベルリンで開かれ、設立会合は二〇〇九年にボンで開催された(「ＩＲＥＮＡ設立総会、ボンで始まる」『毎日新聞』二〇〇九年一月二七日)。ＩＲＥＮＡの主要な目的は、再生可能エネルギー技術を途上国に普及させることにあった。当初の加盟国は大半がヨーロッパ諸国であったが、その後多くの途上国が加盟してＩＲＥＮＡは拡大していった。

4　福島の惨事が突きつけた挑戦

ドイツ・モデルによる再生可能エネルギー支援は日本に影響を与えていたが、二〇一一年の福島第一原発の事故を契機として、日本からドイツへという逆方向の影響関係がもたらされた。すでに見たように、ドイツでは一九八〇年代、ＣＤＵが原子力産業を維持するために地球温暖化問題を強調していたが、政権交代の結果、二〇〇一年までに、将来国内の原発を停止させることが決定された。そうした中、二〇〇一年にトリティーン(Jürgen Trittin)環境相は、全ての原発を二〇二二年までに停止させることを表明したが、二〇一〇年にメルケル首相はこの計画を二〇三六年まで延期させた(Bernd Radowitz "Merkel Signals Faster Exit from Nuclear Power," in: *The Wall Street Journal*, March 17, 2011)。しかし福島の惨事は、再び原子力推進に歯止めをかけるきっかけとなった。震災が発生した直後、メルケルは安全確認のために三カ月以内にドイツの最も古い原発七基の稼働を停止することを表明した("Germany's Merkel: Japan Disaster Won't Have Significant Impact on Global Economy," *Dow Jones International News*, March 17, 2011)。ＥＵも二〇一一年三月二五日、域内の全原発にストレス・テストの実施を要求した。市民の間でも原子力に対する恐怖が引き起こされ、その結果二〇一一年三月二七日のバーデン＝ヴュルテンベルク州議会選挙ではＳＰＤと緑の党が勝利した。ドイツが原発を停止させる計画を発表したため、欧州の二酸化炭素排出クレジットの価格は急上昇した("EU Carbon Price Surges to Two-Year High as Germany Shuts Nuclear Power Plants," *Renewable Energy Report*, issue 227〈April 4, 2011〉)。二〇一一年五月に発表された政府の報告書は、ドイツの原発は最高レヴェルの安全基準を満たすものではないと結論づけた。そして、最悪の飛行機事故に生存者はいないと警告した(Bernd Radowitz "Merkel Signals Faster Exit from Nuclear Power," in: *The Wall Street Journal*, March 17, 2011)。また、以前からドイツでも再生可能エネルギーへの助成金に対しては批判も存在していたが、福島の惨事をきっかけに、助成推進を擁護する立場は新たに正当化の材料を得ることとなった(Daniel Gläßer *et al.*, „Der Ausstieg hat begonnen: Umweltminister Söder kündigt an, Atomreaktor Isar 1 vom Netz zu nehmen — Bund Naturschutz attackiert Windkraftgegner", in: *Süddeutsche Zeitung*, 15. März 2011)。そしてメルケルは、長期にわたって原子力を批判し続けてきたテプファー(Klaus Töpfer)元環境相・元国連環境計画事務局長を、原子力エネルギーの将来に関する賢人委員会の共同委員長に指名した。

ドイツ政府が原子力からの脱却を進めると、ドイツの産業界もこれに追随した。シーメンスは二〇一一年九月、今後原子力発電所を建設しないことを表明した。スイス、イタリア両国もドイツの主導による脱原子力の方針に従ったが、国際的には依然としてインドや中国などに原子力発電所を建設する計画は存在した。フランスの観察者の中には、ドイツが原子力技術から撤退したことで、フランス企業にさらなる機会がもたらされるという見方があった(« Le marché mondial des réacteurs en hausse malgré Fukushima », dans: *Le Figaro*, 19 septembre 2011)。

福島の事故の後、ドイツの指導者たちは再生可能エネルギーへの投資を積極的に行うよう再び日本側に呼びかけた。テプファーは日本の環境ＮＧＯである地球環境戦略研究機関の招きに応じて訪日し、原子力エネルギーから脱却して風力・地熱エネルギーに投資すべきであると説いた(「独政府諮問機関委員長インタヴュー　日本　脱原発できる　『地熱・波力発電の技術展開チャンス』」『東京新聞』二〇一一年七月二八日)。

二　日独関係の形成要因

ここで、気候変動をめぐるドイツと日本の関係を総括してみよう。まず、エネルギー利用を削減し、再生可能エネルギーを推進する政策において、開拓者としての役割を果たしたのは日本であった。一方ドイツは、チェルノブイリが原子力への弔鐘となることを恐れたCDUなどの主導により、早くから気候変動問題への取り組みを進めていた。また、ドイツがヨーロッパの中心部に位置しているという地理的条件も重要である。偏西風に乗って飛来する汚染物質によってドイツの森林が被害を受けたため、ドイツでは早くから環境保護運動が活発に展開された。ドイツはEU内部においても、その外部にある日本やアメリカに対しても、厳格な気候変動対策を実施するよう要求した。京都議定書によって日本は気候変動に関する合意を受け入れざるを得ない状況に置かれたが、それまでエネルギーを節約し、二酸化炭素排出を抑制していた努力がこの合意では認められていないとして、不公平感を抱いた者も多かった。以上のような外交的な関係に加え、両国は産業界のレヴェルでも技術や規制に関して専門的知見を交換した。近年日本の指導者は、再生可能エネルギーに関してドイツの後塵を拝していることに懸念を抱いている。

このような関係性の力学をどのように説明すればよいのであろうか。日本に気候変動対策を要求したのがドイツだったのはなぜであろうか。また、ドイツにそのような行動をさせる動機となったのは何であったのか。そして、なぜ日本はドイツの圧力に相当程度まで屈したのであろうか。こうした日独関係の形成要因について、第一に地理的、資源的条件がもたらす制約、第二に地域機構の有無、そして第三にエコロジー的近代化という理念の果たした役割に焦点を合わせながら、検討を加えてみたい。

1　地理的、資源的制約

ドイツと日本の両国のエネルギー消費はアメリカなどに比べて控えめなものであるが、その理由の一部を成しているのが、両国の人口密度の高さと資源の少なさである。エネルギー消費を抑える政策には、農村の保護、都市のスプロール化の抑制、エネルギー税の賦課、公共交通機関への助成金交付などがある。日本は西欧諸国に比べてエネルギー資源に恵まれておらず、それだけに省エネルギーの必要性を痛感してきた。二〇〇七年の日本のエネルギー自給率は

表 3–4　最終エネルギー供給の自給率

（単位：％）

	石炭，泥炭	原油	天然ガス	原子力	水力	地熱，太陽光ほか	可燃再生可能エネルギーおよび廃棄物	計
日本	0.0	0.2	0.7	13.4	1.2	0.7	1.4	17.6
ドイツ	16.5	1.4	3.9	11.1	0.5	1.3	6.8	41.4
EU 15 カ国	5.6	7.6	10.2	14.8	1.6	1.1	5.5	46.4
アメリカ	24.3	13.6	19.0	9.3	0.9	0.6	3.5	71.2
カナダ	12.6	59.7	55.9	9.0	11.8	0.1	4.3	153.4

出所：International Energy Agency, National Energy Balances, 2007.
http://www.iea.org/stats/index.asp

一七％強に過ぎず、しかもその大部分は原子力であり、それは福島を襲った津波によって大幅に見直しを迫られることとなった（表３－４参照）。一方ドイツは、石炭資源が豊富であり、エネルギーの四一％を自給している。ＥＵ一五カ国のエネルギー自給率は、北海の石油と天然ガスの恩恵を受け、四六％にまで達している。アメリカはエネルギーの七一％を自給し、カナダも主要なエネルギー純輸出国としての地位を確立している。シュラーズ（Miranda A. Schreurs）が指摘したように、ドイツと日本は歴史的に人口が稠密であり、資源の欠乏に悩まされてきたため、どちらも資源の節約や環境の保護には積極的に取り組んできたが、政策の成果を決定づけているとまではいえない（Schreurs 2002, p. 23）。実際には多くの要因が環境政策を形成しているのである。

２　地域機構

国際的な背景も気候変動をめぐる日独関係の形成において重要な意義を有する。今日の国際環境を特徴づけているのは、アメリカの巨大な軍事力と経済力である。そのアメリカは、気候変動政策に関して頑ななまでに消極的であり、ドイツと日本がリーダーシップを発揮する余地もそこから生まれたのであるが、結果として各国はアメリカが払わない犠牲を負担しようという意欲を失うこととなった。

ドイツと日本の置かれた国際環境は非常に異なったものである。ドイツはＥＵの枠組みを通じ、近隣諸国と排出削減について政治的合意を形成することに成功した。それが可能となったのは、ドイツやその近隣諸国がＥＵによって域外との貿易の影響から保護されているからではない。日本が海外からの輸入により大きな影響を受けているのと同じく、ドイツ経済も、ＥＵが存在するからといって、域外諸国からの輸入によって生じる変化を免れることはできない。むしろＥＵでは、様々な欠点はあるにせよ、広範な効力を有するＥＵ法が欧州各国の国内経済のかなりの部分を規定しており、そうした枠組みの中で環境に関する制度形成も進んでいるというのが実態である。

これとは対照的に、日本は近隣諸国との政策協調を進めるための舞台設定を欠いている。東アジアの最も重要な地域機構であるアジア太平洋経済協力（Asia-Pacific Economic Cooperation. APEC）はＥＵのような政策能力を持たない。ＡＰＥＣは東アジア、オセアニア、北アメリカに加えてラテン・アメリカの太平洋沿岸三カ国が参加しているが、その主眼は貿易の推進と経済の発展にある。ＡＰＥＣは一九八九年に創設され、その翌年には早くもＡＰＥＣエネルギー作業部会が設立された。当初、エネルギー作業部会の活動の主眼は気候変動問題に置かれていたわけではなかったが、近年は以前よりもこの問題が扱われるようになっている。二〇〇七年にＡＰＥＣ加盟各国は、気候変動、エネルギー安全保障、クリーン開発に関するシドニー宣言に調印した。この宣言では排出規制が目標に据えられていたものの、強制力を伴うものではなかった（Asia-Pacific Economic Cooperation Economic Leaders, "Sydney APEC Leaders' Declaration on Climate Change, Energy Security and Clean Development," September 9, 2007. http://www.apec.org/Meeting-Papers/Leaders-Declarations/2007/2007_aelm/aelm_climatechange.aspx）。このように強力な地域機構が存在しない中にあって、日本は二国間協力による気候変動対策の推進を模索した。日本の中国に対する投資の多くが京都議定書のクリーン開発メカニズムを通じて行われたのも、その一例である（「クリーン開発メカニズム　途上国を支援、自国に加算」『読売新聞』二〇〇七年九月三日）。

気候変動をめぐる国際政治においては、豊かな国と貧しい国との間に決定的な分岐が存在するようになっている。一人当たりの排出量は途上国よりも先進国の方が圧倒的に大きく、そうした状況の中で途上国は排出制限に消極的である。また、ほとんどのＥＵ市民は豊かな国に住んでいるが、ＡＰＥＣ域内の人々の大半が住むのははるかに貧しい国である。ドイツはＥＵ内部において同様の状況に置かれた国々と連携し、気候変動に関するグローバルな合意形成を推進することができた。しかし、日本にはそれに比類するような地域機構が存在しないのである。

3　エコロジー的近代化

ドイツでは環境政策の重要性を強調するに当たり、「エコロジー的近代化」という言葉が用いられるようになっている。エコロジー的近代化とは、環境に対してよりよい活動や習慣を促進する政策は、国家の長期的な経済的利益に適うという考え方である(Barrett 2005; Mol 2001)。このエコロジー的近代化という理念は日本で生み出されたものであり、おそらくそれゆえに、再生可能エネルギー分野での遅れを懸念する日本においても、この考え方はある程度共感を呼ぶこととなった。日本で生まれた「エコロジー的近代化」の理念は、ドイツが気候変動問題への取り組みを主導するとともに、日本に京都議定書を批准させ、その内容を遵守させるよう働きかけるに際して、決定的な動機となった。多くの日本人は議定書の内容に不公平感を覚えたが、怒りを堪えつつ議定書を批准し、その規定を遵守すべく歩みを進めた。それは国際社会の目に責任ある姿を見せるためであったが、同時に、日本において広く主要な問題と認識されているものの解決を図るためでもであった。

ドイツでは気候変動政策とは一種の産業政策であるという見方が一般的となっており、この考え方によれば、温室効果ガス排出削減が必要な世界の中では、気候変動政策を採用した国々こそがパワーを強化し、成功することができるとされる。ダルビー(Simon Dalby)とパターソン(Matthew Paterson)は、アメリカ型の「石炭紀的資本主義」とドイツ型の「エコロジー的近代化」の間に競争関係が存在することを指摘している。また彼らは、ＥＵでは二酸化炭素排出規制が一種の競争戦略だと理解されているため、アメリカがその政策に歩調を合わせなくてもＥＵは比較的無頓着なのだと論じている(Dalby and Paterson 2009)。

気候変動は米欧関係における主要な問題領域の一つであり、ＥＵはこの領域において決然とした態度を見せてきたが、アメリカはともに歩むことを躊躇してきた。ヨッフェ(Josef Joffe)は、気候変動に立ち向かう政策を推進することは、アメリカの力を封じ込め、均衡を獲得する一つの手段と見なした(Joffe 2002. Paterson 2009, p. 146)。パターソンは、アメリカは依然として強力だが、その力は気候変動政策においては目覚ましいものではないと論じている(Paterson 2009)。気候変動に対するグローバルな取り組みが欧州主導で行われているが、これがアメリカの力をどの程度制約するのかを見通すのは、現時点では難しい。しかしはっきりしているのは、現在のところアメリカがフリー・ライダーとなり、安いエネルギーを利用することによって利益を得ているということである。そして、アメリカは悪い意味で重要な存在である。すなわち、アメリカが非妥協的な態度を取っているため、発展途上国が排出削減への努力に加わることが困難なものとなり、また日本も前進をためらうことになったという意味で、アメリカには大きな責任があるのである。

クロフォード(Beverly Crawford)は、ＥＵの中でドイツが覇権を行使していると論じた。クロフォードが覇権的リーダーシップという言葉で言おうとしたのは、「欧州で最も強力な国家として、ドイツは欧州の諸機関の創設を主導し、それによって自身の長期的な利益を享受するとともに、これらの機関に安定性をもたらし、協力関係を維持するために費用を負担してきた」ということである(Crawford 2007, p. 16)。確かにこの意味において、ドイツはＥＵ内部における気候変動政策およびその他の課題において、覇権を行使してきたのである。こうしたリーダーの役割を、ドイツは世界レヴェルでも演じようとしてきた。そしてドイツは、確かに気候変動問題において重要なリーダーシップを発揮し、日本の協力を促すことを通じて、京都議定書の成立に際し決定的な役割を果たしたのである。

すでに論じたように、通産省は当初省エネルギーを産業政策の一環と捉えていた。省エネと再生可能エネルギー推進の目的は、国民経済を輸入エネルギーへの依存から脱却させることにあった。だが、気候変動の問題が厄介なのは、原因だけではなく、それがもたらす危険もまたグローバルなものであってナショナルなものではないところにある。たとえ一つの国家が温室効果ガスの排出を削減したとしても、それが自国の気候にもたらす効果は、グローバルな気候へのそれに比べて大きなものにはならないのである。他方、日本の政財界のエリートはドイツのエリートに比べ、排出規制が国力に繋がるという発想が弱いという問題もある。

気候変動をめぐる日独関係が有するより大きな意義は、協力関係を構築することが難しいグローバルな問題であっても、それを前進、進歩させることは可能だということである。ドイツはその説得力を発揮し、日本の指導者たちにこの問題で前進するよう納得させた。気候変動の政治は、理念が国際的な合意を生み出すことができるかどうかを示す重要な試金石である。国際的な圧力を用いつつ、目先の利益よりも理念に基づいた行動を追求することは困難である。そのことは日独関係で示されたが、同時に日独関係は、そうした活動に成功する可能性があることも示している。こうした日独関係は、京都議定書の締結に至るプロセスが成功する上で鍵となってきたし、また京都議定書後になされるであろういかなる合意においても中心的な役割を果たすはずである。

おわりに

日本とドイツの間では、気候変動政策について長きにわたり意見交換が行われてきた。一九七〇年代に日本でエネルギー効率化と再生可能エネルギー利用を進める政策が展開されたことにより、ドイツでも議論が刺激され、エコロジー的近代化の概念へと結実していった。しかし、ドイツがエネルギーの効率性に対して高い関心を寄せたにもかかわらず、依然として日本はエネルギー効率の面で主導的な地位を守っており、二〇〇〇年まで実質GDP当たりのエネルギー使用量は、ドイツを始めとするどの西欧主要国よりも少なかった。

ドイツはヨーロッパ中部という独特な位置にあったため、東西双方からの汚染にさらされることになった。あらゆる方面から流れ込んだ二酸化硫黄がドイツに爆弾のように降り注ぎ、酸性雨による「森の死」(Waldsterben)がもたらされたことにより、ドイツは二酸化硫黄の排出削減のため、西欧の近隣諸国との間で政策調整を迫られるようになった。東のチェルノブイリからは放射性物質が流入し、原子力への不安がかき立てられると同時に、これを契機としてドイツの保守政治家たちが地球温暖化の危機に関して議論するようになった。ドイツが地球温暖化問題において政策形成を主導するようになった背景には、これらの複合的な要素があったといえよう。そして、ECが温室効果ガス排出の抑制に取り組み、国際的な政策形成の素地がもたらされた。そのことによって、ドイツがグローバルに気候変動政策を推進することが可能となったのである。

ドイツはEC、EU内部においてのみならず、グローバルなレヴェルでも最も重要なリーダーであった。そのドイツにとって、特にアメリカが強硬姿勢を崩さない中で、日本は国際的な気候変動政策に協力するよう説得すべき国として主要な存在であり続けた。気候変動政策に関する国際的な交渉の場において、ドイツは日本に対して積極的な取り組みを呼びかけたが、日本は当初から拒否反応を示した。ドイツはグローバルな合意を形成するため、主要な会議を準備し主催したが、最終交渉を主催する役割を日本に担わせ、そこで成立した議定書に日本の古都の名前を付すよう導くことにより、日本が後戻りする道を塞いだ。そして、アメリカが批准するには至らず、また排出削減目標を達成するために高いコストを負担しなければならないことについて国内から大きな批判を受けたにもかかわらず、日本は京都議定書の第一約束期間(二〇〇八－一二年)の合意事項を遵守した。

メルケル首相は二〇〇七年に日本に対し、引き続き気候変動への取り組みを共同で進めていくよう呼びかけたが、その背景にはエコロジー的近代化の理念が存在した。メルケルは、グローバルな環境問題を解決しながら国の経済成長を促す技術を開発することに関し、日本とドイツは利害関心を共有していると論じた。一方日本では、これまで高水準のエネルギー効率を達成してきたにもかかわらず、排出削減のための費用をさらに負担しなければならないのは不公平であるという論調が強かった。しかし、ドイツを始め西欧諸国が急速に排出削減を行い、日本の水準にまで低下させていた事実を見れば、こうした考え方は誤りであることがわかる。二〇一三年初頭の時点で、アメリカは依然として一人当たりあるいはGDP単位当たりの二酸化炭素排出量が日本やドイツよりも大幅に多かったが、日本もまた、ドイツや西欧に対して公平な水準まで排出量削減を達成するには至らなかったのである。

ドイツと日本は長期にわたり、再生可能エネルギー技術や技術標準をめぐって意見を交換し、それぞれ再生可能エネルギー開発の分野を主導してきた。日本は太陽エネルギーの開発で開拓者の役割を果たした。それは二〇〇五年に補助金支給を打ち切ったことなどによりドイツにその座を明け渡すまで続いた。二〇〇六年以降、日本で再生可能エネルギーについて議論が行われる際にはドイツが比較の対象とされ、そこではドイツの政策を称賛する立場がある一方で、ドイツが環境の危機について不要で過剰な警告を発しているとする批判も見られた。ドイツと日本の企業は、環境保護や気候変動軽減のための措置に反対すべく提携したが、同時に排出削減のための技術開発を推進する上でも協力した。そしてドイツは国際再生可能エネルギー機関創設を主導し、日本も後にこれに加盟した。

福島の惨事によって、気候変動政策には新しい挑戦が突きつけられた。ドイツ政府は直ちに古い原子炉の稼働を停止してテストを実施するとともに、原子力から転換を目指すことを発表した。日本もまたほとんどの原発を速やかに停止させた。ドイツの指導者たちは、発電量の減少分を再生可能エネルギーの利用拡大によって補うよう日本に働きかけ、日本側は二〇一二年に補償額の大きな固定価格買取制度を実施することでそれに応じた。もっとも、日本がこの制度を導入した直接的な理由は、必ずしもドイツから要求を受けたことにあるのではない。日本は原発への依存度を減らしつつ、同時に温室効果ガス排出を抑制するための方策を見出す必要性を、より広い文脈において認識するようになったのであり、それは気候変動問題の重要性を強調した京都議定書が成果を収めたことが背景となっている。そしてその京都議定書の成功は、そもそも前進に向けたドイツの積極的かつ忍耐強いリーダーシップがあったからこそ実現したのである。

■注

（1）この提案は、「美しい国、日本」を目指すとする安倍のスローガンになぞらえたものであった。

■史料（邦文）

環境省職員へのインタヴュー、東京、二〇〇八年三月四日。
『化学工業日報』。『産経新聞』。
『週刊ダイヤモンド』。『電気新聞』。
『東京新聞』。『日刊工業新聞』。
『日本経済新聞』。『北海道新聞』。
『毎日新聞』。『読売新聞』。

■史料（欧文）

Agence France-Presse.
Dow Jones International News.
Le Figaro.

Greenwire.
Renewable Energy Report.
Süddeutsche Zeitung.
The Wall Street Journal.

■ウェブサイト(提供機関)

Asia-Pacific Economic Cooperation.
International Energy Agency.
OECD.
World Bank.

■文献(邦文)

朝野賢司(二〇一一)『再生可能エネルギー政策論――買取制度の落とし穴』エネルギーフォーラム。

寺西俊一(一九九三)「日本の公害問題・公害対策に関する若干の省察――アジアＮＩＥｓへの教訓として」小島麗逸、藤崎成昭編『開発と環境――東アジアの経験』アジア経済研究所、二二三―二五一頁。

松井賢一編(一九九五)『エネルギー戦後五〇年の検証』電力新報社。

■文献(欧文)

Bang, Guri, Jonas Vevatne and Michelle Twena (2007) "Meeting Kyoto Commitments: EU Influence on Norway and Germany," in: Paul G. Harris (ed.), *Europe and Global Climate Change: Politics, Foreign Policy and Regional Cooperation*, Cheltenham and Northampton: Edward Elgar, pp. 279–304.
Barrett, Brendan F. D. (2005) *Ecological Modernization and Japan*, New York: Routledge.
Committee of the Regions, European Union (2012) "Opinion of the Committee of the Regions on 'A Resource-Efficient Europe:

Flagship Initiative under the Europe 2020 Strategy'," in: *Official Journal of the European Union C 9*, vol. 55 (January 11), pp. 37–44.

Crawford, Beverly (2007) *Power and German Foreign Policy: Embedded Hegemony in Europe*, Basingstoke, New York: Palgrave Macmillan.

Dalby, Simon, and Matthew Paterson (2009) "Over a Barrel: Cultural Political Economy and Oil Imperialism," in: François Debrix and Mark J. Lacy (eds.), *The Geopolitics of American Insecurity: Terror, Power and Foreign Policy*, London and New York: Routledge, pp. 181–196.

Davis, Steven J., and Ken Caldeira (2010) "Consumption-Based Accounting of CO_2 Emissions," *Proceedings of the National Academy of Sciences*, vol. 107, no. 12 (March 23).

Dominick, Raymond H. (1992) *The Environmental Movement in Germany: Prophets and Pioneers, 1871–1971*, Bloomington: Indiana University Press, 1992.

Enquete Commission of the German Bundestag (1989) *Protecting the Earth's Atmosphere: An International Challenge*, Bonn: Deutscher Bundestag, Referat Öffentlichkeitsarbeit.

Gabriel, Sigmar (2007) „‚New Deal' für Wirtschaft und Umwelt, für eine neue Umweltpolitik, die sich nicht gegen den Markt richtet, sondern ihn nutzt", in: *Internationale Politik*, Ausgabe Februar, S. 28–37.

George, Timothy S. (2001) *Minamata: Pollution and the Struggle for Democracy in Postwar Japan*, Cambridge, Mass.: Harvard University Asia Center, distributed by Harvard University Press.

Hatch, Michael T. (2007) "The Politics of Climate Change in Germany: Domestic Sources of Environmental Policy," in: Paul G. Harris (ed.), *Europe and Global Climate Change: Politics, Foreign Policy and Regional Cooperation*, Cheltenham and Northampton: Edward Elgar, pp. 41–62.

Hauff, Volker, und Fritz Wilhelm Scharpf (1975) *Modernisierung der Volkswirtschaft: Technologiepolitik als Strukturpolitik*, Frankfurt am Main und Köln: Europäische Verlagsanstalt.

Hey, Christian (2010) "The German Paradox: Climate Leader and Green Car Laggard," in: Sebastian Oberthür, Marc Pallemaerts and Claire Roche Kelly (eds.), *The New Climate Policies of the European Union: Internal Legislation and Climate Diplomacy*, Brussels: VUBPRESS, pp. 211–230.

International Energy Agency (2011) *CO_2 Emissions from Fuel Combustion Highlights*, Paris: International Energy Agency.

Jänicke, Martin (2008) *Megatrend Umweltinnovation: Zur ökologischen Modernisierung von Wirtschaft und Staat*, München: Oekom Verlag.

Joffe, Josef (2002) "Defying History and Theory: The United States as the 'Last Remaining Superpower'," in: G. John Ikenberry (ed.), *America Unrivaled: The Future of the Balance of Power*, Ithaca: Cornell University Press, pp. 155–180.

Mol, Arthur P. J. (2001) *Globalization and Environmental Reform: The Ecological Modernization of the Global Economy*, Cambridge, Mass.: MIT Press.

Paterson, Matthew (2009) "Post-Hegemonic Climate Politics?" in: *British Journal of Politics & International Relations*, vol. 11, no. 1, pp. 140–158.

Renewable Energy Policy Network for the 21st Century (2012) *Renewables 2012, Global Status Report*, Paris: Renewable Energy Policy Network for the 21st Century.

Sbragia, Alberta (1996) "Environmental Policy: The 'Push-Pull' of Policy-Making," in: Helen Wallace and William Wallace (eds.), *Policy-Making in the European Union*, Oxford and New York: Oxford University Press, pp. 235–255.

Schreurs, Miranda A. (2002) *Environmental Politics in Japan, Germany, and the United States*. Cambridge and New York: Cambridge University Press.

Uekötter, Frank (2009) *The Age of Smoke: Environmental Policy in Germany and the United States, 1880–1970*, Pittsburgh: University of Pittsburgh Press.

（訳　平野達志）

II

経済

第四章

冷戦下の通商と安全保障
——アデナウアー政権期の独日経済関係 一九四九—一九六三年

カティヤ・シュミットポット

はじめに

アデナウアー(Konrad Adenauer)政権期において、[1]西ドイツと日本の経済関係の重点は、アメリカおよびそれぞれが世界の中で属している地域、すなわち西ヨーロッパ(Lappenküper 2008, S. 56)と東南アジア(Cumings 1989, S. 110, 113)に向けられていた。そうした中、独日両国間の経済関係は希薄なものにとどまっていた。一九五九年の日本の輸入に占める西ドイツ製品の割合はわずか三%に過ぎず、対する西ドイツの輸入に占める日本製品の割合もわずか〇・五%と、ほとんどゼロに等しかった(外務省外交史料館外交記録〈以下、外交記録と略記〉A′一・六・三・七―二「ドイツ要人〈西独〉本邦訪問関係　コンラット・アデナウアー首相関係」)。当時は世界全体の貿易が大幅に増加したため、独日貿易も確かに拡大していたが、割合で見ればほとんど変化はなかったのである。とりわけ、日本から西ドイツへの輸出は低迷を続けていた(アデナウアー独乙連邦共和国首相との会談要領案、一九六〇年三月二六日、外交記録「ドイツ要人〈西独〉本邦訪問関係　コンラット・アデナウアー首相関係」)。

一九五〇年代末、岸信介首相の下で、[2]日本政府はようやく西ドイツとの経済関係の強化に着手した。こうした試みは、一九五五年にガット(関税および貿易に関する一般協定)に加盟したのを皮切りに貿易の自由化を目指してきた、西ヨーロッパに対する日本の経済外交の一環であった。イギリス、フランス、オランダ、ベルギーを始めとする欧州の主要先進国は、ガット三五条を援用して日本に対する最恵国待遇の保証を拒否していたが、この問題について日本は、これらの国々とおよそ一〇年間にわたって交渉を続けていた(Daniels 1986, pp. 15–16; *Der Spiegel*, 21. Dezember 1955, S. 28)。同様に日本は、西ドイツのように日本に対して最恵国待遇を保証しながら輸入制限を継続してきた国々に対し、包括的な貿易自由化を認めるよう説得を試みていた(Rothacher 1983, pp. 86–87)。

一九五〇年代末、アジアは日本の最大の輸出市場としての地位を失い、そのために日本の対外経済政策の焦点は西ヨーロッパに移っていった。一九五七年にはまだ日本の全輸出量の約四〇％がアジア向けであったが、すでに一九五九年には三三％にまで落ち込んでいた(Sumiya 2000, p. 279)。このような傾向は、不可逆的なものと思われていた。なぜなら、東南アジアの多くの国が次第に十分な量の消費財を自ら生産できるようになった一方、資金的な限界から重工業製品を輸入することが困難になったからである。アジア市場の意義の低下によって、日本は再びアメリカへの依存を強めることとなり、一九五九年にはアメリカが日本最大の輸出市場となった(Sumiya 2000, pp. 279–280)。したがって、欧州との貿易を拡大することにより、一方では日本の経済関係の多様化を促進し、アメリカへの依存から脱却することが期待されたのである。また他方では、西ヨーロッパの先進国はアジア諸国と異なり、日本の重化学工業製品をさらなる規模で供給することが見込まれるため、日本にとって西ヨーロッパ市場は将来性のあるものと思われた。もっとも、貿易制限の存在は、一般に西ヨーロッパでは日本との緊密な経済協力に対してほとんど関心が持たれていないことを示すものであった。

このような背景の下、一方で日本はその対独貿易赤字を削減するため、西ドイツに輸入制限を撤廃するよう求めた（エアハルト大臣に対する説明ならびに要望事項、外交記録 A′一・六・三・七－一「ドイツ要人〈西独〉本邦訪問関係　ルートヴィッヒ・エルハルト副首相兼経済相関係」）。一九五五年、西ドイツは約一億七〇〇〇万マルクの商品を日本に輸出していたが、それに対して日本から西ドイツへの輸出額はわずか約九〇〇〇万マルクにとどまっていた(Pauer 1985, S. 28による)。日本政府はこの不均衡に対する不満の表明として、突如、独日両国間の貿易の法的基礎を成していた一九五一年八月二日付の貿易支払協定を五七年三月三一日付で破棄することを通告し(Ostasiatischer Verein 1958, S. 63, 67)、新たな交渉を開始するよう求めた。

他方で日本政府は、一九五八年初頭に発足した欧州経済共同体(European Economic Community. EEC)の市場に参入するため、西ドイツが自らの擁護者としての役割を果たすことを期待した。西ドイツ側は輸入制限を実施していたにもかかわらず、他の欧州諸国よりも日本製品に対して市場を開放しており(Ostasiatischer Verein 1958, S. 63, 67)、また日本側も、強力な経済成長を背景とした西ドイツの欧州に対する大きな政治的影響力に期待していたため(エアハルト大臣に対する説明ならびに要望事項、外交記録「ドイツ要人〈西独〉本邦訪問関係　ルートヴィッヒ・エルハルト副首相兼経済相関係」)、西ドイツは日本の欧州政策において主要な位置を占めることとなったのである。

この二つの課題は、一九五八年一〇月の西ドイツのエアハルト(Ludwig Erhard)経済相兼副首相の訪日、および一九六〇年三月のアデナウアー訪日の際、首脳レヴェルで議論されることとなったが、この二度のドイツ首脳の訪日の間に、アデナウアーの日本に対する姿勢は変化を見せた。一九五八年の時点では、依然としてアデナウアーはエアハルトに対し日本への譲歩を禁じていたが、二年後に自身が訪日した際には独日経済関係に転換をもたらしたのである。アデナウアーは帰国後、西ドイツおよびヨーロッパにおいて日本の通商上の利益への理解を呼びかけ、一九六〇年七月一日には新たな独日貿易協定が調印された。西ドイツはこの協定において、ヨーロッパ諸国の中で初めて完全な輸入自由化を日本に約束するとともに(Rothacher 1983, pp. 88–89)、日本の産業施設の建設に対する資金援助を目的とした極めて寛大な公債、いわゆる「大阪マルク債」に西ドイツが投資することを保証した。

アデナウアーが訪日の際に見せたこのような対日政策の転換は、これまでの歴史研究において関心を集めることがなかった。一般にアデナウアー訪日は、外交政策としての意義が希薄で、何よりも「全く異なる文化に出会うことへの好奇心」(Schwarz 1991, S. 547)に動機づけられた「政治的観光」(Schwarz 1991, S. 548)に過ぎないと評価されてきたのである。このため、一九六〇年に西ドイツが日本の経済的利益を大幅に受け入れた原因については、未解明のままとなっている(Rothacher 1983, p. 88)。

アデナウアーは原則として経済より政治を重視していたために、経済政策に関するアデナウアーの決定は常に外交や西側同盟に関する政策判断に基づくものであったという命題がある(Löffler 2010, S. 123)が、本章ではこの命題に関連させて、日本への接近も冷戦の特殊な状況から説明できることを示す。アデナウアー訪日の時期、独日双方の保守政権においては、自国の安全が共産主義の強大化によって脅威にさらされていると認識されていた。アデナウアーはベルリン危機[(3)]からの圧力に直接さらされていた。アデナウアーの訪日からわずか数週間後の一九六〇年五月中旬にはパリで連合国首脳会議が予定されていたが、そこではベルリン危機について討議されることになっていたのである。同じ時期に日本では、日米安全保障条約の改定および延長を推進していた岸政権が左派の反対勢力による激しい抵抗に遭い、初夏に入るとついに戦後日本史上最大の大衆的抗議活動へと拡大していった。本章では、アデナウアーが日本との協力を強化しようとしたのはこれらの出来事への対応を迫られていたためであったこと、そして経済関係の重点化を必要と捉えたのもそのためであったことを示す。

このように、本章が目的とするのは、グローバルな東西対立が西ドイツの対日経済政策に影響を及ぼし、その結果アデナウアー政権期の独日関係の中で経済政策と安全保障政策が関連づけられたことを浮き彫りにすることである。同時に、エアハルトとアデナウアーの訪日の歴史を跡づけることにより、アデナウアー期の独日関係における政治と経済の関係を明らかにでき、それとともにアデナウアー政権の下で対外経済政策と外交政策(Lappenküper 2008, S. 115)とがどのように関連していたのかを理解することにも資するであろう。

一九四五年以降の独日関係研究の分野では、政治外交関係[(4)]についても経済関係[(5)]についてもこれまでほとんど検討されてこなかったため、この問題に関する先行研究は管見の限り皆無に等しい。例外のひとつは、日本と西ヨーロッパの間の経済外交に関する政治学的な分析であり、独日関係についても当時の新聞報道をもとに簡略ながら検討している(Rothacher 1983)。これに対し、日本とドイツの双方を扱った歴史研究はほとんどが比較研究に終始しており、基本的に一九四五年以降の両国の経済的、政治的発展の並行性を確認することに主眼が置かれてきたが[(6)]、両国の相互関係についてはほとんど顧みられていない。また、西ドイツの対外関係史に関する近年の概説的研究においても、日本は扱われていない(Lappenküper 2008)(7)。翻って日本史研究においても、一九四五年以降の日本の対外関係がアメリカやアジアとの関係に圧倒的な影響を受けていたことから、西ドイツあるいは西ヨーロッパとの経済関係についてはこれまでほとんど検討されていない。歴史研究一般においてグローバル・ヒストリーを指向する動きが強まる中で、両国間の経済関係の発展に対しても次第に関心が高まっているにもかかわらず、依然として現時点では、一九四五年以降の独日関係の全体像を描き出すことはできないのである。

そこで本章では、両国の対外経済政策に関するドイツおよび日本双方の一次史料の検討に依拠する。これらの史料には、エアハルト、アデナウアーそれぞれの訪日の際の会談記録、およびアデナウアーと日本の首脳政治家の間、アデナウアーと西ドイツ経済省の間、ドイツ連邦銀行とドイツ銀行の間の往復書簡、そして当時の西ドイツと日本の新聞記事が含まれる。

一　保護主義者となった自由な世界貿易の擁護者
――一九五八年のエアハルト訪日とその失敗

一九五八年一〇月二五―三一日、エアハルトはドイツの政府代表としては第二次世界大戦後初めて日本に滞在した。しかしこの訪日は、一〇月初頭にニューデリーで開催されていた世界銀行年次総会に出席したのを機にエアハルトが実施したアジア歴訪の一部に過ぎなかった。この歴訪は開発援助政策の一環という性格が強く、主な目的地とされたのは、ビルマ、タイ、南ヴェトナム、セイロン、パキスタンであった(Löffler 2010, S. 132)。こうしたエアハルトの訪問日程は、一九五〇年代末の西ドイツ政府にとって日本の経済的意義がいかに低かったかということを、如実に示している。

これとは逆に、西ドイツの輸入制限を撤廃し、西ドイツ政府を欧州における日本の擁護者とするため、岸政権はこの西ドイツ経済相との会談を重視していた。エアハルトの対外経済政策は、西ドイツの工業界が輸出に大きく依存していることから、「あらゆる輸入割当、保護関税、地域差別を排除した」形で「可能な限り自由な世界貿易を」実現させることを原則としており、これについては日本側でも知られていた(Löffler 2010, S. 127)。エアハルトの来日直前、日本最大の全国紙の一つである『朝日新聞』は、この西ドイツ経済相のことを「自由主義の化身」と紹介した(『朝日新聞』一九五八年一〇月二五日朝刊三面)。日本側から見れば、輸入制限の撤廃についてのみならず、待望していた欧州市場への参入についても、双方が利害関心を共有していることに疑いはなかったのである。

しかし近年、歴史研究において、エアハルトが一体どのような地理的範囲を「世界」と認識していたのかという問題が提起された。エアハルトが頻繁に「自由な世界貿易」という言葉を用いたことによって日本側が抱いた期待とは裏腹に、エアハルトの政治的努力は、事実上「西ヨーロッパ・大西洋世界の国家を包摂する一つの大きな自由貿易圏および関税同盟」(Löffler 2010, S. 130)の形成にとどまっていたことが明らかにされたのである。日本はこの世界には含まれておらず、エアハルトはこの日本滞在においても特に利益の追求を試みたわけではなかった。彼はこの訪日を単なる親善訪問と位置づけており、これを通じて両国の共通性が強調されるとともに、「相互理解を深める」ことになると考えていたのである(「相互理解深めよう　訪日で西独経済相語る」『朝日新聞』一九五八年九月一七日夕刊一面)。このように、双方の期待は大きくかけ離れていた。

東京に到着したエアハルトは、天皇の接遇を受けた後、岸首相、藤山愛一郎外相[8]、高碕達之助通産相[9]ら日本政府の首脳と会見した。エアハルトの滞在計画には、指導的な財界の代表者との会談に加えて工場の視察が含まれており、特に大阪では日本の繊維産業最大手の鐘紡の工場を見学することとなっていた(『朝日新聞』一九五八年一〇月二五日朝刊二面)。

日本の閣僚たちは自らの要望をエアハルトに伝えるべく努めたが、彼から譲歩を引き出すことはできなかった。アデナウアーが日本との通商関係の拡大よりも、ドイツの工業界の利益を重視していたためである。特に繊維産業は、西ドイツの市場において安価な日本製品と競合する恐れがあった。このためアデナウアーは、アジア歴訪に出発する直前のエアハルトに対し、日本からの輸入自由化の要求を受け入れることのないよう厳しく注意していた(Schreiben von Bundeskanzler Adenauer an Bundeswirtschaftsminister Erhard, 28. August 1958, StBKAH III/43)。

日本側の期待とは裏腹に、エアハルトがアジアを訪問する前の数カ月間、ドイツ繊維産業界の代表者たちは繰り返し輸入制限の強化を求めていた。というのも、一九五七年に九八億マルクだった西ドイツの繊維産業の売上高は五八年に九一億マルクに落ち込んでおり、彼らはその原因が特に日本からの輸入の増加にあると見なしていたからである(*Der Spiegel*, 5. November 1958, S. 22–26)。実際にエアハルトは、独日貿易支払協定の廃棄通告がなされた直後の一九五七年四月、一時的かつ部分的に輸入制限を緩和していた(Ostasiatischer Verein 1958, S. 63, 67)。しかし、ドイツ最大の州であるノルトライン＝ヴェストファーレン州では七月に州議会選挙を控えており、繊維産業の危機がその争点となる懸念があったため、すでに五八年の春、エアハルトはいわゆる「低価格国家」——そこには中国、ユーゴスラヴィアと並んで、特に日本が含まれていた——からの布地の輸入を再び約三分の二減らす措置を取っていた(*Der Spiegel*, 28. Mai 1958, S. 25–27)。それでもなお、工業界の代表者たちには不満が残っていた。西ドイツの全国繊維産業連盟(Gesamtverband der Textilindustrie)は、一九五八年一〇月末、エアハルトの外遊計画に合わせて全国紙に全面広告を掲載し、生活水準の低い国々から輸入した繊維製品をボイコットするよう読者に強く呼びかけた(*Der Spiegel*, 5. November 1958, S. 22–26)。このように、日本滞在期間を通じ、エアハルトは国内からの大きな政治的圧力を受けていたのである。

エアハルトは会談でこのことを日本側にも知らせた。彼は高碕通産相を始めとする経済関係閣僚に対し、ドイツの業界団体に配慮しなければならない旨を伝えた。彼は工業界の代表者が持つ政治的な影響力の大きさを説明するため、もし輸入制限の緩和に対して明確な賛意を示すようなことがあれば「殺されかねない」と、冗談めかしつつも率直に語った。さらに彼は、間もなく開始されることになっていた一九五八年一一月の独日通商協議に話を向けた（経済関係閣僚とエアハルト西独経済大臣との会話記録、一九五八年一〇月三一日、外交記録「ドイツ要人〈西独〉本邦訪問関係　ルートヴィッヒ・エルハルト副首相兼経済相関係」）。

日本政府の第二の希望、すなわち西ドイツが欧州における日本の擁護者となるという要望もまた、エアハルトは聞き入れなかった。高碕通産相は、日本が何らかの形で欧州の市場に参入することは可能かと尋ねたが、エアハルトはこれをきっぱりと否定した（同記録）。こうして、自由な世界貿易の擁護者を自任していたこの西ドイツの経済相は、驚くべきことに、日本においては非妥協的な保護主義者としての姿勢を見せたのである。

エアハルトは主要な問題ではドイツの立場を十分に説明したが、さらに通商問題について理論上考え得る解決策に言及し、直ちに日本で激しい議論を引き起こすこととなった。すなわち、エアハルトは藤山外相に対し、日本が輸出品の価格を二〇－五〇％引き上げるならば、おそらく欧州への輸出を倍増させることが可能だと述べたのである（藤山外務大臣とエアハルト西独経済大臣との会話記録、一九五八年一〇月二七日、外交記録「ドイツ要人〈西独〉本邦訪問関係　ルートヴィッヒ・エルハルト副首相兼経済相関係」）。一九五六年にドイツ工業連盟（Bundesverband der Deutschen Industrie. BDI）は代表団をアジアに派遣し、日本でも政界の首脳や財界の代表らと通商協議を行っていたが、エアハルトの発言はこの代表団の帰国後にBDIが表明していた立場と共通するものであった。これによれば、日本製品の価格を国際的な水準まで引き上げるという条件の下でのみ、日本は西ドイツへの輸出を増加させてもよいとされたのである（Berg 1956, S. 1–3）[10]。さらにエアハルトは、日本側の経済関係閣僚に対し、次のように説明した。すなわち、日本製品の価格が比較的低い水準にあるのは、日本の労働者の賃金が安いためである。しかしこのことは、欧州で繰り返し主張されているような、ソーシャル・ダンピングの結果ではない。むしろ日本では、賃金水準が全般的に欧州よりも低いのであり、その原因は生産性の低さにある。工業の生産性を高めるためには、輸出の増大に頼るよりも、国内の消費財市場を発展させ、大量生産の拡大を進めるとともに、国民の購買力を高めることを考えてもよいのではないか、と(経済関係閣僚とエアハルト西独経済大臣との会話記録、一九五八年一〇月三一日、外交記録「ドイツ要人〈西独〉本邦訪問関係　ルートヴィッヒ・エルハルト副首相兼経済相関係」)。

エアハルトの発言は、ドイツの製造業の利益を擁護しただけでなく、日本の工業発展に対する彼の理解の欠如を露骨に示していたため、日本の政財界関係者の激しい批判を招いた。エアハルトは消費財にこだわっていたが、これにより、すでに日本の工業の重点が重化学工業へと移行していたこと、またそれに応じて輸出の構成も変化していたことを、彼が見過ごしていたように思われたのである。一九五八年には、重化学工業製品はすでに日本の輸出額のほぼ四〇%を占めており、最も重要な輸出品は船舶となっていた(Sumiya 2000, pp. 275–278)。同様に、日本の安価な輸出品に関するエアハルトの発言には、グローバルな市場における日本の状況に対する誤解もあった。藤山外相はエアハルトに、価格を欧州の水準にまで引き上げることは、円相場の引き上げが前提となるため無理であると説明した。円高になれば、日本の製造業は、購買力が弱く、日本製品の価格がむしろ高すぎる状態にある東南アジア市場を失いかねないと論じたのである(藤山外務大臣とエアハルト西独経済大臣との会話記録、一九五八年一〇月二七日、外交記録「ドイツ要人〈西独〉本邦訪問関係　ルートヴィッヒ・エルハルト副首相兼経済相関係」)。金融業界の有力者たちはこの議論に同調するとともに、さらに、エアハルトとは逆に、すでにアメリカは円がやや過大評価されていると見ていることを指摘した。エアハルトの考え方は明らかに現実とかけ離れていたため、日本が依然としてソーシャル・ダンピングを行っているという偏見を彼は有しているのではないかという憶測を呼んだ(『朝日新聞』一九五八年一〇月二八日朝刊四面)。ついには池田勇人国務相までもがエアハルト批判に加わり、彼には何らかの意図があると述べるに至った(『朝日新聞』一九五八年一〇月三一日夕刊一面)。

エアハルトの滞在中に繰り広げられた激しい議論は、日本の政財界の指導者たちの中にヨーロッパに対する不信感が根強く残っていることを示すものとなった。ヨーロッパでは、生活水準の低い日本を時に「米本位制（Reisstandard）」として軽蔑し、また戦前から輸入制限を正当化するためソーシャル・ダンピングを口実に非難してきたのである（*Der Spiegel*, 21. Dezember 1955, S. 28）。エアハルトもまた、欧州の対日不信に屈しているのではないかという疑惑を、自身の意に反して受けることとなった。彼も日本滞在中、不運にも形成されてしまったこの印象を修正すべく努力したが、効果はなかった。例えば彼は、日本最大の諸経済団体の首脳たちとの会談において、自身は単に現状を分析しただけであり、何らかの提案を試みたわけではなかったと釈明した（『朝日新聞』一九五八年一〇月二九日朝刊四面）。日本で最も影響力のある経済学者の一人で、一九二六年から一九二八年までドイツに留学した経験を持ち、吉田茂元首相のブレーンも務めた有澤廣巳はエアハルトに助け舟を出し、『朝日新聞』への寄稿の中でエアハルトの見解を解説して、彼への理解を呼びかけた。彼の助言は確かに現実的ではないが、その意図は好意的だったと論じたのである（『朝日新聞』一九五八年一一月二日朝刊四面）。しかしこうした努力も実を結ばなかった。三年後、ドイツ銀行頭取のアプス（Hermann Josef Abs）が訪日すると、日本の記者たちは彼に、一九五八年にあるドイツの政治家が、生まれて初めて来日するや否や、円相場を引き上げるよう日本に勧めてきたと迫った（Rede von Abs anläßlich des jährlichen Dinners der Investment Bankers Association in New York, 3. Oktober 1962, HADBB B330/226）。エアハルトはホスト国の政治的期待を裏切っただけではなかった――経済専門家としての彼の日本における名声もまた傷つき、後にまで影響を残すことになったのである。(11)

二　冷戦下におけるパートナーとしての日本の発見
――一九六〇年のアデナウアー訪日

エアハルトの訪日の一年半後、一九六〇年三月二五日‐四月一日、アデナウアーがブレンターノ(Heinrich von Brentano)外相とともにアメリカに続いて日本を訪れた。そもそもドイツの首脳が訪日したのはこれが初めてであり(Poppinga 1997, S. 213)、アデナウアーには特別な栄誉が与えられた。彼は天皇による接遇を受けた後、東京都から名誉都民の称号を贈られた。さらに欧州の政府首脳として初めて日本の国会で演説し、共産主義の脅威に警告を発するとともに、両国が互いに学び合うことを説いた。さらに彼は、日本最高の私立大学である早稲田大学と慶應義塾大学の法学部から、それぞれ外国人として二人目、三人目となる名誉博士号を授与された(Poppinga 1997, S. 228)。予定には、東京のほか、大阪、京都、奈良の訪問および視察が組み込まれていた。

エアハルトの帰国以来、定期的に行われていた独日通商協議が何ら成果を生まなかったため、日本政府の西ドイツに関する政治目標は変わっていなかった。西ドイツは一九五九年五月のガット・ラウンド交渉で、日本の希望通り輸入制限を撤廃する旨通告していたが、その中からは最も重要な六品目、すなわち繊維製品、光学機器、ミシン、玩具、ライター、陶磁器が除外されていた(アデナウアー独乙連邦共和国首相との会談要領案、一九六〇年三月二六日、外交記録「ドイツ要人〈西独〉本邦訪問関係　コンラット・アデナウアー首相関係」)。これに続き、一九五九年七月には岸首相が欧州歴訪の一環としてボンを訪問していたが、その唯一の成果はアデナウアーによる訪日要請の受諾であった(安原・山本 一九八四、一八六‐一八九頁)。日本政府はアデナウアーの来訪を機に、西ドイツ側が残る輸入制限を撤廃すべき期日を設定するという具体的な目標を実現しようとした(アデナウアー独乙連邦共和国首相との会談要領案、一九六〇年三月二六日、外交記録「ドイツ要人〈西独〉本邦訪問関係　コンラット・アデナウアー首相関係」)。

日本はまた、欧州市場への参入という問題においても成果を得られないままであった。岸は欧州滞在の際にイギリス、イタリア、フランスをも訪れ、自由世界の団結を繰り返し訴えるとともに、日本もまた自由世界の一員であることを強調した(安原・山本 一九八四、一八六－一八九頁)が、これも徒労に終わった。これに続く一九五九年秋の第一五回ガット総会においても、欧州の先進国が日本に対して譲歩することはなく(*Die Zeit*, 21. August 1959)、数年来対日貿易は黒字を計上していたにもかかわらず(Rothacher 1983, p. 126)、逆に日本に対して既存の輸入制限を撤廃するよう要求を始める始末であった(Sumiya 2000, p. 429)。こうした失敗を重ねたことにより、日本側は欧州に対する不信感を新たにし、またEECは一種のカルテル形成であると考えるようになった(『朝日新聞』一九五九年一〇月一〇日朝刊四面)。このため日本政府は、アデナウアーの滞在期間中、特にEEC加盟国であるフランスおよびベネルクス三カ国が今後日本に対してガット三五条を援用することがないよう、彼に助力を要請しようとしていた(アデナウアー独乙連邦共和国首相との会談要領案、一九六〇年三月二六日、外交記録「ドイツ要人〈西独〉本邦訪問関係　コンラット・アデナウアー首相関係」)。

それにもかかわらず、アデナウアーの独日通商問題への態度は、彼の出発直前まで変わらないままであった。アデナウアーは、一九六〇年三月二日に開かれた出発前の最後の閣議において、二国間通商協議の場で自身の日本滞在に配慮することがないよう注意を与えた。自由化措置をとるとしても、まずドイツの工業界と話し合って決めなければならないと、彼は強調した。それに基づき内閣は、基本的には妥協の用意があることを示し、段階的に輸入割当を拡大していくことを提案するものの、全品目の完全自由化について期限を設定するという日本側の具体的な要望については、受け入れないとする経済省の方針を採択することとした(98. Kabinettssitzung vom 2. März 1960, Behrendt und Seemann 2003, S. 127–128)。

しかし、ほどなくしてアデナウアーが考え方を変えていたのは間違いない。というのも、そのわずか二週間後に彼は、日本が中国との緊密な協力を模索するのを防ぐため、日本に特別な経済支援を行うべきであると、アイゼンハワー

(Dwight D. Eisenhower)米大統領を説得しようとしたのである。アデナウアーはこの問題の重要性を強調するため、最終コミュニケにおいて日本に言及することさえ提案した。しかし、アイゼンハワーは西側が日本の対外貿易を支援すべきであることについては大筋で同意したものの、コミュニケで取り上げる必要があるとは考えなかった(Gespräch Bundeskanzler Adenauer mit US-Präsident Eisenhower, 15. März 1960, StBKAH III/25)。アデナウアーが中国に言及したことから、彼がこのとき、独日通商交渉を東西対立の文脈で考えていたことがわかる。日本は当時、欧州との関係において長期的な困難を抱えており、そのために多くの政治家や企業家が中国やソ連への接近を再び声高に主張するようになっていた。おそらくアデナウアーも、出発前からこのことを知らされていたと考えられる(アデナウアー独乙連邦共和国首相との会談要領案、一九六〇年三月二六日、外交記録「ドイツ要人〈西独〉本邦訪問関係　コンラット・アデナウアー首相関係」)。

実際日本は、一九四五年以前に最も重要な輸出市場であった中国との通商関係を、完全に中断させたことはなかった。政経分離の原則の下、日本政府は共産主義国との通商関係を民間レヴェルでは容認しており、対中貿易は一九五〇年代半ばに最初の興隆期を迎えていた。しかし、一九五八年に長崎のある展示会で日本の青年が中華人民共和国の国旗に対して非礼を働く事件が起きると、これを中国側は侮辱と捉えたため、五八年以降はほとんどゼロにまで落ち込んだ(Sumiya 2000, p. 463)。もっとも、より根本的な原因は、台湾との関係を強化し、日米安全保障条約の改定を推進することでアメリカとの同盟関係の固定化を図るなど、反共姿勢の強い岸首相に対し、中国側が反発していたことにあった。一九五七年に二一〇億円に達した日本の対中輸出は一九六〇年に一〇億円にまで落ち込んだ(Iriye 1996, pp. 48–49, 53)が、その後西ヨーロッパとの経済外交が突破口を見出せなかっただけに、アデナウアー訪日の時期には対中貿易について重点的に議論されていたのである。

しかし、アデナウアーは日本の共産中国への接近を危険視していた。確かに、岸政権は反共主義的であり、保守的な与党である自民党は衆議院で絶対多数を占めていた。また、日本の対外貿易に占める対中貿易の割合も、その頂点に達した一九五六年においてさえ二・六%に過ぎず(Soeya 1998, p. 43)、中国市場の経済的意義は実際には小さなものであった。しかし、アデナウアーの滞在中、日本は深刻な内政的危機に直面しており、国民の支持が左翼に傾きかねない状況であった。

すでにその前年の三月には、岸の主導による日米安保条約の改定および延長に対して大規模な反対運動が開始され、社会党・共産党という野党勢力の支持に加え、労働組合全国組織である総評の支持を受けつつ、集会やデモが展開されていた。これ以来、世論はますます米軍の日本への駐留を保証する安保条約に反対する方向へと傾斜し、日本が同盟国のアメリカのために極東での戦争に巻き込まれる恐れがあるという声が強くなっていった。世論調査によれば、アデナウアーが訪日した月において安保条約に賛同したのはわずか二一%と、少数にとどまった(Aruga 1998, pp. 147–149)。こうした状況においては、日米間の安全保障同盟が崩壊することもあり得ると考えられたのである。

アデナウアーは、中国に傾斜する兆候を見せる日本が西側陣営から離脱する可能性と、ベルリン危機によって西ベルリンを失うとともに西側各国によってドイツ分断が承認される可能性とを、同列の脅威と見なしていた。彼は日本と西ドイツの間に、一方が西側の同盟システムから離脱すると、もう一方にも危険な作用を及ぼすような関係が存在すると確信していたのであり、そうした考えを彼は「連通管(kommunizierende Röhren)」のイメージを用いて説明していた(Poppinga 1997, S. 173)。

かつて一九五四年に吉田首相がボンを訪問した際、アデナウアーは初めて吉田と会見し、両国の間には、復興を成し遂げてきたことに始まり、西側陣営の一員であること、共産主義国家と隣接し、政治的には距離を置きつつも一定の条件下では経済的な協力も図ってきたこと、さらにはソ連との間に未解決の領土問題が存在することに至るまで、多くの共通点が存在することを確認していた(Yoshida 1963, S. 106, 110; Poppinga 1997, S. 171)。しかし、このような共通性から共通の政策が形成されることはなかった。ベルリン危機では、ソ連との平和条約を成立させるため、フランスを除く西側諸国が西ドイツの利益を犠牲にする恐れがあった(Poppinga 1997, S. 213; Lappenküper 2008, S. 15)が、こうした圧力を受けて初めて、アデナウアーは日本に政治的な関心を抱くようになり、日本を冷戦下のパートナーと見なすようになったのである。

こうして、アデナウアーは新たな視点に立って独日通商問題を捉えた。彼は二つの理由から、対日経済支援に意義を見出していた。一つは、開催が迫っていたパリ会議での日本の政治的支持を求めていたことである。戦勝国はベルリン危機の中で開催されるこの会議において、平和条約のための条件としてベルリンの現状変更やドイツの分断について議論しようとしていた(Poppinga 1997, S. 173, 213, 218)。もう一つは、彼が経済支援によって日本を中国から離間しようとしたことである。この動機は、日本が共産主義化して中国と結びつき、西側陣営の新たな脅威へと発展する可能性をアデナウアーが警戒していたという意味で、安全保障政策にも由来するものであった。そのおよそ一年後の一九六一年二月一四日にも、アデナウアーはドイツのあるジャーナリストとの非公式の会見において、日本の国民が「一億人の非常に勤勉で器用な人々から」成っており、「この人々が共産中国への接近へと方向転換するようなことを想像すると——それは白色人種にとって非常に苦しい結果となるだろう。だから我々は日本をできる限り強化しなければならないのだ」と述べた(Morsey und Schwarz 1988, S. 453–454 より再引用)。明らかにアデナウアーは、日本の職業倫理と技術進歩が中国の共産主義と結びつき、欧州と北米の「白人」社会に対する新たな「黄禍」となりかねないという、恐るべき未来像を描いていた。彼は伝統的な日本文化を高く評価していた(Poppinga 1997, S. 230–231)が、一方でとりわけ、日本人は「人種的帰属」が異なると認識していたために、当時の日本に対する彼の見方にはこのように一定の不信感が伴っていたのである。

このような考えから、アデナウアーは通商問題において譲歩する準備ができていたが、東京でこうした立場を表明するに際しては、当然ながら非常に慎重であった。三月二六日、彼はブレンターノとともに、日本側のカウンターパートである岸および藤山と最初の会談を行ったが、それはまたしても周知のパターン通りであった。すなわち、ドイツ側は日本の対外貿易問題への理解を示すが、具体的な解決策は提示しないというものである。岸はアデナウアーに対し、日本は自由世界の一員として中国との付き合いには慎重でなければならないが、対中貿易は日本経済にとって非常に魅力的であるというジレンマを説明した。これに対しアデナウアーは率直に、岸が中国との通商関係を構築するのを断念させようと試みた。彼は岸に共産主義への警戒を喚起するとともに、通商問題においては自らの原則を守ることを約束したのである。さらに岸は西ドイツとの貿易の拡大を訴えたが、ブレンターノは独日通商協議を引き合いに出しつつ、即座にこれに難色を示した。岸がなおも日本の欧州市場への参入を西ドイツが支持するよう要望すると、ブレンターノは、欧州共同市場は何よりも政治的目的のためにあることを説いた。つまり、日本は非ヨーロッパ国家であることそれ自体によって排除されたのである。しかし、西ドイツは基本的に貿易自由化政策を推進する立場であり（岸総理大臣・アデナウアー独首相会談録、一九六〇年三月二六日、外交記録「ドイツ要人〈西独〉本邦訪問関係　コンラット・アデナウアー首相関係」）、それはもちろん日本でもすでに知られていた。

しかしこれまでと異なっていたのは、ドイツ側もこのときベルリン危機の最中にあって、日本政府の支持を必要とするような状況に置かれていたことである。そして、その数日後に発表された最終コミュニケでは、日本がベルリン問題に関して西ドイツの立場を支持するとされた。ベルリン問題が会談においてさほど重要な役割を果たしておらず、また会談の議事録にもドイツ側がこの問題で日本側の支持を要請したことについては記されていなかったことを考えると、この文言が加えられたのは驚くべきことである。いずれにしても、日本政府はベルリン危機を通じて交渉の余地を獲得し、ドイツ側からより大きな妥協を引き出すことが可能になったと推測できよう。

翌日に行われた両国の外相同士の会談では、すでに妥協への機運が高まっていた。ブレンターノは藤山に、ドイツの制度では首相は幸運にも内閣において決定権を有しており、個人的にも貿易自由化問題を気にかけ、経済関係閣僚

駐日西独大使公邸での晩餐会，1960年3月29日．左より，（1人置いて）吉田元首相，アデナウアー西独首相，岸首相，ハース（Wilhelm Haas）西独大使．
出所：外務省外交史料館 L'5.0.0.1–23「国賓訪日記念写真アルバム　コンラット・アデナウアー・西独首相」．

の抵抗を抑えて自由化を貫くであろうと請け合った。通商問題で解決の糸口をつかむことができたことに、藤山は喜びの様子を見せた（藤山外務大臣フォン・ブレンターノ独外相会談録、一九六〇年三月二七日、外交記録「ドイツ要人〈西独〉本邦訪問関係　コンラット・アデナウアー首相関係」）。

三月三〇日、アデナウアーは大磯の吉田元首相邸を非公式に訪れ、ここで独日経済関係の強化に向けた路線転換は決定的なものとなった。アデナウアーは、吉田が保守の「黒幕」として、依然日本の影響力のある政治家の一人に数えられていることを知っていた。吉田を取り巻くグループ、いわゆる「吉田学校」には有力な政治家が数多く名を連ねており、そのうち数名は大磯の会合にも招待されていたが（Poppinga 1997, S. 227）、中でも池田勇人通産相は後に首相となっている。アデナウアーは池田との会談において、通商問題の解決のため自ら尽力することを約束した（池田通産大臣アデナウアー独首相会談録、一九六〇年三月三〇日、外交記録「ドイツ要人〈西独〉本邦訪問関係　コンラット・アデナウアー首相関係」)。

さらに大磯では、日本の産業発展を推進するためのドイツによる資金援助について話し合いが持たれた。元大阪府知事[14]で与党自民党の参議院議員である赤間文三は、吉田および池田も参加した非公式会談において(Schreiben der Deutschen Bank an den Bürgermeister von Osaka, 21. Januar 1980, HADB ZA15/5)[15]、当時の左藤義詮大阪府知事[16]および中井光次大阪市長[17]とともに作成した機密の企画案を提出した[18]。左藤と中井は、そのわずか三日前に大阪でアデナウアーを出迎えたばかりであった(Poppinga 1997, S. 220)。彼らは大阪および堺[19]の港湾地区における工業地帯整備の資金を調達するため、ドイツの資本市場での債券の発行を提案した(Schreiben von Premierminister Ikeda an Bundeskanzler Adenauer, 23. August 1960, HADB SE 04060/0001–06)。

この会談に関する議事録は入手できないが、アデナウアーがボンに戻った直後に吉田から送られた書簡のなかにこの事業への言及があり(Schnellbrief des Staatssekretärs des Bundeskanzleramtes Dr. Vialon an den Bundesminister für Wirtschaft, 10. Mai 1960, BarchK, B102/435384)、またアデナウアー自身も後にこの会談を大阪プロジェクトの出発点と回顧していることから(Gespräch Bundeskanzler Adenauer mit dem Gouverneur von Osaka, Satō, 9. Februar 1962, StBKAH III/60)、アデナウアーが少なくともこの計画に対し曖昧な賛意を表明していたのは間違いない。すでに大阪で対象となる造船・鉄鋼工業の現地を自ら視察していたアデナウアーは、この計画の重要性をただちに確信していたと見てよい。彼はまた大阪での「数多くの会談を通じて(中略)直接に、日本の工業界が直面してきた経済的困難に関する詳細」、とりわけ原料資源の輸入への依存、国際的な販売市場の必要、そして工業地帯の拡張にとっての自然的障害となる地理的狭隘性について知らされていた(Poppinga 1997, S. 220)。この事業で計画されたような公債の発行は、通商問題とは異なりドイツの工業界との間での対立が予想されないため、これに反対する明確な政治的理由は存在しなかった。さらに、通商問題に関してこれまで好意的な姿勢を見せるにとどまっていたアデナウアーは、自らの案件への岸の支持を取りつけるために、ドイツによる具体的な日本経済の支援事業として大阪マルク債を提案することができた。このように、日本側が最終的にアデナウアーの要請に応じてベルリン問題を最終コミュニケに盛り込むことに賛同した背景には、大阪マルク債があったと考えられよう。

最終コミュニケでは、西ドイツ首相が欧州経済共同体と日本の間の商品流通の強化に向けて努力することとされ、また両首脳によりドイツの再統一およびベルリン市民の自由の保障が欧州における緊急の課題であると表明された(外交記録「ドイツ要人〈西独〉本邦訪問関係 コンラット・アデナウアー首相関係」)。ベルリンに関する文言をコミュニケに盛り込んだことにより、アデナウアーは日本の支持を国際世論に示すことが可能となった。事実、ドイツの新聞は、共同の最終コミュニケでベルリンの自由が強調されたのはアデナウアーにとっての成功であり、翻って岸がアデナウアーから通商関係の改善に向けて自ら努力するという約束を得たことは日本にとっての成功であると評価した(Poppinga 1997, S. 230)[20]。アデナウアーの訪日は双方にとって満足のいくものとなったのである。

三 アデナウアーによる日本の通商上の利益のための努力

東京から帰国したアデナウアーは、約束通り、自ら独日通商問題の解決に乗り出した。彼は一九六〇年四月一三日の閣議において、「世界政治における日本の重要性」を指摘するとともに、貿易自由化の問題において前進を図るべきだと主張した。外務省は彼を支持し、日本側が希望するように、対立が最も激しかった繊維製品や陶磁器などの品目に関し、残された輸入制限の最終期限を設定することに賛同した。しかし内閣ではこれに対する抵抗があり、多数派は最終期限の設定を頑なに拒絶する経済省の立場に追随した(104. Kabinettssitzung vom 13. April 1960, Behrendt und Seemann 2003, S. 178–179)。

もちろんアデナウアーはこれをそのまま受け入れはしなかった。五月六日、彼は「首相茶話会(Kanzler-Tee)」というドイツのジャーナリストたちとの非公式の討論の場で、もうこれまでのように国内の繊維産業界の「叫び声」に耳を傾けるつもりはないと述べた(Morsey und Schwarz 1988, S. 245 より再引用)。おそらくアデナウアーは、当時の日本国内の政治状況が緊張の度を増しているのを受けて、その決心を強めたのであろう。国会で多数を占める自民党は、激しい暴動が起きる中で五月二〇日に新安保条約を可決したが、これに反対してその後数日間にわたり、戦後日本史上最大の抗議行動が繰り広げられた。衆議院の解散・総選挙と岸の退陣を求めて、全国で広範な民衆運動が展開されたのである(Aruga 1998, p. 150)。

それからわずか数日後の五月二七日、情勢が白熱する中で独日通商協議は急転直下妥結した。西ドイツは日本側の希望に応じ、各品目の輸入が自由化される明確な期日を設定した(104. Kabinettssitzung am 13. April 1960, Behrendt und Seemann 2003, S. 178–179)。一九六〇年七月一日に発効した新たな独日貿易協定では、日本側は輸出自主規制が課されたのみであり、一九六五年には貿易を完全に自由化することが予定されていた(*Der Spiegel*, 27. Dezember 1961, S. 39–40)。これは日本の欧州における経済活動に先鞭をつける役割を果たすこととなった。キリスト教民主同盟(ＣＤＵ)・社会同盟(ＣＳＵ)の議員団を前にしたアデナウアーは、「西側は共産主義に対する日本の闘いを支援」しなければならない、そして日本自体が共産化し、「それに続いて東側がその手を欧州に」伸ばすことがあってはならないと論じ、通商問題における自身の親日的な態度を安全保障政策と関係づけながら正当化した(*Frankfurter Neue Presse*, 22. Juni 1960)。

同時に、アデナウアーは国際的なレヴェルにおいても日本の通商上の利益のために尽力した。四月一一日のセドゥ(François Seydoux)フランス大使との会談において、彼は「日本国民の経済的困難」を表現力豊かに描き出して見せた。その際、彼は日本を途上国のように説明した。すなわち、「住民の多くが——実につましく——漁業で生計を立てている。人口も増え続けており」、日本が輸出を指向せざるを得ないのはそのためだ。日本の政治家たちはＥＥＣ諸国への輸出の可能性がわずかしかないことに危機感を抱いているが、それというのも、以上のような理由から、この国の反政府的な社会主義者たちが輸出市場を求めて中国への接近を模索しているからである、と。ただし、フランス大使はこうしたアデナウアーの説明には納得しなかった(Gespräch Bundeskanzler Adenauer mit dem französischen Botschafter in der Bundesrepublik Deutschland, Seydoux, 11. April 1960, StBKAH III/26)。翌年、アデナウアーはイギリスのジャーナリストとの非公式の会見において次のように述べた。「東京はやはり貧しい都市、本当に貧しい都市だ。(中略)東京都知事[21]が私に、東京では水すら満足にないと言っていた。それに彼らの住宅事情のひどいこと! 日本が中国に接近するのを防ぐ意味でも、日本は我々にとって非常に注目すべき存在となっている」(Morsey und Schwarz 1988, S. 439-440より再引用[22])。

アデナウアーは自らの親日的態度の主要な根拠としてこのように日本の生活水準を描写したのであるが、それは著しく誇張されたものであった。ここには、すでに一九二〇年代には世界でも指導的な工業国の一つとなっていたことや、一九六〇年前後には未曾有の経済成長局面に入っていたことなど、日本の経済に関する現実が看過されていた。また持続的な大衆福祉が実現し、家計においても「消費革命」が始まるなど、国民はこの時期の高度経済成長による恩恵を享受していたのである。このような現実から乖離したアデナウアーの日本観を知ると、次のような疑問が生じる。すなわち、アデナウアーはその親日的な態度にもかかわらず日本の発展状況を正しく認識できていなかったのか、あるいは、彼が日本の生活事情を誇張し、経済支援の必要性を強調することによって、日本の利益のための貢献を最大化できると考えたのか、というものである。いずれにしても、彼のやり方は、西ヨーロッパにおいて先進工業国としてアピールし、低賃金国というイメージを払拭しようとする日本政府の努力を妨害することとなった。また印象的なのは、彼の発言の中に、中国に対して経済的な接近を試みていたのは反政府的な社会主義者であるとする誤りが見られたことである――実際に対中貿易の拡大を必要視していたのは、保守政権の側であった。

ただしアデナウアーは、懸念していた日中接近を阻止することは、結局できなかった。一九六〇年夏にソ連の技術専門家が中国から引き揚げたことで中ソ対立は頂点に達し、岸が退陣するとともに、七月一九日に中国寄りの池田勇人が首相に就任し、その後一九六〇年末に日本の一部の「親中」企業と中国との間でいわゆる「友好貿易」が開始された(Soeya 1998, pp. 60–78)。一九六二年一一月初頭には、「日中総合貿易に関する覚書」の調印によってＬＴ貿易が開始され、日中間の貿易が飛躍的に拡大した。日中経済関係において新たな時代が始まり、一〇年後に両国の外交関係が再び正常化されるための道が開かれたのである(Itoh 2012, p. 1)。しかし、この二つのアジアの国家が連合し、共産主義の前兆となるというアデナウアーが恐れたシナリオは、現実とはならなかった。

この間、一九六二年五月末にボンで行われた吉田との会談で、アデナウアーは自身の抱いていた恐怖が現実的でなかったことをようやく認めていた。吉田は彼に対し、自身の安全保障政策面での計算によれば、中国との通商関係の強化は危険なのではなく、逆に中国をソ連から離間するのに役立ち得るのだと説いた。これに対しアデナウアーは、「日本は長期的には中国と和解していかなければならない」ことに理解を示した。吉田はアデナウアーの説得に成功したのである。さらにこの独日の政治家は、いまや共同で、日本のみならず西側世界全体に中国市場の開放を認めようとしないアメリカの強硬な態度を批判した(Gespräch Bundeskanzler Adenauer mit Yoshida, 28. Mai 1962, StBKAH III/61)。このような日本の対中貿易に関するアデナウアーの態度の変化は、西ドイツの安全保障に関する具体的な考慮から引き起こされたものでもあった。中ソ対立が深まる中でアデナウアーが関心を強めたのは、中国の経済力が強化されることによってソ連の力がアジアで制約を受け、その矛先が西ヨーロッパからそらされることだったのである(Gespräch Bundeskanzler Adenauer mit Satō Gizen, Gouverneur von Osaka, 15. Oktober 1962, StBKAH III/61)。このような考えの下、一九六二年一一月にもアデナウアーはワシントンで対中貿易への日本の関心を擁護し(Gespräch Bundeskanzler Adenauer mit dem Vorsitzenden des Außenpolitischen Ausschusses des US-Senats, J. Fulbright, 19. November 1962, StBKAH III/61)、国際的な場における日本の信頼し得るパートナーとしての立場を維持したのであった。

四　大阪マルク債

アデナウアーは、日本の通商上の利益を支持すると同時に、大阪および堺における工業地帯整備への資金援助という難問にも取り組んだ。すでに一九六〇年五月初頭、彼は吉田から一通の「純粋に個人的な」手紙を受け取っており、この問題への注意を促されていた。吉田によれば、計画された大阪マルク債の総額は、一億五五〇〇万ドル、すなわち六億五〇〇〇万マルクに上るものであった(Schnellbrief des Staatssekretärs des Bundeskanzleramtes Dr. Vialon an den Bundesminister für Wirtschaft, 10. Mai 1960, BArchK, B102/435384)。一方で、この終戦後初めての日本の欧州への資金援助要請(Auszug aus einem Artikel in der japanischen Wirtschaftszeitung *The Nihon Keizai*, 9. Februar 1962, HADB ZA15/5)は、西ドイツでは基本的に好意的に迎えられた。貿易黒字を計上していた西ドイツでは、すでに一九五〇年代半ば以降、西ドイツ資本の対外投資の可能性が模索されていたため、西ドイツ政府、ドイツ連邦銀行、ドイツ銀行は、外国有価証券を西ドイツの資本市場で発行することに大きな関心を寄せていたのである(Gall 2004, S. 279–280)。他方で、西ドイツの資本輸出は、一九五八年のドイツ・マルクの交換性回復を待って初めて可能になったばかりであり、一九六〇年の時点では西ドイツの資本市場における金利および為替相場の動きは依然として非常に不安定であった。そのためドイツ銀行は、わずか三件の外債投資を実施した後、発行業務を見合わせていた(Gall *et al.* 1995, S. 744–745)。このように、日本からの要請は不利な時期に行われたのである。さらに、その規模はこれまでの三件の外債投資をはるかにしのぐものであり、明らかに西ドイツの資本市場の処理能力を超えていた。

アデナウアーは経済省、外務省およびその他の関係官庁に、この件に関して態度を明らかにするよう要請した

(Schnellbrief des Staatssekretärs des Bundeskanzleramtes Dr. Vialon an den Bundesminister für Wirtschaft, 10. Mai 1960, BArchK, B102/435384)が、果たしていずれも大阪プロジェクトに否定的な姿勢を示した(Gesprächsprotokoll für Herrn Abs, HADB SE 04060/0001–06)。中でも決定的だったのは、「極東における自由世界の支柱」として政治的重要性を有する日本を支援することには吝かではないものの、債券の額が大きすぎるとした経済省の立場である。また同省は当然ながら、大阪プロジェクトへの投資によって、その管轄下にある資本市場から開発援助のための資金が引き揚げられかねないことを懸念していた(Bundesminister für Wirtschaft, 18. Mai 1960, BArchK, B102/435384)。

アデナウアーは通商問題と同様、この事業についても各省庁の否定的な態度を無視した。それは彼が、新安保条約の廃棄を求める大衆的抗議行動が頂点に達している「日本の今日の状況の下で」は、吉田の要望を拒否すべきではないと考えたからである(Adenauer an Globke, 28. Mai 1960, StBKAH III/17)。九月初頭、吉田と池田の要請を受けたアデナウアーは、この事業の担当者である東京銀行常務の伊原隆に会い(Schnellbrief des Auswärtigen Amtes an das Bundesministerium für Wirtschaft, 6. September 1960, BArchK, B102/435384)、彼にブレッシング(Karl Blessing)ドイツ連邦銀行総裁およびアプス・ドイツ銀行頭取の訪日日程を伝えた(Gesprächsprotokoll für Herrn Abs, HADB SE 04060/0001–06; Gesprächsprotokoll, HADB SE 04060/0001–06)。

経済省などと同様、この極めて巨額の公債発行が成功するかどうかについて疑問視した連邦銀行の理事会も、大阪プロジェクトの実施を否決した。しかし、一九五八年のエアハルト訪日に随行したことから(『朝日新聞』一九五八年一〇月二五日朝刊三面)日本に関して独自の見解を有していたブレッシング総裁は、伊原との個人的な会談において、公債発行額を一億マルク規模に減額すれば翌一九六一年のドイツ資本市場で発行可能であるという見方を示した(Schreiben des Präsidenten der Deutschen Bundesbank, Karl Blessing, an Dr. Ludger Westrick, Staatssekretär im Bundesministerium für Wirtschaft, 12. Januar 1961, BArchK, B102/435384)。アプスの見解も同様であった(Gesprächsprotokoll, HADB SE 04060/0001–06)。

長期にわたりアデナウアーの顧問として西ドイツの対外経済政策に影響を与えてきたアプスは、アデナウアーとの会談で、不利な条件ではあっても事業を推進すべきであると繰り返し説いた。九月二一日、ドイツ銀行はさしあたり一億マルクの公債をドイツの資本市場に投入することを決定した。アプスは、この事業が「国際的な金融市場の中心の一つとしての西ドイツの地位」を強化することに繋がるのみならず、アデナウアーがその実現を要望していることでもあるとして、この決定の正当性を説明した。ただし、この事業の実現には、数カ月後に市場の状況が好転するまで待たねばならないとも付言した(Brief von Abs an Bundesbankpräsident Blessing, 15. November 1960, HADBB B330/226)。

しかし、事業の実現は、連邦保険・住宅貯蓄監督局が保険料積立金を原資とした大阪債への投資適格性に必要な認可を与えることを拒んだこともあって、円滑には進まなかった。通常、この種の公債の引き受けは相当部分が保険会社によって担われており、保険会社は認可を望んでいた。保険監督局は、ヨーロッパ以外の国の公債については前例がなかったため(Gesprächsprotokoll, HADB SE 04060/0001–06)、経済省が同意した場合のみ認可を与える方針であった(Brief von Abs an Bundesbankpräsident Blessing, 15. November 1960, HADBB B330/226)。しかし、これまでと同様、経済省はこの事業に反対したのである。

一二月初頭、期限が迫る中で大きなプレッシャーを抱えていた伊原は、ついにドイツ銀行に対し、次のように注意を喚起した。日本側はこの事業に必要な法案を数週間以内に国会に提出しなければならない。そして、もし保険監督局の認可が下りていないことが明らかとなった場合には、日本政府は面目を失う恐れがある、と(Gesprächsvermerk, HADB SE 04060/0001–06)。ほどなくして、日本の側が西ドイツ政府を窮地に追い込むこととなった。おそらく赤間辺りの吉田周辺の政治家によって(Chi-Brief des Botschafters der Bundesrepublik Deutschland in Tokyo, Haas, an das Auswärtige Amt, 28. Dezember 1960, BArchK, B102/435384)、このときまで「極秘」扱いとされてきた事業の経過の概要が日本の新聞社に知らされ、この事業は西ドイツが日本との友好関係を確固たるものにするために計画したものだと報じられたのである(Schreiben des Generalkonsulats der Bundesrepublik Deutschland in Osaka-Kobe an das Auswärtige Amt, 20. Dezember 1960, BArchK, B102/435384)。

一九六一年一月一二日に行われた協議の後、ブレッシングとアプスは(Schreiben von Abs an Bundesbankpräsident Blessing, 9. Februar 1961, HADBB B330/226)、事業に同意する旨を保険監督局に伝えるよう、経済省に要請した(Schreiben des Präsidenten der Deutschen Bundesbank, Karl Blessing, an Dr. Ludger Westrick, Staatssekretär im Bundesministerium für Wirtschaft, 12. Januar 1961, BArchK, B102/435384)。しかし経済省は頑なな態度を貫き、責任を首相に帰した。経済省が肯定的な態度を表明するには、アデナウアーの介入が必要だと回答したのである(Gesprächsprotokoll für Herrn Abs, HADB SE 04060/0001–06)。この件に関して二月二二日に新たに協議が行われ、その後経済省はついに同意を示した(Schreiben von Dr. Krautwig, Vertreter des Staatssekretärs, Bundesministerium für Wirtschaft, an Karl Blessing, Präsident der Deutschen Bundesbank, 22. Februar 1961, HADBB B330/226)。このことからは、アデナウアーが大阪債発行の実現を要望する旨改めて表明したことが推測されよう。

日本側では、ついに必要な法案が予定通り国会を通過し、「大阪港及び堺港並びにその臨港地域の整備のため発行される外貨地方債証券に関する特別措置法(昭和三六年法律第一一三号)」が官報で公布された(Börseneinführungsprospekt, Präfektur Osaka und Stadt Osaka, Japan, HADB ZA15/5)。しかし、ドイツの資本市場の状況が再び悪化したことで(Schreiben Abs an Adenauer, 27. Dezember 1961, HADBB B330/226; Direktoriumsprotokoll der Deutschen Bundesbank, 29. Dezember 1961, HADBB B330/2063)、当初予定されていた一九六一年後半という期日を守ることができなくなったため、事業はなお実現しないままであった。

この件を再び軌道に乗せたのはアデナウアーである。一二月一九日に彼は、この事業を早急に実現するようアプスに迫った。公債は当年度中、つまり一九六二年三月三一日までに発行しなければならなかったため、この間、日本側は再び日程的に逼迫することとなった(Schreiben von Abs an Blessing, 27. Dezember 1961, HADBB B330/226; Direktoriumsprotokoll der Deutschen Bundesbank, 29. Dezember 1961, HADBB B330/2063)。同じ時期に、ドイツ銀行は四〇以上の銀行から成るコンソーシアムを結成していたが、その全体の能力を足し合わせたとしても、規模の縮小後になお比較的巨額の公債を引き受けるには不十分であった。そのためアプスはアデナウアーに対し、公債の発行に際して公的な資産保有機関による一時的な支援措置が必要であると訴えた(Schreiben Abs an Adenauer, 27. Dezember 1961, HADBB B330/226; Direktoriumsprotokoll der Deutschen Bundesbank, 29. Dezember 1961, HADBB B330/2063)が、これはまたもや閣議での論議を要するものであった。

ドイツ連邦郵便の金融機関が一〇〇〇万マルク分の公債を一時的に引き受けることにつき、郵便電気通信相が同意したため、一九六二年一月一〇日、大阪マルク債プロジェクトは閣議を通過することができた(8. Kabinettssitzung vom 10. Januar 1962, Rössel und Seemann 2005, S. 94)。しかし、二月二日のドイツ銀行および官民四五のコンソーシアム加盟銀行の合同会議においてこの事業が決定され得るためには、さらに五〇〇〇万マルク規模の復興金融公庫による追加支援が必要であった(Protokoll der Konsortialsitzung, 2. Februar 1962, HADB SE 04060/0001–06)。ついに二月八日、大阪府知事、大阪市長、日本の大蔵省の代表者、ドイツ銀行およびコンソーシアムの代表者であるアプスは、フランクフルトのドイツ銀行において、一五年満期、利率六・五%の一億マルクの公債に関する契約に調印した(Telegramm Deutsche Bank an die Konsortialbanken, 8. Februar 1962, HADB ZA15/5; Übernahmevertrag, HADB SE 04060/0001–06)。

二月一二日に公債の販売が開始されてから(Auszug aus einem Artikel in der japanischen Wirtschaftszeitung *The Nihon Keizai*, 9. Februar 1962, HADB ZA15/5)、一カ月後にはすでに成功が明らかになった。日本の工業発展に対するドイツの人々の信頼を反映し、個人投資家の購入分が非常に大きな割合を占め(Schreiben Deutsche Bank an Watanabe Takeshi, Finanzberater der Präfektur und Stadt Osaka, 13. März 1962, HADB ZA15/5)、公的な資産保有機関の参入が不要になるほどであっ

大阪債の調印式．フランクフルトのドイツ銀行本社内．前列左から渡辺武大阪府・市財政顧問（元大蔵省財務官，前世界銀行・IMF 理事），アプス・ドイツ銀行頭取，左藤大阪府知事，中井大阪市長，ファイト（Hans Feith）ドイツ銀行専務取締役，成田勝四郎駐西独大使．1962 年 2 月 8 日．
出所：Deutsche Bank AG, Historisches Institut, Foto Lutz Kleinhans.

た。

第二回発行もアデナウアー自らが斡旋した。彼は一九六二年秋の欧州訪問の際にボンに滞在していた池田首相との共同主催の夕食会に、アプスを招待したのである（Gespräch Bundeskanzler Adenauer mit Ministerpräsident Ikeda in Rhöndorf, 5. November 1962, StBKAH III/61）。このときには、ドイツ側からはもはや何らの異議も出なかった。一九六三年の第二回発行（Anleihevertrag zwischen der Präfektur Osaka und der Stadt Osaka und Banken vertreten durch die Konsortialführerin Deutsche Bank AG〈Handakte Arendt〉, 1.3.1963, HADB ZA1/114）に続き、六四年に第三回（*Die Zeit*, 10. Januar 1964）、六五年に第四回発行が行われ（184. Sitzung des Zentralbankrats der Deutschen Bundesbank, 4.2.1965, HADBB B330/438/1 ZBR）、額はいずれも一億マル

クであった。四回とも大変な成果を挙げ(138. Sitzung des Zentralbankrats der Deutschen Bundesbank, 21.3.1963, HADBB B330/199/1 ZBR; Vermerk, 9.4.1963, HADB ZA15/5; *Die Zeit*, 10. Januar 1964; Vermerk, 28.1.1965, HADB ZA15/5)、大阪債全体が証券取引所や投資家の間で極めて高い評価を獲得した(Schreiben der Deutschen Bank an den Bürgermeister von Osaka, 21. Januar 1980, HADB ZA15/5)。

しかし、大阪マルク債は確かにこのような成功を収めたものの、その実現が政治的考慮に基づくものであることに変わりはなかった。一九六二年、大阪債の第一回発行契約が調印された直後、左藤大阪府知事は支援に対して謝意を表するためにアデナウアーのもとを訪ねた。アデナウアーは、大阪マルク債の計画が大磯での吉田との会談に遡ることを回想するとともに、「日本とドイツは世界政治において似た位置にあり、それゆえに協力しなければならない」とした上で、西ドイツは日本との良好な経済関係をできる限り促進するつもりだと請け合った。続いて彼は中国情勢について尋ねた(Gespräch zwischen Konrad Adenauer und dem Gouverneur von Osaka, Satō Gizen, 9. Februar 1962, StBKAH III/60)が、そこには西ドイツの対日経済支援にある本来の政治的目的について確認させる意図があったのである。

おわりに

アデナウアーにとって日本は、その長きにわたる政権担当期間において、安全保障政策上の観点からは関心を引く存在ではなかった。したがって彼は独日通商問題において、長らく日本との通商関係の改善よりもドイツの工業界の保護主義的な利害関心を重視していた。このことは、一九五八年のエアハルトの東京滞在が不首尾に終わった背景を成しているとともに、その際に彼が行った世界貿易の自由化に関する発言が単なるレトリックに過ぎないという印象を日本側に与えることとなった。「西ドイツ人にとっての経済的な世界は、全体としてむしろ狭い」(Löffler 2010, S. 143)

ものであり、その周縁にある日本に対して適用されていた基準は、西ドイツの対外経済政策の重点が置かれていた北米・西ヨーロッパ地域に対するものとは明らかに異なっていたのである。

しかしアデナウアーは、一九六〇年の自らの訪日の際にその対日政策を転換させた。閣内の抵抗に遭いながらも、彼は独日通商問題における日本側の要望に応じるよう自ら尽力するとともに、日本に有利な独日貿易協定の締結を主導した。彼はまた国際的な舞台においても日本の通商上の利益のために尽力した。それに加え、彼は西ドイツの金融機関を動かし、リスクを伴う大阪府内の工業地帯整備のための公債発行を実現させた。

以上の記述から明らかなように、このようなアデナウアーの考え方の変化は冷戦の文脈においてのみ理解可能である。一九六〇年は両国にとって危機の年であり、西ドイツではベルリン危機が、日本側では日米安保条約に対する大規模な抵抗運動が起きていた。このような状況の下、アデナウアーは西ベルリンと日本が西側陣営から切り離されてしまうことを懸念し、日本との経済的協調を強化することによって、安全保障政策に役立てようとした。そのような観点から彼が期待したのは、一つはベルリン危機における日本の政治的支持を獲得することであり、いま一つはアジアにおいて日中の共産主義勢力が成立することを防ぐことであった。後者は西側陣営にとって新たな脅威を意味しており、彼の見方によれば、これは日本の中国に対する経済的接近によって引き起こされかねないものであった。

このように、アデナウアーの対日政策構想において経済と政治が分かちがたく結びついていたのとは全く逆に、日本政府の外交政策は政経分離の原則に基づいて展開された。日本は一般に対外貿易、とりわけ輸出の拡大を図っており、一方で西ドイツは一貫して欧州における貿易自由化政策を追求していた。このため、日本側からすれば、西ドイツの政策は欧州の門戸開放という点においてきわめて好都合だったのである。

アデナウアーの対日政策を決定づけた共産中国の脅威に対する恐怖は、日本側からすれば誇張されたものであった。そして実際にこの恐怖が誤認であったことはまもなく明らかとなる。というのも、すでに一九六〇年末、さらには一九六二年の貿易協定締結以降、日中間の貿易は盛んに行われるようになっていたが、それは日本の共産化を伴うものではなかったからである。このことから提起される問題は、アデナウアーが共産主義に対して過度の恐怖を抱いたことにより、これを彼から譲歩を引き出すための梃子とする隙を日本側に与え、通商問題においてドイツの工業界の利益を犠牲にしたのではないかというものである。これに関連して、西ドイツ政府が東アジアにおける日本の経済的、政治的状況についてどれほど正確に評価していたかという根本的な問題がある。一方でエアハルトは一九五八年に日本の経済状況に関する理解が不十分であることを露呈させ、他方でアデナウアーは一九六〇年に日本が実際よりも脆弱であると認識していた。もっとも、それゆえにこそ一九六〇年の両国の接近がもたらされることとなったのである。

最後に、西ドイツと日本の間で展開された外交政策は、常に双方の具体的な経済上、安全保障上の利害関心に導かれていたことを確認しておかなければならない。一九六二年にアデナウアーが自らの立場を変えて日本の対中貿易拡大を歓迎する姿勢を示したときでさえ、その転換の根本には西ヨーロッパに関する安全保障政策上の考慮があった。したがって、アデナウアー訪日後の独日の接近は、第二次世界大戦期にしばしば主張されたいわゆる独日友好——もちろんすでに日本史研究によって結局は幻想であったことが明らかにされているのだが——から連続したものと解釈すべきではないのである。(23)

■注

(1) ボン近郊レーンドルフにあるアデナウアー首相記念館財団 (Stiftung Bundeskanzler-Adenauer-Haus) 文書館長のレッテル (Holger Löttel) 博士には、史料調査に際してご助力を賜ると同時に、有益なコメントやアドヴァイスをいただき、本章をよりよいものにする上で非常に役立った。また、フランクフルトのドイツ銀行史料館 (Historisches Archiv der Deutschen Bank) 館長のミュラー (Martin L. Müller) 博士には、いわゆる「大阪マルク債」に関する史料収集に際し、貴重な助力をいただいた。この場を借りて感謝申し上げる。

(2) 在任期間は一九五七年二月二五日－一九六〇年七月一九日。
(3) 一九五八年一一月二七日、フルシチョフ(Nikita Khrushchev)ソ連首相は、ベルリンの非武装化および自由都市への移行、ドイツ分割の承認とともに、ベルリンの四カ国統治状態の放棄を要求した。
(4) 先駆的な研究を行ったのはオーバーレンダー(Christian Oberländer)である。彼は、一九五〇年代の独日政治外交関係について、両国のその当時のソ連との関係に注目しつつ明らかにする論文を書いており(Oberländer 2007)、また日本の対独政策について、日本の東ドイツとの関係に留意しつつ考察した論文をも著している(Oberländer 2008)。
(5) アデナウアー期における西ドイツと日本の間の経済関係の発展に関して展望を与える初めての試みは、筆者自身によるもの(Schmidtpott 2010)である。当時の独日経済関係について個別の領域から検討したものとしては、日本の炭鉱労働者のルール工業地帯への派遣に関するものがある(森 二〇〇五、Kataoka *et al.* 2012)。しかし独日経済関係研究のほとんどは一九四五年以前の時期に関するものである(Pauer 1984; Rauck 1988; Kudō 1998; 工藤 二〇一一、工藤・田嶋 二〇〇八、Kudō, Tajima and Pauer 2009)。
(6) 例えば、Baring und Sase (1977), Grewe (1984), 大嶽(一九八六)、Petzina und Ruprecht (1992); 三宅(一九六六)、Krebs (1997); Anderson (1999)。最新のものとしては、Sakaki (2013)。
(7) しかし、西ドイツの対アフリカ、アジア、ラテンアメリカ政策に関する知見は一般に「不十分」とされており、日本に関してもまた例外ではない。こうした研究上の空白を埋める試みの一つが、Conze (2010)である。最近では二〇一二年に『経済史年報(*Jahrbuch für Wirtschaftsgeschichte*)』誌で「一九四五年以降の国際的な経済・企業関係」(Kleinschmidt und Ziegler 2012)と題した特集が組まれているが、ここでもやはり日本は扱われていない。
(8) 在任期間は一九五七年七月一〇日－一九六〇年七月一九日。
(9) 在任期間は一九五八年六月一二日－一九五九年六月一八日。
(10) ＢＤＩのアジア訪問代表団にとっても、アジアの開発途上国、すなわちインドネシア、タイ、ビルマ、パキスタン、そしてとりわけインドが主要な訪問先となっていたが、それはバンドン会議から一年を経過したこの時点で、これらの国々でドイツの工業にとってどのような輸出可能性があるかを探ろうとしたためであった。
(11) 在任期間は一九四六年五月二二日－一九四七年五月二四日、一九四八年一〇月一五日－一九五四年一二月一〇日。
(12) 東京の南方に位置する神奈川県の小さな町であり、政財界の有力者の夏の別荘地として知られている。
(13) 長年アデナウアーの秘書であったポッピンガ(Anneliese Poppinga)は、それ以前の一九五五－五八年、東京でクロル(Hans Kroll)ドイツ大使の秘書を務めていたため、日本とは特別な関係を有していた。彼女によると、吉田とアデナウアーは一九五四年に出会って以来、家族ぐるみの個人的な交友関係を育んでいた。彼らは定期的に手紙を送り合い、時にはプレゼントも交換していた(アデナウアー記念館財団主催の会議「アデナウアー期におけるグローバルな挑戦〈Die Herausforderung des Globalen in der Ära Adenauer〉」におけるポッピンガ博士による口頭報告、二〇〇八年四月三日、バート・ホネフ)。翻って吉田の回顧録にも、アデナウアーに対する多大な共感が込められた記述が見られる(Yoshida 1963, S. 106–107)。

(14) 在任期間は一九四七－一九五九年。

(15) 『毎日新聞』大阪版、一九六〇年一二月一四日。以下より再引用。Schreiben des Generalkonsulats der Bundesrepublik Deutschland in Osaka-Kobe an das Auswärtige Amt, 20. Dezember 1960, BArchK, B102/435384.

(16) 在任期間は一九五九－一九七一年。

(17) 在任期間は一九五一－一九六三年。

(18) 『毎日新聞』大阪版、一九六〇年一二月一四日。以下より再引用。Schreiben des Generalkonsulats der Bundesrepublik Deutschland in Osaka-Kobe an das Auswärtige Amt, 20. Dezember 1960, BArchK, B102/435384.

(19) 大阪市の南に隣接する堺市は、同じく大阪府内に位置している。

(20) *Die Zeit*, 8. April 1960も参照。ただし週刊新聞の『ツァイト(*Die Zeit*)』紙は、日本政府はアデナウアーほど強硬な反共主義の立場をとっていないことも見逃していなかった。

(21) 当時の東京都知事は東龍太郎であり、在任期間は一九五九年四月二七日－一九六七年四月二二日。

(22) 会見は一九六一年一月二五日に行われた。

(23) この点について、ボン大学日本学研究専攻の支援を受けて発表された一九四五年以前の独日関係史に関する基礎的な諸研究を参照。Kreiner 1984; Kreiner 1986; Kreiner und Mathias 1990.

■史料(邦文)

外務省外交史料館外交記録

A′一・六・三・七－一「ドイツ要人(西独)本邦訪問関係　ルートヴィッヒ・エルハルト副首相兼経済相関係」。

A′一・六・三・七－二「ドイツ要人(西独)本邦訪問関係　コンラット・アデナウアー首相関係」。

『朝日新聞』。

■史料(欧文)

Bundesarchiv, Koblenz (BArchK)

B102 (Bundesministerium für Wirtschaft).

Historisches Archiv der Deutschen Bank (HADB)
SE 04060 (6,5%–Anleihe 1961. Allgemeines. Presseausschnitte. 29.8.1960–31.10.1961).
ZA1/114 (Anleihevertrag zwischen der Präfektur Osaka und Stadt Osaka und Banken vertreten durch die Konsortialführerin Deutsche Bank AG 〈Handakte Arendt〉. 1.3.1963).
ZA15/5 (Osaka-Anleihe. 6,5% DM-Anleihe von 1962 Bd. Ia. Allgemeines. 7.8.1961–29.3.1972).
Historisches Archiv der Deutschen Bundesbank (HADBB)
B330 (Zentrale).
Stiftung Bundeskanzler-Adenauer-Haus (StBKAH)
Nachlass Konrad Adenauer, Bestand III.
Frankfurter Neue Presse.
Der Spiegel.
Die Zeit.

■文献（邦文）

大嶽秀夫（一九八六）『アデナウアーと吉田茂』中央公論社。

工藤章（二〇一一）『日独経済関係史序説』桜井書店。

工藤章・田嶋信雄編（二〇〇八）『日独関係史　一八九〇－一九四五』（全三巻）東京大学出版会。

三宅正樹（一九六六）『日独政治外交史研究』河出書房新社。

森廣正（二〇〇五）『ドイツで働いた日本人炭鉱労働者——歴史と現実』法律文化社。

安原和雄・山本剛士（一九八四）『戦後日本外交史（四）　先進国への道程』三省堂。

■文献（欧文）

Anderson, Perry (1999) “The Prussia of the East?” in: Masao Miyoshi and H. D. Harootunian (eds.), *Japan in the World*, Durham,

London: Duke University Press, pp. 30–39.

Aruga, Tadashi (1998) "The Security Treaty Revision of 1960," in: Stephen S. Large (ed.), *Shōwa Japan: Political, Economic and Social History 1926–1989, Volume III 1952–1973*, London, New York: Routledge, pp. 139–156 [Iriye, Akira and Warren I. Cohen (1989) *The United States and Japan in the Postwar World*, Lexington: University Press of Kentucky, pp. 61–79].

Baring, Arnulf und Masamori Sase (Hrsg.) (1977) *Zwei zaghafte Riesen? Deutschland und Japan seit 1945*, Stuttgart, Zürich: Belser.

Behrendt, Ralf und Christoph Seemann (Hrsg.) (2003) *Die Kabinettsprotokolle der Bundesregierung, Band 13: 1960*, München: Oldenbourg.

Berg, Fritz (1956) „Die Asienreise der BDI-Delegation", in: *Mitteilungen des BDI*, Jg. 4, H. 5, S. 1–8.

Conze, Eckart (Hrsg.) (2010) *Die Herausforderung des Globalen in der Ära Adenauer*, Bonn: Bouvier.

Cumings, Bruce (1989) „Ursprünge und Entwicklung der politischen Ökonomie in Nordostasien: Industriesektoren, Produktzyklen und politische Konsequenzen", in: Ulrich Menzel (Hrsg.), *Im Schatten des Siegers: Japan. Band 4: Weltwirtschaft und Weltpolitik*, Frankfurt am Main: Suhrkamp, S. 87–145.

Daniels, Gordon (1986) "Japan in the Post-War World: Between Europe and the United States," in: Gordon Daniels and Reinhard Drifte (eds.), *Europe and Japan: Changing Relationships since 1945*, Ashford: Paul Norbury, pp. 12–22.

Gall, Lothar (2004) *Der Bankier: Hermann Josef Abs*, München: C.H. Beck.

Gall, Lothar, Gerald D. Feldman, Harold James, Carl-Ludwig Holtfrerich und Hans E. Büschen (1995) *Die Deutsche Bank 1870–1995*, München: C.H. Beck.

Glaubitz, Joachim (1994) „Die Außenpolitiken Deutschlands und Japans nach 1945: Eine vergleichende Betrachtung aus deutscher Sicht", in: Dietmar Petzina und Ronald Ruprecht (Hrsg.), *Geschichte und Identität IV: Deutschland und Japan an einem neuen Wendepunkt?* Bochum: Brockmeyer, S. 83–94.

Grewe, Wilhelm G. (1984) „Japan und Deutschland nach dem Kriege: Parallelen und Divergenzen", in: Josef Kreiner (Hrsg.), *Deutschland-Japan: Historische Kontakte*, Bonn: Bouvier, S. 285–300.

Iriye, Akira (1996) "Chinese-Japanese Relations, 1945–1990," in: Christopher Howe (Hrsg.), *China and Japan: History, Trends, and Prospects*, Oxford, New York: Oxford University Press, pp. 46–59.

Itoh, Mayumi (2012) *Pioneers of Sino-Japanese Relations: Liao and Takasaki*, New York: Palgrave Macmillan.

Kataoka, Atsushi, Regine Matthias, Pia Tomoko Meid, Werner Pascha und Shingo Shimada (Hrsg.) (2012) *Japanische Bergleute im Ruhrgebiet*, Essen: Klartext.

Kleinschmidt, Christian und Dieter Ziegler (Hrsg.) (2012) *Internationale Wirtschafts- und Unternehmensbeziehungen nach 1945*, München: Oldenbourg.

Krebs, Gerhard (1997) "Japan and Germany: From Wartime Alliance to Postwar Relations," in: Gerhard Krebs and Christian Oberländer (Hrsg.), *1945 in Europe and Asia: Reconsidering the End of World War II and the Change of the World Order*, München: Iudicium, pp. 149–160.

Kreiner, Josef (Hrsg.) (1984) *Deutschland-Japan: Historische Kontakte*, Bonn: Bouvier.

—— (Hrsg.) (1986) *Japan und die Mittelmächte im Ersten Weltkrieg und in den zwanziger Jahren*, Bonn: Bouvier.

Kreiner, Josef und Regine Mathias (Hrsg.) (1990) *Deutschland-Japan in der Zwischenkriegszeit*, Bonn: Bouvier.

Kudō, Akira (1998) *Japanese-German Business Relations: Cooperation and Rivalry in the Inter-War Period*, London, New York: Routledge.

Kudō, Akira, Nobuo Tajima and Erich Pauer (eds.) (2009) *Japan and Germany: Two Latecomers to the World Stage, 1890–1945* (3 vols.), Folkestone: Global Oriental.

Lappenküper, Ulrich (2008) *Die Aussenpolitik der Bundesrepublik Deutschland 1949 bis 1990*, München: Oldenbourg.

Löffler, Bernhard (2010) „Globales Wirtschaftsdenken vor der Globalisierung: Weltwirtschaftliche Ordnungsvorstellungen bei Konrad Adenauer und Ludwig Erhard", in: Eckart Conze (Hrsg.), *Die Herausforderung des Globalen in der Ära Adenauer*, Bonn: Bouvier, S. 113–146.

Morsey, Rudolf und Hans-Peter Schwarz (Hrsg.) (1988) *Adenauer: Teegespräche 1959–1961*, Berlin: Siedler.

Oberländer, Christian (2007) „Die ‚Adenauer-Formel' in den japanisch-sowjetischen Friedensverhandlungen 1955/56 und die deutsch-japanischen Beziehungen“, in: Helmut Altrichter (Hrsg.), *Adenauers Moskaubesuch 1955: Eine Reise im internationalen Kontext*, Bonn: Bouvier, S. 57–76.

—— (2008) “Japan’s *Deutschlandpolitik* in the Postwar Period: The Case of Travel Restrictions between East Germany and Japan,” in: Ölschleger, Hans Dieter (ed.), *Theories and Methods in Japanese Studies: Current State and Future Developments. Papers in Honor of Josef Kreiner*, Göttingen: V&R unipress; Bonn: Bonn University Press, pp. 303–311.

Ostasiatischer Verein (1958) *Bericht über das Jahr 1957*, Hamburg: Ostasiatischer Verein.

Pauer, Erich (1984) „Die wirtschaftlichen Beziehungen zwischen Japan und Deutschland 1900–1945“, in: Josef Kreiner (Hrsg.), *Deutschland-Japan: Historische Kontakte*, Bonn: Bouvier, S. 161–207.

—— (1985) *Japan-Deutschland: Wirtschaft und Wirtschaftsbeziehungen im Wandel*, Düsseldorf: Deutsch-Japanisches Wirtschaftsförderungsbüro.

Petzina, Dietmar und Ronald Ruprecht (Hrsg.) (1992) *Wendepunkt 1945? Kontinuität und Neubeginn in Deutschland und Japan nach dem 2. Weltkrieg*, Bochum: Brockmeyer.

Poppinga, Anneliese (1997) *„Das Wichtigste ist der Mut“: Konrad Adenauer — die letzten fünf Kanzlerjahre*, Bergisch Gladbach: Gustav Lübbe.

Rauck, Michael (1988) „Die Beziehungen zwischen Japan und Deutschland 1859–1914 unter besonderer Berücksichtigung der Wirtschaftsbeziehungen“, Dissertation, Universität Erlangen-Nürnberg.

Rössel, Uta und Christoph Seemann (Hrsg.) (2005) *Die Kabinettsprotokolle der Bundesregierung, Band 15: 1962*, München: Oldenbourg.

Rothacher, Albrecht (1983) *Economic Diplomacy between the European Community and Japan 1959–1981*, Aldershot: Gower Publishing.

Sakaki, Alexandra (2013) *Japan and Germany as Regional Actors: Evaluating Change and Continuity of the Cold War*, Abingdon, New York: Routledge.

Schmidtpott, Katja (2010) „Die Wirtschaftsbeziehungen zwischen der Bundesrepublik Deutschland und Japan in der Ära Adenauer

(1949–1963)“, in: Eckart Conze (Hrsg.), *Die Herausforderung des Globalen in der Ära Adenauer*, Bonn: Bouvier, S. 35–50.

Schwarz, Hans-Peter (1991) *Adenauer: Der Staatsmann 1952–1967*, Stuttgart: Deutsche Verlags-Anstalt.

Soeya, Yoshihide (1998) *Japan's Economic Diplomacy with China, 1945–1978*, Oxford: Clarendon Press.

Sumiya, Mikio (ed.) (2000) *A History of Japanese Trade and Industry Policy*, Oxford: Oxford University Press.

Yoshida, Shigeru (1963) *Japan im Wiederaufstieg: Die Yoshida-Memoiren*, Düsseldorf, Köln: Diederichs.

(訳　平野達志)

第五章

日本・EEC貿易協定締結交渉と西ドイツの立場

――限定的自由貿易主義の限界　一九七〇―一九七一年

工藤　章

はじめに

一九七〇年代の初頭、創設から一〇余年を経た欧州経済共同体(European Economic Community. EEC)が共通通商政策を開始したとき、その最初の適用対象とされたのは日本であった。その結果、一九七〇年、七一年の二度にわたり、日本・EEC間の通商交渉、より具体的には日本・EEC貿易協定を締結するための交渉がおこなわれた。これを契機に、日本と西ドイツとのあいだの通商関係は、日本とその他のEEC加盟国とのそれと同様、日本・EEC間の通商関係に包摂されていくことになった。

本章では、この日本・EEC貿易協定締結のための交渉の過程を分析し、あわせてそこにおける西ドイツ(以下ではドイツと略記することがある)の立場を明らかにしたい。そこから、この時期における日独通商関係のあり方を浮き彫りにすることができるであろう。

日本・EEC間の通商交渉の歴史に関する研究には、日本においてもヨーロッパにおいても、時論的なものを含め、かなりの蓄積がある。だが、本格的な研究——関係を冷静に観察したもの、さらに関係についての本格的な歴史研究——はさほど多くない。まとまったものとしては、Hanabusa (1979), Rothacher (1983), Ishikawa (1990), 石川(一九九〇)、石川(一九九二)などが挙げられよう。ただしいずれも、貿易摩擦と称された通商対立に力点を置き、しかもおおむね一九七六年の「土光ショック」あたりから記述を始めている。本章で扱う一九七〇年代初頭の交渉については、多くの文献は触れてはいるものの、その経緯に立ち入ったものはほとんど見当たらない。そのなかで、安藤(一九九〇)はこの交渉を主題としている点で研究史における唯一の例外をなしている。しかしながら、発表の時期からして当然のことだが、交渉自体についての一次史料に基づく立ち入った分析はなされていない(工藤 二〇一一、第一〇章、参照)。欧州同盟ないし欧州連合(European Union. EU)の内部史料を用いて日本・EEC通商交渉を扱った近年の業績として注目すべき鈴木（二〇一一）も、この交渉についてはわずかの言及にとどまっている。Keck *et al.* (2013)は、日本・ＥＥＣ／ＥＵ間通商交渉の歴史を概括した最初の本格的通史であるが、当該の交渉については簡単に触れるのみである（Keck *et al.* 2013, pp. 27–29）。こうして、本章の主題たる一九七〇年代初頭の貿易協定締結交渉に関しては、管見のかぎりではこれまで本格的な研究は存在しない。したがって、ここでの試みも、時論に終わらせず本格的な歴史を目指す作業の第一歩として、いささかなりとも意義があろう。

本章で用いた史料はそのほとんどがドイツ側――外務省および経済省――のものである。ドイツでは三〇年を経過した文書は順次公開するという原則がほぼ遵守されている。日本側の史料は、外務省外交史料館での公開がこの時期にまで及んでおらず、しかも未公開分について二〇一一年四月におこなった開示請求に対して開示されたのはごくわずかであった。したがって、ほぼドイツ側の史料のみに依らざるをえない。その際、外務省の文書（外務省外交史料館 Politisches Archiv des Auswärtigen Amtes. PAAA 所蔵）はＥＥＣの対日関係に関する文書を多く含み、経済省の文書（コブレンツ連邦文書館 Bundesarchiv Koblenz. BAK 所蔵）はドイツ内部での動きに関する文書が多い。日本・ＥＥＣ通商交渉における西ドイツの立場を知るという本章の問題意識にとって、いずれの史料も有益である。

一　ＥＥＣ共通通商政策と日本

1　ＥＥＣ共通通商政策――最初の対象としての日本

一九五七年三月二五日に調印されたローマ条約によって一九五八年初頭に発足した欧州経済共同体（ＥＥＣ）は、それから一〇年を経た一九六八年七月一日、関税同盟の完成（域内関税の撤廃、対外共通関税の設定）を宣言した。さらに一九六九年末には「過渡期間」を終了して次の統合段階へと向かい始め、その一環として共通政策の策定へと踏み出した。この共通政策のひとつとして、ＥＥＣはローマ条約一一三条に基づく共通通商政策(Common Commercial Policy〈CCP〉, Gemeinschaftshandelspolitik)を打ち出した。すなわち、一九七〇年初頭からの開始を目標に、加盟国は通商政策に関する権限をＥＥＣに委譲し、欧州共同体(European Communities. EC)委員会が外相理事会——以下理事会と略記することがある——の委任に基づき通商政策を遂行することになったのである(1)。

共通通商政策の出発点となったのは、一九六九年一二月一六日の理事会決定(一九七〇年一月一日、発効)である(Entscheidung des Rates, 16. Dezember 1969, Amtsblatt der Europäischen Gemeinschaften, Nr. I, 29. Dezember 1969, PAAA B61/488; Herbst an alle diplomatischen und berufskonsularischen Vertretungen, 30. Januar 1970, PAAA B61/488)。そこに示された原則は次の三つであった。

Ｉ．「共同体が締結する協定および自主的な共同行動」(Gemeinschftsabkommen und autonomes gemeinschaftliches Verhalten)を「通例」(Regelfall)とする。すなわち、原則として今後の共通通商政策は、共同体による協定の締結か、あるいは第三国に対する自主的な共同行動による。

II．既存の協定の延長を「期限を付さない例外的規制」(Ausnahmeregelung ohne zeitliche Begrenzung)とする。

III．特別な場合には時期を限定した移行規制を設ける。

このとき、共通通商政策の適用対象とされ、共通通商協定ないし共通貿易協定の締結を目指す交渉の相手国とされたのは、日本、トルコ、マルタ、イスラエル、スペイン、レバノン、オーストリア、アラブ連合、アルゼンチン、ユーゴスラヴィアの一〇カ国であった。このうち、最重要の対象とされたのが日本であった。それは、日本が一九六七年にGNPで西ドイツを抜いて第二の経済大国となったことに加えて、一九六九年以降、日本・EEC間の貿易収支で日本側の黒字が恒常化する兆しを見せたからであった(安藤 一九九〇、五八-五九、六五頁)(2)。

対日共通通商政策に関する動きは、実際には、一九六九年一一月の理事会決定に先行して始まっていた。すなわち、一九六九年一〇月一五日、EC委員会は理事会に対する報告において、日本とのあいだで「準備交渉」(Sondierungs-gespräche)を開始する権限を自らに付与するよう要請していたのである。この準備交渉とは、相互的な自由化により貿易を正常化し、またそれにもかかわらず生じうる「市場撹乱」(Marktstörung)に対する保護措置を講じること(3)、およびヨーロッパと日本とのあいだの通商政策的・経済的協働の基礎を築くことが可能であるか否か、またいかなる条件の下で可能であるのかを検討するためのものとされた(von Stein an Botschaft Tokyo, 20. Oktober 1969, PAAA B53/173)。

EC委員会のこの報告に対し、フランス外相シューマン(Robert Schuman)は理事会における討議のなかで賛意を表したが、その際、第一に、対日準備交渉はあくまで「探索的」(exploratorisch)なものでなければならないこと、また第二に、日本・EEC貿易協定にはセーフガード条項ないし保護条項が必ず盛り込まれなければならないことを強調していた(von Stein an Botschaft Tokyo, 20. Oktober 1969, PAAA B53/173)(4)。このシューマンの発言の第一点は、EC委員会に対するフランスの距離の取り方、すなわちEC委員会の権限を可能なかぎり狭く制限したいとする立場を示唆しており、この点はこれ以降のEEC内部での対立点のひとつとなっていく。また、第二点のセーフガード条項はEEC内部でのいまひとつの対立点であり、しかも対日交渉における最大の争点となっていく。

さて、EC委員会の報告を受けた理事会は、一一月一一日、EC委員会に対日準備交渉の全権(Mandat)を付与することを決定した。その際、セーフガード条項の導入が自由化の前提でなければならないとしていた。この時の理事会において、西ドイツ代表は理事会のこの決定を支持するとともに、その理由として、「他の代表もまた共同体・日本間の貿易の完全な自由化を明確に排除しない」ことをとくに挙げていた。これは自由化の促進を主張するものであり、フランスなどへの牽制を含意していた(Lautenschlager an Botschaft Tokyo, 13. November 1969, PAAA B53/173)。

こうして、対日準備交渉の開始という方針の決定の後に、それを踏まえて、前述した共通通商政策開始に関する一九六九年一二月の理事会が決定されたわけであり、対日方針の決定は全般的方針の決定に先行していたのである。ただしこの事実は、これまでの日独および日欧ないし日・EEC間の通商交渉の経緯を振り返ってみれば、むしろ当然とも思われる。すなわち、まず第一に、一九六〇年七月に調印された日独貿易協定に向けての交渉の際、とくに一九五八年以降、西ドイツはたえず他のEEC加盟国との協議を重ねつつ対日交渉に臨んでいた。また第二に、一九六〇年代前半には対日EEC共通通商政策が試行されていた。すなわち、EC委員会は一九六一年一二月、外務担当委員を東京に派遣して日本側の感触を探っており、このときの話合いを契機に、一九六二年春に日本・EEC協議が予定されたのである。ただし、これはEEC内部の意見の不一致、日本側での対EEC接触を時期尚早とする意見から実現しなかった。第三に、EECはその後一九六二年九月の理事会で共通通商政策計画を採択した。そして同年一〇月、EC委員会は非公式ながら早くも対日通商政策に言及していたのである(工藤 二〇一四、一一一－一一三、一二三頁)。

EECの対日通商政策の核心は共通セーフガードの実現であった。EC理事会は一九六二年一一月、加盟国に対して対日通商ないし貿易協定で「同一内容のセーフガード条項」の締結を目指す義務を課した。その後、EEC加盟諸国の対日要求はこの理事会決定の線に沿っておこなわれるようになる。

その際、日本のガット加盟の際の経緯が重要な意味を持つことになった。すなわち、日本がガットへの正式加盟を果たした後も、イギリスをはじめとする一四カ国が日本に対してガット三五条を援用し、高率の関税の適用、差別的な輸入制限の実施など、対日差別待遇を実施していた。EEC加盟国のなかでは、フランスおよびベネルクス三カ国が三五条を援用していた。このことを踏まえ、対日通商交渉において、フランスおよびベネルクス三カ国は三五条援用の撤回と引替えに個別のセーフガードを要求し、結局その主張を貫くことができたのである。なお、このとき、三五条を援用していなかった西ドイツおよびイタリアも、フランスおよびベネルクス三カ国と同様のセーフガードを要求したが、これは実現しなかった(工藤 二〇一四、一二四－一二五頁)。前述の外相理事会におけるフランス外相シューマンの発言は、このような前史を背景になされたのである。

２　ＥＥＣ側の対日交渉準備

ともあれ、共通通商政策に関する理事会のふたつの決定――全般に関わるものおよび対日方針に関わるもの――を受け、ＥＥＣ内部では対日交渉、さしあたりは準備交渉のための準備が開始された。その準備を主として担ったのはＥＣ委員会自身ではなく、加盟国代表にＥＣ委員会メンバーを加えた通商政策専門家グループ(Gruppe der Sachverständigen für Handelspolitik)である。この組織は理事会の下に置かれており、その当面の作業課題は、第一に、準備交渉における委員会の全権の範囲の確定であった。ＥＣ委員会は当然ながらそれを広く解釈しようとし、各国代表はおおむね狭く解釈しようとした。この点は、その後のＥＥＣ内部での争点のひとつであり続ける。専門家グループに課された第二の作業課題は、セーフガード条項の位置付けであり、すでに示唆したように、この点でのＥＥＣ内部での合意形成は難航する。第三の作業課題は、対日関係の現状の把握、すなわち各国ごとの対日通商条約・協定類の確認であった(Klein, Vermerk, 8. Dezember 1969, PAAA B61/488)。

ちなみに、このとき確認された加盟国各国ごとの対日通商条約・協定の類は次のごとくであった(Vertragliche Beziehungen der EWG-Ländern zu Japan; Thieme an Auswärtiges Amt, 11. Februar 1970, PAAA B61/488; BAK B102/112616)。

- 西ドイツ――一九六〇年七月一日、貿易協定および議定書調印。一九六一年一二月二七日、ＥＥＣ条項で合意。その後毎年の交渉において商品リストにつき合意。一九六九年一〇月二一日、一九六九年度につき合意。

- フランス――一九六三年五月一四日、貿易協定および議定書調印。一九六六年七月二六日、議定書調印。一九七一年一月一〇日までの延長につき理事会決定で承認。一九七〇年につき商品リストを七〇年一月、仮調印、理事会、フランス政府に締結権を付与。
- イタリア――貿易協定なし。一九六九年一二月三一日、一九六九年一〇月－一九七〇年九月を対象とする商品リストに仮調印、理事会、イタリア政府に締結する権限を与える。
- ベネルクス三カ国――一九六〇年一〇月八日、貿易協定調印。理事会決定により一九七〇年一二月三一日までの延長、承認。一九六九年七月三〇日、一九六九年度につき商品リスト調印。

このように、日本・EEC間の交渉に向けての準備が整えられる一方、二国間での既存の協定類の延長あるいは改定に向けての交渉も、例えば日独間におけるように、これまで通り進められていた(Thieme an Auswärtiges Amt, 11. Februar 1970, PAAA B61/488)。このような二国間での協定類は、前述の一九六九年一二月一六日の理事会決定における原則IIに従えば、対日共通貿易協定の締結が不調に終わった場合、当面延長されるべきものであった。そして実際にも、後述のように、延長されていくことになる。

こうしてEECが共通通商政策を開始しようとしたとき、その最初の交渉相手国として日本を選んだわけである。EEC諸国は日本を共通通商政策形成のいわば触媒としようとしたといってよい。だが、そのような期待をかけられた当の日本は、この頃とくにアメリカからの圧力を受けつつ、貿易自由化の最後の局面、そして資本自由化の最初の局面にあった。対EEC通商交渉がとくに重要な課題とされていたわけではない。ただし、次節以下で見るように、対EEC関係では対日差別の撤廃が第一義的な目標とされ、とりわけ対フランス・ベネルクス三カ国セーフガード条項の撤廃が重視されていた。

二　第一回交渉――一九七〇年九月、ブリュッセル

1　交渉の準備

1　準備交渉

一九七〇年二月一五日から二一日にかけて、EC委員会対外通商担当委員ドニオ(Jean François Deniau)が準備交渉のために訪日し、外相、通商産業相たちと会談した(Krapf an Auswärtiges Amt, 23. Februar 1970, PAAA B61/488)。三月二三日、この準備交渉の結果につき、EC委員会が理事会宛ての報告書を作成しているが、そのなかで、すでにこの時点でセーフガード条項が来るべき正式の交渉における最大の争点となることが明白になっていた(Kommission der Europäischen Gemeinschaften, Bericht über die Sondierungsgespräche mit Japan 〈Mitteilung der Kommission an den Rat〉, SEK 〈70〉 1042 endg., 18 März 1970, PAAA B61/488)。しかもこのとき、後にあらためて触れることになるが、EEC側のドニオは「ドニオ方式」(Deniau-Formel)を内容とする案を提示していた。その具体的内容は史料的には不明であるが、後に立ち返るように、日本に対して一定の譲歩を示したものと推測される。ただし、この譲歩についてEECでの合意が得られていなかったことはたしかである。これに対して日本側は、「時限的、品目別、国別の三限定付のセーフガード規定」を設けるという案――後に「平原私案」と呼ばれるようになるもの――を示唆していた(外務省経済統合課、対EEC通商交渉対処方針要綱案、一九七〇年八月二二日、外交史料館二〇一一－〇〇一五四)。

2　EEC側の準備

この準備交渉について、EECはフォローアップ作業を進めたが、その作業はEC委員会の手によってなされたわ

けではなく、理事会の下部組織でなされた。まず四月六日、欧州次官委員会(Ausschuß der Europa-Staatssekretäre)の会合が持たれ、その席上、理事会はEC委員会に対して明確な交渉方針を与えるべきである——すなわち委員会に与えるべき全権を狭く限定すべきである——と決定されることになった(Bundesminister für Wirtschaft, Tagung des Ausschusses der Europa-Staatssekretäre, 2. April 1970, PAAA B61/488; Herbst, Aufzeichning, 3. April 1970, PAAA B61/488)。さらに四月一〇日には、常駐代表委員会(Ausschuß der Ständigen Vertreter)がその下部の組織である通商問題グループ(Gruppe Handelsfragen)——前出の通商政策専門家グループを指すものと推定される——に対して、EC委員会に付与されるべき全権に関する具体案を作成するよう委託した(Lautenschlager an Botschaft Tokyo, 15. April 1970, PAAA B61/488)。これ以降七月にかけて、通商問題グループの会議が五回程度開催されている。

理事会の下での、常駐代表委員会および通商問題グループにおけるこのような準備を踏まえ、七月一〇日に開催された常駐代表委員会において、すべての各国代表が正式の対日通商交渉の開始に原則として同意し、委員会に与えられるべき「指針」(Richtlinien)を採択した(Rat der Europäischen Gemeinschaften, Vermerk, 16. Juli 1970, BAK B102/112618)。この指針の草稿によれば、理事会はEC委員会に対しておよそ三年ないし五年の間、貿易協定締結のための対日交渉をおこなう権限を与えることとされ、協定の内容としては、非関税障壁の撤廃を含む広範な自由化と並んで、その自由化の前提として、市場攪乱という危険に対抗すべきセーフガード条項を盛り込むべきことが明記されていた(Entwurf von Richtlinien des Rates für die Kommission, Anlage zum Vermerk, 16. Juli 1970, BAK B102/112618)。

これとは別に、指針を補完するとともにさらに詳細に規定した「極秘の」(streng vertraulich)指針が作成され、委員会に与えられている。極秘とされた指針は史料綴りに見当たらない。ただ、その指針の性格上、交渉主体であるEC委員会の権限をさらに限定するものであったことは、容易に想像しうる。加えてEECは、すでに一九七〇年二月、ドニオの訪日と時を同じくして、ローマ条約一一三条に基づく特別委員会(Besonderer Ausschuß)を新設していた[5]。この組織も通商専門家グループと同様、各国代表およびEC委員会メンバーで構成されるものであって、一一三条委員会とも呼ばれた。対日交渉に際して、EC委員会はこの特別委員会と協働すべきものとされた(Rat der Europäischen Gemeinschaften, Vermerk, 16. Juli 1970, BAK B102/112618)。この特別委員会は、前述の通商政策専門家グループがおそらく非公式のものであったのに対して公式の組織であった——ただし両組織は一時期並存している。実際、これ以降、対日交渉の方針——共通通商政策全般の方針——は、この委員会での各国代表による討議を経て決定されることになる。

さて、七月二〇日、理事会はEC委員会に対して貿易協定締結のための、準備交渉とは区別された正式の対日交渉のための全権を付与した(Schürmann an Botschaft Tokyo, 29. Juli, PAAA B61/488)(6)。前年一〇月に委員会が理事会に対して対日準備交渉の開始を提案してから、すでに九カ月が経過していた。なお、この頃までに、交渉の開始期日が九月一七日と決定されている。

3　日本側の準備

一九七〇年二月にEC委員ドニオが来日して準備交渉が持たれた際、日本側はすでに三条件つきのセーフガード条項案を提示していた(本節の1の1)。このことからもわかるように、日本政府も対EEC交渉のための準備を怠ってはいなかった。その作業の成果は、交渉の直前に外務省経済局経済統合課の手で作成された同年八月二二日付けの文書「対EEC通商交渉対処方針要綱案」によって窺うことができる(外務省経済統合課、対EEC通商交渉対処方針要綱案、一九七〇年八月二二日、外交史料館二〇一一－〇〇一五四)。

この文書では、まず交渉の目的が「日・EEC間の通商関係の調整・正常化並びに両者間の経済関係の緊密化を図るための基礎となるべき協定を締結すること」とされている。ただし、外務省はEEC側の交渉主体がいかなる組織に存するのかという点について疑念を有していたようであり、この点は、「共同体委員会の交渉権限を認め、理事会に本件協定締結権があるものと推定する。ただし理事会の締結権限については、本協定に規定する内容に応じて、加盟国の主権との関係で共同体が如何なる範囲まで権限を有するものであるか改めて確認するものとする」と記されているところからも窺われる。

この文書では次に、「本協定の構成としては、先ず、①日・EEC間の通商関係一般についての基本的協定(協定の目的、MFN〈最恵国待遇――引用者〉条項及びその例外条項、相互自由化、混合委員会設置等に関する規定を含む)、及び、②EEC側の対日差別制限撤廃を含んだ双方の自由化に関する議定書(なお、合意が成立すればセーフガードに関するなんらかの文書が必要となろう)、③現行二国間協定との関係を明確化する文書、④事情により現行二国間協定の付属交換書簡に類する書簡とする」とされていた。ここから、日本側にとっては、対日差別の撤廃が最重要な目標であるとともに、セーフガード条項については全否定ではなく一定の条件付きで合意する用意があったことも読み取りうる。

さらに、「協定本文中の①MFN条項については、関税面のみならず、共同体権限いかんによつては輸出入制度についても、現行の日・仏、日・ベネ(ベネルクス三カ国――引用者)並みの規定を置くものとし、②相互自由化については、相互に出来るだけ高度の自由化を促進し、それがグローバルなものである旨を規定するに留め、自由化議定書において具体的自由化方式を規定するものとし、それに関連して出来るかぎりEEC側が対日差別の優先的撤廃に努力する旨をなんらかの形で明らかにせしめる」とされていた。ここには、対日差別の撤廃の実現への意思があらためて表明されている。

次に、以上の基本方針を踏まえた具体的方針について、「原則としては平原局長(平原毅外務省経済局長――引用者)あてエルンスト(Wolfgang Ernst. 委員会の理事〈Direktor〉――引用者)私信の形で提示された先方非公式提案を交渉の話合いのベースとすることに異議はない」としながらも、いくつかの「具体的問題点」が存在するとされている。このEEC側の「非公式提案」はドイツ側史料にも見当たらず、その内容は明らかでないが、後述の経緯からして交渉議題に関するものと推定される。

その「具体的問題点」のうち、後の交渉で最大の争点となったセーフガード条項について見ておこう。まず、「セーフガード措置については、わが方としては、GATT一九条のみで十分であると考える」と基本的な態度が明記されている。そのうえで、「ただし、先方がセーフガードについてGATT規定以外に何らかのバイ(二国間——引用者)の規定が必要であると強く主張する場合には、二月のドニオ訪日の際に示唆した平原私案、すなわち時限的、品目別、国別の三限定付のセーフガード規定を検討する用意はあるが、この場合にも本協定中にセーフガード条項をおかずに別途の議定書等で規定することが適当であると考える」とされている。ただし後段については、「なお、先方がセーフガード条項を本協定中に規定することに固執する場合には」、必ずしも議定書等での規定にこだわらず、譲歩する用意があることが記されている。(7)

このように、後の交渉において最大の争点となるセーフガードに関する日本側の態度は、すでに二月のドニオ来日時の準備交渉で表明されていたものと同じであった。すなわち、「時限的、品目別、国別の三限定付のセーフガード規定」であれば検討可能であるとする「平原私案」の線である。

交渉が間近に迫った九月三日、東京ではEEC加盟国の在京経済担当者の会議が開催された。その結果につき西ドイツ大使館からボンの外務省に送られた報告では、対EEC交渉に臨む日本政府の準備状況および方針が詳細に記されている (Krapf an Auswärtiges Amt, 28. August 1970, PAAA B61/488; Botschaft Tokyo, Bericht, 4. September 1970, PAAA B61/488)。日本側史料の不足を補うためにも、この報告をやや詳細に紹介しておきたい。

そこではまず、日本政府は交渉を「予備的話合い」(preliminary talks)としてのみ位置付けており、かつ交渉代表団首席代表に任命された平原のブリュッセル滞在予定はわずか二日であり、その後は駐EC日本政府代表部公使が代表団を率いるとの情報が記されていた。そこから、交渉に臨む日本側の態度は積極性を欠くものであるとされ、それは

「交渉遷延方針」(hinhaltende Verhandlungsführung)と形容されていた。そしてその背景にある要因として、繊維問題やアメリカの保護主義化の傾向などの要因のほか、日本側担当者の示唆したこととして、EC委員会の自由化計画に対する不満やEC委員会の交渉権限に対する疑念が挙げられていた。西ドイツ大使館の見方によれば、交渉後の展開に関して日本政府——外務省および通商産業省——は、一方で彼らのEECに対する不満や疑念が払拭され、他方で訪日が予定されているEC委員会の新任通商担当委員ダーレンドルフ(Ralf Dahrendorf)が日本側の置かれた状況について理解を深めれば、そこでようやく第二回交渉を開催しうるかどうかが明らかになると認識していた。日本側の態度はこれほど消極的なものと受け取られていたのである。

さらに、予想される個別議題——自由化、セーフガード条項、非関税障壁——に関する日本政府の方針についても記されていた。そのなかでは、セーフガード条項について日本政府は引き続き原則として拒否の態度をとっていると見られていた。これは前述の日本側の方針に照らして必ずしも正鵠を射ておらず、前述のEECの観測ともずれている。ただし、外務省および通産省それぞれの内部で方針に相違が生じていることも明白になっているとされていた。すなわち、両省内部の「たか派」は同条項を対日差別として峻拒しているが、これに対して「はと派」は、三年間に限って——三年後には日本の賃金上昇により同条項は時代遅れになるとの認識が前提されていた——、双方が新たに自由化で合意する特定品目につき条項を導入することに同意しており、すでに自由化されている品目については日本・マレーシア貿易協定に盛り込まれている協議条項——紛争が生じた場合にはガットへの提訴の前に二国間での協議により解決するとの条項——を適用すればよいと考えているというのである。このような、外務省・通産省のそれぞれにおける「たか派」対「はと派」という西ドイツ大使館の見立てによれば、上記の「対EEC通商交渉対処方針要綱案」に見える「平原私案」は「はと派」の線ということになろうか。

要約すれば、日本側は交渉の議題とされるものは自由化、セーフガード条項、非関税障壁、そして共同体が締結する協定と現行の二国間協定との関連であると認識していた。これはエルンストの非公式提案に沿ったものと推定される。さらに、交渉に際しての最大の獲得目標は対日差別の撤廃であった。そして、セーフガード条項こそが最重要の議題と認識しており、一定の条件付きで合意する用意があった。

日本側のこのような態度について、いますこし視野を拡げて観察すれば、この時点で日本政府は経済協力開発機構（OECD）との関係をより重視しており――日本は、一九六三年二月のガット一一条国移行、一九六四年四月のIMF八条国移行を経て、同年四月にOECD加盟を果たしていた――、OCEDに対する自由化計画の提出をもって同時にEECに対する対応ともしようとしていた節がある。そこでは、対日差別をおこなう諸国には差別をもって対抗することが強調されており、在京西ドイツ大使館の担当者は、これをEECを意識したものであると解釈していた（Krapf an Auswärtiges Amt, 2. April 1970, PAAA B61/488）。

4　交渉開始直前のEEC側の準備

一九七〇年七月二〇日に理事会がEC委員会に対して付与した全権は、前述のように、無条件のものではなかった。その範囲の解釈をめぐっては、ローマ条約一一三条に基づき一九七〇年二月に新設された、各国代表とEC委員会で構成される特別委員会で、意見の対立があった。九月一六日、すなわち交渉開始の前日になっても、特別委員会ではなおも各国の意見の調整が図られていた。そこではまず、EC委員会理事エルンストが交渉の組立てに関する自らの見解を述べた。それによれば、今回の交渉におけるEC委員会の目標は、対日基本協定（Rahmenabkommen）のための要綱（Grundzüge）を確定することであり、また交渉で議題とされるのは、第一に、自由化、第二に、セーフガード条項、第三に、非関税障壁、第四に、現行の二国間協定に対する共同体の対日協定による「限定」（Abgrenzung）、すなわち二国間協定と共同体が締結する協定との関係であった（Tebbe, Klein und Kuschel, Bericht, 21. September 1970, PAAA

B61/488)。すでに非公式に平原に提示されていた案とはこれを指すものと思われる。

エルンストの発言を受け、予定される交渉議題に沿ってなされた討議の内容はおおよそ次のごとくであった。

第一の議題である自由化については、ＥＣ内部で路線の対立があった。それは自由化計画の開始時期(Ausgangs-basis)をめぐる対立という形をとった(8)。一方で、フランス・イタリア代表およびＥＣ委員会は、一九七〇年一月一日を開始時期とすることを主張した。フランス・イタリア代表によるその理由付けは、すでに一九七〇年に実施されたフランス・イタリアによる自由化措置を計算に入れてはじめて、目標とする七五％の数量制限撤廃を実現しうるというものであった。ただし、実施された自由化はとくに農業分野でのそれであり、日本にはほとんど関係のないものであった。他方、西ドイツおよびベネルクス三カ国の各代表は、既定方針通り一九七一年一月一日とすることを主張した。その根拠は、このように考えてこそ、現存する数量制限の撤廃を前提とする、理事会により委員会に与えられた交渉指針に適うというところにあった。さらに、西ドイツおよびベネルクス三カ国の代表は、フランス・イタリア代表の主張に対して、もし一九七〇年一月一日とすれば一年間に二度の自由化措置があることになると批判した。さらに付け加え、日本政府は一九七〇年一月一日の時点で存在する一二〇の数量制限のうち約三〇の関税ポジションについて一九七〇年中にすでに自由化を実施しており、一九七〇年一月一日を開始時期としていることをも挙げていた(Tebbe, Klein und Kuschel, Bericht, 21. September 1970, PAAA B61/488)。

このように、フランス・イタリアは自由化に消極的であり、この陣営にＥＣ委員会が加わった。これに対して西ドイツ・ベネルクス三カ国は自由化に積極的であり、自由化のテンポを速めたいとしていた。開始時期については日本と同じ意見であり、そのかぎりでは日本に歩み寄る宥和派ないし「はと派」だが、日本にも自由化圧力をかけたいという意味では文字通りの対日宥和派ではない。

このように、自由化開始時期の設定をめぐる議論は些末な技術論にも見えるが、実際にはそうではなく、自由化のテンポをめぐる対立の表現であった。それだけに、交渉開始前日になっても対立が解消されず、合意が成立しなかった。このことは、交渉の先行きに暗い影を落とした。ＥＣ委員会はやむをえず、対日交渉において日本側がこの問題につき明確な発言をおこなうまでは拘束的な開始時期に言及することをせず、交渉の進展を待つという方針を提起した。要するに待機戦術である。

第二の議題であるセーフガード条項については、文書にはとくに記載がない。すでに見たように（本節の1の2）、対日協定にセーフガード条項を盛り込むことが譲りえない主張であることに関しては合意が成立していた。だが、それ以上に十分な合意が成立していたかというとそうではなく、事実はまさに逆であって、この点は対日交渉において議論が具体化するにつれしだいに明らかになる。日本側の強い拒否に遭い、かつ三条件付きという対案を提示されると、それへの対応の過程で共同体内部の意見の不一致が露呈するのである。この点を後の文書で見ておくことにしよう(Bericht der Kommission an den Rat, Verhandlungen zwischen der Gemeinschaft und Japan, 26. Januar 1971〈Rat der Europäischen Gemeinschaften, Übersetzung, 28. Januar 1971〉, BAK B102/112619)。

一方で、フランスおよびベネルクス三カ国の基本的な立場は、現行の二国間協定に盛られたセーフガード条項の内容を下回るものは受け入れられないというものであった。現行のセーフガード条項は、そもそも対日ガット三五条援用を撤回するという対日譲歩を通じて勝ち取った成果なのであり、これが維持されなければ交渉が妥結せずともかまわないという態度である。他方、西ドイツおよびイタリアは、フランスおよびベネルクス三カ国と異なりセーフガード条項を獲得しておらず、今回の交渉を通じて共通セーフガード条項を実現したいと希望していた。その際、できればフランスおよびベネルクス三カ国並みの内容を望むが、それを満たさない場合でも交渉の妥結を期待していた。このように、「はと派」ないし「自由貿易派」の西ドイツでさえ、ある程度はフランスおよびベネルクス三カ国の立場に近づいていたのである。そしてＥＣ委員会は西ドイツ・イタリアに近い立場をとっていた。この点は前述のドニオ案

（本節の1の1）からも窺われるが、この後の交渉の過程でさらに明らかになるであろう。

第三の議題である非関税障壁についても、文書にはとくに記載がない。ＥＣ委員会および西ドイツはこの後この議題の重要性を折に触れて強調することになる。

第四の議題である現行の二国間協定と共同体の対日協定との関係についても、とくに記載がない。ただし、交渉の行方を展望すれば、この議題が取り上げられるほどに交渉が進捗するとは考えにくいから、この点が討議されなかったとしても不思議はない。

交渉の前日における特別委員会での討議は、以上のごとくであった。それをあらためてまとめれば、まず第一に、主な議題をめぐる主張の対立が解消されていなかった。とくに自由化およびセーフガード条項についての対立は深刻であった。第二に、主張の対立の構図にねじれがあった。すなわち自由化時期については、一方のフランス・イタリア・ＥＣ委員会と他方の西ドイツ・ベネルクス三カ国が対立し、セーフガード条項については、フランス・ベネルクスと西ドイツ・イタリア・ＥＣ委員会とが対立した。いずれの議題についても、西ドイツとフランスが対立し、イタリアとベネルクス三カ国は議題によって同調する相手を変えた。ＥＣ委員会も同様であった。このようなねじれは妥協の余地を拡大するとも考えられるが、実際には対立を複雑にしたであろう。ともあれ、交渉前日のこのような状況を見るかぎり、ＥＥＣ側の準備が不足していたことは否定できない。

これを西ドイツの立場に即して見なおせば、西ドイツは自由化とセーフガード条項のいずれについてもフランスと対立した。自由化については、その開始時期を当初の方針どおり一九七〇年一月一日とすべきであり、それが日本に自由化圧力をかけることにもなると主張した。セーフガード条項については、ある程度の妥協をしても妥結を図るべきであるとした。総じて自由化指向が強く、それが管理貿易に傾斜するフランスとの対立の根底にあった。

2　交渉――九月一七－二四日

1　自由化計画およびセーフガード条項をめぐる対立――九月一七－一八日

九月一七、一八日の両日、ブリュッセルで第一回の交渉がおこなわれた。双方の首席代表は平原外務省経済局長とエルンストEC委員会理事である。その概要は、西ドイツの史料によれば次のごとくであった(Tebbe, Klein und Kuschel, Bericht, 21. September 1970, PAAA B61/488)。

第一の議題である自由化(既存の数量制限の撤廃)について、日本側は双方の数量制限の撤廃を最重要の交渉目標とし、一〇〇％の削減を要求した。とくに対日差別的な制限の撤廃を重視した。日本側の主張をより細部について見れば、開始時期は一九七〇年一月一日とされ、そしてこの期日までに存在する数量制限の少なくとも六六％を撤廃することとされた。一九七〇年は既定の方針に沿って、数量制限が残存する約一二〇品目のうち四〇品目につき撤廃しており、七一年は(九月三〇日までに)さらに四〇品目につき撤廃して、計六六％となる計算であった。さらに、対日差別をとる特定諸国に対しては自由化措置が適用されないとの閣議決定に言及されていた。ただし、三年での撤廃を計画するEC側の意向を了解するとされ、また綿製品および石炭鉄鋼も対象となるともされていた。

これに対して、EC委員会は五〇－七五％の自由化を主張した。その理由として、EEC加盟国の置かれた初期条件が異なっているため、日本側の高い要求に応じることが困難であることが挙げられた。だが、EC委員会は、開始時期も含めての具体的な対案を提示しえなかった。いうまでもなく、EEC内部での合意ができていなかったためである。

第二の議題であり、事前に最重要議題となるであろうと予想され、実際にもそうなったセーフガード条項について、EC委員会は、貿易協定中の共通セーフガード条項は日仏・日ベネルクス協定に盛り込まれたセーフガード条項を引き継ぐものとするとの案を提示した。これに対して日本側は、前掲の準備文書に記された方針のとおり（本節の1の3）、ありうべき市場攪乱に対してはガットの条項による規制で十分対応しうると反論した。ただし、二国間での規制を排除するものではないとも付け加えた。その際日本側は日独間の取決めをその例として挙げ、また協議条項についてはマレーシアとの合意をモデルとする用意があるとした。後者については、紛争が生じた場合、ガットに提訴する前に二国間の相互了解によりこれを解決することが可能だとしていた。

これに対するEC委員会の反論は、セーフガード条項が貿易協定締結の必須の条件であるというものであり、原則的な立場を繰り返す性格のものであった。そのうえで、EC委員会は、期限付き条項を許容するという譲歩案を示した。ここでは、一九七〇年二月の準備交渉で日本側が示した三条件付きでの合意という「平原私案」が念頭に置かれており（本節の1の1）、三条件のうちひとつについてのみ譲歩するという意味である。ここではさらに、一九六九年一二月の理事会決定における原則Ⅲも念頭に置かれていよう（第一節の1）。「移行規制」すなわち過渡期における規制としての期限付きセーフガード条項という考えである。ただしこの点は特別委員会での対立の焦点でもあって――西ドイツの賛成、フランスの反対――、そこでの同意はとりつけられていなかった（本節の1の4）。この委員会案に対して日本側は、中断後再開される交渉の場であらためて見解を表明するとした。

第三の議題である非関税障壁の撤廃について、EC委員会はこの問題の解決が協定締結にとって重要であることを強調した。日本側はこの問題を協定と関連づけることに反発し、混合委員会を設置してそこで討議することを提案した。それ以上の進展は見られなかった。

第四の議題となるはずの、二国間協定と共同体が締結する協定との関係については文書に記載がない。おそらく話し合われなかったと思われる。

2　交渉の中断とEEC側の討議

二日間にわたる交渉が中断された際、EEC側は特別委員会においてこれまでの交渉を小括するとともに、交渉方針を再検討した。ただし、再検討の対象は最初の議題である自由化開始時期に限定されていた。この点について、EC委員会理事エルンストは再開後の交渉での焦点となろうと述べ、西ドイツおよびベネルクス三カ国に方針を再検討するよう要請した。さらに、開始時期は一九七〇年一月一日とするものの、制限撤廃は一九七一－七三年に実施するとのEEC内部での妥協案を日本側に提案することが検討された(Tebbe, Klein und Kuschel, Bericht, 21. September 1970, PAAA B61/488)。

特別委員会は、交渉再開予定日の九月二二日までのあいだにいま一度開かれた。このときもまた、討議は自由化(数量制限の撤廃)問題に限られた。議論は開始時期――EEC内部での妥協案のアイディアを反映してのことであろうか、それはいまや参照期日(Referenzdatum)と呼び変えられている――をめぐって対立した。西ドイツ代表はこれまで通りの主張を繰り返した。ベネルクス三カ国代表は、西ドイツ案に賛意を表しながらも妥協を求めた。これに対してフランス・イタリアおよびEC委員会は、これまでの主張を変えることがなかった。西ドイツの孤立という構図が現れている。ともあれ、結果的に両陣営間の溝は埋まらなかった。エルンストはこのままでは交渉を続行しえないとし、何らかの結論を出すべきだとした。西ドイツ代表は対日交渉ではこの問題を留保することを提案するとともに、さらにそれにかえて検討すべきいくつかの課題を提示した。ともあれ自由化、とくに自由化開始時期について、意見対立の溝は埋まらなかった。エルンストが危惧するように、再開される交渉に臨む態勢は整わないままであった。

第二のセーフガード条項、第三の非関税障壁の撤廃、そして第四の二国間協定と共同体が締結する協定との関係という議題に関しては、いずれも検討の跡が見られない(Tebbe, Klein und Kuschel, Bericht, 28. September 1970, PAAA B61/488)。それは、これらの議題については、すでに交渉で日本に対して主張した以上に立ち入って主張する権限が交渉主体としてのEC委員会に与えられていなかったゆえと推定してよい。

3　対立の継続——九月二二–二四日

九月二二日、三日間の予定で交渉が再開された。日本側は予定通り外務省経済局長平原が帰国し、駐EC日本政府代表部公使が代表団を率いたと推定される（Tebbe, Klein und Kuschel, Bericht, 28. September 1970, PAAA B61/488）。

第一の議題、自由化（数量制限の撤廃）について、日本側は参照期日を——この頃までに日本側もこの用語を使うようになっている——一九七〇年一月一日としたいとするこれまでの主張を繰り返した。エルンストはECが最終的にいつの時点をとるかは未定であると率直に述べた。そこで、双方は試みに一九七〇年一月一日現在の双方のネガティヴ・リストを検討することとした。そのなかで日本側は、イタリアのネガティヴ・リストにつき、すでにECの共通自由化リストに掲載されている品目が含まれていることを指摘してその削除を要求し、さらに同じイタリアのリストから絹織物の削除を要求するなど、個々の論点に入った。これに対してEEC側も日本のリストにつき個々の論点を取り上げて批判するなど、反撃した。

それらの個々の論点を離れ、日本側は、対日差別的な数量制限の撤廃が最重要であるとの主張を繰り返し、さらにそれがセーフガードの問題と決定的に関連していると指摘した。これに対してエルンストは、対日差別的制限の優先的撤廃は考慮していないと言い放った。双方それぞれにこれまでの主張を繰り返すなかで、妥結の気配は生まれなかった。

第二の議題であるセーフガード条項についても、歩み寄りが見られないことは同様であった。日本側はEECの態度に失望したとし、EEC側がいまだにドニオ案を受け入れる用意を示していないことを遺憾だとした。このドニオ案とは、一九七〇年二月の準備交渉の際にドニオが提示した妥協案を指すと思われる。一定程度の妥協を含むものと推定されるが、具体的な内容は不明である。ただし、これについてEEC側の合意があったわけではなく、「ドニオ私案」的なものであったと思われる(第二節の1の1)。そのうえで日本側は、中断前の交渉の席で予告していたとおり、次回交渉のための暫定案という位置づけで新たな案を提示した。とはいっても、それはこれまですでに提示されていた「平原私案」と同じ趣旨の、三条件付きのセーフガードであった。ただし、より具体的になっている。すなわち、期限は三年に限定し、品目は新たに自由化すべき品目に限定し、そして国は市場攪乱が生じているEEC加盟国に限定するというものである。これに対してエルンストはただちに拒否の回答をした。さらに、セーフガード条項で日本が満足すべき提案をしていたならば、われわれも寛大な自由化提案をしていたはずだと、包括的合意の可能性を示した。ただし、それはたんなる慨嘆であったかもしれない。

第三の議題である非関税障壁については、EEC側が作成した日本の関税障壁についてのリストにつき、日本側はたんに一般的な説明を与えるにとどまり――そのようにEEC側には映った――、詳細は新設されるべき混合委員会での検討に委ねたいと、これまでの主張を繰り返した。日本側が作成し提出したEECの非関税障壁のリストについては討議されなかった。

第四の議題については、その一部をなすと思われるEEC加盟諸国の対日商品協定について討議された。日本側は貿易協定締結までの時期について日本・EEC加盟国間の商品協定を延長し、割当(Kontingente)を緩和ないし増額することを提案したが、EECはこれを拒否した。

こうして、四つの議題のいずれについても双方がなんらの妥協点をも見出すことができないままに、交渉は終了した。

4 EECによる交渉の総括

交渉終了後、EEC側は特別委員会を開いて交渉を総括した(Tebbe, Klein und Kuschel, Bericht, 28. September 1970, PAAA B61/488)。

第一の議題である自由化について、西ドイツ代表が発言を求め、交渉のなかで日本側がイタリアのネガティヴ・リストにつきすでにEECの共通自由化リストに掲載されている品目があると指摘して削除を要求した点に触れ、この点についてイタリアを批判した。そのうえで西ドイツ代表は、日本側が対日差別的な制限の優先的撤廃を要求している点は、今後の交渉にとって極めて重要と思われるとして、EC委員会に再検討を求めた。これに関連して、EC委員会に付与される全権を拡大する方向で再検討すべきであるとも述べた。さらにそれとの関連で、なお未決の問題——参照期日(Referenzdatum)、計算方式(Berechnungsmodus)、「成果の公平」(Gleichwertigkeit der Leistungen)——に取り組む必要があると指摘した。

第二の議題であるセーフガード条項について、特別委員会は、日本が少なくともセーフガード条項を譲歩して受け入れる場合にかぎり、EC委員会は次の交渉の席に着くことができると日本側に伝えることで合意した。

第三の議題である非関税障壁について、西ドイツ代表はこの問題がセーフガードの問題と同様の重要性を持っていることを重ねて指摘した。EC委員会も同じ意見であった。

第四の議題である現行の二国間協定と共同体が締結すべき新たな協定との関係については討議されなかったようである。協定締結の見通しが立たないのであるから、当然であろう。

最後に、今後の予定として、一〇月初めに対外通商担当委員ダーレンドルフに今回の交渉につき報告がなされ、それを踏まえてダーレンドルフが一一月初頭にも準備交渉のため東京へ赴くこととされた。

かくして、EEC側は主要な議題に関する内部対立が埋まらぬまま交渉に臨み、いずれの議題についても日本側の変わらぬ主張に遭って、内部対立の深刻さがあらためて浮き彫りになってしまった。ＥＥＣ側の準備不足が目立つのであるが、しかしそれはたんに交渉当事者の努力不足ということではなく、原因はより深いところにあった。すなわち、まずＥＣ委員会に付与された権限の狭さが挙げられよう。さらに、加盟国それぞれの既得権益における差——とくにセーフガード条項における「持てる国」と「持たざる国」の差——が挙げられねばならない。この差によってフランスと西ドイツを対立の軸とする対立構造が生まれ、そしてそれは解消されないままであった。交渉の主体であるＥＣ委員会に対して限定された権限しか付与しなかった理事会自体が、内部に対立を抱え、統一的な意思決定をなしえなかったのである。それだからこそ、共通通商政策形成の触媒としての日本に期待したとも解釈しうるが、如何せんその内部対立が大きすぎたのである。

三　第二回交渉——一九七一年七月、ブリュッセル

1　交渉の準備

1　準備交渉

一九七〇年一一月、ＥＣ委員会対外通商担当委員ダーレンドルフが訪日し、一一月一六-二一日、準備交渉が持たれた。ダーレンドルフは関係閣僚のほか首相佐藤栄作とも会談した(Krapf an Auswärtiges Amt, 24. November 1970, PAAA B61/488; Generaldirektion Außenhandel 〈D3〉 der Europäischen Gemeinschaften, Arbeitsdokument, 24. September 1971, BAK B102/112622)[9]。準備交渉の内容は、一九七一年一月二六日付けのＥＣ委員会の文書によれば次のごとくであった(Bericht der Kommission an den Rat, Verhandlungen zwischen der Gemeinschaft und Japan, 26. Januar 1971 〈Rat der Europäischen Gemeinschaften, Übersetzung, 28. Januar 1971〉, BAK B102/112619; 日・ＥＥＣ通商交渉に関する委員会報告〈要旨〉、日付なし、外交史料館二〇一一－〇〇一五四)。

日本側は次の三点を提案した。

- 第一に、協議条項付きないし「マレーシア方式」(Malaysia-Formel)(あるいはイギリス方式)のセーフガードを採用する。
- 第二に、日仏協定ないし日本・ベネルクス協定におけるセーフガードを廃棄し、三条件付きのものとする。
- 第三に、セーフガード条項は協定から切り離して扱い、協定では最恵国待遇条項および自由化措置を規定するにとどめる。

これらは明らかにこれまでの主張の繰り返しであった。ただ、上記の第二点に記されている三条件については多少の新味がある。この三条件が「平原私案」にいう「時限的、品目別、国別」を指すことはいうまでもない。この三条件は、一九七〇年二月にドニオが来日して準備交渉が持たれた際にすでに提出され(第二節の1の1)、次いで同年八月の「対処方針要綱案」で確認されていた(第二節の1の3)。だが、なお具体化されていなかった。それが同年九月の第一回交渉で、「国別」の限定に関して市場攪乱を被った国と具体化され、さらに同交渉の最後になって、次回交渉のための暫定案として、三年、新たに自由化すべき品目、そして市場攪乱が生じているＥＥＣ加盟国に限定するというように具体化された(第二節の2の3)。ところが今回、「国別」の限定につき、セーフガード条項はフランスおよびベネルクス三カ国に対してのみ適用し、西ドイツおよびイタリアに対しては協議条項を適用するというように変更されたのである。この点はこのＥＣ委員会の文書では明らかではないが、ドイツ経済省のある文書からわかることである

(Tebbe, Stand und Probleme der Handelsverhandlungen zwischen der EG und Japan, 2. Dezember 1970, BAK B102/112619)。

これに対してEEC側は、いずれの提案についても即座に次のように拒否した。

- 第一点について、一方的輸入制限措置をとりえないゆえ受諾できない。
- 第二点について、「共同体側マンダ」すなわちEC委員会に与えられた全権に合致しないゆえ拒否する。
- 第三点について、セーフガード条項を断念して日本側の利益のみを規定する協定は締結できない。

そのうえで、EEC側はこれ以上セーフガード条項を強調せず、それに代えて「オーダリー・マーケティング条項」(Orderly marketing-Klausel) あるいは協力条項を重視すべきであると考えるにいたる。これは輸出自主規制などの民間経済団体レヴェルでの取決めを含む緩やかな規制を目指すものであり、前述の(第一節の1)一九六九年の理事会決定に示された原則Iの「第三国に対する自主的な共同行動」に関わるものであった。さらに、「委員会は東京での会談を通じて、交渉マンダ(全権――引用者)の修正なしには、これ以上交渉は続行できないものと判断した。」

2　EEC側の準備

このような準備交渉の結果およびそれを踏まえたEC委員会の判断は、一二月四日の特別委員会でEC委員会により報告された(Rat der Europäischen Gemeinschaften, Mitglieder Bericht, 7. Januar 1971, BAK B102/112619)[10]。そこでのEC委員会の報告と討議の概要は、ドイツ経済省の文書で多少とも判明する。まず、エルンストが九月のブリュッセルにおける第一回正式交渉およびその後の一一月のダーレンドルフ訪日の結果につき報告し、結論として、現行の理事会指針の枠内では対日交渉妥結の可能性はないこと、たんにセーフガード条項の表現や名称を変更するのは無益な試みであること、そして新たな理事会指針を要請する必要が生じるであろうことを指摘した(Kautzor-Schröder, Vermerk, 7. Dezember 1970, BAK B102/112619)。

この間にも東京では、在京ＥＥＣ加盟国大使館の通商政策担当者による会合が頻繁に開催されていた(Deutsche Botschaft Tokyo an Auswärtiges Amt, 2. November 1970, PAAA B61/488 など)。

一二月初頭、ドイツ経済省のある文書では、九月の正式交渉および一一月のダーレンドルフ訪日・準備交渉の結果を総括しつつ、西ドイツの立場が次のように記されていた。セーフガード条項について、「ドイツ側はセーフガード条項に関するＥＥＣ内での審議において(中略)合意によって日本とのあいだに獲得される条項のいかなる定式化にも同意しうるとしてきた。」「……時期的に限定され、かつ今後自由化されるべき商品に限定された条項は、ドイツの視点からすれば受け入れ可能である」と。フランスおよびベネルクス三カ国とは異なり、西ドイツは内容にはさほどこだわらず、ともかく共通セーフガード条項が貿易協定に盛り込まれればよしとするのである。つまり、日本側が提示する三条件のうち、時期と品目については譲歩し、国についてのみ共通の条項を要求し続けるというわけである。西ドイツの柔軟な立場が率直に表明されているとも考えられる。ただし、これらの文はいずれも線で抹消されている。さらに同じ文書には、日本がＥＥＣ加盟国の対日差別的な輸入制限の優先的撤廃を主張していることについて、「この主張はガットの諸規定に照らして不当ではない」と記されており、この文は抹消されていない。西ドイツは交渉に臨む際の日本の基本的な関心に理解を示しているのである(Tebbe, Stand und Probleme der Handelsverhandlungen zwischen der EG und Japan, 2. Dezember 1970, BAK B102/112619)。この文書には、対日宥和派・「はと派」ないし自由貿易派としての西ドイツの面目が躍如としている。それと同時に、文が抹消されているあたりに、西ドイツ代表が必ずしもその主張をＥＥＣの場において強く主張したわけではないことも示唆されている。

年が明け、一九七一年一月二六日になってようやく、前年九月の正式交渉についてのＥＣ委員会の総括および今後の方針についての提案が理事会に出され、これとは別に同委員会の報告が作成された(11)。この文書の和訳(ただし抄訳)が日本の外交史料館に残されている(12)。その骨子をあえてこの訳文を用いて紹介すれば——ただしすでに紹介した前年一一月の準備交渉に関する部分を除けば——次のごとくである。

- 第一に、交渉の焦点はセーフガードである。「……セーフガードに関する部分は、日本側の強い態度により共同体は非常な困難に直面しており、委員会としては、理事会マンダ(全権——引用者)を修正するか、さもなければ交渉を失敗に終らせるかの選択に迫られていると考える。」
- 第二に、今後の方針について、「会談の結果、日本としてはＥＥＣと協定を結ぶことの利益を認めており、ＥＥＣ側がある種の譲歩をすれば日本がこれまで提示して来た条件を本質的に再考する余地はあると判断する。よって、委員会としては、セーフガード条項問題についていかなる譲歩をＥＥＣとしてなしうるか、また、これに対し日本側から何を代償として取りうるかを検討してみた。」
- 第三に、検討の結果の骨子は、日本側の三限定付き条項という提案のうち、期限付きという条件のみを受け入れ、具体化につき交渉する——可能なかぎりの長期化を目指し、その間に対応措置を講じる——というものである。「時限についてどのような形で受諾しうるかが問題である。」そのうえで、これにより日本側が他の二条件を放棄する可能性があり、そうなれば「仏ベネ(ベネルクス三カ国——引用者)並みのＳＧ(セーフガード——引用者)が他の地域にも拡大されるという利益があ」るとする。また、それによりオーダリー・マーケティングの実施、市場撹乱への対抗措置、自由化、非関税障壁の撤廃、貿易収支の均衡などでの譲歩を引き出すこともできると期待している。そして、理事会に対してこのような主旨を盛り込んだ「追加指令」原案を提示するというのである。

ここには、セーフガード条項についてのＥＣ委員会の苦しい立場が如実に映し出されている。

ＥＥＣ内部での対立は解消されていなかった。一方で、フランスおよびベネルクス三カ国は、セーフガード条項は対日ガット三五条援用を撤回するという譲歩で勝ち取ったものであるから、現状以下の内実では受け入れられないとする。他方で、西ドイツおよびイタリアは、できればフランスおよびベネルクス三カ国並みの条項を獲得したいと望んでいた。ただし、西ドイツにはフランスおよびベネルクス三カ国並みという点にはさほどこだわらないとの態度もほの見えていた（Tebbe, Stand und Probleme der Handelsverhandlungen zwischen der EG und Japan, 2. Dezember 1970, BAK B102/112619）。そこでEC委員会は、日本側のいう三条件のうち時期についてのみ妥協してこれを受け入れ、期限付きのセーフガード条項を提案した。委員会はこれを第一回交渉ですでに日本側に提示しており、遡ればおそらくすでに第一回交渉のための準備交渉でドニオが提示していた。だが、第一回交渉で日本側はこれを拒否した。しかもその時点で委員会はEECの合意を取り付けていなかった（第二節の1の1と、2の1）。このような状況には、依然としてなんらの変化も見られなかった。

それにもかかわらず、あるいはそれゆえにこそ、EC委員会はこの期限付きという妥協案に命運を託し、しかも第三点に見られるような楽観的な展望を抱くにいたったのである。だが他面、交渉の前途多難は十分に予測された。そこでEC委員会は当面は暫定措置をとることとし、既存協定の延長、すなわち一九六九年一二月の理事会決定における原則IIの適用（第一節の1）を図る。そして、そのための理事会決定が次々と出されることになる。(13)

3　EEC側のさらなる準備

一九七一年一月二六日付けのEC委員会の報告が理事会宛てに出された前後、同報告の検討が一月から三月にかけて、特別委員会で続けられた（von Stein an Botschaft Tokyo, 29. Januar 1971, PAAA B61/489; Rat der Europäischen Gemeinschaften, Aufzeichnung, 18. Februar 1971, PAAA B61/489; Rat der Europäischen Gemeinschaften, Aufzeichnung, 12. März 1971, PAAA B61/489）。それ以降も定期的に特別委員会の会合が持たれた。セーフガード条項およびEC委員会の権限をめぐる合意形成が喫緊の課題であった。

この時点で、ＥＣ委員会はセーフガード条項の修正、すなわちその期限付き実施を提案していた。西ドイツはこの委員会提案を「強く」(nachdrücklich)支持した(Schürmann an Botschaft Tokyo, 5. Februar 1971, B61/489)。このような西ドイツの立場は、外務省の経済省に対する説得によりようやく実現したものである。だが、ＥＥＣで委員会提案を支持していたのは西ドイツのみであった。他方、フランスはこれに強硬に反対していた。その根拠は、委員会案では現在の日仏協定よりも不利になるというものであった。フランスと同様に現行の二国間協定でセーフガード条項を獲得済みのベネルクス三カ国、および西ドイツと同様に対日セーフガード条項を獲得しえていないイタリアは、それぞれの理由で態度を保留していたが、しだいにフランスの立場に近づいていった。このような状況のなか、経済省に対する説得工作を通じて西ドイツ政府のＥＣ委員会提案への支持を実現した外務省は、さらに経済省を通じてイタリア・ベネルクス三カ国を味方に引き入れてフランスを孤立させ、フランスの妥協を引き出そうという戦術を練っていた(Lautenschlager an Generaldirektion Außenhandel〈D3〉der Europäischen Gemeinschaften, 1. April 1971, PAAA B53/316)。

特別委員会では西ドイツが「同等の成果」(äquivalente Leistungen)という概念を提起し、それをめぐる議論を喚起した(Kuschel, Vermerk, 2. Februar 1971, BAK B102/112620)。西ドイツは前年第一回交渉の終了後にも、「成果の公平」(Gleichwertigkeit der Leistungen)という概念を持ち出していたが(第二節の２の４)、同様の発想であろう。それによって西ドイツが狙ったのは、自由化を進めるうえでの加盟国間の平等の確保であり、そこにはとくにフランスやイタリアへの警戒感が働いていたのである。

このようなＥＥＣ加盟国間での合意が形成されない膠着状態を打破すべく、ＥＣ委員会の対外通商担当委員ダーレンドルフが五月に加盟各国を歴訪した。ダーレンドルフとフランス外相シューマンとの会談では、シューマンは委員会提案に以前ほどには否定的ではないにせよ、なお消極的であった。西ドイツ外相シェール(Walter Scheel)との会談では、シェールはセーフガード条項問題で西ドイツ政府は「妥当なものであればいかなる共同体規制」をも受け入れることができると述べた(Schürmann an Deutsche Botschaft Washington, Tokyo usw., 4. Mai 1971, PAAA B61/489; Auswärtiges Amt, III E 2, Beziehungen EG–Japan, 21. Mai 1971, PAAA B61/489; Lautenschlager, Vermerk, 28. Mai 1971, BAK B102/112620)。このようなシェール発言の背後には、いうまでもなく、すぐ前に触れた西ドイツ外務省の方針があった。ただし、このときのダーレンドルフとシェールとの会談は抽象的な次元にとどまり、具体的な成果はなかった(Shilling an Ableitungsleiter W/V, 3. Juni 1971, BAK B102/112621)。

西ドイツ外務省の解釈によれば、西ドイツ政府はEEC全体に統一的に適用され、交渉を成功に導くものであれば、いかなるセーフガード条項をも受け入れると表明していた。そして外務省は、対日交渉の成否はフランスおよびベネルクス三カ国がこれまでの強硬な態度を軟化させるか否かにかかっているとしていた。外務省は貿易協定締結の利点、交渉が失敗した場合の不利益を列挙しているが、それらは前述のような委員会の認識(一月二六日付け理事会への報告)とほぼ一致していた(Auswärtiges Amt, III E 2, Beziehungen EG–Japan, 21. Mai 1971, PAAA B61/489)[14]。

この間、実はEC委員会と加盟国代表とのあいだで一悶着が起きていた。委員会は五月一三日付けの覚書(Aide-Mémoire)を駐EC日本政府代表部に宛てて出していた。その内容は、来るべき交渉における議題として、第一に、現行の二国間割当の緩和ないし増額――これは三月二三日付けの覚書で日本側が要望したものである――、第二に、修正の可能性を留保したうえでの時期を限定したセーフガード条項という二点を提案するものであった[15]。第一点はともかく、第二点は、前述のような主張の対立のなかで全加盟国の賛成を得ることは依然として困難であり――とりわけフランスの強硬な反対は目に見えていた――、事態打開の展望は見出しえなかった。その点は委員会もよく承知していたはずなのだが、それにもかかわらずこの覚書を日本側に渡したのは、EC委員会の焦燥の結果であろうか。

案の定、五月二八日の特別委員会において、この覚書は紛糾の種となった。冒頭でEC委員会はこの覚書について説明したが、大半の加盟国代表は、委員会がこの覚書を日本側に渡すにあたって、事前に彼らと協議しなかったことを批判した。内容の議論に入る前に、手続き問題で委員会は躓いたのである。次いで内容を議論し始めるや否や、フランスの強硬な反対があらためて明白になった。これに対して西ドイツはＥＣ委員会を支持した（Lautenschlager an Botschaft Tokyo, 9. Juni 1971, PAAA B61/489）。こうして、覚書問題を契機に、期限付きセーフガード条項というＥＣ委員会の譲歩案をめぐる対立が再燃する結果となった。セーフガード条項をめぐる合意は依然として形成されないままであった。

六月三〇日、交渉開始直前の時点での特別委員会でも、一方では自由化、非関税障壁などの項目で詰めの作業が継続されながら、他方でセーフガード条項については、各国代表およびＥＣ委員会がこもごも五月一三日付け覚書をめぐる議論を繰り返すばかりであった（Rat der Europäischen Gemeinschaften, Aufzeichnung, 6. Juli 1971, BAK B102/112621; Kautzor-Schröder, Vermerk, 10. Juli 1971, BAK B102/112621）。ダーレンドルフの加盟国歴訪のわずかな成果も、この覚書問題で大半は帳消しになったといってよい。

この頃、ＥＥＣ側では協定草案を準備していた（Handelsabkommen zwischen der Europäischen Wirtschaftsgemeinschaft und Japan 〈Entwurf〉, 19. Juni 1971, PAAA B61/489）。だがそもそも、ＥＥＣ内部での不統一にもよって、交渉妥結の見通しは立っていなかった。

この間にも、日本・ＥＥＣ間では、セーフガード以外の問題で文書のやりとりが続いていた。日本側の交渉方針は、西ドイツ代表団の観察によれば、今後の交渉でセーフガード条項以外のほぼすべての点で合意を実現し、次回の交渉において、協定締結という大義名分の下にセーフガード条項におけるＥＥＣ側の譲歩を引き出そうというものであった（Schürmann, Vermerk, 12. Juli 1971, PAAA B61/489）。日本側は数次にわたり貿易自由化措置をとるとともに、資本自由化——一九六七年七月、第一次資本自由化、一九六九年二月、第二次資本自由化——をも実施し始めていた。だが、それらはとくに対ＥＥＣ関係を意識したわけではなく、ＥＥＣもこれらの措置を歓迎しながらも、対応する措置をとることはなかった(16)。

2　交渉——七月六－八日

1　セーフガード条項をめぐる決定的対立

前年九月の第一回交渉に続く第二回交渉は、一九七一年七月六日から八日にかけてブリュッセルでおこなわれた。日本側の交渉団首席代表は外務省経済局次長鈴木文彦が務め、ＥＥＣ側の代表は引き続きエルンストが務めた。交渉の概要をＥＥＣ西ドイツ代表団の報告によって見よう(Schürmann, Vermerk, 12. Juli 1971, PAAA B61/489)。

今回の交渉では、最大の争点であるセーフガード条項が最初の議題として取り上げられた。ＥＣ委員会は五月一三日に日本側に渡された覚書に沿って、いま一度その立場を説明した。すなわち、修正の可能性を留保したうえで、時期を限定したセーフガード条項での合意を目指すことを提案したのである。これに対して日本側は、この覚書に共同体の態度の軟化の兆候を見出しえないと表明した。さらに、ガット一九条が十分なセーフガード(保護)・メカニズムを提供しており、場合によってはそれを協議条項ないしマレーシア方式で強化することも可能であるというこれまでの主張を繰り返した。

その後、日本側はすでにこれまでいくどか提起した三条件付きのセーフガード条項を再度提案した。その内容は、第一に、期間を三年に限定する、第二に、今後自由化すべき品目に限定する、第三に、現在すでに条項への請求権を有している諸国——すなわちフランスおよびベネルクス三カ国——に限定するというものである。一九七〇年二月の準備交渉で提示された「平原私案」以来の「時限的、品目別、国別」の三条件付きのセーフガード案であり、一九七〇年一一月にダーレンドルフが訪日して持たれた準備交渉の際の主張と変わりなかった。

ＥＣ委員会は、日本側が提起した案について、三条件のうちの品目別および国別という二条件については議論すること自体を拒否した。その理由は、二条件はＥＥＣおよびその共通通商政策の原則に背反するというものである——一九六九年一二月の理事会決定における原則Ⅰ(第一節の1)、さらにダーレンドルフの訪日による準備交渉を想起されたい(第三節の1の1)。そして、期限付きという条件についてのみ、修正のための交渉に入る用意があると、前年の第一回交渉以来の主張を繰り返した。

ただしエルンストは、この期限付きという条件にこれ以上立ち入ることはしなかった。というより、立ち入ることができなかったというべきであろう。なぜならば、すでに明らかにしたように、交渉に先立つ特別委員会でＥＣ委員会の提案は依然として同意を得られていなかったからである。それどころか、ＥＣ委員会の提案に対する態度を留保していたベネルクス三カ国およびイタリアがフランスの立場に接近するようになり、ＥＣ委員会を支持するのは西ドイツのみという状況が生まれていた。委員会案に強硬に反対するフランスに対して、エルンストは、ＥＣ委員会は自己の責任において交渉しているのだと発言する有様であった。いずれにせよ、エルンストは自らの提案を日本側と詰める立場にはなかったのである。それでもエルンストがあえてこの案を持ち出したのは、もし期間を限定するだけならば、後日理事会に提出されるべき本交渉に関する委員会の報告においてこの点に集中できるであろう——そして特別委員会の決定を覆しうるかもしれない——という読みがあったからだと思われる。

だが、日本側に「時限的、品目別、国別」という条件を撤回する考えはなく、日本代表は期限付きというＥＣ委員会の譲歩案に賛成することはできないし、ましてや「品目別、国別」という残りの二条件について譲歩する用意はないと発言し、この点を明確にするための文書を提出した。そこには、日本の負担でＥＥＣにおけるセーフガード条項の調和(Harmonisierung)が図られるとすれば、それは問題にならないとの激語が記されていた(Schürmann, Vermerk, 12. Juli 1971, PAAA B61/489)。こうして、日本を共通通商政策形成の触媒としようというＥＥＣの構想は、挫折したのである。

最大の争点であったセーフガード条項に関わる交渉は前述の通りであった。

なお、オーダリー・マーケティング条項については——すでに触れたようにダーレンドルフが一九七〇年一一月の準備交渉で持ち出したアイディアであり、その後一九七一年一月のEC委員会の理事会に対する報告および勧告において追認されていた(本節の1の1と2)——、今回の正式交渉では討議されることがなかった。やはりこの件でもEEC内部での合意が成立していなかったのであろうか(Schürmann, Vermerk, 12. Juli 1971, PAAA B61/489; Rat der Europäischen Gemeinschaften, Aide-Mémoire, 26. Juli 1971, BAK B102/112622)。

2　その他の議題についての「純粋に仮定的な」交渉

その後、交渉はその他の議題に移った。ただし、その際のEC委員会の考えは、西ドイツ代表団の説明に従えば次のとおりであった。「日本側に譲歩する用意がないがゆえに交渉が打ち切られるという事態を回避するために、委員会は事前の加盟国との協議に従って、さらに他の議題を『純粋に仮定的に』(rein hypothetisch)討議する用意があると表明した。」セーフガード条項と自由化その他の議題とのあいだで相互に譲歩するという、EC委員会が期待していた途を探ってみるということであったのだろうか。西ドイツの観察によれば、EEC側の狙いは日本側から時期限定以外の二条件を断念するという譲歩を引き出すことであった。他方、日本側の交渉方針は、前に触れたように、今回の交渉でセーフガード条項以外のほぼすべての点で合意を実現し、次回の交渉において協定締結のためとしてセーフガード条項におけるEEC側の譲歩を引き出すというものであった(Schürmann, Vermerk, 12. Juli 1971, PAAA B61/489)。

このように、セーフガード条項以外の議題についての交渉は「純粋に仮定的な」もの、いわば試みにおこなう程度のものでしかなかった。したがって、これらの三つの議題についての紹介はごく簡単に済ませたい(Klein, Kuschel und Tebbe, Vertraulicher Bericht, 9. Juli 1971, PAAA B61/489)。

自由化という議題をめぐっては、制限を撤廃すべき品目と自由化率について議論された。次に割当の緩和ないし増額について議論された。これはもともと日本側が事前に一九七一年三月一三日付けの覚書で提案していたものであり、これを受けてEC委員会が前出の五月一三日付けの覚書のなかで来るべき交渉において取り上げることを提案していたのである。日本側は自由化要望の品目リストを提出した。EEC側は交渉と並行して開かれた特別委員会で日本側提案を検討し、自由化品目案を用意していたが、セーフガード条項で日本側が譲歩しないのを見て、これについての討議を拒否するにいたる。

EEC側はセーフガード条項と自由化とのあいだでの取引の途をさぐった。これは、前年の交渉でのエルンストの発言——セーフガード条項で日本が満足すべき提案をしていたのならば、われわれも寛大な自由化提案をしていたはずだとの発言(第二節の2の3)——の延長上にある。西ドイツ代表団によれば、EEC側は詳細な自由化計画を提出して非関税障壁の撤廃および割当の緩和ないし増額について話し合う用意があると発言した。それはもちろん、セーフガード条項における日本側の譲歩を期待してのものであった。しかし、日本側はそのような譲歩の余地はないと答えるのみであった(Lautenschlager an Botschaft Tokyo, 9. Juli 1971, PAAA B53/316; PAAA B61/489)。

非関税障壁については、非関税障壁のほかに「擬似関税的な」(paratarifär)障壁をもあわせて検討することとされた。EEC側はこの新たな議題の重要性を強調した。だが、実際には討議されずに終わった。

現行の二国間協定と共同体が締結すべき協定との関係という議題に関しては文書に記載がない。討議されなかったとみてよい。当然であろう。

こうして、今回の交渉は双方の立場になんら歩み寄りが見られないままに終了した。閉会に先立って、第三回交渉は早ければ一九七一年一〇月後半に開催されることとされた。ただし、双方がそれぞれ自らの立場を軟化させることによって交渉の成果が期待できることが、開催の前提条件とされた。

3　ＥＥＣ側による交渉の総括

振り返ってみれば、この第二回交渉に臨むにあたって、ＥＥＣ側は交渉開始前日にも特別委員会を開催していたし、それればかりか交渉中にもいく度かその会合を持っていた。そこでは、ＥＣ委員会が交渉の経緯について詳細に報告し、かつ交渉方針について逐一指示を受けていた。例えば、セーフガード条項につき時期限定を除く二条件を峻拒すべきことが指示され、またこれに関する日本側の譲歩と自由化についてのＥＥＣ側の譲歩の取引が指示された。あるいはまた、セーフガード条項をめぐる時期限定について立ち入った交渉をしないよう牽制もされた。さらに、自由化計画、非関税障壁、二国間協定における割当の緩和ないし増額について具体的提案が詰められた(Rat der Europäischen Gemeinschaften, Aide-Mémoire, 26. Juli 1971, BAK B102/11262)。このように、交渉開始後もなお合意形成のための作業が継続されたことは、たしかに準備不足の結果に違いないが、より根本的には、ＥＣ委員会の交渉全権に課された制約、さらに理事会における合意形成の限界によるものであった。やはり、当時の日本側代表が抱いていた委員会、さらには理事会の交渉権限に対する疑念には、一定の根拠があったとみなければならない。

ＥＥＣとしての――すなわち理事会とその下部組織における――合意の未形成、そしてＥＣ委員会の交渉全権――さらには理事会の交渉権限――の狭さないし小ささは、結局はＥＥＣ加盟各国の対立に起因する。そしてその対立が最も先鋭であったのが、これまで繰り返し指摘してきたようにセーフガード条項であった。その背景には、対日セーフガードをすでに実現しているフランス・ベネルクス三カ国とそのような既得権を持たない西ドイツ・イタリアとのあいだの、「持てる国」と「持たざる国」とのあいだの対立があった。そのような対立を解消できぬままに対日交渉に臨んだところに、そもそも無理があった。それだけに、そのようなＥＥＣ側の内情をある程度察知していた日本側が、共通セーフガードの設定というＥＥＣ側の要求を峻拒することは当然であった。日本側は対日差別の撤廃を最大の獲得目標としており、さらに、すでにガットへの加盟に際して譲歩しているのであるから、これ以上の譲歩はしないと固く決意していたのである。

交渉終了後のＥＥＣ側の総括は遅れがちであった。夏休み明けの九月、ＥＣ委員会および特別委員会などで今後の方針が検討された。例えば、セーフガード条項は棚上げにして、その他の争点についての妥結を目指すという方針が取り上げられた。あるいはまた、二国間協定での輸入割当の緩和ないし増額という、交渉でも取り上げられた案が、引き続きＥＣ委員会の下部組織で検討された(Kommission der Europäischen Gemeinschaften, Arbeitsdokument der Kommissionsdienststellen, 9. September 1971, BAK B102/112622; Generaldirektion Außenhandel 〈D3〉 der Europäischen Gemeinschaften, Arbeitsdokument, 24. September 1971, BAK B102/112622)。だが、このような検討もセーフガード条項に及ぶことはほとんどなかった(Klein, Kuschel und Tebbe, Vertraulicher Bericht, 9. Juli 1971, PAAA B61/489; Kautzor-Schröder, Vermerk, 30. Juli 1971, PAAA B53/316)。

おわりに

一九七〇年、ＥＥＣが共通通商政策を開始しようとしたとき、その最初の適用対象として選ばれたのは日本であった。その結果、一九七〇年と七一年の二度、日本・ＥＥＣ貿易協定締結交渉が持たれた。ＥＥＣは共通通商政策の実現に熱心であり、そのためこの交渉にも熱心であった。だが他方の日本は、この交渉での関心はもっぱら対日差別の撤廃に集中していた。交渉の主たる議題は自由化およびセーフガード条項であったが、双方は一九七〇年九月の第一回交渉の当初からいずれの議題に関しても対立しており、その対立は緩和されることはなかった。そして一九七一年七月の第二回交渉はほとんど第一回交渉の繰り返しであった。それどころか、セーフガード条項で膠着状態に陥った結果、自由化などのそれ以外の議題に関する交渉はほとんどその意義を失うほどであった。

交渉が失敗に終わった要因としては、このような日本とＥＥＣとのあいだでの対立と並んで、ＥＥＣの内部要因をも挙げなければならない。ＥＥＣ側では自由化とセーフガード条項のいずれの議題についても、西ドイツとフランスとを対立の軸とする対立構造が存在しており、しかも、議題ごとに対立の構図が異なるというねじれが見られた。そのなかにあって、ＥＣ委員会はＥＥＣ内部での妥協の成立を目指したが、妥協案への合意を取り付けることができず――そこには「指針」や「極秘指針」を通じて理事会から委員会に付与された交渉全権が狭く限定されていたという要因も働いていた――、しかもその妥協案ですら日本側の峻拒に遭った。結局ＥＣ委員会は、自由化とセーフガード条項とのあいだでの相互譲歩あるいは包括的解決を目指すとともに、他方ではセーフガード条項の実現を断念してオーダリー・マーケティング条項ないし協力条項に目標を移そうともした。だがいずれも具体的な提案には結びつかないままであった。こうして、ＥＥＣの共通通商政策の第一歩としてなされた日本・ＥＥＣ貿易協定締結交渉は頓挫した。それとともに共通通商政策もまたその初発において躓くことになったのである。

日本側では、一九七〇年九月の第一回交渉前に政府・外務省が抱いていた、ＥＥＣが対日差別の解消に熱心でないという不満、およびＥＣ委員会、さらには理事会の交渉権限に対する疑念は、そのまま残ることになった。第二回交渉の終わりになって、日本代表は日本の負担でＥＥＣにおけるセーフガード条項の調和が図られることへの激しい批判を表明した。それと同時に、日本側は自らのＥＥＣ認識――ＥＣ委員会および理事会の交渉権限に対する疑念――の正しさを再確認したことであろう。

ともあれ、こうして日本・ＥＥＣ通商交渉は成果なく終わった。そのかぎりで、日本とＥＥＣ加盟各国とのあいだのそれぞれの二国間通商関係は、その後も重要性を失うことはなかった。既存の二国間協定の類は、一九六九年一二月の理事会決定における原則IIに基づき延長されることとなったのである。

最後に、この二度の日本・ＥＥＣ間交渉に際しての西ドイツの立場についてまとめておきたい。

一九五〇年代、日本のガット加盟における西ドイツの態度は、けっして対日宥和的と概括しうるものではなく、セーフガード条項に類似した二国間合意を獲得するために、ガット三五条の援用を含む対抗手段を考慮した。それでも、ガット三五条を援用することはなかった。次いで一九六〇年に締結された日独貿易協定にいたる交渉の過程では、西ドイツは対日自由化に頑強に抵抗し、それはガットにおける「ドイツ問題」を惹起するほどであった。そして一九六〇年代前半、ＥＥＣの共通通商政策の試行の時期に、西ドイツはフランスおよびベネルクス三カ国と同様のセーフガードを日本に要求した(工藤 二〇一四、一〇〇－一〇一、一〇五－一〇七、一二三－一二五頁)。

このような対日方針の前史を持つ西ドイツは、一九七〇－七一年交渉において次のような立場に立った。まず自由化については、西ドイツはフランス、イタリア、そしてＥＣ委員会の方針を批判して自由化促進を強調する立場に立った。また自由化リストにつきイタリアを批判するなど、日本の対日差別撤廃の要求への理解を示した。このような立場は、ＥＣ委員会とともに一貫して非関税障壁を交渉の議題として重視し、あるいは「成果の公平」を主張したこととも関連していた。だが、そのような態度が、ＥＣ委員会が担当する交渉において直接に表明されることはなかった。

セーフガード条項問題では、西ドイツはイタリアとともに「持たざる国」として「持てる国」フランスおよびベネルクス三カ国の強硬な方針を批判し、さらに期限付き条項での合意という一定程度の譲歩をしても条項を盛った対日協定の締結を図ろうとするＥＣ委員会の立場を支持した。だが他方で、セーフガード条項を要求する点では、フランス、ベネルクス三カ国と立場を近くしていた。このようなセーフガード条項に関する西ドイツの立場は、一九六〇年日独貿易協定において必ずしも明確なセーフガード条項あるいは保護条項を獲得しえなかったことに由来しているとみてよい。しかも、肝心のＥＣ委員会の妥協案については、イタリアがフランスなどに接近し、西ドイツは孤立する結果となった。イタリアおよびベネルクス三カ国を説得してフランスを孤立させようという動きも見られたが、それが進捗することはなかった。

通念として、EECの意思決定過程について、政治分野ではフランスが主導し、経済分野では西ドイツが主導すると理解されることが多いが、一九七〇－七一年の対日通商交渉においては、西ドイツはフランスと対立し、しかもその対立により――委員会の交渉権限の狭さもあって――、EECの日本に対する方針では既得権益を持ったフランスの立場がより濃厚に反映される結果となった。そのかぎりにおいて、自由貿易に傾斜した西ドイツは、管理貿易に傾斜したフランスの強硬な主張に押されることとなったのである。ここに、セーフガード条項つきの自由化を要求する、いわば限定的な自由貿易主義の限界を見るべきであろう。

第二回交渉が終わって間もない一九七一年八月一五日、ニクソン声明が発せられた。それは通貨面ではIMF体制の動揺をもたらしたと同時に、貿易面では自由・無差別・多角を旗印とするガット体制を揺るがすことになった。その余波を受け、一九七一年一〇月に予定された第三回交渉は開催されることがなかった。

■注

（1） 一九六七年七月、欧州経済共同体（EEC）および欧州石炭鉄鋼共同体（ECSC）、欧州原子力共同体（EURATOM）の三共同体は、欧州共同体（EC）の下に統合されることになった。

（2） ただし、EECが実際に通商協定を結んだ最初の相手国はユーゴスラヴィアであり、一九七〇年三月のことであった（平原 一九七一、四九頁）。

（3） セーフガードがアメリカに起源を持つ観念であることはよく知られているが、市場攪乱も同様である（柳 一九九四、一三八－一四二頁）。ここではさらに、日本のガット加盟をめぐる交渉において、西ドイツが日本を「低賃金国」と規定していたこと、またその後も言葉を換えて「低価格国」と呼んでいたことをも想起すべきである（工藤 二〇一四、一〇五、一一二頁）。

（4） セーフガード条項はドイツ語ではSchutzklauselであり、直訳すれば保護条項であるが、以下ではセーフガード条項とする。

（5） 特別委員会は一九七〇年二月五－六日付けの理事会決定で設置された（Rat der Europäischen Gemeinschaften, Mitglieder Bericht, 7.

Januar 1971, BAK B102/112619)。

(6) Beschluß des Rates, 14. Juli 1970, BAK, B102/112618はこの理事会決定の草稿であると思われる。

(7) 平原は第一回交渉終了からしばらく後、「平原私案」を公表していた(平原 一九七一、安藤 一九九〇、六六頁)。

(8) ここで参照している同一の文書中で、開始時期(Ausgangsbasis)は開始時点(Ausgangspunkt)とも開始日時(Ausgangsdatum)とも呼ばれている。いずれも自由化ないしは数量制限撤廃の開始時点を意味する。

(9) Dahrendorf (1981) (日本経済新聞社 一九八二)は、委員としての実務経験を踏まえて刊行されたものである。ただし、そこにこの頃の活動についての言及は見当たらない。

(10) ただし、EC委員会の報告およびそれをめぐる討議の詳細は、この文書では不明である。また、セーフガード問題は秘密の文書に要約されているとされているが、その文書は見当たらない。

(11) 委員会提案は、Generaldirektion Außenhandel (D3) der Europäischen Gemeinschaften, Arbeitsdokument, 24. September 1971, BAK B102/112622によれば、Kommissionsvorschlag (Dok. KOM 〈71〉 39 endg. Vom 21.1.1971) betreffend Zusatzrichtlinien insbesondere im Hinblick auf revidierte Schutzklausel und diesbezügliche Gespräche von Herrn Prof. Dahrendorf in den Hauptstädten der Mitgliedstaatenという文書となっているはずである。ただしドイツ側史料には見当たらない。委員会報告は、Bericht der Kommission an den Rat, Verhandlungen zwischen der Gemeinschaft und Japan, 26. Januar 1971 (Rat der Europäischen Gemeinschaften,Übersetzung, 28. Januar 1971), BAK B102/112619である。なおこの頃、ドイツ側史料綴のEEC関係文書は急減している。

(12) 日・EEC通商交渉に関する委員会報告(要旨)、日付なし、外交史料館二〇一一－〇〇一五四。EEC内部の文書が日本の外務省の手に渡ったというのはいかにも奇妙なことである。外務省がこの文書を独自に入手したとは考えにくい。EC委員会ないし西ドイツ代表団から外務省へ意図的に渡されたと考えるべきであろう。そうだとすれば、その意図は奈辺にあったのであろうか。なお、原文はドイツ語であったと思われる。翻訳は外務省でなされた。

(13) 早い時期の例として、Rat, Entscheidung, 25. Januar 1971, Amtsblatt der Europäischen Gemeinschaften, Nr. L 26/10, 2. Februar 1971, PAAA B53/316がある。

(14) この文書はLautenschlager an Generaldirektion Außenhandel (D3) der Europäischen Gemeinschaften, 1. April 1971, PAAA B53/316に基づいている。さらに、Lautenschlager an Botschaft Tokyo, 9. Juni 1971, PAAA B61/489をも参照。

(15) ただし、覚書の現物は見当たらない。

(16) 輸入割当の緩和ないし増額について、Mission Japans bei den Europäischen Gemeinschaften, Aide-Mémoire, 23. März 1971, PAAA B61/489などを参照。

■史料(邦文)

外務省外交史料館(外交史料館)

開示請求番号二〇一一-〇〇一五四「一九七〇年九月及び一九七一年七月における対EC通商協定締結交渉の経緯(対処方針及び結果報告)」。

■史料(欧文)

Politisches Archiv des Auswärtigen Amtes (PAAA)

B53/173, 316.

B61/488, 489.

Bundesarchiv Koblenz (BAK)

B102/112616, 112618, 112619, 112620, 112621, 112622.

■文献(邦文)

安藤研一(一九九〇)「欧州共同体の共通通商政策の政治経済学――一九七〇-一九七三年の対日共通通商政策の展開を中心にして」『経済学研究』(北海道大学)四〇巻一号。

石川謙次郎(一九九〇)『ECの挑戦　日本の選択――一九九二年の展望』中央公論社。

――(一九九一)『EC統合と日本――もうひとつの経済摩擦』清文社。

工藤章(二〇一一)『日独経済関係史序説』桜井書店。

――(二〇一四)「経済関係――協調と対立　一九四五-一九七〇年」工藤章・田嶋信雄編『戦後日独関係史』総説二、東京大学出版会。

鈴木均(二〇一二)「日欧貿易摩擦の交渉史――アクターとしての労働組合・欧州委員会・域外パワー、一九五八-一九七八年」遠藤乾・板橋拓己編『複数のヨーロッパ――欧州統合史のフロンティア』北海道大学出版会。

平原毅(一九七二)「ECの対日共通通商政策」『経団連月報』一九巻一号、一九七一年一月。

柳赫秀（一九九四）『ガット一九条と国際通商法の機能』東京大学出版会。

■文献（欧文）

Dahrendorf, Ralf (Hrsg.)（1981）*Trendwende. Europas Wirtschaft in der Krise*, Wien: Fritz Molden（日本経済新聞社訳『ヨーロッパ経済の危機——岐路にたつ成熟社会』日本経済新聞社、一九八二年）.

Hanabusa, Masamichi（1979）*Trade Problems between Japan and Western Europe*, London: Royal Institute of International Affairs.

Ishikawa, Kenjiro（1990）*Japan and the Challenge of Europe 1992*, London: Pinter.

Keck, Jörn, Dimitri Vanoverbeke and Franz Waldenberger（eds.）（2013）*EU-Japan Relations, 1970–2012; From Confrontation to Global Partnership*, London: Routledge.

Rothacher, Albrecht（1983）*Economic Diplomacy between the European Community and Japan 1959–1981*, Aldershot: Gower.

第六章 日本と東ドイツの経済関係

——第一次石油危機後の接近　呉羽化学とツァイス

工藤　章

はじめに

一九七三年一〇月に起きた第一次石油危機は、世界経済の大変動をもたらした。その中で、それぞれに異なった背景からこの石油危機の衝撃——具体的には石油価格の高騰——を受けた日本と東ドイツは、それぞれの思惑から経済的に接近した。その頃、日本の化学企業である呉羽化学工業(現クレハ)と東ドイツの光学機器企業カール・ツァイス・イェーナ(Carl Zeiss JENA)とは、それぞれの事業と戦略の展開の結果、ある製品と技術を媒介にして邂逅した。その結果、一九七九年四月、両社のあいだに光学的計測機器およびそれを用いた免疫学的癌診断法に関する技術ライセンス契約が結ばれた。ライセンサーすなわち技術の出し手はカール・ツァイス・イェーナであり、呉羽化学工業はライセンシーすなわち技術の受け手である。

本章では、このライセンシングの事例を取り上げて分析し、さらに、この企業次元での分析をつうじて、一九七〇年代後半から一九八〇年代前半にかけての時期における日本・東ドイツ間経済関係のあり方を浮き彫りにしたい。以下ではしばしば、呉羽化学工業を呉羽化学ないしは呉羽と、カール・ツァイス・イェーナをツァイスと略称する。

当時の日本・東ドイツ間の技術移転は必ずしも活発ではなかったが、そのなかでこの事例は数少ないものに属する。しかも、その技術移転の多くが日本から東ドイツに向かってなされたなかで、逆に東ドイツから日本に向かったという意味でも、この事例は稀なものである。ただし、本章において明らかにするように、この事例は成功裏に完結したといいうるものではなかった。そうしたこともあり、この事例は呉羽・ツァイス両社の社史にも記載されることなく(日本経営史研究所・呉羽化学工業 一九九五、Mühlfriedel und Hellmuth 2004)、忘れられてしまった。だが、これはたんなるエピソードにとどまるものではない。むしろそれは、第一次石油危機以降、一九八〇年代前半までの、日本と東ドイツにおける企業活動とその相互関係の一端を明らかにしている。さらにそこには、当時の両国間の、国民経済次元における関係が投影されているはずである。

この事例は忘れられてしまったと記したが、そのような事情からして当然ながら、先行研究は皆無である。そればかりか、管見のかぎりでは、日本・東ドイツ間の経済関係についても、企業次元と国民経済次元の如何を問わず、まとまった研究は見当たらない。もちろん、背景的情報などを与えてくれる文献は、両社の社史をはじめ、日本・東ドイツの企業史・経済史分野でのものなど、ある程度は存在しているので、それらについては行論中で必要なかぎりで挙げることにしたい。

本章で用いる史料は、その大部分がイェーナのカール・ツァイス史料館(Carl Zeiss Archiv)に所蔵されているものである(1)。同館は旧東ドイツ地域に所在する数少ない企業史料館のひとつである。そこには、同社の対日関係事業に関する史料が大量に収められている。そのうち戦後期については、本章で取り上げた事例に関わるものがおそらく最も多い。ちなみに、ドイツの企業史料館が所蔵し、かつ公開している対日関係史料としては、戦前期と戦後期の双方について、同館は全ドイツでも屈指の豊かさを誇っている。戦後期に関しての史料の豊富さは、東ドイツが国家として消滅したなかで、カール・ツァイス・イェーナは旧西ドイツの姉妹企業の子会社として存続しているという事情によるところが大きい。

他方、呉羽化学には残念ながら関連史料は残されていない。したがって、このような技術ライセンシングを含む企業間関係の分析に際して筆者が理想とする、関係する企業双方の内部史料を用いるマルチアーカイヴァル・アプローチは採りえない。だが幸いにも、当時責任ある立場でこの技術ライセンスに直接に深く関わった技術者の一人から聴取りをする機会に恵まれた。そこで、その成果を参考にしつつツァイス側の史料を読み込むことによって、史料的な非対称性による限界を部分的にせよ克服するよう努めた。

一　第一次石油危機後の日本・東ドイツと呉羽化学・ツァイス

1　日本と東ドイツ——経済的接近

一九七二年一二月、東西両ドイツは基本条約に調印し、相互に相手を国家として承認した。日本と東ドイツ（ドイツ民主共和国・DDR）とのあいだに国交が樹立されたのは、その直後の一九七三年五月のことである。その半年後の九月、東ドイツは西ドイツ（ドイツ連邦共和国）と同時に国際連合に加盟した。ただし日本・東ドイツ両国間の通商関係は、それよりもはるかに早く、一九五三年に開始されている。それは、一方での一九四九年一〇月の東ドイツの成立、他方での一九五一年九月のサンフランシスコ講和条約調印と翌一九五二年四月の同条約の発効による日本の主権回復からまもなくのことであった。

国交樹立以前の通商活動は、いうまでもなくそれを律すべき公的な枠組みなしにおこなわれてきた。だが、国際通貨体制をはじめとする戦後国際経済体制の動揺を背景に、両国は何らかの公的な枠組みの構築を模索し始めた。一九七一年初めには、日本で日本DDR経済委員会が、東ドイツでDDR日本経済委員会が発足し、それを踏まえて三月にライプツィヒで両国経済委員会の合同会議が開催され（Modrow 1983, S. 87〈池田・木戸訳 一九八四、一三八頁〉; Neuß 1989, S. 275）、これはそれ以後定期的に開催された。この枠組みは民間次元でのものとされたが、いうまでもなく東ドイツ側の代表は政府から送られたものと考えてよい。

一九七一年八月のニクソン声明を契機に戦後国際通貨体制が崩壊の危機に瀕し、それに重なる形で一九七三年一〇月の第四次中東戦争を契機として第一次石油危機が発生すると、両国間の通商関係はさらに新たな局面に入った。このような通貨と石油の双方における危機によって——日本ではそれらは「ニクソン・ショック」および「石油ショック」として受け止められた――、日本は戦後最大の経済的危機に直面することになった。この危機を克服する方策のひとつとして、企業次元でも政府次元でも、輸出や技術移転における新規市場の開拓を追求することになる。その背景には、一方では「貿易摩擦」という名の通商対立が頻発する欧米市場の先行きへの不安があり、他方では「自主技術」による経済成長の必要という要因があった。それゆえにまた、新規市場の開拓は、政府、経済団体、企業の連携を通じて――「官民を挙げて」――取り組まれることになった。その際、中国やソ連と並んで、ソ連圏の東欧諸国はあらためて開拓すべき市場として眼前に浮かび上がった。なかでもソ連圏内の「優等生」とみなされていた東ドイツに対する期待は大きかった。

他方、東ドイツは、このような世界的な危機とは無縁ではありえなかったものの、ソ連から輸入される原油の価格が当面は据え置かれたこともあり、さしあたり経済の悪化は表面化せずに推移した。ところが、一九七五年を境として、東ドイツの経済は急速に悪化する傾向を示した。そこには、第一次石油危機の影響がタイムラグをもって現れていた。すなわち、石油危機以降も原油の輸出価格を据え置いていたソ連が、一九七五年になって、過去五年間の国際市場における平均価格を基準にして供給するという方針を打ち出した。このため、一九七六年まで世界市場価格の半分程度の価格で購入しえた原油が、七八年には世界市場価格の八〇%にまで上昇したのである(白川 二〇〇九、八九頁、さらに Steiner 2007, S. 218)(2)。

一九七五年はまた、一九七一年五月に独裁的な支配政党であるドイツ社会主義統一党(SED)第一書記に就任して権力を掌握したホーネッカー(Erich Honecker)が、「経済政策と社会政策との統一」を党と政府の政策の基本として掲げた年でもあった。この「経済政策と社会政策との統一」は国民を宥和すべく「改革路線からの大転換」を図るものであり、すでに政権発足と同時に追求されてきたものであったが、この年になって明確化され、そして政権の崩壊に至るまで堅持されたものであった(白川 二〇〇九、八一頁、さらに Steiner 2007, S. 191–192)。ここにいう「社会政策」の内実は、賃金・労働時間などの労働条件の改善をはじめ、年金制度の拡充、出産・育児支援体制の拡充、さらには公営住宅の供給、生活必需品・公共料金における低価格政策に及ぶものであった(白川 二〇〇九、八二頁、さらにSteiner 2007, S. 194–196)(3)。このような「社会政策」を可能とすべき——生産性の向上と経済成長、それを通じての分配すべき「パイ」の増大を図るべき——「経済政策」の骨子は、要するに企業に対する国家管理の強化であり、管理されるべき企業の国有化の促進、そしてコンビナート形成による企業の大規模化であった。しかも、それらの基本政策は、「既得権を侵害する賃下げはしない」という前提で導入された「業績指標の達成度に応じた賃金体系」の下で、それゆえに「賃金コストは下方硬直的」であるという条件の下で遂行されなければならなかった(白川 二〇〇九、八二−八三、八七頁、さらにSteiner 2007, S. 196–201)。

タイムラグをもって現れた石油危機の影響に加えて、このような社会政策および経済政策が採用され、しかもこの時期に軍事・安全保障関連の費用を確保すべく生産的投資への資金配分が抑制されたため、一九七〇年代半ば以降、設備投資の停滞傾向が顕著になった。その結果、長期計画の建設事業や設備更新が資金不足のため継続できず、計画自体の変更を余儀なくされる場合もあった。このため政府は、既存の古い生産設備を修理・修繕して引き続き使用することにより資金不足を乗り切る措置を講じた。このような長期にわたる投資抑制の傾向は、とくに研究開発にとって打撃となった(白川 二〇〇九、八五−八六頁、さらにSteiner 2007, S. 202–205)。

先述のような経済政策の一環として、あるいはそれを補完すべきものとして、「非社会主義経済圏」諸国とのあいだの通商関係の拡充があった。それは、一方では製品輸出により外貨を獲得するとともに、他方では外貨を用いてマイクロエレクトロニクス分野などでの先進技術を導入しようというものであったから、当初から綱渡り的な困難をはらんでいたのであるが、ともかく非社会主義経済圏諸国は積極的な接近の対象となった。東ドイツにとっては、自らのライヴァルたる西ドイツを凌ぐ「経済大国」にのし上がった日本は、とりわけ期待すべきパートナーであった。この点でも、一九七五年という年は転換点であった。すなわち、この年の一月末、東ドイツは閣僚評議会第一副議長ミッターク(Günter Mittag)を団長とする政府代表団を日本に派遣したのである。ミッタークは、すでに一九六〇年代に頭角を現した改革派経済官僚であり、ホーネッカー政権の成立とともに一時左遷されていたが――訪日の際の閣僚評議会第一副議長という肩書きはその時期のものである――、その後一九七六年一一月にかつての地位である経済担当書記に返り咲き、復権した。それ以後、彼は経済分野の実権を握る「最大の実力者」となった(山田 一九九四、一六三頁。さらに、白川 一九九六、八－九頁、Steiner 2007, S. 319)。この機会に両国政府は、一九七五－八〇年度を対象とする長期貿易協定に調印している(通商産業省 一九七五、七六七頁、Modrow 1983, S. 99–100〈池田・木戸訳 一九八四、一六一－一六二頁〉; Neuß 1989, S. 282)。

他方、日本側の東ドイツへの期待も高まった。同じ一九七五年の一二月、合弁で東ベルリンに国際貿易センタービルを建設することで合意が成り、協定が調印されている(通商産業省 一九七六、九二五頁。竣工は一九七八年である)。この頃までは、社会主義圏の「優等生」東ドイツへの日本の期待は、依然として強かった。いまもベルリンの空に屹立する白亜のビルは、東ドイツ市場開拓にかける当時の日本側の熱意の象徴であるといってよい。

一九七七年一一月、東ドイツはふたたび政府代表団を日本に送り込んだ。このときの団長はやはり前回に続きミッタークであり、彼はすでに復権を果たし、経済分野での「最大の実力者」にのし上がっていた。この機会に、両国はあらたに科学技術協力取極(協定)に調印している(Modrow 1983, S. 101〈池田・木戸訳 一九八四、一六三頁〉)。このときの東ドイツ側の関心は、バーター取引(Kompensationsgeschäft)、ライセンス交換、合弁企業設立などにあったが(Neuß 1989, S. 284–286)、バーター取引に関する合意は成らなかった。事実、この当時の貿易の推移を見れば、東ドイツの求めるバーター取引を日本側が受け入れなかった背景が容易に了解される。すなわち、一九七三年、日本からの輸出三八四〇万ドルに対して、輸入は一六〇〇万ドルにとどまっていた。その後、輸出は増加傾向を示したのに対し、輸入は低迷しており、一九七八年における日本の輸出および輸入の数値は、五八〇〇万ドルと一九九〇万ドルであった。さらに翌一九七九年には、それぞれ二億六八四〇万ドル、二七八〇万ドルとなっており、輸出の急増が顕著であった。一九八〇年はそれぞれ一億三八七〇万ドル、三九七〇万ドルである。このように、両国間の貿易は、日本側が恒常的に出超を記録しており、しかもその幅はむしろ拡大する傾向にあったのである(通商産業省 一九七五、七六八－七六九頁、同 一九八〇、四三八－四三九頁、同 一九八一、四四〇－四四一頁)。

この頃になると、すでに両者の接近に寄せる東ドイツの期待が日本のそれを上回っていたと感じられる。その後、両国間での政府要人や経済団体首脳の相互訪問が盛んになるが、東ドイツから日本への訪問がその逆よりも頻繁であり、総じて東ドイツの方が熱心であった(Neuß 1989, S. 286–287)。

2 呉羽化学とツァイス――それぞれの事業と戦略

1 呉羽化学――製品・事業の多角化と研究開発

第一次石油危機は日本経済をも直撃した。そのなかで、日本の企業はその危機から脱却すべくさまざまな努力を重ねた。製品ないし事業分野の多角化もそのひとつであった。本章でライセンシーとして登場する呉羽化学工業もまたその例外ではなく、事業・製品の多角化に乗り出した。

同社は、第二次世界大戦末期の一九四四年一〇月、呉羽紡織から分離独立して呉羽化学工業株式会社として成立し、戦後急成長を遂げた化学企業である。創業以来、同社は苛性ソーダや塩化ビニル樹脂などを製品の主力としていたが、一九六〇年代に入ると、一方では石炭化学から石油化学への原料転換を図るとともに、他方では家庭用食品包装材「クレラップ」や炭素繊維「クレカ」の販売を開始するなど、高付加価値製品への多角化を進めた。そして第一次石油危機を契機として、医薬などの製品・事業への多角化戦略を選んだのである(日本経営史研究所・呉羽化学工業 一九九五、第四章第二、三節)。そしてその戦略を追求するなかで医薬分野が伸びたが、とくに劇的な成功を収めた製品があった。それが、呉羽としては最初の医薬品でもある抗悪性腫瘍剤「クレスチン」である(4)。

一九七七年五月に発売されたクレスチンは、発売直後から順調な売行きを示した。同社の社史の記述によれば、「同年中には早くも、売上高でそれまで最大の売上げをあげていた塩化ビニル樹脂を上回り、翌年には塩化ビニル樹脂の売上げがやや減少したのに対して、クレスチンは大幅に売上げを伸ばした」(日本経営史研究所・呉羽化学工業 一九九五、四二四頁)。同製品の売上げは年間七〇〇億円の規模に達した。そこから同社の財務状態は急速に改善した。いま一度社史の記述を借りれば、「クレスチンが順調に売上げを伸ばしたので、呉羽化学の収益構造やキャッシュフローは短期間に好転した。クレスチン発売前の呉羽化学は、石油危機後の不況のもとで、研究開発費を繰り延べて利益を計上する状態であったが、一九七七年度は利益が大幅に増加したので、二年間にわたって繰り延べられた試験研究費を一括して償却したうえ、六億円の特別償却によって内部留保を行った……」(日本経営史研究所・呉羽化学工業 一九九五、四二四－四二五頁、さらに四五九－四六〇、四六二－四六三頁をも参照)。

同社は、クレスチンに対する旺盛な需要の増加に対応するために、クレスチンの生産体制の拡充を急いだことはもちろんであるが(日本経営史研究所・呉羽化学工業 一九九五、四二四頁)、それればかりではなく、売上げの急増によって潤沢となった資金の一部を海外からの技術導入を含む研究開発に充てようとした。取締役会長荒木三郎は、クレスチンを発売した直後の一九七七年八月、すでに次のように語っていた。「幸い当社はクレスチンで当面の苦境は切り抜けられるだろう。この間に借入金を返済するなど身軽になり、研究開発に全力を入れる考えだ。これからは苛性ソーダや塩ビの汎用品は高付加価値製品の原料としてしか見ない」(日本経営史研究所・呉羽化学工業 一九九五、三七二－三七三頁)。

事実、研究費は一九七六年度の約七億円から七九年度には四六億円強へと七倍近く伸びた(日本経営史研究所・呉羽化学工業 一九九五、四六三－四六四頁)。「設備投資額に占める研究設備への投資額のシェアは、出来高ベースでは一九七八

(昭和五三)年度には一一・一%、八五年度には一五・八%に達している。研究開発重視の政策は、費用の面からも裏づけられる。」「売上高に対する研究開発費の割合は、八〇年度前後には五%を超え、八四年度には七%に達した。」それは、「売上高規模で呉羽化学と同程度の企業で当時これだけの資金を研究開発活動に投下した企業は、わが国では数少なかったのではないかと思われる」と社史が記すほどであった。そして多角化の重点分野は、医薬・農薬などの生化学、食品包装材などの包装材料、そして高機能・複合材料の三つであった。いずれの分野においても同社は製品開発の実績と経験があり、総じて生産関連的な多角化が指向されたのである(日本経営史研究所・呉羽化学工業 一九九五、四四三頁)。

このような多角化戦略の追求と研究開発の拡充の過程で視野に入って来たのが、本章で取り上げるツァイスの光学的計測機器およびそれを用いた免疫学的癌診断法だったのである。

2　ツァイス——企業改革と日本市場への関心

ツァイスは一八四六年に創業し、すでに一九世紀末葉にはレンズなどの光学機器の分野で世界的な名声を獲得していた、ドイツを代表する大企業である。第二次世界大戦後は、ドイツの東西分裂にともなって、ツァイスも東西に分裂する運命に遭う。西には一九四六年一〇月、オプトン(OPTON GmbH)が新設され、東のイェーナに残ったツァイスは、戦後初期に大企業が人民所有企業(Volkseigener Betrieb. VEB)へと転換されるなか、一九四八年六月に人民所有企業に転換され、その後いく度か社名を変えて一九五四年一一月にVEB Carl Zeiss JENAとなった(Mühlfriedel und Hellmuth 2004, S. 81, 89)。このような激動を経験しながらも、光学機器・精密機器製造企業としてのその名声は維持された。[5]

その後、企業、とくに大企業に対する政府の方針は、分権化と集権化とのあいだで揺れ続けたが、一九七〇年代半ばを境として、人民所有企業の連合体の解体と全面的コンビナート化を目指すに至った。その方針は一九七九年一一月のコンビナート令という形をとり、この全面的コンビナート化の過程は一九八三年までにほぼ終了した(白川　一九九三、白川　一九九六)。

ツァイスではすでに一九六五年一月、ツァイスを中核とするコンビナートが形成されていた(Mühlfriedel und Hellmuth 2004, S. 190–191)[(6)]。とはいえ、全面的コンビナート化の方針は、本節の1で触れた一九七五年以降の「経済政策と社会政策との統一」を目指し、企業に対する国家管理の強化を骨子とする経済政策の一環をなすものであった。すなわち、「資源危機を背景とする省力化、新しい製品需要の創出のためには、従来の水平的結合にもとづく大量生産体制には問題がある、という認識が示され、技術連関重視のコンビナートへの再編が提案されたのである。新たに付け加わった要請は、生産単位を補完する研究開発施設、マーケティング・販売施設(国内外向け)、コンビナート固有の合理化向けの機械製造工場を統合するというものであった」(白川　二〇〇九、八七頁、さらに白川　一九九三、白川　一九九六)。したがって、すでにコンビナート化されていたツァイスも、その影響の枠外にはとどまりえなかった。むしろ、ツァイスの中核的な事業分野である光学機器・精密機器は、この時期に最も重視された産業分野であるマイクロエレクトロニクスと密接に関連していただけに、政策的要請の影響は大きかった。ツァイスに対しては、国際競争力を持ち、外貨を獲得しうる数少ない大企業のひとつとして、製品輸出および技術輸出による外貨獲得の期待がかけられた。このような期待は一九六〇年代以降つねに持たれていたのだが、この時期、それはとくに強まった。

事実、ツァイスでも一九七五年前半、一方での設備投資・研究開発の重視、他方での非社会主義経済圏を含む外国市場への製品輸出の促進を核心とする戦略の立案、およびそれに適合的な組織構築の試みが開始された。その試みが続けられるなか、一九七五年一〇月、社会主義統一党中央委員会委員候補(後に委員に昇格)であったビーアマン(Wolfgang Biermann)が新たにコンビナート総裁(Generaldirektor)に就任した。社内では、彼の強力な指導の下、あらためて設備投資・研究開発の強化を主な内容とする戦略の策定、およびコンビナート組織の改革を中心とする組織改革が試みられた(Mühlfriedel und Hellmuth 2004, S. 283–296)。本章で取り上げる光学的計測機器(および免疫学的癌診断法)はこの時期に生まれたものである。ただし、この「成果」が新たな戦略とそれにともなう組織改革の成果であったか否かは、あらためて問題としなければならない。

総じて、成果がただちに現れたわけではなかった。設備投資は合理化目的のものが中心であり――これは先述のような国民経済次元での設備投資抑制傾向と歩調を合わせていた――、むしろマイクロエレクトロニクスの分野では日本企業による競争圧力が実感され、その国際競争力の欠如が認識されざるをえなかった(Mühlfriedel und Hellmuth 2004, S. 296–297, 299–300, 311)。精密機器はツァイスが伝統的に強い事業分野であるが、それでも一九七〇年代半ばの時点で、精密機器の八つの主要分野の主力製品一七〇品目のうち、重要な電子部品を含むのは二四%にとどまっていた(Mühlfriedel und Hellmuth 2004, S. 315)。

ツァイスが抱えることになったこのような困難は、いうまでもなく東ドイツ経済全体の困難でもあった。技術的立ち遅れを是正すべく、政府は一九七三年以降、非社会主義経済圏からの技術導入を図った。しかしながら、それには乏しい外貨を充てなければならず、借款によるとしても、対外債務の累積をいつまでも続けることはできなかった。そのため、一九七七年以降、政府はマイクロエレクトロニクスの自主技術の開発にも乗り出すこととなったが、それは容易ではなかった。この頃、東ドイツのマイクロエレクトロニクス技術は、国際的最先端技術と比較して、アナログの集積回路の分野で四年から八年、デジタル半導体メモリーやマイクロプロセッサーの分野では六年から七年の遅れがあったといわれる(白川 二〇〇九、八六頁、さらにSteiner 2007, S. 206)。輸出しうる製品と技術の開発は自国の技術のみでは果たしえず、そのために貴重な外貨を使って国外とくに非社会主義経済圏の技術を導入せざるをえないという二律背反は、ツァイスのみならず東ドイツ経済全体が抱える問題でもあった。

ところで、ツァイスの日本への関心は戦後一貫して高かった。その対日輸出は一九五三年に再開されていた。これは日本と東ドイツとの通商関係が開始されたのと同時である。同年の対日輸出額は七万五二〇〇東ドイツ・マルク(以下マルクと記す)であったが、その後順調に増加して一九五六年には五三万五〇〇〇マルク(輸出先として一〇位)、一九五九年には一四〇万五一〇〇マルク(同一一位)であった。翌一九六〇年は減少して九三万五五〇〇マルクであったが、この年のツァイスの対日輸出額は東ドイツの対日輸出総額の九・二六%を占めていた(Pfeil 1997, S. 16, 18, 21)。日本はとりわけ精密計測機器の分野で重要な市場であった。一九六三年には西側工業国への精密計測機器輸出は輸出総額の一八%を占めていたが、そのうち六・六%が日本向けであった。この値は一九六四年には一四%、五・五%であった(Kellermann 1996, S. 93)。製品輸出と並んで重要であった技術輸出については件数・金額などの数値が見当たらず、集計もきわめて困難であるが、戦前からのツァイスの名声が維持されていたこともあり、対日技術輸出も継続されていた(野藤 二〇〇三、三五五－三五九頁)。

ツァイスの日本市場への関心は、一九七〇年代半ば以降、製品輸出市場としても先進的マイクロエレクトロニクス技術の導入先としても高まった。ライセンシングに関しては、電子技術・電子工学省の指示により、ツァイスは一九七八－八〇年の対日ライセンシングに関する方針を早急に作成せねばならず(Biermann, Lizenzkonzeption DDR/Japan 1978–1980, 17. März 1977, WB 661)、具体的に有望な分野を探索し始めていた(Rindt, Mitteilung, 5. Oktober 1977, WB 661; Dietrich, Mitteilung, 19. Oktober 1977, WB 661)。

3　東ドイツにおける光学的計測機器パルモクヴァント(Parmoquant. PQ)(7)および免疫学的癌診断法の開発

第一次石油危機の勃発後、一九七五年になって、ソ連は原油の輸出価格を引き上げる措置に踏み切った。このため、東ドイツ経済は急速に悪化する傾向を示した。しかも、まさにこの一九七五年以降、東ドイツ政府は国民を宥和する方針――「社会政策」――を本格的に打ち出した。そのため賃金の下方硬直性が顕著となった。このなかで、東ドイツ政府のとった「経済政策」の骨子は、すでに見たように（第一節の1）、企業に対する国家管理の強化であり、管理されるべき企業の国有化の促進、そしてコンビナート形成による企業の大規模化であった。このような経済政策の一環として、東ドイツ政府は、一九七六年一一月一一日の閣僚評議会決定（Ministerratsbeschluß vom 11. November 1976, 2. Sitzung des Ministerrates vom 11. November 1976, Bd. 3, BAL, DC 20-I/3/1356）により、全国の大学・研究機関および企業を糾合して複数の産学官協働プロジェクトを立ち上げ、それらを通じて研究開発を促進し、その成果としての革新的な製品の輸出ないしは製法のライセンシングにより外貨を獲得するという方針を打ち出した。プロジェクトのひとつとして「免疫学を基礎とする癌診断」（Krebsnachweis auf immunologischer Basis）が挙げられ、そのための設備の開発が指示されていた。免疫学分野での研究主体としてはロストック大学とドレスデン医学アカデミー（Medizinische Akademie Dresden）の名前が、また設備の開発についてはツァイスの名前が挙がっていた。

一九七六年一一月の閣僚評議会決定から半年以上が経った一九七七年七月、電子技術・電子工学省はツァイスに対してあらためて、「免疫学を基礎とする癌診断」というテーマを掲げるロストック大学との協働につき、製造受入れ（Produktionsaufnahme）の可否を検討した上で回答するよう指示した（Steger〈Minister für Elektrotechnik und Elektronik〉an Biermann, 20. August 1977, WB 450）。これに対してツァイスは八月に、政府方針を受け入れる旨回答した（Biermann an Steger, 18. August 1977, WB 450）。これを受けて、ツァイスおよびロストック大学、ドレスデン医学アカデミーの研究組織により構成される免疫学的腫瘍診断特別研究プロジェクト（Sonderforschungsvorhaben Immunologische Tumordiagnostik）が発足した。

政府が着目した特別研究プロジェクトの免疫学的な核心は、マクロファージ電気泳動法（ＭＥＭテスト）（macrophage electrophoretic mobility test）に関連するものであった。[8] このＭＥＭテストはフィールド（Ephraim Joshua Field）が一九七〇年に発表したものであるが、その後、このMEMテストによる癌診断を目標とする多くの研究が積み重ねられていた(岩口 一九八四、三四一頁、林 二〇一〇／二〇一二)。特別研究プロジェクトの知見(Befund)は、デッサウ種痘研究所(Institut für Impfstoffe Dessau)においてMEMテストに用いる抗原が開発されたところにあった。すなわち、「癌共通抗原」および四、五種類の「癌特異抗原」の二種類の抗原の製造に成功したというのである。これらの抗原を用いると、まず、診断対象者の血液から分離したリンパ球に対して癌共通抗原を用いてMEMテストを実施することにより、癌患者であるか健常者であるかの判断すなわち癌診断をおこなうことができ、次に癌があるとされた者のリンパ球に対して複数の癌特異抗原を用いることにより、癌の部位を特定することができるというものであった(林 二〇一〇／二〇一二)。

この特別研究プロジェクトにおいてツァイスが担当したのは、細胞電気泳動法を自動化する装置の開発であった(9)。この細胞電気泳動法を用いる際、従来は個々の細胞が一定の距離を動く時間をストップウォッチで測定していたが、省力化と精確さの観点から自動化装置の開発が要請されていた。いくつかの自動化装置が開発されたが、ツァイスが開発したパルモクヴァント(Parmoquant. PQ)はそのひとつであり、細胞の速度を画像処理により測定するものであった(岩口 一九八四、三四一頁、林 二〇一〇／二〇一二)。

ツァイスの開発成果たるパルモクヴァントに関する社史の記述では、それはツァイスが伝統的に強い精密機器分野のなかの「顕微鏡および光学・医療機器」(Mikroskope und optisch-medizinische Geräte)に分類されている。一九七〇年代半ば以降、この分野で新製品が相次いで開発され、広告宣伝でもこの点が強調されていた(Mühlfriedel und Hellmuth 2004, S. 285–286)。パルモクヴァントはそのなかでの達成のひとつと位置付けられている(Mühlfriedel und Hellmuth 2004, S. 322–323)。それは、政府の成果であるかどうかはともかく、ツァイスの成果ではあった。

こうして、政府の方針に基づき、ツァイスはロストック大学などの免疫学研究組織と特別研究プロジェクトを立ち上げた。それはマイクロエレクトロニクスと免疫学という二つの分野の研究組織による協働であった。ツァイス自身の開発は順調に進み、パルモクヴァントを生み出した。他方、免疫学の分野では問題が発生し、その解決法はなかなか見出されないままであった。ツァイスにおける開発は免疫学的成果を前提にしていると認識されていたから、この事実は重大な意味を持つはずであった。事実、プロジェクトの執行部は問題の重大性を認識していたとみてよい。しかしながら同時に、執行部は根本原因を組織的な問題あるいは要員不足の問題と捉える傾向にあった。プロジェクトの執行部は目標設定および目標達成を強く意識していた。その背後には、政府の方針に基づく共同研究開発組織の形成があり、さらには、革新的な製品ないし製法の開発とそれによる外貨獲得を目指す政府の政策があった(Mütze, Informationsmaterial, 10. November 1978, WB 450)。

免疫学分野での問題は早晩解決されるとの展望の下、ツァイスは開発の成果たる光学的計測機器パルモクヴァントの販売に向けての努力を開始していた。そしてその販売は、操作技術の販売すなわちライセンシングをともなっていた。その際、非社会主義経済圏への輸出も視野に入っていた。そのときツァイスの視野に入ってきたのが、日本の呉羽化学である。

二　呉羽化学とツァイスの邂逅
——光学的計測機器パルモクヴァントおよび免疫学的癌診断法のライセンシング

ある企業(ライセンサー)から他のある企業(ライセンシー)への技術の移転、すなわちライセンシングの過程は、接触の開始、契約に向けての交渉、契約の締結、設備組立て、そしてそれ以降の関係といういくつかの局面から成るが——これ以外に資金調達という側面がある——(工藤　一九九二a、一〇六頁、工藤　一九九二b、一八四頁)、ここでは紙幅の関係から、接触の開始から契約の締結までの局面、そして設備組立て完了以降の局面の一部(対立と妥協の過程)に限定して見ることにしたい(10)。

1　発端

第一次石油危機に直面して、日本の企業はその危機から脱却すべくさまざまな努力を重ねた。そのなかで、一部の企業は製品・事業分野の多角化を追求した。すでに触れたように(第一節の2の1)、呉羽化学はその一例であった。同社は医薬への多角化、とくに抗悪性腫瘍剤クレスチンの開発と販売において目覚ましい成果を挙げ、それによって潤沢となった資金をさらなる製品・事業分野の多角化――しかも生産関連的なそれ――のために投じた。さらに、そのための研究開発活動を強化し、また資金の一部を海外からの技術導入に充てようとした。多角化の重点分野は、生化学、包装材料、そして高機能・複合材料の三つであった。

このような多角化戦略に対応して、研究体制も再編された。そのなかで、新たな事業分野のひとつとしての医薬・農薬などを中心とする生化学に焦点が絞られた。一九七六年一〇月の組織再編により――それはクレスチンが製造承認された一九七六年八月の直後である――、東京研究所の生化学班が医薬研究室へと拡充された。さらに、クレスチンが発売された一九七七年五月の一年後の一九七八年六月の組織再編により、東京研究所は生化学分野での研究開発に集中することになった。同研究所には、医薬品研究室と並んで医用材料研究室も設置された。これは後に医療機器研究室と改称された(日本経営史研究所・呉羽化学工業 一九九五、一五、四三九‐四四〇頁、林 二〇一〇／二〇一二)。

このような取り組みをおこなっていた呉羽に、一九七八年八月、三菱商事から注目すべき情報がもたらされた。三菱商事はそれ以前からツァイスの光学的計測機器の新製品パルモクヴァントに関心を向けており、ツァイス東京事務所に宛ててパルモクヴァントの日本での販売に関連する情報として、東京都臨床医学総合研究所の岩口孝雄の研究内容などを記した文書および彼の二つの論文を送付していた。その際とくに、岩口の用いている機器を紹介したうえで、それをパルモクヴァントと比較し――印象論にとどまるものの――、パルモクヴァントの優位を示唆した。そして彼が用いた計測機器と新製品パルモクヴァントとを比較するよう依頼するとともに、免疫学分野を含む技術的な問い合わせをもおこなっていた。三菱商事のこのような動きは、明らかに、新製品の日本での販売の可能性を探ろうとする意図から出ていた(Kayama 〈Mitsubishi Corporation〉 to Seiffert 〈Tokyo Office of VEB CZJ〉, August 31, 1978, WB 661)。ツァイスの東京事務所はこのような情報および依頼をイェーナに送った。イェーナの技術陣は、まさに製品販売とライセンシングのための活動を開始していたところであったので(第一節の3)、三菱商事からの依頼に応えて岩口の用いた機器とパルモクヴァントの比較をおこない、その結果を東京事務所経由で三菱商事に伝えたと推定される。三菱商事はこの情報を関心を有すると思われる数社に対して伝えたが、そのなかに呉羽化学が含まれていた[11]。

呉羽化学の東京研究所に設置されて間もない医薬研究室では、林治久たちが国産の手動式細胞電気泳動装置を用いて細胞表面荷電に関する研究を手がけていた。また、やはり新設の医用材料研究室――後の医療機器研究室――では癌温熱治療装置の研究に取り組んでいた(林 二〇一〇/二〇一二)。この時点からおよそ一年後に作成された呉羽とツァイスとのあいだの交渉の議事録に、一九七八年一〇月、呉羽が三菱商事から情報シート(information sheet)を提供されたという事実が明記されている(Protocol, 2. November 1979, WB 662)。しかも、伝えられた情報は、ツァイス社の製品であるパルモクヴァントに関するものにとどまらず、ドイツの特別研究プロジェクトの成果である免疫学的な知見をも含んでいた。これは、約二年後のツァイス宛ての書簡のなかで呉羽の副社長渡辺弘道が記しているところである(Watanabe an CZJ, 20. August 1980, WB 664)[12]。こうして、呉羽は三菱商事を媒介としてツァイスの新製品・新技術および免疫学的癌診断法に関する情報を得ていたのである。

さらに、これとほぼ同じ時期に、ツァイスが自ら刊行していた学術誌上にパルモクヴァントに関する複数の論文が掲載された(Schöppe *et al.* 1978a, do., 1978b, do., 1978c, Jenssen 1978)。これらの論文も、東京研究所の所員の目にとまっていた(林 二〇一〇/二〇一二)。

このような複数の経路を通じて、呉羽はツァイスの新製品と技術および免疫学の分野での知見に関する情報を入手していた。その呉羽は、一九七八年一〇月の時点までに抗悪性腫瘍剤クレスチンの開発に成功し、その収益を資金的な基礎として多角化を図り、その一環として生化学分野への進出を目指していた。そのため、東京研究所に医薬研究室および医用材料研究室——後の医療機器研究室——が開設され、研究所の研究開発活動はこの分野に集中されることになった。このような経緯からすれば、同社が光学的計測機器パルモクヴァントおよび「免疫学を基礎とする癌診断」に関心を示すに至ったのは、むしろ自然であった。そして呉羽は当初からパルモクヴァントを癌診断システムの一部として認識していた(林 二〇一〇/二〇一二)。

しかも、戦前以来のツァイスの名声は戦後も——東西いずれのツァイスについても——維持されており、日本への製品および技術の輸出も継続されていたし(第一節の2の2)、パルモクヴァントはツァイスが伝統的に強みを持つ「顕微鏡および光学・医療機器」(Mikroskope und optisch-medizinische Geräte)分野の製品であった(Mühlfriedel und Hellmuth 2004, S. 285–286)。さらにパルモクヴァントに関する情報をもたらした三菱商事も、戦前以来の信頼すべき技術情報収集能力を維持していた。こうしたことから、呉羽化学が確信をもってツァイスへの接近を図ったことは間違いないであろう。

したがって、呉羽による東ドイツ企業ツァイスへの接近の動機は、第一節の1で見たような日本政府や経済団体などの東ドイツへの接近の試み、そして経済委員会の設立や各種協力協定の締結とは直接には関係がない。呉羽の視野にツァイスや東ドイツが入って来たのは、ひとえに光学的計測機器とそれを用いた「免疫学を基礎とする癌診断」という、ツァイスおよび東ドイツの技術のゆえであった。

2　契約に向けての交渉の過程

一九七八年一〇月、呉羽は研究開発本部海外開発室長荒木義たちをイェーナに派遣することを決定した。このときの呉羽の関心の主たる対象がパルモクヴァントおよび免疫学的癌診断法であったことは明白であるが、荒木は光学プラスチック成形技術(Plastgießoptik)にも関心があることをツァイス側に伝えていた。ツァイス側は彼らの訪問を歓迎したが、その際、光学プラスチック成形技術に関しては、日本の光学プラスチック製造の機械化水準がツァイスのそれよりも高いことを認識していたがゆえに、工場を視察したいとの荒木たちの要望を拒否した。光学プラスチック成形技術に関する接触ないし交渉は、その後断続的に続く。他方、パルモクヴァントに関してはデモンストレーションが予定されていた(Verhandlungsdirektiv, 10. Oktober 1978, WB 661)。

荒木たちの訪問の目的は、まずなによりも情報の収集にあったと思われる。だが、それにとどまらず、社の最高経営陣から場合によっては交渉を開始してもよいとの指示を受けていたのであろう。事実、一〇月二三日、イェーナにおいて、荒木たちはパルモクヴァントおよび免疫学的癌診断法に関するツァイスとの最初の交渉の席についた。呉羽側の出席者は荒木のほか堀田鉄也、デュッセルドルフ駐在事務所長羽生田俊一であり、ツァイス側は交渉責任者ヴァルナー(Heinz Wallner)以下計六名であった。呉羽側は日本における独占的技術ライセンス、製品購入、そして製造に強い関心を有していることを表明した。これを受けてツァイス側は一〇月二六日にデモンストレーションをおこなうことにした。その場所は特別研究プロジェクトの応用実験室が置かれたロストックではなくデッサウとされ、デッサウ種痘研究所のベーア(Rüdiger von Baehr)が指揮をとることとされた(Umland, Erweiterung der Direktive, 24. Oktober 1978, WB 661)。

一〇月二六日に設定されたこのデモンストレーションについての詳細は史料的に不明である。確かなことは、ツァイスが呉羽に対してパルモクヴァントを推奨したことであり、その根拠として、パルモクヴァントを利用することによって客観的な計測が可能となり、計測の専門家を訓練する必要がなくなるという点を挙げたことである(Watanabe an CZJ, 20. August 1980, WB 664)。すでにこの頃、ツァイスは免疫学の分野での重大な問題の存在を認識していた。しかし、これらの問題の解決を展望しつつ、呉羽化学との交渉の席ではその点にはまったく触れなかったとみてよい。自社製品パルモクヴァントへの自信と期待が、そうした懸念を減殺したのであろうか。

呉羽は、このときイェーナで入手したデモンストレーションの結果を含む情報、および三菱商事経由での情報に基づき、ツァイスからの技術導入を決定した(Watanabe an CZJ, 20. August 1980, WB 664)。

翌一九七九年一月、ツァイスは呉羽とのライセンス契約に向けて着々と準備を進めていた。その際注目すべきは、研究センターが中心となって作成されたライセンス契約の原案では、ライセンスの対象はパルモクヴァントのみとされていたことである(Mütze *et al.*, Mitteilung, 23. Januar 1979, WB 450)。しかしながら他方では、「ライセンシーである呉羽が要望したようなパッケージライセンスに向けての、抗原に関するデッサウ種痘研究所の自己責任による協力」を確保する必要性が認識されてもいた(Lizenzangebot, 12. Januar 1979, WB 661)。

一九七九年一月末から二月半ばにかけて、契約草案作成の作業が急ピッチで進められた。パルモクヴァント——それはすでに「パルモクヴァント2」と命名されていたのであるが——だけを対象とする契約であってさえ、煩瑣な作業となった。この時点では、製品の納入は早くとも一九七九年八月とされており、また価格としては八〇万USドルという数字が記されている。この金額がライセンス料なのか、製品価格なのか、それとも両者を合したものなのかはあきらかではない。いずれにせよ、この価格にはライセンスの対象としての免疫学分野での知見・経験は付け加えられていなかった。これ以外に、呉羽が関心を有すると伝えてきた光学プラスチック成形技術についても、ツァイスはライセンス契約の準備を進めていた(Umland und Abicht, Mitteilung, 30. Januar 1979, AHB 866; Wallner, Zuarbeit zum Monatsbericht des TKB Tokio, 13. Februar 1979, AHB 866; Hofmann *et al.*, Teilsicherheitskonzeption, ohne Datum, WB 450)。

二月二〇日、ツァイスのベルリン事務所において、ツァイス側から呉羽のデュッセルドルフ駐在事務所長羽生田に契約草案が手渡された(Wallner, Verhandlungsdirektive, 6. März 1979, AHB 866)。この草案の内容、とくに契約の対象がパルモクヴァントのみであったのか否かについては、史料的に確認できない。草案はただちに羽生田から東京の本社へ送付されたであろう。呉羽側でのこの契約草案の検討については、その任に当たった部署や人物、導入技術選択の判断基準を含む検討の内容など、史料的にはいっさい不明である。だが、いずれにせよ検討は短期間のうちに終わった。

呉羽側は急遽、取締役化学品本部副本部長兼医薬品部長の大平和夫および荒木義を東ドイツに派遣した。三月一三日から一五日にかけて、今回はライプツィヒに場所を移して契約締結のための交渉が持たれた。呉羽側では大平と荒木のほか羽生田が加わり、ツァイス側からは交渉責任者ヴァルナー、研究センター次長で特別研究プロジェクト執行部の一員でもあるウンガー(Rolf Unger)のほか、デッサウ種痘研究所のウルバネク(Dieter Urbaneck)——予定されたベーアの代理——、そして東京事務所長ザイフェルト(Jürgen Seiffert)が出席した(Wallner, Verhandlungsdirektive, 6. März 1979, AHB 866; Wallner und Unger, Sofortbericht, 15. März 1979, WB 661)。

3　契約

一九七九年三月一五日、呉羽とツァイスとのあいだで、商社の介在なく直接に、ライセンス契約が締結された[13]。ただし場所はイェーナではなくライプツィヒが選ばれた。署名したのは荒木とヴァルナーであって、正確には仮調印の形をとった[14]。

ライセンスの対象は、ツァイスの光学的測定機器「パルモクヴァント２」の研究開発・製造における知見・経験、および東ドイツで獲得された免疫学的な分野での知見と経験の二つの部分から成っていた。呉羽は当初から、ツァイスからのライセンス取得の目的が癌診断装置およびそれに関連する技術であることを明確に自覚していた(Protocol, no date, WB 661)。他方でツァイスは、当初、免疫学的な知見・経験をもライセンスの対象としたいとの呉羽の要望にもかかわらず、ライセンスの対象としてはパルモクヴァントのみを考えていた。だが、後日ツァイス側が折に触れて指摘したところによれば、呉羽からの強い要望に折れて、免疫学的な知見・経験をもライセンスの対象とするに至ったのである(CZJ an Kureha, 16. Oktober 1979, WB 662)。

この契約は全部で一六条から成っていた。その主な内容は、ライセンシングの対象と範囲(第一条)、双方の義務(第二条および第三条)、事象的(sachlich)・法的瑕疵(第四条)、改良・開発に関する知見・経験の交換の義務(第五条)、特許権の確認(第六条)、ライセンス料とその支払条件(第七条)、秘密保持の義務(第一一条)などである。そのなかで、ライセンス料とその支払条件を規定した第七条では、ライセンス料はふたつのライセンス対象をあわせて三二万USドルとされ、呉羽は契約発効後一カ月以内に半額を、技術文書の受領後一カ月以内に残額を支払うこととされていた。第七条では、そのほかに製品一台ごとのロイヤルティーの支払いも規定されていた。

パルモクヴァント2を使用することによって実現されるべきMEMテストの性能パラメーター(Leistungsparameter)すなわち診断的中率について、呉羽側はこれを契約に明記すべきことを主張した。だが、ツァイスがこれに難色を示した結果、契約完了の時点までに、ツァイスによって達成された性能水準と同等の水準となるという趣旨の表現に落ち着いた(第四条)(Watanabe an CZJ, 20. August 1980, WB 664)。

それからほぼ一カ月が経った四月一二日、東京でライセンス契約とは別個の購買契約(Purchase Contract, Kaufvertrag――ライセンス契約ではLieferungsvertragと呼ばれていた)が締結された。調印者は副社長渡辺弘道(工学博士号を持つ)および総裁ビーアマンの代理としての交渉責任者ヴァルナーであった。正式の契約書は英文であったが(Purchase Contract, April 12, 1979, WB 661)、そのドイツ語訳も残されている(Kaufvertrag, 12. April 1979, WB 661; AHB 867)。両者はまた、三月に仮調印されたライセンス契約にも署名してその正式調印を終えた(Lizenzvertrag, 15. März 1979, WB 661; FE 417)。契約がライセンス契約と購買契約とに分かたれ、しかも時間をおいて結ばれた事情は不明である。ただしこれ以降、ふたつの契約は四月一二日に締結された一体のものとして扱われた。

新たに締結された購買契約の主な内容は、納入(Lieferung, delivery)の条件として記された次の諸点であった。

・パルモクヴァント2——automatic measuring microscope と規定されていた——の一台の価格は(すでにライセンス契約において明記されたライセンス料を除き)七三万USドルとする。支払時期は納入の二週間前とする(第四条)。

・パルモクヴァント2(一台)の組立ては、遅くとも八月二五日までに東京新宿の呉羽東京研究所において、ツァイスの責任でなされる(第二条および第三条)。ツァイスはそのために専門家二名を派遣する(第一〇条)。

・呉羽の専門家の訓練(training, Ausbildung)については、機械・光学専門家一名、電子工学専門家一名の計二名に対して——免疫学の分野は対象とされていない——一九七九年六月に実施する(第一一条)。

この購買契約とは別に、MEMテストで用いられる抗原(Antigen)については六月に購買契約を結ぶことで合意した。価格は九万六五〇〇ドルと予定された。さらに、価格は今後交渉の議題とせず、抗原の輸送条件についてのみ交渉することでも合意した(Seiffert〈CZJ Tokyo Office〉to Kureha, Quotation, April 10, 1979, WB 661)。

呉羽は東京でのパルモクヴァント2設置の完了までは契約締結の事実を公表しない意向を表明し、ツァイスもこれを了解した。ただし、リファーは差し支えないが、その場合でもとくにパルモクヴァント2が癌研究目的のために用いられる点は公表しないこととされた。また、このときツァイスは呉羽に対して2台目のパルモクヴァントを一七万五〇〇〇ドルの価格でオファーしている(Protocol, no date, WB 661; Protokoll, Übersetzung, 12. April 1979, WB 661)。訓練計画に派遣する専門家について、購買契約――おそらくその草案――では二名とされていたが、おそらく同契約の締結とほぼ同じ時期に大幅に増員され、六班に分けられた延べ一七名が予定された。とくに、免疫学分野の技術者がこれに含まれることになった点は、後の展開にとって重要である。また、訓練の場所は東ドイツおよび東京の双方とされ、時期は当初六月だけであったのが、八月から翌一九八〇年二月までと大幅に延長された(Plan für die Ausbildung der Spezialisten des Lizenznehmers, 12. April 1979, WB 661; AHB 867; Protokoll, 12. April 1979, AHB 867)。

一連の契約によって呉羽が支払うべき代金は、ライセンス料三二万ドル、パルモクヴァント七三万ドル、抗原九万六五〇〇ドルであり、計一一四万六五〇〇ドルであった。一九七九年の円ドル為替レート(一ドル＝二二〇円)で換算すれば、およそ二億五二〇〇万円となる。けっして少ない金額ではない。

呉羽の資金調達方法は、呉羽側の内部史料が利用できないゆえに不明である。ただし前述したように(第一節の２の1)、一九七七年五月に発売されたクレスチンの売上げは年間七〇〇億円の規模に達しており、財務状態は急速に改善していたこと、それによって潤沢となった資金の一部が海外からの技術導入を含む研究開発に充てられていたこと、そして事実、研究費は一九七六年度の約七億円から七九年度には四六億円強へと急増していたことを考えれば、資金調達に大きな困難はなかったものと推測してよい。

この間、ツァイスはパルモクヴァント２を用いてのＭＥＭテストに関連する技術につき、日本の法律事務所を通じて日本での三件の特許を申請していた(Kügler to Matsuda & Ikeya Patent and Law Office, Three new patent application, 8. März 1979, WB 661)。

4　設備組立て後の対立と妥協

その後、購買契約に従って、同契約第三条に記載されたパルモクヴァント2をツァイスの責任で東京新宿の呉羽東京研究所において組み立てる作業が開始された。組立て作業は、契約に記された期限である一九七九年八月二五日までに、技術的トラブルもなく完了したもののようである。副社長渡辺によれば、一九七九年九月、呉羽は最初のパルモクヴァント2を受領したことになっている(Watanabe an CZJ, 20. August 1980, WB 664)。

ところが、設備組立てまでの専門家の訓練と二度目のデモンストレーションの過程において、免疫学分野での問題ゆえに両者間に対立が発生した。すなわち、専門家の訓練そのものは順調に進んだものの、その過程において、呉羽は免疫学的なMEMテストに用いられるパルモクヴァントの処理能力が契約に記された水準に達していないことを認識したのである。当然、呉羽はツァイスに改善を要求した。ツァイスは当初、問題を専門家の訓練における問題と認識し、呉羽にもそのように説明した。

しかし、設備組立て後の過程において、呉羽はしだいに問題の認識を深めていった。すなわち、呉羽はまずパルモクヴァントの納入に際しての錯誤や欠落を指摘し、さらに医学・生物学的知見・経験につき疑義を提起するとともに、ついには、前出の(本節の1)三菱商事経由で渡された一九七八年一〇月の情報シート上での性能パラメーターすなわち診断的中率について、これを事後的に契約対象とすると議事録に記すよう要求したのである。こうして、呉羽は最終的に、問題がパルモクヴァントの処理能力ではなく免疫学的知見・経験そのものにあることを認識するに至る。

この点をめぐる両社の交渉は、ツァイスが免疫学分野での技術の未確立は自らの責任ではないとの態度を取ったこともあり、長く曲折を経たものとなり、一九七九年から翌八〇年にかけて、東ドイツあるいは東京でデモンストレーションないし立会試験が繰り返された。

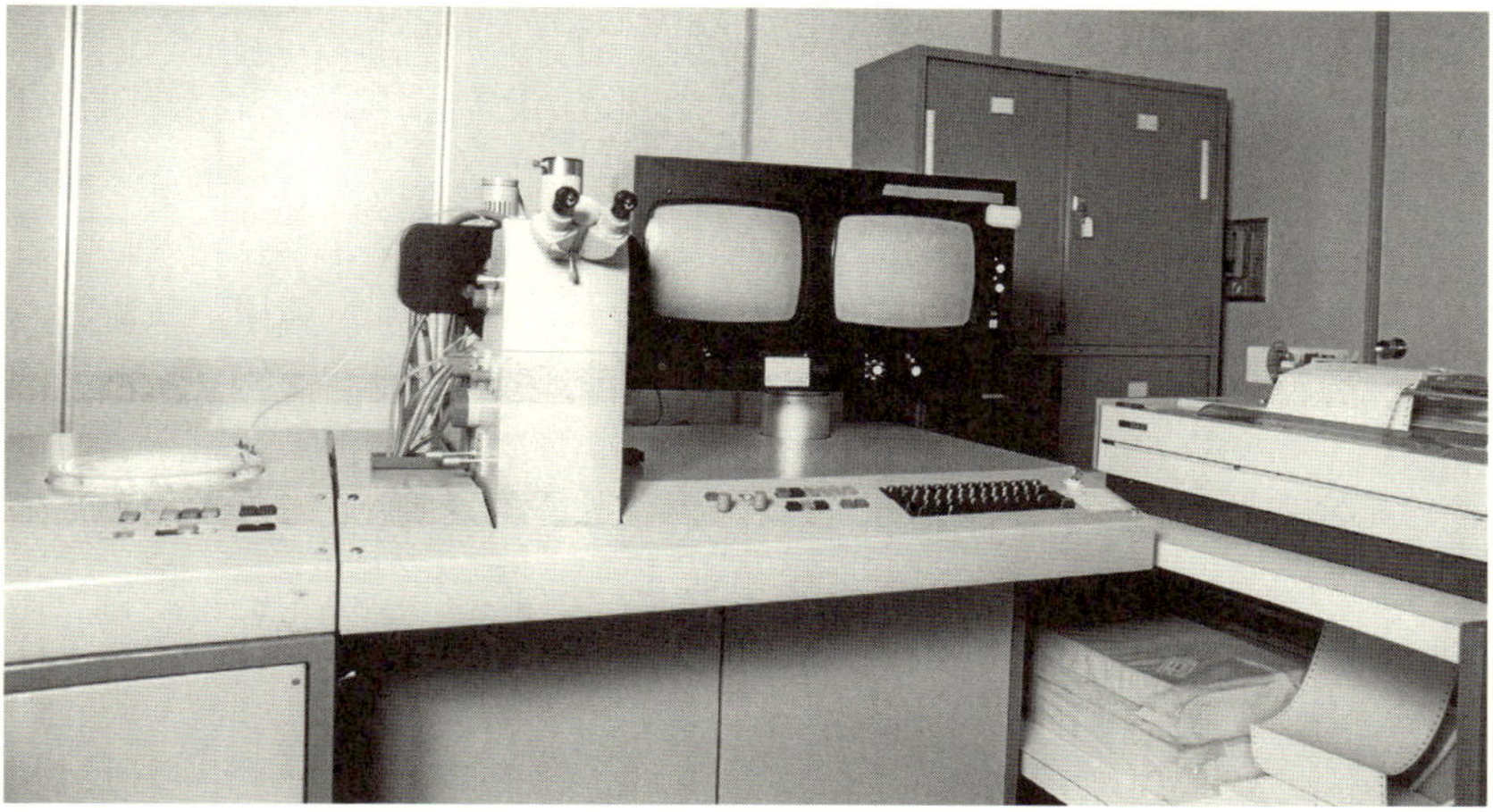

呉羽化学で組み立てられたパルモクヴァント2.
出所：林治久氏提供.

1　ライセンス料の返還による解決

一九八一年二月、あらためてパルモクヴァント2を用いたMEMテストのデモンストレーションないし立会試験がおこなわれることになった。この時の場所はドレスデンとされ、呉羽は大平以下計七名を派遣した。デモンストレーションないし立会試験は、二月二三日から三月一一日にかけて実施された。責任者は、以前にはこの責任をとることを忌避していたドレスデン医学アカデミーのミュラー(Martin Müller)であった。だが、デモンストレーションないし立会試験は不首尾に終わった。その結果は、大平とミュラーとのあいだで交わされた三月一一日付けの技術議事録に記載された(Technical protocol, March 11, 1981, WB 663)。

そのうえで、三月一二、一三日、大平以下四名とツァイスのヴァルナーおよびウンガーは、ドレスデンにおいて総括的な協議をおこなった。ドレスデンのミュラーはこの協議を欠席したばかりか、ある文書ではドレスデンでの協議の開催を阻止しようとしたとされる(Abicht, Mitteilung, 10. März 1981, WB 664)。それはともかく、協議の結論は一一日の技術議事録を追認するものとなった。すなわち、合意された条件の下でのMEMテストのデモンストレーションないし立会試験の結果、合意されたパラメーターは達成されなかったというものであり、この結論につき双方の見解が一致したことが明記されていた(Protocol, March 13, 1981, WB 663)。ＭＥＭテストについては合意されたパラメーターが達成されなかったという点で意見が一致したのは、この時が初めてである。

しかしながら、この結果に関するヴァルナーの署名する社内文書では、パルモクヴァント２および抗原については合意された性能パラメーターすなわち診断的中率が達成されたと明記されていた(Wallner, Verhandlungsbericht, 15. März 1981, WB 663)。もっとも、別の内部文書では、契約および一九八〇年二月の議事録に記載されているパラメーターを実現できなかったこと、また契約を履行するというデモンストレーションないし立会試験の目的が達成されなかったことが、初めて率直に認められている。また、政府間関係への悪影響をも考慮せざるをえないと認識されてもいた(Abicht, Mitteilung, 10. März 1981, WB 664)。ちなみに、この後者の文書が作成されてから二カ月後の一九八一年五月、時の権力者ホーネッカーが国賓として日本を訪問した。

前述のような最終的な結論で合意した三月一二、一三日のドレスデンでの協議では、解決策についても合意された。それは、ツァイスが前年一九八〇年八月二〇日付けの渡辺書簡における呉羽の要求を受け入れ、損失を補償するというものであった。具体的には、ツァイスがライセンス契約におけるライセンス料――パルモクヴァント２および免疫学の知見・経験の双方に対する対価――三二万ドルを返還し(refund)、呉羽はこの資金でツァイスの製品・技術などの購入を一年の期限内で検討することとなった(Protocol, March 13, 1981, WB 663)。

かくして、ＭＥＭテスト問題はようやく決着をみた。一九七九年四月の契約締結から二年近くが経過していた。

その後、ツァイスは呉羽が購入を検討すべきツァイス製品・技術のリストを提示した(Mütze, Mitteilung, 11. September 1981, FE 422)。これに対して呉羽は、第一に、ツァイスが日本で所有する特許三件、第二に、パルモクヴァント２五台、キュヴェット(泳動管)、パルモクヴァント３用試験室関連のライセンス、第三に、医学・生物学分野のパッケージおよびロストック大学応用実験室の成果に関心を示した(Abicht, Mitteilung, 6. November 1981, WB 664)。ただし、ツァイスから購入したいものはキュヴェットぐらいしかないというのが、呉羽側の率直な評価であった(林 二〇一〇／二〇一二)。

ちなみに、ロストック大学応用実験室のシュット(Wolfgang Schütt)は、これ以前から呉羽との協働につきテーマを挙げるなど、積極的であった(Schütt an CZJ, 10. März 1981, WB 664; [Schütt an] CZJ, Verhandlungsvorschlag, 3. Juni 1981, WB 664)。自らの実験室の研究成果がツァイスのリストに挙げられたことから、彼はいっそう積極的になる(Schütt an Unger, 10. November 1981, WB 664; [Schütt,] Proposal, no date, WB 664)。実際、後述するように、一九八三年六月、東京での呉羽のパルモクヴァント改良型の性能の評価に関する協議に出席し、その他のさまざまな大学、研究機関、企業、またそれらに所属する研究者たちと接触していた。また、この機会に彼はロストック大学応用実験室と呉羽との協働を提案してもいた。もっとも、ツァイスはこれには冷ややかな評価を下していた。彼の提案は応用実験室の存続にも資するゆえの提案であろうとし、ツァイスにとっては、応用実験室の運営費や呉羽との協働の費用など、資金面の問題が決定的であるとしていた(Schütt, Reisebericht, 24. Mai 1983, WB 665)。

ライセンス料返還問題のその後の推移は、史料的には不明のところが大きい。呉羽側の購入期限の一九八二年三月末が近づいた一九八一年一二月の時点で、ツァイス側がライセンス料の返還額を削減すべく、契約の改定を含むいくつかの提案をおこなっているところからすれば、呉羽によるパルモクヴァント2の追加購入は進んでいなかったのであろう。そしてこの提案も呉羽の受け入れるところとはならなかった(Protocol, December 1, 1981, FE 422)。結局、呉羽は契約で購入した二台以外にはパルモクヴァント2を購入することはなかった(林 二〇一〇／二〇一二)。

パルモクヴァント2のその後についても見ておこう。一九八二年一一月における東京交渉の議事録によれば、呉羽は日本および台湾におけるパルモクヴァント2の販売について、医療機関の関心は引き続き高いものの、価格が高いこと——台湾では一二万五〇〇〇ドルであったがツァイスは値下げを容認しなかった——、およびソフトウェアがないことが障害となっていた(Protokoll, ohne Datum, FE 422)。

2　パルモクヴァント3対パルモクヴァントL

一九八一年二月から三月にかけてのドレスデンでのＭＥＭテストのデモンストレーションないし立会試験が失敗した後、三月一二、一三の両日にドレスデンで持たれた協議では、ライセンス料返還のほか、ツァイスが一九八一年五月までにパルモクヴァント２の改良型を提案することを約し、一九八二年三月までにこの件での決着を目指すとしていた(Protocol, March 13, 1981, WB 663)。ライセンス契約第五条の改良およびさらなる開発に関する規定では、経験の交換すなわち研究開発の成果を相互に交換することが双方に義務づけられていた。したがって、それは協働の新たな形式を生み出す可能性があった。だが実際には、競争状況が生まれることになる。

ツァイスではすでに一九八〇年五月、パルモクヴァント２の改良型パルモクヴァント３の開発計画が作成されていた(Tandler, Mitteilung, 15. Mai 1980, WB 449)。一九八一年七月、ツァイスは改良型のパルモクヴァント３について呉羽とのライセンシング交渉の準備に入った(Weiland, Verteidigungsvorlage, 16. Juli 1981, WB 450; Weiland, Mitteilung, 12. November 1981, FE 422)。

一一月二五日から一二月一日までの東京での交渉は大平とヴァルナーとのあいだでおこなわれた。両社は協力関係の維持を確認したうえで、パルモクヴァント２の改良につきそれぞれの成果を披露した。ツァイスはパルモクヴァント２に対する改良型であるパルモクヴァント３を披露し、その優れた点——細胞電気泳動システムおよびキュヴェット(泳動管)の改良、サンプル交換機の簡素化、免疫学分野での新知見ＭＡＩテスト(macrophage adherence inhibition test)など——を口頭で列挙した。これに対して呉羽も、パルモクヴァント２の改良によりパルモクヴァントＭ(マクロファージの電気泳動度の計測を目的とする半自動装置）およびパルモクヴァントＬ（リンパ球の電気泳動度の測定を目的とした装置、全自動での測定が可能）を開発中であるとした。またキュヴェット内面コーティング法の改良などを成果として挙げていた。また免疫学の分野ではツァイスの示すＭＡＩテストに関心を有すると表明し、これに関するさらなる開発と情報提供を要請していた（Protocol, December 1, 1981, FE 422）。

ツァイス側のパルモクヴァント３の開発は、一九八一年末、このような呉羽の側での開発努力という側圧を受けて促進された。だが、その開発は、一九八二年七月時点でなお完了していなかった（Exportobjekt Parmoquant, 20. Juli 1982, WB 660）。

一九八一年一一月の東京交渉からちょうど一年経った一九八二年一一月一九日、イェーナでの交渉に呉羽は開発企画部長鈴木重行を派遣した。ツァイス側の認識では、鈴木は大平の跡を継いで対ツァイス交渉の責任者となっていた。ツァイス側の担当者はウンガーであった。ウンガーはパルモクヴァント３の改良点につき――前回は口頭での説明のみであったのだが――デモンストレーションを実施した。また前回の交渉で紹介したＭＡＩテストについてはＭＥＭテスト用評価設備（Okular-Scanner）の完成品を披露した。呉羽はこれらについての検討を約した（Protokoll, ohne Datum, FE 422）。

呉羽の改良型パルモクヴァントＬについて――開発の責任者は東京研究所医療機器研究室長河合義雄であった（林　二〇一〇／二〇一二）――、一九八一年一一月の東京での交渉の席上、呉羽はなお開発途上としていた。その一年後の一九八二年一一月、イェーナでの交渉で、パルモクヴァントＬをロストック大学応用実験室でテストすることで双方が合意していた。さらに、一九八三年六月、東京での協議ではパルモクヴァントＬの性能の検討が主たる議題となる。

ツァイス側は東京での協議を準備するなかで、呉羽側にはパルモクヴァント２の基本的コンセプトに変更が加えられていないことを確認する義務、および性能パラメーター（Qualitätsparameter）すなわち診断的中率を立証する義務があ

呉羽化学が開発したパルモクヴァントL.
出所：林治久氏提供.

るとしていた。また五％のロイヤルティー(Stücklizenzgebühr)の支払い義務が生じるとも見ていた(Pätz, Mitteilung, 20. Mai 1983, WB 665; Pätz, Mitteilung, 30. Mai 1983, WB 665)。

六月七日から九日まで東京で開かれた交渉では、呉羽は自社のパルモクヴァントLとツァイスのパルモクヴァント2の比較を含む詳細な技術情報を文書で提供した。次に両者を比較するデモンストレーションを実施した。その結果、両者は同等の性能を示した。この点はツァイスも認めるところとなり、呉羽の改良型Lがパルモクヴァントという名前を冠することを了承した。ただし、ツァイスからライセンスを受けていることを製品に明記すべきであると主張した。そのうえで、パルモクヴァントLの販売に協力する用意があるとも明言していた(Protocol, June 9, 1983, WB 665; Übersetzung, Protokoll, 9. Juni 1983, WB 665)。

ツァイスは、パルモクヴァントLにつき、「癌診断および癌治療の分野での特定の課題設定およびさらなる作業向けの専用機器」(Einzweckgeräte für bestimmte medizinisch-biologische Fragestellungen und weitere Arbeit auf dem Gebiet der Krebsdiagnose und -therapie）と認識し、汎用型のパルモクヴァント2とは競合しないとみなした。この認識を前提に、パルモクヴァントLの販売によるロイヤルティー収入（一〇〇台まで一台ごとに一〇％）、呉羽へのキュヴェットの販売の増加、パルモクヴァント2にとっての間接的なPR効果などを期待していた（Unger, Reisebericht, 13. Juni 1983, WB 665; Unger, Anlage zum Sofortbericht, 14. Juni 1983, WB 665）。

一九八三年六月の東京交渉の頃、呉羽はパルモクヴァントLに関連する申請中の特許七件の利用をツァイスに提案した。ツァイスはこれを検討し、利用しないと決定した。その根拠はなんら根本的な新奇性がないというものであった（Weiland, Patentangebot der Firma Kureha/Japan, 12. Oktober 1983, WB 665）。別の文書でも同様に、呉羽の特許申請には新奇なアイディアがないとしていた。ただ、特許は認められるものと推測しており、それでもツァイスにとってとくに障害となるものではないと判断していた（Mütze, Patentangebot der Firma Kureha/Japan, 27. Oktober 1983, WB 665）。

カール・ツァイス史料館に収められたパルモクヴァント関連の一群の史料は、文書綴りWB六六五のなかの一九八三年一〇月の文書が最後のものであり、その後の文書は見当たらない。

三　パルモクヴァント2のライセンシングの帰結

1　ツァイスにとっての成果

ツァイスは、パルモクヴァント2を利用してのMEMテストの精度に問題があることをすでに開発過程において認識していた。この技術的な問題は、呉羽との交渉が始まる時点でもなお解決されていなかった。それにもかかわらず、ツァイスはそれが程遠くない時点で解決されると期待し、また自社製品であるパルモクヴァント2への自信もあって、呉羽との契約締結に至る。

ライセンシング料とパルモクヴァント2の販売代金は、ツァイスにとって大きな成果であった。ツァイスが一九七八–七九年度にライセンス供与から得た収入——外貨での収入をマルク換算したもの——の国別内訳のなかで、パルモクヴァント2による日本からの収入二二五万七〇〇〇マルクはずば抜けて巨額であった。日本以外からの収入はいずれもパルモクヴァント以外の製品であるが、インドが二件で四三万六七二三マルク、イランが二件で二三万一〇〇マルク、ペルーが一件で三万二二五〇マルクであった(Wallner, Mitteilung, 10. April 1979, AHB 866)。これとは別のライセンス供与一覧——一部の事業所に関わるものと思われる——では、社会主義圏が小計二三七万五〇〇〇マルク、非社会主義圏が小計三四三万九五〇〇マルクであり、後者のうち日本(パルモクヴァント2)が一七二万マルクであった(Wallner, Mitteilung, 7. Mai 1979, AHB 867)。

さらにこれとは別の、ツァイス内の事業所別のライセンス供与を一覧した文書によれば、パルモクヴァント2以外の日本向けが二二五万五五〇〇マルク計上されており、他にも巨額のものとしてポーランド向け三三五万マルク、ソ連向け一五四万二〇〇〇マルク、パキスタン向け一一八万二五〇〇マルクがあって(Hüll, Auflistung sämtlicher Lizenzobjekte, 15. Juni 1979, AHB 867)、パルモクヴァント2はずば抜けていたわけではないが、大型案件であったことは間違いない。それはまた、この時期の対日事業展開においても、単一の契約としては最も目覚ましい成果であったはずである。

ツァイスの対呉羽ライセンシングの責任者ヴァルナーたちは、呉羽とのライセンス・購買契約締結から一カ月後の一九七九年五月、同社のライセンシング活動全般につき政府機関に報告していたが、そのなかでパルモクヴァント2が一九七九年に非社会主義経済圏において初めて成果を挙げたことを強調している。具体的には、同年のハノーファー・メッセにパルモクヴァントを出品したこと、また西ドイツでの広報活動に着手したことと並んで、日本へのライセンシングに成功したことを挙げていた。その際、途上国向けと異なって資本主義工業国向けの製品・技術は先端的であることを要し、そこにはさまざまな制約があるにもかかわらず、日本へのライセンシングは対資本主義工業国ライセンシングの成功事例三件のうちのひとつとして特筆すべき例外であるとしている。さらに、この成功によって、東ドイツにおける免疫診断法および公衆衛生、さらに精密光学機器および抗原製造の水準の高さをも示したと誇らしげに記している。他面、エレクトロニクスおよび実験技術では「遅れを取り戻す必要」(Nachholbedarf)があることをも認めざるをえなかった(Wallner und Bretschneider, Berichterstattung vor der Arbeitsgruppe Lizenzen, 21. Mai 1979, AHB 867)。

その直後、ツァイスは呉羽との契約書を国際ライセンス取引中央事務所(Zentrales Büro für Internationalen Lizenzhandel)なる政府機関に送付するとともに、契約締結に至った経緯と契約内容を報告していた(Wallner an Schnabl, 1. Juni 1979, AHB 867)。報告はたんに義務であったのみならず、むしろそれ以上に、ライセンシングとそれによる外貨獲得の輝かしい成功の事例を全国の国家プロジェクトの模範として示すという意味があったと思われる。他方、この政府機関の側でも、ライセンス契約の模範として利用したであろう。こうして、資本主義工業国の企業呉羽化学へのライセンスの成功により、ツァイスのみならず東ドイツ全体が活気づいたのである。

この成功に力を得たツァイスは、ソ連をはじめとする社会主義圏諸国のみならず、西ドイツ、フランス、ベルギーなどの非社会主義経済圏諸国に対する売込みに力を入れることになった。その結果、一九七九年の成約リストには、社会主義圏ではソ連(二件)、チェコスロヴァキア(二件)、中国(一件)が、非社会主義経済圏ではイタリア、日本が挙げられていた。対資本主義国では三台中二台が日本での成約であった。さらに一九八〇年三月時点では、ソ連へ六台、その他の社会主義圏へ四台、非社会主義圏へ四台が輸出された。その時点で販売活動を集中しているのは、社会主義圏ではブルガリア、ポーランド、チェコスロヴァキア、ユーゴスラヴィア、中国であり、非社会主義圏では西ドイツ、イタリア、フランス、オーストリアの名前が挙げられていた(Informationsbericht, 26. März 1980, WB 450; Weiland, Reisebericht, 19. Februar 1979, WB 659)。

だが、パルモクヴァント2とともにライセンシングの対象となったMEMテスト技術の問題点がしだいに明らかになると——ツァイスが呉羽にライセンス料を返還したことが外部にどこまで知られていたかは不明だが——、売込みの勢いも鈍り、模範的事例としての評価にも傷がついたであろう。

他方、ツァイスは呉羽が開発した改良型のパルモクヴァントLをも自社ライセンシング戦略の成功と位置づけるようになる(Unger, Reisebericht, 13. Juni 1983, WB 665)。それはツァイス自身がマイクロエレクトロニクスの分野で問題を抱えていたことを示唆している。事実、一九七〇年半ば以降、ツァイスはマイクロエレクトロニクス分野での事業展開に力を入れていたが(Mühlfriedel und Hellmuth 2004, S. 319–322)、その成果は同社が自覚していた国際的な「遅れ」を解消するには程遠かった。「経済危機からの回復後、東ドイツ政府は、新たな成長の軌道を模索すべく、一九八六年から八九年までに、当該部門の代表的コンビナートであったカール・ツァイス・イエナ(Carl Zeiss Jena)、エルフルト電子(Mikroelekronik Erfurt)、ロボトロン(Robotron Dresden)の強化に向けて約一四〇億マルクの投資を行った。さらに約一四〇億マルクの研究開発費が充てられるとともに、西側からの技術導入向けに約四〇億外貨マルクが投入された。／莫大な重点投資にもかかわらず、結果は惨憺たるものとなった。完成した二五六キロバイトの集積回路の一個当たりの製造コストは五三四マルクとなったが、同程度のものは世界市場において四–五外貨マルクで生産可能となっていた」(白川 二〇一〇、一〇三頁、さらにSteiner 2007, S. 238–239)。

2　呉羽化学にとっての成果

呉羽は三菱商事経由での情報を受けてツァイスと接触し、ただちに交渉を開始した。そしてデモンストレーションの結果を含むイェーナで入手した情報およびそれ以前に三菱商事経由で入手した情報に基づき、パルモクヴァントの購入およびパルモクヴァントと免疫学的な知見・経験の技術を導入することを決定した。契約の締結までは順調に進んだ。しかし、パルモクヴァント設備の組立て後、専門家の訓練の過程でMEMテストの問題点を認識し始め、この問題が重大であることをしだいに認識するようになる。そしてツァイスとの長く困難な交渉を経て、最終的にはツァイスにライセンス料を返還させたのである。

呉羽化学にとって、この契約は苦い経験となった。ただし、成果がなかったわけではない。まず、パルモクヴァント2それ自体については、専門家のあいだで一定の評価が得られ、さらにその改良を試みてパルモクヴァントLを開発するという成果を挙げることができた。当時の専門誌には、「最近画像処理の原理にもとづいた国産の全自動分析用細胞電気泳動装置(Parmoquant)が呉羽化学工業(株)で開発された」(岩口 一九八四、三四一頁)と紹介され、呉羽の林たちの論文が参照されている。ただし、パルモクヴァントLが製品として販売されることはなかった。同社は需要が研究用に限定されることやメインテナンスにかなりの人員が必要であることなどを考慮した結果、製品化を断念したのである(林 二〇一〇/二〇一二)。したがってまた収益への寄与もなかった。契約の締結と履行のために要した費用は潤沢な自己資金で優にカバーできたことが、不幸中の幸いであったというべきであろう。

購入したパルモクヴァント2――二台――および開発したパルモクヴァントL――すくなくとも三台製造された(林 二〇一〇/二〇一二)――を用いて、呉羽は免疫学分野での研究を活発化させた。呉羽は自社で二台のパルモクヴァントLを用いてこの分野での研究を進めるとともに、一台を東京都臨床医学総合研究所の岩口に貸与して岩口たちとの共同研究にも乗り出した。ロストック大学応用実験室のシュットとは、呉羽の林が共同で講演する機会もあった。それらの研究の中心テーマは、当初はMEMテストであったが、しだいに、癌抗原を用いず直接リンパ球の電気泳動を測定する方法などに移っていった。一九八四年の時点で、「……MEMテストは抗原や、指標細胞(マクロファージや、タンニン酸処理羊赤血球など)の選択に問題があり、現在、再現性よく高い診断率を得るには至っていない」(岩口 一九八四、三四一頁)とされていた。ちなみに、パルモクヴァント2およびLを用いた研究を通じて、呉羽のほか、東京都臨床医学総合研究所、駒込病院、癌研究所、信州大学、昭和大学、日本医科大学の研究者各一名が博士号を取得している(林 二〇一〇/二〇一二)。

最も印象に残るのは――ここでは紙幅の関係から立ち入って見ることができなかったが――、ツァイスにMEMテストの問題点をついに認めさせた呉羽の能力――技術力と交渉力――である。その能力がパルモクヴァントLの開発、さらにはパルモクヴァント2ないしLの新たな利用法の開発などで発揮されたと考えることができる。そしてその背後には、一貫して研究開発を重視する呉羽の経営方針があった。そのため、ツァイスとの協働への意欲は衰えず、最終的にツァイスに対してライセンス料の返還を要求した際においてさえ、その経営方針に揺らぎはなかった。

おわりに

呉羽化学とツァイスの関係は企業間関係には違いなかったが、ツァイスが東ドイツの計画経済を支える中核的な大企業であったところから、日本の一企業が東ドイツ政府を相手にする構図となった。呉羽の従業員が二四四九人(一九七九年三月)(日本経営史研究所・呉羽化学工業 一九九五、四八六頁)であるのに対し、ツァイスのそれは人民所有企業として三万二九四二人、コンビナートとしては五万三〇四八人(一九八五年)(Mühlfriedel und Hellmuth 2004, S. 300)という当時の企業規模からしても、非対称的な関係だったのである。

この頃、日本と東ドイツの経済的接近が進み、一九八一年五月には時の権力者ホーネッカーが日本を公式に訪問した。随行した党・政府首脳には、過去二度の訪日使節団の団長を務めたミッタークも含まれていた。このホーネッカーの訪日に合わせて、両国は通商航海条約に調印している(Neuß 1989, S. 288–294)。ただしそれは皮肉にも、第二節の4の1で見たように、ツァイスがついに免疫学分野での欠陥を認め、ライセンス料の返還に応じることを約した時期に当たっていた。

この両国の経済関係における蜜月は、短期間に終わった。一方では、東ドイツの日本への期待は、ホーネッカーの訪日を機に高まった。日本は製品・技術の輸出市場として、さらに先進技術の導入先として期待された。対日輸出は、一九八一年実績が一億五六〇〇万外貨マルクであったが、一九八二年の目標が二億七六〇〇万マルクとされた(Sektor Außenhandel, Information, Japan, 28. Mai 1982, BAL, DY30/17835)。さらに、一九八五年までに少なくとも五億外貨マルクにまで増やすという目標がたてられた(Abteilung USA/Japan, Konzeption für die Gestaltung der Beziehungen der DDR zu Japan im Zeitraum 1981 bis 1985, 21. Oktober 1981, BAL, DY30/12935)。しかし他方で、日本の側における製品・技術市場としての東ドイツへの期待は、何よりも東ドイツの外貨不足のゆえに満たされなかった。[15] そして、第二次石油危機を乗り切った日本経済は、やがて「バブル」という名の熱狂に入っていき、社会主義圏にまで新たな市場を探す必要は以前ほどには感じられなくなった。中曽根康弘首相が東ドイツを訪問した一九八七年一月には、東ドイツへの日本側の期待はほとんど消えていた。それからまもなく、日本は「バブル」の崩壊を経験し、東ドイツは国家の消滅を迎える。

［謝辞］
カール・ツァイス史料館(Carl Zeiss Archiv)の館長ヴォルフガング・ヴィンマー(Dr. Wolfgang Wimmer)氏からは史料探索・複

写などに際して望みうるかぎりの助力を賜った。株式会社クレハの元医薬品事業部医薬品開発部長林治久氏(現林医薬開発研究所代表)は、二度にわたる聴取りに応じてくださったほか、二度にわたり質問一覧表に詳細なご返事をくださった。現在クレハには関連する史料は残されていないだけに、精確な記憶を持っておられる氏に会うことがなければ、本章ができあがったかどうかは疑わしい。同社広報・IR部長数井明生氏には林氏への聴取りを実現してくださったほか、社員の名前や職位などの事実関係の確認などに関して大変お世話になった。白川欽哉氏(釧路公立大学経済学部教授)には、東ドイツ経済の専門家の立場で草稿を読んでいただき、多くのご指摘を賜った。野田穆氏(日本歯科商工協会事務局長)、ジュリア・ヨング(Julia Yongue)氏(法政大学経済学部教授)、ピエール＝イヴ・ドンゼ(Pierre-Yves Donzé)氏(京都大学白眉センター准教授)、孫一善氏(東京大学大学院薬学系研究科特別研究員)にも、本章に生かすことはできなかったが、ご教示をいただいた。以上の方々に厚くお礼申し上げる。ただし、ありうべき過誤が筆者のみに帰することはいうまでもない。

■注

(1)　以下で史料を参照する際、Carl Zeiss Archiv と記すことを省く。

(2)　Steiner (2007) の意義について、次の指摘を参照。「ドイツ統一から一五年を経たのちの今日まで、『社会主義体制はなぜ崩壊したのか』、『東ドイツの社会主義体制とは何だったのか』というテーマでなされてきた研究は数多い。しかし、シュタイナーの著作のように、東ドイツの約四〇年の歴史を、社会主義経済システム(国有化と計画を柱とし、経済管理の権限を国家機関と政権党に集中させる体制)の変遷史として描いたものは、意外なことに存在していなかった」(白川　二〇〇六、三九頁)。なお Steiner 著について、白川は二〇〇四年刊行の初版を用いているが、ここでは二〇〇七年刊の第二版を用いている。

(3)　一九五三年労働者蜂起について、次の指摘を参照。「……SED(社会主義統一党――引用者)にとって、『ノルマ問題』と『六月一七日』は、『トラウマ』となった。このときから、東ドイツにおける計画経済の運営は、労働条件や国民生活の改善を強く意識しなければならなくなった。労働者と農民の国家の代表として、SEDは、時として収益性や輸出を犠牲にしてでも国民の生活水準を保証し、改善しなければならなくなったのである」(白川　二〇〇六、四六頁)。

(4)　クレスチン開発の過程について、日本経営史研究所・呉羽化学工業(一九九五、九一―一〇頁)、参照。呉羽化学工業は二〇〇五年一〇月、社名を株式会社クレハに変更した。企業規模は資本金一二四億六〇〇〇万円、従業員四〇三二名(連結、二〇一二年三月末現在)、売上高一二八三億五八〇〇万円(連結、二〇一二年三月期)であり、消費者には包装材「NEWクレラップ」で知られるほか、機能性プラスチックや炭素繊維などの高機能材料、医薬品、農薬などの独自技術による高付加価値製品をグローバルに供給している(http://www.kureha.co.jp/guidance/outline/index.html　二〇一二年一一月二八日アクセス)。

(5)　ツァイスの歴史に関する文献は多数ある。日本では学術書として野藤(二〇〇三)があるほか、多数の啓蒙書が現れたが、小林(一九九一)のみを挙げておく。同社の戦後期における対日事業に関しては、カメラ事業を扱った野藤(二〇〇五a)、野藤(二〇〇五b)があり、戦前期の対日事業についてはKnauß (2000)がある。カール・ツァイス・イェーナは東西ドイツ統一後人民所有企業(VEB)から有限会社(GmbH)に転換し、一九九五年五月、西のツァイスの一〇〇%子会社となった。今日、カール・ツァイス株式会社(Carl Zeiss AG)は資本金一二億二一〇〇万ユーロ、従業員二万四一九二人(連結、二〇一一年九月末現在)、売上高四二億三七〇〇万ユーロ(連結、二〇一〇/一一年度)の規模を有する世界企業である(http://corporate.zeiss.com/annual-report/de_de/from-the-group/financial-highlights.html　二〇一二年一一月二八日アクセス)。

(6)　人民所有企業(VEB)あるいはコンビナートが企業史・経営史の対象たりうるかについては一考を要する。企業史・経営史が戦略と組織についての経営次元での決定における一定の自立性を前提としているとすれば、社会主義計画経済の下での企業の自立性が認められるかどうかが問われねばならない。東ドイツ企業経営史の分野での近年の成果である石井(二〇一〇)では、一九五〇年代の造船業における「企業の自立性」に着目し、それに基づき、とくに作業班がノルマ設定に果たした役割について実証している。ただし、計画経済の下における企業について、「独自の意志決定を行う余地をもつ一経済主体」と慎重に規定されている(石井　二〇一〇、八頁)。いずれにせよ、社会主義計画経済の下での企業の自立性は前提されるべきことではなく、分析を通じて実証されるべきことであろう。東ドイツにおける企業史・経営史が伝統的にむしろ事業所史(Betriebsgeschichte)として展開されたことは、よく知られている。最近の研究サーヴェイであるKluge (1993)はその点を再確認している。ただし、一九六〇年代以降、経営管理の側面への関心が加わったとされる。ちなみに、*Zeitschrift für Unternehmensgeschichte*所収の東ドイツの企業史に関する近年の論考は、偶然ではあろうが、戦後初期を対象としたものが目につく。例えば、Großbölting (2002), Müller (2004)を参照。後者はカール・ツァイス・イェーナの事例を含む。石井(二〇一〇)も一九五〇年代を主たる対象としている。

(7)　呉羽の当事者たちはParmoquantを「パルモコン」と呼んでいた(林　二〇一〇/二〇一二)。

(8)　リンパ球がある抗原――例えば癌抗原――を認識している場合、ふたたび同じ抗原に晒されるとリンホカイン(ないしサイトカイン)を放出する。このリンホカインをモルモットから採取したマクロファージに加えると、マクロファージの表面荷電が減少する。マクロファージ電気泳動法(MEMテスト)はこの現象に着目する(岩口　一九八四、三四一頁、林　二〇一〇/二〇一二)。

(9)　細胞電気泳動法とは、たんぱくなどを電気的に分離する電気泳動法とは異なり、個々の細胞の表面荷電を測定するものである。具体的には、ばらばらになった細胞を生理食塩水などの電解質のなかに浮遊させ、キュヴェット(泳動管)中で電圧を加えると、負の荷電をもった細胞は正の極に向かって動く。その速度を顕微鏡下で測定することによって、細胞の表面荷電を求めるのである(岩口　一九八四、三四一頁、林　二〇一〇/二〇一二)。

(10)　ここで割愛した分析は別の機会に発表することを予定している。

(11)　海外から情報関連技術を得る導管としての商社——とくに総合商社——の役割は、日本では伝統的に重要であった(工藤　一九九二a、第二章)。

(12)　この渡辺の書簡は、接触の発端以降、設備組立て終了後に至るまでのライセンシング過程における呉羽側の認識と主張を包括的に記しており、その意味で重要な史料である。それは英語で書かれたに違いないが、史料として残されているのはドイツ語訳のみである。

(13)　三菱商事はその後の呉羽とツァイスとのライセンシング過程には直接には登場しない。ただし、ツァイスと三菱商事との関係は、ツァイスの史料でいく度か言及されている(例えば Wallner und Unger, Reisebericht, 5. November 1979, WB 450; WB 662)。

(14)　正式の契約書は英語で書かれたはずであるが(License Agreement, March 15, 1979)、その実物は史料綴りには見当たらない。ただし、三月八日付けの契約書が残されている(License Agreement, March 8, 1979, WB 661)。日付からして、これは草案であろう。署名も空欄のままである。また、ツァイス社内で用いられたと思われるドイツ語版契約書も残されている(Lizenzvertrag, 15. März 1979, WB 661; AHB 867; FE 417)。

(15)　一九八〇年代初頭、東ドイツ経済は成長率の低下を経験した。その背景には、国際的には前述のように(第一節の1)第一次石油危機の影響がタイムラグをともなって波及したこと、さらに世界経済の成長が低迷したこと、とりわけコメコン域内諸国が低迷したことがあった。国内要因としては、一九七五年以降の「社会政策と経済政策の統一」という基本政策の下、引き続き社会政策を優先させ、経済政策は既存の設備の効率的利用を図る「集約化(Intensivierung)」を目指し、設備投資を抑制した結果、生産性が停滞したことが挙げられる。この結果、東ドイツの対西側諸国累積債務が増大し、一九八二年には二五一億外貨マルクに達した。これに対して東ドイツは、一方では西ドイツ政府の援助や西ドイツ企業との協力に頼り、他方では西側諸国からの生産財(生産性の高い機械・設備)の輸入削減、投資財や食品を含む消費財の「飢餓輸出」などの自助努力で対処した。こうした努力の結果、対西側諸国累積債務は縮小した。だが、その成功は一時的なものであった(白川　二〇一〇、九三–九九頁、さらに Steiner 2007, S. 225–231)。

■史料(欧文)

Carl Zeiss Archiv

WB 449, WB 450, WB 659, WB 660, WB 661, WB 662, WB 663, WB 664, WB 665, AHB 866, AHB 867, FE 417, FE 422.

Bundesarchiv Berlin-Lichterfelde (BAL), Stiftung Archiv der Parteien und Massenorganisationen der DDR im Bundesarchiv

Abteilung Handel, Versorgung und Außenhandel des ZK der SED, DY30/12935; DY30/17835.

Ministerrat der DDR, DC 20–I/3/1356.

■聴取り

林治久(二〇一〇／二〇一二)　二〇一〇年五月一四日および二〇一二年七月一七日におけるクレハ本社での林治久氏への聴取り、および筆者の質問表への二〇一二年六月二五日付けおよび七月一四日付けの氏からの回答。氏は一九七八年まで東京研究所医薬第一研究室において「医薬品の製造プロセスに関する研究」(より具体的には「制癌剤クレスチンの製造プロセス検討、製剤化研究」)に従事した後、一九七八年以降(一九八七年まで)「癌診断機器の開発」(より具体的には「癌患者の免疫反応を検出する方法および細胞膜電位測定機器の開発」)に従事した(林氏から提供された資料「林医薬開発研究所」)。一九八〇年二月現在、「生物学的ＭＥＭテスト・抗原作業グループの長」であった(Unger, Zuarbeit zum Reisebericht, 26. Februar 1980, WB 450)。このプロジェクトは人事発令をともなわないアド・ホックなものであり、その責任者が林氏であった。医療機器研究室がパルモクヴァントの改良を、医薬研究室が抗原の製造などの免疫学分野での研究を担当した(林 二〇一〇／二〇一二)。この間、氏は社内外の研究者と協働するなかで英語および日本語で多数の論文を発表し、一九八七年一一月、"Biological application of automated cell electrophoresis"(自動化細胞電気泳動法の生物学的応用)と題する英語論文で東京理科大学から薬学博士号を授与された。

■文献(邦文)

石井聡(二〇一〇)『もう一つの経済システム――東ドイツ計画経済下の企業と労働者』北海道大学出版会。

岩口孝雄(一九八四)「細胞電気泳動法の免疫への応用」『ファルマシア』(日本薬学会)二〇巻四号。

工藤章(一九九二a)『日独企業関係史』有斐閣。

――(一九九二b)『イー・ゲー・ファルベンの対日戦略――戦間期日独企業関係史』東京大学出版会。

小林孝久(一九九一)『カール・ツァイス――創業・分断・統合の歴史』朝日新聞社。

白川欽哉(一九九三)「東ドイツにおける工業企業の国家的管理(一九四五－七九年)――人民所有企業連合とコンビナート」『経済学研究』(北海道大学大学院経済学研究科)四三巻二号。

――(一九九六)「東ドイツにおけるコンビナート改革(一九七六－八五年)――工業組織改革の構想と問題点」『土地制度史学』一五二号(三八巻四号)。

――(二〇〇六、二〇〇七、二〇〇九、二〇一〇)「東ドイツにおける計画経済の盛衰――アンドレ・シュタイナーの著作の紹介と解説(一)-(五)」『経済論集』(ノースアジア大学〈旧秋田経済法科大学〉)創刊号、二号、六号、七号、八・九号。

通商産業省(一九七五、一九七六、一九八〇、一九八一)『通商白書 各論』昭和五〇、五一、五五、五六年版、通商産業省。

日本経営史研究所・呉羽化学工業株式会社社史編纂室編(一九九五)『呉羽化学五十年史』呉羽化学工業。

野藤忠(二〇〇三)『ツァイス企業家精神 第二版』九州大学出版会(初版、一九九八年)。

——(二〇〇五a)「日本におけるカールツァイス社の事業活動」『商学論集』(西南学院大学)五二巻二号。

——(二〇〇五b)「日本におけるツァイスイコンカメラの創造」『商学論集』(西南学院大学)五二巻三号。

山田徹(一九九四)『東ドイツ・体制崩壊の政治過程』日本評論社。

■文献(欧文)

Großbölting, Thomas (2002) „Zwischen «Klassenfrieden» und diktiertem Klassenantagonismus — Unternehmer und Belegschaft in Privatbetriebe der Sowjetischen Besatzungszone und der frühen DDR“, in: *Zeitschrift für Unternehmensgeschichte*, 47. Jahrgang, Heft 1.

Jenssen, Hans Ludwig (1978) “Fundamentals and importance of the electrophoretic mobility test (EM-test) for the diagnosis of malignant tumors,” in: *Jena Review*, No. 6.

Kellermann, Thomas (1996) „Die Außenwirtschaftstätigkeit des VEB Carl Zeiss JENA in den 60er Jahren“, Diplomarbeit, Friedrich-Schiller-Universität Jena.

Kluge, Arnd (1993) „Betriebsgeschichte in der DDR — ein Rückblick“, in: *Zeitschrift für Unternehmensgeschichte*, 38. Jahrgang, Heft 1.

Knauß, Ferdinand (2000) „Rüstungsexport und Kriegswirtschaft. Die Firma Carl Zeiss (Jena) und Japan 1938–1945“, Thesis (M. A.), Universität Düsseldorf.

Modrow, Hans (Hrsg.) (1983) *Die DDR und Japan*, Berlin: Dietz Verlag (池田光義・木戸衛一訳〈一九八四〉『遠くて近い二つの国 東ドイツと日本』サイマル出版会).

Mühlfriedel, Wolfgang und Edith Hellmuth (2004) *Carl Zeiss in Jena 1945–1990*, Köln: Böhlau.

Müller, Armin (2004) „Die erste Generation der Werkleiter in der SBZ/DDR. Drei Volkseigene Betriebe im Vergleich“, in: *Zeitschrift für Unternehmensgeschichte*, 49. Jahrgang, Heft 2.

Neuß, Beate (1989) „Die Beziehunggen zwischen der DDR und Japan“, in: Hans-Joachim Veen und Peter R. Weilemann (Hrsg.), *Die Westpolitik der DDR. Beziehungen der DDR zu ausgewählten westlichen Industriestaaten in den 70er und 80er Jahren*, Melle: Ernst Knoth.

Pfeil, Burkhard (1997) „Der Export des VEB Carl Zeiss JENA einschließlich der Ausfuhren im innerdeutschen Handel in den 50er Jahren“, Diplomarbeit, Friedrich-Schiller-Universität Jena.

Schöppe, Günter, Wolfgang Schütt, Rolf Unger (1978a) “PARMOQUANT — a new automated measuring microscope of VEB Carl Zeiss JENA for research and routing work,” in: *Jena Review*, No. 6.

—— (1978b) „PARMOQUANT — ein neues automatisches Meßmikroskop des VEB Carl Zeiss JENA für Forschung und Routine“, in: *Jenaer Rundschau*, Nr. 6.

—— (1978c) “Test Results obtained with the PARMOQUANT Electrophoretic Measuring Microscope,” in: *Jena Review*, No. 6.

Steiner, André (2007) *Von Plan zu Plan. Eine Wirtschaftsgeschichte der DDR*, Berlin: Aufbauverlagsgruppe (Erste Ausgabe, München: Deutsche Verlags-Anstalt 2004).

III 社会と文化

第七章

日独の介護保険・介護政策と異文化接触
——政策官僚の行動様式と内外の関係変化

山田　誠

はじめに

本章の主たる検討対象は、介護保険・政策を中心とする日独の健康・社会福祉政策である。ドイツが介護保険を創設して以降、数多く開かれた日独の会議やシンポジウムには政策官僚が主力となった持続的な会議も含まれている。この日独会議は、それぞれの社会の行動倫理や編成秩序などの相違を承知したうえで同一政策について有益な示唆をえる異文化接触となっている。また、これら活発な交流の成果を含めて、日本とドイツの社会保障・福祉に関する各種の出版物も近年、厚みを増してきている。

もっとも、そうした知見の蓄積があろうとも、戦後日本の政策づくりに深くかかわってきた貝塚啓明によれば、日本の学界では「比較公共政策と呼ばれる分野の問題意識」は「ほとんど育っていない」となる(貝塚 二〇〇八、一頁)。果たしてそうだろうか。実は、戦後日本の学界は、近代化の進め方、日本と欧米の位置関係をめぐって鋭く、激しく方法論争を展開してきた。そこでの議論の一焦点となったのは「近代化論者」が依拠したヴェーバー(Max Weber)の理論である。取り上げられた対象の範囲は多方面に及び、今日の「比較公共政策」に相当する分野をも含んでいた。その後、高度成長期に米国流の機能論的なアプローチが主流になるにつれて、文化価値の異なる国々の政策を同じ土俵のうえで論ずる理論への関心も下火になっていったといえよう。

それから数十年を経た一九九五年に、まずドイツが介護保険をスタートさせ、日本も後を追うごとくして二〇〇〇年から介護保険の給付事業を実施した。この事例は、後発国・日本がドイツを手本にする従前からの政策パターンに見える。ところが、ドイツ介護保険の二〇〇八年改革では、政策官僚が日本の制度を手本にしたと公的に述べる事態が生まれる。社会保障・福祉の分野を含めて個々の政策局面を取り上げるかぎり、日独間には、戦後初期であれ今日であれ、共通性よりも相違性が顕著である。そうした違いを残しつつも、両国の政策官僚は何ゆえに、また、いかにして、一方向的な政策学習とは違って、お互いに影響し合う異文化接触を成立させるにいたったのかが、本章の主題である。

主題の解明にあたる理論的な手がかりは、官僚制の論文をもつヴェーバーと、ヴェーバー研究者たちの業績に求められる(ウェーバー　一九七〇)。社会の多元性に着目するヴェーバーの言説は多義的である。それをつきつめると双極的な二要因――利益社会的なものと共同社会的なもの――の緊張と相克に行き着く(内田　一九九〇、五七頁)。とはいえ、個別政策の立案・改革に際して、双極的な二要因の実践的な組み合わせ方に関する一義的な解答はない。

本章は、類型的に異なる日本とドイツの政治・官僚制関係の下で、政策官僚を中心とする両国の異文化接触を生みだす構造の変化と、その接触が引き起こす介護政策の運営・改革へのインパクトを解明する。その一歩目の作業は、一義的な解答のない立案分野において長い間、自らを「日本人の師と自負」してきたドイツの官僚たちに異文化接触を要請するドイツ側の政策実情を点検することである(中埜ほか　一九八七、一一頁)。

一　日独の介護保険と対等な異文化接触

1　ドイツの二〇〇八年改革と介護保険導入の政治

1　改革の主要な柱と日独文化センターの会議

介護保険は、身体上または精神上の障害が一定期間にわたり継続する人に介護サービスを提供する社会保険であり、独自財源をもつ本格的な制度としては最初にドイツ(一九九五年)、続いて日本(二〇〇〇年)が採用した。高齢者に対する介護サービスは、日独とも保険創設より前には基本的に貧困者を対象とする福祉サービスとして提供されていたが、ある時期まで両国の間に健康・社会福祉政策の分野における緊密な政策交流が存在したわけではない。官僚を含めた政策をめぐる交流は、日本での介護保険導入の動きが表面化する一九九〇年代半ばから急に目立ってくる。

ところで、ドイツ政治は、制度が発足して十数年経った二〇〇八年に、介護保険の改革を実施した。逆に言えば、その時まで大がかりな改革を放置してきた。導入期のドイツは東西ドイツ統一という歴史的な大事業に挑んでいたことを顧慮すれば、放置はやむを得ないようにも見える。むしろ、着目すべきは、二〇〇八年の改革が介護保険の何を変えようとしたのか、また、その改革は運営を実際に変革しえたのか、であろう。

二〇〇八年改革は、制度がスタートしてから初めての本格的な改革であり、裏側からいえば、改革の主要な柱には、創設時の弱点に対するドイツ側の自己認識が現れている。予め、介護サービス・管理の制度枠組みについて一言しておこう。介護サービスには幅広い選択肢が存在し、受給者の生活場面に合わせて多種類のサービス組合せが用意されるという特質のため、理論的には政策立案者にとって制度設計の余地は広い。それに加えて、ドイツの場合、歴史的には一九八〇年代の中頃まで、疾病金庫も、国・州・自治体を含めた公権力(ドイツでは地域財政主体(Gebietskörperschft)と呼ばれる)も実質的に介護サービスの運営を管理してこなかった。その一方、制度の発足後には医療保険の疾病金庫が介護保険の管理者を兼任するため、保険の資金管理に関しては蓄積経験をそのまま引き継ぎうる。二〇〇八年改革は、資金とサービスの両面を含んでいる。改革における焦点は、改革責任者の発言によって把握できるだろう。

改革当時の保健大臣シュミット(Ulla Schmidt)が重点項目として掲げるのは、①より高い給付、②より良い相談、③より多くの質の保証、の三点である(斎藤 二〇一二、一〇〇頁)。

第一の「より高い給付」は保険財政上の処置であり、当然、より多くの財源を確保できなければ実現しえない。ドイツの場合、施設介護をスタートさせた一九九六年七月時から保険料を一・七%に維持してきた(ただし、先に二〇〇四年から子供のいない人の保険料を〇・二五ポイント引き上げている)。それを今回の改革で〇・二五ポイントだけ引き上げた。

社会保障の総負担を増やさないという従前からの政治的合意を守るかたちでの引き上げが可能になったからである（経済が上向き状態にあるとの理由で雇用保険料を〇・九ポイント引き下げた）。これまでの保険料の据え置きは、当初の基金積み立て分の取り崩し、高まる介護サービス需要圧力を入り口で抑制する路線の堅持、個々の受給者への提供サービス量の削減という手段を用いてなんとか維持された。これとも関連して、認知症が事実上、排除されているとの当初からの批判には対応できずにきた。それに対して、改革は保険料収入の増大を織り込んで給付の改善と新規施策を実施した。

次に、順序を入れ替えて第三の項目を先に取り上げる。「より多くの質の保証」に向けて改善されるのは、介護施設・事業所に関する利用者向けの情報を充実させる情報公開、提供サービスの記帳管理、抜き打ち方式での検査実施などである。もっとも、これらは基本的に当初より採用されてきた方式であり、それをより強化しても果たしてどれほど改善を期待できるかの疑問は残る。

第二の柱「より良い相談」は、当時の政策責任者クニープス（Franz Knieps）によれば、日本の在宅介護支援センターおよび地域包括支援センターを手本にして導入された（クニープス 二〇一〇、八頁）。具体的には、要介護申請の支援、在宅事業所や介護施設の紹介、各種給付の利用相談などを扱う介護支援拠点を設置する。そこの相談員は各人の要介護状態に見合ったケアプランをも作成するため、介護に関する各種の相談が拠点一カ所で受けられる。この拠点の国内普及のために、連邦は一カ所当たり四万五〇〇〇ユーロの補助金を支給する。拠点の運営費は、介護金庫と疾病金庫の共同負担となる（Kuratorium Deutsche Altershilfe〈2010〉などを参照）。連邦の補助金による拠点普及の政策からは、要介護状態にある人々を広く掘り出し、適切なサービス・情報を提供する活動に関心を払わない保険管理者の姿が浮かぶ。さらに、日本を手本にしたといいつつも、社会扶助による介護の場合に財政面を担う自治体は、以前から受給者を直接に支援することは少なかったし、今も支援していない。介護にあっては、政策目標像の設定しだいで対象となるサービス種類・範囲が違ってくる。また、要介護者にサービス選択を任せきりにすれば、介護保険が企図する目的・手段の適合性から外れた選択をする蓋然性は高くなる。社会連帯の理念と合致するサービス受給の推進にとって、ケアプランを作成するケアマネジャーの役割は重要である。

それでは、二〇〇八年改革は、これらの点の打開に向けた路線を順調に歩みだしたのであろうか。ドイツの運営実情を知る機会は、改革開始から三年が経過した二〇一一年八月二九・三〇日のベルリン日独センターにあった。センターにおいては、政策官僚を中心に介護の専門家も参加して、何度目かの日独会議が開かれていた。一九九〇年代後半から日本で会議が開かれた折に介護現場を視察したドイツの専門家たちは、日本の市町村が高齢者層の福祉、とりわけ介護予防に高い目標を掲げ、福祉計画に沿って活動を展開している点にずいぶん高い評価を与える。というのも、ドイツの自治体には介護の専門家が少なく、高齢者福祉の計画もないケースが多いからである。もっともドイツにも例外はあって、ジーゲン・ヴィトゲンシュタイン郡の課長クネッペ (Helmut Kneppe) は、さまざまな補助金をかき集めて在宅の要介護者に多様な活動の機会を提供している。彼はこの会議で報告された和光市の総合的な調査・計画・事業を参照枠にして、和光市の例ほど総合的ではないものの、いくつの事業は和光市と類似のコンセプトだと説明した。

この事例報告は、ドイツにも要介護者たちの日常行動を活性化させる条件があると、ドイツ人参加者を元気づけた。ドイツの介護政策関係者の間には自分たちの運営を映す鏡として日本の方式を位置づける姿勢が定着しそうである。対等な異文化接触の場にあっては、サービス特性を踏まえた技術合理的な制度づくりや運営に双方の関心が集中している。

シンポジウムの総括発言で、ドイツ連邦高齢者支援センター長ゴーデ (Jürgen Gohde) は、ドイツにも諸機関を連携させるモデルがずっと以前から存在するにもかかわらず、現場では連携がとれていないと、ドイツの実情を厳しく批判する。そして、介護金庫の制度運営に根本的な問題があるとの見解を表明した(1)。しかし、現場を知る専門家たちが介護をめぐる地域の支援環境に危機感を深めている事態があるにもかかわらず、二〇〇九年総選挙後に就任する自由民主党（ＦＤＰ）の保健大臣たちは、「より良い相談」窓口をつくる介護支援拠点のための資金補助を、問題点の洗い出しも果たさないままに三年かぎりで廃止してしまう。ここには、介護サービス体系に合わせた技術的合理性よりも優先される政治の価値判断が厳然と存在する。類似した事態は、一九九四年四月に成立した介護保険法にも見られるのではなかろうか。

2　介護保険導入をめぐる諸論点と責任倫理の政治

ヴェーバーによれば、国家の「権力に影響を及ぼそうとする努力」と定義される政治にあって、つきつめると内部に二つの根本的に違った方向をめざす性向を抱えている政治家には、結果を神の手に委ねる信念倫理ではなく、結果について自らの責任を引き受ける責任倫理が求められる（ウェーバー 一九七二、三八〇、四二四頁）。介護保険の案審議・決定・実施の過程にわたり政治の舞台を仕切ったのは、コール（Helmut Kohl）内閣の全期間（一九八二－一九九八年）を通じて労働・社会問題大臣の任にあったブリューム（Norbert Blüm）である。

ドイツの新しい介護制度は、東西ドイツがまさに統合を開始する時点に政治の舞台に登場し、統一後の新連邦・州財政関係の確定ときびすを接して制度創設が決定される。これは偶然ではない。ブリュームは、統合の長い過程において引き続き主導権を保持するには、眼前で進行する国家的大事業とは別に、西側の国民にとっての課題に応える政治の姿を見せることの重大さを認識していた。この政治洞察の下に、国民が東ドイツそのものを全面的に作りかえる巨額な資金の投入を覚悟したタイミングを見計らって、彼は意識的に介護の新制度を政治舞台に引きあげる。

歴史の裡に積み重ねられた文化価値を基盤にして東西ドイツの統一が選びとられた時点では、統治や経済社会の管理に関しては異質な制度が両立したままであった。世論や政治家が再統一の難事業に心うばわれている有様を眼前に見据えて、ブリュームは権謀術数を含む調整能力にたけた責任倫理の政治家としてふるまう。介護政策構想の発表は国民に驚きをもって迎えられたが、彼はこれを狙っていた。その効果を際立たせるべく、構想内容を従前消極的にしか評価していなかった社会保険方式に変更しただけではない。一九九〇年一〇月三日の東西ドイツ統一を直前に控えた九月二六日に、新構想を発表した。彼の狙いは的中する。一二月の総選挙では、社会保険方式による介護サービスの制度化が主要な争点の一つとなり、コール保守党は勝利を手にする。

コール政権は、ＦＤＰと連立を組んで、さっそく新しい介護制度づくりの協議をはじめる。そこでの論点は多岐にわたり、成立までに三年半を要してしまう。まず入口で、ＦＤＰや保守党内部における民間介護保険の推進派との協議・調整に長い時間が費やされた。方式をめぐる議論は、野党の社会民主党（ＳＰＤ）や民間福祉団体、使用者団体、労働組合がそれぞれの組織としての統一見解を打ち出せず、論議を重ねるほど混迷の度を深める。ようやく社会保険方式で妥協がなった後に主要な政治争点となったのは、自国における雇用を増やす「魅力ある企業立地国（Standort Deutschland）」を推進する立場からの雇用主負担の軽減要求であった(2)。

ブリュームは負担方式をめぐって争いの矢面に立っただけではない。給付面の審議においても、彼は要介護度Ｉの判定基準である介護に要する最短時間をめぐり、保険管理者に就く予定の疾病金庫と対立する。「一時間」を主張する疾病金庫に対して、彼は連邦議会内に存在するモラル・ハザード発生懸念の払拭を理由に二度にわたり拒否し、「一日平均九〇分」を押し通す。また、ドイツの場合、裁判所も政策決定に深く関与する。たとえば、政府提出の法案は、要介護度を判定する尺度として必要な介護回数だけを定めていたが、審議中に連邦社会裁判所は、旧医療保険での要介護度区分について下した判断を持ち出して、給付の種類、内容、時間的長さを相互に関連付けるよう求めた（松本　一九九八、一九二―一九三頁）。ブリュームは保険者の団体自治に基づく運営にまで大胆に介入するなど、複雑な政治配置や負担限界感との距離を測り、社会保障負担の重いドイツで維持可能な制度づくりを最優先にした（日本とは対照的な運営秩序の編成により、小さな社会保険を堅持する制度上の工夫については、山田〈一九九七〉を参照)。

結果として、出来上がった介護保険は本格的な社会保険としての最小限の装備を整えてはいても、既存の介護政策秩序を革新する性格は薄く、小さくて安あがりの制度となっている。要介護の人々に提供する給付の大きさは医療サービスをすべて賄う発想が土台にある医療保険とは違って、部分的な付加給付にとどまる。(3) 要介護認定、保険料徴収、サービス提供者への支払いなどの保険管理に要する各種の業務は、医療保険機関でもある疾病金庫に依存する。さらに、ブリュームらがもともと否定的であった金銭給付も、現物給付の半分程度の水準に抑えたために、結果的に、安価な介護保険づくりに貢献した。この制度づくりから浮かび上がるのは、政策官僚が能動的な役回りをあまり演じられない世界である。逆に、国家権力の分立構造の間を巧みに泳ぎ、団体内でさえ分裂する種々の見解に対しても一つ一つ妥協点を発掘して最終の制度へと導いていくスターとして、責任倫理の強い政治家が脚光を浴びる。

介護保険の論議を通して「魅力ある企業立地国」がますます声高に叫ばれるようになっていく。この局面では、サービス特性と適合的な制度合理性の次元を越えた経済活動と社会保障の照応関係をいかに顧慮するかが政治に突きつけられる。その背後には、外国に出ていく企業が著増する一方、ドイツに進出する企業は少なく、社会保険料の拠出者が減少する事態が存在する。この時期、日本は最大の進出国の一つとして熱い視線を浴びている。

2　介護保険の理論的要件と日本の政治・官僚制関係

1　介護保険の理論と日本世論の介護関心

日本の介護保険づくりを終始リードしたのは、ドイツとは反対に、政策官僚である。極端な表現をすれば、歴史的に「日本人の師を自負」してきたドイツの官僚が自己の専門能力ぶりを顕示するはずの制度づくりに関して、ベルリン日独センターにおいては、あろうことか日本の政策官僚に敬意さえ払っていた。このシーンを出現させた源は、突きつめると介護保険を創出した日本の政治・官僚制関係に帰せられることになろう。その検討に当たって理論的支柱を提供する伊藤大一は、ヴェーバーの官僚制理論を日本の官僚分析に直接に当てはめると、「見えるはずのものが見えなくなってしまう」と警告する(伊藤　一九八〇、四頁)。

ヴェーバー官僚制理論の土台にはあの禁欲的な「資本主義の精神」があるのに対し、それを欠く日本の官僚制は、領域についての自己限定をもたずに越境し、政治ばかりか民間とまで深くかかわり「相互浸透作用」、「相互移行の関係」を築いてしまう(伊藤　一九八〇、iv、一七、二六頁)。とすれば、妥協によって決着をつける政治世界を立案活動の内側に抱えこむ日本官僚制がドイツ側からみて介護の技術的合理性をより多く取り込んだ保険を作り上げられたのは何故か、大いに疑問となる。

日本とは異質な文化価値に染まるドイツの政策官僚や専門家に日本の介護保険が魅力的に映るのは、すでに気づいている自国の制度上の弱点にとって処方箋となる制度・運営スタイルが日本の制度に数多く見出されるからに他ならない。他方、日本の介護政策はといえば、かなり近年まで、豊かな政策技術的知見を積み重ねるというにはほど遠い実情であった。介護保険という選択肢が世論レベルで浮上するのは、一九九四年二月の国民福祉税構想が挫折した後、予定される消費税引き上げが三%から五%への二ポイントにとどまると判明する頃からである。それを少し遡る一九八八年に、ようやく介護福祉士が制度化され専門教育がはじまっていた。この頃、派遣家政婦は存在しても介護の専門サービス市場も成立していない状態であった。その状態から介護サービスに適合的な社会保険の制度を短期間で創設するのは、常識的には想定外の展開といえる。

理論的にいえば、医療は健康回復を目指して短期的に投入されるサービスが中心であり、目的達成の手段と性格づけられる。それに対して、介護は日常生活の不便に対処する継続的なサービスであり、サービス消費そのものが目的である。これと「生活の質」要求が重なると、必要な介護サービスの種類は多様となり、サービスの利用時間も限りなく膨張する内圧を抱える。それゆえ、サービス増大の内圧にさらされ続ける社会保険の安定性は、資金の拠出者と受給者の相互関係から直接に影響を受ける。

拠出者側の要介護者に対する理解の程度と、受給者側の自立性回復という目的適合的なサービス利用の度合いが相互信頼の強さに影響し、増大する投入資金の調達の難易を決定する。その際、個々の受給者は自己を大海の一滴としてしか位置づけない。それゆえ、個別サービスの基盤整備それ自体は大量の資金とエネルギーを要するけれども、維持可能な制度づくりとしては一要因にすぎない。システム安定の鍵は、むしろ保険管理者やケアマネジャーの仲介機能がどれだけ拠出者、受給者を結びつけられるかにかかっている(4)。

この理論と合致する制度づくりの契機は、介護サービスの大々的な改善と寝たきり防止策に世論や政治家の関心が集まっていたという先行する事情によって与えられる。一九九〇年前後、種々の報道を通して介護地獄という言葉を普及させたのは、経済的に自立している人々が要介護状態になっても政策の網目からこぼれる事態や、高齢者を優遇するはずの老人保健制度が大量に出現させた寝たきり老人であった。このため、消費税導入直後の参議院選挙で大敗した自民党政権が打ち出した「高齢者保健福祉推進十カ年戦略(ゴールドプラン、一九九〇－九九年)」の目玉も、ホームヘルパー一〇万人計画と並べて寝たきり老人ゼロ作戦をスローガンにしていた。このゼロ作戦を推進するにあたって外国のケースを手本にするのは、日本の官僚、とりわけ厚生省の政策官僚が戦後に一貫して採用してきた路線である。介護サービスに関係して登場する外国は、主にスウェーデン、デンマークであり、ドイツはそれほど前面に出てこない。この頃、民間の招待で来日したデンマークの専門家が強調したのは、「包括性と継続性、市町村の役割の大切さ、ケアマネージメントの重要性」である(大熊 二〇一〇a、七〇頁)。

ドイツが資金調達を盛んに論じたのと対照的に、日本の立案に先行する論議の焦点はサービス側にあった。とはいえ、ここから介護保険の創設へと順調に展開したわけではない。それまで介護のサービスを提供してきた行政措置は、社会保障の理論からすれば、憲法に基づいて公共(国)が生活上の困難におちいった人々を救済する責務遂行とされてきた。これを社会保険に転換し、サービス提供を民間企業にまで開放すれば、実質的に公共責任の放棄になると、介護保険の構想に対して研究者、福祉関係者から強い反対が起こってくる(社会保険論争)。

介護保険への移行は、文化価値に引きつければ、戦後の福祉政策の基調をなす「温情主義的パターナリズム」秩序からの離脱を意味する。長年にわたり英国の『ベヴァリジ報告』(ベヴァリジ 一九六九)を御旗に政策インパクトを与え続けてきた人々は、価値理念をも混在させた反対論を展開する。従前タイプの政策関係者たちによる声高な反対論を前にして、厚生省側は技術合理的な編成に基づく新制度のメリットをより鮮明にしていく対応を選ぶ。持ち出された反対や不満の論拠に一つ一つ対処策を提示する結果、資金管理の面のみならず、サービス提供・管理の面でも保険管理の単位ごとに完結性を高めるシステム案がつくり上げられる(とりわけ最後まで抵抗し続けた市町村を説得するために、保険者の裁量的な活動の余地を拡大した)。

現場を訪れるドイツの政策官僚の前には、総合的な管理運営ぶりが提示される。構造的なサービス管理を編成し、保険管理者は受給者と末端のサービス提供者の実情を明確につかんでいる。専門合理的な能力の高さを自負してきたドイツの政策官僚の目に、日本の政策運営が魅力的に映るのは不思議ではない。

2　政策立案プロセスと目的・手段合理性

日本の官僚制は周囲と無限定に「相互浸透」し、「相互移行の関係」を築くため妥協的な政策づくりに終わりがちだと、伊藤は主張する。しかるに、介護保険に関しては、日独の保健政策を研究する米国人の政治学者キャンベル(John Creighton Campbell)は、日本の介護政策が「根本的に新しい考え方と新しいやり方に変わった」と、驚きの念で語る。医療政策・介護政策に詳しい池上直己も、外国で「日本の土壌では考えられない制度」づくりに成功したのはなぜかと問われて、「私自身、回答に困る」と戸惑う(池上ほか 二〇〇一、二八、三四頁)。その一方、政策官僚として政策立案に直接携わった増田雅暢の体験に基づけば、「介護保険制度の仕組みの基本部分は、厚生省の制度試案のとおり」であり、「省庁主導型の政策決定を基礎に作成された最後の重要制度」となる(増田 二〇〇一、五六頁)。

一九九〇年代の政策官僚は、なぜ、いかにして従前の官僚制下にありながら、大胆にサービス技術合理的な制度を仕上げえたのか。高齢社会向けの社会保障・福祉計画づくりという当時の政権が与えた指示も、新介護政策取り組みの起動力としては重要であれ、サービス特性と適合的な制度づくりへの方向性を含んではいない。それゆえ、立案プロセスの内部に立ち入って探しだすほかない。

日本の官僚制は、自己の活動内に政治を抱えこみ、妥協色の強い政策をつくる半面、伊藤が慎重に付言するごとく、西洋の官僚制と同様に専門的合理性に固執する点でアンビバレントな存在といえる。介護保険が同じ官僚制下にある人々の手で立案されたにもかかわらず、サービス特性と適合的になったのは、立案プロセスとそこでの情報が広く市民レベルに共有される事態がかみ合い、反対する政治力を一定範囲内に抑え込めたために当初の制度骨格を保持できた事情が大きい。

長年にわたり、厚生省関係の法案は、厚生省草案－関係審議会での審議・了承を経た後、自民党の厚生部会において調整－政府(内閣)提出法案－国会審議という手順を踏んできた。このプロセスに組み込まれている政権党の厚生部会は、利害調整の役を担ってきた。伊藤は国民皆年金の立法化を例にとって政権党の意向を酌んだ政策づくりを具体的に描く。この時期には、すでに北欧型と大陸型は「本質的に斥け合うような関係にあるという『認識』がかなりの程度いきわたっていた」にもかかわらず、農家を優遇する自民党の路線との適合性を優先させて、公的年金では被用者年金と併存させる形で国民年金を持ち込み、「異質の二大体系を抱えての実現」をもたらす。これが「省庁主導型の政策決定」の一般的スタイルだと伊藤は主張する(伊藤 一九八〇、二八七、二八五頁)。

介護保険の法案づくりでも基本的に従前と同じ手順がとられた。目立った違いは、三与党（社会党、自民党、新党さきがけ）の福祉プロジェクトチームが「老人保健福祉審議会に並行して審議し、利害調整者ではなく政策立案者としての姿勢を見せた」点に見出される（衛藤 一九九八、一三頁）。けれども、この強化された政治の機能は、サービス特性と整合的な制度づくりをゆがめる役割を演じたに過ぎない。その一端を取り上げれば、一九九六年五月の厚生省試案まで「介護保険制度の目的の中に医療にはふれていなかった」にもかかわらず、関係者の抵抗と強力な働きかけにより「九月の与党修正で、医師会は要求を全面的に採用させることに成功」している（大熊 二〇一〇b、一〇二頁）。とすれば、ドイツ側から見て魅力的な制度の骨格は、それ以前に用意されていたことになる。

実は、介護政策に関して行政措置から社会保険への方式転換は、厚生省内部でいえばサービス担当を社会局から医療保険のラインに移すことになり、福祉分野の実践家を含めて社会局のラインにつながる多くの人々から反対を受ける。社会の勢力としては社会局ラインが明らかに優勢であった（キャンベル 二〇〇九、二五九頁）。したがって、社会保険を導入しようとするグループがそれらの抵抗に備えようとすれば、内容検討での入念な準備と理論的な武装を必要とする。一方、いつごろから介護保険に向かう方針に傾いたかに関して、一九九四年三月に出された二一世紀福祉ビジョンは、介護保険の文言こそ使っていないが、「行間を読めばそういう結論にならざるを得ない報告になっている」との山崎泰彦の発言がある（衛藤 一九九八、二九頁）。

介護保険をめぐる攻防でもっとも注目すべきは、関係審議会である老人保健福祉審議会が一九九五年二月から審議を開始し、一年間で三六回の本審議会、一二回の分科会を開いたにもかかわらず、「最終報告は両論併記どころか多論羅列」に終わったことであろう。それほど、関係者は「むき出しの利権争い」を演じたわけである（大熊 二〇一〇b、五八頁）。その困難さがある程度予想された厚生省は、事前にしっかり理論武装する場として高齢者介護・自立支援システム研究会を用意していた（すでに事務次官をトップとする高齢者介護対策本部が一九九四年四月に設置された段階での研究会であり、そのメンバーを決めた時点で省として介護保険への転換はほぼ固まったといえよう）。

一九九四年七月－一二月の間にもたれた研究会は一二月の報告書で、「高齢者自立の支援」理念とともに、四本の柱を明記する。①高齢者自身による選択、②介護サービスの一元化、③ケアマネジメントの確立、④社会保険方式の導入がそれである。ここには、保険者についていくつかの選択肢を含んでいるものの、介護保険が備えるべき基本骨格はほぼ網羅されている（『高齢者介護・自立支援システム研究会報告』一九九四）。それらのうちで注目されるのは、家族介護の評価で現金給付に言及している点である。これは、大熊によれば、保守派から持ち出されるであろう意見に先立って対処する深謀遠慮に基づくものであった。そうした目配りをした報告書ではあるが、一九九五年一月の老人保健福祉審議会では、「予想を超えた斬新な報告書」に対する反発から、正式に配布することにも反対が出て、「無視する」ことになってしまった（大熊 二〇一〇a、一七二頁）。

この介護保険の骨格に結びついてくる厚生省の動きの源を探せば、当時の事務次官・吉原健二が提起した一九八九年の介護対策検討会にたどり着く。一九八二年に老人保健制度をつくった吉原は、老人保健制度が寝たきり老人を出現させている事態を深く憂慮し、政策立案者としての責任を重く受けとめていたとされる。また、検査づけと寝たきりが当たり前の老人病院ではなく生活重視の介護が求められていたが、介護の措置制度は年金制度の成熟とともに登場した経済的に自立した人々の受け皿になれないという限界を熟知していた（大熊 二〇一〇a、六〇頁）。つまり、提供サービスの革新と普通の市民によるサービス利用の仕組みづくりの双方を同時に取り上げる一九八九年の検討会の設置により、システム研究会報告に向かうベクトルが埋め込まれたといえよう。政策官僚はそのベクトルを核にして、だんだんと制度構想を固めるのに必要な専門的知見を吸収する一方、政治・社会の客観的情勢をも織り込んで、介護保険の内容を形づくったわけである。

要するに、日本の政治・官僚制関係は、以前も今日も、法案が国会で審議されるよりも前に、省レベルで主要な対立点に関する妥協点を見出すという省庁主導の方式をとっている。この方式の場合も、起点での合理的政策を求める官僚の意思、関係する社会集団の政治力、世論動向などの合成のされかたしだいで、確率は低かろうとも妥協色の薄い、サービス特性をふまえた目的・手段合理的な法律案が国会に提出されるケースはありうる。

二　戦後における日独の政策文化構造と高齢者福祉

1　西ドイツの戦後システム構築と補完性原則

1　ヴァイマール秩序への復帰と戦後の制度展開

官僚制的合理化は、経済合理的な企業活動を推進力とする資本主義社会にあって、どこまで自己を貫徹するのか。介護保険にいたる日独の立案過程と異文化接触は、この問いを検証する一つの興味ある素材となる。

戦後、より安定した国民生活の実現をめざす道は、国家(公権力)、社会、個々人の間をどう関係づけるかによって、国際的に大きくはアメリカ型、北欧型、ドイツ型と通称される三つの異なる類型を生みだした。今日の異文化接触にあっては、接触当事者による相手方の評価という直接に立案主体にかかわる側面と、政策対象や基礎にある社会の文化価値に生じる変化という客観的な事象の側面が重なり合う。戦後に別々の政策類型が選びとられたにもかかわらず発生した日独の異文化接触の出現検討にあたっては、政策立案・決定に携わる主体の活動環境の側面から先に検討する。

日独は、戦後に連合国の占領統治を受けた後、目覚ましい経済発展を遂げ、国の政策官僚がそれを支えたという共通面を有する。その半面で、政策立案に強いインパクトを及ぼす文化価値および政策文化構造は類型的に異なる。実際、文化価値が異なる両国の政策づくりの軌跡は、全体としては異なった展開を遂げてきた。なお第二次世界大戦後を対象期間とする以下での健康・社会福祉政策についての吟味は、西側占領地区・西ドイツに限定されている。

まず、戦後の再出発期から今日に続く、制約の多い活動環境に置かれた官僚制と健康・社会福祉政策の担い手の役割関係を明らかにする作業がくる。敗戦後の出発に当たって、国家レベルの官僚制がナチスとの深い結びつきを理由に連合国の徹底的な解体対象となったのは当然のことといえる。占領期の方針が受け継がれた事情もあり、創建された西ドイツの権力配置において連邦の官僚が直接に自己の影響力をおよぼしうる範囲（機能余地）は、日本よりも格段に狭かったし、今も狭い。

政策の構成を細かく分ければ、目的設定、目的・手段関係の選択、手段の合理的編成の三レベルが取り出せる。連立政権が常態化している西ドイツ・ドイツにあって、政党は目的設定のみならず、目的・手段関係の骨格までマニフェストや政権協定で取り決める。また、目的・手段関係を特定するための資料やデータは、多くの場合、「外部から提出される鑑定意見や特別な委員会などを通じて提供」される。さらに、司法部門（連邦憲法裁判所、連邦社会裁判所）が目的・手段の整合性について見解を表明し、立法活動に対して種々の制約を課す(5)。したがって、政策官僚の能動的な立案活動は、実務に近い目的・手段関係の選択および手段の合理的な編成が中心になる。

この政策分野の骨格秩序は、まだ連邦レベルの政府が存在しない時期、つまり官僚制再建の前や直後の時期に、連合国と政治家層・社会勢力の角逐を通して定まり、政策官僚にとっては与件と位置づけられた。政治家層・社会勢力によって選び取られた骨格秩序は、ヴァイマール期の秩序・理念の回復であった。敗戦直後に、統治者である連合国軍は、方向として『ベヴァリジ報告』と重なる統一社会保険構想（「これまで部門ごとに構成されていた社会保険を統合し、すべての国民に保険加入義務を課す」案）を提示した（倉田　一九九七、二一三頁）。これに対して、諸州評議会、保険組織、その支持母体などは、広汎な反対活動によって連合国提案を葬り去ってしまっている。ドイツの社会保障研究者からみても、この時期、西側占領地域における提案に対する抵抗の「粘り強さには目を見張るもの」があった(幸田ほか 二〇一一、一一一頁)。

さらに、創建されたばかりの西ドイツは、一九五一年に社会自治復活法を制定して、ナチス政権以前には医療保険だけで実施されていた保険管理者の社会自治(主要な拠出者が運営事項を決定する)を、他の社会保険にまで拡張する(倉田 一九九七、二五頁)。その前提となっている社会保険の社会連帯とは、同じ職域、それと重なる地区の人々の「結社である疾病金庫に構成員として加わる」ことである。さらに、対象となるリスクが「被保険者個人の努力または被保険者集団である保険事業者の努力でコントロールできるという認識」をメンバーが確認する機会として、「人的結合体」の疾病金庫運営に直接参加することが定められていた(倉田 一九九七、三二〇頁)。

一九五〇年代に社会自治はすべての社会保険へと拡充がなされたものの、それ以後の医療保険立法は、職種や居住区を同じくする人々の人的結合(目に見える社会連帯)で基礎づけられた社会自治をしだいに個々人の功利主義的な選択に置き換える方向を浸透させていき、ついには空洞化させる展開となった。一大転換点は、疾病金庫間で著しい格差を生んでいる保険料率の縮小をうたい文句にした一九九二年医療保険構造法であった。この法律により、すべての被保険者に保険者選択の自由が拡張され、個々人はもっぱら自己の利害計算に基づいて疾病金庫を選択することになる。そして、二〇〇七年の公的医療保険競争強化法は、基本的に統一保険料を設定し、連邦政府による資金の一括管理を生むに至っている。すなわち、医療保険は法律名称に反して保険料の競争さえも大枠において喪失した制度に転化した。

この中央集権的な性格のために、ドイツの医療保険は「日本の保険運営主体の構造に近づいてきている」との評価をドイツ人専門家から受ける(幸田ほか 二〇一一、三五六頁)。関連して注視すべきは、医療保険の原則に従う独自の保険として一九九四年に制定された介護保険である。その制度管理に着目すれば、被保険者の保険運営への直接参加もいえる。

なく、保険料率は全国一本、資金を連邦政府レベルで管理しており、介護保険こそ医療保険改革を先取りした制度と

　ところで、敗戦後にヴァイマール期の秩序への復帰を選択したのは社会保険だけでない。後に介護保険へと制度が移行する高齢者介護の分野も同じ道が選ばれた。この介護サービスの場合、自治体と民間福祉団体が絡み合っているために、政策運営はより複雑である。混乱期にあって社会的弱者を救済する方策としては、すでに一九二二年にライヒ青少年扶助法、一九二四年にライヒ扶助義務令が制定されている。この時は、伝統的な自治慣行に依拠して抵抗する都市自治体を抑えこむために、ヴァイマール憲法に社会的生存権を盛り込んだライヒによって、民間団体の人々が前面に立ち困窮者に柔軟な支援の手を差し伸べる活動がライヒの政策として導入されている。それによって社会福祉における公権力部門を代表する自治体と民間福祉団体の二元体制が制度的に確定し、民間福祉団体に対して公的資金が投入されるようになった。もっとも、当時は国家機関の扶助業務を肩代わりする部分だけに限定されていた。

　第二次世界大戦の敗北直後から、ドイツ赤十字、キリスト教の教団と関係の深いカリタス（カトリック）とディアコニー（プロテスタント）の三者は大々的に救援活動を再開していた。とはいえ、戦後のサービス行政・活動のあり方を法的に定めたのは、ようやく一九六一年の連邦社会扶助法である。この法律は、社会保険における一九五一年の社会自治復活法に照応していて、経済的な困窮度を尺度とせず、生活上で種々の困難に陥っている人々をも対象にしたと同時に、彼らを支援する民間福祉団体の地位を格段に高めた。費用充足方式を導入して施設運営の経常費が全面的に補填されるようになったばかりか、投資費用も援助の対象とされた。さらに、自治体は民間福祉団体の活動が存在するかぎり、自ら施設を設置、拡張等の活動をしてはならないとされた。その後の連邦憲法裁判所の判決により、カリタスとディアコニーの活動は、宗教上の正当な権利であり任務でもあるとして、民間の六大福祉団体内で優先的な地位を認められている。(6)

ドイツ行政にとっての補完性原則とは、この事業実施の優先順位と負担関係を意味している。社会扶助の権限が配分される自治体は、大都市を別にすれば、あまりサービス供給に携わらず、実際上、供給管理の専門家もそれほど多く雇用していない。高齢化がすすむにつれて受給者は増え、一人当たりの支給費も上昇する。社会変化に伴って、自治体には新しい分野の扶助サービス需要も並行して増大してくる。そこへ東西ドイツ統一事業に伴う追加負担が発生すると、自治体は制度改革の声を上げる。(7) だが、これら政策の作用よりも深刻な事態が、かつて社会保険や民間福祉団体を支えていた社会基盤に出現していた。

2　地区ミリューと自発的な慈善活動の担い手

ドイツは自己を福祉国家とは言わず、社会国家と呼ぶ。人々が生活上のリスクに遭遇する際、イギリス・北欧のようにいきなり公権力が救済者となるのではなく、社会集団による自助(＝集団単位では相互扶助)を優先するからである。その集団的自助には、健康な身体を頼りにするしかない勤労者だけではなく、経営者層や有産市民も参加する。歴史上、西洋に特有な「資本主義の精神」が長い年月の宗教教育の結果、「人間の血となり肉となってしまった、いわば社会の倫理的雰囲気」に支えられて、二〇世紀への転換期ころドイツ社会では社会的なリスクに対する二種類の組織された活動(社会保険と民間福祉団体)が活性化する(大塚 一九八八、二八七、二八九、二九八頁)。

ところで、この「社会の倫理的雰囲気」は媒介役がいなければ、この種の組織的な活動に結実することがない。ドイツの場合、大工業制の急速な発展に伴い登場した地区ミリューがそれである。社会連帯を育み、自発的な慈善の活動者を募る「場」を提供し、同時に活動の対象者も、同じ地区に住む身近な存在であった。この地区ミリューは安定した社会基盤とみなされていたが、戦後の経済発展はこれを変容させた。地区ミリューと社会保険・福祉政策の政策論的な関係は、従来、ほとんど検討されてこなかったといえよう。

多くの人々が職場や日常生活を共有する、それほど広くない地区ミリューを簡単に定義すれば、「客観的」な社会・生活条件と『主観的』な内的態度(＝価値観や意味―コミュニケーション関係、……政治や制度への立場など)、およびその相互影響によって構成された文化的な」集団が凝集する小空間といえよう。どの地区をとっても八割がたは同じ宗派であり、カトリック地区の場合は一つの信仰集団としてまとまっていた。他方のプロテスタント地区では、ほぼ社会層にしたがって保守主義ミリュー、自由主義ミリュー、社会主義ミリューが分立していた。そして、第二次世界大戦後しばらくまで、各ミリューは安定した構造基盤を誇っていた(高橋　一九九七、四三、四六－四七頁)。

その一方、二種類の活動は、ともに地区ミリューを母体としつつも、対象者層と提供サービスに関して判然と区別が存在した。社会保険は「第一義的に、勤労による自立が可能な(男性)労働者を想定し、集団的自助の原理によって、彼らにふりかかるであろう標準的なリスク」に対処する。その一方、民間福祉団体は、「寡婦、孤児、病人、障害者、高齢者といったマージナルな人々を対象」に、「金銭給付ではなく、人生の様々なステージにおける生活支援、ケア」を提供する(中野　二〇一二、六〇頁)。

ここで検討対象を高齢者介護の分野に絞り込めば、ヴァイマール期に築かれた社会福祉の二元体制は、第一次世界大戦前から隆盛になってきていた民間福祉団体の柔軟で迅速な活動が、戦中・戦後の大きな混乱時に目覚ましい威力を発揮することを、ライヒに認められた結果である。その後強まる民間福祉団体による供給独占を支える実践政策上の理念は、福祉団体による救済が受給者の自発性を喚起するメリットを備えていることに加え、一つ一つ事情が違う受給者の困難に柔軟に対処でき、名誉職による活動のために公共よりも安価に提供できる点にあった。この論拠前提は、サービス受給者の事情がよく分かっていることと、提供者・受給者間における信頼関係の成立である。それゆえ、ミリューに基盤をもつ民間福祉団体が無給の会員を動員して社会的弱者の生活支援に当たるならば、確かに自治体よりも機敏で、安価な支援ができる。さらに、福祉団体の主要勢力であるカリタスの場合、一定の専門知識を備えた修道女、修道士が組織の要にいて、集まってくる市民層の婦人たちに適切な活動を割り当てていた。これらの活動範囲は、ほぼ地区ミリューと重なる。

ミリューの展開を追跡している高橋秀寿は、復興期に当たる一九五〇年代まで従前のミリュー構造は存続したが、一九六〇－七〇年代にドイツの近代化を支えたミリューの解体過程がはじまり、「多元的共生」を探求する新しい現代のミリューが出現しつつあると説く(高橋 一九九七、二〇七頁)。しかしながら、諸集団による政治的な要求はともかく、高齢者介護の分野ではサービス提供者・受給者の間に社会連帯に結びつく新しい共同性が明瞭に生み出されているとは言えない。実際、民間福祉団体を代表するカリタス連合は活動実態を大きく変貌させていく。それに取って替わるかのごとく登場するセルフヘルプは、基本的に各種の難病などの問題を抱えた当事者や家族などが活動の担い手になる自助集団であり、互助としての社会連帯の性格は弱い。カリタス連合の戦後における活動の軌跡を取り上げ、組織実態の変貌ぶりを確認しよう。

戦後に拡充された補完性原則は、カリタス傘下の諸施設を国中に次々と整備させた。その活動の広がりをフルタイムで働く人数でもって測れば、一九五〇年の一〇万六〇五八人から二〇〇五年の四八万二一七二人へと増大している(このうち高齢者介護に九万七五五〇人)。目覚ましい拡大ぶりである。けれども、奉仕の実践を使命とする修道女と修道士に目を転じると、一九五〇年時点にはなんとか過半の五七%を占めていたものの、それ以後は一九七〇年に二八%に下がり、二〇〇五年にはわずか三%しか残っていない。それだけではない。彼らの姿が消えていくのと歩調を合わせて、無給の名誉職として慈善活動に従事する人々も集まってこなくなる(桜井 二〇一二、三三－三四頁)。それらの人々に代わって、諸施設の管理運営の担い手となったのは、宗教とは結び付きの薄い職業専門家の人々である。

戦後の社会保障・福祉政策は、目に見えるミリューに凝集された集団的自治のパワー(さらに、慈善活動を担う自発的な福祉団体の組織)に依拠して制度秩序が定められた。けれども、経済社会の発展は、文化価値の土台とともに、その上につくられた組織をも変質させ、時間とともに介護の運営実態も採用された政策理念から乖離していった。それに加えて、一九八〇年代以降は、要介護になる以前には経済的に自立していた人々がますます施設に入所するようになり、それに対応して施設生活の水準も引きあげられていく。諸要求に対応できる専門職をだんだん多く雇用し、生じたコスト上昇をすべて入所費に転嫁する方式は、年金生活者の負担能力を容易に突破し、彼らを負の烙印が伴う社会扶助に送り込む装置として作用する。つまり、制度化された補完性原則は、社会扶助への転落を加速させる装置の性格をもつにいたった。部分保障型の社会保険として導入された介護保険も、一時的な解決策にすぎず、そこに発生するリスクを関係者が共同的に管理するメカニズムを欠くという基本的な難点を現在まで受け継いでいる。

2 戦後日本の政策文化価値と介護政策づくりの新局面

1 ベヴァリジ型理念と温情主義的パターナリズム

戦後日本の社会保障・福祉政策を担当した官僚たちの政策活動には、連合国軍の方針、学界の価値関心をも織り込んだ理念合理性(『ベヴァリジ報告』)と、実務が要請する運営スタイル(「調整・規制・膨張主義の精神」に立脚して「温情主義的パターナリズム」に適合的な妥協策を講じる手法)の棲み分けが埋め込まれた。この棲み分け路線から見れば、サービス特性を踏まえた制度合理的な介護保険の創設は構造化されたパターンからの逸脱であり、それに向けて既存路線から離脱し始める起点は、一九七三年の老人医療費無料化に求められる。

国家・公共が包括的な社会保障の体系を築くという将来に向けた目標観と、開発主義の国家戦略に沿って経済活動の従事者を優先する政策づくりの棲み分けは、戦後初期に埋め込まれた。この路線は、経済発展が継続している間に、成長の恩恵を受ける人々と取り残される人々の対立構造を生み出した。それへの対応として国の政治に押しつけられた老人医療費無料化は、社会保険と福祉政策の間に存在する境界の越境を引き起こし、政策論理の破れを顕在化させる。同時に、高齢者政策は社会保障・福祉政策の分野において優先順位を上げていく。ここでは、通常は官僚制的合理性の断念を意味する「調整・規制・膨張主義の精神」に染まった政策官僚が、いかにして、老人医療費無料化を転機として制度合理的な立案態度を喚起され、やがては地域を巻き込んでリスクの管理に関心を寄せる運営制度の創出に到達するかを探る。

後に事務次官に就く幸田正孝が入省した一九五五年ころの厚生省は、「揺りかごから墓場まで」に普遍主義的なモデルを見出していて、「日本でもなんとかやりたいという気風」が満ちていた。三〇年余を経て、省の行動倫理を身につけて事務次官となった幸田は、政策責任者として国民医療総合対策本部の報告書に、初めて「医療はその国の文化に根ざしている」という文言を入れさせている(幸田 二〇一一、一八、一三九頁)。これは技術面で国際標準化のすすむ医療でさえ、自国の文化や風土に根ざした自前のモデルが必要だ、との宣言である。普遍主義のモデルから自前モデルの宣言にいたる政策づくりの軌跡に刻まれているのは、戦後日本の政策官僚が背負い込んできたジレンマとの格闘ぶりである。

敗戦直後の時期から高度成長期の終わりころまで、厚生省は掲げる目標像を『ベヴァリジ報告』に求め、その一方、当面する足元の政策活動にあっては経済活動に従事する人々をリスクから守るために、少ない公的資金を広い範囲に配分する。戦前に社会保険として組合方式ではじまった国民健康保険の場合、戦後の混乱を受けて崩壊状態にあったが、市町村直営に組み替え国の補助金をつけることで再建した。中小企業の従業員に対しては、政府管掌保険を創設し国がみずから経営した。零細企業に働く人々、自営業者、農家などについては国民健康保険に加入させた。これらの政策により国民皆保険を実現する(一九六一年)。半面、皆保険は照応する医療サービスの基盤整備を必要とする。だが、病院不足が表面化する事態になっても、公立の病院を大量に建設するほどの財政資金は付かない。対策として、財政投融資資金を投入するための医療金融公庫を設立して、民間の病院建設を促進する方策しかとれなかった。そうした医療政策の実情を反映して、厚生省も医師会政治の前に、医療の供給体制については実質的に手を付けられないできた(幸田 二〇一一、一三八頁)。

「温情主義的パターナリズム」手法の典型的な事態は、「三者三泣き」であろう。皆保険の実現を契機に、人々の医療サービス利用が増えていき保険料の引き上げを余儀なくされる。その場合には、「保険料を上げるのなら、会社も負担が増える、日経連も負担が増えるし、総評・労働者も負担が増えるから、国庫も泣け」と要求されて、国庫補助率の負担を引き上げるというパターンが繰り返される(幸田 二〇一一、四九頁)。

この調整型の政策は、結果的に成長から取り残された人々を冷遇する見本としてやり玉にあげられ、都市部を中心に次々に誕生した革新首長は、老人医療費の無料化策を導入する。事態を放置できなくなった政府は、福祉元年と呼ばれた一九七三年、一連の福祉改革の項目に老人医療費をも含めた。一九七二年までに、二県以外の都道府県がなんらかの公費負担制度を実施するほどに広まっていたからである(百瀬 一九九七、二〇七頁)。国はこの事態に対処するべく、老人福祉法を改正し一九七三年度予算から医療保険を利用した際の自己負担分を老人福祉事業で引き受ける制度を採用した。要するに、厚生省は一般の医療政策において発生した費用を、当時は弱者対策であった福祉政策で処理するという政策論的には説明がつかない事態に追いこまれた。その後、高齢者の医療費を社会保険の枠組みに収容し終えるのは一九八〇年代後半になってのことである。

一九八二年の老人保健制度は、老人医療無料化が呼び起こした政策攪乱を打開するために創設された。その制度は、医療保険の保険者同士で財政調整をおこなう改革を実現した半面で、既述のごとく、寝たきり老人を大量に発生させ、その反省により新しい介護への模索がはじまっていく。この過渡期に政策官僚として最上位のポストを占めた二人の事務次官は、介護保険を含む政策づくりに対する取り組み方が対照的である。前任の幸田の場合、政策づくりにあっては、「関係者の大所がウンと言ってくれるかが一番大きな問題」だ、とされる(幸田 二〇一一、八二頁)。それに対して、吉原らは経済的に自立した高齢者層の登場を含む社会の条件変化、介護サービス種類、政策管理といった客観的な要件を把握し、それに対処する合理的な制度を立案のベースにすえる。一九八九年に吉原たちが立ち上げた介護対策研究会は、「霞ヶ関に時限爆弾をもちこむ」覚悟で委員選びを進めており、そこには、従前の立案路線からの決別がはっきり出ている（大熊 二〇一〇a、六二頁）。吉原らの立案のすすめ方に対して、幸田は、「賛成ではありませんでした」と、率直に発言している（幸田 二〇一一、一四七頁）。この対比で明らかなごとく、介護保険の立案は、従前型の「調整・規制・膨張主義の精神」路線に照らせば逸脱だといえよう。

2　介護保険の導入準備と保険者機能

介護の社会保険は、理論的にみて制度設計の自由度が大きい。いいかえれば、多様な制度が登場しうるし、運営は設計と準備しだいでサービス膨張の内圧に対して抑制的にも促進的にもなる。日本の介護保険にとって、事業開始の前にすべての市町村が保険者機能を体得する機会をもちえた点は画期的であった。

介護保険を事業として立ち上げるには、ハードとソフトの両面が満たされなければならない。事業開始にあたって、関係者間でのリスク管理に対する関心共有というソフト面はようやく直前に作動し始める状態であったものの、ハード面の整備は一〇年前に作成された「高齢者保健福祉推進十カ年戦略（ゴールドプラン）」により事実上、先行していた。この戦略計画の事業内容には、全国調査を踏まえて個々の必要な整備量を積み上げる新しい手法が含まれている。

法案の準備・審議の段階において要介護者の自己決定と自立支援という目的合理的な制度骨格が守りぬかれた一方、事業開始に向けたサービス基盤の整備局面では、技術合理的な取り組みが実施された。これと保険料の決定方式とが結びつくことで、システム管理面に合理的な制度が登場する。

事前に保険者機能を体得させる仕組みは、三年間の保険料の事前決定と、その決定資料としての介護保険事業計画の作成、そこへの住民参加である。つまり、一般に地区ミリューを持たないとされる現代日本は、上からの政策によってリスク管理に対する関心共有の仕組みを持ち込んだことになる。それの実現にとっては、前史のゴールドプランによる新しい手法の導入が重要なステップとなる。

第一次、第二次ゴールドプランは、基本的に介護サービスの提供基盤を整備する計画であると同時に、積み上げられた数値に基づいて整備量を決定するという技術合理的な手法導入を含んでいた。第二次ゴールドプランへの見直しは、一九九四年三月に提出された全国市町村の老人保健福祉計画に基づいてなされた。第一次ゴールドプランは、厚生省が手持ちの資料を基にして作成した基盤整備計画をベースに三省(厚生省、大蔵省、自治省)が政策合意し、スタートしていた。そして、老人保健福祉計画は、多くの市町村が外部のコンサルタント会社に委託したとされるが、統一した推計手法を用いて市町村ごとの介護の必要量をつかんだ初めての数値データとなった。老人保健福祉計画が出そろい、一九八九年計画値のままでは大幅なサービス基盤不足におちいる事態が判明すると、再び三大臣の合意により新ゴールドプランに置き換えられた(百瀬　一九九七、一九一頁)。この市町村ごとに調査数値を確定する手法は、保険開始の直前に作成される介護保険事業計画(一九九九年)にとっての準備演習となった。

保険者が作成する介護保険事業計画は、サービス基盤の整備方針、サービス量見込みなどを盛りこむ。それと同時に、向う三年間の計画事業に含まれるサービス見込み量に基づいて、地元に住む第一号被保険者(六五歳以上の高齢者)の保険料が決定される。つまり、事業計画には近未来の介護関連情報が詰めこまれていて、その情報が住民に周知されれば介護に関係する人々のリスク管理への関心は高まる。これは、大半の市町村において高齢者の全数調査を実施して作成される。それまでゴールドプランの下で、市町村は国の補助金を獲得して各種基盤を整備し、多様なサービスを提供することに熱心だった。けれども、サービス量を増やすことが即、高齢者の保険料の引き上げだと体験した市町村は、慎重に事業計画づくりを進める。かくて、保険創設の審議プロセスでは、最後まで保険者の地位に就くことを拒み続けてきた市町村ではあるが、事業計画の編成局面になると首長は先進的に住民に働きかけ、住民も自由に意見を述べ、一緒になって計画をつくることが当たりまえとなる(池上ほか 二〇〇一、三一頁)。この住民参加は、集団的自治としての社会連帯を上から築く政策的な仕掛けといえる。

三　連立政権下での改革実現と政策官僚の適応能力

1　異文化接触の三条件とドイツ社会の構造変化

ドイツの政策官僚が日本の制度を改革案の手本とする事態は、少なくとも二つの要件が前提となっている。日独の異文化接触が予め成立していることと、関連する運営制度を改革しようとする政治環境の出現である。

運営制度の改革が政治のテーマに上ったのは、責任倫理の立場で保険創設へと導いたブリュームの仕事ぶりと深く結びついている。というのも、一方では、民間福祉団体に依拠した介護扶助から社会保険への移行という伝統的な規範構造の脈絡と、自治体職員まで含めた広義の官僚たちの間に急速に広まりつつあった管理技術的な合理性の要求(ドイツ版の新公共管理論)が併存する保険を創設したからである。介護保険には、内田のいうヴェーバー言説の世界――利益社会的なものと共同社会的なものの緊張と相克――が具現している(内田 一九九〇、五七頁)。

彼の政治的な調整能力は法案を成立へと導いた半面、受給者が幅広い介護情報を十分に入手でき、それらを適切に組み合わせるための条件整備を放置させた。二〇〇〇年に当時の緑の党に所属する保健大臣フィッシャー(Andrea Fischer)はこの欠陥を明瞭に指摘し、改革法案の準備を発言した(坪郷 二〇〇〇、四頁)。そして、二〇〇八年の改革法成立までの長い下準備は政策官僚に対してモデル探しに割く時間を提供することになった。

ところで、近現代史というより長い歴史時間の世界でとらえると、集団による自助（人的に結合した組織としての社会保険）を構成主柱の一つに組み込んだドイツ社会国家は、「男性の稼得労働を主軸」に据えた労働による自立という社会運営のシステムをすでに第一次世界大戦の前から登場させ、第二次世界大戦後においてもその連続性を保持してきた（市野川 二〇一〇、二〇四頁）。それと同時に、社会保険には包摂されえない高齢者・孤児など社会のマージナルな人々に関しては、宗教系を中心とした民間福祉団体が「周縁にしか位置づけ」られない女性・主婦層を名誉職の支援者として取り込み、生活支援・ケアに当たらせるという役割分担を構造化していた（中野 二〇一二、六〇頁）。

この構造は、戦後の高度成長期を迎えて女性が広く一般の労働市場に進出していき、また、一九八〇年代に入りジェンダーや労働をめぐる規範が書き換えられるにつれて、まず福祉政策を担ってきた民間福祉団体の担い手に主婦層の名誉職がいなくなり、専門職に置き換わっていく。もう一つの柱であった社会保険では、一九九二年からはじまる疾病金庫間での移動の自由化によって人的結合としての保険組織の性格が薄れていき、介護保険の創設後に保険料が全国的に大枠統一されて（二〇〇七年）、社会自治は実質的に奪われていく。

介護保険は、上述のごとく共同社会的な制度の空洞化がすすむ事態のうちに政治の舞台に登場しただけではない。その登場と機を合わせるかのごとく、役所はもちろん非営利団体もサービス事業の経営体に変革しようとする運動が自治体の実務家を中心にもっとも保守的体質の中央官僚をも巻き込み、すさまじい勢いで広がっていきつつあった。社会福祉分野も受給者の決定を尊重し顧客指向のサービス事業になるべきだとする変革運動の主張を取り込む形で成立した介護保険は、二〇〇八年改革でも同じ運動の制度・運営に関する弱点批判を無視はできなかった（改革運動に大部分の自治体が関与した事態に関しては、Grohs〈2012〉を参照）。さらに、管理技術的な合理性への固執が価値規範となっている政策官僚にとって、外部から技術的合理性を根拠に突きつけられる批判への対策は、内在的な欲求である。

もう一方の要件である異文化接触の成立には、ドイツ側からみて、日本の制度実態を知る機会、「日本人の師を自負」してきた政策官僚の日本評価の転換、そして日本の制度を手本にすることに強く反発しない社会・政治的な環境、という三条件が求められる。

第一の条件については、後発の介護保険導入を目指す国として、日本の政策官僚のみならず、学者・報道人から介護業界の人々までがすでに一九九〇年代の後半から積極的にドイツ側に働きかけてきた経緯がある。そして、日本で日独の専門家・関係者の会議が開かれる場合には、しばしば現地調査も取り入れられたが、ドイツ側が交流を日本評価と結び付け始めるのは、日本の介護保険が実際にスタートして以降である。それより前には、日本側が情報を収集する一方向のものにすぎず、一九九五年に来日した事務次官ユング（労働社会省）の講演発言はこれを裏付けている。彼はドイツの保険にならって、拠出者の範囲をできるだけ広げ、給付対象者に若い障害者をも含めるよう勧めた（大熊 二〇一〇b、七一頁）。そこに、政策文化構造と重ね合わせて相手国の制度づくりを理解しようとする異文化接触に対する関心はまったく見られない。

第二条件の実現解明は容易ではない。なぜなら指導者の観念が染みついている人々は、後発国の運営実態を見聞しても、その内容を客観的に分析し、評価できるわけではないからである。もっとも、構想する改革案を成立させるのに効果的であると分かれば、彼らがその理由だけで戦術的に手本論を流布することは十分にありうる。さらに、第二と第三の条件の間には強い相関が見いだせる。ここでは、その相関に寄りかかって一九八〇年代後半から一気に高まったドイツにおける日本のプレゼンスに着目するけれども、紙数の制約から結論的にしか言及できない。日本製自動車のシェアーが一割を超えた一九八〇年代初頭になると、一般市民の間で日本経済の躍進ぶりが注目を浴びはじめた。つづいて、企業進出が盛んになるにつれて、世論は日本そのものに強い関心を寄せるようになった。

当初、オリエンタリズムの側面が興味を呼んでいた状況を転換させた画期は、一九九〇年に出たウォマック（James P. Womack）らが発表した報告書『リーン生産方式が、世界の自動車産業をこう変える。』（ウォマックほか 一九九〇）である。世界的な学問センターとしての米国が日本で発達した企業経営の合理性を世界に向けて発信した。それによって、以前に異質な文化価値によって説明されてきた日本的経営は、異質な企業文化に支えられている面もあるものの、理解可能な合理的企業経営であり、移転されうるモノづくり方式だという見方がドイツ内で受容されていく。

世界の学問センターが発信地となることで理性合理的に見える見解と、「魅力ある企業立地国」をめざすドイツに当時もっとも積極的に進出しつつあった日本企業の動向とが結びつくことで、しだいに日本の経済活動がドイツで肯定的に受容されていく。それと並行して、ヴェーバーが企業経営の技術的合理性を官僚制と連動させたのに倣えば、この見方が政策立案を担う官僚制の領域にも転用されていくという推理は成り立つといえよう。

2　政策官僚の活動環境と日本カード投入の要件

難産であった介護保険の創設は、当初、好評価で迎えられたものの、運営の過程で世論や国民は、旧態の部分的な改善にすぎないことが分かってくる。この時期、二一世紀初頭のドイツは大連立など流動的な政治を登場させたにもかかわらず、保健省の社会保険局にあっては、安定した大臣・政策責任者のコンビが継続した。そこに、政策官僚が能動的な機能を発揮できる組織内的な基盤が作り出された。他方、改革を下準備する間、政策官僚は日本側の能動的な働きかけもあり、種々の課題・形態により繰り返し開催される日独の会議・シンポジウムで入手した日本の介護保険の専門的知見とドイツ内での日本受容を併せて、日本カードとして改革実現の手段に用いる。

介護保険創設の社会的な意義と制度編成の良否は峻別される。特に介護の受給者は、さまざまな理由により保険目的に適合的なサービスを自己選択しないケースが多い点で、医療と著しく異なっている。しかるに、医療保険を主任務とする介護保険の保険者（疾病金庫が介護金庫を兼務）は、適切なサービスに関する個別アドバイス、サービス受給者の受給管理などを実質的に放棄し、資金管理に終始してきた。

その一方、総選挙を強く意識する現実政治において、医療保険については四年に一回大がかりな改革を繰り返すのに対し、介護保険は創設された後、本格的な改革に手を付けないできた。保健省が双方の社会保険を一つの局で管轄するだけに、この好対照は興味深い。当時の局長クニープスは、介護保険改革の着手前に社会保険を担当する政策専門家として追い込まれていた。というのも、直前に手がけた医療保険改革の評判がひどく悪かったからである。二〇〇五年の総選挙に臨むにあたって、SPDとCDU／CSUは、枠組みからして異なる医療保険改革を掲げていた。選挙後に大連立を組んだ政権が選んだのは、「最終的な再構築を拙速に行わないような道」であった(8)。この政策合意に沿って推進された二〇〇七年の医療保険競争強化法は、専門家たちの評判がきわめて悪かった。重要な政策決定については、中央の連邦が下す趨勢を一段と推し進め、ついに長い伝統を誇る疾病金庫による「自己管理原則を骨抜きに」したと批判されたのである(9)。クニープスにとっては、集団による自助という社会保険の核心理念を現代に再生する改革の実現が汚名を晴らす機会となる。二〇〇七年三月に医療保険競争強化法が可決されると、彼は休む間もなく介護保険改革に取り組む。

二〇〇八年四月に成立した介護保険の改革法は、管理・運営の実情に切り込み、特に在宅分野でサービス特性に適った関係の構築に向けて、介護金庫、地域自治体と受給者の関係を密にさせようとしている。大胆な運営改革に着手する彼が改革を実現する実践的戦略として選んだのは日本カードの投入である。一方では、合理的な企業経営の国という高い評価がすでに世論の間で存在し、他方の議会対策から見れば、日本の介護保険運営は限られた関係者以外に知られていない。その知らない国の運営を手本にすれば政治家の厳しい批判を回避できることは、短期間のうちに政策の立法化を進めるうえで魅力的である。

それでは日本カードを使う実際上のメリットはどこに現れるのか。斬新な政策構想であればあるほど、厳しい政治の前面に立つ政治家・政策官僚にとってのリスクは大きい。しかも、今回の場合、世論との関係ではマイナスの地点からの改革スタートとなる。それだけに、重要な初期ステップは、前段の医療保険改革との違いを際立たせられるかどうかである。この点で、クニープスは、日本カードの二つの面を意識して使い分ける。日本への高評価を政治的に利用する局面は、ケアマネジャーがもともと英国で開発された手法ではないかとの日本人インタビュアの質問に対する彼の回答に表れている。ドイツにおいて英国の医療や介護は「とても嫌われている」ので、「ドイツの政治家や一般の人たちを説得するには、イギリスの制度を直接導入するよりも、日本の制度から学んだと言うほうが簡単です」と、彼は答える(クニープス 二〇一〇、八頁)。

もう一つの局面は、直接の上司であるシュミット保健大臣に改革構想の目玉を持ち出し、その新しさと効果を説得する場面に見て取れる。クニープスは直接、シュミット大臣にスカウトされ、七年間コンビを組んできた。一方、シュミットは、大臣在任中に強く希望しつつも一度も日本訪問を果たせていない。その彼女に対して構想立法化への意欲を喚起させ、政策効果を生き生きと語るための材料は、日本における実情見聞から引き出される。

構想のサービス面に関する目玉は、ケアプランの作成のみならず介護関連の相談も扱う介護支援拠点を、市町村よりも狭い区域に設置することであり、支援拠点の運営では地元自治体と介護金庫などの緊密な連携が企図されていた。説明に際しては、それを着想するきっかけとなった日本の現地調査から得られた知見——ケアマネジャーがサービス受け手の実情をよく把握できており、市町村レベルの諸組織の間で、サービスの与え手と受け手に発生する問題点が議論されている有様など——が伝えられる。クニープスが日本の制度・運営をも勘案して練り上げた構想の説明を終えたとき、保健大臣は、「わたしはこの案を待っていたのよ」と声を上げた(10)。かくて、二〇〇八年改革に組み込まれた介護支援拠点であるが、制度・運営上の弱点が重なり、要介護者・家族や世論から好評価の声が湧きあがることもないままに、設置促進策は終了してしまう(運用の実情に関しては、山田〈二〇一三、一九‐二一頁〉を参照)。この導入後の経験は、異文化接触とは別の脈絡であるものの、一国の制度を他国が手本にして成功を収めることの難しさを教えている。

ところで、改革を担った政策担当者たちは、どの程度、日本の実情をつかめているのであろうか。彼らは日本語を理解できない。英語、ドイツ語で著わされた日本の介護保険研究はごくわずかしかない。とすれば、運営実態を知るには、直接、日本を訪問するか、日独会議の発言や資料に頼ることになる。具体例でいえば、政策責任者であったクニープスは、局長就任以前を含めて通算で五回来日し、そのうち一回は中期的な視察スケジュールが組まれていた。彼の下で構想を起案したフォン・シュヴァネンフリューゲル(Matthias von Schwanenflügel)介護保険部長(当時)は、二〇〇二年、二〇〇四年と日独の大きな会議に出席した後、改革の準備に入った二〇〇七年に日本を三度訪問している。この時、ケアマネジャーについて詳しく調査している。

トップダウン型のドイツ官僚制にあって中心人物がこの水準の情報を収集しただけで、果たして大胆な改革案の準備として十分なのだろうか。実は、彼らには限られた公的情報を補う手だてが存在した。日本人研究者たちやドイツ大使館に厚生省から派遣されている政策官僚との個人的なパイプが築かれている。この人脈の一部は、やがて公的ルートへと表出し、元厚生労働省官僚で一橋大学(当時)の松本勝明はドイツ保健省の勉強会にアドバイザーとして定期的に参加してきた(クニープス 二〇一〇、六頁)。もっとも、日本以外の国との類似した持続的な接触は、医療保険に関するオランダとの接触事例のみである。[11] それゆえ、介護保険をめぐる日独の持続的な接触は、ドイツにとって一般的なケースではない。

最後に、介護保険の先発国ドイツにインパクトを与えるまでに深化した日独の政策上の接触は、今後も同じ濃密さを維持するかという問いが残る。これへの回答は、少なくとも二つの局面——介護保険の運営スタイルと政策を立案し決定する政治・官僚制関係——を区別して吟味しなければならない。その際、「走りながら考える」という態度を保持している日本の政策官僚側には、ドイツの介護政策に対する関心を方向転換させる積極的な理由は見当たらない。[12] それゆえ、接触維持のカギはドイツ側にある。

介護サービスを効果的に、しかも財政規模が膨張しないやり方で提供しようとすれば、受給者全体の状況をしっかり掌握し、個々の受給者に対して自発的に自律性回復をめざすように支援することが必須となる。この点に関しては、依然として日本の運営がより先進的である。(13) したがって、政策ヒント入手のための日本接触の維持は、ドイツにメリットをもたらそう。その一方、ドイツの政治・官僚制関係の諸制約は厳しい。二〇〇九年の総選挙後に、ＳＰＤの大臣に代わって就いたＦＤＰの保健大臣たちは遠い異文化の国の政策を参考にすることに否定的であり、介護政策の新コンセプトに基づく立法をも成立させた。そこには、地域における連帯や相互扶助を現代的に再生するよりも、受給者個人の自己決定を優先させる内容が見いだせる（土田 二〇一二、六－七頁）。ドイツ政治の現実を見据えた場合、持続的な異文化接触の維持に関する見通しは暗い。それでも、社会保険の母国というプライドを払拭して異文化接触から新知見を獲得する政策官僚の適応能力は失われることなく、地下水脈として保持されるのであろうか。

おわりに

本章は、介護保険および介護政策を中心とする健康・社会福祉政策の分野における戦後の日独関係を検討してきた。国の政策はいくつものファクターを取り込んでいるため妥協的な性格とならざるをえない。その政治環境下にあっても、政策対象に対する技術的合理性を守り抜くのは、禁欲的な「資本主義の精神」に支えられた政策官僚の使命といえよう。この担い手の働きを日独関係史の枠組みのもとで考察するに当たり導きの糸となるのは、歴史社会学者ヴェーバーとヴェーバー研究の諸業績である。

戦争直後の日独は、戦禍による混乱の裡から構築された社会保障・福祉政策の理念や目標像レベルを取り上げれば、別々の方向を向いていた。その後、両国における政策展開や政策づくりのプロセスは、政策理念や官僚文化に関する根本的な路線転換を引き起こしていないように見える。しかるに、二一世紀への変わり目に相前後して介護保険を採用し、介護保険を中心とした異文化接触が持続的にもたれてきた。さらに、ドイツ介護保険の二〇〇八年改革では、日本手本論が公的に発言されている。この展開の解明が本章の主題として選ばれた。

日独関係者の反復される接触は、介護保険を後追いする日本側の働きかけによりはじまっている。だが、この時の接触は、日独双方においてそれ以前の政策情報収集と異なっていた。日本側でいえば、従前は接触サークルが政策官僚、彼らに近い研究者と一部の報道人などの限られたメンバーであった。しかるに、一九九〇年代の中頃からは研究者の層が格段に広がっただけではない。サービス事業者、専門職員、自治体の関係者などは、日本に招待したドイツの政策官僚・専門家の話を聞くだけで満足せず、大挙してドイツの現場を調査してまわった。その活動は介護保険をめぐる世論の関心を高めるのに寄与した。他方のドイツ側では日本の介護政策よりも日本の社会や経済に対する関心がかつてなく高まっていた。両者の関心のずれを抱えて始まった反復される接触が異文化接触に転化する実践的な契機は、短期間で介護保険の創設まで突進した日本政府が抵抗する関係者の説得のために採用した「走りながら考える」戦略にあったといえよう。かくして継続された制度発足後の運営経験の交換は、技術合理的な解決を追求する政策官僚にとって共通の探究土台であり、異文化接触の場となった。

ところで、この交換機会は、現実に安定した異文化接触の場として定着するのであろうか。両者のうち日本の政策づくりの局面に着目すると、官僚制は自己の活動範囲に調整型政治の側面をも包摂することを許されてきたが、その政治的な自由度のゆえに、逆説的に技術的合理性を貫きにくい立案プロセスが構造化している。その官僚制はドイツが手本とする制度を構築しえた。逆に、戦後のドイツについては、社会保険の保険者および民間福祉団体に社会の集団的自治の理念に基づく優先権を認める柔軟な運営制度を確立したにもかかわらず、後発・日本の制度を手本にする事態へと追い込まれた。この両国に生起した事態は、主として経済・社会の発展が引き起こした変化によって説明された。しかしながら、両国の客観的な構造変化や立案プロセスが明らかになっても異文化接触の成立の十分な説明にはならない。「日本人の師を自負」してきたドイツの政策官僚たちが従前の日本評価を転換させる経路は官僚制に内在して解明されていないからである。

ここまで来て、本章の考察はより大きな課題の前に立たされる。介護保険を採用する国は先進諸国で次々に現れているわけではない。採用している日独の間でも、社会の文化価値、政治・官僚関係、戦後に選び取られた社会保障・福祉政策の理念・目標像は類型的に違っている。また、社会の日本観や自己の特権的地位を当然視する伝統的な価値観にとらわれている生身の政策官僚という主体の問題もある。さらに、日本の在宅介護支援センター・地域包括支援センターの意義を的確につかむには、社会保険方式の選択と較べて格段に抽象度の高い介護サービス特性に対する理解が求められる。数々のバリアーを越えて異文化接触を成立させたドイツの内在的なメカニズム解明は、難題として残っている。

最後に、解明に向けた手がかりのみを記せば、諸々のバリアーを払拭する鍵はヴェーバー研究者の大塚久雄が唱える「選択的親和関係」――先進国に現われる要介護者の特性と、それに対応する相性の良い制度の照応関係――を発掘する能力にあるように思われる(大塚 一九八八、三〇七頁)。介護保険で生まれた異文化接触を観察すれば、ドイツ社会で政策官僚と同様に高い地位を与えられてきた学者・専門家がその発掘能力をサポートする役を担っている。とはいえ、多くはなお未解明だといわざるをえない。

[付記]

二〇一三年一二月一七日に、一八五ページに上る連立協定に基づいて、CDU／CSUとSPDによる二度目の大連立政権が発足した。世論の関心は、二つの国民政党による社会保障などの政治的妥協に集まっている。この時、複雑な政治環境下での技術合理的な解決策の追求という本章の考察関心に引きつければ、介護政策における着目重心は、今立法期に〇・五ポイントと大幅に引き上げられる保険料で果たす財政的な規模拡充よりも、世話役の配置基準や達成目標値の掲載、あるいは支援組織のネットワーク強化といった技術的な諸施策項目に置かれる。かつての介護支援拠点コンセプトを想起させる項目をつくらせた力や、実務的な管理事項の今後の運営展開は、十分、注目に値するといえよう。

■注

（1）二〇一一年八月二九・三〇日にベルリン日独センターで開催されたシンポジウム「Langpflege II」における総括発言。

（2）成立に向けたプロセスの詳しい説明については、松本（一九九八）、土田（一九九九）、齋藤（二〇一一）などを参照。

（3）典型的には施設入所であって、入所費用は介護保険の給付だけでは賄えず、要介護者の年金や資産の投入が予定されており、それでも足りなければ、保険導入の前と同じく自治体から社会扶助を受ける。

（4）社会保険の原理的検討については、山田（一九九九b）を参照。また、介護保険のサービス特性については、山田（二〇〇五）所収の「地方の高齢者介護と介護保険の基礎モデル」の章を参照。

（5）前マックス・プランク国際社会法研究所所長ベルント・フォン・マイデル（Bernd von Maydell）の報告（幸田ほか 二〇一一、三五一－三五三頁）。

（6）桜井（二〇一二、三三頁）、田中（一九九九、一六一頁）、山田（一九九九a、六六頁）、Hammerschmidt (2010, S. 21), Rot (2012, S. 60) などを参照。

（7）一九九〇年代の具体的な自治体の動きについては、山田（一九九八）を参照。

（8）クニープスの報告（幸田ほか 二〇一一、一〇四頁）。

（9）シュルテ（Gerhard Schulte）の報告（幸田ほか 二〇一一、九〇頁）。

（10）二〇一一年八月二二日にベルリンで行われたクニープスへのインタビュー。

（11）二〇一一年八月三〇日にベルリンで行われたフォン・シュヴァネンフリューゲルへのインタビュー。

（12）二〇一一年八月二九日にベルリンでの厚生労働省老健局長（当時）・宮島俊彦氏へのインタビュー。

（13）たとえば、二〇一一年八月の日独高齢化シンポジウムでも、和光市の介護計画報告に対する評価はドイツ人参加者の間できわめて高かった。

■文献(邦文)

池上直己、J・C・キャンベル、増田雅暢ほか(二〇〇一)「介護保険の始動と二一世紀の社会保障」(座談会)『社会保険旬報』二〇八四号。

市野川容孝(二〇一〇)「書評　『社会国家を生きる』[川越修・辻英史編著](岩波書店、二〇〇八年)」『ドイツ研究』四四号。

伊藤大一(一九八〇)『現代日本官僚制の分析』東京大学出版会。

ウェーバー、マックス、世良晃志郎訳(一九六〇)『支配の社会学(Ⅰ)』創文社。

――、世良晃志郎訳(一九七〇)『支配の諸類型』創文社。

――、清水幾太郎・清水礼子訳(一九七二)「職業としての政治」『世界の大思想(二一九)　ウェーバー　政治・社会論集』河出書房新社。

ウォマック、P・ジェームス、ダニエル・T・ジョーンズ、ルース・ダニエル、沢田博訳(一九九〇)『リーン生産方式が、世界の自動車産業をこう変える。――最強の日本車メーカーを欧米が追い越す日』経済界。

内田芳明(一九九〇)『ヴェーバー受容と文化のトポロギー』リブロポート。

衛藤幹子(一九九八)「公的介護保険の制度概説」西村周三ほか編『医療白書　一九九八年度版』日本医療企画。

大熊由紀子(二〇一〇a)『物語介護保険――いのち尊厳のための70のドラマ(上)』岩波書店。

――(二〇一〇b)『物語介護保険――いのち尊厳のための70のドラマ(下)』岩波書店。

大塚久雄(一九八八)「訳者解説」マックス・ウェーバー、大塚久雄訳『プロテスタンティズムの倫理と資本主義の精神』岩波書店。

貝塚啓明(二〇〇八)「日独社会保障の特徴」(第一節「国際比較の視点」)土田武史・田中耕太郎・府川哲夫編著『社会保障改革――日本とドイツの挑戦』ミネルヴァ書房。

キャンベル、ジョン・クレイトン、齋藤曉子訳(二〇〇九)「日本とドイツにおける介護保険制度成立の政策過程」『社会科学研究』(東京大学社会科学研究所)六〇巻二号。

クニープス、フランツ(二〇一〇)「介護保険制度改革に向けてのドイツの挑戦とわが国への示唆」(インタビュー)『Monthly IHEP』一八四号。

倉田聡（一九九七）『医療保険の基本構造――ドイツ疾病保険制度史研究』北海道大学図書刊行会。

幸田正孝（二〇一一）『国民皆保険オーラル・ヒストリー（I）　幸田正孝』医療経済研究・社会保険福祉協会医療経済研究機構。

幸田正孝・吉原健二・田中耕太郎・土田武史編著（二〇一一）『日独社会保険政策の回顧と展望――テクノクラートと語る医療と年金の歩み』法研。

齋藤香里（二〇一一）『ドイツにおける介護システムの研究』五絃舎。

斎藤義彦（二〇一二）『ドイツと日本「介護」の力と危機――介護保険制度改革とその挑戦』ミネルヴァ書房。

桜井健吾（二〇一二）「近代ドイツにおけるカリタスの再生と展開（一八〇三―一九一四年）」『南山経済研究』二七巻一号。

高橋秀寿（一九九七）『再帰化する近代――ドイツ現代史試論　市民社会・家族・階級・ネイション』国際書院。

田中耕太郎（一九九九）「社会扶助」古瀬徹・塩野谷祐一編『先進諸国の社会保障（四）　ドイツ』東京大学出版会。

土田武史（一九九九）「介護保険の創設とその後の展開」古瀬徹・塩野谷祐一編『先進諸国の社会保障（四）　ドイツ』東京大学出版会。

――（二〇一二）「ドイツの介護保険改革」『健保連海外医療保障』九四号。

土田武史・田中耕太郎・府川哲夫編著（二〇〇八）『社会保障改革――日本とドイツの挑戦』ミネルヴァ書房。

坪郷實（二〇〇〇）「地方自治と介護保険――ドイツの事例を中心に」『海外社会保障研究』一三一号。

中野智世（二〇一二）「西欧福祉国家と宗教――歴史研究における新たな分析視角をめぐって」『ゲシヒテ』五号。

中埜芳之・楠根重和・アンケ・ヴィーガント（一九八七）『ドイツ人の日本像――ドイツの新聞に現われた日本の姿』三修社。

ベヴァリジ、ウイリアム、山田雄三監訳（一九六九）『社会保険および関連サービス――ベヴァリジ報告』至誠堂。

増田雅暢（二〇〇一）「介護保険制度の政策形成過程の特徴と課題――官僚組織における政策形成過程の事例」『季刊・社会保障研究』三七巻一号。

松本勝明（一九九八）『社会保障構造改革――ドイツにおける取組みと政策の方向』信山社出版。

百瀬孝（一九九七）『日本福祉制度史――古代から現代まで』ミネルヴァ書房。

山田誠（一九九七）「公的介護保険とモラル・ハザード――日独の政策構想の比較分析」『経済学雑誌』（大阪市立大学経済学会）九八巻四号。

――（一九九八）「ドイツの公的介護保険と自治体の任務」日本地方財政学会編『高齢化時代の地方財政』勁草書房。

――（一九九九ａ）「ドイツの補完性原理と自治体行財政――ドイツ型福祉国家にとっての二つの原動力」古瀬徹・塩野谷祐一編『先進諸国の社会保障（四）　ドイツ』東京大学出版会。

――（一九九九ｂ）「現代の社会保障と規範論アプローチ――社会契約主義、国家中心主義と効用主義」『立命館経済学』四八巻四号。

――編著（二〇〇五）『介護保険と二一世紀型地域福祉――地方から築く介護の経済学』ミネルヴァ書房。

――（二〇一三）「ドイツの介護保険と補完性原則の今日――二つの介護保険改革から見えるドイツ社会国家の一断面」『経済学論集』（鹿児島大学法文学部）八〇号。

■**文献（欧文）**

Frerich, Johannes / Frey, Martin (1993) „Sozialpolitik in der Bundesrepublik Deutschland bis zur Herstellung der Deutschen Einheit", in: *Handbuch der Geschichte der Sozialpolitik in Deutschland*, Band 3, München.
Grohs, Stephan (2012) „Die Umsetzung des neuen Steuerungsmodells — eine empirische Bestandsaufnahme", in: Hagen, Julia/ Hammerschmidt, Peter/ Sagebiel, Juliane (Hrsg.), *Modernisierung der kommunalen Sozialverwaltung — Soziale Arbeit unter Reformdruck?*, Frankfurt.
Hammerschmidt, Peter (2010) „Soziale Altenhilfe als Teil kommunaler Sozial[hilfe-] politik", in; Aner, Kirsten/ Karl, Ute (Hrsg.), *Handbuch Soziale Arbeit und Alter*, Wiesbaden: Verlag für Sozialwissenschaften.
Kuratorium Deutsche Altershilfe (2010) *Was leisten Pflegestützpunkte? — Konzeption und Umsetzung*.
Rot, Günter (2012) „Die Entwicklung und Reformen der kommunalen Sozialverwaltung von der Weimarer Republik bis Mitte der 1990er Jahre", in; Hagen, Julia/ Hammerschmidt, Peter/ Sagebiel, Juliane (Hrsg.), *Modernisierung der kommunalen Sozialverwaltung — Soziale Arbeit unter Reformdruck?*, Frankfurt.

第八章 日独科学交流
――国際関係とソフトパワー

スヴェン・サーラ

はじめに

本章では、戦後の日独科学交流の発展について検証する。戦後の日本・ドイツ双方にとって、科学・文化外交は重要な意味を持っていた。両国は一九四五年に「ならず者国家」(rogue states)として認識されるようになり[1]、その後、国際社会への復帰と名誉回復に力を注いだのである。急速にグローバル化する世界においては、国家のイメージが対外関係や経済発展に多大な影響を及ぼすことを、両国とも強く認識していた。ドイツの取り組みについて、アレクサンダー・フォン・フンボルト財団(AvH)のシュッテ(Georg Schütte)事務総長(現文部科学次官)は次のように述べている。「当時(戦後)のドイツ連邦共和国は、優れた科学技術国家かつ民主国家であることを、世界の科学者に対してアピールしなければならなかった。国際交流によって信頼を構築するためであった。(中略)こうして、学術交流を通してドイツは再び国際社会の一員となることができた」(Schütte 2010, S. 154; Kathe 2005, S. 46–47; Yamazaki 1988 p. 219; 金澤 二〇一〇、九頁も同様の見解を示している)。

科学・文化交流による自国のイメージ改善政策の重要性は、アメリカの政治学者のナイ(Joseph Nye)が著書*Soft Power*(Nye 2004)で指摘している。ナイ自身は主にアメリカの外交政策を論じているが、他国におけるソフトパワーの意味を強調する著者もおり、そこでは、日本のケースも注目されている(Otmazgin 2012; Yoshino 1992; Lam 2007; 薬師寺 二〇〇九を参照。ドイツのケースに関してはPerthes 2008を、中国のケースについてはKurlantzick 2008を参照。最近の比較研究としてHayden 2011を参照)。日独のソフトパワーに関する先行研究では文化外交が中心となっており、日本に関しては、特に海外で人気の高いポップカルチャー(漫画、アニメ、映画、音楽など)が注目を集めている。これに対して本章では、日独双方にとって文化と科学・技術はいずれも「ソフトパワー」という次元で密接に関連する一方で、科学の持つ意味が特に一九七〇年代以降顕著に高まったことを明らかにしたい。今日、日本もドイツも世界から「科学大国」として認識されていることが示すように(2)、両国の戦後発展における科学の重要性は決して小さくないだろう。

ソフトパワーを利用した自国のイメージ改善に関しては、ドイツにとってはヨーロッパ、日本にとってはアメリカが最重要地域であったが、これは日独二国間関係においても重要な側面と言える。いつから、またどのようにドイツと日本が相互に科学外交政策を発展させていったのか、この点を本章で明らかにしたい。戦後の日独科学協力の節目となった出来事、そして交流を深化させる動機は何だったのか。その際、両国の政治、科学分野の仲介組織、また科学の基盤である大学はどのような役割を果たしたのだろうか。

一　日独関係における科学交流

1　日独科学交流の過去と現在

日本とドイツの交流史において、科学分野の交流は当初から重要な役割を担っていた。これは、近代日本・ドイツの両国とも、互いの地域(即ち、東アジアとヨーロッパ)の経済への関心はさほど強くなく、ましてや政治に関してはむしろ距離を置いていたからである。このような形で、両国の科学交流は、常に順調とは言えないものの、継続的に進展してきたと言えよう。一八六〇年のプロイセン–ドイツ使節団(オイレンブルク使節団)の来日は、外交交渉の遅れが「幸いして」、日独の研究者が初めて交流を深める機会となった(Dobson 2011)。明治時代(一八六八–一九一二)に入ると、ドイツは教師的役割を果たすべく、法学者や技術者、また陸軍大学で教鞭をとる陸軍将校等を日本に派遣した。一九二〇–三〇年代には日独両国で対等な科学交流が実現しつつあったが、ノーベル賞受賞者のアインシュタイン(Albert Einstein)(一九二二年)やハーバー(Fritz Haber)(一九二四年)といった科学者等の来日は、科学分野での日本の遅れを印象付けるものとなった。一九三〇年代から大戦中にかけての科学交流では、軍事同盟の締結にも関わらず、真に包括的かつ相互の信頼に基づく協力関係に至ることはなかった。そして一九四五年の五月と九月に、この同盟関係は両国の無条件降伏をもって解消されたのである。

一九四五年以来、日本とドイツは様々な政策をもって科学・文化交流の再生に尽力してきた。その過程は本章で検証するが、まずその結果を簡単に紹介したい。今日、両国は科学分野において緊密な協力関係を築いているが、ここで特徴的な点の一つとして重大なアンバランスが挙げられる。即ち、少なくとも数字上では、日本人のドイツに対する関心の高さはドイツ人の日本に対するそれを大きく上回っているのである。これについて以下で具体的に考察する。

二〇一〇年の時点では、約二五〇名のドイツ人講師が日本の大学で教鞭をとり、さらに約五〇〇名のドイツ人が学生として在籍していた。アレクサンダー・フォン・フンボルト財団には、日本の大学に留学を希望する多くの人々が奨学金を申請している。「フェオドール・リネン研究奨学金によって、外国のフンボルト奨学金元受給者(“Humboldtianer”)との共同研究を希望する若手ドイツ人研究者の間では、留学先として依然としてアメリカが圧倒的な人気を誇っている。一一三名の奨学金受給者のうち六六名がアメリカを選択している。ただし、アメリカ、イギリスに続いて日本も三番目に人気の国となっている」(AvH 2012, S. 21)。在日ドイツ商工会議所(ＤＩＨＫＪ)の調査では、日本はドイツの企業からも重要な研究・技術拠点として評価されている。「イノベーション分野での日本の取り組みは国内産業の振興を視野に入れたものではあるが、アジア、およびグローバルな企業戦略という点も重視されている」(DIHKJ 2007, S. 5)。

しかし留学生数に関しては、日本からドイツの大学に留学する学生数が、その逆の方向を遥かに上回る状況である。二〇一一年現在のドイツへの日本人留学生は二一〇〇名を数え、これによってドイツは、アメリカ、中国、イギリス、オーストラリアに次いで五番目に人気の留学先となっている(Finken 2012, S. 147)[(3)]。なお、ＡｖＨの奨学金受給者や賞受賞者の滞在国で見ると、アメリカ(四七九八名)とドイツ(四三六七名)に次いで、日本(一八三四名)は三位にランクしている(AvH 2012, S. 50–55)。

ドイツ側では、このアンバランスは政治的課題として認識されているようだ。ミュッツェニヒ(Rolf Mützenich)日独議員連盟会長・ドイツ連邦議会社会民主党会派外交政策広報担当はこの不均衡状態に触れて、「文化的・科学的交流の不均衡解消に向けて徹底的に取り組むことが、今後も重要な課題だ」と指摘している(Mützenich 2011)[(4)]。

2　科学技術外交の形成

日独両国において体系的な「科学技術外交政策」と呼べるものが発展し、また科学外交という概念そのものが形成されたのは、実はごく最近のことだ。二〇〇八年の世界経済危機を受けて初めて、この概念はＧ８洞爺湖サミット(北海道)などで世界的なテーマとなった(相澤 二〇一〇、一〇頁)。洞爺湖サミットを機に、初のＧ８大学サミットとＧ８科学技術大臣会合(沖縄)が開催され、国際関係における科学技術交流の重要性の高まりが鮮明になった。日本では二〇〇七年の政府戦略「イノベーション25」で、「科学技術外交」という概念が初めて登場した[(5)]。二〇〇八年には、政府より「科学技術外交の強化に向けて」[(6)]という提言がなされ、これに続いて総合科学技術会議が「科学技術外交戦略タスクフォース」を設置した[(7)]。『科学技術白書』では二〇〇九年に初めて科学技術外交という言葉が使用され(文部科学省 二〇〇九、二部三章四節)、最新版でも「科学技術外交の新たな展開」という章が設置されている(文部科学省 二〇一二、二一四頁)。学術情報データベース「CiNii Articles」にも、二〇〇九－二〇一〇年にかけて初めて「科学技術外交」を表題に使用した論文が登場していることから(薬師寺 二〇〇九、二〇一〇、小島 二〇一〇)、この数年間に、日本で科学技術外交政策に対する意識の変化があったことが分かる。ドイツでは二〇〇九年に外務省が「イニシアティブ科学外交」をスタートさせ(AA 2009a, 2009b, 2009c を参照)、同じ時期に、複数の出版物の中で「科学外交政策」という概念が初めて論じられている(Schütte 2008, 2010; Borgwardt 2009)[(8)]。

このように科学外交が有効なイメージ改善策と見なされ、その概念が定着してきたが、一方で、科学外交の重要性が高まったことについては他の要因も指摘される。まず、少なからぬ経済的効果に注目すべきである。これは例えば「クール・ジャパン／クリエイティブ産業政策」(9)によって、経済産業省が日本のポップカルチャーを積極的に推進していることからも見て取れる。

その他の要因としては人材の確保が挙げられる。フンボルト財団のシュッテ事務総長（当時）は、「技術大国の（中略）優秀な人材と研究開発への投資をめぐる競争が激化している。（中略）産業勃興の時代においてドイツ連邦共和国は、経済外交を展開することによって、国際社会における困難に対応した。グローバル化した知識連鎖や技術革新の競争が激しさを増す今の時代、科学外交政策がその対応策としての役割を果たしている」と強調している（Schütte 2010, S. 151–152）。同様に日本の文部科学省も二〇〇九年の『科学技術白書』で、「研究人材の国際流動の増大と獲得競争の激化」というテーマに一章を割いている（文部科学省 二〇〇九）。

3　科学技術外交の担い手

次に、科学外交の担い手について簡単に触れたい。上述のように、科学外交・交流は文化外交・交流と密接な関係にあり、どちらかと言えば、科学外交が文化外交から戦後徐々に独立を遂げていった。とは言え、文化・言語と科学を別々に論じることはほぼ不可能である。例えば、ゲーテ・インスティトゥート（Goethe-Institut、以下ＧＩと略す）が世界中で運営するドイツ文化センターの最も重要な使命は、ドイツ語講座の提供と文化の紹介であるが、外国でのドイツ語普及が科学交流強化の基礎となっていることもしばしば指摘されている。上述の「イニシアティブ科学外交」の関連書物にも、ドイツ語教育の普及の重要性に関するドイツ外務省による見解が見られる（AA 2009a, 2009b; Nettelbeck 2008, S. 115–116 も参照）(10)。ＧＩ以外のケースでも、科学外交政策と文化外交政策の境界は曖昧である。これは、アレクサンダー・フォン・フンボルト財団の活動に関する著書のタイトル『アレクサンダー・フォン・フンボルト財団——科学振興と文化外交政策の間で』から既に明らかである(Jansen 2004)。

このような背景のもとで、戦後のドイツの文化外交の先駆者として、ＧＩのドイツ文化センターが一九五三年に外国でのドイツ語講座を再開した。さらに一九六九年には「科学」プログラムもスタートし、早期から科学交流に着手した。また、ドイツ学術交流会(ＤＡＡＤ)とアレクサンダー・フォン・フンボルト財団も一九五〇年代初頭に学生・研究者の交換留学を再開し、これによって人材面での学術交流が活性化された(Schütte 2010, S. 153)。さらに、ドイツ学術振興協会(ＤＦＧ)、マックス・プランク学術振興協会(ＭＰＧ)、マックス・プランク研究所(ＭＰＩ)、ライプニッツ学術連合、ヘルムホルツ協会の各組織も、日独学術交流において重要な役割を担っており、同様に大学や姉妹校、また共同研究プロジェクトが多数立ち上げられた(11)。ドイツの研究・教育システムでは連邦主義的構成が採用されたが、その一方で、文化・科学外交においては、ドイツ大学学長会議(Rektorenkonferenz)、外務省(ＡＡ、特に文化部)、ドイツ連邦教育研究省(ＢＭＢＦ)、ドイツ連邦経済技術省(ＢＭＷｉ)といった連邦政府系組織も当初から積極的な取り組みを行っている。

日本側も、一九五二年には学生の海外留学を再開している。一九七四年には科学外交政策と文化外交政策での協力のため、文部省内に学術国際局が設置された(Otmazgin 2012, p. 48)。中央集権化の傾向の強い日本では、教育・研究政策全般と科学外交政策は常に省庁主導のもとで進められ、ドイツにおけるＤＡＡＤとＡｖＨのような大学の連帯組織はそれほど大きな役割を果たしてこなかった。二〇世紀末からは「分権」的な動きも多少見られるようになった。一九七二年には日本語の普及、および文化・学術交流促進を目的として国際交流基金(ＪＦ)が設立された。しかし、ＪＦは現在も外務省の管轄下にあり(JF 2011)、引き続き中央の影響を受けている。一九三二年に設立された日本学術振興会(ＪＳＰＳ)は、日本の科学政策、および、まさに科学外交政策が国際化を果たす上で、過去数十年で中心的な存在に発展した。二一世紀ＣＯＥプログラム(二〇〇二年に開始)、グローバルＣＯＥ(Center of Excellence, 二〇〇七年より)、ＪＳＰＳ主導によるグローバル30(G30、二〇〇九年に開始)といった近年のプログラムは、日本の科学外交政策の一里塚として意義深いものである(JSPS 2011)。

二　敗戦から一九七〇年代までの日独文化・科学交流

1　一九五〇・六〇年代の動き──民間交流と日独修好一〇〇周年

第二次世界大戦時の同盟国としての日独の関係は、一九四五年のそれぞれ五月と九月の降伏をもって事実上凍結された。両国は占領下におかれ、ドイツはようやく一九四九年に国家として再形成されたが、日本と同様に外交政策に関する主権は当面失われた。こうした状況下では文化外交、また科学外交政策の遂行も不可能であった。日本は一九五二年のサンフランシスコ平和条約をもって主権を回復し、ドイツは一九五五年のボン協定発効後、再び大使レベルでの国際関係を構築できるようになり(Schwalbe und Seemann 1974, S. 123)、初めて文化・科学外交が可能になった。しかし、一九七〇年代以前の日独文化・科学交流の特徴としては、両国の政府よりも「市民社会」の動きが盛んだったことが言える。例えば、一八七三年に横浜在住のドイツ人により設立され、以後一九四五年まで在日ドイツ人の中心的組織であったドイツ東洋文化研究協会(ＯＡＧ)は、戦後すぐに日本の社団法人として再建され、以来日独交流に尽力している。一九四七－四八年にかけてほぼ全ての在日ドイツ人が本国へ強制送還され(Burdick 2003)、ＯＡＧも解散の危機に直面した。一九四八年にはＯＡＧ会長を長く務めたマイスナー(Kurt Meissner)の主導によりハンブルクで会が再結成され、他方で日本に残ったドイツ人も東京のＯＡＧを再建した。一九五二年六月二三日にＯＡＧは社団法人として文部省の認可を受け、以降、日独文化・科学交流において新たに主導的役割を担うことになった(ＯＡＧの歴史についてはサーラ、シュパング(二〇一一)とSpang u.a. 2014を参照)。

一九五二年に日本とドイツ連邦共和国の国交が再開され、また一九五七年には「日本国とドイツ連邦共和国との間の文化協定」(*Bundesgesetzblatt*, 33/1957、第Ⅱ部、一九五七年一〇月一〇日)が調印された。この協定には科学交流分野も含まれていた。第四条には、日本とドイツは「両国の国民が、奨学金その他の方法により、それぞれ相手国内において修学若しくは研究を行い、又は技術を習得する可能性を与えられることについて研究するものとする」と記載されている。第七条は、両協約国は「学会(中略)の協力を奨励するよう努力するものとする」と規定している(*Bundesgesetzblatt*, S. 1462)。この協定の調印後も、民間団体のＯＡＧは日独間の交流において重要な役割を果たし続けている。ＯＡＧはドイツ連邦共和国政府からも公式な支援を受け、その見返りとしてドイツの文化外交政策に貢献することが期待されていた。一九五五年一一月には、ドイツ連邦政府より、ＯＡＧの会館新設のための資金援助等がなされた。一方、ベルリンの外務省から東京のドイツ大使館に宛てられた書簡では、「当協会(ＯＡＧ)の会館を日独文化機関とし、少なくとも東京における自立したドイツの文化機関という方向性で発展させる」ことが確認されている(AA an den Botschafter in Tokyo, 29. November 1955, PAAA AV Neues Amt/7255)。ＯＡＧの他、一九五二年以降日本各地に設立された日独協会も日独交流に特筆すべき貢献を果たしている(Haasch 1994, S. 442–443)。また一九五三年六月二三日には、東京日独協会が、一八六〇年代より日本に拠点を置くイルス(Illies)社内に初めて設置されている(Ramming 1961)。

公的機関ではマックス・プランク学術振興協会とドイツ大学学長会議が、既に一九四八－四九年に日本での活動をそれぞれ開始しているが、その活動内容は「将来的な協力関係の模索」に留まっていた。ＤＡＡＤは一九五二年に日本でも交換留学を再開し、科学交流の再興に大きく貢献した。この際、日本人学生の一団がＤＡＡＤから一年間の奨学金を受給してドイツに渡っている。一九五三年には、フンボルト財団からの奨学金受給者一団も、初の日本人大学院奨学生としてドイツへ渡っている(DAAD 2012a, 2012b)。

一九六一年は近代ドイツと日本の国交樹立一〇〇周年という歴史的な年であり、文化・科学交流を強化する機会となった。一八六〇年には、オイレンブルク(Friedrich zu Eulenburg)伯のプロイセン使節団がドイツ諸国の代表者等を率いて日本を訪れ、プロイセン−日本間で条約締結がなされた。この条約は、その後の日独二国間関係のスタート地点と見なされている(Dobson und Saaler 2011を参照)。一九六〇年以降ベルリンと東京双方で日独国交樹立一〇〇周年記念行事が企画、実施された。一九六〇年五月、ハース(Hans Haas)駐日大使はドイツの外務省に宛てた文書で「初の(日独)協約後の一〇〇周年は、共同での、または平等な日独間行事の開催と、これに伴う広報活動強化のための良い機会」であると記している。その際の催し物等の企画として、大使は以下のような具体的なプロジェクト案を示している。「①一〇〇周年記念切手の発行、②日本行きルフトハンザ便の拡大[＝日本−ドイツ間の直行便就航]、③東京での産業見本市のドイツ館を(中略)設計、④ラジオ放送(中略)、⑤映画祭、⑥協定締結時のプログラムを再現したコンサート開催」(Botschafter Haas ans AA, 24. Mai 1960, PAAA B12, 15030)。一〇〇周年記念行事では、技術分野においてドイツも極めて具体的に寄与していた。外務省の内部文書には、「第六部門は、ドイツ博物館(ミュンヘン)に偉大なドイツ技術者・発明家の写真展の開催を委託していたが、同じ時期に『ドイツ技術週間』(後に上智大学にて開催)プロジェクトにも携わっていた」と記録されている(Referat 600 an Referat 710, 6. September 1960, PAAA B12, 15030)。こうして、ドイツの技術分野における成果とこれに関わる人材をアピールして、科学大国ドイツのイメージを日本で強調したのである。最終的には、日独協会が企画した展示会がドイツ外務省の助成金を得て開催されることとなった(Auswärtiges Amt an die Botschaft der BR Deutschland in Tokyo, 26. September 1960, PAAA B12, 15030)。展示会ではオイレンブルク使節団関係の展示物の他、ドイツの技術レベルの高さを示すものとしてミュンヘンのドイツ博物館の展示物も出品された。カタログ(日独協会 一九六一)の挨拶文では日独文化交流の歴史に重点を置いているが、三枝博音の寄稿文では、ドイツが近代日本の技術産業の発展に果たした役割について詳しく述べられている(三枝 一九六一)。

これらの一〇〇周年記念企画には多くの注目が集まった。英字新聞の『ジャパンタイムズ』は一〇〇周年を記念して一六頁の特集を組み(Japan-German Centennial Supplement)、巻頭ページには「日独一〇〇周年記念」という見出しとともにオイレンブルク伯爵の肖像写真が掲載された(*Japan Times*, 24. Januar 1961, B1)。この記事では、「日独修好通商条約が一〇〇年前の今日締結されたことを記念する、様々な行事が開催される」と告知している(*Japan Times*, 24. Januar 1961, B1)。また、*Mainichi Daily News* も日独交流一〇〇周年に際した特集を組み(一〇頁)、*Asahi Evening News* でも同様に八頁の特集を掲載している。

日独関係一〇〇周年の記念行事をもって交流は最高潮を迎えたが、その後も双方で交流を深める努力が続けられた。一〇〇周年の直接の成果は、ＧＩによる一九六二年の東京ドイツ文化センター設立だった(GI 2012)。またディットマン(Herbert Dittmann)駐日大使も、後に一九六三年三月にドイツ外務省に宛てた書簡で「日本におけるドイツの文化事業の活性化」に取り組む旨を記している。

「連邦共和国と在日ドイツ大使館の文化的領域での活動内容を見てみると、これは、日独間の特筆すべき政治関係、また文化立国ドイツに対する日本の注目を鑑みれば決して十分ではない。(中略)これは、一億人もの人口を抱え、また文盲の人がほぼ見られない日本が、世界の科学・文化・芸術大国のひとつに名を連ねているという事実を考慮すると、なおさら理解し難い。しかも日本は、一八六八年の明治革命《Revolution》以来一貫してドイツの科学・文化・芸術に強い親しみを感じており、第二次世界大戦に至るまで、ドイツに完全に心を開いてその精神的な影響を強く受けていた国である。(中略)このように、ドイツ文化が戦後ますます影響力を失いつつあり、またドイツに代わって英米の文化圏の勢力が強大化する様を目にするのは、気が滅入るものだ。さらには、フランスやイタリアが文化活動でドイツを凌駕しつつある。……」(Dittmann ans AA, 13. März 1963, PAAA B37, Bd. 69b, S. 1–2)。

実際に、その後の数年間で日独文化・科学交流は大いに強化された。駐日ドイツ大使館による一九六六年五月の「文化政策に関する報告」には、一九六〇年代半ばの科学交流の状況が以下のようにまとめられている。

> 「ドイツ学術振興協会(DFG)、アレクサンダー・フォン・フンボルト財団、ドイツ学術交流協会(DAAD)、そしてミュンヘン-ドイツ文化センター(Goethe Institut)の多大な援助によって、昨年と比較して、より幅広く、より発展的な科学交流を実現することができた。日本で開催された一六の国際科学会議には、ドイツから約六〇〇名の専門家が参加したが、多くは主要発表者、報告者、あるいは会議委員会の重要メンバーとしての参加だった。中でも特に重要だったのは、一九六五年九月頭の国際大学協会(AIU)の世界会議であり、ここにはドイツの大学の学長及びその代理三〇名(さらに、SBZ[12]から五名)が参加した。ドイツ学術交流協会からは、前年同様、二一名(の日本人――引用者注)に一年間の留学のための奨学金が付与され、そのほとんどはミュンヘン-ドイツ文化センターでの二カ月間のドイツ語講座とセットになっていた。一九六四-六五年には、九一名の日本人がアレクサンダー・フォン・フンボルト財団の研究奨学金を受けてドイツの大学に留学した。(中略)日本政府は前年同様三名の学生の無料受け入れ枠を有しており、東京の慶應大学も、アーヘン工科大学との交換留学という形で二名のドイツ人奨学生を迎え入れた。東京の上智大学とケルン大学には、それぞれ一名の交換留学生枠が用意されていた。……」(PAAA B37, Bd. 261, S. 3–4)。

このような科学交流の発展が可能となったのは、日独両国における海外旅行規制が緩和され、最終的には撤廃されたためだった。一九五〇年代末まで、初期には日本が占領下にあったため、またその後は不況や外貨不足のために、日本人が外国へ自由に旅行することは認められていなかった。一九六三-六四年、観光基本法に基づくそれまでの規制が解除された。この解除は、日本の国際通貨基金(IMF)や経済協力開発機構(OECD)への加盟の条件でもあり、また、これによって一九六四年夏の東京オリンピックを前に国際社会での地位を高めることができた(今村 二〇〇七)。さらに文化・科学交流の強化にも取り組み、一九六九年にはドイツのケルンに日本文化会館が、また一九七二年には国際交流基金(JF)が「国際文化交流の促進」を目的として設立された(JF 2011)。

2　日独科学技術協力協定の締結（一九七四年）

一九七〇年代以降の日独科学交流の発展において特に重要となったのは、一九七四年の「科学技術の分野における協力に関する日本国政府とドイツ連邦共和国政府との間の協定」（以下「科学技術協力協定」と略す）の締結だった。この協定は、今日に至るまで日独の科学技術協力の基盤となり、とりわけ自然・工学科学分野での協力関係の強化をもたらした(13)。二〇一一年のシャヴァーン（Annette Schavan）連邦教育・研究相（当時）の来日時には、科学技術協力協定が「科学技術協力における重要な戦略的柱」として再確認された（BMBF 2011）。

科学技術協力協定の第二条は、以下の分野での協力関係強化を目的とした。「（a）海洋科学技術、（b）原子炉の安全性の研究、（c）生物学及び医学の科学技術、（d）新しい環境保護技術の研究及び開発、（e）新しいエネルギー源及びエネルギー技術、（f）原子力船の開発」。第三条は、「両政府は、この協定の実施に関連する主要な科学技術の政策事項を討議し、この協定に基づく活動及び成果を検討し並びにこの協定の実施について必要な勧告を両政府に行なう事項を任務とする合同委員会を設置する……」としている。以来、この科学技術協力のための合同委員会は二、三年に一度開催され、日独の共同研究プロジェクトを決定している。直近の会合は二〇〇九年にボンで開催されたが、その際以下の分野が二国間協力の重要項目として決定された（Botschaft 2002, S. 3–4）。

- 海洋科学技術
- 生物科学（生物学及び医学の科学技術）
- 環境（新たな環境保護技術の研究及び開発）
- 情報および文書管理分野

この科学技術協力のための合同委員会の下で、一九九〇年代まで原子力エネルギー、原子炉安全、さらには「原子力船開発」が日独科学技術協力協定における協力の主要課題であったという事実は、驚きに値する。一九九八年になってから、ドイツ連邦政府は「原子力政策への見解変化により(中略)当該分野での二国間交渉の必要性はなくなった」と表明している(Botschaft 2002, S. 4)。二〇一一年の福島第一原発事故以来、ドイツは日本でむしろ「脱原発」と「エネルギー転換」のモデル、また有力なパートナーとして位置付けられており、[14] エネルギー分野における日独交流と政治対話は加速している。

科学技術協力協定が調印されたことで、とりわけ理系分野での研究協力が強化された。その背景には、ドイツの戦前の文化外交の歴史に対する評価の変化もあった。即ち、ドイツは帝国主義時代に既に「世界におけるドイツ精神」の喧伝と伸張を図り、ナチス政権も「文化外交」という名目で、強力な海外プロパガンダを展開していたのである(Bieber / Samurai 2014 を参照)。一九六〇年代以前の西ドイツの文化・科学外交は戦前からの継続性が強かったという指摘もある(Kathe 2005)。特に日独交流の枠組みでは、「良き伝統」を踏まえて再び交流を強化しようという提案がたびたびみられる。しかし、一九六八年以降のドイツ社会における風潮はこうした動きをもはや許さなかった。このために、歴史的負荷の重い「文化外交」から、思想的に問題がないとされた「理科・工科」分野へのシフトがなされたことは明らかである。

ただし人文科学分野においても、日独間の研究協力・交流を促進する動きは一九七〇年代以降も引き続き見られた。例えば、一九七四年の田中角栄首相(当時)のドイツ訪問にあたって、ケルン日独文化関係促進協会(ＪａＤｅ)が設立された。同協会には基金が設立され、「多岐にわたる分野の日本に関する知識を広め、二国間の文化・科学的交流の深化に貢献する」研究プロジェクトを支援している(JaDe 2012)。二〇〇〇年からＪａＤｅは、「日独科学・文化交流促進における顕著な功績に対する日独文化関係促進協会賞」を設けている(JaDe 2012)。

上記のような科学分野での交流促進の結果、一九七〇年代以降ドイツに留学する日本人学生が急増した。上記の様々な新しい協定は自然科学分野の強化を主な目的としていたが、人文科学分野でも日本人留学生の割合は依然として高く、ドイツにおける日本人学生の七〇％を人文科学の学生が占めていた(Laumer und Betten 2011, S. 10)。留学生増加の傾向は、一九七八年のＤＡＡＤ東京事務所の開設によってさらに強くなった(DAAD 2012a)。ＤＡＡＤ東京事務所は日本人の奨学生募集を強化する一方で、日本へのドイツ人留学生増加のための活動にも力を入れた。一九八四年には、日本学および人文科学専攻以外の学生を対象とした、日本での語学研修、そして日本企業での研修を通した最初の職業経験を組み合わせた新プログラム「日本語と企業内研修(Sprache und Praxis in Japan)」を開始し、現在も好評を博している(DAAD 2012a, 2012b)。

三　科学交流の強化と体系化――一九八〇－九〇年代

1　ベルリン日独センターの設立と政治財団の活躍

一九七〇年代に確立された土台をもとに一九八〇－九〇年代には多数の団体が設立された。これらは科学・文化・政治分野での日独交流の発展に貢献し、日独科学交流の強化・体系化がさらに進んだ。自然科学分野の交流が引き続き発展を見せた一方で、文学・社会学研究の交流に取り組む新しい組織も誕生した。

まず、一九七九年にはＯＡＧの敷地に新たな施設が建設され、「ＯＡＧハウス／ドイツ文化会館」として一九七九年四月一一日に開館した(OAG 1980 参照)。ＯＡＧと連邦共和国は、土地の所有者であるＯＡＧが、連邦共和国に対して不動産登記をもって新会館の利用を九九年間(二〇七六年七月一日まで)許諾する、という興味深い契約を締結することになった。この会館は現在も東京における日独交流の拠点として機能している。

一方ドイツでは、ベルリン日独センター(ＪＤＺＢ)がドイツにおける日独交流の拠点として新たに設置された。ＪＤＺＢはベルリンにおける一九八五年一月一五日のコール(Helmut Kohl)連邦共和国首相と中曽根康弘首相の合意に基づき、ドイツの民間財団法人として「この種類の唯一の二国間機関として設立された」。ＪＤＺＢは、科学・文化領域における日独間および国際協力を促進・強化し、シンポジウムやセミナー、会議等を企画、開催している。なお、ＪＤＺＢは日独両国の関係の諮問委員会である「日独フォーラム」の母体ともなっていた(JDZB 2005, S. 18, 101)。

ＪＤＺＢはこれをもって、日独関係にそれまで欠けていたもう一つの重要な機能、即ち政治に関する民間対話の促進を担うことになった。ドイツでは政策助言は伝統的に政治財団(政治に関する研究を実施、国際対話を促す財団)の役割だが、それまで東京ではフリードリヒ・エーベルト財団(ＦＥＳ)のみが事務所を開設していた(一九六七年)。ＦＥＳ事務所は一時的に閉鎖され、その後二〇〇〇年に日本在住の代表者を立てて、機能を縮小して再開された。以来ＦＥＳ東京事務所は、社会保障制度、外交安全保障政策、エネルギー政策、また移民政策、政治関連の科学分野等をテーマに日独対話や情報提供に携わっている[15]。ＦＥＳに次いで大規模なドイツの政治財団であるコンラート・アデナウアー財団(ＫＡＳ)も同様に、一九八〇年代の日本での活動後一度撤退したが、二〇一一年に東京事務所を再開している。

2　ドイツ日本研究所の設立

現在、日独交流のもう一つの重要拠点となっているドイツ日本研究所(ＤＩＪ)は、一九八八年に開設された。同研究所は、社会・経済・文化の各分野での現代日本の学際的研究と、日独関係史の研究に従事している。一九八三年に連邦研究技術省は、一九七〇年代よりドイツ東洋協会(ＤＭＧ)を中心に議論されてきた、日本にドイツの研究所を設立する提案を採用した(Ledderose 1984, S. 3)。レダローゼ(Lothar Ledderose)教授(美術史／ハイデルベルク大学)は一九八四年の覚書で「日本におけるドイツの人文科学研究所」の設立に賛同した。レダローゼはその理由として日独の双方に対する知識の不均衡を挙げ、「教育を受けた平均的なドイツ人が日本について有する知識よりも、日本の小・中学生はドイツの歴史・地理・音楽等についてはるかに多くのことを学んでいる」と述べている(Ledderose 1984, S. 1)。また、本章の最初に紹介した日独間の交流と相互認識におけるアンバランスを取り上げて、ドイツ側による日本研究の促進を求めている。レダローゼとＤＭＧはその構想で、設立予定の研究所は特に「①近代史、技術史、②美術史(中略)、③言語・文学史」の各テーマに重点的に取り組み、また、ローマ、パリ、ロンドンにおける連邦共和国ドイツ歴史研究所(ＤＨＩ)や、ベイルートのオリエント研究所の伝統を受け継ぐべきであると主張した(Ledderose 1984, S. 4)。

この案は一九八四年三月、連邦研究技術省の合意を得た。なお、ドイツ連邦学術審議会(Wissenschaftsrat)も一九八五年、在東京のドイツの研究所について見解を公表し、その中で、「日本におけるドイツの研究所」の設立は「両国間の科学交流の安定と発展、またドイツ連邦共和国の日本に対する理解の促進のための決定的な一歩」であるとして、肯定的な態度を示している。その一方で同審議会は、「国際関係における日本のパートナーとしてのドイツ」が「日本の今日的な特性をいかに理解できるか」が重要であり、それは「文学や歴史学に加えて、哲学・政治学・社会学・経済学・法学等を含む様々な人文科学・社会学分野での貢献をもって、初めて可能となる」としている(Wissenschaftsrat 1985, S. 21)。ここで、「人文科学分野の研究所」から派生して、特に現代日本を研究対象とする学際的な研究所設立の構想が生まれたことが分かる。現代日本の研究によって「経済・政治交渉における重要な指針が提供」されることが研究所設立の利点である、と審議会は述べている(Wissenschaftsrat 1985, S. 22)。

一九八七年にマックス・プランク学術振興協会(ＭＰＧ)内の専門家審議会の人文科学部門が召集した「日本研究所委員会も、アメリカ、オランダ、イギリス各国の国際的に名声の高い教授陣へのヒアリングを受け、東京での研究所設立に賛同する意見を表明している。連邦学術審議会がＭＰＧのもとでの研究所の設立を提案したところ、ＭＰＧはこれに賛同し、早くも「マックス・プランク日本研究所」の設立に言及している(Kommission 1987, S. 14)。ＭＰＧの同委員会の報告によれば、研究所の主な拠点は日本に置くのではなく、ドイツを本拠地として日本には外局を設置する形態が想定され、これによって「適切な資格のある研究者の採用」が容易になるとされた(Kommission 1987, S. 15)。

また報告書では、研究所の所長候補者として、最低五年間の任期中日本に滞在できる人物の採用にあたって困難が生じることが危惧されている。また、研究所に入所する若手研究者等の「帰国問題」、即ち再雇用問題が生じる可能性についても述べている(Kommission 1987, S. 7)。報告書では、「将来的に『日本学者』が教授職に就くことができるように、人文・社会学分野でも日本関係の教授職を新たに設置する」ことが提案されている(Kommission 1987, S. 11)。このような研究所の立地に関する右往左往の主な原因は、MPGにはそれまで外国での研究所設立・運営経験が実質的に全くなかったことにある。

最終的に連邦研究技術省は一九八七年七月二九日のプレスリリースで、ローマ、パリ、ロンドン、ワシントン、フィレンツェにドイツの人文科学研究所が設置されてきた伝統に触れ、これを踏まえて東京にも研究所を設立する意思を明らかにした。しかしながら声明文では、研究所の任務は学際的性質を有し、研究範囲は近代日本の社会・経済学的側面にも及ぶものとしている。ボン大学のクライナー(Josef Kreiner)教授を初代所長に迎えた一九八八年のドイツ日本研究所(DIJ)設立によって、研究所設立計画は実現した。同研究所は一九八八―二〇〇二年までフィリップ・フランツ・フォン・シーボルト財団を母体としていたが、二〇〇二年以降は、連邦教育研究省から資金提供を受けているドイツ海外学術研究所財団/マックス・ヴェーバー財団に組み込まれている。

DIJはその後、社会学、人文科学、経済学、日独関係(史)の諸分野で研究プロジェクトを遂行し、ドイツにおける日本研究の発展に大きな貢献を果たしている。なお、過去に研究所に所属した研究者や奨学生等は、現在、ドイツ、日本、アメリカ、カナダ、英国、スウェーデン、韓国、シンガポール等の大学で活躍している。DIJの活動は、ドイツ学術審議会の評価報告書で二度にわたって非常に高い評価を受けている(DIJ 1998; DGIA 2011)。

DIJ設立の企画段階では、ドイツの大学に日本学科を増設することも計画されていた。伝統的に、日本におけるドイツ学(Germanistik)とドイツ研究は、ドイツでこれに相当する日本学を規模的に大きく上回っていた。しかし、日本の国際的重要性、とくに経済面でのそれが増したことによって、一九八〇年代から九〇年代にかけて、至るところで日本学の教授職増設の機運が高まった。今日ではドイツの大学二〇校に計四〇名の教授陣を擁し、およそ五〇〇〇名の学生が日本学を学んでいる(GJF 2012; DJG 2012)。これらの教授職の約半数は一九八〇年代から九〇年代に新設され、その後部分的な変更を経て現在の構成は安定している。

3　日本側の対ドイツ科学交流強化策

日本の教育研究機関もまた一九九〇年代に、海外研究多様化の枠組みの中でドイツ研究を強化させた。ドイツ日本研究所のような強力な海外研究機関はないものの、例えば一九六〇年代にボン大学との提携関係を開始した早稲田大学は、徐々に教授交流を強化して、活発な交換留学を促してきた(Universität Bonn 2012)。一九九一年には「早稲田大学ヨーロッパセンター」がボンに開設され、現在まで「ヨーロッパ地域に関する研究や国際共同研究および日本事情の紹介の拠点として活用されて」いる。これは早稲田大学の「初の国外研究機関」であっただけではなく、「ドイツにとっても初の外国大学の研究機関」だった(Waseda-Universität 2012)。

日本学術振興会(ＪＳＰＳ)もドイツおよびヨーロッパでの活動拡大のため、海外事務所として一九九二年に「日本学術振興会ボン研究連絡センター」を設立した。これはＪＳＰＳが海外に初めて設置した事務所である(DGJS 2005, S. II)。同事務所は、一九九五年に開始した同窓会「ドイツ語圏日本学術振興会研究者同窓会(ＤＧＪＳ)」と緊密に連携して活動を行っている。ＪＳＰＳ事務所からは『日本学術振興会ボン研究連絡センター会報』[16]が年に数回、ＤＧＪＳからはニュースレターがそれぞれ発行されている。[17]アレクサンダー・フォン・フンボルト財団の協力のもと、ＪＳＰＳは二〇〇〇年以降日独科学交流発展を目的とした多数のプログラムを企画している。これには例えば、小泉純一郎首相とシュレーダー(Gerhard Schröder)首相の主導で二〇〇三年に開催が実現した、日独対話強化のためのシリーズ企画である日独先端科学（ＪＧＦｏＳ）シンポジウムなどがある。二〇〇四年より毎年日独で交互に開催され、原則として自然科学分野（生物学、化学、生化学、医学、数学、天体物理学、環境学）のほか、小規模ではあるが社会学もシンポジウムのテーマに採用されている（JSPS 2012a）。

　自然科学分野での日独協力関係のさらなる強化のため、一九九三年、ハイテクおよび環境技術に関する日独協力評議会（ＤＪＲ）により「ドイツ連邦首相（コール）と日本の内閣総理大臣（宮澤喜一）の合意に基づき、両国の協力強化を目的とするフォーラムが設置された」（DJR 2001, S. 116）。ＤＪＲは一九九四年から二〇〇一年にかけて、年二回ドイツと日本で交互に開催され、この際、環境技術・ｅコマース・交通政策・都市開発を始めとした多様なテーマに関する評議会資料が刊行された（例えばGJCC 1999a, 1999b等）。このＤＪＲの活動は二〇〇一年に終了した（JDZB 2005, S. 21）。評議会の活動からは様々な狙いが見て取れる。最も明確な目的は、重要な科学技術分野で日独による主導権を確立させ、さらに強化するというものだった。これとともにＤＪＲは、人的交流による「国際対話・国際的理解」への貢献も目的としていた。ＤＪＲの活動の枠組みにおいて、次のような目的を掲げた人的交流のための作業チームが設置された。「①両国の相互理解促進、②相互間の文化的理解の促進、③我が国（ドイツ）に対する国際社会の理解の向上……」（DJR 1998, S. 6）。本章の冒頭でも述べたような、イメージ改善のための科学交流の利用はこの理科系のプロジェクトでも明白に見て取れる。しかし、日独協力評議会の活動の背景には、また具体的な経済的関心もあった。これは、正規委員として大学教授や研究者の名前が少ない一方、多数の経済界の代表者が含まれるＤＪＲのメンバー構成からも明らかである（DJR 1998, S. 69–70）。

四　二一世紀初頭の新たな展開

１「二一世紀における日独関係、七つの協力の柱」

二一世紀初頭の日独関係については、両国の外務省のウェブサイト上に「問題は存在しない」という簡潔な文言が掲載されている。問題が存在しない一方、緊密な関係にも発展していないという指摘もしばしばなされたため、二一世紀になると様々な日独交流強化策が打ち出された。すでに二〇〇〇年一〇月に河野洋平、フィッシャー(Joschka Fischer)両外相が「二一世紀における日独関係、七つの協力の柱」を公表した。(18) 第六の柱である「経済・貿易関係の強化」では、科学技術分野での協力関係強化についても触れている。科学技術関係協力全体、そして日独ハイテク環境技術評議会(上述のＤＪＲ)に言及しているものの、第七の柱(相互理解と文化関係の促進)では、日独フォーラム、ベルリン日独センター、文化・メディア関係協力、また青少年交流を取り上げる一方、科学交流については予想に反して具体的な記述が見られない。これもまた、当時は、本章の第一節の２で述べたように「科学外交」という概念さえ欠落していたためであろう。

２「ドイツにおける日本年」から「日本におけるドイツ年」へ

二〇世紀・二一世紀初頭から様々な催し物によって、日独関係の強化は大きく前進したと言える。特筆すべきものは、一九九九／二〇〇〇年の「ドイツにおける日本年」、二〇〇五／〇六年の「日本におけるドイツ年」、そして二〇一〇／一一年の「日独交流一五〇周年」である。まず、一九九九年には、ラウ(Johannes Rau)ドイツ連邦共和国大統領と皇太子殿下徳仁親王の後援により「ドイツにおける日本年」が開催された。この時には「相互理解」の強化のために、特に文化的な催し物が開催されることとなった(MOFA 1999)。一九九三年のコール首相と宮澤喜一内閣総理大臣の主導により設立され、以降年一回開催されている、両国の識者で構成する二国間対話のための「日独フォーラム」(JCIE 2012を参照)は、この「ドイツにおける日本年」を高く評価している。二〇〇二年の会合では、「知的・文化的交流」の強化が「ドイツと日本の関係の深化」に不可欠であり、「日本におけるドイツ年」を企画すべきとする声明を出している(Japanese-German Forum 2002)。

最終的には「日本におけるドイツ年」は二〇〇五／〇六年に開催され、ここでは「ドイツにおける日本年」よりも科学的側面が明らかに強化された。ドイツ年の公式な目標は、「新しいドイツを演出」し、「イノベーション国家」としてのドイツを誇示することだった。具体的には「ドイツの大学への留学の魅力を宣伝する」ことも目標として掲げられた(Botschaft 2003)。同時に、「経済・文化・教育・科学分野での交流の継続的向上」と「革新的なハイテク国家、実績を伴う研究拠点、また(中略)科学的研究と技術発展の協力パートナーとしてのドイツに対する認識の向上」もまた、ドイツ年における企画の目的のひとつとされた(Botschaft 2003)。ここで、科学外交という流れがより鮮明になってきたことが分かる。この結果、「日本におけるドイツ年」の科学の柱の一部として、多数の日独シンポジウムが開催されることになった[19]。これらの多くは日独両国の大学や研究機関の企画によるものだったが、政府側でも「ドイツ年」に際して具体的な支援プログラムが新たに企画された。連邦教育研究省(BMBF)の国際局(IB)による支援プログラムでは、「技術協力と新しい市場開拓促進のための、日独間の先端研究における新たな協力関係の発展に向けた一二のドイツの専門家ネットワーク」が支援され、日本側でも文部科学省(MEXT)が「一八の知識クラスターに対して、年間約三九〇万ユーロの助成金を付与している。これらはテーマ別に、生命科学・情報技術・環境・ナノテクノロジーまたは材料研究の四つのイノベーション分野に分類されており、目下、より強力な国際ネットワーク深化に向けて尽力している」(BMBF 2005)。

「日本におけるドイツ年」の準備段階では、劣悪な状態にあったOAGハウス／東京ドイツ文化会館の施設について、これを再建するか、あるいは新たな「ドイツ科学館」を創設するかという議論も展開された。上述のドイツ外務省の「イニシアティブ科学外交政策」(二〇〇九年)に関しても、二〇〇九年、複数の国に「ドイツ科学館」を設立することが提案された(AA 2009bを参照)。その中には東京の名前も挙がっている。しかし、OAGハウスは長期的に見て「耐久性に欠ける」、という明白な判定がなされたにも関わらず、東京ドイツ科学館設立プロジェクトは結局、準備・企画段階から進展しなかった。(20)

3　日独科学交流のさらなる拡大、組織化・体系化

もう一つの大きなプロジェクトとして、二〇〇〇年にはDAADと東京大学の共同により、東京大学駒場キャンパスに「東京大学駒場キャンパス　ドイツ・ヨーロッパ研究センター」(DESK)(21)が創設された(DAAD 2012a)。DAADからの助成金拠出は二〇一〇年で終了したものの、プログラムは今日も継続されている。さらにDAADは一九九〇年代より、在東京ドイツ大使館に設置された科学講演会(WGK)も助成している。これはドイツ語を話す在日科学者のグループであり、定期的に日本の幅広い層の聴衆に対して活動の紹介を行っている(DAAD 2012c)。日本に進出しているドイツ企業と在日ドイツ商工会議所が二〇〇八年に創設した、若手研究者に与えられるドイツ・イノベーション・アワード(ゴットフリード・ワグネル賞)もまた、DAADの協力のもとで運営されている。(22)

二一世紀に入ってからは、「日本におけるドイツ年」とも関連してさらに複数のドイツの組織が日本に事務所を設置し、日本での活動を拡大している。DFGは二〇〇九年に、ドイツ人研究者の支援と日独ネットワーク深化を目的とした、八番目となる海外事務所を東京に設立した。(23)なお、MPGも日本の研究機関との協力関係を強化し、二〇一〇年にはMPGの研究者と日本側の研究者の間で六〇以上の研究プロジェクトが実施された(Laumer und Betten 2011, S. 8)。一九八四年にMPGとJSPS間で締結された科学交流強化のための協定は二〇〇四年に延長され、MPGと理化学

研究所（ＲＩＫＥＮ）による一九八四年の包括協定も二〇一〇年に延長された。ＭＰＧは二〇一一年に、ＲＩＫＥＮとのシステムズ・ケミカル・バイオロジー連携研究センターの共同設立計画を発表した。[24] この他にも、複数のマックス・プランク研究所（ＭＰＩ）において、日本人研究者との共同研究や日本関連のテーマ設定が見られる。

日本側では、ＪＳＰＳは日独共同プロジェクトの強化に力を入れた。一例としては、上述のとおりＪＧＦｏＳシンポジウムシリーズを開始し、奨学金を受けるドイツ人研究者の推薦枠を二〇名（二〇〇四年）から三〇名（二〇〇五年）に拡大した（MOFA 2004）。また、フンボルト財団とともにポストドクター奨学金を増やし、二〇〇七年よりＤＦＧとの協力のもと日独共同大学院プログラムを実施している。このうち化学、数学／物理学、工学の三分野と、社会・人文科学分野で（市民社会をテーマとしたプログラム。東京大学－ハレ・ヴィッテンベルク大学。Foljanty-Jost und Ishida 〈2009〉を参照）プログラムを実施している（一件は終了。DGJS 2005; JSPS 2012b）。

日本政府、特に文部科学省は、二一世紀における日本の国際競争力の保持を目標として、日本の科学界の国際化の定義付けとその拡大促進のための様々な計画を打ち出した。しかしながら、これらの計画ではドイツについて具体的に触れていない。例えば、文科省の二〇〇九年版の『科学技術白書』の「研究人材の国際流動の増大と獲得競争の激化」の項目において、ドイツについては全く述べられていない（文部科学省 二〇〇九）。一方ドイツ側の『研究とイノベーション報告書』でも、――中国とは対照的に――日本についてはほとんど記載がない（BMBF 2010, 2012a）。日本科学界の国際化に向けた文部科学省の最重要プロジェクトである、三〇大学（現時点で一三大学を選考）を国際化の機軸として強化する「グローバル30」の枠組みにおいても、ドイツはあまり目立った役割を果たしていない。[25] しかしながら、この枠組みで例えば筑波大学、名古屋大学、東京工業大学がそれぞれドイツで事務所を設置しているのは、特筆すべき点である（BMBF 2010, 2012a）。なお、Ｇ30の影響もあると思われるが、近年複数の日本の大学が海外の大学との joint degree の構築を開始している。日独の枠内において、特に二〇一〇年七月にハイデルベルク大学、京都大学、カールスルーエ工科大学、東北大学、ゲッチンゲン大学、大阪大学で構成する日独二国間「HeKKSaGOn」大学コンソーシアムが今後重要な役割を担っていくだろう[26]。

4　民間財団による科学交流助成

民間部門では、ドイツで開催される日本関係のプログラムは全体として増加しているが、日本での民間財団の活動に関して言えば、ドイツはさほど重要な役割を果たしていない。近年、日本での活動を強化したドイツの民間財団の一つは、ロバート・ボッシュ財団である。同財団では、日本関係のプロジェクトは財団全体の重点領域である国際理解(Völkerverständigung)に組み込まれている[27]。例えば二〇一一年にスタートした「日独友好賞」(二〇一一年)[28]、二〇〇六年よりベルリン日独センター(JDZB)と共催している「ヤングリーダーズフォーラム」(YLF)の他[29]、二〇〇八年より「日本人ジャーナリスト欧州招聘事業」、また二〇〇九年より「ドイツジャーナリスト訪日プログラム」[30]と「ドイツ若手法律家訪日プログラム」を実施している。ボッシュ財団の助成予算総額六八〇〇万ユーロのうち、約一一〇〇万ユーロが国際理解のプログラムに利用され、うち一六〇万ユーロが日本関係のプログラムに充てられている(Robert-Bosch-Stiftung 2012, S. 95–97)。

その他、日本に関わりのあるドイツの財団には、ドイツ最大の民間の科学助成財団である一九六一年設立のフォルクスワーゲン財団がある[31]。同財団は人文科学分野のプロジェクトにも携わっており、日本の『古事記』のドイツ語訳作成を助成した他[32]、二〇〇三年には、日本以外に中国や台湾も調査対象となったライプツィヒ大学によるプロジェクト「東アジアにおけるアイデンティティおよび歴史修正の新たな基礎付けの動き」[33]も支援してきた。さらにボッシュ財団とフォルクスワーゲン財団は、一九五九年に第二次世界大戦後ドイツ連邦共和国に設立された初の民間科学振興財団であるフリッツ・テュッセン財団[34]とともに、日地谷＝キルシュネライト(Irmela Hijiya-Kirschnereit)(元ドイツ日本研究所所長、現在はベルリン自由大学）による「和独大辞典」プロジェクトも支援した。このプロジェクトは、日本側の国際交流基金と東芝国際交流財団等からも助成を受けている。(35)

日本には特にドイツに重点を置いて活動している財団は見られないが、ヨーロッパ全体を対象とする財団はいくつか存在する。例えばキヤノン財団は一九八七年、ヨーロッパ全体での拠点としてオランダに事務所を開設した（Canon Foundation in Europe 2007, 2010）。同財団は二〇一二年までに、ヨーロッパと日本の研究者に対して、両地域での研究滞在の目的として、三〇〇件以上の奨学金を給付している（Leipnik 2012）。東芝国際交流財団（ＴＩＦＯ）は過去数年でヨーロッパへの助成をやや削減し、アジアの研究プロジェクトに対する助成を強化した（TIFO 2007）。その結果、二〇〇七年の全世界でのプロジェクト総数九四件のうち、ヨーロッパのプロジェクトは二〇件、ドイツは三件にすぎなかった（TIFO 2008）。その他の日本の財団の年次報告書によれば、近年はドイツ関連プロジェクトに対して目立った規模の助成を行っていない。(36) 全体的に、ドイツおよびヨーロッパに対する日本の財団の関心が低下する一方、アジアに対する関心の高まりが見て取れる。

おわりに――結論と展望

科学分野での日独交流は戦後継続的な発展を遂げてきたが、他国との交流状況と比べてみると比較的小規模に留まっており、様々なアンバランスが今も残っている。両国ともごく最近まで明確な科学交流戦略が欠けており、また相手国との科学外交政策を特段重視していなかったと言わざるを得ない。その一方で、ドイツ側ではドイツ日本研究所、日本側では日本学術振興会の初の外国事務所（ボン）開設など、各研究機関の設立からは双方への一定の関心の存在が見て取れる。両国関係のアンバランスの修正を図る政府レベルの対応では、ドイツ側によるイニシアティブがやや多かったといえよう。例えばＪＤＺＢとＤＩＪの創立がこの文脈で理解されるべきであろう。一方、不均衡状態において優位にあった日本側は、政治介入の必要性をさほど感じていなかったようだ。
日本とドイツで国際化が急速に進んだ一九七〇年代以降、両国の首脳会談と修好記念年をきっかけとして多数の交流プログラムが企画され、新しいパートナーシップが締結されるとともに、シンポジウムや奨学生枠増加等が実現した。一例としては、

- 一九七四年の田中角栄首相のドイツ訪問をきっかけとしたケルン日独交流促進協会の設立
- 中曽根康弘、コール両首相の呼びかけによる一九八五年のベルリン日独センターの設立
- 一九九三年の宮澤喜一、コール両首相による、政治対話のための日独フォーラムの開始
- 二〇〇〇年の河野洋平、フィッシャー両外相による「七つの協力の柱」の設定
- 二〇〇三年の小泉純一郎、シュレーダー両首相の呼びかけによる日独先端科学シンポジウム

などが挙げられる。一九五七年の二国間文化協定締結、一九七四年の科学技術協力協定締結、一九八〇年代のＤＡＡＤの活動拡大、一九八五年のＪＤＺＢ設立と一九八八年のＤＩＪ設立、一九九〇年代来のＪＳＰＳの活動強化、また二〇〇五年の「日本におけるドイツ年」と二〇一一年の「日独友好一五〇周年」も、科学分野での日独協力の強化と深化における節目となった。

本章の冒頭で述べたように、そもそも両国間の体系的な科学技術外交が議論に上るようになったのは、比較的最近のことである。一九七〇年代までは、科学協力強化よりも文化外交が重視されていた。一九七〇年代以降ドイツでは、ナチス時代からの継続性の問題に対処するため、全体的に「文化」から「科学」へ交流の重点がシフトする傾向が見られた。二〇〇八年まで「科学外交政策」という言葉は日独いずれにおいてもほとんど使われていなかった。日本政府は今日、科学技術外交政策を「メジャーな外交資源としてわが国（日本――引用者注）のソフトパワーを増大させ、日

本の国際的なリーダーシップ確保への一助」として打ち出している（薬師寺 二〇〇九、二一頁、文部科学省 二〇一二、二一四頁も参照）。相手国の大使館に、文化担当官に加えて科学担当官が設置されたことも、科学外交がより重視されるようになったことを明白に示している。

このような動きを背景に、今後の日独関係において科学交流はさらに重要な役割を担っていくことが予測できる。エネルギー・環境・社会政策における持続可能な社会の形成、環境保護と気候対策、伝染病の予防、テロへの備え、また、一国の力では実現不可能な大型研究プロジェクト等の課題は、日独両国において重要な研究テーマと認識されており、これらの多くに日独協力実現の大きなポテンシャルが存在する。

しかしながら日独双方ともに、相手国である「日本」と「ドイツ」よりも重視すべきパートナーが存在する。上述のように、日本の関心はアメリカやアジアにシフトしており、ドイツよりもむしろ欧州全体に注目する財団もいくつかある。日本は二〇〇九年一一月に欧州連合（ＥＵ）との技術協力に関する協定に調印し、「エネルギー、持続可能な発展、環境問題を含む、共通の重要研究テーマと関心分野を決定」[37]し、ＥＵ全体との自由貿易協定の交渉にも入った。多国化・地域化の傾向により、科学外交の枠組みにおいてドイツと日本が突出して話題に上ることは、たとえ二国間の現在の科学交流の規模が拡大したとしても、今後さらに難しくなると思われる。

■注

（1）その状態が国際法における国連憲章の「敵国条項」によって定着していた。国連憲章には今日もなお「敵国条項」が存在するが、一九九五年の国連総会でこの条項を「時代遅れ」とする声明がなされた。国連憲章第五三条を参照（http://www.un.org/en/documents/charter/chapter8.shtml）。

（2）日本とドイツが実際に「科学大国」であるか否かについては様々な議論があるが、両国とも科学助成と技術開発に尽力し、世界中で「科学大国」として認識されていることは間違いないだろう。ＯＥＣＤ諸国の中で、特にドイツは国内総生産における研究・教育に割り当てられる額の割合がやや低いという指摘もあるが(Gardner〈2010〉と http://www.oecd.org/ を参照)、特許等使用料の受け取り額では両国とも世界トップ五に入っており(国際貿易投資研究所のデータ http://www.iti.or.jp/stat/3-046-1_BPM5.pdf を参照)、また複数の大学ランキングで、特に日本の大学は上位にランクインしている。さらに日独の数多くの学者がノーベル賞を受賞し(各国受賞者数ランキングではドイツは三位、日本は一三位。文部科学省データを参照。文部科学省(二〇〇七)、付属資料「ノーベル賞の各国受賞者数」)、日本は「五〇年間でノーベル賞受賞者三〇人程度を輩出する」という計画を掲げている(文部科学省 二〇〇九、一三九頁)。

(3) 日独科学交流における不均衡は非常に長期にわたって存在している。日本学術会議の調査(一九八五年)によると、一九五〇－一九八五年の間に約二万人の日本人がドイツの大学で学んでいるが、日本におけるドイツ人学生は五〇〇人以下である。ドイツにおける日本人留学生は二一〇〇人と、他国からの留学生数よりも少なく、ドイツの外国人留学生数ランキングでは三〇位に留まっているという指摘もある(Laumer und Betten 2011, S. 10)。さらに、この数字は減少傾向にあるが、この背景には、日本からの留学生の数が全体的に減少しているという現状があることも忘れてはいけない(http://www.mext.go.jp/b_menu/houdou/24/01/1315686.htm を参照)。

(4) 戦後の日独関係における明確な不均衡は、教育分野に限らない。二〇〇八年のドイツ企業から日本に対する投資額一二億ユーロに対して、日本からドイツへの投資額は約四〇億ユーロに上っている(二〇〇八年、日本銀行『国際収支統計』)。また、二〇一二年時点のドイツにおける日本人居住者が三万八〇〇〇人を数える一方(外務省領事局政策課 二〇一三年、一六頁)、日本に暮らすドイツ人は僅か六〇〇〇人に過ぎない(法務省統計)。さらに、二〇一二年に日本を訪れたドイツ人観光客一一万人に対して、逆方向では五四万人となっている(http://www.tourism.jp/statistics/ を参照)。

(5) http://www.cao.go.jp/innovation/action/conference/minutes/minute_cabinet/kakugi1.pdf

(6) http://www8.cao.go.jp/cstp/output/080519iken-5.pdf

(7) http://www8.cao.go.jp/cstp/sonota/kagigaiko/kagigaiko.html

(8) 興味深いことに、早稲田大学法学部の縣公一郎教授がこれに関わっていたが、日本はこのドイツ側のイニシアティブにほとんど関心を示さなかった。「イニシアティブ科学外交」の関係資料(AA 2009c, 2009d)は、日本の大学図書館の総合文献目録によれば日本の図書館には一切所蔵されておらず、ドイツの動きに対する無関心を物語っている。

(9) http://www.meti.go.jp/english/policy/mono_info_service/creative_industries/creative_industries.html と Abel (2011), McGray (2002), JETRO (2005), Mori (2011) も参照。ドイツの経済要因としての外交政策の役割については、Kathe (2005, S. 41–42) を参照。

(10) 二一世紀の科学外交政策において今後もドイツ語に固執することの意味をめぐる問題については、ここでは保留する。二〇世紀当時でさえも、例えばドイツ人医師ベルツ(Erwin von Bälz)などは、国際的には明らかに英語が支配的言語であるとして、ドイツ語の使用を主張することの意味に疑問を呈していた(Bälz 1931, S. 117)。二一世紀初頭の現在、この論理がさらに当てはまるのは当然である。

(11) 二〇一二年現在では、四〇〇校を超える大学が提携協定を締結している(DWIH Tokyo 2012, S. 4. 二〇〇二年にはまだ二〇〇校だった。Laumer und Betten 2011, S. 12)。

(12) ＳＢＺとは、「ソ連占領ゾーン」を指し、ドイツ民主共和国(東ドイツ)を認めないドイツ連邦共和国(西ドイツ)の政府がこれを見下して一九七〇年代まで使用していた名称である。
(13) 日独科学技術協力協定の日本語全文　http://www3.mofa.go.jp/mofaj/gaiko/treaty/pdf/A-S49-191.pdf
ドイツ語全文　http://www.bgbl.de/Xaver/start.xav?startbk=Bundesanzeiger_BGBl (*Bundesgesetzblatt*, Teil 2, 25. Oktober 1974, S. 1326–1328)。
(14) 二〇一二年の衆議院選挙で圧勝した自民党を中心とする安倍晋三政権は、民主党前政権の脱原発政策の「再検討」を宣言したため、この現状が続くかどうかは本章執筆の時点では定かではない。
(15) http://www.fes-japan.org/ を参照。
(16) http://www.jsps-bonn.de/index.php?id=83 にて閲覧可能。
(17) http://www.jsps-club.de/ にて閲覧可能。
(18) 両国の外務省ウェブサイトを参照。
http://www.tokyo.diplo.de/Vertretung/tokyo/de/04_Politik/Bilaterales/Siebens_C3_A4ulen_Seite.html
http://www.mofa.go.jp/mofaj/area/germany/21_7.html
(19) http://www.internationales-buero.de/_media/Veranstaltungskalender_HP_13.03.2006.pdf を参照。
(20) しかしながら、この議論の副産物として、バーチャル・フォーラム「ドイツ科学・イノベーションフォーラム東京(DWIH Tokyo)」が設置された。これは「日本におけるドイツの科学団体、および技術革新に力を入れている産業団体のためのフォーラムです。フォーラムの任務は、日本のパートナーとの科学・経済協力を強化し、またドイツの研究機関と革新的企業を併せて紹介することです。このためＤＷＩＨは日独の研究機関、大学、企業のための総合窓口として機能します……」(DWIH Tokyo 2012, S. 9)。
(21) Deutschland- und Europastudien in Komaba.
(22) http://german-innovation-award.jp/index を参照。
(23) http://www.dfg.de/dfg_profil/geschaeftsstelle/dfg_praesenz_ausland/japan/index.html を参照。
(24) http://www.mpg.de/4284181/maxplanckcenter_riken を参照。
(25) http://www.uni.international.mext.go.jp/global30/ を参照。
(26) コンソーシアムについては、各大学のウェブサイト
http://www.uni-heidelberg.de/international/hekksagon.html
http://www.osaka-u.ac.jp/ja/international/action/network/cooperation/hekksagon
のほかドイツの文科省のサイト
http://www.kooperation-international.de/detail/info/deutsch-japanisches-universitaetskonsortium-unterzeichnet-joint-statement-1.html

を参照(日本の文科省のサイトとG30サイトには記述なし)。

(27) この重点領域の枠組みでは、同財団がフランス、アメリカ、トルコ、インドとの国際理解促進プログラムや、EUに対する信頼向上のためのプログラムも実施されている。 http://www.bosch-stiftung.de/content/language1/html/435.asp

(28) http://www.bigs-i.com/Down/150jahre_flyer_jp.pdf を参照。

(29) 「YLFは、日独の若手指導者のための一〇日間のサマープログラムである。YLFは、両国の若者の意見交換を促進し、確かな知識を伝達することを目的とする」(Robert-Bosch-Stiftung 2012, S. 23f)。

(30) 二〇一一年三月の地震・津波・原子力発電所の災害により、日本は世界的に注目を集めたが、一般的に過去一〇-二〇年において日本に対するドイツのメディアの関心は著しく低下している。「ドイツのメディアによって日本に関する様々な報道がなされるよう働きかけ、またこれを強化していくことが、ドイツ人ジャーナリストのための日本プログラムの当面の目的である」(Robert-Bosch-Stiftung 2012, S. 86)。

(31) http://www.volkswagenstiftung.de/stiftung.html を参照。

(32) http://www.volkswagenstiftung.de/foerderung/personen-und-strukturen/pro-geisteswissenschaften/bewilligungen-2009.html を参照。

(33) http://www.uni-leipzig.de/~japan/cms/index.php?id=101 を参照。

(34) http://www.fritz-thyssen-stiftung.de/ueber-uns/stiftung/zahlen-daten-fakten を参照。

(35) http://www.geschkult.fu-berlin.de/e/oas/japanologie/forschung/woerterbuch/index.html を参照。

(36) 日本とドイツにそれぞれ拠点を有する日独・独日協会、および小規模の財団(例えば新宿未来創造財団 http://www.regasu-shinjuku.or.jp/)も日独交流の枠組みで科学交流に貢献しているが、本章での詳述は割愛する。

(37) http://www.kooperation-international.de/countries/themes/nc/info/detail/data/45013 を参照。

■文献(邦文)

相澤益男(二〇一〇)「激変する世界における科学技術外交の戦略的展開——国際ネットワーク形成の強化に向けて」『学術の動向』一五巻一号、一〇-一六頁。

今村元義(二〇〇七)「戦後のわが国における観光政策に関する一試論——地域・経済政策との関連で」『群馬大学社会情報学部研究論集』一四巻、三二一-三三六頁。

外務省領事局政策課(二〇一三)『海外在留邦人数調査統計 Annual Report of Statistics on Japanese Nationals Overseas』外務省領事局政策課。

金澤一郎(二〇一〇)「日本の科学技術外交と日本学術会議の国際活動」『学術の動向』一五巻一号、九頁。

木曽功(二〇一〇)「科学技術外交の施策と課題」『学術の動向』一五巻一号、四二－四五頁。

小島誠二(二〇一〇)「日本の科学技術外交――もう一つの文理融合」『学術の動向』一五巻一号、三三－四一頁。

サーラ、スヴェン、クリスティアン・W・シュパング著、ヤコビ・茉莉子訳(二〇一一)「第一次世界大戦後の日独関係におけるドイツ東洋文化研究協会(ＯＡＧ)の役割」杉田米行編『一九二〇年代の日本と国際関係――混沌を越えて「新しい秩序」へ』春風社、八七－一二二頁。

三枝博音(一九六一)「近代日本の産業技術とドイツ人の寄与」日独協会編『ドイツ展　日独修好百年記念』朝日新聞東京本社、三〇－三二頁。

日独協会編(一九六一)『ドイツ展　日独修好百年記念』朝日新聞東京本社。

文部科学省編(ＭＥＸＴ)(二〇〇七)『平成一九年度版　科学技術白書』。http://www.mext.go.jp/b_menu/hakusho/html/hpaa200701/index.htm
――(二〇〇九)『平成二一年度版　科学技術白書』。http://www.mext.go.jp/b_menu/hakusho/html/hpaa200901/1268148.htm.

――(二〇一二)『平成二四年度版　科学技術白書』。

薬師寺泰蔵(二〇〇九)「科学技術外交の可能性　学術の動向」『外交フォーラム』二四六号、一六－二一頁。

――(二〇一〇)「科学技術外交と日本学術会議」『学術の動向』一五巻一号、一七－二四頁。

――(二〇一一)『国家の勢いと科学技術外交――第一一九回本田財団懇談会』(本田財団レポート)。http://www.hondafoundation.jp/library/pdfs/No.140_j.pdf

■文献(欧文)

AA (Auswärtiges Amt / ドイツ連邦共和国外務省) (2009a) *Die Initiative Außenwissenschaftspolitik*. Berlin: Auswärtiges Amt. http://www.auswaertiges-amt.de/cae/servlet/contentblob/382834/publicationFile/4284/FlyerAWP.pdf
――(2009b) „Deutsche Außenpolitik für mehr Bildung, Wissenschaft und Forschung“. http://www.auswaertiges-amt.de/DE/Aussenpolitik/KulturDialog/Initiativen/Aussenwissenschaftsinitiative2009/AktuellesAWP/090119-konferenz_node.html

——（Hrsg.）（2009c）*Wissenswelten verbinden. Deutsche Außenpolitik für mehr Bildung, Wissenschaft und Forschung*. Berlin: Edition Diplomatie.

——（Hrsg.）（2009d）*Initiative Außenwissenschaftspolitik 2009*. Berlin: Raabe.

Abel, Jonathan E.（2011）“Can Cool Japan Save Post Disaster Japan? On the Possibilities and Impossibilities of a Cool Japanology,” *International Journal of Japanese Sociology*, No. 20.

AvH（Alexander von Humboldt-Stiftung / アレクサンダー・フォン・フンボルト財団）（2012）*Jahresbericht 2011*, Alexander von Humboldt-Stiftung.

Bälz, Toku（Hrsg.）（1931）*Erwin Bälz: Das Leben e. deutschen Arztes im erwachenden Japan; Tagebücher, Briefe, Berichte*. Stuttgart: J. Engelhorns Nachf.

Bieber, Hans-Joachim（2014）*SS und Samurai Deutsch-japanische Kulturbeziehungen 1933–45*. München: Iudicium.

BMBF（Bundesministerium für Bildung und Forschung / ドイツ連邦共和国文部科学省）（2005）Deutschland und Japan verstärken Zusammenarbeit in innovativen Schlüsselbereichen von Wissenschaft und Forschung. http://www.kooperation-international.de/detail/info/deutschland-und-japan-verstaerken-zusammenarbeit-in-innovativen-schluesselbereichen-von-wissenschaft-1.html

——（2010）*Bundesbericht Forschung und Innovation 2010*. Berlin: BMBF.

——（2011）*Japan: Eine strategisch wichtige Säule der wissenschaftlich-technologischen Zusammenarbeit*, 14.11.2011. http://www.bmbf.de/de/840.php

——（2012a）*Bundesbericht Forschung und Innovation 2012*. Berlin: BMBF.

——（2012b）*Arbeitsbereiche: G8 / G20*. http://www.kooperation-international.de/buf/organisationen/g8g20/organisation/arbeitsbereiche.html

——（2012c）*Grundlagen der Kooperation: Japan*. http://www.kooperation-international.de/buf/japan/kooperationen/grundlagen.html

Borgwardt, Angela（2009）*Außenwissenschaftspolitik. Deutschland als Knotenpunkt im weltweiten Wissensnetzwerk*. Berlin:

Friedrich-Ebert-Stiftung.

Botschaft der Bundesrepublik Deutschland in Japan（在日ドイツ連邦共和国大使館）(2002) *Wissenschaftlich-Technologische Zusammenarbeit zwischen Deutschland und Japan*. Tokyo: Botschaft der Bundesrepublik Deutschland in Japan. http://www.kooperation-international.de/detail/info/wtz-uebersicht-deutschland-japan-der-deutschen-botschaft-tokyo.html

——(2003) *Deutschland in Japan 2006/2006. Gesamtkonzept*. Tokyo, Deutsche Botschaft Tokyo.

Burdick, Charles (2003) "The Expulsion of Germans from Japan, 1947–1948," *The Revisionist. Journal for Critical Historical Inquiry*, vol. 1, no. 2, pp. 156–165. http://vho.org/dl/tr/2_03.pdf

Canon Foundation in Europe (2007) "Canon Foundation in Europe 1987–2007," *Canon Foundation in Europe*, no. 18.

——(2010) "Canon Foundation in Europe. 250 Fellowships!" *Canon Foundation in Europe*, no. 21.

DAAD (Deutscher Akademischer Austauschdienst / ドイツ学術交流会) (2012a) *Der deutsch-japanische akademische Austausch*. http://tokyo.daad.de/wp/de_pages/wir-uber-uns/deutsch-japanischer-austausch/

——(2012b) *Geschichte*. http://www.daad.de/portrait/wer-wir-sind/geschichte/08945.de.html

——(2012c) *Wissenschaftlicher Gesprächskreis*. http://tokyo.daad.de/wp/de_pages/termine/wissenschaftlicher-gesprachskreis-wgk/

DGIA (Stiftung Deutsche Geisteswissenschaftliche Institute im Ausland / ドイツ海外学術研究所財団) (2011) *Stellungnahme des Stiftungsrates zum Deutschen Institut für Japanstudien Tokyo* (*DIJ Tokyo*). http://www.maxweberstiftung.de/fileadmin/user_upload/upload/StellungnahmeDIJ_Tokyo_gesamt.pdf

DGJS (Deutsche Gesellschaft der JSPS-Stipendiaten / ドイツ語圏日本学術振興会研究者同窓会) (2005) *10th Anniversary of the Deutsche Gesellschaft der JSPS-Stipendiaten. German-Japanese Scientific Exchange*. Bonn: Deutsche Gesellschaft der JSPS-Stipendiaten.

DIHKJ (Deutsche Industrie- und Handelskammer in Japan / 駐日ドイツ商工会議所) (Hrsg.) (2007) *Zur Bedeutung des Innovationsstandortes Japan für Strategie und Geschäft deutscher Tochterunternehmen in Japan*. Tokyo: Deutsche Industrie- und Handelskammer in Japan (DIHKJ).

DIJ（Deutsches Institut für Japanstudien / ドイツ日本研究所）（1998）*Bericht zur Begutachtung durch den Wissenschaftsrat*. 3 Bde. Tokyo: Deutsches Institut für Japanstudien.

DJG（Deutsch-Japanische Gesellschaft / 独日協会）（2012）*Japanologie auf deutschen Unis*.　http://www.djg-rn.de/unis_d.htm

DJR（Deutsch-Japanischer Kooperationsrat für Hochtechnologie und Umwelttechnik / ハイテクおよび環境技術に関する日独協会評議会）（1998）*Arbeitsbericht 1994–1997*. Bonn. Deutsch-Japanischer Kooperationsrat für Hochtechnologie und Umwelttechnik. Sekretariat der Deutschen Delegation.

――（2001）*Arbeitsbericht 1998–2000*. Bonn. Deutsch-Japanischer Kooperationsrat für Hochtechnologie und Umwelttechnik. Sekretariat der Deutschen Delegation.

Dobson, Sebastian（2011）„Humboldt in Japan" in: Sebastian Dobson und Sven Saaler（Hrsg.）, *Unter den Augen des Preußen-Adlers. Lithographien, Zeichnungen und Photographien der Teilnehmer der Eulenburg-Expedition in Japan, 1860–61*. München / Tokyo: Iuidicum / Deutsche Gesellschaft für Natur- und Völkerkunde Ostasiens, S. 77–124.

Dobson, Sebastian und Sven Saaler（Hrsg.）（2011）*Unter den Augen des Preußen-Adlers. Lithographien, Zeichnungen und Photographien der Teilnehmer der Eulenburg-Expedition in Japan, 1860–61*（プロイセン－ドイツが観た幕末日本――オイレンブルク遠征団が残した版画、素描、写真）。München / Tokyo: Iuidicum / Deutsche Gesellschaft für Natur- und Völkerkunde Ostasiens.

DWIH Tokyo（Deutsches Wissenschafts- und Innovationshaus Tokyo / ドイツ科学・イノベーションフォーラム東京）（Hrsg.）（2012）*Das Deutsche Wissenschafts- und Innovationshaus Tokyo. Bericht 2009–2011*. Deutsches Wissenschafts- und Innovationshaus Tokyo.

Finken, Holger（2012）„Japan nach der Katastrophe", *Jahresbericht 2011*. Bonn: Deutscher Akademischer Austauschdienst（DAAD）, S. 138–148.

Foljanty-Jost, Gesine und Yûji Ishida（2009）*Neue Perspektiven für den deutsch-japanischen Wissenschaftsaustausch: binationale Graduiertenkollegs in den Geistes- und Sozialwissenschaften*. Halle: Martin-Luther-Universität Halle-Wittenberg（Transformations of civic society Nr. 3）.

Gardner, Michael (2010) "Germany. Lagging behind in OECD statistics," *University World News*, 26. September 2010. http://www.universityworldnews.com/article.php?story=20100925155437703

GI (Goethe Institut) (2012) *50 Jahre Goethe-Institut Tokyo*. http://www.goethe.de/ins/jp/tok/uun/g50/deindex.htm

GJCC (German-Japanese Cooperation Council for Hightech and Environmental Technology / ハイテクおよび環境技術に関する日独協会評議会) (1999a) *Transportation problems in Megacities: German-Japanese Workshop: Tokyo, January 29th, 1999*. German-Japanese Cooperation Council for Hightech and Environmental Technology.

—— (1999b) *German-Japanese Workshop: Telemedicine, October 29th 1998, Hakone*. Deutsch-Japanischer Kooperationsrat für Hochtechnologie und Umwelttechnik (DJR), Sekretariat der deutschen Delegation.

GJF (Gesellschaft für Japanforschung) (2012) *Japanbezogene Forschung & Lehre im deutschsprachigen Raum*. http://www.gjf.de/links_d.htm

Haasch, Günther (Hrsg.) (1994) *Die Deutsch-Japanischen Gesellschaften von 1888 bis 1996*. Berlin: Edition Colloquium.

Hayden, Craig (2011) *The Rhetoric of Soft Power: Public Diplomacy in Global Contexts*. Lexington.

JaDe (Förderverein Japanisch-Deutscher Kulturbeziehungen e. V., Köln) (2012) *Über die Stiftung*. http://www.jadestiftung.org/about

Jansen, Christian (2004) *Exzellenz weltweit: die Alexander von Humboldt-Stiftung zwischen Wissenschaftsförderung und auswärtiger Kulturpolitik (1953–2003)*. DuMont.

Japanese-German Forum (日独フォーラム) (2002) *Joint Statement of the 10th Japanese-German Forum*, 4. Februar 2002.
http://www.jcie.or.jp/thinknet/forums/german-japan/10state.html
http://www.jcie.or.jp/japan/gt/G-J/G-J10th.html

JCIE (Japan Center for International Exchange / 日本国際交流センター) (2012) *Japanese-German Forum*. http://www.jcie.or.jp/thinknet/forums/german-japan/index.html

JDZB (Japanisch-Deutsches Zentrum Berli / ベルリン日独センター) (Hrsg.) (2005) *20 Jahre Japanisch-Deutsches Zentrum Berlin*. Berlin: Japanisch-Deutsches Zentrum.

JETRO (2005) "'Cool' Japan's Economy Warms Up," *Economic Research Department, Japan External Trade Organization* (*JETRO*), March.

JF (The Japan Foundation / 国際交流基金) (2011) *The Japan Foundation 2010/2011. Annual Report*. Tokyo: The Japan Foundation.

JSPS (Japan Society for the Promotion of Science / 日本学術振興会) (2011) *JSPS 2010–2011*. Tokyo: JSPS.

—— (2012a) *Japanese-German Frontiers of Science Symposium*. http://www.jsps.go.jp/english/e-jgfos/index.html

—— (2012b) *Japanese-German Graduate Externship*. http://www.jsps.go.jp/english/e-jg_externship/03_list.html

Kathe, Steffen R. (2005) *Kulturpolitik Um Jeden Preis: Die Geschichte des Goethe-Instituts von 1951 bis 1990*. Martin Meidenbauer Verlag.

Kommission (Kommission "Japan-Institut") (1987) *Bericht der Kommission "Japan-Institut" an die Geisteswissenschaftliche Sektion der Max-Planck-Gesellschaft*. Manuskript.

Kurlantzick, Joshua (2008) *Charm Offensive. How China's Soft Power is Transforming the World*. Binghamton: Yale University Press.

Lam, Peng Er (2007) "Japan's Quest for 'Soft Power': Attraction and Limitation," *East Asia: An International Quarterly*, October 2007.

Laumer, Helmut und Jürgen Betten (2011) *Deutsch-Japanische Partnerschaft auf dem Gebiet der Wissenschaft*. (Webseite des Verbands der Deutsch-Japanischen Gesellschaften) http://www.vdjg.de/download/deutsch-japanische_partnerschaft_auf_dem_gebiet_der_wissenschaft.pdf

Ledderose, Lothar (1984) *Ein Deutsches Geisteswissenschaftliches Institut in Japan*. Manuskript, Deutsches Institut für Japanstudien.

Leipnik, James (2012) "25 Years and Still Counting," *Canon Foundation in Europe*, no. 23, 2012.

Matthes, Klaus, Yumi Yako, Kimiyoshi Sato (2003) *Jahresbericht Forschung und Technologie in Japan*. Tokyo: Botschaft der Bundesrepublik Deutschland. http://www.kooperation-international.de/detail/info/jahresbericht-forschung-und-technologie-in-japan-stand-august-2003.html

McGray, Douglas (2002) "Japan's Gross National Cool," *Foreign Policy*, May-June 2002, pp. 44–54.

Michels, Eckard (2005) *Von der Deutschen Akademie zum Goethe-Institut: Sprach- und auswärtige Kulturpolitik 1923–1960*. Oldenbourg.

MOFA (Ministry of Foreign Affairs / 外務省) (1999) *The Year of Japan in Germany*. http://www.mofa.go.jp/region/europe/germany/japan.html

—— (2004) *Fact Sheet. Japanese-German Science, Technology and Academic Cooperation and Exchanges*, 9 December 2004. http://www.mofa.go.jp/region/europe/germany/summit0412/fs_cp_exc.html

Mori, Yoshitaka (2011) "The Pitfall Facing the Cool Japan Project," *International Journal of Japanese Sociology*, no. 20.

Mützenich, Rolf (2011) „Japan und Deutschland: Gemeinsamkeiten und Unterschiede", Erich G. Fritz/Daiichi Sankyo (Hrsg.) *Zeitenwende in Japan?*, Oberhausen.

Nettelbeck, Joachim (2008) „Außenwissenschaftspolitik — Asymmetrie der Wissensordnung und Orte der Forschung", Schütte, Georg (Hrsg.), *Wettlauf ums Wissen. Außenwissenschaftspolitik im Zeitalter der Wissensrevolution*. Berlin University Press, S. 112–119.

Nye, Joseph S. Jr. (2004) *Soft Power. The Means to Success in World Politics*. Public Affairs.

OAG - Deutsche Gesellschaft für Natur- und Völkerkunde Ostasiens (1980) *Festschrift. Das Neue OAG-Haus 1979*. Tokyo: OAG - Deutsche Gesellschaft für Natur- und Völkerkunde Ostasiens.

Otmazgin, Nissim K. (2012) "Geopolitics and Soft Power: Japan's Cultural Policy and Cultural Diplomacy in Asia," *Asia Pacific Review*, vol. 19, no. 1.

Perthes, Volker (2008) „Soft Power in der Auswärtigen Politik", Schütte, Georg (Hrsg.), *Wettlauf ums Wissen. Außenwissenschaftspolitik im Zeitalter der Wissensrevolution*. Berlin: Berlin University Press, S. 46–51.

Ramming, Martin (1961) „Deutschland - Japan. 100 Jahre einer Völkerfreundschaft. Zur Erinnerung an das deutsch-japanische Freundschaftsjahr", *Zeitschrift für Kulturaustausch*, S. 18–19.

Robert-Bosch-Stiftung (2012) *Bericht 2011*. Stuttgart: Robert-Bosch-Stiftung GmbH.

Schütte, Georg（2008）„Wettlauf ums Wissen. Außenwissenschaftspolitik als Herausforderung moderner Wissenschaftsgesellschaften. Eine Einführung“, Schütte, Georg（Hrsg.）, *Wettlauf ums Wissen. Außenwissenschaftspolitik im Zeitalter der Wissensrevolution*. Berlin University Press, 2008, S. 12–26.

——（2010）„Außenwissenschaftspolitik - Wissenschaft im globalen Wandel gestalten“, Simon, Dagmar, Andreas Knie und Stefan Hornbostel（Hrsg.）, *Handbuch Wissenchaftspolitik*. Wiesbaden: Verlag für Sozialwissenschaften, S. 152–161.

Schwalbe, Hans und Heinrich Seemann（Hrsg.）（1974）*Deutsche Botschafter in Japan, 1860–1973*. Tokyo: Deutsche Gesellschaft für Natur- und Völkerkunde Ostasiens.

Spang, Christian W., Rolf-Harald Wippich und Sven Saaler（2014）*Die Geschichte der Deutschen Gesellschaft für Natur- und Völkerkunde Ostasiens（OAG）, 1873–1973*. Tokyo: Deutsche Gesellschaft für Natur- und Völkerkunde Ostasiens（OAG）（in Vorbereitung）.

TIFO（Toshiba International Foundation / 東芝国際財団）（2007）*Activities Report 2006/2007. TIFO News*, No. 17, Tokyo: Toshiba International Foundation.

——（2008）*Activities Report 2007/2008. TIFO News,* No. 18, Tokyo: Toshiba International Foundation.

Universität Bonn（2012）WASEDA University.　http://www3.uni-bonn.de/einrichtungen/international-office/partnerschaften-1/waseda-university

Waseda（Waseda-Universität / 早稲田大学）（2012）*European Center in Bonn*.　http://www.waseda.jp/bonn.

Wissenschaftsrat（1985）*Stellungnahme zur Errichtung eines deutschen geistes- und sozialwissenschaftlichen Forschungsinstituts in Japan*. Berlin.

Yamazaki, Masakazu（1988）“New Ideals for Cultural Exchange,” Kokusai Kôryû Kikin / Japan Foundation（eds.）*Kokusai Bunka Shakai wo mezashite / Toward a Culturally International Community*, pp. 23–37, 209–221.

Yoshino, Kosaku（1992）*Cultural Nationalism in Contemporary Japan. A Sociological Inquiry*. Guildfort: Routledge LSE.

（訳　竹内早紀）

第九章

戦後日本の知識人とドイツ

――「原子力の平和利用」をめぐって

加藤哲郎
井関正久

はじめに――第二次世界大戦後の日本の知識人における「日独関係」

二〇一一年三月一一日の東日本大震災における大地震・巨大津波による被害、東京電力福島第一原子力発電所炉心溶融事故は、近代日本のあり方に大きな疑問を投げかけた。高度資本主義国日本での深刻な原発事故・放射能汚染は、戦後西ドイツで強力に形成された反核社会運動、環境保護運動を背景に、ドイツ政府のエネルギー政策の大きな転換、「脱原発」への道を決定づけた。

このように現在相互に影響を及ぼし合う日本とドイツであるが、冷戦時代の国際社会における日独関係は、日本－西ドイツ（ドイツ連邦共和国）－東ドイツ（ドイツ民主共和国）のトライアングルを形成していた。西ドイツは、第二次世界大戦後、西欧社会の一員に復帰し、今日のＥＵの中心になっていったのに対して、東ドイツは、東側社会主義圏内で独自の位置を占めた。一方、日本は、ほぼ米国に依拠して近代化を果たし、アジアの経済発展を牽引した。トライアングルの三点間における直接の交渉・交流は、戦前に比べると弱まる傾向にあった。

東西ドイツと日本との関係は、経済分野では西ドイツの「奇跡の復興」と日本の「高度経済成長」を通じて緊密になっていき、翻訳・留学・文化交流は東ドイツを含めて復活・発展していった。しかし、西ドイツも日本も米国を盟主とした西側同盟の一員となり、東ドイツはソ連の指導下にあったため、冷戦時代は、米ソの影響力が、両ドイツと日本との関係に影を落としていた。日本に即して言えば、戦前まで日独関係・文化交流の大きな下地であったドイツ語・ドイツ文学の影響力が低下し、英語とアメリカ型大衆消費文化が浸透して、日本と両ドイツとの関係を相対的に希釈する作用を果たした。

本章で扱う知識人の世界はその典型で、カント（Immanuel Kant）、ヘーゲル（Georg Wilhelm Friedrich Hegel）、マルクス（Karl Heinrich Marx）、ウェーバー（Max Weber）にいたるドイツ哲学・思想の影響は、戦前にそれらを学んだ人々が学界・論壇で活躍しつづける限りでなお大きな影響力を持ったが、戦後の新制大学発足が占領下の教育民主化の一環だったこともあり、医学や法学に典型的なように、ドイツの影響が徐々に衰退し、アメリカ型の英語中心の研究・教育システムへと移行していった。大国米ソとの直接的学術・文化交流の増大のもとで、日独関係はある種の「周辺」化が不可避となり、「ドイツに学ぶ」伝統は、世代交代が進むにつれて「地域研究」の一つとなっていった。「関係」の緊密性よりも「戦後」の異質性・差異性の方が、両国の歩みに刻印された。

そこで本章では、ドイツと関わりを持つ三人の知識人をとりあげて、その「関係」の意味を検証する。[1] その素材とするのが、日本、西ドイツ、東ドイツでそれぞれ別個の歩みをたどった「核エネルギー＝原子力」への知識人の態度である。結論的に言えば、第一節でみる平野義太郎と、第二節の有澤廣巳は、ともに一九二〇年代後半にヴァイマール共和政末期のドイツ民主主義を体験し、反ナチの社会運動・政治運動とつながりを持った。日本での戦時体験・戦争協力の程度を異にしながらも、戦後日本にヴァイマール型民主主義の成立を見出した。しかし戦後は、東西ドイツへの距離、原子力への態度について、異なる軌跡を歩んだ。二人はナチの政権掌握に衝撃を受け、マルクス主義者として軍国日本で弾圧された経験を持つが、留学体験から引き出した教訓は同じではなかった。

二人は原子爆弾など核兵器には反対し、日本における「原子力の平和利用」において重要な役割を果たしたが、平野は平和運動を通じて戦後の東ドイツと早くから交流し、ベルリン・フンボルト大学から名誉博士号を授与された。有澤は西ドイツの戦後復興に注目し、高度経済成長のブレーンになって、日本のエネルギー政策と原子力発電を推進した。

一方、第三節でみる高木仁三郎は、ヴァイマール体験世代とは異なるドイツとの関わりを、「原子力の平和利用」そのものの批判と脱原発運動を通じて実践した。彼はまた、知識人と市民との関係を問い直し、「市民科学者」として運動に関わることを通して、脱原発の思想と行動を二一世紀に引き継ぐ役割を果たした。

一　ヴァイマール・ドイツを経験した知識人の戦後(その1)──平野義太郎の場合

1　戦前・戦時の平野義太郎──ドイツ留学、講座派の論客から「大アジア主義」へ

1　ドイツ留学から講座派の論客へ

平野義太郎(一八九七－一九八〇)は、もともと日本におけるマルクス主義法学の開拓者である。処女作『民法に於けるローマ思想とゲルマン思想』を上梓して一九二三年東京大学法学部の民法・親族法の助教授になり、関東大震災に遭遇して東大セツルメント法律相談部創立に協力した。二五年『法律における階級闘争』を公刊、野坂参三らの産業労働調査所創設に加わった。治安維持法による学生社会科学研究会弾圧を批判する論陣を張って文部省と衝突、法学部教授会が二六年一一月派遣と決定していた仏独留学は、いったん文部大臣に拒否された。東大の抗議で、半年遅れの二七年三月に文部省派遣在外研究員として出発した(平野 一九八一、広田 一九七五)。

一九二七年春から三〇年一月までの留学中、フランスからドイツのフランクフルト大学社会研究所に移り、ヘンリク・グロスマン(Henryk Grossman)、カール・ヴィットフォーゲル(Karl Wittfogel)らに学んだ。フランクフルトを滞在先にしながら、ベルリンで東大の同僚蠟山政道の提唱により始められた国崎定洞、有澤廣巳、堀江邑一らの社会科学研究会にもしばしば出席した。蠟山・有澤・堀江らの帰国後、東大医学部社会衛生学講座初代教授のポストを拒否して革命家となった国崎定洞と演出家千田是也を中心に、勝本清一郎ら芸術文化活動家、小林陽之助ら若い留学生が加わり急進化した実践的なベルリン反帝グループとも、ローマ、ロンドン、フランクフルトと移動しながら連絡を保った。二八年四月の国際教育労働者連盟(エドキンテルン)ライプツィヒ大会で「オキ(Ｏｋｉ)」という名前で日本の木崎村争議を報告したり、二九年七月フランクフルトの国際反帝同盟(帝国主義反対・植民地独立国際同盟)第二回大会に片山

潜・国崎定洞・千田是也・三宅鹿之助と共に出席したりしている。ただし日本の特高外事警察もドイツの州警察も、平野の実践活動までは把握できなかった(加藤 二〇〇八)。

平野義太郎は、アメリカ経由で帰国後半年もたたない三〇年五月、日本共産党シンパとして検挙され、懲役二年・執行猶予一年の有罪判決で東京大学を罷免された。しかし、野呂栄太郎・山田盛太郎らと共に岩波書店の『日本資本主義発達史講座』編集に加わり、日本資本主義論争における講座派の論客となった。平野『日本資本主義社会の機構』は、山田盛太郎『日本資本主義分析』と並んで、その代表作となった。そこには当時の国際共産主義運動を指導するコミンテルン(共産主義インターナショナル、一九一九－四三年)が日本支部＝日本共産党に与えたいわゆる「三二年テーゼ」と共通する視角があった。明治維新によってもブルジョア民主主義革命は完成されておらず、当代日本を半封建的土地所有と独占資本主義のうえに絶対主義的天皇制がそびえたつ構造ととらえ、「軍事的封建的帝国主義」の侵略性が中国侵略から対ソ戦争を導くものとした。

2　「民族政治」「大アジア主義」への「転向」と戦争協力

一九三六年七月、山田盛太郎・小林良正らと共に再び検挙され(コム・アカデミー事件)、八カ月の留置と保護観察処分の後、東亜研究所で末広厳太郎のもとで中国華北農村慣行調査に参加、以後親戚である鶴見祐輔の創設した太平洋協会で、アジア太平洋地域の調査研究に従事した。平野は、太平洋協会企画部長として風早八十二、伊豆公夫、逸見重雄ら講座派マルクス主義者で治安維持法の弾圧を受けた研究者たちに戦時の職場と生活手段を与えることができたが、この時代に書かれた『太平洋の民族＝政治学』『民族政治学の理論』『民族政治の基本問題』『大アジア主義の歴史的基礎』などは、講座派マルクス主義の絶対主義的天皇制論を放棄し、家族国家論にもとづき日本を盟主とした「大東亜共栄圏」のためのアジア侵略を基礎づけ、積極的に戦争に協力するものだった。(2) 欧米帝国主義の植民地支配を批判しながら、日本帝国主義のアジア侵略を正当化した。

留学体験とのつながりでは、パリ、フランクフルトで師事したカール・ヴィットフォーゲルのアジア的生産様式論・東洋的社会論を基礎にしながら、「東洋的専制」を換骨奪胎して治水・水利の地縁・血縁共同体が「大東亜諸民族の共存共栄」を可能にするとし、他方で後藤新平の台湾統治を「科学的植民政策」「政治家の科学に対する信頼と科学を基本とする異民族統治」と持ち上げ、「科学が新時代を創る」「科学に基く南方経営」を主張する。

「根本的にいへば、日本科学の画期的な飛躍的な進歩を根底としてのみ、日本の南方域経営は、イギリスの植民地経営とは、異る画期的世紀を創造するであろう。私は、いつも持論として科学・技術の振興を説くのであるが、この民族政治学においても、亦綜合科学に基く南方経営を主張し、それを大東亜建設の一の根本的原動力とする」（平野　一九四三、四－五頁）。

講座派の盟友風早八十二は、革新官僚・軍部による戦時労働力の合理的再編・社会政策による「現状打破」に「変革」を夢見る生産力理論を展開したが、平野はそれを拡延し、日本帝国主義によるアジア的共同体の「科学的」包摂で、欧米資本主義とは異なる世界史の新時代を夢見た。ナチや日独同盟には直接依拠することなく、中国・南方の「郷土的農村共同体」の延長上にある種の「ゲルマン法」社会＝有機的共同体的結合を構想した。この「大アジア主義」があるために、敗戦後も太平洋協会の日華学芸懇話会を中国研究所へとそのまま再編し、伊藤武雄、堀江邑一、具島兼三郎、中西功、尾崎庄太郎ら旧満鉄関係者を吸収し研究・評論活動を続ける。戦時の民族理論については沈黙しながら、マルクス主義の階級闘争論を再び公然と持ち出し、米軍占領下の「民主革命」の波に乗り換える。

2　戦後——武谷三男に依拠した「原子力時代」「社会主義の核」の解説・普及

1　プランゲ文庫に見る「進歩的文化人」の典型

平野は一九四六年民主主義科学者協会(民科)設立に参加、中国研究所を設立して所長になり、四八年民主主義擁護同盟結成、四九年日本学術会議第一期会員(以後七期まで)、五〇年平和擁護日本委員会(後の日本平和委員会)結成、世界平和評議会評議員、日中友好協会副会長、以後長く日本平和委員会会長・国際民主法律家協会副会長をはじめ、平和運動・科学者運動の日本代表・スポークスマンとして活躍する。それは、あたかも国崎定洞や千田是也らと一緒にドイツ共産党系の合法的集会・デモに加わった、ヴァイマール・ドイツ留学期の活動の延長のようであった(3)。

平野義太郎は、戦時中も「大東亜共栄圏」礼賛で多弁な論客であったが、そのまま戦後占領期の論壇に華々しく登場した。占領期の日本の出版物・新聞雑誌を収録した資料であるメリーランド大学「プランゲ文庫」は、GHQの検閲記録の集大成で、雑誌論文・評論から政党・労働組合機関紙、文芸誌・同人誌・社内報まであらゆる言論活動を網羅している。これに索引を付した「占領期新聞・雑誌情報データベース」で検索すると、平野義太郎は、一九四六年に入ると「日本を取り巻く世界の進歩——科学文化日本の建設のために」(平野 一九四六)を皮切りに、戦後の世界とアジア・日本を縦横に論じ始める。検閲記録の残る一九四九年末までに二六一本の論文・評論・エッセイを書き、または新聞記事に登場する(加藤 二〇一二a)。

この一九四〇年代後半二六一回というメディア露出度は、左翼・マルクス主義者に限定しなくても、異様に多いものである。政治家で言えば、吉田茂—一四二二、石橋湛山—一二三五には及ばないが、共産党幹部の徳田球一—二七八、野坂参三—二五四並みである。スターリン(Iosif Stalin)—二七四、マルクス—八四二、毛沢東—四七二、レーニン(Vladimir Lenin)—三九三よりは少ないが、エンゲルス(Friedrich Engels)—一三四以上である。学者・文化人で言えば、田中耕太郎─三八一、賀川豊彦─三七二、安倍能成─三六一、中野好夫─三二八、宮本百合子─三一七、大山郁夫─三〇一、中島健蔵─二九三らに次ぐ位置にあり、中山伊知郎─二一二、大河内一男─二一二、横田喜三郎─一九五、鈴木安蔵─一三六、都留重人─一三四、清水幾太郎─一三四、小林秀雄─一三四、宮沢俊義─一二九、桑原武夫─一二七、三木清─一二五、蠟山政道─一一六、美濃部達吉─七四、丸山眞男─六五、高野岩三郎─六三、鶴見俊輔─六〇、千田是也─五八らよりはるかに高い露出度で、代表的な「進歩的文化人」の一人である。当時の左派の論客では、宮本百合子・大山郁夫に近い登場数で、羽仁五郎─一七八、中野重治─一六八、大内兵衛─一六七、山川均─一五九、向坂逸郎─一五四以上である。次節でとりあげる有澤廣巳─九四は労農派の中で大内・山川・向坂に次ぐが、服部之総─八二、堀江邑一─五八、宇野弘蔵─四五、大塚久雄─四〇、大塚金之助─一〇、野呂栄太郎─九、山田盛太郎─七と並べれば、占領期の平野のポピュラリティは、マルクス派・旧講座派の中でも群を抜く。

2　社会科学者として「原子力の平和利用」を提唱

そして、プランゲ文庫で「原子力・原爆・アトム・ピカドン」をキーワードに検索すると、戦後民主主義・平和主義のスポークスマンへと華麗に変身＝「再転向」した平野義太郎こそ、「原子力の平和利用」を最初に明示的に言い出す社会科学者であったことがわかる。『中央公論』四八年四月号の「戦争と平和における科学の役割」(平野 一九四八a)がそれである。

そのタイトルが示すように、原子力を「戦争と平和」及び「科学と科学者の役割」という二つの問題のなかに措定し、「原子力は全人類の破滅をすら可能にするであろうが、用い方いかんによっては、画期的に人類にたいし平和な幸福を促進する」、「科学的研究活動は、一国の革命＝国内戦争(生産様式の変革)、ひいて世界史における生産様式の変革すなわち世界革命と密接につながっており、したがって、一国の革命が世界の革命と不可分である以上、この発展段階に生ずる戦争と平和とに直接につながっている」、「科学を世界戦争のために役立たせるものは、人間の政治組織、社会経済の機構の基本的矛盾なのであるから、この基本的矛盾をとりのぞき一部少数者のためにでなく、最大多数者＝勤労人民の生活の利益のために、この科学を役立たせる社会的政治機構のみが、科学をして究竟の目的に合致させることができる」という。同じ頃の「世界平和における科学の役割」（平野　一九四八b）では「平和利用」の具体例を、原子力発電から放射線医療、航空機や艦船まで挙げていく。

もっとも、広島・長崎の原爆のしくみ、原子力の物理学的解説は、自然科学者たちの仕事だった。占領期メディア登場数は、ノーベル賞受賞報道記事の多い湯川秀樹（初代原子力委員会委員）―一三四が最多で、武谷三男―一二八、渡辺慧―八八、仁科芳雄―六八、崎川範行―六二、嵯峨根遼吉―三七、藤岡由夫（初代原子力委員）―三七、田中慎次郎（朝日新聞）―三二、伏見康治―三〇、である。原爆被害報道が厳しく検閲された占領下日本において、左派では戦時日本の陸軍「ニ号」原爆開発に関わった武谷三男が、右派では後に中曽根康弘に原子力導入を教え促す嵯峨根遼吉（長岡半太郎五男）が、「原子力の平和利用」の早くからの提唱者であり、「原子力時代」の解説者であった。平野のこの期の「原子力の平和利用」「原子力時代」「科学者の責任」への直接の言及は、おおむね武谷の科学論・技術論、生産力論に依拠している(4)。

当時の武谷三男（一九一一―二〇〇〇）は、マルクス主義物理学者として、日本共産党、民主主義科学者協会（民科）の占領期「原子力」観に決定的な影響力を持った。「原子力時代」（武谷　一九四七）などで、戦時中に理化学研究所の仁科研究室で原子爆弾開発に携わった体験を交えつつ、日本帝国主義の侵略戦争を終結させた原爆の「反ファッショ的性格」「原子力解放の偉業」を強調した。レーニンの「社会主義＝ソヴェト権力プラス電化」の延長上で「原子爆弾が戦争防止の有力な契機になる事」、大出力の原子力発電は利潤追求の資本主義には適さず社会主義の計画経済で初めて可能となると説いた。後に実際に日本で原子力発電が始まると、「原子力時代」認識は時期尚早で現代はなお「原水爆時代」だとして原発に反対するが、科学技術発展と「平和利用」の可能性を信じる、その理論的骨格は変わらなかった（加藤 二〇一三b）。

3　武谷三男に依拠した「社会主義でこそ原子力の平和利用」

特に一九四九年は、一月総選挙で共産党三五議席の大躍進、夏に下山・三鷹・松川事件、一〇月一日毛沢東の中華人民共和国建国宣言、その直前にソ連初の核実験成功の発表があった。新制大学発足、湯川秀樹のノーベル物理学賞受賞もこの年である。「社会主義の原子力」を夢見ていた日本共産党は、書記長徳田球一の『原子爆弾と世界恐慌』（通称「原爆パンフ」）を刊行し、「なぜ資本主義社会では原子力を平和的につかえないか、なぜソ同盟では平和的に使えるのか」と歯切れよく「社会主義の核」の優位を説き、左翼版「原子力の平和利用」論の原型となった（徳田 一九五〇a、一九五〇b）。そこでは、独占資本主義のもとでは原子力は「動力源としては使えず、爆弾としてしか使えない」、なぜなら原子力を動力源にすると資本主義は生産過剰になり世界恐慌に突入する、それに対してソ連では平和産業が発展する、「蒙古でもゴビの砂漠でも、新疆でも、ヨーロッパの文明圏の何倍もあるような不毛の土地が、原子力のおかげで、緑のしたたるような、ゆたかな沃野にかわっていく」、「原子力を動力として使えば、都市や工場のあらゆる動力が原子力で動かされ」冷暖房自在で「飛行機、船舶その他ありとあらゆる動力として、つかえる」、「そうすると、生活必需品も、物質の洪水みたいに、ありあまるほどつくれる」と「原子力による共産主義」の夢を語る。

ただしそこには、それなりの「科学的」裏付けがあった。「原子核分解のときにでるエネルギーを、爆発力つまり爆弾としてつかうだけでなく、そのエネルギーを適当に人間が管理し、制御していけば、りっぱにできる」という徳田球一のアジテーションの背後には、当時の「原子力」解説の第一人者武谷三男の理論的裏付けと、武谷三男・坂田昌一ら民科所属科学者たちの共産党支持があった。ちょうどこの徳田「原爆パンフ」の頃、民科技術部会主催の「日本産業の現状と技術の諸問題」と題する連続講演会が開かれた。平野義太郎が「資本主義法則と科学技術」、武谷三男が「原子力産業と科学技術の行方」を説き、共産党書記長徳田球一が「科学と技術におけるマルクス・レーニン主義の勝利」を語った。それは朝鮮戦争勃発時一九五〇年六月に書物にまとめられるが、徳田は「武谷先生の話」を受けて、ソ連原爆実験成功による「夢の現実化」を語る(民科技術部会　一九五〇)。

3　「現存社会主義＝平和勢力」論と東ドイツとの交流

1　「全般的危機」論に導かれた「社会主義の防衛的核」

したがって、平野義太郎の「原子力の平和利用」論自体は、米国による広島・長崎への原爆投下を国際法違反とするものではなく、オリジナルなアイディアでもなかった。科学・技術の役割を強調し、「科学の中立性」や「巨大な生産力」の視角から原子力にあこがれることは、「文化国家」を目指す当時の論壇では、左右に共通するものだった。

この期の平野の議論の特徴は、「戦争と平和」を語るさいの世界認識の枠組みにあった。端的にいえば、コミンテルン綱領出自の「資本主義の全般的危機」論であり、第二次世界大戦の基本性格を「ファシズム対民主主義」ととらえ、その基底に「四大矛盾」＝①社会主義国家と資本主義国家の体制間矛盾、②資本主義・帝国主義国家内部の資本と賃労働の階級矛盾、③帝国主義と植民地・従属国の民族矛盾、④帝国主義国家間矛盾を見出し、それら矛盾の一方の極にある「三大革命勢力」＝①ソ連・東独など社会主義世界体制、②資本主義国の労働者階級、③植民地・従属国の民族解放運動を「変革主体」として摘出する。平野はこれら「変革主体」を「平和勢力」として組織し、帝国主義内部の科学者など「民主主義勢力」へも影響力を広め、ファシズム＝「戦争勢力」を孤立させようとした(5)。平野の戦後が、平和運動とアジア・アフリカ民族解放運動との連帯、日中友好運動に彩られたのは、この「三大革命勢力」「平和勢力」の中に身をおくことによってであった。

しかし、戦時中の「科学的植民政策」「大アジア主義」からの乗り換え、日本の帝国主義侵略と天皇制国家の戦争を明白に支持し協力した過去からの「再転向」は、いかにして正当化されたのか？　先の『中央公論』論文では、以下のように論じた。

「日本は脆弱な畸形な経済構造をもつ帝国主義であっただけに、なおさら軍事的帝国主義によって近隣の諸民族を植民地化せんがために一連の侵略戦争を遂行した。しかも本来、日本の近代科学はその生誕のときから軍事的性格を烙印されてきたのだが、戦争の進展につれて、まったく帝国主義戦争に奉仕することになった。これらの戦争を遂行するためになされた科学的研究は、けっきょく客観的には反動的役割を演じた。帝国主義段階における科学の役割は、日本の例がよくその本質を余すところなく示している。むしろ中国の経済建設に寄与することに日本の科学者が努力したならば、進歩的役割に転じえたのであったろう」(平野　一九四八a、一二頁)。

この講座派的視角に戻った四八年の論文では、自らの戦時中の中国・南方農村調査や大東亜共栄圏論も「近代科学」「科学的研究」の一環であったとされる。ただその「科学」が帝国主義者に悪用されて「客観的には反動的役割」を果たした。だから自らの社会科学的知見や核物理学者の原子力研究は、「進歩的な戦争」すなわち「民主主義のための戦争、抑圧者に対する被抑圧民族の戦争、勝利を得た社会主義にたいする干渉戦争においてこれらを防御する戦争」に用いられるならば、「これらの戦争を通じて新しい動的な平和がつくられ、その平和に科学が奉仕するとき、その科学は進歩的な性格を獲得する」――後に共産党がソ連・中国の核実験を「平和のための防衛的核」と弁証する同じ論理で、平野は「主観的には」科学者でありマルクス主義者であったと弁明し、自らをなぐさめる。全般的危機論と戦争・平和論を直結させるこの論理は、ベトナム戦争期の長大な論文「世界平和運動」(平野　一九六九)に集大成され、後に遺著というべき『平和の思想――その歴史的系譜』(平野　一九七八)にまで受け継がれる。

だが日本の平和運動には、一九五四年三月の第五福竜丸ビキニ環礁水爆実験による被爆を直接の契機として、杉並の主婦たちが始めた原水爆禁止署名運動から広がった原水禁運動が入ってきた。憲法第九条擁護や米軍基地反対運動と共に「国民運動」として定着する。ちょうどその頃、中曽根康弘・正力松太郎が「アトムズ・フォー・ピース＝原子力の平和利用」を実践に移し、五五年末原子力基本法と五六年初め原子力委員会の発足にいたる（加藤 二〇一三b）。

平野の「原子力の平和利用」論が依拠した武谷三男は、ビキニ被爆とソ連の水爆実験から「原子力時代」の認識を改め、まだ「原水爆時代」だとして「安全性」や放射線「許容量」の具体的研究に入る。ソ連のスターリン批判とハンガリー蜂起弾圧に衝撃を受けて、日本の原発政策にも社会主義国の核保有にも批判的になり、後に第三節で見る高木仁三郎が「世話人」をつとめる原子力資料情報室の「代表」に就任する（一九七五年）。

2　日本平和委員会会長として東独と交流し「原子力の夢」を追い続ける

原水禁運動のなかでの平野義太郎の役割は、一九五五年の原水禁世界大会発足時から、日本平和委員会会長として、運動の中での日本共産党の主張と立場に従い、原水爆保有・使用には反対しながらも、「原子力の平和利用」を主張し続けることだった。原水禁運動は一九五五年の出発時から、原子力の「軍事利用」には反対しつつ「平和利用」に振り向けることを提唱していた。社会党・共産党・総評（日本労働組合総評議会）などが運動の中心であったが、一九六一年ソ連の核実験再開から、「いかなる国の核実験にも反対」とする社会党・総評と「社会主義国の防衛的核」を認める共産党が対立し、六五年、共産党系原水爆禁止日本協議会（原水協）と社会党系原水爆禁止日本国民会議（原水禁）に分裂する。平野ら平和委員会は原水協に残った。七〇年代に入ると、原水禁＝社会党系は原発立地の住民運動・反公害環境運動と結びつき「平和利用」＝原発建設にも反対するようになるが、原水協＝共産党系は折からの石油危機のもとで代替エネルギーの一つとしての原子力を重要と認め「平和利用の可能性」に固執する。平野ら日本平和委員会もこれに従う。平野自身は声高に「社会主義の防衛的核」や「代替エネルギーとしての原子力」を主張することはなかったが、日本共産党への疑問や批判を述べることはなかった。平野は、戦時「非転向」を勲章にする日本共産党に寄り添い従うことによって、自らの「転向」の後ろめたさを浄化しようとしたかに見える(加藤 二〇一三b)。

ドイツとの関係も、ヴァイマール期留学体験と戦後の活動を直結し、全般的危機論から「平和勢力」と認定した東ドイツとの交流を中心とするものとなった。一九七三年の国交回復以前から東ドイツとの交流には熱心で、五四年の「日独文化の会」(会長上原専禄、後の日本DDR友好協会の前身)発足に発起人として加わり、世界平和評議会や国際民主法律家協会への日本代表としてたびたび東ドイツを訪問し日本国憲法の「平和的生存権」を紹介、六〇年にはベルリン・フンボルト大学から名誉法学博士の称号を授与された。

逆にNATOに加わり「戦争勢力」と認定された西ドイツに対しては、上林貞治郎との共著『西ドイツ国家独占資本主義と労働者階級』(平野・上林 一九七〇)でNATOの核軍備・米軍基地について論じたが、社会的市場経済や経営協議会についての関心は見られなかった。その死は一九八〇年、米国スリーマイル島原発事故の直後で、チェルノブイリ原発事故の悲劇やそれをも一因とする東独・ソ連の崩壊を見ることはなかった。核戦争には一貫して反対し原水禁運動の先頭に立ちながらも、「核エネルギーによる人類の幸福」という夢を保持し、「社会主義のもとでの原子力＝生産力の全面的解放」の信念は、揺らぐことはなかった。

二　ヴァイマール・ドイツを経験した知識人の戦後（その2）――有澤廣巳の場合

1　人民戦線事件から秋丸機関抗戦力調査、戦後経済再建ブレーンへ

1　労農派アナリストとして「支離滅裂の秋丸機関」に関わる

同じ東京大学からのヴァイマール期ドイツ留学組で、一時は平野の親しい友人でもあった有澤廣巳（一八九六―一九八八）は、別のより大きな意味で、戦後日本の原子力史に名を残す。関東大震災後の一九二四年東大経済学部助教授（統計学）、二六年三月から二八年三月文部省派遣でドイツ、フランス、アメリカに留学、ベルリンでは社会科学研究会に加わり国崎定洞らと共にマルクス主義を学び、ドイツ社会民主党（SPD）のほかドイツ共産党（KPD）にも接近、平野とも経歴が重なったことは、別著で一章を割いたのでここでは繰り返さない（加藤 二〇〇八、有澤 一九五七a）。帰国後世界と日本の経済分析で山川均・大内兵衛・向坂逸郎・大森義太郎らの雑誌『労農』に協力、日本資本主義論争では労農派マルクス主義者の一人とされるが、同僚の講座派山田盛太郎の再生産論には生涯敬意を払い続けた。

一九三八年、第二次人民戦線事件（教授グループ事件）で大内兵衛、脇村義太郎、美濃部亮吉、宇野弘蔵らと共に検挙され東大を休職、四〇年には陸軍秋丸次朗大佐の依頼に応えて日本の総力戦準備の基本調査にあたるが、「支離滅裂の秋丸機関」と回想するように、「対英米戦の場合、経済戦力の比は二〇対一」とする東条内閣・軍部の意に沿わない抗戦力調査報告を仕上げた。それはマルクスの再生産表式に第Ⅲ部門「軍需品生産部門」を加えて「螺旋的縮小再生産」を導く、戦前の論文「戦争と経済」（有澤 一九三五）の延長上の客観的分析で、日米戦争の敗戦を確信させ、むしろ戦後の経済再建の指針を与えるものとなった。平野義太郎のような明白な戦争協力とは異なるが、ローラ・ハインは自伝に「いささかの後ろめたさ」を読み取っている（ハイン 二〇〇七、八八頁、中北 一九九八、牧野 二〇一〇）。

2　ヴァイマール・ドイツの教訓としての「日本経済の自立」

敗戦・占領期の有澤廣巳は、石炭・鉄鋼の傾斜生産方式で、日本政府の戦後経済復興政策の有力ブレーンとなった。「プランゲ文庫」で量的に示されるメディア登場数は九四と平野義太郎らより少ないとはいえ、その現実への影響力は、「占領下日本における政治としての経済学」「民主主義としての統計」を駆使して「戦後の再建の基調を定め、高度成長を築く土台」となった（ハイン 二〇〇七、一一六頁）。大内兵衛、有澤廣巳、高橋正雄、脇村義太郎、美濃部亮吉ら戦前からの「大内グループ」に、都留重人、大来佐武郎、中山伊知郎、東畑精一らが加わり、外務省特別調査委員会『日本経済再建の基本問題』（一九四六年）や経済安定本部（後の経済企画庁）で果たした役割はよく知られているが、有澤においてそれは「ヴァイマール・ドイツの崩壊」体験と結びついていた。また大内兵衛・向坂逸郎・高橋正雄らと共に、マルクス主義の旧労農派として、日本社会党に「平和経済」の理論的基礎を提供することを意味した。

このことを端的に示すのが、サンフランシスコ講和後の独立を前に『世界』五二年一月号に書かれた「日本経済を自立せしめよ」という短文である。「今日の日本の民主主義は一歩一歩戦いとられたものではなく、敗戦とともに一挙に与えられたものである。（中略）日本における民主主義は、形式はととのっているとしても、その精神はまだまだ確立の域に達しているとはいえない」として、「資本主義世界における最も進んだ憲法といわれた」ヴァイマール憲法のもとで、「憲法制定六年目にドイツに渡り約二年半の研究生活を送ったわたくしには、ドイツ国民の社会生活が自由でのびのびとしていて、いかにも楽しそうにみえて羨ましく感じられた。ドイツ社会民主党の指導者たちも、政治における民主主義はすでに確立された、われわれは経済における民主主義の徹底を今や戦略目標とするのみであると唱えていた」。それなのに、なぜ「世界恐慌の深化とともに、ドイツ国民は脆くもナチの全体主義の支配下におちいった」のかと問うことこそ、戦後日本の学ぶべき問題だった。

「次第にわたくしに明かになったことは、ドイツ経済が真に自立できていなかったということであった」として「巨額の外資流入」とその引揚げによる「産業労働者の三分の一」の失業を挙げ、「政治的不手際もあったが、労働者も生活ができなくなったとき、ワイマール憲法を擁ろうとする気力を失った。そのときヒットラー運動は救い主のような姿態をもってドイツ民主主義に襲いかかった」とする。そこから再軍備と世界戦争の危機のもとで「日本経済の自立は真にできているだろうか」と問い、①雇用問題、②「日本の貿易構造が輸入はアメリカに輸出はアジアに分れている」結果としての「ドル・バランスの問題」、③農地改革でも未決とした「一町歩未満の農家の困窮」を「自立」の課題とする(有澤 一九五二a)。

有澤は、インフレーションや再軍備・朝鮮特需についても論陣を張り、平和問題談話会、日本フェビアン研究所、社会主義協会、平和経済計画会議などで民主主義、全面講和、非武装中立、日中貿易などについて積極的に発言する。「平和経済」の基礎に生産力発展をおき、中小企業近代化による「二重構造」打破や通貨安定・生産性向上・技術革新・エネルギー転換を推進するサプライサイド重視の立場をとる。いわば第Ⅲ部門＝軍需を抜きにした再生産・蓄積＝平時の国民経済再建をめざし、「国民所得」や「生活水準」の概念化で労働者の生活向上や労使関係の安定にも目配りして、戦後日本の経済成長を根拠づける代表的なエコノミストになった。

有澤のヴァイマール・ドイツからの教訓は、苛酷な賠償と大量失業・貧困のもとでナチスが台頭し、労働者大衆もそれにひきつけられて民主主義が崩壊したことであった。平野義太郎がそこから「反ファッショ統一戦線」の政治的教訓を導き、生産力の問題を「社会主義＝平和勢力」のソ連・東独モデルに委ねたのに対して、有澤廣巳は、日本経済の復興、近代的工業化のための産業構造構築を、同じくアメリカの強い影響下にある「西ドイツの奇跡」に学ぶことで解決しようとした。等身大の「社会主義」をめざして、エアハルト(Ludwig Erhard)『ドイツ経済の奇跡』を自ら翻訳し(エアハルト 一九五四)、一九五八年以降、各種欧米調査団の団長として西ドイツを含む戦後資本主義の成長過程を視察、六三年六－七月には西ドイツ政府の招待でドイツに滞在し、各種政府審議会委員や法政大学総長・日本学士院理事長など要職を歴任した(有澤 一九八九、中北 二〇〇〇、加藤 二〇〇一)。

2　日本経済自立のために——エネルギー転換と原子力委員就任

有澤廣巳は、経済政策に影響力を行使し国民生活向上を牽引するために、原子力とも関わらざるを得なくなった。政府の経済審議会、資源調査会などの委員をすでに引き受けていたから、一九五六年一月の日本原子力委員会発足にあたって五人の委員の一人になったのは自然に見えるが、それは左右が統一したばかりの日本社会党の推薦によるものだった。

1　原子力委員会の「労働代表」委員に

日本の原子力研究と「原子力の平和利用」は、アメリカ大統領アイゼンハワー(Dwight Eisenhower)の国連総会演説「アトムズ・フォー・ピース」(一九五三年一二月)の三カ月後、当時の吉田自由党内閣のもとで、吉田批判の急先鋒である改進党衆議院議員中曽根康弘らが保守三党補正予算中に突如として二億三五〇〇万円の原子力予算を忍び込ませることによって始まった。MSA協定や造船疑獄、ポスト吉田と保守合同政局のさなか、保守でも傍流の中曽根康弘・正力松太郎が推進した日本の原子力導入にあたっては、この中曽根原子力予算を機に、日本学術会議の科学者たちと左右社会党が「自主・民主・公開」の三原則を条件に「平和利用」賛成に踏み切ったことが決定的であった。中曽根自身は核兵器を含む自主防衛を将来に夢見ていたが、右派社会党の松前重義の助言にそって学術会議の三原則を丸呑みし、原子力基本法ほか三法による制度設計を進めて、生まれたばかりの自由民主党・日本社会党全議員の共同提案による議員立法として、ほぼ満場一致の「国策」にしあげた(加藤 二〇一三a)。

五四年三月の原子力予算衆院通過の直後にビキニ環礁での米国水爆実験による第五福竜丸被爆が明るみに出て、原水禁運動が始まり反米世論が高まるが、正力松太郎は自社メディア『読売新聞』を動員して原子力平和使節団を招き平和利用博覧会を成功させた。第五福竜丸被爆・原水禁運動は、「原水爆反対、原子力は平和のために」という当時の総評・社会党・共産党の路線に沿って「国策民営」としての「原子力の平和利用」を促進した。(6) そして、初代原子力委員長正力松太郎のもとで、経団連会長だった石川一郎、請われて就任した学者代表湯川秀樹、学術会議の藤岡由夫に加え、総評・社会党推薦の「労働代表」として委員に就任したのが、ちょうど東大経済学部の定年退職の時期を迎えた有澤廣巳だった（加藤　二〇一三ｂ）。

2　石炭・石油後の原子力によるエネルギー安定供給

有澤自身はこの経緯を、後に脇村義太郎との対談で「ぼくは原子力なんかぜんぜん知らんからいやだ、といったんだ。（中略）書記長の浅沼さんまでやってきて、やれというんだ」と回想しているが（有澤　一九八二）、受動的であったのは事実にしても、必ずしも正確ではない。というのは、有澤は雑誌『科学』五二年四月号で「技術の束縛と技術の解放」を論じ（有澤　一九五二ｂ）、「三原則」がまだ日本学術会議で議論されていた五四年九月末、『科学』の座談会「日本の原子力研究はどこまできたか」に社会科学者としてただ一人出席し、司会の武谷三男、朝永振一郎、駒形作次、田中慎次郎といった原子力専門家のなかで、「原子爆弾をつくるならそろばんを超越したことでしょうが、いわゆる平和利用となると、そろばんをはじかないと成り立たない」と日本のエネルギーの将来を論じていた（朝永　二〇一二、一八六―一九〇頁）。学術会議の自然科学者たちにとっても、支持しうる人選だった。

原子力委員に就任すると、一年で委員を辞任する物理学者湯川秀樹と共に、軍事利用を厳しく禁じての平和利用、学術会議の「自主・民主・公開」三原則遵守、基礎研究重視の立場を取り、中曽根・正力や財界の早期実用炉導入政策に当初は反対した。じっさい一九五六年末には、社会主義協会の雑誌『社会主義』創刊五周年記念講演会で「原子力と社会主義」、日本フェビアン研究所講演会で「原子力発電の諸問題」(7) と題して「現在私が思い悩んでいる」点について、核分裂のしくみからプルトニウム、増殖炉、使用済み燃料再処理、放射能の問題にいたるかなり専門的な内容に立ち入った話をし、原子力が「世界の政治のなかで最も重要な政治性をもった問題」であるがゆえに「もしこれが社会主義政権の下でありますならば、おそらくこういう矛盾を感じないで、この原子力基本法が指示している通りの進み方に邁進できるであろう」と述べていた(有澤 一九五七b、一九五七c)。

もっともほぼ同時に『科学』五七年一月号巻頭言として発表された「社会的課題と科学技術者」では、科学技術者に課された「長期的に見た社会的課題」として「わが国の電力需給バランスからいうと、一〇年ないし一二－三年後には、原子力発電に移行する必要がある」と率直に述べて、すぐに武谷三男から「業界の宣伝そのまま」、「もっと科学技術問題や原子力事情について御勉強になることを願いたい」と皮肉られた(武谷 一九五七)。

当時の有澤の原子力への関心は、経済成長のためのエネルギー安定供給とコストの問題だった。ちょうど水力・石炭から石油へのエネルギー転換期にあり、有澤はそこで大きな役割を果たした。原子力は、将来の長期的なエネルギー源の選択肢の一つとして、経済性を重視し、慎重に進めるべきものであった。

3　ヴァイマール・ドイツの教訓――原子力の経済性と安全性のはざまで

1　社会党・総評と決裂して反原発運動の標的に

しかし、社会党推薦で「社会主義政権下の原発」さえ構想した原子力委員有澤廣巳は、委員長代理(委員長は国務大臣科学技術庁長官なので、実質的最高責任者)になった日本の原発の商業的出発期には、反原発運動の標的にされていた。武谷三男は、日本社会党理論誌『月刊社会党』七二年二月号の「座談会　原子力発電の諸問題」で、冒頭「社会党の方々と原子力の問題を論じる場合そもそも原子力委員会の労働代表として、社会党・総評が有沢さんを出したことに、すべて今日のまずいことのもとがある」と挑発した。向坂逸郎の社会主義協会に属する原発専門家原野人が「有沢さんという方は、悪い人ではないのでしょうが、独占資本とその政府にたいするかまえがなくてただ利用されてしまう」と応じた。核物理学者の藤本陽一も「われわれ学術会議に関係していた自然科学関係の者は、炉の安全性、放射線障害の問題を一生けん命にやってきた。ところが、有沢先生のもっぱらの関心事は、災害補償の問題でした」と武谷に賛同し、日本共産党系の日本科学者会議に属する日本原子力研究所の中島篤之助も「有沢さんの考えというのは、情勢にまず順応しようということ」と突き放す（日本社会党 一九七二、六三－六六頁）。

ただし日本社会党と有澤の決裂は、原子力をめぐって始まったわけではなかった。五五年の日本生産性本部発足にあたって有澤が理事に就任したことから、有澤の国民経済発展と技術革新・生産性向上の主張は、社会党・総評の「反合理化」方針と対立した。有澤が主導した石炭から石油への「エネルギー革命」は、向坂逸郎ら社会党協会派をブレーンとした三井三池労組の争議に対する「裏切り」で「反労働者的」と糾弾された（中北 二〇〇〇）。しかし有澤自身は日本国憲法擁護・原水爆反対を唱えており、日中友好運動にも尽力した。合理化や三池争議をめぐって旧労農派内部で向坂らと対立しても、「自立した平和経済」をめざす信念は揺るがなかった。しかも「原子力の平和利用」は、一九六〇年代末までは、日本社会党の公式見解であった。ソ連・中国の原爆実験評価で社会党と対立し原水禁運動を分裂させた共産党は、「原子力の平和利用」の可能性を二一世紀まで主張し続けた(8)。

問題は「原子力の平和利用」一般ではなく、原発の経済性と安全性の関わりだった。生産力としての原子力への評価を変えたのは、武谷三男や社会党の方だった。前節で見たように、武谷三男は一九五六年「スターリン批判」の頃から「原子力時代」を遠い未来に追いやり、「平和利用」三原則と「安全性」の観点から現実の原子力発電商業化に反対した。有澤は「やすいエネルギーとその供給確保」の観点から「新たなエネルギー＝原子力」に希望を託した。「木材にかわって石炭があらわれ、石炭にかわって石油があらわれた。そしてその石油にかわる原子力がいままさにあらわれてきた」という有澤のエネルギー評価（有澤 一九六二）は、七〇年代石油危機による供給困難・価格高騰でいっそう強まった。七四年の原子力船「むつ」の放射線漏れ事故を機に、原発を主題とした唯一の編著に「その不安と期待」の副題をつけ(有澤 一九七四)、原子力安全委員会を設ける原子力行政の新たなしくみを作り、原子力基本法第二条に「安全の確保を旨として」を加える初めての法改正を主導したのも、有澤廣巳だった(有澤 一九七七、保木本 一九七八、城山 二〇一〇)。

ただし科学者たちが最も重視した「公開」原則が多発する事故の隠蔽やデータ改ざんで踏みにじられ、「自主」は英国コールダーホール型原子炉輸入から出発しターンキー方式での米国炉商業化で骨抜きになり、電力・電機業界と経済官僚主導で「民主」的運営もおぼつかなかったから、吉岡斉のいう「三原則蹂躙史観」からの批判が説得力を持ったのも事実だった(吉岡 二〇一一)。社会党と原水禁は、六〇年代後半から公害反対と原発立地反対の住民運動に加わり、七〇年代に原水禁内部で森瀧市郎・池山重朗らの「核と人類は共存できない」という主張が強まることによって、ようやく原爆のみならず原発にも反対するようになった(後藤 二〇一一)。

2　ヴァイマール共和国研究から得た歴史的教訓

有澤廣巳は、原子力委員会委員長代理など各種審議会委員をつとめた経歴を買われて、一九六六年財団法人日本エネルギー経済研究所理事長、七三年には日本原子力産業会議会長に就任する。私家版『有澤廣巳の昭和史』全三巻中『歴史の中に生きる』には、日本原子力産業会議年次大会での有澤の会長所信が、「原子力平和利用の課題と対策」と題して一九七四年から八八年まで収録されている。それはちょうど、石油危機で日本の原子力エネルギー依存が加速し、電源三法による原発立地自治体買収が進み、狭い地震列島に数十の原発が林立して「原発安全神話」が形成される過程と重なる(加藤 二〇一三b)。

ここで注目すべきは、有澤廣巳が後に「原子力村」とよばれる政財官学複合体の頂点に入る時期が、有澤の後半生の知的ライフワークである『ワイマール共和国物語』『ワイマール共和国物語余話』執筆過程と重なることである（有澤 一九七八a、一九八四、一九八九）。つまり有澤は、青年時代のヴァイマール民主主義崩壊の歴史的経験に引きつけて、「日本経済の自立」のために原発を必要不可欠と考えた。「ノーモア・ヒロシマ、ノーモア・ナガサキ」と「社会的な安全性」を強調しながらも、「無限の未来を秘めた核エネルギー」を認め「核燃料サイクル」へのシフトをも推進した。それは、七九年スリーマイル島、八六年チェルノブイリ原発事故を経て、「安全神話」を説く「御用学者」と批判されても、揺らぐことはなかった(9)。

有澤廣巳は、西ドイツ経済の再建過程を視察・体験して「日本経済の自立」の範にし、戦後日本と西独の経済発展の比較も続けたが（有澤・大河内 一九七二、一九七七）、それは「ヴァイマール共和国崩壊の教訓」に比すれば、二次的であった。社会主義圏では日中友好には熱心であったが、東ドイツに対しては疎遠であった。一九八八年の死去は、日本のバブル経済のさなか、すでに東西ドイツばかりでなくアメリカをも一人当たりGDPで追い越し、「日本経済の平和的自立」を謳歌できる時であった。有澤は、武谷三男や平野義太郎とは同床異夢で、国民経済と生産力の発展による「原子力時代」到来を夢見つづけた。有澤にとっての「ドイツから学ぶ」は、同時代の関係性よりも、ヴァイマール民主主義とその崩壊の歴史的経験に晩年までこだわり、反面教師にしたものであった。

三　戦後派知識人にとっての「ドイツから学ぶ」――高木仁三郎の場合

1　「市民科学者」高木仁三郎の「ドイツ反核運動から学ぶ」

西ドイツにおける一九六〇年代後半は学生抗議運動が巻き起こる激動の時代であった。六八年にピークを迎えた運動はその後政治的に挫折し、一部は急進化して左翼テロリズムに走ったものの、「六八年世代」は七〇年代以降の「新しい社会運動」、八〇年代の緑の党の活動において主導的役割を果たす。七〇年代半ば以降に西ドイツ各地で繰り広げられた反原発運動も、六八年の遺産の一つとして捉えられ、反原発・脱原発運動は「六八年世代」の子あるいは孫の世代に引き継がれ、現在も新たな展開を見せている。一方、六八年の東ドイツでは、市民の間で「プラハの春」への期待が高まったが、ソ連率いるワルシャワ条約機構軍のチェコスロヴァキア侵攻により、改革の夢は打ち砕かれた。しかし、「プラハの春」で掲げられた民主主義的社会主義は、八九年秋に始まる「平和革命」の際に甦り、市民運動の圧力で体制が崩壊する過程で、原発問題を含むあらゆる社会問題が、市民参加のもと議論されていった。

このような東西ドイツにおける市民運動から大きな刺激を受け、また運動の動向を常に敏感に捉えながら、日本における反原発・脱原発運動をリードしていった人物として、核化学者の高木仁三郎（一九三八－二〇〇〇）があげられる。「安保世代」に属する高木は、西ドイツで研究生活を送った後、大学を辞職して原子力資料情報室を立ち上げる。そして、自ら「市民科学者」への道を進む過程で、西ドイツの反原発運動や東ドイツの民主化運動から大きな刺激を受け、西ドイツのミヒャエル・ザイラー（Michael Sailer）や東ドイツのセバスティアン・プフルークバイル（Sebastian Pflugbeil）ら、高木と同じ志をもつ科学者との親交を深めていった。

高木の思想、行動、そして原子力に関する専門的見地からなされる原発批判は、二〇一一年三月一一日の福島第一原発事故以降、再び大きな注目を集め、彼の著書の新装版が次々に出版されたほか、新たなセレクション（高木　二〇一二）も刊行されている。その一方で、高木と親交のあった原子炉専門家ザイラー（エコ研究所　CEO）は、フクシマ後、日本の危険な状況を警告するとともに、ドイツ連邦環境省内の原子炉安全委員会の委員としてドイツの原発の安全審査に関する報告書の作成に加わり、メルケル（Angela Merkel）政権の脱原発路線への転換において重要な役割を果たした（梶村　二〇一一、二七〇頁）。プフルークバイル（ドイツ放射線防護協会会長）もまたフクシマ後、日本の状況に関してドイツのマスメディアから再三コメントを求められると同時に、日本のさまざまな団体から依頼を受けて度々来日し、内部被曝問題などに関する講演を精力的に行っている。このように、高木の盟友であるドイツ人科学者たちはフクシマ後の日本において注目される存在となり、彼らの主張は脱原発の説得力のある根拠として大きな関心を呼んでいる(10)。

本節では、高木のドイツでの経験やドイツ人科学者との交流が、彼の活動および運動にどのような影響を及ぼしてきたのかを考察する。

2　「市民科学者」への目覚めと行動の開始

1　活動の原点

市民運動家としての高木仁三郎の原点には、彼の戦時中および終戦直後の経験があった。七歳のときに終戦を迎えるが、その際、「天皇万歳、神国日本、鬼畜米英」から「アメリカ解放軍万歳」と社会が一転するのを目の当たりにし、幼いながらも「国家とか大人たちの世界の嘘っぽさ」を感じ取り、「国家とか、それに関わる政治思想というのは嘘くさい」というような考えを抱き始め、少年時代も大人たちへの不信感は消えなかった。大学生時代の高木は学生運動の先頭に立っていたわけではなく、大学四年次の六〇年代安保におけるデモの際も「人のうしろにくっついて動いている」程度であったが、イデオロギー的な政治運動に対しては「ある種のアレルギー」をもっていた(高木 一九九九a、二六一－二六二頁)。

高木が東京大学理学部で核化学を専攻していた頃、日本は原子力発電の創成期であった。日本では一九五〇年代半ばから、急速に原子力開発が進められ、旧財閥グループの再編過程のなかで原子力産業の土台が形成されていった。こうしたなかで、高木は日本原子力事業に就職し、核化学研究室に勤務する。しかし、「上が言ったことに対して逆らえないような暗黙の雰囲気」に馴染めず、彼はこの会社での経験を、自らが「反抗をはじめた原点」として位置づけている(高木　一九九九a、二六三頁)。

また、高木はこの頃、ノーベル化学賞受賞者でプルトニウムの発見者であるシーボーグ(Glenn Seaborg)の本に出会う。しかしそこに記された、プルトニウムの増殖により無限のエネルギーを手に入れられるとする「夢物語」のような考えや、シーボーグ自身が関わった原爆開発における「独創的で輝かしいアイデア」という表現に「違和感」を覚え、体制側の科学から訣別する契機となった。その後、高木はこの「プルトニウム物語」にシーボーグが書けなかった「プルトニウムの脅威に幕を閉じる」最終章を完成させることを、科学者としてのライフワークとすることとなる(高木　一九九九c、六八－七二頁)。

一九六五年、高木は東京大学原子核研究所助手の公募に応募し、同ポストを得る。六八年から六九年にかけて、全共闘を主体とする大学闘争が巻き起こるなか、高木は助手として、学生運動とは一定の距離を取った活動を展開していた。とりわけ当時の学生運動で用いられた「画一的スローガン」およびレーニンらの「肖像」に「偶像崇拝やセクト主義の臭い」を感じ取り、学生運動が異議申し立ての次元にとどまり、オルタナティヴな社会構想というヴィジョンに欠けていた点に対しても違和感を覚えた(高木　一九九九b、五一－五二頁)。その一方で、自らの研究の自由や特権ばかりを主張する大学内の研究者の体質にも嫌悪感を抱き、科学者が結局、既成体制の維持やイデオロギーの補強のための道具となってしまっている現状に、大きな「ショック」を受ける(高木　二〇〇三c、四八七頁)。たとえば、全都助手共闘での討論の際、高木は大学外に体制側と対抗できるような「民衆の知恵としての学問」を形成することを主張するものの、仲間からは賛同が得られなかった(高木　二〇〇三c、五四五頁)。このときの高木が目指したものが、「市民の手による科学」を実践する「市民科学者」というアイデンティティの原型であった。その後、六九年に高木は東京都立大学の助教授ポストを得る。

一九六〇年代末の日本では、高度経済成長のもたらした歪みが表面化し、公害問題などを中心に住民運動が全国各地で展開されていた。こうしたなかで、高木は研究者仲間とともに、七〇年代初頭から成田国際空港建設反対を掲げた農民らによる三里塚闘争に加わり、体制側に立ち向かう当事者の農民たちを支持する活動を展開するようになった。とくに強制代執行のあった七一年には、国家の政策に抵抗する農民の姿を目の当たりにし、彼らの代弁者として自らの知性を活用できるような学問を切り開く道を模索し始めるようになる。この三里塚闘争が、高木にとって、体制側ではなく市民側につくという自身のポリシーを実践に移す場となった（高木　一九九九ａ、二六六頁）。

このように、学生運動や企業勤務の経験を通して、「組織に属するのが嫌い」、「政治党派の影響下で動くのも嫌」という「一匹狼主義」的な高木の意識と行動スタイルが形成され、三里塚闘争の経験から、高木の体制批判に基づいた「反抗」と市民の側に立つ姿勢の土台が築かれていった（高木　一九九九ｂ、五三頁）。批判的姿勢は自身の専門分野である核化学においても当初から見られ、国家の原子力政策に対して不信感が募っていった。一九五五年体制成立とともに、保革両勢力とも原発推進を掲げるなか、他の技術分野とは異なり、綿密な計画や専門家の育成の進まないまま、原子力産業は上から組織された。米国がマンハッタン計画以来開発してきたものを、日本に強引に定着させる政策に対して、高木は批判的姿勢を強め、研究者の間でもしだいに孤立していく（高木　二〇〇三ｃ、三九九頁）。

２　ハイデルベルクでの研究生活における（西）ドイツ体験

原発にかかわる諸問題が明るみになり、漁民や農民による反対運動や住民運動が展開され、原水禁も反原発運動に取り組むようになるなか、高木自身、原発産業やそれと結びついたアカデミズムへの不信感と批判を強めていった。大学助教授としての現状にも疑問を抱いた高木は、一九七二年から七三年にかけて、西ドイツのハイデルベルクにあるマックス・プランク核物理研究所で客員研究員として研究生活を送る。高木自身、ハイデルベルクに来た目的として、自ら課題としてきた研究テーマに「決着」をつけること、「自前の科学」、すなわち「市民の手による科学」にいかなる可能性があるのか検討すること、の二点をあげている(高木 一九九九b、一二七―一二八頁)。

高木は、ハイデルベルクでの研究員時代に読書を通して影響を受けた思想家として、フランクフルト学派第二世代のハーバーマス(Jürgen Habermas)とシュミット(Alfred Schmidt)のほか、ブロッホ(Ernst Bloch)とゾーン＝レーテル(Alfred Sohn-Rethel)といったマルクス主義哲学者の名をあげている(高木 一九九九b、一二九頁)。とりわけ、ハーバーマスの著書『認識と関心(Erkenntnis und Interesse)』を読み進めるなかで、科学的認識が「純客観的」に得られるわけではなく、関心の方向に決定づけられており、「対自然的な生物学的な存続の条件だけでなく、人と人との関係にかかわった社会的な条件をもう一つの重要な要素として、関心が導き出されなければならない」とするハーバーマスの見解に大きく共感する。このハーバーマスの考えは、「批判ということのもつ創造的力」を高木に再認識させると同時に、既存の科学の枠組みにおいて、人間と自然との関係や人間同士の関係という問題が切り捨てられて「物質的な有用性、商品生産のための有用性」が「暗黙の前提」とされている点を問題視させ、原発推進を続ける日本の現状を批判するための理論的根拠をもたらした(高木 一九九九b、一三一頁、高木 二〇〇二b、一一六―一一八頁)。

しかし、高木がハイデルベルクで得た貴重な経験はこうした思想レベルのものよりも、実践面でのものの方が大きかった。現地の研究者のみならず、工業技術社会に批判的な神学者、哲学者、学生運動の流れをくむ市民運動家ら、「近代科学に満足しない」人々との交流は刺激的であり、やがて高木の周辺に小サークルが形成されるようになる。そこで環境をはじめとするさまざまな社会問題について議論を重ねるにつれ、西ドイツにおけるエコロジー思想に触れるとともに、体制に取り込まれないような「独立な専門的批判の組織化」という問題意識も芽生えていった(高木 一九九九c、四五頁)。

しかし、実体験に基づく高木の「ドイツ的なもの」への評価は、肯定的なものばかりではなかった。厳然とした「ドイツ流の合理性」がある一方で、実際には教授と弟子との上下関係をはじめ、日常のあらゆるところに「非合理などろどろした世界」が存在し、ドイツ社会がその双方の「格闘」の上に成り立っていることを、目の当たりにする(高木 二〇〇二c、五七一頁)。また、反原発運動がすでに一九六〇年代に始まっていた日本とは異なり、西ドイツではまだ問題視されていなかったため、原発の問題意識においては日本の方が進んでいたとも指摘している(高木 一九九九b、一三〇頁)。

ハイデルベルク滞在中に都立大助教授の辞意を固めた高木は、七三年の帰国後まもなく辞表を提出する。高木は翻訳業などで生計を立てることとなり、生活が不安定になる一方で、大学辞職は、高木にとって市民科学者として自らの道を歩むという、人生で「いちばん大きな転機」となった(高木 一九九九a、二六二頁)。

3　西ドイツ反原発運動からの刺激と原子力資料情報室の立ち上げ

一九七〇年代の西ドイツでは、ＳＰＤと自由民主党(ＦＤＰ)の連立によるブラント(Willy Brandt)政権およびその後のシュミット(Helmut Schmidt)政権のもとで、原発建設が推進される。七五年初頭に西ドイツ南部バーデン・ヴュルテンベルク州のヴィールで反原発闘争が始まると、西ドイツの反原発運動は、急速な発展を見せ、一気に世界中の注目の的になる。ヴィールでは七五年二月、原発建設の予備工事の着工を止めようと、ワイン用ぶどうの栽培農家が中心となって建設予定地を占拠し、これに近郊のフライブルクの学生らが加わって闘争が本格化した。また、敷地占拠という闘争手段は、ライン川を挟んだフランスのアルザス地方の住民運動からもたらされ、運動は早くから国際的な連携のもとで展開されていった(本田 二〇〇五、七一－七二頁)。

当初、キリスト教民主同盟(ＣＤＵ)を与党とする州政府は、州警察によって占拠者を強制排除するものの、運動の規模が大きくなると柔軟路線へ転換を強いられ、占拠は長期化する。住民たちは、積極的に都市部からの学生ら運動家と連帯し、とりわけ「Ｋグループ」と総称される、学生運動の流れを汲んだ共産主義セクトとの共闘を進めていった。「Kグループ」は新たな活動の場を求めて各種運動に入り込み、運動を過激な方向へ転換させていたことから、当局からは「組織化された過激派」とみなされ、住民運動との間で度々トラブルを引き起こしていた(Rucht 1988, S. 133)。「Kグループ」との連携が見られた背景には、原発問題を契機にCDUを脱退し闘争に参加する農民が続出したことのほか、こうした農民を中心に多元的勢力の団結が優先され、「統一戦線」を支える草の根運動の基盤が成長していたことがあげられている。七五年三月にフライブルクの行政裁判所が、ヴィール原発建設に関する州政府の命令を無効と判断し工事が中断されると、高木はこの判決を、「一つの新しい時代の到来を告げるもの」と評価した(高木　一九七五、八五－八六頁)。

ヴィールの反原発運動から高木が受けたインパクトとして、裁判結果や運動の国際連携のほかにも、運動によって生まれた抗議文化があげられる。農夫を中心に、農婦や子供も加わった占拠闘争のなかで、専門家による公正な審査がなされない公聴会に対抗し、既存の研究教育機関へのオルタナティヴとして「ヴィールの森人民(市民)大学」が創設された。人民大学は地域の人々による自主講座で、科学者、法律家、ジャーナリスト、学生ばかりでなく、農民、漁民、労働者などの参加のもと、原発に関する専門的講義から「成長の限界」に至るまで幅広いテーマに関して議論が展開されたほか、「故郷」に関連する詩や歌などもつくられ、高度成長や技術革新のなかで見失われていった「文化的アイデンティティの再生・強化のフォーラム」ともなった(Rucht 1988, S. 139, 163–164)。

高木は、この人民大学の試みにおいて、一方では、科学者が「啓蒙する専門家」から「共闘する仲間」へと変貌を遂げ、「真に住民の立場にたって闘う学生や専門家」を作り出すプロセスが生まれたと分析している(高木　一九七五、八七頁)。そしてもう一方では、科学者・専門家に対する市民・住民運動の側の対応にも大きな変化があった点も指摘している。すなわち、「専門家、権威者に教えを乞い、その権威に頼って、自らの主張を展開させていく」という住民側の姿勢が、「認識の主体を自分たちととらえて、そこに既存の専門性を取り込んでいく」という方向へと変化し、それとともに「市民運動や環境運動の団体が、資金を集めて、自分たちの関心に答えてくれるような科学者・研究者を掘り起し」、「若い研究者を育成」しようとする動きが見られる点である(高木 二〇〇二b、一四一頁)。このように高木は、対抗専門家育成の出発点としてヴィール反原発運動を位置づけていた。それとともに、高木はヴィールでの闘争において、西ドイツの反原発運動が六〇年にすでに始まっていた日本の反原発運動をはるかに超える規模に短期間で発展していったことに衝撃を受け、以降西ドイツの政治や反原発運動の分析にも力を入れるようになる。

ヴィール反原発闘争が世界中に衝撃を与えた頃、高木は、原水禁メンバーらとともに、反原発運動のための「共通の資料室的な場」を設置する準備に加わっていた。一九七五年九月に、武谷三男を「代表」、高木を「世話人」として、原子力資料情報室が正式に発足する。設立に関与した者の間では構想の違いもあったが、「とりあえずの合意」として、「全国センター」のようなものではなく、「資料の置き場」と「研究者たちの討論や交流の場」という「サロン的なもの」という性格のものということで開始することとなった(高木 一九九九b、一四八–一四九頁)。しかし間もなく資料室のあり方をめぐって、高木と武谷との間では意見の対立が顕在化する。研究室は「専従スタッフの体制」のもと、研究者自身の「運動の場」であるべきだと主張した高木に対して、武谷は科学者と運動家にはそれぞれの役割があるとし、両立の困難さを主張した(高木 一九九九b、一六四–一六五頁)。学問的権威である武谷のこの忠言に対して、高木は「世代間の思想の違い」と捉えて反論し、その後、武谷は代表を辞任する。(11) 結局、実際の運営においては、高木がパートタイムの助手の力を借りつつも一人で行い、活動スタイルもコンセプトから逸脱して「ほとんどワンマン体制」となっていく(高木 一九九九b、一七三頁)。そこには、ハイデルベルク時代に漠然と思い描き、ヴィールの人民大学である程度現実のものとなった「独立な専門的批判の組織化」構想を実践に移すという高木の強い思い入れがあっただけでなく、西ドイツをはじめとする欧州にも負けない、先駆的な活動を指導するというプライドがあった。当時を振り返り、高木は、「全人生をかけ」、「フライング気味」で「設立の趣旨を越えて走り出し」「自己流にこだわり」資料室の運営に取り組んだと述べている（高木 一九九九b、一五〇頁）。

3　東西ドイツ市民運動からの新たな刺激と「市民科学者」間の国際連携

1　西ドイツにおける運動の広がりと組織化

一九八〇年代初頭は、西ドイツでは反原発のほか、反核平和、エコロジー、フェミニズムなどをテーマとする「新しい社会運動」が大きな展開を見せた時期であり、反核平和運動と反原発運動の「交差点」としても位置づけられる（竹本 二〇一二、一五七－一六八頁）。西ドイツの反核平和運動は、アデナウアー（Konrad Adenauer）首相の核武装政策への抵抗運動としてすでに五〇年代に展開されたが、当時はまだ核の平和利用に反対するものではなかった。七〇年代後半に、ヴィール、ブロクドルフなどで反原発運動が高まる一方で、(12) 七九年にはＮＡＴＯ二重決定により中距離核ミサイル配備が問題となると、八〇年代初頭、反核平和運動は反原発運動も巻き込んだ反核運動としてこれまでにない大きな展開を見せた。

同時期、反原発勢力は、他の「新しい社会運動」勢力とともに、既成政党に対するオルタナティヴとしての政治組織の結成への道を模索する。七〇年代後半以降、西ドイツ各地で緑のリストが市町村・郡・州レベルで議会進出を果たし、八〇年一月には連邦政党として緑の党が結成される。同党は八三年三月の連邦議会選挙で連邦議会へ進出し、八五年一二月には、ヘッセン州ではじめてＳＰＤと緑の党の連立政権が成立し、緑の党のフィッシャー（Joschka Fischer）が州環境相となる。八二年に成立したコール（Helmut Kohl）政権が原子力政策を推進する一方で、反原発の立場である緑の党は八〇年代に州および連邦レベルにおいて定着していった。

こうした西ドイツの状況は、地域を越えた広がりを見せない、日本の反原発運動とは対照的であった。高木によれば、当時の日本の反原発運動は、「地域住民の固有の闘いを通じてひとつひとつの原発計画をはね返すことが主題」であり、「各地域にはそれぞれ固有の状況と闘い方」があるため統一化は困難で、「戦術的な側面だけでなく、運動を支える思想においても、まだまだ深まりが不足」し、国際連帯や、地方と都市との連帯も弱かった(高木 一九八一、八－九頁)。このような状況を打開するため、高木は西ドイツをはじめとする欧米の運動にヒントを求め、エコロジー概念に「いま我々が求めているもの」、すなわち「個々の技術に対する反対論を超えたもの、一つのオルタナティヴな価値体系」を「直感的に」見出す(高木 二〇〇三c、四一九頁)。そして、左翼主導の反核運動とエコロジー思想に基づく反原発運動という、「赤と緑」の二つの流れは必ずしも一つのものではないとしながらも、『核』によって代表されるような文明や社会のあり方とはことなる」オルタナティヴな道が反核運動の全体的な理念となりつつあると分析した(高木 二〇〇三b、五四一頁)。高木にとって、このオルタナティヴがもっとも明確に具現化したものが、西ドイツの緑の党であり、日本の運動が「西ドイツの『緑の党』の運動のようになりえるのかなりえないのか」が終わることのない問いかけとなった(高木 二〇〇三c、三九二頁)。また、緑の党に市民運動のあり方としての一つの形を見出した高木は、「日本に『緑の党』的な市民政党が成立し得ない根本の原因」として、自身の経験を踏まえて、日本の市民運動家たちが「大きくまとまりながらも、それぞれの個性を維持することができないため、自らのアイデンティティーを大切にすると、結局まとまることを止めてしまう」点をあげている(高木 一九九九b、五三頁)。

2　チェルノブイリ原発事故後の欧州訪問

一九八六年四月、チェルノブイリ原発事故が発生すると、欧州全体がパニック状態に陥った。こうしたなかで、反原発運動に求められた役割は大きく、西ドイツでは反原発研究者グループが主導権を握り、食品の制限や子供の遊びなどについて一定の目安を設定して勧告を出し、パンフレットによる啓蒙活動などを展開した(高木 二〇〇二a、二三八頁)。一方、反原発運動の展開としては、チェルノブイリ原発事故後、バイエルン州のヴァッカースドルフ再処理工場反対との関連で盛り上がりを見せ、これに対してキリスト教社会同盟（ＣＳＵ）を与党とする州政府は厳しい弾圧を加えたため、市民運動と警察当局との間で衝突が繰り返されていた。ヴァッカースドルフとその近郊では、一九八五年に立地が正式決定すると、都市部からの急進的左翼運動家の参加のもと、敷地占拠などの直接行動が実践された。八五年一二月にヒッピーやパンクなどの地元外の若者も含めて「団結村」が結成されたものの、連邦政府は初めて連邦国境警備隊とベルリンの機動部隊を投入してこれを強制撤去する。こうしたなかで国家権力全体への不信感が募り、反原発運動が大きな展開を見せていた（青木 二〇〇五、一七八－一八二頁）。

高木はチェルノブイリ後の欧州視察と、ヴァッカースドルフ関連の反原発集会への参加、および欧州の反原発運動家との連携強化のため、一九八六年九月から一〇月にかけて欧州へ渡った。まず高木は反原子力の国際会議ＡＡＩ（反原子力インターナショナル）に出席するためにウィーンを訪れる。ウィーンではＩＡＥＡ（国際原子力機関）による、チェルノブイリ事故の政治的幕引きの会議が行われていて、ＡＡＩの会議はこれに対抗するものであった。この会議に高木のほかに京都大学原子炉実験所の小出裕章が参加し、日本の現状について報告した。ウィーンではさらに、七八年に国民投票で建設が凍結されたツヴェンテンドルフ原発を見学し、ＩＡＥＡ会場前で座り込みにも加わる。またウィーン、ミュンヘンで開催された反原発集会では、大勢の参加者を前にスピーチを行った。高木は当時の印象として、チェルノブイリ原発事故後の欧州において、「国境も主義もない」「死の灰」への恐怖が広がっていることにショックを覚えるとともに、欧州の人々が「日本の原発や反原発運動について知らないのに驚かされた」と語っている（高木 一九九九b、一五七－一五八頁）。

ウィーンでの反原発集会で、高木はかつて日本で会ったロベルト・ユンク（Robert Jungk）との再会を果たし、改めて大きな刺激を受ける。ドイツ語圏における反核平和運動の先駆者であるユンクは、一九六〇年代には原子力の「平和利用」に異議を唱えていなかったが、七〇年代前半から原発問題に取り組み始め、七五年のヴィールでの闘争を機に反原発運動の先頭に立つようになる。「ヴィールの森人民大学」では自ら講師として講義を担当する一方で、ヴィールで実践された直接生産者による日常用語を用いたテクノクラシー批判と若者の「対抗文化」の広がりのなかに未来運動のモデルを見出す（若尾 二〇一二、三九－四〇頁）。ユンクはまた、ブロクドルフの反原発運動に参加した際、「原子力国家」概念を提起し、核技術開発におけるテクノクラシー・科学技術エリート独裁の危険性に警鐘を鳴らす。この概念はさらに、ナチの継承者としての「原子力帝国」へと発展し、その後同タイトルの著書を刊行した。日本版『原子力帝国』の出版を機に、八〇年二月には来日し、「反原発運動とヒロシマの経験を結びつけよう」と訴えた（若尾 二〇一二、四〇－四二頁）。

ユンクはこのウィーン反原発集会において、ヴァッカースドルフでの再処理工場の建設問題について触れ、「ヒトラーのファシズムから原子力ファシズムまで一直線に結びついている」と語り「西ドイツの独自核武装」の危険性を指摘するとともに、バイエルン州首相シュトラウス（Franz Joseph Strauß）の姿に「ヒトラーの影」を見出し、「原子力帝国」と闘うことを呼びかけた（高木 二〇〇二a、三三四－三三六頁）。集会の後、高木はヴァッカースドルフを訪問し、現地での運動を視察する。途中、ヴァッカースドルフ近郊の都市バイデンで開かれた緑の党による反原発集会にも参加し、そこで当時西ドイツ緑の党のリーダー格であった、ゲルト・バスティアン（Gert Bastian）、ペトラ・ケリー（Petra Kelly）夫妻とともにスピーチを行った。

3　西ドイツの対抗専門機関からの刺激——ミヒャエル・ザイラーとの交流

一九八六年の欧州訪問において、高木にとって大きな収穫となったのは、エコ研究所のミヒャエル・ザイラーとの出会いであった[13]。同年九月のウィーンのＡＡＩ会議で初めて会った両者はすぐに意気投合し、翌月ザイラーは高木をダルムシュタットの研究所へ招待する。高木は自身の目指す対抗研究機関としての活動をすでに実践している同研究所のあり方に大きな衝撃を受け、ザイラーとの公私にわたる交流が始まった。

エコ研究所の出発点はヴィール反原発運動にあった。ヴィール原発が問題になると、大学教授をはじめとする専門家は市民に原発の情報を公開せず、原発の安全性を危惧する市民の間では独自の研究所が必要とされていた。こうしたなかで福音教会やＳＰＤの反原発派、住民側の弁護に当たった弁護士らが中心となり、一九七七年、民間の独立研究機関としてエコ研究所が設立され、七八年に活動を始めた(高木 一九九九c、二九頁)。設立の背景には、西ドイツにおいて、政府の推進する原発計画に反対する運動を支えるような科学的研究や批判を公的な機関の内部において行うことが、きわめて困難になってきたという事情があり、エコ研究所の設立の趣旨は、こうした研究者たちを市民運動側に取り込むとともに、市民から集めた基金を提供して研究の場を保障することであった。設立後まもなくエネルギー問題全般を扱う部門が結成されるなど専門化が進む。当初は市民団体、ＮＧＯ、自治体からの委託が中心であったが、その研究業績が認められると、企業や州政府、連邦政府からの委託研究が中心となり、「政府公認の批判者」という地位を確立していった(広瀬・橋口 一九九四、二七六頁)。

体制に対する対抗的研究機関としてのエコ研究所が西ドイツにおいて注目されるようになった契機は、一九七九年、原子力政策全般を検討するための調査委員会への参加であった。連邦議会議員と科学者からなる同委員会内において、エコ研究所は経済成長を前提としても原子力の放棄は可能だというシナリオを提示し、その主張は委員会報告書に反映された。以降、西ドイツでは脱原子力がオルタナティヴな政策として認知されるようになる(本田 二〇〇五、七八頁)。また、八〇年代後半には、ヴァッカースドルフの反原発運動において、再処理工場差止めの住民訴訟に参加し、研究者を現地に派遣し科学的な見地から助言を行った。また、ハーナウのジーメンス系核燃料会社でのプルトニウム不正使用問題の解明にも寄与するとともに、同工場のあるヘッセン州でＳＰＤと緑の党の連立政権が誕生すると、当初から州政府の原発関連の政策に関して助言を行った(高木 一九九九c、三五－三六頁)。

ザイラーは、エンジニア系の家庭に育ち、青年期のころから原発に批判的であった。ダルムシュタット工科大学で化学を学んだ後、核エンジニアの専門家となり、原子炉の技術的問題に取り組むようになる。自らヴィール反原発運動に加わり、高木が日本でイデオロギー的な政治運動と対立したのと同様に、運動を内側から操作しようとする「Ｋグループ」や急進的左翼運動家との対立・抗争を経験する。八〇年代にはヴァッカースドルフでも活動を展開した。高木とはダルムシュタットで議論を交わした後も、頻繁に専門的な情報交換・意見交換をするだけでなく、折に触れて互いの自宅を訪問し合うようになった。とりわけ、市民科学者としての活動理念や世界観、両国の文化・歴史・社会について議論を重ね、高木にとって、資料室運営に当たってのよき助言者となる。たとえば高木は政府関連の諮問会議に出席する際、西ドイツで長年政府からの委託研究や政府への提言を行ってきたザイラーに相談し助言を求めていた。

高木は当初からエコ研究所に注目し、相互に連絡もとっていたが、自身と同様に反原発運動に加わり市民科学者の道を進むザイラーとの出会いをきっかけに、さらに同研究所への関心は高まった。そして、高木が目指す市民科学者による対抗専門機関の「最も先駆的存在」としてエコ研究所を捉えるようになる（高木　一九九九ｃ、三一－三二頁）。

欧州訪問後、高木は西ドイツの反原発運動にも問題点が多いとしながらも、「西ドイツの運動から学ぶところは大きい」と結論づけた。エコ研究所については、スタッフ体制や給与など運動側の研究環境が充実していて研究レベルも高い点や、政府の委託を受けるほど政府・議会から認められた存在となっている点、そして、「政府は推進派にも反対派にも研究費を出し、両方から報告を受けることがある程度制度的に確立」している点に、大きな「ショック」を感じたと記している（高木　二〇〇二ａ、三四六－三四九、四八七頁）。この訪問によって高木は、欧州に先んじて原子力資料情報室を結成した自らの先駆性はもはや過去のものとなったと実感し、「ドイツの人たちは後から来てあっというまに実践面で先に行っていた」と述べている（高木　一九九九ｃ、一四頁）。

その一方で高木は、エコ研究所をはじめとする対抗専門機関がもつ「共通の壁」として、「批判的科学の範囲にとどまる」危険性をあげている。エコ研究所はたしかに一つのモデルケースではあるが、高木の目指すところはさらに高く、真の「市民による科学」の実践には、「独自の方法論と課題をもったプログラムを提示していくこと」が欠かせず、そのために、一般市民に分かりやすい形で「事柄の科学的本質を歪めないで、問題を明らかにすること」と「生活者が実感しているような環境上の変化を、その研究の内容に受けとめうるような専門性の質」の双方が必要となると記している(高木 二〇〇二b、二九三－二九六頁)。

欧州旅行から帰国した後、高木は国際連携に意欲的に取り組むようになった。高木は資料室の国際化を推進するため、英文ニューズレター“Nuke Info Tokyo”(NIT)を八七年九／一〇月号から発行し、「国際的に連帯した共同行動や共同研究」への道を本格的に歩んでいった(高木 一九九九b、一五九頁)。この時期、日本における反原発をめぐる状況にも、大きな変化が見られていた。チェルノブイリ原発事故後、原発反対の世論が賛成を上回るようになるとともに、事故による輸入食品の汚染が表面化すると、とりわけ子供を持つ主婦層の不安が高まった(本田 二〇〇五、七四－七六頁)。高木は、こうした傾向を「ようやく党派アレルギーから切れた人たちが、わりあい素直に運動を始めた」と捉え、党派運動の外での学生や母親たちの参加の拡大に反原発運動の大きな可能性を見出していた(高木 二〇〇三c、五五七頁)。実際に運動はこうした層を中心にその後も大きな展開を見せ、反原発「ニュー・ウェーブ」と呼ばれるに至った。高木は原発が選挙と結びついている西ドイツの状況を例にあげ、日本においてはそのようにはいかないにせよ、「運動がもっと社会的な力をつけて、社会のあらゆる領域で原発が生き死にの問題として議論されるような雰囲気を作っていくことが、当面の課題」と記している(高木 一九八六、五四－五五頁)。

4　東ドイツ「平和革命」からの刺激――セバスティアン・プフルークバイルとの交流

一九八〇年末、高木が注目する市民運動の新しい流れは東ドイツから来た。ドイツ社会主義統一党（SED）の独裁体制下、自由な政治活動が認められない東ドイツにおいて、市民が民主化を求めて立ち上がり、「平和革命」を引き起こしたのである。こうした市民運動の背景には、八〇年代をとおして福音教会内で展開されてきた体制批判運動があった。

原発をはじめとする環境問題において、東ドイツは情報を一切公開せず、情報公開を求める環境運動は体制批判とみなされ、国家保安省（シュタージ）による監視と弾圧の対象となっていた。一九六〇年代半ばに原発の操業を開始し、七〇年代はグライフスヴァルト近郊のルブミンに原子力発電所（ノルト原子力発電所）の建設を進めるものの、褐炭への依存に変化はなかった。八六年四月、チェルノブイリ原発事故が発生すると、東ドイツ政府は情報を公開せず、またシュタージによる取り締まりも強化されたため、大規模な反原発運動は起こらなかった。その後も、東ドイツ政府は、褐炭の採掘条件の悪化とそれにともなうコスト上昇という状況下で、原発の新設と拡大を続ける方針を打ち出した（白川 二〇一二、一〇五－一一四頁）。

一九八〇年代後半、東ドイツ社会において一定の自由な活動領域が認められていた福音教会を中心に、環境・人権・平和運動が展開されていくなかで、原発問題もとり上げられるようになる。ソ連でゴルバチョフ（Mikhail Gorbachev）による改革路線が実現し、ポーランド、ハンガリーで「東欧革命」がスタートすると、東ドイツにおいても情報公開と民主化を求める市民運動の機運が高まっていった。八九年夏以降の東ドイツ市民の大量出国が引き金となって、東ドイツ各地で市民運動が大きな展開を見せ、同年九月以降、体制批判勢力はさまざまな市民運動グループや政党を設立する。なかでも、東ドイツ全土で結成された国内最大の市民運動団体「新フォーラム」は、デモや討論会の開催によって市民運動をリードする。これに対して、権威の失墜した当局は、各地で「新フォーラム」との対話集会を開始した。こうしたなかで、一〇月にホーネッカー(Erich Honecker)が退陣し、一一月には、シュトフ(Willi Stoph)内閣は総辞職しモドロウ(Hans Modrow)内閣が誕生、そして同月九日には「ベルリンの壁」が崩壊する。権力の空白を埋めるため、翌一二月、東ベルリンに中央円卓会議が設置され、「新フォーラム」をはじめとする新政治勢力と、SEDを中心とする旧政治勢力が、危機的状態の打開に向けて公的議論を展開した。

新フォーラムの代表として中央円卓会議に参加したのが、物理学者セバスティアン・プフルークバイルであった(14)。グライフスヴァルトで幼少期を過ごし大学に通ったプフルークバイルは、早くから原発を問題視し、物理学者として原発停止に向けて取り組んできた。彼の政治的活動の始まりは核兵器問題であった。東ドイツ政府は、表向きは平和政策を謳っていたものの、国内に配備されているソ連の中距離核ミサイルについては言及せず、核兵器の詳細についても市民に知らせることはなかった。こうしたなかで、プフルークバイルは仲間とともに核兵器の威力や原子力の影響に関する啓蒙活動を開始する。そしてチェルノブイリ原発事故後は、東ドイツの反原発活動を牽引する役割を担い、多くの町を廻り講演活動を行った。

一九八九年秋に始まる「平和革命」の最中、中央円卓会議が開かれると、早急な改革を強いられたモドロウは、九〇年二月初め、円卓会議に参加する市民グループに協力を求めた。その結果、第二次モドロウ内閣(「国民責任政府」)には、プフルークバイルをはじめとする市民運動代表者八名が無任所相として入閣する。彼は大臣としてエネルギー問題、とりわけ原発問題に取り組み、政府関係者の協力のもと、政府の秘密資料にアクセスし情報収集を行った。そしてこの資料を、エコ研究所のミヒャエル・ザイラーら西ドイツの専門家や、グライフスヴァルト原発職員とともに分析し、円卓会議のために鑑定書を作成し公刊する。

さらにプフルークバイルは大臣として、東ドイツのエネルギー問題をテーマに一九九〇年二月下旬に国際会議を主催した。ここでは、東西ドイツの原発関係者や専門家のほか、ソ連、米国、英国、北欧諸国など世界各国の原発専門家を東ベルリンに招いて、東ドイツのエネルギー経済の将来について議論が交わされた。プフルークバイルによれば、この会議は、原発問題について東西ドイツの専門家が市民参加のもとで批判的議論を実践した「最初で最後の会議」であった。こうしたプフルークバイルの活動は、東ドイツ原発を継承する計画を立てていた西ドイツの専門家に、それまで公開されなかった、原発に関する政府の内部情報を提供することとなった。そして、西ドイツの原子炉安全協会などの諸機関も東ドイツ原発の継承におけるさまざまな問題点を公に議論せざるを得なくなり、その結果、東ドイツのすべての原発の停止が段階的に決定されていく。

東ドイツにおける脱原発を牽引したプフルークバイルの活動に、高木は当初から注目していた。「平和革命」によって、「市民が政治の主役」となった結果、「市民が情報を手にし、告発したこと」を高く評価し、東ドイツの事例が、「民主主義と情報公開ということが、科学技術の健全なあり方にとっても、きわめて重要」であること、そして民主主義は「より直接民主主義的」で、「民衆の直接的な行動によって担われるべき」であることを私たちに教えてくれていると記している(高木 二〇〇三b、二七二―二七三、二八〇―二八一頁)。

高木とプフルークバイルの初対面は、一九九〇年四月に『朝日ジャーナル』の企画で行われた座談会で実現する。両者にソ連の作家アダモヴィッチ(Alexander Adamovich)を加えたこの三者会談において、両者はともに、「原子力マフィア」に対抗する市民科学者間の「国境を超えた協力体制」を築いていく必要性を主張した(高木、アダモヴィッチ、プフルークバイル 一九九〇、三二頁)。プフルークバイルは、このとき市民科学者としての道を模索する高木に共感し、以降、両者は相互に機関誌を送り、あるいは国際会議で再会して直接議論を交わすほか、高木がベルリン在住のジャーナリスト梶村太一郎の案内でベルリンのプフルークバイル宅を訪れるなど、交流を続けていった。

一九九〇年以降の高木の活動において中心に据えられたのは、他のNGOとの連携による国際的な反プルトニウム行動であった。九一年には、原子力資料情報室とグリーンピース・インターナショナルの共催で大宮において「国際プルトニウム会議」が開催され、この会議を契機に、ドイツ出身でフランス在住の核専門家マイケル・シュナイダー(Mycle Schneider)やエコ研究所のミヒャエル・ザイラーらとの本格的な国際連帯活動が始まる。そして九五年から二年間、トヨタ財団の研究助成を受けて、高木を代表、シュナイダーを副代表、そしてザイラーほか計九人の研究者をメンバーに、MOX燃料(ウラン・プルトニウム混合酸化物燃料)評価に関する国際研究を実施した。こうした活動は国際的にも高く評価され、九七年一二月には、「もう一つのノーベル賞」ともいわれ、環境・平和・人権などの分野における功績者を表彰するライト・ライブリフッド賞をシュナイダーとともに受賞する。翌九八年にはその賞金をもとに、後進の「市民科学者」を育成し、「オルタナティヴな科学」を普及させるために、「高木学校」を創設する。同時期に大腸癌が発覚するが、その後も同九八年にドイツで成立した、SPDのシュレーダー(Gerhard Schröder)を首相とし緑の党のフィッシャーを外相とする赤緑連立政権の脱原発路線に大きな関心を寄せながら、他界するまで病床で精力的に執筆活動を続けた(高木　二〇〇三a、一一六頁)。

おわりに——高木仁三郎にとって「ドイツから学ぶ」とは

以上みてきたように、高木仁三郎は戦中・戦後体験から、体制へ迎合する風潮に反発するようになり、大学紛争時の経験から、左翼のセクト主義やイデオロギー的政治運動に違和感を抱くようになった。それと同時に、体制に対抗し市民の側に立つ「市民科学者」としてのアイデンティティが芽生え始め、三里塚闘争への参加でそれを行動に移した。高木が「市民科学者」へと進むうえで決定的な後押しとなったのは、ハイデルベルクでの研究生活であった。現地の批判的科学者との交流をとおして、独立した対抗専門機関の構想を描き始める。帰国後すぐに助教授を辞任し、さらにその後、原子力資料情報室の立ち上げに加わるが、その際も他の共同設立者との意見の対立を乗り越え、資料室を「科学者と運動家の両立」という彼独自のコンセプトを実践する場にしていった。

高木はさらに、日本における反原発運動への取り組みにおいて、常に西ドイツの運動を参照し、とくに、敷地占拠や人民大学設立などで大きな展開を見せていたヴィール反原発運動から大きな影響を受け、運動の詳細や成果を日本に紹介した。そして八〇年代後半は、海外の研究者とも親交を深め、運動の国際連携を促進する。とりわけ、西ドイツのザイラーと東ドイツのプフルークバイルとの交流は、高木の活動において大きな刺激となった。「市民科学者」の道を進む高木を同志と捉えてその専門性を高く評価する両者はともに、高木と同様、情報を独占するテクノクラシー、および閉鎖的なイデオロギーと闘い、対抗専門家として市民運動に携わってきた経験の持ち主である。それゆえ、高木にとって彼らは情報交換の相手という域を越え、「市民科学者」としての人生観や世界観を語り、相互に刺激を与え合う存在であった。

このように、高木にとって「ドイツから学ぶ」とは、反原発・脱原発において先端を行くドイツの制度、あるいは市民団体や対抗専門機関、緑の党などから一方的に学び取るというものではなく、ドイツにおける市民運動の成果を細かく分析し、ドイツの盟友たちと連携を深めることによって、運動家、そして「市民科学者」という自らのアイデンティティに基づく行動の方向性を見極め、行動をより強化していくことであった。

高木の思想と行動は、同時に、ドイツ語・ドイツ文化の影響を強く受けて大正デモクラシー期に定着した日本の「知識人」概念の刷新を意味した。平野義太郎や有澤廣巳、武谷三男らは、大正教養主義をくぐってマルクス主義に近づいたエリート的「知識人」「文化人」であり「科学者」であった。時に労働者や一般市民と直に接することはあっても、観念としての「労働者階級」や「市民社会」に科学的知識を提供する啓蒙主義的役割から脱することはできなかった。高木は、日本社会そのものの大衆化、高学歴化、ネットワーク化を背景に、科学的知識を市民の側に取り込むことに尽力し、「市民科学者」という新たな概念を提示することによって、知識と科学の意味とあり方を問い直したのであった。

［謝辞］
本共同論文の原稿は二〇一二年末に完成していたが、その後、著者の一人である加藤哲郎は、本章第一節（平野義太郎）、第二節（有澤廣巳）の一部を用いた単行本『日本の社会主義――原爆反対・原発推進の論理』を、岩波現代全書として二〇一三年一二月に刊行した（加藤　二〇一三b）。同書第七章での平野、第八章での有澤についての論述の一部が本論文と重複し、同書二一七頁に注記したように、加藤の単著で先に発表されることになった。これは、テーマの異なる本書の編集・刊行が予定より遅れたことによるものであるが、岩波書店には、結果的に大変ご迷惑をかけたことをお詫びし、論集・共同論文の事情を汲んで本書への収録を認めて頂いたことについて、心より謝意を表する。

■注

（1）　本章では、筆者の一人である加藤哲郎が、本書と編者を同じくする『日独関係史』第三巻で扱ったヴァイマール後期ドイツに留学した日本人知識人の戦後を、ひとまず取り上げる。その歴史的関係性を色濃く残しながらも、むしろ同時代のドイツとは異なる方向に向かった知識人の軌跡を、平野義太郎（第一節）、そして有澤廣巳（第二節）の原子力観を中心に、加藤がトレースする。同時に、新たな関係性の構築という視点から、戦後派知識人にとってのドイツの意味について、日本の脱原発運動の先駆者である高木仁三郎を事例に井関正久が第三節で論じることによって、戦後日独の文化的トライアングルを示すことを試みる。「はじめに」と「おわりに」は、加藤・井関の共同責任で執筆したものである。

（2）　平野自身はほとんど戦時の記録を残していない。追悼集に寄せた陸井三郎「戦中・戦後の平野先生　一九四三－四六年」（平野　一九八一）が貴重な証言である。この時期の平野について、竹内好（竹内　一九六六）、長岡新吉（長岡　一九八五）、小倉利丸（小倉　一九八九）、杉山光信（杉山　一九九三）、盛田良治（盛田　一九九九）、武藤秀太郎（武藤　二〇〇三）などを参照。

（3）　竹内好は平野の「転向」を告発したが、栗原幸夫の回想によれば、竹内の盟友武田泰淳は、戦争末期に上海で平野と会ったが「転向していなかった」と述べたという。栗原は戦争中の平野が「主観的にはいぜんとしてマルクス主義者を自認していた」ことに衝撃を受け、日本共産党のなかで生産力理論を批判する神山茂夫グループに加わった（栗原幸夫「歴史・経験・再審」『図書新聞』二〇〇一年二月一七日号）。

(4)　武谷三男は、日本共産党の「科学技術テーゼ」(一九四六年一一月)の草案起草者であると自認しており、その基調は「三二年テーゼ」にもとづいていた。ただし武谷の主に依拠する日本資本主義論は、山田盛太郎や平野義太郎よりも羽仁五郎の人民闘争史であった。

(5)　「資本主義の全般的危機」の理論的問題点は、三〇年前にコミンテルン綱領まで遡って詳しく述べたことがあるので(加藤 一九八六)、ここでは立ち入らない。

(6)　この頃アメリカは、西ドイツと日本については、核兵器を作らせることは警戒しつつ、米軍基地に核兵器を配備しソ連に対抗する大量報復戦略「ニュールック政策」を採っていた。西ドイツにはNATOを通じて一九五五年春から配備され、欧州原子力共同体(ユートラム)を通じて核燃料・核技術を取得する。日本の場合は、沖縄米軍基地に核兵器が配備されたが、ヒロシマ・ナガサキ体験に加え、第五福竜丸ビキニ被爆で「反米感情」が強まったため、「核兵器にきわめて敏感な反応を示す日本人にいずれ核戦力配備を受け入れてもらうために、『原子力の平和利用』による『核ならし』をまず敢行する」という心理作戦がとられた。それは情報戦としては大成功で、日本人は原子力を「熱狂的に受け入れ」た(太田 二〇一一、加藤 二〇一三a)。冷戦期のアメリカの核戦略に沿った西独と日本の実際の動きについてはプリンゲル、スピーゲルマン(一九八二)が詳しい。そこでは核導入・原発推進の「核の男爵(Nuclear Barons)」として、西ドイツについてはI・G・ファルベンのカール・ウィナッカー(Karl Winnaker)、バイエルン出身CSUの政治家フランツ・ヨゼフ・シュトラウス(Franz Joseph Strauß)の名を挙げ、日本の正力松太郎、中曽根康弘を彼らになぞらえている。

(7)　講演原題は『社会主義』創刊五周年記念講演会と同じ「原子力と社会主義」であったが、内容は異なるものであった。

(8)　日本共産党と日本マルクス主義の原子力観については、加藤哲郎「日本マルクス主義はなぜ『原子力』にあこがれたのか」(日本同時代史学会二〇一一年度大会報告、二〇一一年一二月一〇日)及び「反原爆と反原発の間」(現代史研究会公開講演会報告、二〇一二年五月二六日)の配付資料が、ウェブ上の「ネチズンカレッジ」に公開されている。これらデータベースに本章の一部をも加えて、謝辞で述べた『日本の社会主義――原爆反対・原発推進の論理』(岩波現代全書)がすでに刊行されている。また、沖縄返還、非核三原則策定、核拡散防止条約(NPT)に日本が一九七〇年に署名する頃、佐藤内閣のもとで秘かに日本の核兵器保有の可能性が検討され、内閣調査室で「日本の核政策に関する基礎的研究」が進められ、外務省も、当時の西独大連立政権外相ヴィリ・ブラントの補佐官エゴン・バール(Egon Bahr)ら西ドイツ外務省関係者を箱根に招いて、NPT体制で「二等国」とされた日独が核保有の可能性を探る会合を持っていた(一九六九年二月三―六日)。日本と西独の原子力開発が交錯したこの秘密会合は、西独側が協力を拒否し、最終的には「当面核兵器は保有しない政策はとるが、核兵器製造の経済的・技術的ポテンシャルは常に保持するとともに、これに対する掣肘を受けないよう配慮する」と「わが国の外交政策大綱」(一九六九年)に書き込まれた。この西独との核保有交渉の事実がようやく明らかになったのは、二〇一〇年一〇月三日のNHKスペシャル「核を求めた日本」放映によってであった。「平和利用」の「軍事利用」への転用可能性を探り、原発を「潜在的核所有」と位置づけたこれら報告書作成には、永井陽之助、蠟山道雄、前田寿らの社会科学者も関わったが、六九年当時原子力委員会委員長代理であった有澤廣巳が関わった、ないし声をかけられた形跡はない(NHKスペシャル取材班 二〇一二)。

(9)　そのため一九八六年四月八日、チェルノブイリ原発事故二週間前の日本原子力産業会議での有澤廣巳会長年次大会発言、「安全確保に役立っていない過重な付属設備は除去しよう(中略)軽水炉についていえば、例えば緊急炉心冷却装置のデザインがオーバー・デザインではないのか」「配管の瞬時破断は実際には起こりえない」「ある面だけ丈夫にしても安全上意味がなく、無駄な投資といえます」と述べた発言(『歴史の中に生きる』二七六－二七七頁)が、「御用学者」の「安全神話」として広瀬隆により告発され、福島原発事故後に再びクローズアップされた(広瀬　一九八七、一八七－一八八頁)。

(10)　ザイラーおよびプフルークバイルの近況については、両者と親交のあるベルリン在住のジャーナリスト梶村太一郎のブログ(http://tkajimura.blogspot.de/)を参照。

(11)　高木は、武谷と個人的に対立したわけではなく、その後も武谷は高木の活動を評価している、と記している。また武谷による批判的発言は、その後の資料室運営にあたり、「現実によい忠言となった」とも述べている(高木　一九九九b、一六五－一六六頁)。

(12)　西ドイツ各地の反原発運動の概要については、Rucht (2008)を参照。

(13)　以下、ザイラーに関する記述や彼の発言の引用は、二〇一二年七月四日に筆者がベルリンで行った同氏へのインタビューに基づいている。

(14)　以下、プフルークバイルに関する記述や彼の発言の引用は、二〇一二年七月四日に筆者がベルリンで行った同氏へのインタビューに基づいている。

■文献(邦文)

青木聡子(二〇〇五)「ローカル抗議運動における運動フレームと集合的アイデンティティの変容過程――ドイツ・ヴァッカースドルフ再処理施設建設反対運動の事例から」『環境社会学研究』一一号、一七四－一八七頁。

有澤廣巳(一九三五)「戦争と経済」『改造』一七巻三号(一九三五年三月号)。

――(一九五二a)「日本経済を自立せしめよ――講和後の日本に民主主義を確立するために」『世界』七三号(一九五二年一月号)、一六八－一六九頁。

――(一九五二b)「技術の束縛と技術の解放」『科学』二二巻四号(一九五二年四月号)、一六二－一六五頁。

――(一九五三)『再軍備の経済学』東京大学出版会。

――(一九五七a)『学問と思想と人間と――忘れ得ぬ人々の思い出』毎日新聞社。

――(一九五七b)「原子力と社会主義」『社会主義』六五号(一九五七年一月)、一一－一六頁。

――(一九五七c)「原子力開発の諸問題」『フェビアン研究』八巻一号(一九五七年一月)、一－一七頁。

――(一九五七d)「社会的課題と科学技術者」『科学』二七巻一号(一九五七年一月号)、巻頭。

――(一九六三)『日本のエネルギー問題』岩波書店。

――(一九七四)『原子力発電――その不安と期待』日本経済新聞社。

――(一九七七)「基本法の改正とこれからの原子力行政」日本記者クラブ会見詳録、一九七七年三月一七日。http://www.jnpc.or.jp/activities/news/shorthandnotes/1977/

――(一九七八a)『ワイマール共和国物語(上)(下)』私家版、東京大学出版会(市販本、一九九四年刊)。

――(一九七八b)「政策と現実の谷間で」エコノミスト編集部編『戦後産業史への証言(三)』毎日新聞社。

――(一九八二)「対談　戦後産業政策のなかの経済学者――審議会は政策決定にどこまで関与できる」(脇村義太郎との対談)『エコノミスト』六〇巻三四号(一九八二年八月一七日号)。

――(一九八四)『ワイマール共和国物語余話』東京大学出版会。

――(一九八九)『有澤廣巳の昭和史』「有澤廣巳の昭和史」編纂委員会、非売品(『学問と思想と人間と』『歴史の中に生きる』『回想』合本)。

有澤廣巳・大河内一男編(一九七二)『成長と福祉――日本の場合・西ドイツの場合』日本経済新聞社。

――(一九七七)『成長経済の転換――日本の場合・西ドイツの場合　第五回日独文化交流セミナー』日本経済新聞社。

エアハルト、有澤廣巳訳(一九五四)『ドイツ経済の奇蹟』時事通信社。(Ludwig Erhard (1954) *Deutschlands Rückkehr zum Weltmarkt. Unter Mitwirkung von Vollrath Frh. von Maltzan. Bearb. von Herbert Gross.* Düsseldorf: Econ Verlag.)

NHKスペシャル取材班(二〇一二)『〝核〟を求めた日本――被爆国の知られざる真実』光文社。

太田昌克(二〇一二)「3・11　日米核同盟の〝帰結〟――福島第一原発事故と核密約問題」『世界』八三一号(二〇一二年六月号)、一四六―一五四頁。

小倉利丸(一九八九)「社会科学者の転向――平野義太郎と宇野弘蔵」池田浩士・天野恵一編『検証昭和の思想(二)　転向と翼賛の思想史』社会評論社。

外務省特別調査委員会(一九四六)『日本経済再建の基本問題』外務省調査局。

梶村太一郎(二〇一一)「フクシマの波紋　脱原発へ不可逆の転換に歩みだしたドイツ」『世界』八二〇号(二〇一一年八月号)、二六六-二七二頁。

加藤哲郎(一九八六)『国家論のルネサンス』青木書店。

――(二〇〇一)「戦後日本と「アメリカ」の影――「いのち」と「くらし」のナショナル・デモクラシー」歴史学研究会編『二〇世紀のアメリカ体験』青木書店。

――(二〇〇八)『ワイマール期ベルリンの日本人――洋行知識人の反帝ネットワーク』岩波書店。

――(二〇一二a)「占領下日本の情報宇宙と「原爆」「原子力」――プランゲ文庫のもうひとつの読み方」『Intelligence』一二号(二〇一二年三月)、一四-二七頁。

――(二〇一二b)「占領下日本の「原子力」イメージ――原爆と原発にあこがれた両義的心性」歴史学研究会編『震災・核災害の時代と歴史学』青木書店。

――(二〇一三a)「日本における「原子力の平和利用」の出発――原発導入期における中曽根康弘の政略と役割」加藤哲郎・井川充雄編『原子力と冷戦――日本とアジアの原発導入』花伝社。

――(二〇一三b)『日本の社会主義――原爆反対・原発推進の論理』岩波書店。

後藤茂(二〇一二)『憂国の原子力誕生秘話』エネルギーフォーラム。

白川欽哉(二〇一二)「東ドイツ原子力政策史」若尾祐司・本田宏編『反核から脱原発へ――ドイツとヨーロッパ諸国の選択』昭和堂。

城山英明(二〇一〇)「原子力安全委員会の現状と課題」『ジュリスト』一三九九号(二〇一〇年四月)、四四-五二頁。

杉山光信(一九九三)「日本社会科学の世界認識」山之内靖・村上淳一・二宮宏之・佐々木毅・塩沢由典・杉山光信・姜尚中・須藤修編『岩波講座社会科学の方法(三)　日本社会科学の思想』岩波書店。

高木仁三郎(一九七五)「ライン川を原発から守る運動――西ドイツ・ウィール村のたたかい」『朝日ジャーナル』一七巻二五号(一九七五年六月)、八四-八七頁。

――(一九八一)「ポストTMI状況と反原発運動の課題」『月刊自治研』二三巻九号(一九八一年九月)、二一-九頁。

――(一九八六)「インタビュー　チェルノブイリ事故の教訓――世界各地に広がる新たな反原発運動」『月刊総評』三四八号(一九八六年一二月)、五二一-五五頁。

——(一九九九a)「インタビュー　私の生きてきた道、いま伝えたいこと」『世界』六六二号(一九九九年六月号)、二六〇－二七七頁。

——(一九九九b)『市民科学者として生きる』岩波書店。

——(一九九九c)『市民の科学をめざして』朝日新聞社。

——(二〇〇二a)『高木仁三郎著作集(一)　脱原発へ歩みだすⅠ』七つ森書館。

——(二〇〇二b)『高木仁三郎著作集(七)　市民科学者として生きるⅠ』七つ森書館。

——(二〇〇三a)『高木仁三郎著作集(三)　脱原発へ歩みだすⅢ』七つ森書館。

——(二〇〇三b)『高木仁三郎著作集(六)　核の時代／エネルギー』七つ森書館。

——(二〇〇三c)『高木仁三郎著作集(八)　市民科学者として生きるⅡ』七つ森書館。

——、A・アダモヴィッチ、S・プフルークバイル(一九九〇)「環境汚染に沈黙破る「東」の市民——我々はもはや子ヒツジではない」『朝日ジャーナル』三二巻二〇号(一九九〇年五月二五日)、一八－二三頁。

——著、佐高信・中里英章編(二〇一二)『高木仁三郎セレクション』岩波書店。

竹内好(一九六六)「日本のアジア主義」『竹内好評論集(三)　日本とアジア』筑摩書房。

武谷三男(一九四七)「原子力時代」『日本評論』二二巻一〇号(一九四七年一〇月)。

——(一九五七)「有澤氏の巻頭言によせて」『科学』二七巻三号(一九五七年三月)、一四四－一四五頁。

——(一九六八－七〇)『武谷三男著作集』全六巻、勁草書房。

——(一九七四－七七)『武谷三男現代論集』全七巻、勁草書房。

竹本真希子(二〇一二)「一九八〇年代初頭の反核平和運動——「ユーロシマ」の危機に抗して」若尾祐司・本田宏編『反核から脱原発へ——ドイツとヨーロッパ諸国の選択』昭和堂。

徳田球一(一九五〇a)「原子爆弾と世界恐慌を語る」『新しい世界』三〇号(一九五〇年一月新年号)。

——(一九五〇b)『原子爆弾と世界恐慌』永美書房。

朝永振一郎(二〇一二)『プロメテウスの火』みすず書房。

長岡新吉(一九八五)「「講座派」理論の転回とアジア認識——平野義太郎の場合」『経済学研究』(北海道大学経済学部)三四巻四

号、四五五－四六五頁。

中北浩爾（一九九八）「補論　有沢広巳の同時代経済分析」中北浩爾『経済復興と戦後政治――日本社会党一九四五－一九五一年』東京大学出版会。

――（二〇〇〇）「日本社会党の岐路――有沢広巳の一九五〇年代」住沢博紀・堀越栄子編『二一世紀の仕事とくらし――社会制御と共生契約の視角』第一書林。

中村隆英編、有澤廣巳監修（一九九五）『資料・戦後日本の経済政策構想』全三巻、東京大学出版会。

日本社会党（一九七二）「座談会　原子力発電の諸問題」『月刊社会党』一八〇号（一九七二年二月）、六三－七七頁。

ハイン、ローラ著、大島かおり訳（二〇〇七）『理性ある人びと　力ある言葉――大内兵衛グループの思想と行動』岩波書店。（Laura Hein (2004) *Reasonable Men, Powerful Words — Political Culture and Expertise in 20th Century Japan*, Washington, D.C.: University of California Press and WWIC Press.）

平野義太郎（一九二四）『民法に於けるローマ思想とゲルマン思想』有斐閣。

――（一九三四）『日本資本主義社会の機構――史的過程よりの究明』岩波書店。

――（一九四三）『民族政治学の理論』日本評論社。

――（一九四四）『民族政治の基本問題』小山書店。

――（一九四五）『大アジア主義の歴史的基礎』河出書房。

――（一九四六）「日本を取り巻く世界の進歩――科学文化日本の建設のために」『世界知識』一九四六年二月号。

――（一九四八ａ）「戦争と平和における科学の役割」『中央公論』六三巻四号（一九四八年四月号）。

――（一九四八ｂ）「世界平和における科学の役割」『国民の科学』一九四八年六月号。

――（一九六九）「世界平和運動」日本平和委員会編『平和運動二〇年運動史』補論、大月書店。

――（一九七八）『平和の思想――その歴史的系譜』白石書店。

――（一九八一）『平野義太郎　人と学問』大月書店。

平野義太郎・上林貞治郎（一九七〇）『西ドイツ国家独占資本主義と労働者階級』大月書店。

平野義太郎・清野謙次（一九四二）『太平洋の民族＝政治学』日本評論社。

広瀬隆（一九八七）『危険な話――チェルノブイリと日本の運命』八月書館。

広瀬隆著・橋口譲二撮影（一九九四）『ドイツの森番たち』集英社。

広田重道編（一九七五）『稿本　平野義太郎評伝（上）』私家版。

プリンゲル、ピーター、ジェームズ・スピーゲルマン著、浦田誠親監訳（一九八二）『核の栄光と挫折――巨大科学の支配者たち』時事通信社。（Peter Pringle and James Spigelman (1981) *The nuclear barons*, New York: Holt, Rinehart and Winston.）

保木本一郎（一九七八）「原子力行政と法体制問題――原子力基本法等改正案をめぐって」『法律時報』五〇巻七号、三八－四五頁。

本田宏（二〇〇五）「ドイツと日本の反原発運動と政治」日本比較政治学会編『日本政治を比較する』（日本比較政治学会年報第七号）早稲田大学出版部。

牧野邦昭（二〇一〇）『戦時下の経済学者』中央公論新社。

民科技術部会編（一九五〇）『資本主義法則と科学技術』真理社。

武藤秀太郎（二〇〇三）「平野義太郎の大アジア主義論――中国華北農村慣行調査と家族観の変容」『アジア研究』四九巻四号、四四－五九頁。

盛田良治（一九九九）「平野義太郎の「転向」とアジア社会論の変容」『レヴィジオン〈再審〉（二）　超克と抵抗』社会評論社。

吉岡斉（二〇一一）『新版　原子力の社会史――その日本的展開』朝日新聞出版。

若尾祐司（二〇一二）「反核の論理と運動――ロベルト・ユンクの歩み」若尾祐司・本田宏編『反核から脱原発へ――ドイツとヨーロッパ諸国の選択』昭和堂。

■文献（欧文）

Rucht, Dieter (1988) „Wyhl: Der Aufbruch der Anti-Atomkraftbewegung", Ulrich Linse, Reinhard Falter und Dieter Rucht (Hrsg.), *Von der Bittschrift zur Platzbesetzung: Konflikte um technische Großprojekte*. Berlin/Bonn: Verlag J.H.W. Dietz Nachf.

―― (2008) „Anti-Atomkraftbewegung", Roland Roth / Dieter Rucht (Hrsg.), *Die sozialen Bewegungen in Deutschland seit 1945 — Ein Handbuch*. Frankfurt am Main: Campus Verlag.

あとがき

『戦後日独関係史』と銘打ったこの論文集は、第二次世界大戦後の日本とドイツ——東西ドイツおよび統一ドイツ——が辿った歴史を、相互の関係の解明という視角から明らかにしようとするものである。ここでは、この論文集が上梓されるに至った経緯を記しておきたい。

二〇〇八年、十余名の執筆者の協力を得て共編『日独関係史　一八九〇－一九四五』(全三巻、東京大学出版会)を上梓した際、われわれはすでに、次に取り組むべき課題が「戦後日独関係史」であることを意識していた。そのうえ、いくつかの書評のなかで、次は戦後を取り上げるべきであるとするご指摘をいただいた。したがって、全三巻の刊行を終えた後、ただちにその延長上にこの論文集を企画したのはごく自然の成り行きであった。その際、前作の場合と同様、すでにこの課題について注目すべき成果を挙げているか、あるいはそれへの関心を示している日本・ドイツ・アメリカ合衆国の研究者に呼びかけ、ほとんどの場合、企画の趣旨への賛同と執筆への快諾を得ることができた。

編集にあたっては、われわれの編集意図を執筆者に十分に認識してもらうことに努め、研究史のサーヴェイを充実させること、日独双方の史料ないし資料をできるかぎり広く渉猟すること、可能な限り戦後期全体への見通しを示すことをとくに要望した。これらの要望にたいして執筆者は真摯に対応してくださった。執筆者が地理的に分散していることもあって、編集会議ないし研究会を開く余裕はなかった。そこで論文集の一体性を高めるために、三次にわたりスケルトンの作成を依頼するとともに、送られて来た原稿にたいして、失礼を承知の上でさまざまの注文を出すように努めた。このため、原稿を挟んで緊張したやりとりが繰り返される場面もあったが、この点も前作の場合と同様であった。

前作『日独関係史　一八九〇－一九四五』からの継続とはいっても、内容的にはもちろん独立したものであるし、戦前期と戦後期とでは研究者が大きく異なっているという研究状況を反映して、執筆陣も大きく入れ替わっている。加えて、「序」で触れたように少数の研究者が孤立分散しているという状況もあった。企画に際しては、たしかにそれゆえの難しさはあった。だが、われわれとしてはそれ以上に、そうした研究者の協力によって一書を編むことのいわば集積効果を期待しうると考えた。

研究史が薄い主題であるにもかかわらず、幸いにもその意図するところにつき東京大学出版会のご理解を得ることができた。本書を直接担当された大矢宗樹氏には、企画の当初からわれわれの意図にご理解をいただき、粘り強く的確に誘導していただいた。同会専務理事の黒田拓也氏には前作から引き続きご理解とご支援を賜った。お二人に厚くお礼を申し上げる。

本書の出版に当たっては、平成二十五年度成城大学科学研究費助成事業等間接経費研究支援プロジェクトによる出版助成を得た。ご尽力いただいた方々に心から感謝の意を表したい。

末尾ながら記しておかねばならないことがある。執筆者の一人安野正明氏は、原稿をわれわれに送られた二〇一二年九月末からほどなくして急逝された。頂戴した原稿は、内容的には編者の要望に十二分に応えていただいているものであったので、形式を整えるなど、必要最小限の手入れをして、予定通り本書に収めたいと考えた。この点につきご遺族のご了解を得ることができたのは、われわれとしてせめてもの慰めである。

日独関係は現在も日々刻々変容している。日独修好一五〇年に際し、国会決議において「侵略」という言葉をめぐる日独間の明瞭な認識の差が露わとなったことは記憶に新しい。三・一一を契機としたドイツの日本学習と、それとは対照的な日本の現状は、こうした日独の認識の差をさらに拡大したように見える。それだからこそ、一九四五年以降の日独関係の全容に迫ろうとする本書の意義が増すのではないかとわれわれは考えている。本書が、前作『日独関係史　一八九〇－一九四五』とあわせて読まれ、戦後日独関係史に少しでも多くの読者が関心を抱き、また少しでも多くの研究者がこの未開の沃野に参入する契機となることを心から願っている。

二〇一四年六月一日

工藤　章
田嶋信雄

戦後日独関係史

2014年7月25日　初　版

［検印廃止］

編　者　工藤《くどう》　章《あきら》・田嶋信雄《たじまのぶお》

発行所　一般財団法人　東京大学出版会

代表者　渡辺　浩

153-0041 東京都目黒区駒場 4-5-29
http://www.utp.or.jp/
電話 03-6407-1069　Fax 03-6407-1991
振替 00160-6-59964

印刷所　研究社印刷株式会社
製本所　誠製本株式会社

ISBN 978-4-13-026260-6　Printed in Japan

執筆者・翻訳者紹介

[執筆者] (掲載順。*は編者)

工藤　章*(くどう　あきら)　序、総説二、第五章、第六章
東京大学名誉教授(ドイツ経済史・企業史、国際関係企業史)。
1946年東京都生まれ。東京大学大学院経済学研究科博士課程単位取得退学。信州大学経済学部助教授、東京大学教養学部助教授、東京大学社会科学研究所教授などを経て2010年退職。主要業績: *Japanese-German Business Relations* (London: Routledge, 1998);『20世紀ドイツ資本主義』(東京大学出版会、1999年)、『日独経済関係史序説』(桜井書店、2011年)。

田嶋　信雄*(たじま　のぶお)　序、総説一
成城大学法学部教授(国際政治史・比較政治学)。
1953年東京都生まれ。北海道大学大学院法学研究科博士後期課程単位取得退学。博士(法学)(北海道大学)。北海道大学法学部助手、成城大学法学部専任講師、同助教授を経て1996年より現職。主要業績:『ナチズム外交と「満洲国」』(千倉書房、1992年)、『ナチズム極東戦略』(講談社、1997年)、『ナチス・ドイツと中国国民政府　一九三三－一九三七』(東京大学出版会、2013年)。

安野　正明(やすの　まさあき)　第一章
元広島大学大学院総合科学研究科教授(ドイツ現代史)。
1956年神奈川県生まれ。東京大学大学院社会学研究科博士課程単位取得退学。博士(学術)(東京大学)。広島大学総合科学部専任講師、同助教授などを歴任。2012年歿。主要業績:『戦後ドイツ社会民主党史研究序説』(ミネルヴァ書房、2004年)、「ヴィリ・ブラント首相候補の誕生」『ゲシヒテ』第3号(2010年3月)、*Die Entwicklung des Godesberger Programms und die Rolle Erich Ollenhauers* (Bonn: Friedrich-Ebert-Stiftung, Archiv der sozialen Demokratie 2010).

クリスティアン・ハイデック(Christian Heideck)　第二章
マルティン・ルター大学(ハレ・ヴィッテンベルク)政治学・日本学研究所博士研究員(戦後日独関係史)。
1982年ドイツ・サンガーハウゼン生まれ。2012年ハレ・ヴィッテンベルク大学博士号取得(日本学)。2013年より現職。主要業績 : *Zwischen Ost-West-Handel und Opposition — Die Japanpolitik der DDR 1952–1973* (München: Iudicium 2014).

マーク・ティルトン(Mark Tilton)　第三章
パデュー大学政治学部准教授(比較政治学)。
1956年カリフォルニア州オークランド市生まれ。博士(政治学)(カリフォルニア大学バークレー校)。東京大学社会科学研究所助手を経て、1990年より現職。主要業績：*Restrained Trade: Cartels in Japan's Basic Materials Industries* (Ithaca and New York: Cornell University Press, 1996)；*Is Japan Really Changing Its Ways? Regulatory Reform and the Japanese Economy* (co-edited with Lonny Carlile, Washington, D.C.: The Brookings Institution Press, 1998)；「アメリカ：電気通信市場規制における米独日比較」工藤章・橘川武郎・G.D.フック編『現代日本企業3』(有斐閣、2006年)。

カティヤ・シュミットポット(Katja Schmidtpott)　第四章
ベルリン自由大学歴史学部教授(日本史)。
1971年ドイツ・ヘルフォルト生まれ。博士(日本学)(ドイツ・ボーフム大学)。ボーフム大学東アジア学部日本史学科助手、マールブルグ大学日本研究センター教授、ケンブリッジ大学東洋学部非常勤講師を経て2014年より現職。主要業績：*Nachbarschaft und Urbanisierung in Japan, 1890–1970* (München: Iudicium 2009)；*Handel ist Wandel: 150 Jahre C. Illies & Co.* (München: Piper 2009, Johannes Bähr, Jörg Lesczenski と共著).

山田　誠(やまだ　まこと)　第七章
鹿児島大学名誉教授(経済政策論、高齢者政策)。
1946年香川県生まれ。大阪市立大学大学院経済学研究科博士課程単位取得退学。経済学博士(1990年、大阪市立大学)。鹿児島大学法文学部助教授、同法文学部教授、同法文学部長を経て2012年退職。主要業績：『現代西ドイツの地域政策研究』(法律文化社、1989年)、『ドイツ型福祉国家の発展と変容』(ミネルヴァ書房、1996年)、『介護保険と21世紀型地域福祉』(ミネルヴァ書房、2005年、編著)。

スヴェン・サーラ(Sven Saaler)　第八章
上智大学国際教養学部准教授(日本近現代史)。
1968年ドイツ生まれ。マインツ大学、ケルン大学、ボン大学で歴史学、政治学を学び、4年間の金沢大学留学を経て、1999年ボン大学文学部日本研究科で博士号取得。マールブルク大学日本研究センター講師、ドイツ-日本研究所人文科学研究部部長、東京大学大学院総合文化研究科・教養学部准教授を経て、2008年10月より現職。主要業績：*Politics, Memory and Public Opinion* (München: Iudicium 2005)；*Pan-Asianism: A Documentary History*, 2 vols. (co-editor / co-author, Lanham, Md.: Rowman and Littlefield 2011)；『プロイセン・ドイツが観た幕末日本』(München: Iudicium, 2011年、共編著、和英独文)。

加藤　哲郎(かとう　てつろう)　第九章
早稲田大学大学院政治学研究科客員教授・一橋大学名誉教授(政治学・現代史)。
1947年岩手県生まれ。東京大学法学部卒業。博士(法学)(名古屋大学)。名古屋大学助

手、一橋大学専任講師・助教授・教授を経て2010年より現職。主要業績:『ワイマール期ベルリンの日本人』(岩波書店、2008年)、『日本の社会主義——原爆反対・原発推進の論理』(岩波書店、2013年)、『ゾルゲ事件』(平凡社、2014年)。

井関　正久(いぜき　ただひさ)　第九章
中央大学法学部教授(ドイツ現代史)。
1969年東京都生まれ。1999年ベルリン自由大学で博士号(Dr. phil.)取得。東京大学ドイツ・ヨーロッパ研究室(DESK)助手、中央大学法学部専任講師、同准教授を経て2011年より現職。主要業績:*Das Erbe der Runden Tische in Ostdeutschland* (Frankfurt am Main: Peter Lang 1999);『ドイツを変えた68年運動』(白水社、2005年)、「『1968年』の史的考察」安田常雄編『社会を問う人びと』岩波書店、2012年。

[翻訳者](掲載順)

平野　達志(ひらの　たつし)　第二章、第三章、第四章
東京大学大学院総合文化研究科博士課程(国際関係史・日本外交史)。
1981年神奈川県生まれ。東京大学大学院総合文化研究科修士課程修了、修士(学術)。主要業績:Recent Developments in the Representation of National Memory and Local Identities: The Politics of Memory in Tsushima, Matsuyama, and Maizuru, in: *Japanstudien*, Bd. 20, 2008 (co-author); Das „Dritte Reich" im Spiegel japanischer Konsulatsberichte, in: Frank Bajohr und Christoph Strupp (Hrsg.), *Fremde Blicke auf das „Dritte Reich"*, Göttingen: Wallstein 2011.

竹内　早紀(たけうち　さき)　第八章
フリードリヒ・エーベルト財団東京事務所事務局長。
2003年上智大学文学部ドイツ文学科卒。主要翻訳物:*Scenarios for Phasing Out Nuclear Energy in Germany* (FES WISO Diskurs, 2011).

人名索引

ア　行

カ　行

サ 行

タ行

ナ行

ハ行

マ 行

ヤ・ラ・ワ行

事項索引

カ 行

サ　行

タ 行

ナ　行

ハ　行

マ　行

ヤ・ラ・ワ行